ammann

Elmar Holenstein

# PHILOSOPHIE-ATLAS

ORTE UND WEGE DES DENKENS

AMMANN VERLAG

Zweite Auflage

www.ammann.ch
Gestaltung und Herstellung: Mike Bierwolf, Taipei
Satz: Gaby Michel, Hamburg
Druck und Bindung: Westermann Druck, Zwickau
ISBN 3-250-10479-5

# LEITGEDANKEN

## *Geographie der Philosophie*

An sich interessiert sich die Philosophie nicht dafür, wer was wann und wo gesagt hat. Worauf es ihr ankommt, ist vielmehr, ob das, was jemand, wann und wo auch immer, geäußert hat, als wahr oder falsch, gut oder schlecht, unsere Erkenntnis fördernd oder behindernd zu bewerten ist. Bevor wir jedoch eine Aussage beurteilen können, müssen wir sie verstehen. Für das Verständnis einer Aussage ist es sehr wohl aufschlußreich, wer sie wann und wo, in welchem Zusammenhang gemacht hat. Dies ist ein erster, ein *hermeneutischer* Grund, warum wir uns zusammen mit der Geschichte für die Geographie der Philosophie interessieren. Der oberste Leitsatz der Hermeneutik, der Lehre vom Verstehen, ist, daß für das Verständnis eines Textes die Kenntnis seines Kontexts, des sprachlichen wie des situativen Zusammenhangs, von entscheidender Bedeutung ist.

Immanuel Kant war, nicht untypisch für seinen Tätigkeitsort, die Hafenstadt Königsberg, und für sein Jahrhundert, das achtzehnte, ein Liebhaber der Geographie. Zu seinen Lehrverpflichtungen gehörten Geographievorlesungen. Von ihm wird der Ausspruch überliefert: »Es ist nichts, was den geschulten Verstand mehr kultiviert und bildet, als Geographie.« Was immer er dabei im Auge gehabt haben mag – die Geographie ist von der Natur ihrer Sache her eine hermeneutische Wissenschaft, sie macht Zusammenhänge sichtbar. Was die Geographie aufzeigt, zeigt sie in einem Kontext; wenn sie »globalisiert« betrieben wird, in einem globalen.

Denkweise und Denkinhalte gewinnen an Tiefenschärfe und werden leichter begreiflich, wenn wir den Herkunftsort und die Lebensstationen eines Philosophen kennen, wenn wir beispielsweise wissen, daß Vico aus dem süditalienischen Napoli, Montesquieu aus dem französisch-aquitanischen Bordeaux, Rousseau aus dem französisch-schweizerischen Genève und Hume aus dem schottischen Edinburgh stammt. Bei Philosophen außerhalb des eigenen Erdteils begnügt man sich üblicherweise mit einer allgemeingehaltenen Mitteilung ihrer nationalen Zugehörigkeit, selbst wenn diese subkontinentale Ausmaße hat. Dabei dürfte der Herkunftsort für Philosophen aus anderen Erdteilen als Hintergrundinformation nicht weniger aufschlußreich sein, das persische Shīrāz für den Iraner Mollā Sadrā, das bengalische Navadvīpa für den Inder Gadādhara, Yuyao in Ost-Zhejiang für den Chinesen Huang Zongxi, die kaiserliche Hauptstadt Kyōto für den Japaner Itō Jinsai, um nur vier Zeitgenossen der vier genannten Europäer aus dem 17. und 18. Jahrhundert zu nennen.

Nicht selten ist das Verständnis eines Textes, das uns die Kenntnis seines Zusammenhangs vermittelt, ergiebiger und anregender als das Verständnis, das wir ohne Kontextkenntnis, intuitiv, im Rahmen unseres zeitgeschichtlich und geographisch beschränkten Horizonts, in ihn hineinlesen. Und nicht selten ist das, was andere in früheren Zeiten und in fremden Erdteilen gedacht haben, für heutige Belange origineller und erhellender als das, was uns in unserer eigenen Zeit und in unserer unmittelbaren Umgebung angeboten wird. Die Zahl der inspirierenden Denker in einem begrenzten Zeitraum und einer begrenzten Region ist in der Regel beschränkt. Dies sind zwei weitere, beides *heuristische* Gründe, weshalb es sich lohnt, sich über die eigene Epoche und den eigenen Erdteil hinaus kundig zu machen. Die Heuristik lehrt, wie man zur Entdeckung von Erkenntnissen kommt.

Das eigentliche Geschäft der Philosophie ist nicht die Sammlung von Erkenntnissen, von möglichst vielen, neu- und fremdartigen, sondern die Sicherung und Bewertung der Erkenntnisse oder, etwas traditioneller und rationalistischer ausgedrückt, ihre Begründung oder Rechtfertigung. Dazu ist nicht nur Intersubjektivität, sondern auch Interkulturalität angebracht. In den Wissenschaften gilt als gesicherte Erkenntnis, was nicht allein bei mir, sondern auch bei allen anderen, die über eine entsprechende Kompetenz verfügen, Zustimmung findet. Es hat sich als vernünftig herausgestellt, daß man seine eigenen subjektiven Überzeugungen intersubjektiv zur Diskussion stellt. Glaubt man, daß diese Überzeugungen kulturell bedingt sind, ist es nur folgerichtig, sie interkulturell zu überprüfen. Dies ist ein vierter, ein *erkenntnistheoretischer* Grund, warum wir uns mit der Geographie der Philosophie befassen.

Sowohl Christian Wolff (1726 in Marburg an der Lahn) als auch Arthur Schopenhauer (1844 in Frankfurt am Main) bestanden darauf, daß sie ihre Philosophie eigenständig, unabhängig von der Philosophie in Ost- und Süd-Asien (»China« und »Indien«), für deren Kenntnisnahme sie sich in Europa einsetzten, entwickelt hatten. Beide rühmten sich jedoch der Bestätigung, die sie durch diese außereuropäischen Traditionen erfahren hätten. *Rationem iuvat experientia* (»Der Vernunft hilft die Erfahrung«) heißt es dazu beim angeblichen Erzrationalisten Wolff. Und der Einzelgänger und Atheist Schopenhauer schrieb: »Es muß mich freuen, meine Lehre in so großer Übereinstimmung mit einer Religion [der buddhaitischen] zu sehen, welche die Majorität auf Erden für sich hat.«

Als Pierre de Fermat in Toulouse und Blaise Pascal in Paris 1654 gleichzeitig ein altes wahrscheinlichkeitstheoretisches Problem *(le jeu des Pistolets)* gelöst hatten, schrieb der jüngere Pascal dem älteren Zeitgenossen: »Ich sehe, daß die Wahrheit in Toulouse und in Paris dieselbe ist.« Die Methode, welche die beiden zur Auffindung derselben Wahrheit gewählt hatten, war jedoch eine unterschiedliche. In der Philosophie ist noch viel mehr als in der Mathematik zu erwarten, daß man an verschiedenen Orten mit unterschiedlichen Methoden zu denselben Wahrheiten gekommen ist. So unvermeidlich wie inzwischen in der »höheren« Mathematik stößt man dabei aber in der Philosophie seit alters in verschiedenen Erdteilen nicht nur auf dieselben Wahrheiten, sondern auch auf dieselben einander ausschließenden Wahrheitsansprüche (unter Bezeichnungen wie Realismus und Idealismus, Essenzialismus und Nihilismus). Die Überzeugung, daß die Menschen von Natur aus gut und moralisch veranlagt sind, findet sich in Zhongguo/China so unerschütterlich vertreten wie in Europa und die gegenteilige Ansicht ebenso, selbst innerhalb ein und derselben philosophischen Lehrrichtung (von den Konfuzianern Meng Zi und Xun Zi). Man entdeckt in verschiedenen Erdteilen nicht nur dieselben fundamentalen Wertvorstellungen, sondern auch dieselben nicht harmonisch auflösbaren Wertkonflikte. Die bevorzugte Position angesichts solcher Antinomien und Konflikte mag von Fall zu Fall eine andere sein, jedoch nicht nur in den verschiedenen Erdteilen, auch zu verschiedenen Zeiten innerhalb desselben Erdteils, ja im Laufe der verschiedenen Lebensphasen ein und derselben Person. Was wir von anderen Erdteilen erwarten können, sind feine Unterschiede und vor allem, daß die gleichen oder ähnliche Überlegungen in einem anderen kulturellen Ambiente gemacht wurden, oft früher und gelegentlich später als in Europa, mit anderen Motivationen und mit anderen Auswirkungen (→ A 7).

Wenn es in Europa etwas Besonderes gibt, das man in keinem anderen Erdteil finden kann, dann sind es die neuzeitlichen Revolutionen in den Wissenschaften. Aber gerade zu deren Errungenschaften wäre es ohne vorhergehende Entdeckungen und Erfindungen in anderen Kulturen – mathematischen in Süd-Asien und technologischen in Ost-Asien, beide fortentwikkelt und weitergegeben von den blühenden mittelalterlichen Kulturen in den muslimischen Ländern – nicht gekommen. Mit der gegenwärtigen Ausbreitung der »europäischen Wissenschaften« kehrt so in diese Erdteile etwas zurück, das in früheren Zeiten und in früheren Fassungen aus ihnen übernommen worden ist.

Die Wahrscheinlichkeit ist groß, daß eine bessere Kenntnis der eigenen Geschichte zu mehr Selbstbescheidung und eine größere Vertrautheit mit der Geschichte der anderen Erdteile zu mehr Anerkennung diesen gegenüber anhält. Die Mehrzahl der großen Philosophen wußte wenig oder gar nichts von den philosophischen Traditionen in fremden Kulturen. Auch heute noch kann man in der Philosophie Exzellentes leisten ohne die Kenntnis fremder Erdteile. Aber bei den heutigen Kontaktmöglichkeiten kann sich das, was irgendwo auf der Erde passiert, so rasch auf unseren Aufenthaltsort auswirken, wie das früher nur für Geschehnisse in der unmittelbaren Nachbarschaft der Fall war. Es ist fahrlässig, sich nicht dafür zu interessieren, was andere, mit denen wir in einer Schicksalsgemeinschaft verbunden sind, denken oder von ihrer Tradition her zu denken geneigt sind. Von unseren Gesprächspartnern in anderen Kulturen wird es außerdem als Respektlosigkeit gedeutet. Dies ist ein fünfter, ein *gesellschaftspolitischer* Grund, warum uns die Geographie der Philosophie nicht gleichgültig bleiben kann.

Nach Kants Königsberger Vorlesungen lassen sich die Leitfragen der Philosophie – Was können wir wissen? Was sollen (oder wohl besser: wollen) wir tun? Was dürfen wir hoffen? – in einer einzigen Frage zusammenfassen: Was ist der Mensch? So, wie wir von Natur aus veranlagt sind, möchten wir jedoch nicht nur wissen, was wir sind, sondern auch, woher wir kommen. Was wir sind, ist nur sehr beschränkt mit unserer individuellen Abstammung und unserer kulturellen Herkunft zu erklären. Wir möchten es trotzdem wissen, so irrational oder zumindest irrelevant es von einem klassischen philosophischen Standpunkt aus ist. Das ist ein sechster, ein *anthropologischer* Grund, warum uns die Geographie der Philosophie – heute mehr denn je – zu einem Anliegen werden kann.

Noch nie hatten wir so viele konkrete Anhaltspunkte für die gemeinsame Abstammung aller Menschen wie heute. Über Jahrtausende hinweg war die Einheit des Menschengeschlechts eine spekulative, mythologische oder religiöse Idee. Heute ist sie eine von harten empirischen Funden, seit kurzem erstmals auch von mikrobiologischen Daten gestützte Hypothese. Noch nie zuvor wußten die Menschen so vieles und so Konkretes über die Handelsbeziehungen und Wanderungen ihrer Vorfahren, die sich über ganze Kontinente erstreckten, wie uns seit rund 200 Jahren Archäologen und Sprachwissenschaftler und seit kurzem Genforscher aufzeigen. Den Nachweis der Verwandtschaft der indischen und der europäischen Sprachen im späten 18. Jahrhundert kommentierte Max Müller (1883 in Oxford) mit dem Satz: »Wir wissen jetzt, daß wir etwas anderes sind, als wir dachten.« Heute wissen wir um ein fast unübersehbares Vielfaches mehr über die geschichtliche Entwicklung unserer Gefühle und unseres Denkens, als der interdisziplinär gebildete Indologe Müller vor 130 Jahren ahnen konnte.

Für einen aufgeklärten Geist ist eine tierische, »barbarische« oder auch nur ausländische Abstammung keine Schande. Sie ist für ihn vielmehr ein Motiv, sich unvoreingenommen über seine nächsten tierischen Verwandten und über »Barbaren« und Ausländer kundig zu machen. Das ist keine nur christliche und/oder gar nur europäische Einsicht. Der junge Huineng, im 7. Jahrhundert einer der innovativen Stifter des chinesischen *Chan/Zen,* soll im »Ostberg-Kloster« *Dongshan Si* bei Qizhou (in Hubei, unweit des Yangzi) vom nordchinesischen Patriarchen Hongren gefragt worden sein: »Wenn du aus dem [südchinesischen] Lingnan kommst, dann bist du ein Barbar. Wie kannst du da ein Buddha [d. h. ein »Aufgeklärter«] werden?« Die überlieferte Antwort lautete: »Mein Barbaren-Körper und dein Körper sind nicht gleich, aber welchen Unterschied gibt es in unserer Buddha-Natur?«

## *Philosophie der Geographie*

Die Geographie war im westlichen (südwestasiatischen, nordafrikanischen und europäischen) Teil der »Alten Welt« von Anfang an eine ökologisch ausgerichtete Wissenschaft. Ihre Begründer waren Ärzte, die sich für das Verhältnis zwischen der geographischen Lage eines Ortes und der physischen und mentalen Gesundheit der Menschen interessierten. Der namhafteste unter ihnen war Hippokrates von Kos. Sein klassischer Text zum Thema trägt die bezeichnende Überschrift »Von den Lüften, Wassern und Orten« *Peri aērōn, hydatōn, topōn*. Die Tatsache, daß es Ärzte waren, die diese Zusammenhänge mit der für die traditionelle Medizin typischen »ganzheitlichen« Denkweise erstmals erforschten, hatte allerdings eine Verengung der Perspektive zur Folge. Sie führte zu einer Art Nischenkonzeption des Verhältnisses zwischen Geographie und Anthropologie. Als Leib- und Seelenärzten stand für sie die Beziehung zwischen Klima und Bodenbeschaffenheit einer Wohngegend und dem Gesundheitszustand, dem Temperament und dem Charakter der dort lebenden Menschen im Vordergrund ihrer geographischen Erörterungen. Diese Einengung der Sicht wurde nicht aufgegeben, als im 18. Jahrhundert Kulturphilosophen, maßgebend Montesquieu in Bordeaux und Herder in Weimar, geographischen Zusammenhängen nicht mehr primär mit gesundheitswissenschaftlichen, sondern mit allgemeineren kulturwissenschaftlichen Interessen nachgingen. Die beiden Schlüsselbegriffe von Montesquieus Kulturgeographie sind, ganz und gar in der Tradition von Hippokrates, *climat* und *terrain*. Im Deutschen spricht man statt von *terrain* von »Boden« oder »Bodenbeschaffenheit«.

Die ganze Kulturgeographie ist durch diese verengte Sichtweise und die anschließende ideologische Überhöhung der Nischenkonzeption des Verhältnisses von Mensch und unmittelbarer Umwelt in der »Blut- und Boden-Mystik« der ersten Hälfte des 20. Jahrhunderts in Verruf geraten. Sie wurde daraufhin für Jahrzehnte in ein Randdasein abgedrängt.

Der Ausweg, den man in geisteswissenschaftlichen Kreisen aus der allzu deterministischen Sicht des Verhältnisses zwischen den Menschen und ihren geographischen Lebensbedingungen meinte gefunden zu haben, war die Auffassung, der Mensch sei als Geistwesen anders als die anderen Lebewesen fähig, selber zu bestimmen, wie er sich zu seinem Milieu, zu Klima und Terrain, verhalte. Das erinnert an Kants Unterscheidung zwischen dem, »was die Natur aus dem Menschen macht«, und dem, was der Mensch »als freihandelndes Wesen aus sich selber macht oder machen kann und soll«. Die Frage ist jedoch, wie weit das, was der Mensch aus seiner Natur macht oder machen kann, nicht wiederum von der Natur vorgegeben ist. Wie weit ist das Verhältnis eines Menschen zu sich selbst von angeborenen Strukturen, wenn nicht prädestiniert, so doch prädisponiert? Auch in geographischer Hinsicht ist der Mensch kein Geist, der völlig frei über »den Lüften, Wassern und Orten« schwebt.

Etwas anderes ist in Betracht zu ziehen, das die Menschen von den übrigen Lebewesen deutlich unterscheidet und dazu beiträgt, die Nischenkonzeption der Kulturgeographie zu relativieren und zu transzendieren. Auch Tierarten haben sich wie das Menschengeschlecht über alle Kontinente ausgebreitet. Auch Tiere wandern während ihrer Lebenszeit, zum Teil jährlich, über weite Strecken und kehren zu ihrem Ausgangsort zurück. Aber sie bringen von ihren Wanderungen keine Waren und schon gar nicht Ideen zurück, mit denen sie ihre »Nische« in einer Weise, wie das für die Menschen charakteristisch ist, transformieren. Bei Tieren findet man keinen mit den menschlichen Gesellschaften vergleichbaren überregionalen Handel mit Auswirkungen auf ihr Habitat, darauf also, was sie mit ihrem angestammten Terrain machen und wie sie mit ihrem Klima zurechtkommen.

In einem weiten Ausmaß ist für die Philosophie wie für die gesamte Kultur einer Region nicht das Klima (mäßig oder extrem, trocken oder feucht) und ihr Terrain (klein- oder großräumig, eben oder gebirgig, fruchtbar oder unfruchtbar) ausschlaggebend, sondern vor allem ihr Umfeld. Der prägnanteste symbolische Ausdruck dafür ist die Binnenstruktur von Dörfern und Städten. Die Binnenstruktur vieler Orte wird durch die Verkehrswege bestimmt, die sie mit anderen Ortschaften verbinden. Häufig sind die Verkehrswege selbst ausschlaggebend für die Lage der Orte. Die Wege sind vielfach älter als die Orte, die an ihnen liegen. Natürlich ist das Bedingungsverhältnis ein wechselseitiges. Die »Bodenschätze« und das Klima entscheiden über die Bedeutung eines Ortes innerhalb eines überregionalen Handelsnetzes. Umgekehrt entscheidet die Bedeutung der Verkehrswege und der benachbarten Regionen mit über die wirtschaftliche und kulturelle Blüte eines Ortes.

Der große Unterschied in der Verbreitungsgeschichte zuerst der Domestikation von Pflanzen und Tieren, dann von Stadt- und Schriftkulturen und schließlich von Wissenschaften und

Philosophie zwischen der »Alten« und der »Neuen Welt« (Asien, Nord-Afrika und Europa einerseits und Mittel-, Süd- und Nord-Amerika andererseits) läßt sich nur mit den Auswirkungen erklären, welche die geographische Lage, Klima und Terrain auf die Kontaktmöglichkeiten zwischen den einzelnen Kulturregionen hatten (→ A 6, K 7–8).

Als Schulbeispiel für eine die traditionelle Nischenkonzeption überwindende Kontextkonzeption der Kulturgeographie bietet sich Kemet/Misr/Ägypten an. Herder (1774 im wasserreichen niedersächsischen Bückeburg) hielt Kemet, »aus Nilschlamm gebildet und von ihm befruchtet«, zum Ackerbau prädestiniert und durch »Ackerfleiß« zur Entfaltung einer »bürgerlichen, dörflichen, städtischen« Kultur befähigt. Heute ist archäologisch erwiesen, daß die Agrikultur in Kemet ein Importprodukt aus dem benachbarten südwestasiatischen »Fruchtbaren Halbmond« ist, dem Herder allein »das Hirtenleben«, Viehzucht, zugeordnet hatte.

Daß Kemet seine Subsistenzbasis dem Nil und seinen jährlichen Überschwemmungen verdankt, haben wir aus unseren alten Schulbüchern in Erinnerung. Aber das ist nur die halbe Wahrheit. Kennzeichnend für eine buchstäblich umfassendere Erklärung des Kulturphänomens Kemet ist einer der ersten Leitsätze, der in einem neuen Geschichtsatlas zu lesen ist: »The source of life in Egypt is the river Nile; but the wealth of the nation arose from commerce.«[1] Man kann hinzufügen: vom Handel ebenso mit dem afrikanischen Umfeld wie mit dem südwestasiatischen »Fruchtbaren Halbmond«.

Der Nachsatz gilt nicht nur für den (materiellen und ideellen) Reichtum in Kemets Palästen, Städten und Grabanlagen. Er gilt bereits für den agrikulturellen Wohlstand des Niltals. Die Domestikation von Pflanzen und Tieren ist ein zeitaufwendiger Prozeß. Nicht alle Arten lassen sich unter natürlichen Bedingungen domestizieren. In Kemet war von den acht wichtigsten Pflanzen, die sich im »Fruchtbaren Halbmond« als für die Kultivation geeignet erwiesen hatten, nur gerade eine, Gerste, heimisch. Es war für die Bewohner des Niltals weniger aufwendig, (imitativ) die bereits domestizierten Nutzpflanzen aus ihrer Nachbarschaft zu übernehmen, als (initiativ) selber den Prozeß der Domestikation einzuleiten und durchzuhalten.[2] Die Geschichte der Agrikultur bietet sich als ein simples Illustrationsbeispiel dafür an, daß für die Innovation einer kulturellen Leistung im Vergleich zu ihrer Nachahmung ein Mehr an besonderen Bedingungen erforderlich ist (→ K 2). Ein fruchtbarer Boden allein genügt nicht. Es braucht auch einen für die Zucht geeigneten Pflanzenbestand.

Die Voraussetzungen für die Produktion und die Rezeption von Kulturgütern sind voneinander verschieden. Jedem von uns ist der Unterschied von unserer Fremdsprachenkompetenz her vertraut. Wir verstehen immer mehr als wir selber spontan, ohne Vorlage, zu formulieren vermögen. Beim Erlernen einer Sprache ist die passive Kompetenz der aktiven in der Regel eine Stufe voraus. Wir wissen auch, daß es leichter ist, Kants transzendentale Deduktion oder Einsteins Relativitätstheorie zu begreifen als sie selber eigenständig zu entwickeln. In Kunst und Literatur ist die Kluft noch markanter. Nicht wenige Kunsttheoretiker nehmen für sich in

[1] *The Penguin Historical Atlas of Ancient Egypt*, ed. by Bill MANLEY, London, 1996.
[2] Vgl. Jared DIAMOND, *Guns, Germes, and Steel: The Fates of Human Society*, New York: Norton, 1997.

Anspruch, ein Kunstwerk besser zu verstehen als sein Schöpfer. Nicht wenige Künstler stimmen ihnen zu.

Das offenkundige Gefälle zwischen den Kreations- und den Diffusionsbedingungen für Kulturgüter erklärt die oft rasche und weitreichende Verbreitung von kulturellen Leistungen. Das Sprichwort »Nichts bleibt an seinem Ort« ist kulturtheoretisch von diesem Bedingungsgefälle her verständlich. Das ihm anscheinend widersprechende Schlagwort »Alles hat seinen Ort« läßt sich dagegen auf die tatsächlich häufig ortsgebundenen, sehr speziellen und nicht verallgemeinerungsfähigen Bedingungskonstellationen für die Entstehung kultureller Leistungen beziehen.

Kreativität ist ein wenig geklärtes Phänomen. Fest steht nur, daß Umweltfaktoren dafür eine Rolle spielen, in der Kulturgeschichte wie in der biologischen Evolution, freilich mit einem bemerkenswerten Unterschied. Von der Biologie wird für die Entstehung von Neuem die geographische Abgeschiedenheit einer Population als eine entscheidende Bedingung angeführt. In den menschlichen Kulturen kommt es dagegen häufig zu kreativen Neuentwicklungen gerade durch die Nachbarschaft und den Kontakt, den Kommerz und die Kommunikation mit anderen Kulturen. Etwas, das in einer Kultur entwickelt worden ist, wird von einer Nachbarkultur übernommen und erscheint im anderen Kontext in einem neuen Licht. Um im neuen Umfeld brauchbar zu sein, muß es überdies im Allgemeinen angepaßt und damit verändert und weiterentwickelt werden.

Manchmal handelt es sich um einen bewußten und zielstrebig vorangetriebenen Prozeß, nicht selten jedoch um einen von den Rezeptoren weder beabsichtigten noch nachträglich bemerkten und reflektierten Vorgang. Gelegentlich kann man von einem »kreativen Mißverständnis« sprechen. Um zu verstehen, wie sich die Philosophie bei der Übernahme von einer Kultur in eine andere wandeln und weiterentwickeln kann, ist es lehrreich, zu verfolgen, wie Schriften ihre wichtigsten Weiterentwicklungen der Übernahme von einer Sprache in eine andere verdanken. (→ K 3–5).

## *Kartographische Überlegungen*

Zum Informationspotential geographischer Karten gehört es, daß sie den Gegenstand, für den sie erstellt werden, in ein Umfeld eingebettet wiedergeben. In dieser Hinsicht unterscheiden sich kartographisch vermittelte geographische Informationen augenfällig von bloß sprachlich vermittelten Informationen. Ein schriftliches Straßenverzeichnis, das sich auf die Straßen innerhalb einer Stadt beschränkt, erweckt nicht in derselben Weise den Eindruck einer künstlichen Beschneidung, wie das bei einer kartographischen Wiedergabe der Straßen in den Grenzen eines Stadtgebiets der Fall ist. Decken sich die Grenzen der Stadt nicht mit den Grenzen der Karte, was bei den üblichen rechteckigen Karten die Regel ist, hat die Beschneidung des Straßenverlaufs an der Stadtgrenze etwas Willkürliches an sich. Es ist zudem unökonomisch.

Ein vorhandener Raum für wertvolle Zusatzinformationen bleibt ungenutzt. Kartographen haben daher einen *horror vacui*. Sie mögen leeren Raum nicht.

Im vorliegenden Atlas wird der vorhandene Kartenraum so sinnvoll wie möglich gefüllt. Zuviel Information, die für das Kerngebiet einer Karte aufschlußreich sein kann, würde sonst unnötig ausgeklammert. Ein Beispiel: Für die Geschichte der Philosophie in Zhongguo/China ist die Universitätsstadt Nālandā in Tianzhu/India von nicht zu unterschlagender Bedeutung. Auf dem (rechteckigen) Kartenausschnitt Asiens, den man für die Wiedergabe Zhongguos braucht, gibt es für die Eintragung von Nālandā hinreichend Raum (→ O 1). Ähnliches gilt für die Geschichte der Philosophie in Europa in bezug auf eine ganze Reihe nordafrikanischer Städte wie Qayrawān, Tūnis und Marrākush, für die auf den üblichen Europakarten genügend Platz vorhanden ist (→ W 1 und 3). Warum sollten sie ausgerechnet auf Karten, die den Werdegang der Philosophie in Europa zum Thema haben, fehlen?

Nicht anders als bei Wetterkarten ist es bei Kulturkarten unnatürlich, wenn die Informationen auf ein Staatsgebiet oder, etwas weniger nationalistisch, auf einen Kontinent oder Subkontinent begrenzt bleiben. Kulturphänomene halten sich wie das Wetter weder an Staatsgrenzen noch an die Grenzen der Erdteile. Kultur und Klima sind beide nicht allein mit internen Faktoren der jeweiligen Gebiete erklärbar. Ebenso wichtig sind externe Faktoren, für die Kultur einer Region die Beschaffenheit ihrer Nachbarregionen (→ A 6).

Trotz der chronischen Unstetigkeit kulturgeographischer Einheiten finden sich in diesem Atlas farbliche Hervorhebungen von konventionell (ökonomisch, politisch, religiös, ethnisch und/oder sprachlich) definierten Regionen. Es geht darum, das farblich mögliche Informationspotential einer Kartenfläche zu nutzen. Das Anliegen der Kulturgeographie liegt zwar jenseits des Farbspektrums, aber es läßt sich mit Farben leichter verdeutlichen. Der Zweck der farblichen Hervorhebungen ist es, auf die interne Mannigfaltigkeit der einzelnen Erdteile aufmerksam zu machen oder aber dort, wo sie den konventionellen Grenzen dieser Erdteile oder Staaten folgen, die Fragwürdigkeit der Grenzziehungen aufzuzeigen. Die Pfeile, die auf diesen Karten die Ausbreitung philosophischer Lehrrichtungen, religiöser Bekenntnisse oder wissenschaftlicher Strömungen anzeigen, erstrecken sich meistens über die künstlich homogen wiedergegebenen Flächen hinaus.

Homogenisierungen sind bei einer Kartographierung der Wirklichkeit unvermeidlich. Je kleiner der Maßstab, desto gleichmäßiger werden der Lauf eines Flusses, der Verlauf einer Küste und die Höhenunterschiede eines Landes wiedergegeben. Karten machen damit nur augenfällig, was für jede Form der Wiedergabe von Wirklichkeit gilt. Keine Geschichtsdarstellung vermag das, was einst geschah, so wiederzugeben, »wie es eigentlich gewesen«[3] ist. Die für Historiographie und Geographie gleicherweise unvermeidliche Frisierung der Wirklichkeit hat jedoch eine positive Kehrseite: Die großen Linien einer Entwicklung werden sichtbar. Sie bewahren uns davor, in der Informationsflut die Orientierung zu verlieren.

Karten der Erde sind ein besonders anschauliches Beispiel dafür, daß das Ideal der Wis-

[3] Leopold Rankes 1824 in Frankfurt an der Oder aufgestellte Forderung.

senschaften, Gleiches gleich und Ungleiches dem Grad seiner Verschiedenheit entsprechend ungleich darzustellen, unerreichbar ist. Die Erde ist eine dreidimensionale Kugel. Erdkarten projizieren sie auf eine zweidimensionale Fläche. Das Ergebnis ist eine »Verflachung«, ist also um eine Dimension ärmer. Verzerrungen sind dabei unvermeidlich. Es ist unmöglich, sämtliche Distanzen zwischen den Orten auf einem Globus mit einer zweidimensionalen Karte gleichmäßig wiederzugeben. Einzelne Erdteile erscheinen umfangreicher, andere umgekehrt kleinräumiger, als sie es sind. Mit der Wahl der Projektion entscheidet der Kartograph, welche Verhältnisse er »überzogen« darstellt und was er »zu kurz kommen« läßt. Auch hier kann man aus der Not eine Tugend machen. Kartographen versuchen mit der Wahl ihrer Projektion möglichst für jene Gegenden Platz zu gewinnen, für die überdurchschnittlich viele Informationen vorhanden sind.

Bei der Projektion einer Kugel, deren Oberfläche keine Bildgrenze kennt, auf eine umrandete Karte muß man sich entscheiden, wo der Schnitt anzusetzen ist und was in der Folge davon ins Mittelfeld der Karte und damit ins Zentrum des Blickfeldes rückt und was an den Rand. Wahrnehmungspsychologisch sind weder Zentrum und Peripherie eines Bildes noch obere und untere Bildhälfte gleichwertig. Es gibt keine gänzlich wertfreie Wissenschaft. Auch dafür ist die Kartographie ein anschaulicher Beleg. Man denke an die Widerstände, die zu überwinden waren, bis man sich aus pragmatischen Gründen auf einen einheitlichen Nullmeridian[4] (den britischen durch die Sternwarte von Greenwich) für die Erdkarten geeinigt hatte, sowie an die gelegentlichen Vorschläge aus der südlichen Hemisphäre, Karten mit dem Süden oben und dem Norden unten einzuführen.

Auch hier kann man einem Mangel, der Unmöglichkeit, sämtliche Erdteile gleichwertig wiederzugeben, etwas Positives abgewinnen. Man plaziert jenen Erdteil ins Mittelfeld der Karte, der in einer bestimmten Phase der Geschichte eine zentrale Rolle spielt. In unterschiedlichen Phasen der Geschichte und in Abhängigkeit vom jeweiligen Forschungsgegenstand sind das immer wieder andere Erdteile (→ A 1 [Karte] und 2 [Text], N 5, G und Z).

Auch die Tatsache, daß sich die Mittellinie und der Nullmeridian einer Karte nicht zu decken brauchen, läßt sich dafür benutzen, einem Sachverhalt mehr oder weniger auffällig, ohne Worte, nur visuell, Ausdruck zu verleihen. Auf den Karten, die der Philosophie im westlichen Teil der »Alten Welt« gewidmet sind, liegen Ionia und Hellas, die Ausgangsregionen der Philosophie in diesem Teil der Erde, annähernd in der Mitte (→ W 1–4). Der gewählte Nullmeridian (der 35. Längengrad Ost) verläuft jedoch weiter östlich durch phönikisch-palästinensisches und ägyptisches Gebiet. Der gleiche Längengrad wurde zuvor schon für die Karten, die dem Aufkommen der frühesten Schriftkulturen und der Ausbreitung der alphabetischen Schriften zum Gegenstand haben, als Nullmeridian gewählt (→ K 3–5). Damit kann zum Ausdruck gebracht werden, daß das Ursprungs- und anfängliche Ausstrahlungsgebiet für die Stadt-, Schrift- und Wissenschaftskulturen im westlichen Teil der »Alten Welt«, nicht in

[4] Der Längengrad, der senkrecht vom oberen zum unteren Kartenrand verläuft.

Hellas und in Europa liegt, sondern östlich davon in der Region des »Fruchtbaren Halbmondes« und in Kemet/Ägypten.[5]

Für die Wahl des Nullmeridians außerhalb der Kartenmitte ist jedoch nicht immer ein ideologischer Grund zu suchen. Die Wahl kann auch rein pragmatisch motiviert sein. So wurde für die Karten der Geschichte der Philosophie in Europa vom 16. bis zum 20. Jahrhundert der 5. Längengrad Ost als Nullmeridian gewählt, der durch Holland (ein Hort der frühen aufklärerischen neuzeitlichen Philosophie) verläuft. Die Wahl eines zentraleren Längengrads, etwa des Längengrads, der in der Nähe von Berlin verläuft, oder sachlicher begründet, des Nullmeridians der offiziellen »mitteleuropäischen Zeit«, des 15. Längengrads Ost, der durch die ehemals preußische Sternwarte von Stargard bei Stettin/Szczecin, unweit der Oder/Odra, des Grenzflusses zwischen West- und Ost-Europa, führt, wäre mit kartographischen Nachteilen verbunden gewesen. Die Karte für die europäische Neuzeit (N 2) hätte verkleinert werden müssen, um für die philosophiegeschichtlich wichtigen russischen Orte Raum zu schaffen. Kartenraum ist ein kostbares Informationsmedium, mit dem rational umzugehen ist. Mit dem 5. Längengrad Ost als Nullmeridian war es zudem auf der Karte für das 20. Jahrhundert (N 3) möglich, Sankt-Peterburg/Leningrad gerade noch aufzunehmen, während Hellas und Istanbul/Kōnstantinupolis, beide auf traditionell europäischem Boden und westlicher als Sankt-Peterburg, bei dem gewählten Maßstab außerhalb der Karte zu liegen kamen. Damit läßt sich nicht nur die Bedeutung der ehemaligen russischen Hauptstadt für die Philosophie des 20. Jahrhunderts anzeigen. Es wird auch deutlich, daß von Hellas, der Ausgangsregion der »europäischen Philosophie«, und von Istanbul/Kōnstantinupolis, das während Jahrhunderten eine nicht zu unterschätzende Vermittlerrolle spielte, in diesem Zeitraum nichts mehr anzuführen ist, das eine Berücksichtigung bei der Wahl des Kartenausschnitts rechtfertigen würde.

Ein Selektionspotential ist immer auch ein Manipulationspotential. Auch dafür ist die Kartographie ein Schulbeispiel. Nicht allein wissenschaftliche Anliegen spielen bei der Wahl der jeweiligen Karte, ihres Umfangs, ihres Mittelfelds und ihrer Projektion, eine Rolle. Häufig sind dafür Machtinteressen ausschlaggebend, bewußt oder unbewußt.

Ebenso können ästhetische und didaktische Anliegen zu Manipulationen, wissenschaftlich zulässigen oder unzulässigen, verleiten. Eine umsichtig gestaltete Karte kann ein zur Gewohnheit gewordenes »Weltbild« oder »Geschichtsbild« korrigieren und ein neues einprägsam vermitteln. Mit der Karte der Schrift- und Wissenschaftskulturen der »Alten Welt« (A 6) läßt sich dies veranschaulichen. Der gewählte Nullmeridian, der 60. Längengrad Ost, verläuft weder durch die Kartenmitte noch durch die Mitte der »euroasiatischen Landmasse«, sondern durch Ost-Īrān. Der Īrān spielte eine herausragende Rolle in der Vermittlung von Schrift und Wissenschaft zwischen dem Westen und dem Osten der »Alten Welt«. Daß auch dies durch die

[5] Der 35. Längengrad Ost ist außerdem der Längengrad, der exakt durch den Berg Karmel und das ostafrikanische *Rift Valley* verläuft. Der Berg Karmel ist das Fundgelände der bislang frühesten Fossilien des anatomisch modernen Menschen außerhalb Afrikas, und das *Rift Valley* ist beim gegenwärtigen Stand der Forschung noch immer die herausragendste Region in der Anfangsgeschichte der Menschheit überhaupt (→ A 1–3 und K 1). Auf keiner der angeführten Karten ist der 35. Längengrad Ost eingetragen, sondern nur der 30. und der 40. Grad, in deren Mitte er liegt.

Karte zum Ausdruck gebracht wird, ist ein willkommener Nebeneffekt des gewählten Nullmeridians. Ausschlaggebend war jedoch etwas anderes, etwas primär Ästhetisches. Mit der Wahl des 60. Längengrads als Nullmeridian erhält der Gürtel der Schrift- und Wissenschaftskulturen zwischen dem Atlantik und dem Pazifik eine halbmondförmige Gestalt. Einerseits erinnert er damit an die als »Fruchtbarer Halbmond« gängig gewordene Bezeichnung für eine kulturgeschichtlich herausragende Region in Südwest-Asien (→ K 2-5), mit dem er, was Rang und Rolle angeht, vergleichbar ist. Mit seiner nach Süden gewölbten Form und einer leicht asymmetrischen Verschiebung kontrastiert dieser Gürtel andererseits in anmutiger Weise mit der Wölbung der nördlichen Hemisphäre der Erdkugel.[6]

## *Philosophiegeschichtliche Überlegungen*

Wann beginnt die Geschichte der Philosophie? Sicherlich fängt sie nicht erst mit dem Aufkommen des Wortes »Philosophie« an, und sicherlich wird nicht nur dort philosophiert, wo es ein dieser Tätigkeit entsprechendes Wort gibt. Niemand käme auf die Idee, von Mathematik nur dort zu sprechen, wo man dafür ein Fachwort geprägt hat. Der Sache nach sei die Philosophie uralt, nur der Name sei neueren Datums, schrieb Cicero vor 2100 Jahren in seinen Disputationen aus Tusculum.

Natürlich hängt die Festlegung der Anfangszeit davon ab, was man unter »Philosophie« versteht. *Eine Philosophie hat,* so kann man formulieren, wer sich in seinem Tun und Lassen an Grundsätzen orientiert. *Ein(e) Philosoph(in) ist,* wer sich diese Grundsätze überlegt. Dazu gehört dann auch, daß er (sie) sich über die eigene Tätigkeit Gedanken macht. Daher ist die Suche europäischer Philosophen nach einem Fachwort für ihre Tätigkeit in anderen Kulturen verständlich. Es versteht sich auch, daß man einen Mathematiker, der sich mit den Grundlagen seiner Disziplin befaßt, entweder in Anlehnung an den philosophische Disziplin der Metaphysik als »Metamathematiker« oder aber als »Philosophen der Mathematik« bezeichnet.

Eine globale Geschichte der Philosophie kann man nicht ohne einen weiten Begriff der Philosophie abfassen. Sie läßt sich auch nicht ohne Überlegungen zu ihrer Vor- und Kontextgeschichte schreiben. Zur Philosophie gehört, daß sie Rechenschaft über ihre Voraussetzungen und Rahmenbedingungen ablegt. Die mentalen und sozialen Voraussetzungen des Philosophierens decken sich in beachtenswerter Weise mit den mentalen und sozialen Fähigkeiten, welche die Menschen zusammen mit ihrem Sprachvermögen erworben haben (→ K 1). Die Geschichte der Philosophie beginnt in diesem Atlas daher weder am hellenischen »Binnenmeer« *Thalassa hē esō* noch im südasiatischen »Mittelland« *Madhyamā Dish* noch in der ostasiati-

[6] Die Entscheidung für einen Nullmeridian weiter östlich, in Süd-Asien und dazu in der Kartenmitte, ergäbe ein geknicktes Farbband, das einem etwas unförmigen Bumerang gleichen würde.

schen »Mittleren Ebene« *Zhongyuan,* sondern mit der Anfangsgeschichte der Menschheit in Afrika (→ A 1 und K 1).

»Die Philosophie ist älter als die Religion«, schrieb im 9. Jahrhundert der aus dem zentralasiatischen, »jenseits von Āmū Daryā/Oxos« (heute in Qazaqstan) gelegenen Fārāb stammende muslimische Philosoph al-Fārābī. Was immer er dabei im Auge gehabt haben mag, fest steht, daß die frühesten erhalten gebliebenen Weisheitsschriften (aus dem 3. Jahrtausend vor dem Wechsel der Zeitrechnung in Kemet/Ägypten) ihre ethischen Maximen nicht theologisch, sondern ordnungsphilosophisch begründen. Religiöse Begründungen der Ethik sind charakteristisch für eine mittlere Phase der Entwicklung sowohl der archaischen Weisheitsliteratur als auch der später akademisch betriebenen Philosophie.

Für viele Philosophen beginnt ihre Disziplin in der »Achsenzeit« um die Mitte des letzten Jahrtausends vor dem Wechsel der Zeitrechnung (→ A 5). Die damals erfolgte Entwicklung bezeichnen sie als einen Übergang *vom Mythos zum Logos,* von Erzählungen zu Begründungen oder, wie man es auch formulieren könnte, von der *narratio* zur *ratio.* Aus der Vorachsenzeit ist jedoch ebensoviel Spruchweisheit wie Mythologie überliefert. Ciceros Sicht der damaligen Entwicklung als eine *von der Weisheit zur Philosophie* ist daher vorzuziehen.

Hegel vertrat in seinen Berliner Vorlesungen zur Philosophie der Geschichte ein dreistufiges Entwicklungsschema vom »Gefühl« über die »Anschauung« zum »Denken« und damit von der Religion über die Kunst zur Philosophie. Auf welcher Stufe oder Zwischenstufe sind auf einer solchen Skala der Kulturgeschichte Sprache und Sprachwerke anzusiedeln? Beim gegenwärtigen Stand der Forschung hat man gute Gründe, die Sprachfähigkeit der Menschen noch vor ihren frühesten Kunstwerken (Felsmalerei und tragbare Plastik) oder zumindest gleichzeitig mit diesen anzusetzen.

In bezug auf die Ägypter meinte Hegel in seiner einlinigen Geistesgeschichte der Menschheit, daß sie noch nicht in der Lage waren, über ihre »stummen Kunstwerke« hinaus »ein Nationalwerk der Sprache« hervorzubringen. Hegel konnte zu seiner Zeit die Weisheitsliteratur und die Dichtung im alten Kemet/Ägypten noch nicht kennen. »Das älteste Buch der Menschheit«, die »Lehre des Ptahhotep«, verfaßt wahrscheinlich im -24. Jahrhundert in Memphis, war noch nicht wiederentdeckt, ebensowenig der »Sonnenhymnos« des Akhenaton aus dem -14. Jahrhundert. Hegel konnte noch nicht wissen, daß die früheste bekannte »Entgötterung« oder, nach einer neueren Ausdrucksweise, »Entmythologisierung« der Natur dadurch, daß sie als eine Schöpfung Gottes erklärt wird, keine originelle Leistung der jüdischen Bibel ist, sondern – ein bis zwei Jahrtausende früher – ausgerechnet den afrikanischen Ägyptern zuzuschreiben ist, bei denen Hegel »ein eisernes Band um die Stirne des Geistes gewunden« zu sehen vermeinte. Die Archäologie hat seit Hegels Tod (1831) so viele literarische Dokumente ans Tageslicht gebracht (→ K 3 und W 2) und den zeitlichen Horizont der Frühgeschichte der Menschheit derart ausgeweitet (→ K 1), daß die ganze Vorgeschichte der Philosophie neu zu konzipieren ist.

Eine entsprechende Revision in bezug auf die außereuropäischen Entwicklungslinien der Philosophie ist mittlerweile voll im Gang. Man kann sich nach wie vor an das Kriterium von

Kant und Hegel halten, will man die »eigentliche« oder »wissenschaftlich betriebene« Philosophie von »bloßer« Weisheit abheben (theoretische Annahmen, die zur Lösung empirischer und praktischer Probleme gemacht werden, argumentativ und mit Hilfe von abstrakten Begriffen und Regeln klären). Mit diesem Kriterium sind die geographischen Grenzen der Philosophie jedoch nicht mehr dort zu ziehen, wo der Einflußbereich der von den Hellenen eingeleiteten philosophischen Bewegung endete. Der Forschungsstand ist heute ein anderer als in den Jahrzehnten unmittelbar vor und nach 1800. Zu viele der wahrhaft großen Philosophen außerhalb Europas waren Kant und Hegel wohl noch nicht einmal dem Namen nach vertraut, etwa Nāgārjuna, Vasubandhu, Bhartrihari, Dharmakīrti, Shankara, Gangesha in Süd-Asien, Xun Zi, Wang Bi, Fazang, Zhu Xi, Wang Yangming, Yi Hwang und Ogyū Sorai in Ost-Asien. Dasselbe gilt für muslimische Denker aus der Zeit nach der Rezeption islamischer Philosophie an den mittelalterlichen Universitäten Europas, beispielsweise für Ibn Khaldūn in Nord-Afrika und Mollā Sadrā in Īrān. Von der Mehrzahl dieser Gelehrten sind Texte überhaupt erst im Verlauf des 20. Jahrhunderts in europäischen Sprachen zugänglich gemacht worden.

Die europäische Erforschung außereuropäischer Traditionen hat sich lange Zeit auf Texte aus ihrer Frühzeit konzentriert. In den Texten der großen Gründerfiguren glaubte man, die Essenz der außereuropäischen Denkleistungen in reiner Gestalt, noch nicht überwuchert und verunstaltet durch spätere Entwicklungen, zu finden. In dieser Hinsicht verfuhren die Philosophen unter den Geschichtsschreibern nicht weniger dogmatisch als jene Theologen, die »das wahre Christentum« allein in den ursprünglich aramäischsprachigen Evangelien zu finden glaubten und in allen späteren Fortentwicklungen nur Verfälschungen sahen und nichts, das ebenfalls als originelle und kreative Leistung zu würdigen wäre.

Die Geschichte der außereuropäischen Denktraditionen betrachtete man allzulange als eine Stagnations- oder gar als eine Dekadenzgeschichte, in den muslimischen Ländern und in Ost-Asien spätestens seit dem 13. Jahrhundert, in Süd-Asien schon früher. Die Erforschung der neueren Zeiten ist noch zu jung für ein umfassendes Urteil. Wie immer es im einzelnen ausfallen wird, fest steht, daß das Denken, das man heute in diesen Erdteilen findet, von den geistigen Strömungen der unmittelbar zurückliegenden Jahrhunderte ebenso durchtränkt ist wie von ihren großen Klassikern. Ohne deren Aufarbeitung ist die derzeitige »geistige Situation« in Süd- und Ost-Asien nicht zu verstehen und ihr Entwicklungspotential nicht einzuschätzen.

Im westlichen Teil der »Alten Welt« geht man selbstverständlich davon aus, daß gegenwärtige Trends und Zukunftsperspektiven auf dem Hintergrund der neuzeitlichen Entwicklungen zu studieren sind und nicht allein auf der Grundlage der achsenzeitlichen Kulturen und ihrer »mittelalterlichen« Transformationen durch Judentum, Christentum und Islam. In Süd- und Ost-Asien ist es nicht anders. Auch hier reicht die Kenntnis der achsenzeitlichen Quellen und der Transformationen nicht aus, die diese Regionen im ersten Jahrtausend nach dem Wechsel der Zeitrechnung erfahren haben, Süd-Asien durch den intellektuellen Aufschwung der buddhaitischen Philosophie und Ost-Asien durch die Rezeption dieser Philosophie. Die politische und wirtschaftliche Entwicklung in Zhongguo/China und in Süd-Asien scheint zwar den Eindruck einer auslaufenden philosophischen Dynamik in den beiden Regionen zu bestätigen.

Man sollte darob jedoch nicht die Kreativität und die Sprengkraft übersehen, die sich in den Denkansätzen finden, die im Verlauf des unterschätzten vergangenen Jahrtausends aufgekommen sind, am eindrücklichsten in Zhongguo/China, Han'guk/Korea und Nihon/Japan.

Für die muslimischen Länder gilt dasselbe. Muhammad Iqbāl, der vielleicht schöpferischste islamische Philosoph der ersten Hälfte des 20. Jahrhunderts, beruft sich bei seinen philosophischen Überlegungen zu einer den politischen und kulturellen Wandel berücksichtigenden »Rekonstruktion des religiösen Denkens im Islam«, geschrieben in Lahore um 1930, nicht nur auf die großen Intellektuellen der Blütezeit der Philosophie in den muslimischen Regionen vom 9. bis 12. Jahrhundert und auf europäische Autoren. Er stützt sich auch auf geschichtstheoretische Überlegungen von Shāh Walī Allah, einem Gelehrten in der Mughal-Hauptstadt Dillī/Delhi im 18. Jahrhundert. Die Renaissance des philosophischen Denkens, die um 1600 von der »Schule von Esfahan« ausging, wirkt in Īrān bis heute nach.

Ebenso ungleichmäßig erforscht wie die verschiedenen Epochen sind die verschiedenen Länder. Außerhalb der klassischen Zonen der Philosophie in Asien und Nord-Afrika ist allein Nihon/Japan mit Geschichtswerken und mit kritischen Werkeditionen in europäischen Sprachen soweit erschlossen, daß ein Studium für jemanden, der die Originalsprachen (Chinesisch und Japanisch) nicht beherrscht, einigermaßen möglich ist. Für Böyü/Tibet und Han'guk/Korea laufen erst seit kurzem vergleichbare Erschließungsarbeiten. Selbst für Viêt Nam, für das es eine jahrhundertelange einheimische (an chinesischen Vorbildern orientierte) wie auch eine jahrzehntelang von den europäischen Kolonisatoren betriebene Geschichtsschreibung gibt, ist eine Evaluation der philosophischen Denkleistungen nur ansatzweise möglich. Für die übrigen südostasiatischen Länder gilt das noch viel mehr.

Für Regionen mit einer ausschließlich oralen Kultur gibt es systematische Bestandsaufnahmen seit knapp hundert Jahren (→ N 5). Für die weiter zurückreichende Erschließung der geschichtlichen und geographischen Entwicklungen ist man auf die Fortschritte in der Sprachforschung und derjenigen der »Sitten und Gebräuche« angewiesen. Will man wissen, was in einer oralen Kultur an Philosophie und Wissenschaft möglich ist, muß man sich nach Süd-Asien wenden. Nahezu ein volles Jahrtausend lang, seit dem 8. Jahrhundert vor dem Wechsel der Zeitrechnung, wurden dort Philosophie und Wissenschaft mündlich betrieben und überliefert (darunter die eingehendste Grammatik einer Sprache, die es vor dem 19. Jahrhundert überhaupt gab, die Pāninis in Gandhāra um -400). Ihre Verschriftlichung setzte erst im letzten Jahrhundert vor dem Wechsel der Zeitrechnung allmählich ein. In der Geschichte der Philosophie in Süd-Asien findet man den Maßstab für das, was ohne Schrift philosophisch denkbar ist. Leicht memorisierbare Merkverse *sūtrāni* bilden offenbar ein mit der Schrift in einem überraschenden Ausmaß vergleichbares Medium, das ein Textkorpus bereitstellt, das überregional und überzeitlich als Bezugsbasis für abstrakte und komplexe Reflexionen und Argumentationen dienen kann. Nicht zu übersehen ist aber doch, daß auch in Süd-Asien von nicht exakt fixierbaren Graden der Entwicklung an die Schrift als Medium sowohl der Textkonservierung wie der philosophischen Auseinandersetzung in Anspruch genommen worden ist.

*Besondere Gesichtspunkte*

Der Atlas befaßt sich mit den philosophischen Strömungen rund um die Erde. Er verfolgt dabei zweierlei mit besonderem Nachdruck: die Beziehungen und die typologischen Vergleichsmöglichkeiten zwischen den verschiedenen Erdteilen einerseits und, nur in einem scheinbaren Gegensatz dazu, die Mannigfaltigkeit der intellektuellen Entwicklungen innerhalb der einzelnen Erdteile andererseits. Die Menschheit ist insgesamt homogener, als man das im frühen 20. Jahrhundert glaubte annehmen zu müssen, und die einzelnen Kulturen sind heterogener, als man das damals dogmatisch angenommen hatte. Es gibt große Unterschiede zwischen den philosophischen Ansichten der Menschen. Die größten findet man nicht zwischen den einzelnen Erdteilen, sondern zwischen den Individuen und den Schulbildungen innerhalb der einzelnen Erdteile. Wenn man der Überzeugung ist, daß es keine umfassende Theorie gibt, in die sich alle menschenmöglichen Erfahrungen und alle elementaren Wertvorstellungen konfliktfrei einordnen lassen, ist das keine Überraschung.

Der Atlas beginnt mit einer Reihe von Modellvorstellungen (→ A-Karten), die man sich im Verlauf der Zeit von den Beziehungen zwischen den Kulturen gemacht hat, und kontrastiert sie mit Vorstellungen, die sich alternativ dazu heute anbieten. Die aktuellsten finden sich in den gegenwärtigen Rekonstruktionen der Anfangsgeschichte der Menschheit und von deren Ausbreitung über die gesamte Erde.

Der zweite Teil befaßt sich, ebenfalls noch überwiegend in modellgeschichtlichem Interesse, mit ausgewählten Aspekten der Vor- und der Kontextgeschichte der Philosophie (→ K-Karten). Am Anfang stehen Überlegungen zur Bedeutung der kognitiven Fähigkeiten der frühen Menschen, die für ihr hypothetisch angenommenes Sprachvermögen und ihre zu semiotischen Deutungen einladenden (technischen und ästhetischen) Artefakte vorauszusetzen sind, für die Fähigkeit zum Philosophieren (→ K 1). Es besteht offensichtlich ein gewisser Zusammenhang zwischen den wirtschaftlichen Verhältnissen (Agrikultur, Stadtkultur) und der Entwicklung von akademischen und wissenschaftlichen Ausformungen der Philosophie. Sprache ist ein fundamentales Medium der Philosophie und Schrift offensichtlich eines, auf das von einem gewissen Grad der Komplexität an keine akademische Philosophie verzichtet. Es ist daher beachtenswert, daß sich die Ausbreitung der großen philosophischen Traditionen nicht einfach mit dem Ausbreitungsgebiet der einzelnen Sprachfamilien und Schrifttypen deckt (→ K 2–5). Insbesondere das Ausgangsgebiet der heute rund um den Erdball gebräuchlichen alphabetischen Schriften (die »Nīl–Āmū Daryā-Region«) ist ein anderes als die Ausgangsregionen der drei großen philosophischen Netzwerke, des südasiatischen, des hellenischen und des chinesischen. Die Vielfalt der wirtschaftlichen Kontextbedingungen verdient besonders hervorgehoben zu werden für die Anfänge der Philosophie in Zhongguo/China, wo ansonsten Sprache, Schrift und, bis zur Rezeption des südasiatischen Buddhadharma, philosophische Diskussion in ihrer Ausdehnung deckungsgleich waren (→ K 6), sowie für die prähistoriographischen oralen Kulturen in Amerika und Afrika, deren Verschiedenartigkeit philosophischerseits lange unterschätzt worden ist (→ K 7–8).

Der Hauptteil des Atlasses ist den großen historiographisch dokumentierten Netzwerken des philosophischen Denkens gewidmet. Er ist architektonisch-schematisch gegliedert. Er folgt symbolisch – mit je fünf Karten – den vier Himmelsrichtungen (W, S, O und N). Die jeweils erste Karte gibt eine allgemeine Übersicht über das klassische Gebiet eines Netzwerkes. Die folgenden drei Karten zeigen, soweit das aufschlußreich ist, mit regional sich verändernden Kartenausschnitten, markante Verschiebungen der »Zentren des Denkens« innerhalb der vier Erdgegenden. Die jeweils abschließende Karte verweist auf die Ausbreitung der Denkrichtungen über ihre zentralen Regionen hinaus auf benachbarte Gebiete (zusammen mit einer Religion, dem Islam in Südwest- und Süd-Asien und dem Buddhadharma in Ost-Asien → W 5 und O 5), über nahezu die gesamte »Alte Welt« (im Fall der südasiatischen Schriftkultur, Wissenschaft und Philosophie → S 5) und schließlich über die ganze Erde (im Gefolge der neuzeitlichen Revolutionen in Wissenschaft, Technologie und Politik → N 5).

Die Entwicklungen in der Neuzeit in Europa und Nord-Amerika (zusammengefaßt unter dem Titel »Nord-Atlantik«) nehmen, menschheitsgeschichtlich betrachtet, eine Sonderstellung ein (→ N-Karten). Der Grund für diese Sonderstellung ist nicht nur ihr innovativer Charakter im Verhältnis zu sämtlichen früheren Entwicklungen, deren »Niveau« in den drei großen Traditionssträngen von Wissenschaftshistorikern als miteinander vergleichbar eingestuft wird. Diese neuen Entwicklungen in Europa und Nord-Amerika sind auch die ersten, die auf der Rezeption von wirtschaftlichen, kulturellen (»weltanschaulichen«, »lebensphilosophischen« ästhetischen) und wissenschaftlichen (mathematischen und technologischen) Ressourcen aus allen anderen Erdteilen basieren.

Die abschließenden zwei Karten (G und Z) bieten einen schematisch gehaltenen Ausblick auf die Gegenwart und die Zukunft.

Dieser Atlas ist kein enzyklopädisches Werk. Bei seinem Umfang ist dies nicht möglich und beim derzeitigen Forschungsstand ist es dafür zu früh. Sein Anspruch ist es vielmehr, ein Pilotprojekt zu sein. Er will die Dringlichkeit einer nicht nur auf die Zeitachse, sondern ebenso auf den geographischen Raum bedachten Geschichtsschreibung der Philosophie visuell zum Bewußtsein bringen.

Es gehört zum Standard umfangreicher geschichtlicher Werke, daß ihnen eine Zeittafel beigefügt wird. Weit seltener sind diese mit einem einigermaßen hinreichenden Kartenwerk versehen. Der Atlas ist gedacht als ein Begleit- und Hilfsinstrument bei der Lektüre philosophischer Überblicksliteratur, jedoch keineswegs als ein Ersatz.

Bei historischen Zitaten ist es nicht unüblich, daß ihre Autoren mit der Angabe von Geburts- und Todesdatum und dem Erscheinungsjahr der zitierten Schrift eine geschichtliche Zuordnung erfahren. Nur selten jedoch wird angeführt, woher die Autoren stammen und wo sie studiert, gelehrt und ihre zitierten Werke verfaßt haben. Der Informationswert solcher Angaben kann ebensogroß sein wie die Einordnung auf der Zeitachse.

Der Atlas ist auch in dem Sinn eine Pilotstudie, als mit ihm exemplarisch Möglichkeiten aufgezeigt werden, wie man beim heute erforderlichen globalen Geschichtsbewußtsein einen

Atlas konzipieren kann – und vielleicht auch muß. Pilotstudien sind nichts Vollkommenes. Zu ihrer Eigenart gehört es, daß man aus ihren Mängeln ebensoviel lernt wie aus ihren bahnbrechenden Leistungen.

Ausgewogenheit in der Auswahl der berücksichtigten Orte und Regionen, Personen und Lehrrichtungen ist bei einem Werk des vorliegenden Umfangs nicht möglich. Erst recht gilt das, wenn sein Gegenstand etwas so Komplexes, Vieldimensionales, in so mannigfaltigen Formen sich Äußerndes und entsprechend Umstrittenes ist wie die Philosophie. Die Probleme, die sich ergeben, lassen sich am Beispiel rein geographischer Karten veranschaulichen. Welchen Oberlauf eines Flusses bevorzugt der Kartograph bei Platzknappheit, den längeren oder denjenigen, der mehr Wasser mit sich führt, oder weder diesen noch jenen, sondern denjenigen, der sich geradlinig in den Unterlauf ergießt? Wie beschriftet man, zumal in einem Geschichtsatlas, einen Grenzfluß: mit dem bekannteren Namen (Yalu) des größeren Staates (Zhongguo/China) oder mit dem weniger bekannten Namen (Amnok) des kleineren Landes (Han'guk/Korea), das über längere Zeiten über den Fluß hinausreichte und dessen Sprache auch heute noch von einem großen Bevölkerungsteil auf der anderen Seite des Flusses gesprochen wird? Welchen Namen gebraucht man für eine Stadt: den offiziellen Namen in der arabischen Amtssprache des algerischen Staates (Bijāya), den Namen in der kabylisch-berberischen Regionalsprache (Begayet) oder den im Land noch immer zu hörenden Namen in der französischen Wissenschaftssprache, die zugleich die Sprache der ehemaligen Kolonisatoren war (Bougie)? Für welche von zwei offiziellen Staatsbezeichnungen entscheidet man sich: für die von einem Flußnamen abgeleitete, jahrhundertealte geographische Fremdbezeichnung (India) oder für die neu geschaffene mit ethnischen Assoziationen und religiösen Restaurationsbestrebungen verbundene Eigenbezeichnung der Bevölkerungsmehrheit (Bhārat)? Was ist schließlich ausschlaggebend für die Berücksichtigung eines Philosophen: die Originalität seines Denkens, der wegweisende Einfluß auf einen überragenden Philosophen, der Bekanntheitsgrad zu seiner Zeit, die andauernde Wirkungsgeschichte und Präsenz in den Geschichtsbüchern? Eine durchgehende Konsistenz in der Wahl der Orte, Personen und von deren Bezeichnung ist unmöglich.

Daß sich bei der Auswahl persönliche oder milieubedingte Vorkenntnisse und Vorlieben auswirken, ist von vornherein in Kauf zu nehmen. Gewisse Bevorzugungen und damit Einseitigkeiten sind aber auch beabsichtigt. Von einem wissenschaftlichen Werk erwartet man jedoch, daß es diese nicht verheimlicht.

Von der interkulturellen Ausrichtung des Atlasses her liegt es nahe, daß Orte und Personen bevorzugt aufgenommen werden, die eine Vermittlerrolle zwischen den Kulturen gespielt haben. Dazu gehören auffallend häufig Ärzte, im Osten wie im Westen (→ W 4–5, S 5 und N 5). Die frühesten Übersetzer philosophischer Schriften aus dem Hellenischen ins Arabische waren syrische Ärzte, der früheste Übersetzer wissenschaftlicher Texte aus dem Arabischen ins Lateinische ein in Salerno niedergelassener Pharmakologe (Constantinus Africanus), der erste Übersetzer der populärphilosophischen *Pañcatantra*-Tierfabeln aus dem Sanskrit in eine westliche Sprache ein iranischer Arzt (Burzōē), desgleichen ihr Übersetzer aus dem Arabischen in die hellenische Sprache (Symeōn Sēth). Die Ausbreitung des Buddhadharma über ganz Ost-Asien bis nach Nihon/Japan ist in den frühen Phasen zu einem guten Teil heilkundigen Missionaren zuzuschreiben. Das erste wissenschaftliche Werk aus Europa, das japanische Gelehrte aus eigener Initiative in ihre Sprache übertrugen, war ein holländisches Anatomiebuch, 80 Jahre vor der von außen aufgezwungenen Aufhebung der Seklusion des Landes. Alle Menschen möchten sich eines gesunden Lebens erfreuen, arm und reich, die Herrschenden im besonderen. So versteht sich, daß die Medizin die Wissenschaft ist, die am wenigsten mit Fremdenfeindlichkeit und Zensur zu rechnen hat.

Die Medizin ist zudem von der Natur ihres Gegenstands her seit je eine interdisziplinär ausgerichtete Wissenschaft. »Der beste Arzt ist auch ein Philosoph«, heißt es in einer Schrift des Galēnos aus Pergamon im 2. Jahrhundert, die entsprechend im 9. Jahrhundert vom Leiter des »Hauses der Weisheit« *Bayt al-Hikma* in Baghdād, Hunayn, auch ins Arabische übersetzt worden ist. Japanische Gelehrte waren auf den Namen Spinoza in den ihnen zugänglichen Medizinbüchern aus Holland gestoßen, lange bevor ihnen dessen Schriften frei zugänglich waren. Als Brücke zwischen den Kulturen wird man die Medizin, sozusagen das Herzstück innerhalb der Lebenswissenschaften, auch für die Zukunft im Auge behalten.

In der Vergangenheit gehörte die Astrologie ebenfalls zu den »Wissenschaften«, die sich mit überdurchschnittlicher Leichtigkeit über kulturelle Grenzen hinweg, selbst solche religiöser Art, auszubreiten vermochten. Auch das ist zu einem guten Teil mit der traditionell ganzheitlichen Konzeption der Medizin erklärbar, in diesem Fall mit einem offensichtlich überspannten, sozusagen totalitaristischen Glauben, daß alles mit allem aufs engste zusammenhängt, so auch die Konstellation der Gestirne und die Gesundheit der Menschen. Von der interkulturellen Anziehungskraft der Astrologie profitierte die Philosophie nicht direkt, wohl aber – als Hilfsdisziplinen für die Astrologie unentbehrlich – die empirische Astronomie und die Mathematik. Deren Fortentwicklung im Dienst der Astrologie kam dann auch der Philosophie zugute.

Die Ausbreitung von Stadt- und Schriftkultur und einer damit verbundenen Philosophie erfolgt auffallend häufig zusammen mit der Ausbreitung von Religionen. Es gibt offensichtlich Stadien der wirtschaftlichen und politischen Entwicklung (Zunahme der Handelskontakte, Aufkommen überregionaler Staaten, Bereitschaft für neue Arbeitstechniken, Bedarf an neuen Verwaltungsformen), in denen Religionen (am erfolgreichsten Buddhadharma, Christentum und Islam) als Träger oder als Begleiter den »Zivilisationsprozeß« erleichtern (→ K 8, W 4, S 5 und O 5).

Das Zusammengehen von Religion und Philosophie wird in Europa ausgehend von der eigenen Geschichte gerne als ein Zeichen für eine »vormoderne« Phase der philosophischen Entwicklung ausgegeben. Es ist jedoch darauf zu achten, welche Rolle die Religionen oder einzelne Lehrrichtungen innerhalb der Religionen philosophischen Formen der Erkenntnis zumessen. Eigenständige Erkenntnis ist für die drei großen südasiatischen Religionen (Hindu-, Buddha- und Jainadharma) fundamental und nicht wie für die drei großen Offenbarungsreligionen südwestasiatischen Ursprungs ein zwar nützliches, aber auch ein verzichtbares Hilfsmittel. Philosophische Erkenntnisse entwickeln überdies eine Eigengesetzlichkeit und erlangen ein Eigengewicht, die sie von den religiösen Zielvorstellungen, von denen sie in Gang gebracht worden sind, ähnlich ablösbar machen, wie Newtons Physik von dessen religiöser Motivation getrennt werden kann.

Wie das Verhältnis zwischen Religion und Philosophie ist auch das zwischen Wissenschaft und Philosophie umstritten. Die Trennung ist einfach, wenn man glaubt, die Wissenschaften befaßten sich allein mit Tatsachen und Verallgemeinerungen von Tatsachen, die Philosophie dagegen mit Vernunft und rationalen Begründungen. Geht man dagegen davon aus, daß es kein empirisches Wissen ohne theoretische Annahmen und keine theoretischen Annahmen ohne Grundlagenprobleme gibt, unterscheiden sich die beiden bloß mit der unterschiedlichen Bestimmung ihres Schwerpunkts.

Auffallend ist freilich, daß das Verhältnis zwischen Philosophie und Wissenschaft im westlichen Teil der »Alten Welt« ein viel engeres ist, als in Süd- und in Ost-Asien. Daß dieselbe Person sich als Philosoph und als Wissenschaftler profiliert hat, wie das im Westen von Aristotelēs über Ibn Sīnā bis zu Descartes, Leibniz und Kant immer wieder festgestellt werden kann, läßt sich in Süd- und noch mehr in Ost-Asien höchstens ausnahmsweise nachweisen. Bemerkenswert ist aber dennoch, daß auch dort die Blütezeiten der Philosophie wiederholt solche der wissenschaftlichen Forschung sind. Es ist deshalb auch in Asien angebracht, die Geschichte der Philosophie nicht allein im Kontext der Religionen, sondern ebenso auf dem Hintergrund der Wissenschaftsgeschichte zu verfolgen.

Transkulturell nicht einfach zu trennen sind Philosophie und Dichtung. In diesem Atlas werden besonders Dichter berücksichtigt, die eine klassische Inspirationsquelle für die Philosophie geworden sind (wie Homēros in Europa bis weit in die Neuzeit hinein), die über ihre Kunst selber philosophisch nachgedacht haben (wie Murasaki Shikibu um das Jahr 1000 in Kyōto) oder die sich als Vermittler fremder Kulturen hervorgetan haben – wie problematisch deren Leistungen von einem akademisch-philosophischen und wissenschaftlichen Standort aus auch beurteilt werden. Solche dichterischen Vermittlungen anderer Kulturen sind im 19. und frühen 20. Jahrhundert besonders häufig zu finden, von Chateaubriand, Byron, Goethe und Pushkin bis zu Tagore, Kipling, Hesse und Pearl S. Buck.

Schließlich werden in diesem Atlas nicht nur Personen berücksichtigt, die tatsächlich gelebt haben, sondern auch herausragende legendäre und/oder ganz und gar fingierte Figuren, die in die Geschichte der Philosophie eingegangen sind. Gewichtige Beispiele sind Huang Di, Krishna, Vishnusharman/Bidpai, Hermēs Trismegistos, Diotima und Tawaddud. Geschichtlich wirksam geworden sind nicht nur reale, sondern ebenso erfundene Persönlichkeiten. Auch für sie gibt es örtliche und zeitliche Zuordnungen. Die Grenze zwischen Wirklichkeit und Einbildung (»gesellschaftlicher Konstruktion«) ist ohnehin eine offene und nicht leicht zu kontrollierende.

Allgemein gilt, daß in diesem Atlas die wichtigsten Lebensstationen von transkulturell und interkontinental bedeutenden Philosophen eingetragen sind. Orte und in den Registern auch Personen, denen eine überragende Bedeutung zugeschrieben wird, sind fett hervorgehoben. Von ihnen kann erwartet werden, daß sie zum Wissensstand eines akademisch gebildeten und philosophisch interessierten Menschen gehören. Orte, von denen man annehmen kann, daß sie historisch geschulten Fachphilosophen und Studierenden der Philosophie vertraut oder zumindest nicht fremd sein sollten, sind in mittlerer Schriftgröße gesetzt. Kleingedruckte Eintragungen sind von eher marginaler, aber doch in speziellen Hinsichten auch von signifikanter Bedeutung. Sie mögen von Interesse allein für Spezialisten und Liebhaber der Geschichtsschreibung sein.

Orte, die bei der Vermittlung zwischen Kulturen eine beachtliche Rolle spielten, werden besonders, mit einem Sonderzeichen versehen, berücksichtigt (Beispiele: Turpan und Toledo). Spielt ein Ort, manchmal überraschend, eine Rolle in der Biographie mehrerer Philosophen, ist das ein zusätzliches Motiv, ihn aufzunehmen (Beispiel: 'Akko). Bei den Vielgereisten werden bevorzugt jene Reisestationen festgehalten, die in ihrem Werk einen literarischen Niederschlag gefunden haben (Beispiele: Dresden bei Dostoevskii, Paris bei Husserl). Für die Frühgeschichte und im besonderen für Mesoamérica sind bei der Aufnahme eines Ortes in erster Linie literarische und nicht kunstgeschichtliche Funde maßgebend.

Zwei Regionen erhalten eine Sonderbehandlung mit je einer eigenen Karte: das Kerngebiet der antiken hellenischen Wissenschaft und Philosophie in der Mittelmeerregion und das von deutschsprachiger Wissenschaft und Philosophie dominierte neuzeitliche »Mitteleuropa« (→ W 3 und N 4). Die Beherrschung der hellenischen und der deutschen Sprache, beide einst klassische Sprachen der Philosophie, ist unter Wissenschaftlern in einem großen Umfang rückläufig. Schrumpfen wird daher wohl bald auch die Berücksichtigung, die sie bisher in universalgeschichtlichen Handbüchern und Lexika erfahren haben. Das Denkmal, das ihnen mit eigenen Karten gesetzt wird, hat allerdings die unbeabsichtigte Folge, daß Orte und Personen aus dem westlichen Teil der »Alten Welt« in diesem global konzipierten Atlas noch stärker vertreten sind, als sie dies aufgrund des ungleichmäßigen Forschungsstandes ohnehin sind.

Das zeitliche Limit in der Gegenwart für die Eintragung von Orten und Personen sind die Jahre um 1960. Von Orten und Personen, die sich in jüngerer Zeit einen Namen gemacht haben, muß sich erst noch erweisen, ob sie ihren Rang zu halten vermögen. Eine nennenswerte Ausnahme sind hier Fundorte zur Frühgeschichte der Menschheit. Unsere Vorstellungen von den Anfängen der menschlichen Kulturen werden mit einiger Sicherheit dauerhaft andere sein als diejenigen, die man sich noch um 1960 von ihnen machte.

## *Cultural Politeness*

In der europäischen Literatur sind für außereuropäische Philosophien und Religionen zu einem großen Teil Bezeichnungen geläufig, die im 18. und 19. Jahrhundert aufgekommen sind. Man dachte damals in einem überdurchschnittlichen Maße kulturideologisch voreingenommen und vermochte in fremden Kulturen ebenfalls nur ideologische Systeme zu sehen. Entsprechend häufig sind Bezeichnungen, die auf *-ismus* enden *(Buddhismus, Konfuzianismus)*. Es ist jedoch geschichtlich angemessener und im interkulturellen Verkehr höflicher, Ausdrücke zu wählen, die bei den Angehörigen der jeweiligen Kultur seit jeher gebräuchlich oder neu von selbstbewußten Gruppierungen in der Auseinandersetzung mit ihrer Behandlung in den »westlichen Wissenschaften« geschaffen worden sind. Zu Beginn eines neuen Jahrtausends ist es nicht zu spät, einige nur gerade zwei-, dreihundert Jahre alte Bezeichnungen auszuwechseln. Namen sind zwar etwas Äußerliches und häufig nicht mehr als »Schall und Rauch«, immer wieder aber insinuieren sie auch bestimmte Vorstellungen, manchmal idealisierende, häufig diffamierende oder auch nur abwegige, wie zum Beispiel die beiden seit längerem schon aufgegebenen Termini *Mohammedanismus* (statt *Islam*) und *Mohammedaner* (statt *Muslim*). Die Stellung von Muhammad als Prophet ist im Islam eine andere als die von Christus als Gottessohn im Christentum.

Einige der abschätzigen Ausdrücke sind jedoch nicht überflüssig geworden. Sie eignen sich, wie der von Edward Said umdefinierte Ausdruck *Orientalismus* oder der in der Kunstgeschichte im späten 19. Jahrhundert aufgekommene Begriff *Japonismus,* vorzüglich für eindimensionale und nicht selten einfältige Konzeptionen, die man sich im »Westen« von »nichtwestlichen«, »orientalischen« und/oder »exotischen« Kulturen zu machen pflegte, oder aber, wie die neue Wortprägung *Islamismus,* für fundamentalistische Bewegungen, die innerhalb dieser Kulturen nicht zuletzt als eine Reaktion auf »westliche« Mißachtung und Herabsetzung aufgekommen sind.

*Islam* ist eine von den Muslimen selber bevorzugte Bezeichnung für ihre Religion in allen für sie repräsentativen Ausprägungen. *Islamismus* ist eine passende Benennung für ideologische Bewegungen innerhalb des Islam. Schon vor geraumer Zeit ist man in Europa dazu übergegangen, statt von *Katholizismus* von *katholischer Kirche* zu sprechen und den Terminus *Katholizismus* nur noch für ideologische Bewegungen innerhalb dieser Kirche, am geläufigsten für den sogenannten *politischen Katholizismus,* zu verwenden. Es liegt nahe, mit überkommenen Bezeichnungen für andere Religionen und Kulturen ähnlich zu verfahren. *Buddhismus* eignet sich als Bezeichnung für ideologische Formen des *politischen Buddhismus* (zum Beispiel in Srī Lankā) und auch für die oft nicht minder ideologische Rezeption buddhaitischer Lehren im Westen (Paradebeispiel: *Zen-Buddhismus*). Für die von Buddha initiierte Lehre in all ihren Ausgestaltungen bietet sich dagegen ein Sammelbegriff wie *Buddhadharma* (wörtlich: »Buddha-Gesetz«) an. Dies entspricht nicht nur einer Eigenbezeichnung, sondern zugleich einer in Europa bis ins 17. Jahrhundert üblichen Bezeichnungsweise (mit dem Gesetzesbegriff) für die eigene wie für fremde Religionen *(lex Christiana, lex Mosaica, lex Macomettana)*.

Bei Adjektivbildungen ist das Suffix *-itisch* (vorbildlich: *jesuitisch, karmelitisch*) der ideologieverdächtigen Endung *-istisch* vorzuziehen.

Hier ist eine exemplarische Liste von ideologischen Bezeichnungen, für die eine höflichere Form vorgeschlagen wird:

| *Ideologische Bezeichnung* | *»Höflichkeitsform«* |
|---|---|
| Buddhismus | Buddhadharma (Buddha-Gesetz, -Lehre, -Religion)<br>*Pāli:* Buddhadhamma<br>*chinesisch:* Fo Jia (Philosophie)/Fo Jiao (Religion)<br>*koreanisch:* Pulgyo, *japanisch:* Bukkyō |
| buddhistisch | buddhaitisch/baudha(ka) |
| Hinayāna (»Kleines Fahrzeug«) | Theravāda (»Lehre der Alten«) |
| Hinduismus | Hindudharma/Hindu- oder hinduitische Philosophie |
| J(a)inismus | Jainadharma/Jaina- oder j(a)inaitische Philosophie |
| Schiwaismus | Shiva-Bhakti/Shaiva- oder shivaitische Religiosität |
| Tantrismus | Tantrayāna/Tantra- oder tantrische Religiosität |
| Wischnuismus | Vishnu-Bhakti/Vaishnava- oder vishnuitische Religiosität |
| Konfuzianismus | Ru Jia/konfuzianische Philosophie |
| Taoismus/Daoismus | Dao Jia/daoitische Philosophie<br>Dao Jiao/daoitische Religion |
| Arier | Aryer |
| Goldene Horde | Altın Ordu/Zolotaia Orda/»Goldene Orda« |
| Kalmücken | Kalmyk/Kalmyken |
| Seldschuken | Saljuken |
| Kabylei | Tam(o)urt/Kabylia |
| Mongolei | Monggol Ulus/Mongolia |
| Türkei | Türkiye |
| kosmopolitisch | geopolitisch |
| Kosmopolitismus | (globale) Geopolitik |
| Sekte | Lehrrichtung, Schule, Konfession |
| Stamm, Volk | Population, Bevölkerungsgruppierung |
| prähistorisch | prähistoriographisch/oral |
| vorgeschichtlich | vor der Geschichtsschreibung |
| vor/nach Christus | vor/nach dem Wechsel der Zeitrechnung |

*Prähistorisch* und *vorgeschichtlich* sind mehrdeutige Adjektive. Sie insinuieren, daß es vor der Geschichtsschreibung keinen geschichtlichen Wandel, nur Stagnation gegeben habe, oder aber nur biologische Evolution und keine kulturell zu erklärende Veränderungen. *Kosmopolitisch* ist zu hoch gegriffen. Die Erde ist nicht »die ganze Welt«. Sie ist unser aller Boden und Ressource.

Bei Ländern, Regionen und Staaten, sind die Eigenbezeichnungen vorzuziehen.[7] Hier einige prominente Beispiele:

[7] Eine Synopse der Eigenbezeichnungen und der deutschen Bezeichnungen der mehrfach angeführten Staaten und Regionen finden sich am Ende des Geographischen Registers, S. 295–298.

| *Fremdbezeichnung* | *Eigenbezeichnung* |
|---|---|
| Griechenland, griechisch | Hellas/Ellas, hellenisch |
| Kleinasien | Anatolē/Anatolia/Anadolu |
| Ägypten | Kemet/Misr |
| Palästina | Filastīn |
| Indien | Bhārat(a)/(Republic of) India<br>Süd-Asien/indischer Subkontinent |
| Ceylon | Srī Lankā |
| China | Zhongguo/»Mittelland«/»Land der Mitte« |
| Korea | Han'guk |
| Japan | Nihon |

*Euro*zentrische Bezeichnungen sind deplaziert und mit *geo*graphischen Bezeichnungen zu ersetzen, so wie es mit dem noch zu Hegels Zeit gebräuchlichen *Hinterasien* (für Süd- und Ost-Asien) längst geschehen ist und mit *Hinterindien* (für Südost-Asien) seit einiger Zeit selbstverständlich ist:

| *eurozentrisch* | *geographisch* |
|---|---|
| Vorderasien | Südwest-Asien |
| Naher Osten | »Nīl–Āmū Daryā-Region« |
| Ferner Osten | Ost-Asien |
| Subsahara-Afrika | Afrika südlich der Sahara |

*Orient* und seine anderssprachlichen Wiedergaben *Anatolē/Anatolia/Anadolu, Mashriq, Morgenland, Levante* und *Osten* einerseits und *Okzident* und seine alternativen Wiedergaben *Hesperia, Maghrib, Abendland* und *Westen* andererseits sind als historische Begriffe unvermeidbar geworden. Es sind im übrigen auch nicht einseitig europazentrierte, sondern bipolare Bezeichnungen, die im *Orient* wie im *Okzident* innerhalb des westlichen Teils der »Alten Welt« gebraucht werden. Ihr Umfang ändert sich von Kontext zu Kontext. Bis weit ins 20. Jahrhundert hinein wurde der Balkan, das gesamte ehemals zum Osmanischen Reich gehörende Südost-Europa, Kōnstantinupolis/Istanbul und Hellas/Yūnānistān miteingeschlossen, zum *Orient* gezählt. Dies entsprach der Grenzziehung zwischen *Oriens* und *Occidens* im Römischen Reich vor 2000 Jahren (→ W 1, 2). Im Englischen unterscheidet man (mit schwankender Grenzziehung) entsprechend zwischen *Near East* (im engsten Sinn nur für Südost-Europa) und *Middle East* (im engeren Sinn nur für die Region zwischen 'Irāq und Afghānestān).

Bei einem die ganze Erde umspannenden Horizont ist bei der Verwendung von *Orient* und *Okzident* und ihren Übersetzungen zu berücksichtigen, daß es in anderen Erdteilen analoge Selbst- und Fremdbezeichnungen gibt: *Khorāsān* (»Morgenland«) für Nordost-Īrān, *Cho-*

*sŏn* (»Land der Morgenfrische«) für Han'guk/Korea, *Nihon* (»Land des Aufgangs des Tages/der Sonne«) für Japan. Im »Land der Mitte« *Zhongguo* nannte man in der Vergangenheit Zentralasien (im engeren Sinn nur das Gebiet der heutigen Provinz Xinjiang) *Xiyu* (»Westlande«/»Westliche Regionen«) und Süd-Asien/India *Xiguo* (»Westland«). Im angloamerikanischen Sprachgebrauch wechselt man umstandslos, vom jeweiligen Kontext abhängig, von der Bezeichnung *Middle East* für die östlichen Regionen Südwest-Asiens zur Bezeichnung *Middle West* für die nördlichen Gebiete der mittleren U.S.A. Nach der christlichen Überlieferung kamen »die Weisen aus dem Morgenland«. Sie heißen in der Bibel *magoi apo anatolōn/magi ab oriente*. Für das mittelalterliche Zhongguo stammten dagegen die großen buddhaitischen Gelehrten »aus dem Westen«. Ihre Bezeichnung lautet »westliche Weise« *xifang*. *Anatolē* als Bezeichnung der Gegend, in der die Sonne »aufgeht«, oder *Anatolai* (im Plural als Bezeichnung der Gegend, in der die Gestirne »aufgehen«) wird heute in seiner türkischen Übersetzung *(Anadolu)* nur mehr für den asiatischen Landesteil von Türkiye oder auch nur, wie früher im Byzantinischen Reich, einen westlichen Teil davon gebraucht. Das sind Regionen, die ganz oder zum größten Teil westlich des »Gelobten Landes« liegen, das die biblischen *magoi apo anatolōn* aufsuchten. Auf dem Erdenrund ist vieles relativ, abhängig vom jeweiligen Standpunkt. Für den Sprachgebrauch, ganz besonders in einem globalisierten Kontext, ist jedoch nicht nur der Standort des Schreibers maßgebend, auch nicht nur derjenige seiner direkten Adressaten, sondern derjenige aller potentiellen Leser.

Soweit es möglich ist, werden *Orient* und *Okzident* und ihre Äquivalente in den verschiedenen Sprachen besser, wenn auch etwas umständlich, durch die Namen der jeweiligen Regionen ersetzt:

| *Orient/Mashriq/Morgenland/Osten* | *Okzident/Magrib/Abendland/Westen* |
|---|---|
| Südost-Europa, Südwest-Asien und Nordost-Afrika | West-Europa und Nordwest-Afrika |
| »Nīl–Āmū Daryā-Region« | westlichster Teil der »Alten Welt« |
| Asien (und Nordost-Afrika) | Europa (und Amerika) |

Statt von *Kontinenten* und *Subkontinenten* spricht man in kulturgeschichtlichen Zusammenhängen angemessener und flexibler von *Erdteilen*. Europa ist geologisch gesehen kein Kontinent. Süd-Asien ist, ebenfalls geologisch betrachtet, von der »euroasiatischen Landmasse« mit dem Himalaya viel deutlicher als Subkontinent abgetrennt als Europa mit dem Ural. Von einem kulturgeschichtlichen Standort aus hebt es sich vom »übrigen Asien« mindestens so stark ab wie Europa. Das Niltal (Kemet/Misr/Ägypten) in Nordost-Afrika bildet mit dem »Fruchtbaren Halbmond« in Südwest-Asien über Jahrtausende hinweg eine vielfach verflochtene kulturgeschichtliche Region. Die »Nīl–Āmū Daryā-Region« (in alteuropäischer Ausdrucksweise der *Orient*) ist ein Erdteil, der sich über zwei nur mit einem schmalen Landstreifen verbundene Kontinente erstreckt. Süd- und Nord-Amerika mögen ein oder zwei Kontinente sein. Von zwei Erdteilen zu sprechen und dazu Mesoamérica/Mittelamerika als einen ökologisch leicht abtrennbaren und kulturgeschichtlich herausragenden dritten Erdteil zu bezeichnen, wirft keine großen Probleme auf.

*Erdteil* bietet sich häufig auch als ein willkommener Ersatz für den problematischen Begriff *Kultur* an.[8] *Erdteil* wird weit weniger als *Kultur* mit Homogenitätsvorstellungen assoziiert. Ganz allgemein sind geographische Begriffe ethnischen vorzuziehen. Unter Sprachwissenschaftlern ist es seit längerem üblich, statt von *semitischen* oder *hamitosemitischen* von *afroasiatischen* und statt von *indogermanischen* von *indoeuropäischen* Sprachen zu reden.

Städtenamen sind in der Regel ethnisch weniger belastet als die Namen von Ländern, Staaten und Regionen. Städte sind im allgemeinen ethnisch vielfältiger als die sie unmittelbar umgebende Region. Es sind Orte, in denen Menschen unterschiedlicher ethnischer und sprachlicher Herkunft und mit unterschiedlichen Welt- und Wertvorstellungen zusammenkommen, auch dann, wenn sie in getrennten Stadtteilen leben. Dies ist mit ein Grund, weshalb die Personen in diesem Atlas, soweit das möglich ist, an erster Stelle Städten und nicht Ländern und Landschaften zugeordnet werden.

[8] Andere Alternativen für den Begriff *Kultur* (in seiner pluralisierbaren Bedeutung) sind *kulturelles Netzwerk* und *Netzwerk von Traditionen*.

*Danksagung*

Ein Atlas der vorliegenden Art ist nicht möglich ohne die Mitarbeit und die Konsultation vieler. Alle mit Namen anzuführen, die mit Auskünften aus ihrem Fachgebiet geholfen haben, ergäbe eine lange Liste. Die Nennung derjenigen, die mir längere Zeit bei der Erstellung der Karten und der Register assistiert haben, muß hier genügen. Christoph Brandenberger vom Kartographischen Institut der ETH Zürich stellte die Umrisse der Karten zur Verfügung. Ihre philosophiegeschichtliche Adaptation und die Eintragung der kulturgeschichtlichen Daten besorgten mit wachsender kartographischer Könnerschaft zwei philosophische Assistenten: Andreas Affentranger und Patric Schaerer. Patric Schaerer übernahm auch die technische Erstellung der Schaubilder sowie die Redaktion sämtlicher Karten. Außerdem fungierte er mit seinen Kenntnissen der arabischen und der persischen Sprache zusammen mit David Arn, der sich zusätzlich in den türkischen Sprachen auskennt, als Informant für die Philosophie in den muslimischen Ländern. Der mehrjährige Mitarbeiter, der mit seinen Kenntnissen sowohl des Sanskrit wie des Chinesischen der Hauptzuträger von Informationen zur Philosophie in Süd-Asien und in Zhongguo/China war, zieht es vor, anonym zu bleiben. Hu Qiuhua hat die Register für Zhongguo durchgesehen und Peter Lindegger, der mir gleichzeitig mit Informationen über Böyü/Tibet geholfen hat, diejenigen für Süd-Asien. Andrée Belleville war bei der Informationsbeschaffung zur Philosophie in Nihon/Japan und Daniel Schiesser bei derjenigen für Rossiia/Rußland behilflich. Thomas Meier und Thomas Hiltbrunner waren mit ihrer unter Philosophiestudenten selten gewordenen Kompetenz in hellenischer und lateinischer Sprache und selbstverständlich auch mit ihrer Beherrschung der großen modernen westeuropäischen Sprachen die Hauptbeschaffer von biographischen Materialien zur Philosophie im antiken Mittelmeerraum, in Europa und in den U.S.A. Thomas Hiltbrunner hat zudem bei der technischen Redaktion der Register geholfen.

Die sich über fast ein ganzes Jahrzehnt hinziehende Arbeit an dem Atlas wurde ermöglicht durch die Forschungsfreiheit, welche die ETH, das *Swiss Federal Institute of Technology,* ihren Professoren, auch den Humanwissenschaftlern unter ihnen, gewährt. Der Atlas hatte sich allmählich aus Kartenmaterial ergeben, das für Einführungsvorlesungen im Bereich der Philosophie an der ETH Zürich erstellt wurde. Ein neunmonatiger Forschungsaufenhalt am Collegium Budapest 1996–97, damals noch unter der Leitung seines Gründungsrektors Vékás Lajos, war eine willkommene Hilfe bei der Beschaffung biographischer Materialien zum Personenregister. Für die verbleibenden Mängel dieser Pilotstudie trägt der Autor selbstverständlich die alleinige Verantwortung.

Egon Ammann, »der Levantiner«, war mit seinem Flair für Geographie und seinem Sensorium für geopolitische Zusammenhänge von Anfang an ein Animator und der Wunschverleger für diesen Atlas. Mike Bierwolf (Taipei und Zürich) übernahm die visuelle Gestaltung des Bandes, Ulrike Frank das Lektorat, Gaby Michel (Hamburg) den Satz der Texte und Beate Becker eine begleitende Beratung der drei, alle vier ebenso engagiert wie kompetent und anscheinend nicht zu ermüden.

# KARTEN UND SCHAUBILDER

# Technische Hinweise

## *Schreibweisen*

Für die Schreibweise fremdsprachiger Namen sind, wie nicht anders zu erwarten, mehrere Standpunkte in Betracht zu ziehen. Neben dem Standpunkt derjenigen, über die gesprochen wird, gibt es den Standpunkt der Adressaten einer Mitteilung. Wie man spricht, hängt nicht nur davon ab, über wen oder was man spricht, sondern auch davon, mit wem man spricht. Wenn man etwas sagt, will man verstanden werden. Sprachkenntnisse und vor allem Umschriftkenntnisse sind jedoch beschränkt. Deshalb haben sich – in einer Güterabwägung zwischen *cultural politeness* und »Leserfreundlichkeit« – *linguae francae* (interlinguale Verkehrs- und Wissenschaftssprachen) durchgesetzt.

In der Regel wird die im jeweiligen Land amtliche oder die in wissenschaftlichen Publikationen eines Fachbereichs übliche Schreibweise gewählt. Auf die Wiedergabe von Namen in einer verhältnismäßig wenigen Einheimischen und Sprachwissenschaftlern vertrauten regionalen Sprache wird jedoch verzichtet (rätoromanisch *Segl Maria* → dt. *Sils Maria*), ebenso auf Transkriptionssysteme (zur Wiedergabe der Aussprache eines fremdsprachigen Textes) und vor allem auf Transliterationssysteme (zur Wiedergabe der Verschriftlichung eines fremdsprachigen Textes), die nur von Spezialisten beherrscht werden (in tibetologischer Transliteration: *d'Ga'-lden* → anglisiert, wie die Mehrheit der Exiltibeter den Namen schreibt: *Ganden*).

Es ist erstrebenswert, sämtliche Namen und Fachausdrücke aus Sprachen, für die eine nichtlateinische Schrift üblich ist, in allen Sprachen der Erde, die in lateinischer Schrift geschrieben werden, möglichst einheitlich wiederzugeben. Dies ist zur Zeit am ehesten zu realisieren, wenn neben den in wissenschaftlichen englischsprachigen Publikationen benutzten Transkriptionsweisen die in einzelnen großen Sprachregionen und Wissensgebieten vorherrschende *lingua franca* und die für sie übliche Schreibweise berücksichtigt werden. Als ein heikles Problem erweisen sich dabei in Werken, die sich an eine interdisziplinäre Leserschaft richten, die diakritischen Zeichen zur Markierung einer besonderen Aussprache eines Buchstabens. Darauf wird am Ende dieses Kapitels, unmittelbar vor der Tafel mit dem Umschriftvarianten, eingegangen.

Als *lingua franca* sind in diesem Atlas bei der Umschrift maßgebend: für die hellenisch-römische Antike im Osten (sowie in den hellenischen Kolonien in Süd-Italia und auf Sicilia) *Hellenisch* und im Westen *Lateinisch,* in Süd-Asien bis zum 18. Jahrhundert *Sanskrit,* anschließend *Englisch,* in den muslimischen Ländern klassisches *Arabisch* (durchgehende Schreibung des Artikels: *al-*, nicht *el-*), gegebenenfalls zusätzlich *Persisch* und *Türkisch,* in Mittel- und Süd-Amerika *Spanisch,* in den ehemals französischen Kolonien in Afrika *Französisch* (im Maghrib/Maghréb als zweite *lingua franca* neben *Arabisch*), in »Mitteleuropa« (wenn auch nur mehr als historische Zweitsprache) *Deutsch,* in Nord-Asien *Russisch,* auf der ganzen Erde in der Gegenwart zunehmend *Angloamerikanisch.*

Die Orts- und Personennamen der hellenischen Antike werden nicht, wie es seit dem Mittelalter und dem Humanismus der Renaissance gebräuchlich war, latinisiert, sondern hellenisch wiedergegeben *(Ephesus → Ephesos, Plato → Platōn).* Die Personennamen des lateinischen Mittelalters werden, wie in deren Schriften üblich, in der Regel lateinisch und nicht in einer heutigen Landessprache geschrieben *(Anselmo d'Aosta* oder *Anselm of Canterbury → Anselmus Cantuarensis).* Die Mobilität zwischen den verschiedensprachigen Ländern war zu groß.

Mehrere der angeführten archäologischen Fundorte sind in den Nachschlagewerken nahezu ausschließlich in einer anglisierten Schreibweise zu finden. In solchen Fällen wird die anglisierte Schreib- und Zitierweise beibehalten (Beispiel: *Ay Khanum*). Ist die Identifizierung eines Ortes mit einer klassischen Umschrift nicht gefährdet, wird jedoch diese der anglisierten Form vorgezogen *(Qafzeh → Qafza).*

Unter dem Einfluß der internationalen angloamerikanischen Verkehrssprache verliert die alte Regel, daß in einer lateinischen Umschrift Vokale und Konsonanten wie in der nachklassischen lateinischen Wissenschaftssprache ausgesprochen werden, allmählich ihre Gültigkeit. Beispiele sind die Ersetzung von *i* durch *e* und die Reduktion von *th* auf *t (Na-Diné → Na-Dené, Tholing → Toling).*

Unter dem Einfluß englischsprachiger Lesegewohnheiten sind heute auch viele deutschsprachige Leser bei wenig vertrauten fremdsprachigen Personen- und Ortsnamen verunsichert, wie sie auszusprechen sind: *j* wird unter dem Einfluß des Englischen immer wieder wie *dsch* gelesen und *ch* wie *tsch. j* wird deshalb in diesem Atlas, wie das in Fachpublikationen zunehmend geschieht, bei Transkriptionen aus nicht lateinisch geschriebenen Sprachen durch *i* oder *y* ersetzt (je nach Sprache und Kontext: *Berdjajew* → *Berdia(i)ev, Jangtse* → *Yangzi)* und *ch* durch *kh (Chwāresm* → *Khwārezm, Bachtin* → *Bakhtin).* Die Beispiele zeigen, daß auch andere Buchstaben bei Transkriptionen aus fremden Sprachen zunehmend ersetzt werden: *w* durch *v* und *s* durch *z*. Ebenso wird *k* durch *c* verdrängt (Inka → Inca). Die englischen Schreibweisen haben über die globale Verbreitung hinaus den Vorteil, daß sie sich mehr mit den Schreibweisen auch anderer Sprachen decken als die traditionellen deutschen Transkriptionen, nicht zuletzt mit den Schreibweisen der beiden Sprachen, die nach dem Englischen die am weitesten verbreiteten sind: Chinesisch (in der *Pinyin*-Umschrift) und Spanisch (traditionell dt. *Tscheng* → chin./engl. *Cheng;* traditionell dt. *Jangschau* → chin./engl. *Yangshao;* dt. *Kantabrien* → span./engl. *Cantabria;* dt. *Simbabwe* → engl./span. *Zimbabwe;* dt. *Wolga* → engl./span. *Volga*). Bei Transkriptionen aus dem Russischen und den anderern slavischen Sprachen, die kyrillisch oder mit in westlichen Sprachen ungewohnten Diakritika geschrieben werden, sollte ebenfalls berücksichtigt werden, wie die entsprechenden Laute und Buchstaben in den slavischen Sprachen (freilich uneinheitlich) geschrieben werden, deren Sprecher die lateinische Schrift und Doppelbuchstaben statt Diakritika benutzen (Polnisch, Tschechisch/Czechisch, Slovakisch u. a.), wiedergegeben werden (tschechisch *slovansky,* engl. *slavic* und in der Schreibweise der deutschsprachigen Slavisten *slavisch,* dagegen polnisch *slowianski* und traditionell dt. *slawisch;* tschechisch *Čechy,* polnisch *Czechy* und engl. *Czechia,* dagegen dt. *Tschechien*).

Die im Deutschen noch immer übliche Anhäufung von drei bis vier Buchstaben zur Wiedergabe eines einzigen Konsonanten wird in fremdsprachigen Namen bei der Anlehnung an die englische Schreibweise (anglisiert) auf einen oder zwei Buchstaben reduziert (*sch* → *sh, dsch* und *tsch* → *j, ch* oder *cz,* je nach Sprache; vgl. die folgende Liste der Umschriftvarianten). Die englische Schreibweise ist in vielen Fällen die schlankere, im wörtlichen und in einem übertragenen Sinn. Sie ist knapper (ein meßbares ökonomisches Kriterium) und ergibt ein eleganteres Schriftbild (ein vielleicht subjektives Kriterium). Man tut gut daran, sich bewußtzumachen, daß man mit der Wahl der Schreibweise auch die Einstellung zu einer fremdartig klingenden Sprache bekunden kann. Goethe entschied sich im »West-östlichen Divan« (*nota bene:* nicht »Diwan«), einem Rat seines »orientalistischen« Fachberaters J. G. L. Kosegarten folgend, zur Wiedergabe von arabisch *hijra* (Muhammads »Emigration« aus Makka) für die französische Schreibung *hegire* anstelle der »zu barbarischen« Verdeutschung *Hedschre.*

Trefflich läßt sich darüber streiten, ob man bei einem adjektivischen Gebrauch eines englisch transkribierten Namens die Schreibweise des fremdsprachigen Wortstamms der Schreibweise des deutschen Suffixes anpassen soll oder ob die Übereinstimmung mit der Schreibweise des Namens zweckmäßiger ist. In diesem Atlas wird bei der Adjektivierung von indischen, arabischen, persischen und jüdischen Nomina der Wortstamm beibehalten *(Vishnu – vishnuitisch, Shī'a/Shia – shiitisch, Ashkenāz – ashkenazisch).*

Diakritische Zeichen (zur Markierung einer besonderen Aussprache eines Buchstabens) werden in Sprachen, die in lateinischer Schrift geschrieben werden, möglichst belassen (dänisch und norwegisch *ø* statt *œ* oder *ö,* tschechisch *č* statt *ch* oder *tsch,* türkisch *ı* statt *i*). In Sprachen mit einer anderen Erstschrift werden sie, wie das in Werken, die sich an eine interdisziplinäre Leserschaft richten, gängig ist, möglichst durch Doppelbuchstaben (Digraphe: *ch* statt *č*, *sh* statt *š*, *ś* oder *ṣ*) ersetzt. Doppelbuchstaben sind nicht nur leserfreundlicher, sie haben sich inzwischen auch als computerfreundlicher erwiesen. Die einheitliche und allgemein verständliche Schreibung mit Doppelbuchstaben bietet sich um so mehr an, als die Philologen der nicht lateinisch geschriebenen Sprachen, insbesondere Arabisten, Indologen und Slavisten, sich nicht auf eine universal einheitliche Verwendung der diakritischen Zeichen geeinigt haben.

Zur Orientierung der Spezialisten werden die ihnen geläufigen Diacritica auf den regionalen Karten und ebenso in den Stichwortzeilen der Register berücksichtigt. Auf den kontinentalen und globalen Übersichtskarten und ebenso in den Begleittexten zu den Karten und in der Einleitung werden dagegen in der Regel nur die Längezeichen vermerkt. Bei der Anhäufung der Namen unter den einzelnen Stichwörtern in den Registern hat sich gezeigt, daß eine durchgehende Verwendung der diakritischen Zeichen die Lesbarkeit beeinträchtigt. Sie sind dort auf (kursiv gesetzte) Fachausdrücke und Ortsverweise beschränkt.

Die Aussprache der einzelnen Buchstaben in den verschiedenen Sprachen und Umschriften ist in jedem größeren Lexikon zu finden.

*Umschriftvarianten*

| | | | | | |
|---|---|---|---|---|---|
| -a | (lateinisch) | → | -ē/-e | (hellenisch) | Creta → Krētē/Krete |
| -a | (Sanskrit) | → | -am | (dravidisch) | Tamilāka → Tamilākam |
| ä | (deutsch) | → | ae | (lateinisch) | Ägypten → Aegyptus |
| ae | (lateinisch) | → | ai | (hellenisch) | Aegyptus → Aigyptos |
| al- | (arabisch) | → | ad-/an-/ar-/ as-/ash-/at- | (assimiliert) | al-Dīn → ad-Dīn, al-Nasr → an-Nasr, al-Rāzī → ar-Rāzi etc. |
| c | (lateinisch) | → | k | (hellenisch) | Croto → Krotōn |
| c | (Sanskrit) | → | ch | (anglisiert) | Kāñcīpura → Kanchipura(m) |
| c/z | (slavisch) | → | ts | (anglisiert) | Car/Zar → Tsar |
| č | (slavisch) | → | ch | (anglisiert) | Čaadaev → Chaadaev |
| ch | (deutsch) | → | kh | (anglisiert) | Chasaria → Khazari(i)a |
| | | → | x | (rehellenisiert) | → Xazari(j)a |
| ḏ | (arabisch) | → | dh | (anglisiert) | Lāḏikiyya → Ladhikiyya |
| dj | (französisch) | → | j | (anglisiert) | Djenné → Jenne |
| dsch | (deutsch) | → | j/ch | (anglisiert) | Dschurdschen → Jurchen |
| ē/e | (hellenisch) | → | i | (neuhellenisch) | Athēnai/Athenai → Athina |
| -ei | (deutsch) | → | -ia | (lateinisch/englisch) | Mongolei → Mongolia |
| el- | (regional) | → | al- | (klassisch arabisch) | el-Fayyūm → al-Fayyūm |
| eo | (koreanisch) | → | ŏ | | Seoul → Sŏul |
| ġ | (arabisch) | → | gh | (anglisiert) | Baġdād → Baghdād |
| ğ | (arabisch) | → | j | (anglisiert) | Ğazīra → Jazīra |
| h | | → | kh | (anglisiert) | Orhon → Orkhon |
| h | (deutsch) | → | g | (russisch) | Herzen → Gerzen |
| ḫ | (arabisch) | → | kh | (anglisiert) | Ḫorāsān → Khorāsān |
| i | (arabisch) | → | e | (iranisch) | Isfahān → Esfahān |
| i | (lateinisch) | → | ı | (türkisch) | Aydinlar → Aydınlar |
| | | → | e | (anglisiert) | Na-Diné → Na-Dené |
| i | (deutsch) | → | y | (anglisiert) | Tokio → Tōkyō |
| ï | (ukrainisch) | → | i | (anglisiert) | Ukraïna → Ukraina |
| -ia | (lateinisch) | → | -eia | (hellenisch) | Alexandria → Alexandreia |
| j | (slavisch) | → | i | (anglisiert) | Rossija → Rossiia, Tolstoj → Tolstoi |
| ja/ya | (slavisch) | → | ia | (anglisiert) | Ljady/Lyady → Liady |
| je/ye | (slavisch) | → | e | (kyrillisiert) | Jenissej/Yenisey → Enisei |
| jo/yo | (slavisch) | → | e | (kyrillisiert) | Fjodor/Fyodor → Fedor |
| k | (deutsch) | → | c | (spanisch) | Azteka → Azteca |
| k/kh | | → | q | | Konya → Qūniya, Khan → Qān |
| ṃ | (Sanskrit) | → | n, ṇ, ṅ, ng | | Śaṃkara → Śaṅkara, Siṃhala → Sin(g)hala |
| o | (lateinisch) | → | u (oy/ou) | (hellenisch) | Constantinopolis → Kōnstantinupolis |
| -o | (lateinisch) | → | -ōn | (hellenisch) | Plato → Platōn |
| ö | (deutsch) | → | oe | (lateinisch) | Phönizien → Phoenicia |
| ø | (dänisch) | → | oe/ö | (englisch/deutsch) | Ørsted → Oersted/Örsted |
| oe | (lateinisch) | → | oi | (hellenisch) | Phoenicia → Phoinikē |
| ph | (hellenisch) | → | f | (latinisiert) | Philosophia → Filosofia |
| ṛ | (Sanskrit) | → | ri | (anglisiert) | Bhartṛhari → Bhartrihari |
| rh | (hellenisch) | → | r | (neuhellenisch) | Rhodos → Rodos |
| š | (arabisch) | → | sh | (anglisiert) | Šīrāz → Shīrāz |
| š | (slavisch) | → | sh | (anglisiert) | Špet → Shpet |
| ṣ | (Sanskrit) | → | sh | (anglisiert) | Takṣaśilā → Takshas(h)ila |
| ś | (Sanskrit) | → | s | (Pāli) | Śrī Lankā → Srī Lankā |
| | | → | s(h)/sh | (anglisiert) | Śrī Harṣa → S(h)ri/Shri Harsha |

| | | | | |
|---|---|---|---|---|
| sch | (deutsch) | → sh | (anglisiert) | Kusch → Kush |
| s | (deutsch) | → z | (anglisiert) | Kawkas → Kavkaz |
| s/ss | (deutsch) | → z | (spanisch) | Saragossa → Zaragoza |
| ss | | → s | | Haussa → Hausa |
| ss | (russisch) | → s | (ukrainisch) | Odessa → Odesa |
| ṯ | (arabisch) | → th | (anglisiert) | Kāṯ → Kāth |
| th | | → t | (anglisiert) | Tholing → Toling |
| tsch | (deutsch) | → ch | (anglisiert) | Tschad → Chad |
| | | → tch | (französisch) | Tschad → Tchad |
| | | → cz | (polnisch, anglisiert) | Tschechien → Czechy, Czechia |
| -us | (lateinisch) | → -os | (hellenisch) | Aegyptus → Aigyptos |
| w | (deutsch) | → v | (anglisiert) | Wolga → Volga, Wischnu → Vishnu<br>Ghaznawiden → Ghaznaviden |
| y | (slavisch) | → i/ii | | Tolstoy → Tolstoi, Belinsky → Belinskii |
| z/c | (slavisch) | → ts | (anglisiert) | Zar/Car → Tsar |
| ž | (slavisch) | → zh | (anglisiert) | Mežirič → Mezhirich |

*Kürzel und Formeln bei der Datierung*

| | |
|---|---|
| KJ | → »Kilo-Jahre« (1000 Jahre), englisch: *ky* → *kilo years* (in der Archäologie für Zeiten bis vor rund 10 000 Jahren üblich) |
| MJ | → »Millionen Jahre«, englisch: *my* → *million years* |
| vh | → »vor heute«, englisch: *BP* → *Before Present* (in der Archäologie, in Abhängigkeit vom chronometrischen Verfahren, für Zeiten bis vor rund 10 000 Jahren üblich) |
| - (Minuszeichen) | → vor dem Wechsel der Zeitrechnung, englisch: *BCE (Before Common Era),* traditionell: v. Chr. (»vor Christus«) |
| + (Pluszeichen) | → nach dem Wechsel der Zeitrechnung, englisch: *CE (Common Era),* traditionell: n. Chr. (»nach Christus«) |

*Symbole und Kennzeichnungen auf den Karten*

| | |
|---|---|
| ■ **Chang'an** | zentraler Ort der Philosophiegeschichte |
| ▲ ***Hangzhou*** | zentraler Ort der Kontextgeschichte der Philosophie (in kultureller, wissenschaftlicher, religiöser und/oder politischer Hinsicht) |
| △ ***Guangzhou*** | herausragender Ort der kulturellen Übermittlung (interkultureller Umschlagplatz, Übersetzungszentrum) |
| ○ Bordeaux | wichtiger Ort der Philosophiegeschichte |
| ▲ *Frombork* | wichtiger Ort der Kontextgeschichte der Philosophie |
| △ *Toledo* | wichtiger Ort der kulturellen Übermittlung |
| ○ Sils Maria<br>▲ *Bayreuth*<br>△ *Kleve* | Orte von marginaler, in einer speziellen Hinsicht jedoch auch von signifikanter Bedeutung für die Geschichte der Philosophie, deren Kontext und Übermittlung |
| ш **Lu Shan**<br>ш *Tai Shan*<br>ш De Shan | Berg, Gebirge, Gebirgsort von philosophiegeschichtlicher und/oder kulturgeschichtlicher Bedeutung: Größe und Drucktyp in Abhängigkeit von der Relevanz |
| ✶ Kapilavastu<br>✶ Trier<br>✶ *Bazentin* | Herkunftsort von Philosophen, Wissenschaftlern oder anderen herausragenden Personen: Größe und Drucktyp in Abhängigkeit von der philosophiegeschichtlichen Relevanz |
| ✶ **Omo**<br>✶ Laetoli<br>✶ Kabwe | archäologische Fundstätte der Frühgeschichte der Menschheit: Farbe der Symbole und Größe der Beschriftung in Abhängigkeit von der Relevanz (kein Kursivdruck, trotz der Zugehörigkeit zum »Vorfeld« der Philosophiegeschichte), nur auf den Karten A 1, 2, K 1, 2, 6 |
| ▼ *Grafeneck* | Ort einer kulturellen Katastrophe in einem philosophischen Umfeld |
| ▽ *Wounded Knee* | Ort einer interkulturellen Katastrophe |
| ≍ *Hangu* | Paß |
| ═══ | Handelswege (zu Land und zu Wasser) |
| ------- | gegenwärtige Staatsgrenzen |
| ***Kurukshetra***<br>*Malla*<br>PALLAVA | Region oder historisches Reich von philosophiegeschichtlicher Bedeutung: Größe und Drucktyp in Abhängigkeit von der Relevanz |
| ZHONGGUO | zeitgleicher und gegenwärtiger Staat auf historischen Karten |
| [KENYA] | gegenwärtiger Staat auf historischen Karten |
| [Uttar Pradesh] | gegenwärtiger Teilstaat oder Provinz auf historischen Karten |

Für die Setzung der Namen gelten auf den Karten die beiden Regeln: neuere Namen über älteren Namen und Eigenbezeichnung über Fremdbezeichnung (also: *Kaliningrad* über *Königsberg, Mumbai* über *Bombay*). Die Kennzeichnung der philosophiegeschichtlichen Relevanz der einzelnen Bezeichnungen erfolgt durch die entsprechende Wahl der Drucktypen.

# ANFANGS- UND MODELLVORSTELLUNGEN

Die archäologischen Rekonstruktionen der Anfangsgeschichte der Menschheit erinnern an archaische Mythen. Wie zahlreiche Mythen erzählen die modernen wissenschaftlichen Urgeschichten nicht nur, wie alles anfing, sie sind zugleich Modellgeschichten. Sie veranschaulichen in prototypischer Weise, was immer wieder geschieht – in allen Bereichen der Geschichte, auch in der Geschichte der Philosophie.

Es gibt zur Zeit zwei miteinander rivalisierende Hypothesen von der Entstehungsgeschichte des Menschen und seiner Ausbreitung über den Globus: (I) die Hypothese der uniregionalen Herkunft – *out of Africa* – des anatomisch modernen Menschen (des *Homo sapiens sapiens* nach seiner neuzeitlichen europäischen Selbstbezeichnung) und (II) die Hypothese seines pluriregionalen Ursprungs.

Die Vertreter beider Hypothesen sind sich einig, daß Afrika der Ursprungskontinent der frühesten Menschen ist und daß sich Gruppen von archaischen Menschen über weite Teile der »Alten Welt« (Afrika, Asien, Europa) ausgebreitet haben. Die unterschiedlichen Ansichten beziehen sich allein auf die Entwicklung des *Homo sapiens*. Nach der älteren, heute in die Defensive geratenen und hier darum an zweiter Stelle angeführten Hypothese haben sich die archaischen Menschen unabhängig voneinander in verschiedenen Regionen der Erde zu anatomisch modernen Menschen weiterentwickelt. Nach der jüngeren, heute vorherrschenden *Out of Africa*-Hypothese haben die modernen Menschen wie schon ihre archaischen Vorläufer ihren Ursprung ausschließlich in Afrika. Sie verbreiteten sich über die ganze Erde, überraschend früh schon bis nach Australien und schließlich auch über den amerikanischen Doppelkontinent. Dank ihrer kognitiven Überlegenheit, so wird spekuliert, vermochten sie die alternativen Ansätze in anderen Erdteilen zur Weiterentwicklung der archaischen Menschen zum *Homo sapiens sapiens* (am deutlichsten denjenigen in der Gestalt des *Homo neanderthalensis* in SW-Asien und Europa) zu überlagern, indem sie diese ausrotteten oder auch nur in ein unwirtliches Abseits verdrängten und so aussterben ließen. Im günstigsten Fall hätten sie sich mit den Überlebenden der anderen Abstammungslinien vermischt und diese bis zur Unkenntlichkeit absorbiert.

Die Karte A 1 verzeichnet neben der Erstbesiedlung Amerikas, Australiens und der pazifischen Inseln auch die neuzeitliche Kolonisation durch Europäer. Mit ihr kam es abermals zu einer Überlagerung, Verdrängung in unwirtliche Gegenden, Ausrottung und/oder Absorption von früheren Bevölkerungen. Anders jedoch als die Begleitumstände der ersten Ausbreitung des anatomisch modernen Menschen über die gesamte Erde müssen die (skandalösen) Begleitumstände dieser zweiten Phase der Globalisierung und ihre Ursache (die technische Überlegenheit der Neusiedler) nicht hypothetisch rekonstruiert werden. Sie sind historiographisch belegt (→ N 5, G).

Die erste Phase der Globalisierung der Menschheit erfolgte ohne Wissen um diesen Prozeß. Die frühesten Kolonisatoren in Amerika hatten keine überprüfbaren Vorstellungen vom Weg, den ihre Vorfahren in Raum und Zeit zurückgelegt hatten. Sie wußten nichts von ihren Artgenossen, die sich über die anderen Erdteile ausgebreitet hatten, und hatten keine Ahnung von den Ausmaßen der von ihnen bewohnten Erde. Anders als die neuzeitliche Globalisierung erfolgte die urzeitliche Globalisierung ohne die Möglichkeit einer geo- und historiographischen Reflexion und einer gleichzeitigen, die ganze Erde umspannenden politischen und interkulturellen Auseinandersetzung und Zusammenarbeit.

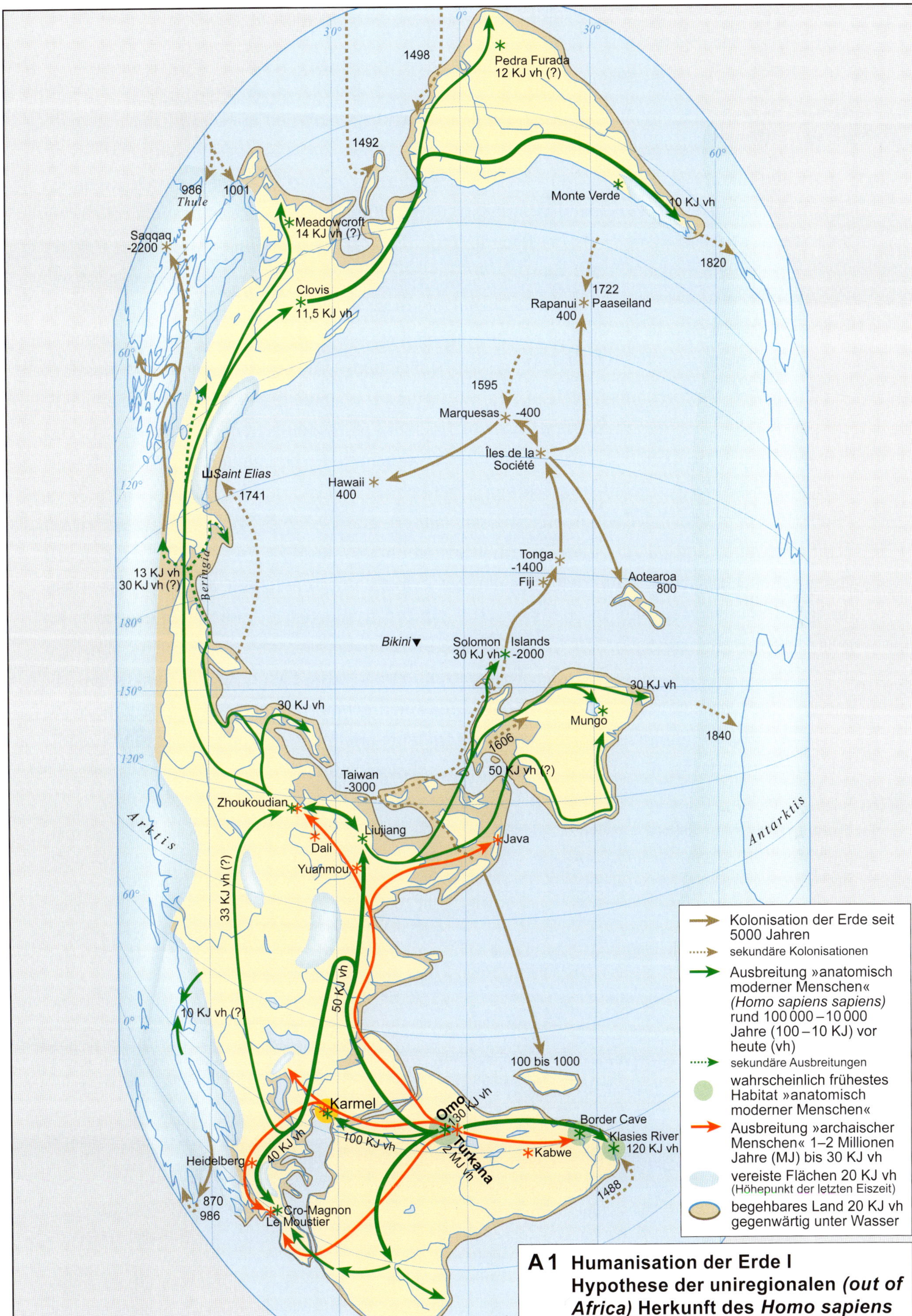


**A 1 Humanisation der Erde I**
**Hypothese der uniregionalen *(out of Africa)* Herkunft des *Homo sapiens***

Der kulturgeschichtliche Modellcharakter der beiden Szenarien (A 1 und 2) ist augenfällig. Zwei Beispiele:

Logosyllabische Schriften (ein archaischer Schrifttyp) sind in verschiedenen Regionen der Erde unabhängig voneinander aufgekommen, alphabetische Schriften (ein moderner Schrifttyp) dagegen ausgehend von einer ägyptischen Vorlage allein in SW-Asien (→ K 3–5). Von dort aus haben sich die alphabetischen Schriften über die gesamte Erde ausgebreitet. Wo sie auf logosyllabische Schriften trafen, haben sie diese verdrängt oder aber, wie in O-Asien, in Bedrängnis gebracht. Zumindest konnten sie sich auch dort als Zweitschrift durchsetzen.

In der Philosophie ist Vergleichbares zu beobachten. Um die Mitte des letzten Jahrtausends vor dem Zeitrechnungswechsel kam es wiederum unabhängig oder nahezu unabhängig in S-Asien, O-Asien und im Mittelmeerraum zu einem philosophischen Aufschwung. Aus jener Zeit sind Texte in einem Umfang und einer argumentativen Dichte überliefert, wie sie aus keiner früheren Zeit bekannt sind. An ihnen hat sich das philosophische Denken seither kontinuierlich oder über wiederholte »Renaissancen« orientiert (→ A 5). Im Verlauf der Neuzeit kam es dann in Europa zu wissenschaftlichen und philosophischen Innovationen, von denen auch die akademischen Traditionen der übrigen Erdteile überschwemmt oder aber in ein Abseits gedrängt worden sind, in dem sie sich – zur Zeit wenigstens – kaum mehr eigenständig fortzuentwickeln vermögen. Wie die archaischen Phasen der Menschheitsgeschichte scheinen sie zu einem Gegenstand historischer Rekonstruktion und Konservierung abgesunken zu sein (→ N 5). Sie sind jedoch dank ihrer Komplexität reich genug, um die Übernahme nahezu jeder von außen angeregten Neuerung mit vergleichbaren internen Tendenzen »traditionalistisch« zu rechtfertigen und eigenmächtig weiterzuentwickeln.

Noch in einer anderen Hinsicht bieten sich die Rekonstruktionen der Urgeschichte als Modell an, nämlich zur Veranschaulichung des symbolischen Potentials der kartographischen Darstellungen von Geschehnissen in Raum und Zeit.

Aus wahrnehmungspsychologischen Gründen sind auf einer Bildfläche nicht alle Partien gleichwertig. Was im Zentrum plaziert ist, hat ein anderes Gewicht als das, was am Bildrand liegt. In Europa sind Erdkarten, auf denen der eigene Kontinent – geologisch gesehen ein Ausläufer der »asiatischen Landmasse« – in der Mitte liegt und im Westen von Amerika flankiert wird, eine Selbstverständlichkeit. Als Matteo Ricci um 1600 eine Erdkarte für sein Gastland Zhongguo/China entwarf, wählte er eine Aufteilung des Erdenrunds, bei der Zhongguo, das sich seit jeher als »Mittelland« verstanden hat, eine zentrale Partie einnimmt und die »Neue Welt« im Osten liegt. Solche Karten sind seither in O-Asien üblich. Sie entsprechen den Verbindungen, die man dort mit den anderen Erdteilen unterhält.

Die obere und die untere Hälfte einer Karte sind symbolisch betrachtet so wenig gleichrangig wie Zentrum und Peripherie. Auf alten christlichen Erdkarten liegt die Himmelsrichtung, aus der die Sonne aufgeht, oben. Dort lokalisierte man das Paradies und sah aus dieser Perspektive im Verlauf der Menschheitsgeschichte eine Abstiegsgeschichte.

Seit dem Aufkommen der biologischen Evolutionslehren erscheint die Menschheitsgeschichte dagegen als eine Entwicklung von unten nach oben, wenn auch nicht mehr so unidirektional wie im 19. Jahrhundert. Die Annahme, daß die Menschheit ihre Anfänge im »dunklen« Afrika hat, empfand man insgeheim als sinnbildlich für die Entwicklung von einem vitalen, ja brutalen und vor allem sinnlichen Fundus zu einem vergeistigten, reflektierten und im Guten wie im Bösen raffinierten Überbau. Bei einer Karte, die wie A 1 »geostet« ist – mit Afrika, sozusagen als Boden, unten und dem amerikanischen Doppelkontinent, einem Dachgewölbe gleich, oben –, erinnert die Ausbreitungsgeschichte der Menschheit an einen Stammbaum mit nach allen Seiten hin sich verzweigenden Ästen.

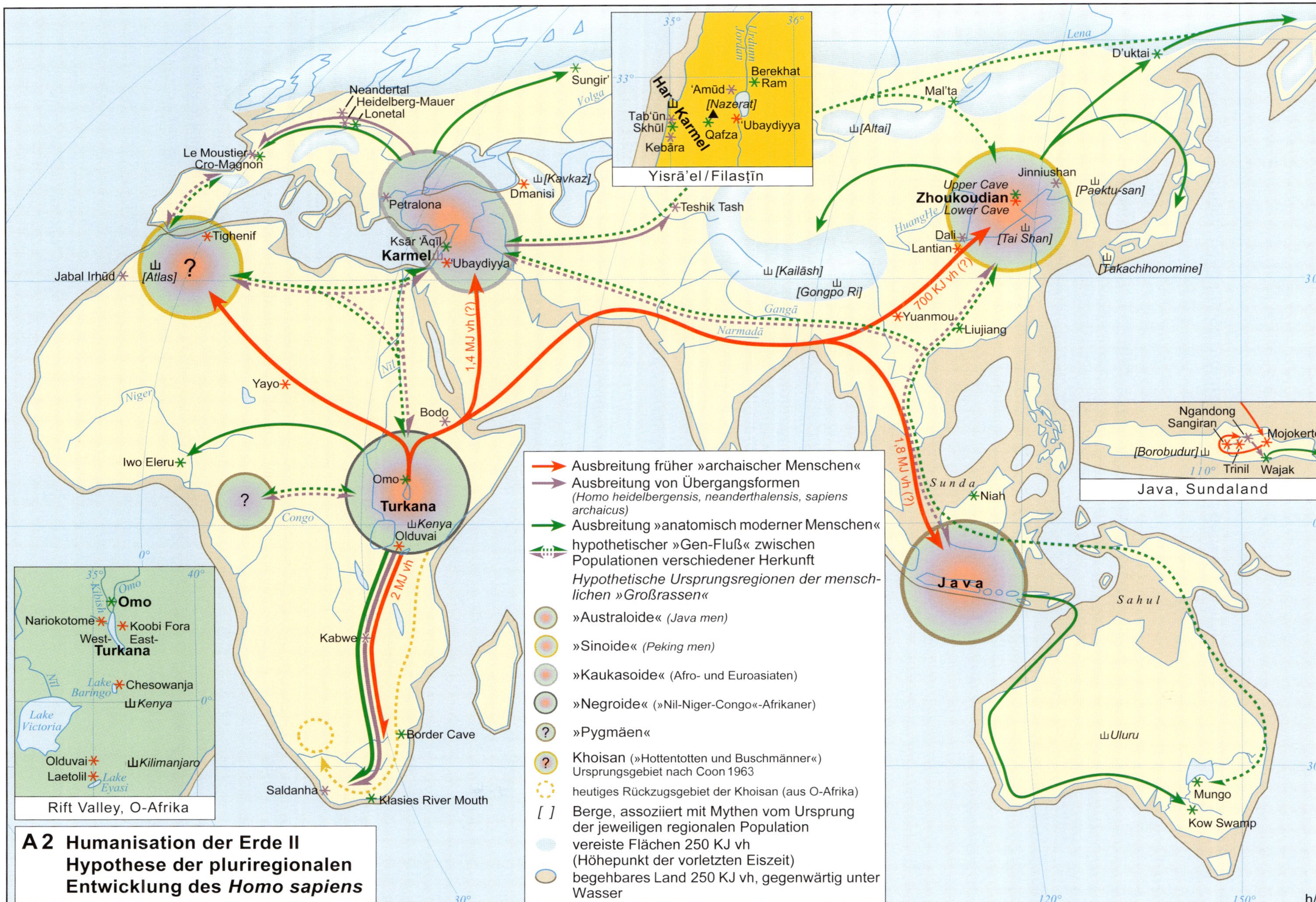


## A 2 Humanisation der Erde II Hypothese der pluriregionalen Entwicklung des *Homo sapiens*

- Ausbreitung früher »archaischer Menschen«
- Ausbreitung von Übergangsformen (*Homo heidelbergensis, neanderthalensis, sapiens archaicus*)
- Ausbreitung »anatomisch moderner Menschen«
- hypothetischer »Gen-Fluß« zwischen Populationen verschiedener Herkunft

*Hypothetische Ursprungsregionen der menschlichen »Großrassen«*

- »Australoide« (*Java men*)
- »Sinoide« (*Peking men*)
- »Kaukasoide« (Afro- und Euroasiaten)
- »Negroide« (»Nil-Niger-Congo«-Afrikaner)
- »Pygmäen«
- Khoisan (»Hottentotten und Buschmänner«) Ursprungsgebiet nach Coon 1963
- heutiges Rückzugsgebiet der Khoisan (aus O-Afrika)
- [ ] Berge, assoziiert mit Mythen vom Ursprung der jeweiligen regionalen Population
- vereiste Flächen 250 KJ vh (Höhepunkt der vorletzten Eiszeit)
- begehbares Land 250 KJ vh, gegenwärtig unter Wasser

Modelle wandeln sich. Neue empirische Funde und theoretische Überlegungen, angeregt oder besser aufgefangen durch alternative Modelle, halten zu einem solchen Wandel an.[1]

Eine beachtenswerte Revision hat in jüngerer Zeit das Modell der Entwicklung der Menschheit in regional getrennten Strängen erfahren. Molekularbiologische Untersuchungen haben ergeben, daß der genetische Code der heute lebenden Menschen weit homogener ist, als man das zuvor aufgrund von augenfälligen Verschiedenheiten (Hautfarbe, Gesichtszüge, Körpergröße) angenommen hatte. Solche oberflächlichen Unterschiede waren der Anlaß für die Aufteilung der Menschheit in »Rassen«, von denen die Anhänger der pluriregionalen Entwicklung glauben, daß die Grundlage dazu tief in der Vergangenheit – vor bis zu zwei Millionen Jahren – zu suchen sei.

Um die genetische Homogenität zu erklären, rekurrieren sie nun auf einen mehr oder weniger stetigen Informationsaustausch zwischen den Abstammungssträngen. Dies entspricht einem Denken in »Netzwerken«. In der Kulturgeschichte ist es gleichzeitig zu einer analogen Revision gekommen. Homogene »Kulturkreise« gibt es sowenig wie »reine Rassen«. Die Grenzen zwischen den einzelnen Kulturregionen sind fließend. Handel mit regionalen Mangelwaren und exquisiten Gütern – auch ideellen – über weite Entfernungen ist eine Eigenheit der Menschen, die sie von den anderen Lebewesen abhebt.

Die Annahme von gänzlich getrennten regionalen Entwicklungen – auf einer gemeinsamen Basis allein in einer nur dürftig erforschbaren »Vorzeit« – läßt sich nicht halten. Die für die zweite Hälfte des 20. Jahrhunderts so kennzeichnende Zusatzhypothese von netzwerkartigen Querverbindungen zwischen den einzelnen Armen des »Kandelabers« bedeutet eine eigentliche Relativierung der für die erste Jahrhunderthälfte typischen Grundannahme, nach der die kontinentalen Sonderentwicklungen aufgrund ihrer Verschiedenartigkeit nicht zu vergleichen sind.

Das *Out of Africa*-Modell erklärt die Gleichheit der Menschen auf einprägsame Weise als eine kontingente Tatsache der Geschichte. Die Homogenität des Menschengeschlechts ist keine Wesensnotwendigkeit. Es gibt für sie vielmehr eine geschichtliche Erklärung: Ein Zufall, vielleicht gar ein Unfall, eine Naturkatastrophe oder ein überraschender Klimawechsel, hat zu einer geographischen Isolation einer kleinen Gruppe von archaischen Menschen geführt. In der Folgezeit wurde die für die Entwicklung des *Homo sapiens sapiens* entscheidende genetische Mutation nicht durch die in einer großen Population üblichen Kontakte wieder zum Verschwinden gebracht. Daher die metaphorische Bezeichnung *Arche Noah*-Modell.

[1] Siehe Bildnachweis S. 134

Nicht nur naturgeschichtlich, sondern auch kulturgeschichtlich wäre die Gleichheit der Menschen zu erklären, falls die bis vor 30 000 Jahren überlebenden Nachkommen anderer Abstammungslinien rücksichtslos in unwirtliche Gegenden abgedrängt oder ausgerottet wurden. Hätten andere Seitenlinien unserer archaischen Vorfahren überlebt, würde sich die Frage der Gleichartigkeit und damit der gleichen Rechte und der gleichen Würde aller Menschen ähnlich stellen, wie sie aufkommen würde, sollte es zu schrankenlosen Manipulationen am menschlichen Erbgut kommen.

Vorbildlich ist die Archäologie auch im Ersetzen ethnischer oder gar rassistischer durch geographische Bezeichnungen *(Afrikanische* statt *Negroide),* von deplazierten durch angemessenere Namen *(Sinoide* statt *Mongoloide)* und von Fremd- durch Eigenbezeichnungen *(Khoisan* statt *Hottentotten und Buschmänner).*

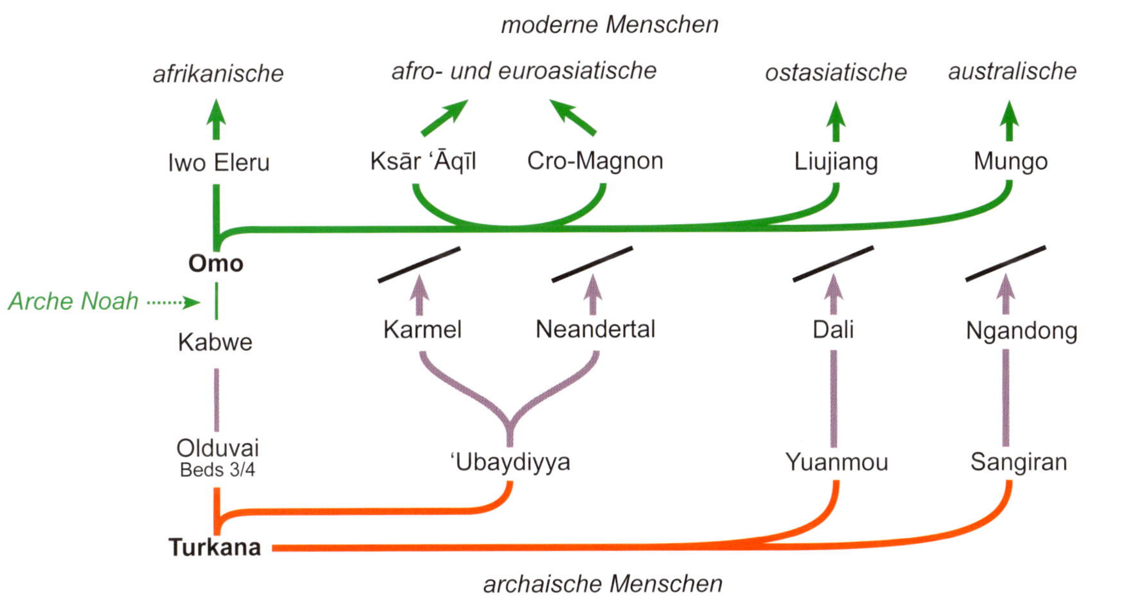


**(a) *Arche Noah-/Out of Africa*-Modell**

Überschwemmung und Ersetzung sämtlicher regionaler Sonderentwicklungen durch eine einzige Kultur; Kompromißmodell: mehr oder weniger verwischte Absorption der unterlegenen Kulturen durch die sie überlagernde Kultur

archäoanthropologisches Beispiel: Hypothese der Ersetzung der archaischen *Hominidae* und ihrer euroasiatischen Fortentwicklungen durch die modernen afrikanischen Menschen (siehe Karte A 1)

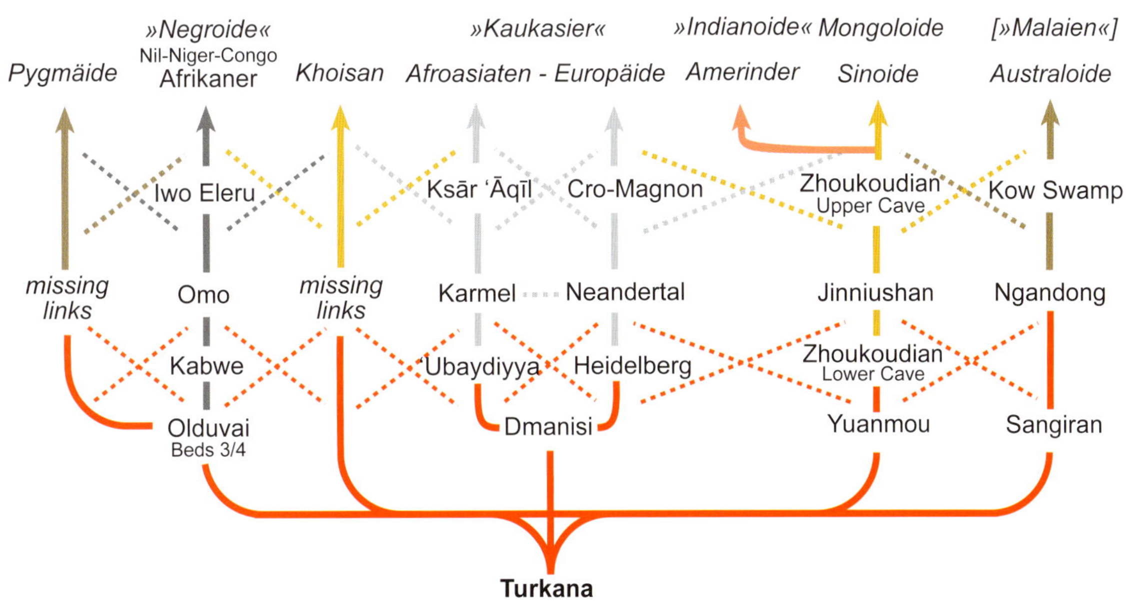


**(b) Kandelaber-Modell**

kontinuierliche regionale Sonderentwicklungen auf einer gemeinsamen, jedoch in der »Vorzeit« liegenden Basis; Kompromißmodell: mehr oder weniger stetiger »Informationsfluß« zwischen den regionalen Traditionen

archäoanthropologisches Beispiel: Hypothese der kontinuierlichen regionalen Entwicklung der über die »Alte Welt« verbreiteten archaischen *Hominidae* zu den »Großrassen« der anatomisch modernen Menschen (siehe Karte A 2)

h/a

**A 3 Zwei Modelle der Humanitätsgeschichte**

Die markanteste Konzeption einer linearen Geistesgeschichte stammt von Hegel. Dreierlei ist für sie kennzeichnend: (a) Die Geschichte ist ein Stufengang von unten nach oben. (b) Geographisch führt dieser von O-Asien nach W-Europa. (c) Inhaltlich folgt er dem systematischen Aufbau der Philosophie (Hegels).

Will man als Europäer die eigene Geschichte rekonstruieren, braucht man mit diesem Geschichtsbild nicht »unter sich« – auf dem eigenen Grundstück – zu graben und Schicht um Schicht freizulegen. Es ist bequemer und zugleich bewegender, »um sich« zu schauen. Die Erde ist eine Art »*Open Air*-Museum«, in dem man die einzelnen Völker der Reihe nach auf den Stufen verharrend vorfindet, die man im germanischen Europa bis zur »Höhe« des 19. Jahrhunderts emporgestiegen ist.

Was sich nach Westen hin als Fortschrittsgeschichte gibt, erscheint nach Osten hin als eine Stagnationsgeschichte. Von Hegels Standort aus ist es deshalb für die zurückgebliebenen Kontinente »das notwendige Schicksal«, daß sie von Europa bevormundet werden.

China ist die erste Stufe. Im 18. Jahrhundert galt China als der Staat mit der frühesten rationalen (nichtmythologischen und nichttheologischen) Geschichtsschreibung. Aber China ist für Hegel zugleich die unterste Stufe. Das Wissen ist auf die Natur gerichtet und an sie gebunden. Der Fortgang der Geschichte ist danach ein Prozeß der Reflexion, des zunehmenden Selbstbewußtseins und damit der wachsenden Freiheit. In Indien erfolgt dieser Prozeß in phantastischen und für die Europäer des 19. Jahrhunderts befremdenden Formen.

In Persien und in den von ihm eroberten Ländern finden die Europäer den »Aufgang« der religiösen und politischen Prinzipien, die sie selber zur Entfaltung gebracht haben. Die größte Stufe führt von dort hinauf in die »Griechische Welt«, gefolgt von einer römischen und christlichen Stufe: »In Griechenland und Italien ist lange das Theater der Weltgeschichte gewesen, und als die Mitte und der Norden von Europa unkultiviert waren, hat hier der Weltgeist seine Heimat gefunden« (Hegel). Sein Ziel erreicht und die Philosophie damit vollendet hat der Geist dann doch in der »Germanischen Welt«.

Der eigentliche Gang der Geschichte führt nur in einer Richtung zum krönenden Abschluß. Abzweigungen, exemplarisch der Islam, von Hegel »Mohammedanismus« genannt, enden in einer Art Sackgasse der »Weltgeschichte« (→ A 8).
Afrika gehört nach Hegel zur »Vorgeschichte« des Geistes, »jenseits des Tages der selbstbewußten Geschichte in die schwarze Farbe der Nacht gehüllt«.
Han'guk/Korea und Nihon/Japan werden nicht einmal dem Namen nach angeführt. Sie liegen im Osten von Zhongguo/China. Ihr philosophisches Selbstbewußtsein und die dazugehörige Logik, samt dem Wissen um deren Abgründe, haben sie aus der Gegenrichtung von Hegels Stufengang des Geistes bezogen, über das »Mittelland« *Zhongguo* aus dem »Westen«. Dieser lag für sie damals in S-Asien. Von dorther, über die Ausbreitung unterschiedlicher buddhaitischer Lehrrichtungen, war ihnen auch der Unterschied von Freiheit »aus eigener« und »aus fremder Kraft« geläufig.

Hegel hat sich wie kein Philosoph seines Formats universalgeschichtlich kundig gemacht. Zu seiner eigenen »Verlegenheit«, bekennt er freimütig, sei er dabei wiederholt auf Zeugnisse von Verinnerlichung, Reflexivität und Abstraktionsvermögen in älteren Zeiten gestoßen. Schon in den »Naturreligionen« konstatierte er Selbstbewußtsein. Mehr als Keimlinge für das, was auf den höheren »Stockwerken« seines Gedankengebäudes zu erwarten war, vermochte er in den »Untergeschossen« jedoch nicht zu erkennen.

## A 4 Hegels Stufengang des Weltgeistes

**Vom Einsatzjahr der chinesischen bis zum letzten Jahr der Hegelschen Geschichtsschreibung**

**-2357 bis +1831**

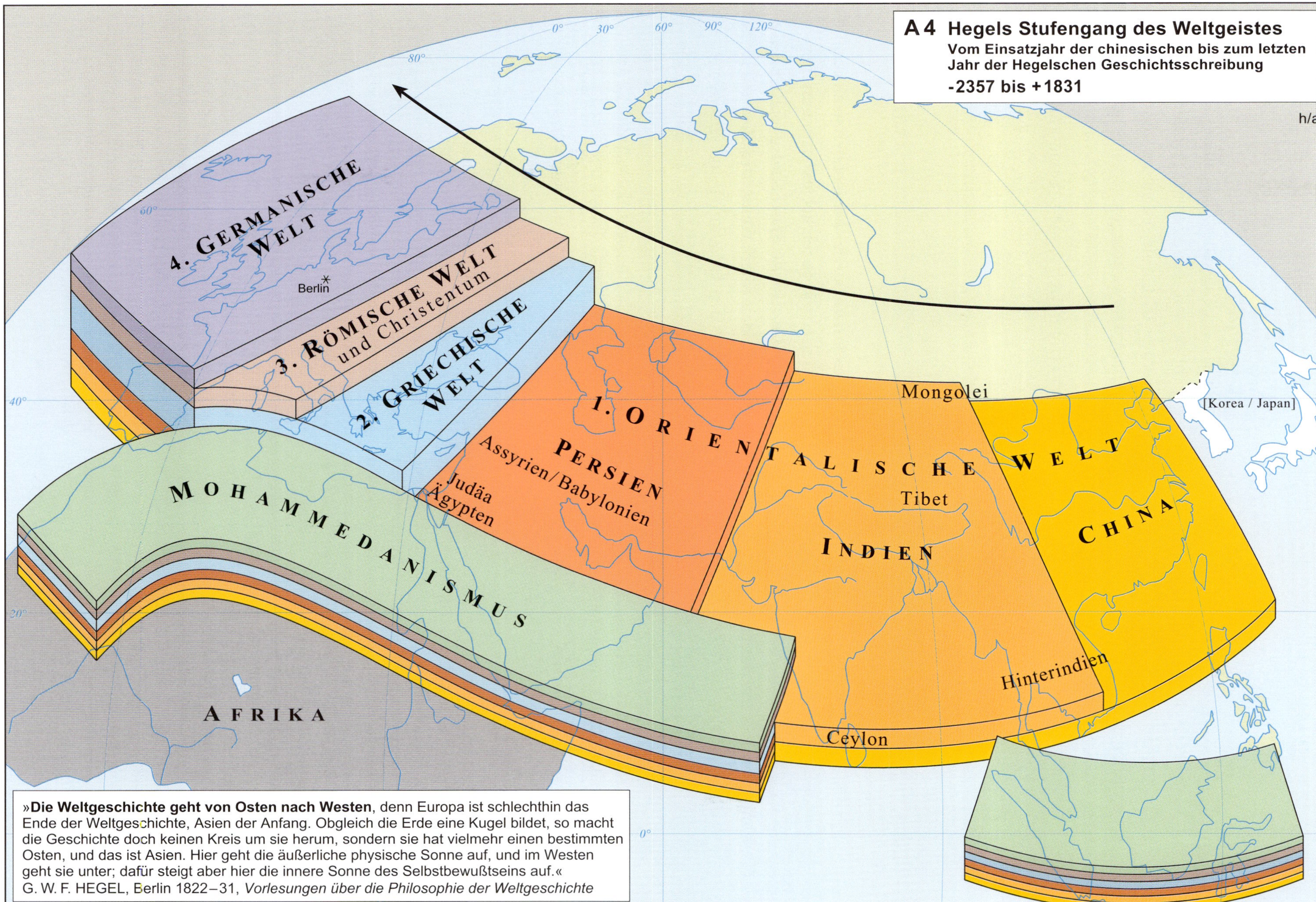


»**Die Weltgeschichte geht von Osten nach Westen**, denn Europa ist schlechthin das Ende der Weltgeschichte, Asien der Anfang. Obgleich die Erde eine Kugel bildet, so macht die Geschichte doch keinen Kreis um sie herum, sondern sie hat vielmehr einen bestimmten Osten, und das ist Asien. Hier geht die äußerliche physische Sonne auf, und im Westen geht sie unter; dafür steigt aber hier die innere Sonne des Selbstbewußtseins auf.«
G. W. F. HEGEL, Berlin 1822–31, *Vorlesungen über die Philosophie der Weltgeschichte*

Karl Jaspers hat um die Mitte des 20. Jahrhunderts ein einprägsames Gegenmodell zu Hegels Geschichtsphilosophie vorgestellt. Es gleicht dem Kandelaber-Modell der Paläoanthropologie, das damals – noch vor seiner Relativierung durch die Annahme von chronischen Informationsflüssen zwischen den einzelnen Entwicklungssträngen – seine hohe Zeit hatte (→ A 2–3).

Nach einer langen monophyletischen Anfangszeit erfolgt nach Jaspers die geschichtliche Entwicklung polyzentrisch in separaten »Kulturkreisen« (→ A 10). Anders als für den zu seiner Zeit florierenden »kulturellen Relativismus« sind für ihn die verschiedenen Kulturen jedoch keine untereinander unverständlichen, unvergleichbaren und unvereinbaren Größen. Es gibt in der Tat genügend Menschen, die mehr als eine Sprache sprechen und in mehr als einer Kultur groß geworden sind, die Jaspers' Glauben an die Menschheit als eine potentielle Verständigungsgemeinschaft stützen.

Der nachhaltigste Entwicklungsschub in der Geistesgeschichte der Menschheit nach dem Spracherwerb erfolgte für Jaspers in dem von ihm als Achsenzeit bezeichneten Zeitraum zwischen 800 und 200 vor dem Wechsel der Zeitrechnung. Er erfolgte annähernd gleichzeitig, gleichwertig und jeweils unabhängig im westlichen Teil der »Alten Welt« (von Jaspers »in Orient-Okzident gespaltenes Abendland« genannt), in S-Asien (»Indien«) und in O-Asien (»China«).

Damals wurden die möglichen Konzeptionen vom Menschen und von der Welt ausgedacht, in deren Rahmen sich das philosophische Denken seither bewegt. Für sämtliche Geschehnisse werden natürliche Ursachen gesucht. In den Religionen werden Gesinnung und Moral wichtiger als die Riten. Die Natur und das Verhältnis des Menschen zu dem, was sein Verstehen übersteigt, werden entzaubert.

Es ist unbestreitbar, daß die großen Denker der Achsenzeit keine direkte Kenntnis voneinander hatten. Die Tatsache, daß zumindest die intellektuellen Revolutionen in Hellas/Griechenland und in Yishrā'el/Palästina von entmythologisierten kosmologischen Vorstellungen in Kemet/Ägypten und in Īrān (in der Nachfolge des möglicherweise der Achsenzeit weit voraus zu datierenden Zarathustra) mit angeregt worden sind, kann jedoch nicht ohne weiteres beiseite geschoben werden. Handelskontakte, selten auf materielle Güter beschränkt, gab es vor und während der Achsenzeit zwischen allen fünf von Jaspers herausgehobenen Regionen (→ A 11, K 6, W 1–2).

Eine zweite Relativierung fällt mehr ins Gewicht. Die Achsenzeit ist weniger eine ideen- als vielmehr eine überlieferungsgeschichtliche Zäsur. Die Verschriftlichung oder aber, wie in S-Asien, die formalisierte Memorisierung eines umfangreichen Textkorpus ermöglichte seit der Achsenzeit eine zuvor nicht bekannte Ausweitung – räumlich und zeitlich – der intersubjektiven Reflexion und Argumentation über dieselben Textstellen. Viele Texte, die älteren Autoritäten zugeschrieben werden, wurden in der damaligen Zeit redigiert. Texte, die wie die klassischen ägyptischen Weisheitslehren tatsächlich älter sind, gingen verloren und sind erst seit ihrer Wiederentdeckung und Entzifferung allgemein zugänglich – seit weniger als 150 Jahren.

Unhaltbar ist überdies die Meinung, daß es erst seit der Achsenzeit Denken, das sich auf Denken richtet, Denken in Begriffen statt nur in Bildern, logische Deduktion statt mythischer Erzählung und systematische Verallgemeinerung statt nur situativer Problemlösung gebe und daß gar erst damals und nur in den Achsenzeitkulturen die dafür notwendigen kognitiven Fähigkeiten erworben worden wären.

## A 5 Jaspers' Kulturen der Achsenzeit -800 bis -200

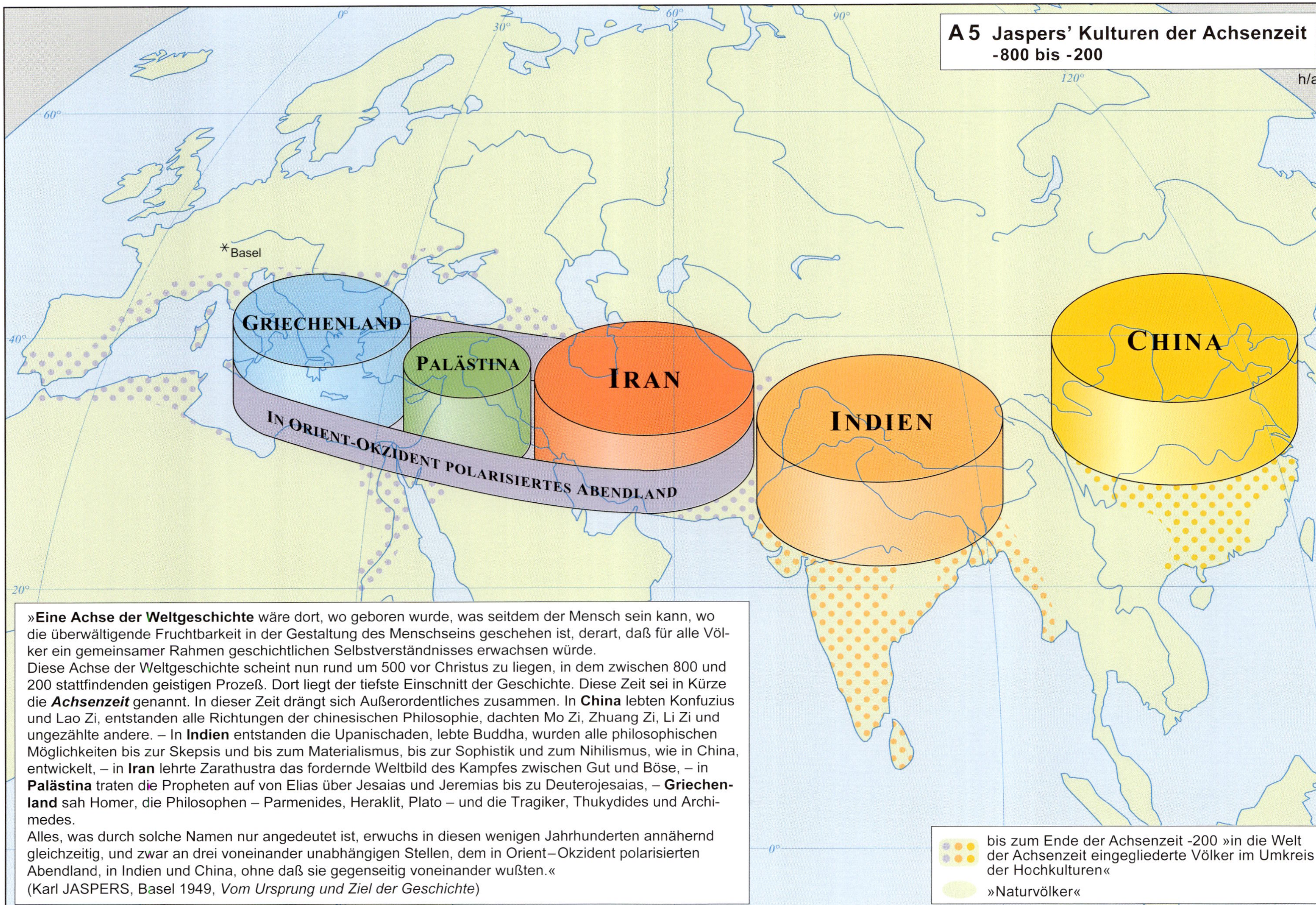


»**Eine Achse der Weltgeschichte** wäre dort, wo geboren wurde, was seitdem der Mensch sein kann, wo die überwältigende Fruchtbarkeit in der Gestaltung des Menschseins geschehen ist, derart, daß für alle Völker ein gemeinsamer Rahmen geschichtlichen Selbstverständnisses erwachsen würde.
Diese Achse der Weltgeschichte scheint nun rund um 500 vor Christus zu liegen, in dem zwischen 800 und 200 stattfindenden geistigen Prozeß. Dort liegt der tiefste Einschnitt der Geschichte. Diese Zeit sei in Kürze die ***Achsenzeit*** genannt. In dieser Zeit drängt sich Außerordentliches zusammen. In **China** lebten Konfuzius und Lao Zi, entstanden alle Richtungen der chinesischen Philosophie, dachten Mo Zi, Zhuang Zi, Li Zi und ungezählte andere. – In **Indien** entstanden die Upanischaden, lebte Buddha, wurden alle philosophischen Möglichkeiten bis zur Skepsis und bis zum Materialismus, bis zur Sophistik und zum Nihilismus, wie in China, entwickelt, – in **Iran** lehrte Zarathustra das fordernde Weltbild des Kampfes zwischen Gut und Böse, – in **Palästina** traten die Propheten auf von Elias über Jesaias und Jeremias bis zu Deuterojesaias, – **Griechenland** sah Homer, die Philosophen – Parmenides, Heraklit, Plato – und die Tragiker, Thukydides und Archimedes.
Alles, was durch solche Namen nur angedeutet ist, erwuchs in diesen wenigen Jahrhunderten annähernd gleichzeitig, und zwar an drei voneinander unabhängigen Stellen, dem in Orient–Okzident polarisierten Abendland, in Indien und China, ohne daß sie gegenseitig voneinander wußten.«
(Karl JASPERS, Basel 1949, *Vom Ursprung und Ziel der Geschichte*)

Menschliche Kulturen sind keine kompakten, diskret voneinander abgehobenen und homogenen Einheiten. Sie sind in aller Regel kontinuierlich ineinander übergehende und übergreifende und entsprechend heterogene Gebilde. Warum?

Die Grenzen von Kontinenten, Klimazonen, Ethnien (*alias* »Rassen«), Staaten, Wirtschaftsregionen, Sprachen, Religionen und Wertegemeinschaften (intellektueller oder emotionaler, ethischer oder ästhetischer Art) decken sich nicht. Die für sie maßgebenden Eigenschaften wirken wohl aufeinander ein und färben aufeinander ab. Sie sind jedoch weder ko-extensiv noch ko-variabel. Hierfür lassen sich zwei Gründe anführen:

(a) Die Ursachen für ihren Wandel sind verschieden. Für den Sprachwandel sind andere Ursachen ausschlaggebend als für den Wandel der Religionen, für einen Mentalitätswandel andere als allein wirtschaftliche Veränderungen, für Migrationen und Bevölkerungsverschiebungen andere als für Verschiebungen der Staatsgrenzen. (b) Ebenso prägend wie Terrain und Klima, die beiden von der traditionellen Kulturgeographie ausschließlich hervorgehobenen Faktoren, sind für die Kultur einer Region die Kontaktmöglichkeiten mit ihrem Umfeld.

Die Schrift- und Wissenschaftskulturen der vergangenen fünftausend Jahre erstrecken sich, wenn man von Mesoamérica in der vorkolumbischen »Neuen Welt« und von den Ausweitungen über den gesamten Globus im Verlauf der europäischen Eroberungen seit dem Beginn der »Neuzeit« absieht, über ein halbmondförmiges Band auf der nördlichen Hemisphäre. Die Beschränkung nach Norden und Süden hin läßt sich mit der Bodenbeschaffenheit und dem Klima erklären, das durchgehende Band zwischen Atlantik und Pazifik hingegen nicht.
Lhasa liegt höher als Cuzco und in einer unwirtlicheren Gegend. Aber in Böyü/Tibet und nicht in den vorkolumbischen Andenstaaten ist eine Schriftkultur (mit philosophischen Schulen und einer wissenschaftlichen Medizin) aufgekommen. Tibet liegt zwischen den Kulturen O- und S-Asiens, nicht zwischen dichtem Regenwald und weitem Ozean. Oasen gibt es in vielen Wüsten, Oasenstädte und literarische Zentren nur im Tarimbecken, abermals zwischen Zhongguo/China und India (sowie Īrān) – und desgleichen an den Handelsrouten auf der Arabischen Halbinsel.

Die Region zwischen Nīl und Āmū Daryā (dem hellenischen Oxos) nahm mit den Handelswegen und den Seeverbindungen, die von ihr ausgehen oder sich in ihrem Bereich kreuzen, über Jahrtausende hinweg eine Mittlerrolle zwischen dem Westen und – gegenläufig zu Hegels Gang der »Weltgeschichte« – dem Osten ein. Die ersten Güter, die aus ihr weitergereicht wurden (domestizierte Pflanzen und Tiere, Stadt- und Schriftkultur, der alphabetische Schrifttypus, technische und wissenschaftliche Errungenschaften, dazu die großen monotheistischen Religionen), waren ihre eigenen Leistungen im Umfeld des ursprünglichen »Fruchtbaren Halbmonds« (→ K 2–5).
Der Islam führte die Vermittlertätigkeit fort und weitete sie dank seiner interkontinentalen Verbreitung noch aus, im Norden, die Volga aufwärts nach Rossiia, im Süden, an die ostafrikanische Swahiliküste. Persisch war noch um 1800 die »Verkehrssprache«, aus der Anquetil-Duperron die indischen *Upanishadas* übersetzte und in der sich Csoma Körösi, der erste europäische Tibetologe, mit einem Lama verständigte.
Muslimische Staatsbeamte und Gelehrte waren seit der Herrschaft der Mongolen und deren Nachfolger über Īrān und Zentralasien Propagandisten der »hellenischen« Wissenschaften (galenische Medizin, ptolemäische Astronomie und euklidische Mathematik) in S- und O-Asien gewesen. Ihre bahnbrechenden Leistungen wurden dann seit dem 17. Jahrhundert schrittweise und seit dem 19. Jahrhundert rapid und auf breiter Front von den Kulturimporten der nachrückenden europäischen Kolonisatoren und Missionare überlagert. Die Europäer profitierten dabei ebenso von den neuen Machtverhältnissen wie von der Überlegenheit der inzwischen aufgekommenen »modernen« Wissenschaften.

Die auf der Karte verzeichneten Exklaven (in Indonesia, Monggol Ulus und Mali) verdanken ihren Sonderstatus durchweg handelspolitischen Beziehungen mit dem Halbmond-Gürtel.

Menschen unterscheiden sich voneinander in vielfältigster Weise. Die Unterschiede innerhalb einer Kultur sind dabei häufig weder der Art noch dem Grad nach verschieden von den Unterschieden zwischen den Kulturen. Warum? Viele von ihnen sind von transkulturellen Umständen abhängig, von Faktoren, die in allen komplexen Kulturen eine spürbare Rolle spielen. Solche Faktoren sind Lebensalter und Geschlecht, Bildung und Beruf in einer arbeitsteiligen Gesellschaft und der Stadt-Land-Gegensatz.

Wertkonflikte, die man zwischen den Kontinenten ausmachen will, zwischen »europäischen« und »asiatischen« oder »afrikanischen Werten«, entpuppen sich auch als intrakontinentale, intrakulturelle, ja selbst interpersonale Konflikte. Warum? Es handelt sich um Werte, die für nahezu jeden Menschen als solche erfahrbar sind, die sich aber nicht gleichzeitig optimal realisieren lassen: Freiheit und Gerechtigkeit, das Wohl der Familie und das Wohl des Gemeinwesens, Vernunft und Gefühl, aktive und kontemplative Lebenseinstellung, Wohlstand und Weisheit. Was man mehr gewichtet, hängt nicht allein von der Kulturzugehörigkeit ab, sondern auch von der individuellen Lebensphase und den jeweiligen Lebensumständen. Diese wandeln sich fortwährend, täglich oder auch nur in größeren Zeiträumen.

Die fälschliche Annahme, Kulturen seien homogene Gebilde, führt zu polar entgegengesetzten Charakterisierungen der einzelnen Kulturen, je nach Epoche, Region oder intellektueller Strömung, an der man sich gerade orientiert. Für Nietzsche ist das Christentum lebensverneinend und der Hinduismus lebensbejahend. Für Albert Schweitzer ist umgekehrt das Christentum lebensbejahend und der Hinduismus lebensverneinend. Für Max Weber und Jürgen Habermas sind beide weltverneinend im Gegensatz zum Konfuzianismus und zur griechischen Metaphysik, die als weltbejahend erscheinen.

Weber und Habermas beschreiben vier paradigmatische Kulturen mit einer schlichten Kombinatorik von zwei Paaren polar entgegengesetzter Eigenschaften. Ihre Kulturtypologie unterscheidet sich in strukturaler Hinsicht nicht von der protowissenschaftlichen antiken und mittelalterlichen Beschreibung der vier Elemente Erde, Wasser, Luft und Feuer durch eine jeweils verschiedene Zweierkombination aus einem Arsenal von nur vier Eigenschaften (warm, kalt, trocken, feucht).[1] Die für ihre Kreativität wichtigen internen Widersprüchee kultureller Traditionen werden bei einer solchen Typologie ausgeblendet.

Eine andere fatale Folge der Homogenitätsannahme ist, daß die verschiedenen Strömungen und Ausgestaltungen einer Kultur unilinear geordnet werden und nichts Eigenwüchsiges aufweisen. Karl Jaspers erklärt und verklärt den »Buddhismus« als »Vollendung indischer Lebensform« und als »Abschluß der indischen Philosophie«. Für die hinduitischen Rivalen gilt der »Buddhismus« dagegen als eine heterodoxe Philosophie und der *Vedānta* als Vollendung des indischen »Wissens« *Veda*.

Der Glaube an die Homogenität der Kulturen läßt nur Unterschiede im Grad der Entwicklung zu. In klassischen Kulturtypologien ist entsprechend häufig von Phasen des Anfangs, der Blüte, der Vollendung und des Verfalls der Kulturen die Rede. Letztlich gibt es nur vollwertige und minderwertige Ausgestaltungen und keine untereinander ebenbürtigen Umstrukturierungen einer Kultur.

*Habermas' Schaubild der Welteinstellungen*

| Wege der Heilssuche bzw. der Weltvergewisserung / Bewertung der Welt im ganzen | aktiv: Askese bzw. Vita activa | passiv: Mystik bzw. Vita contemplativa |
|---|---|---|
| Weltverneinung | Weltbeherrschung: Judentum/ Christentum | Weltflucht: Hinduismus |
| Weltbejahung | Weltanpassung: Konfuzianismus | Welt-Anschauung: griech. Metaphysik |

[1] Siehe Bildnachweis S. 134

[AMERICA]
EUROPA
Edinburgh
Oxford
Cambridge
London
Den Haag
København
Hannover
S.-Peterburg
Paris
Salamanca
Bordeaux
Jena
Berlin
Königsberg
Freiburg
Genève
Moskva
Córdoba
Qurtuba
Wien
Marrākush
Bologna
Padova
Firenze
Kazan'
Roma
MEDITERRANEA
Hippo
Tūnis
Carthago
Krotōn
Abdēra
Kōnstantinupolis
Athēnai
Milētos
Bukhārā
Āmū Daryā
Harrān
Ninua
Timbuktu
Djenné
Nīshāpūr
Dimashq
al-Quds
Yerūshālayim
Alexandreia
Baghdād
Memphis
al-Qāhira
Bābil
Esfahān
Uruk
Basra
al-Uqsur
Waset
Shirāz
NĪL – ĀMŪ DARYĀ/OXOS
Makka
AFRICA
Gondar
60°
40°
20°
0°
ursprünglicher »Fruchtbarer Halbmond« (→ K 2–5)
»Nīl–Āmū Daryā/Oxos«-Achse interkontinentaler Kulturkontakte
Bandbreite der Diffusion der Schriftkulturen und -religionen »vom Nīl bis zum Āmū Daryā/Oxos«: Aigyptos, Phoinikē, Syria, Īrān, Sogdianē; Zarathustra- und manichäische Religion, koptisches und syrisches Christentum, Judentum und Islam als Vermittler zwischen Ost und West, Süd und Nord
andauernde oder zeitweilige Ausbreitung islamischer (arabischer und iranischer) Schrift- und Wissenschaftskultur
Ausweitungen des »Fruchtbaren Halbmonds« der Schriftkulturen

**A 6** (Großer) »Fruchtbarer Halbmond« der Schrift- und Wissenschaftskulturen der »Alten Welt« -3000 bis +2000

h/a

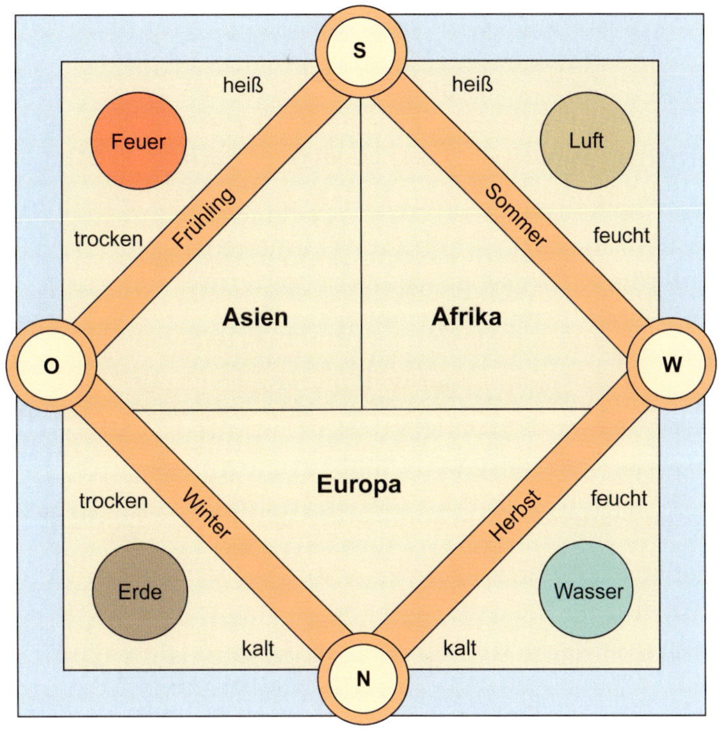


**A 7a Mittelalterlich-europäisches Diagramm der Welt** 818

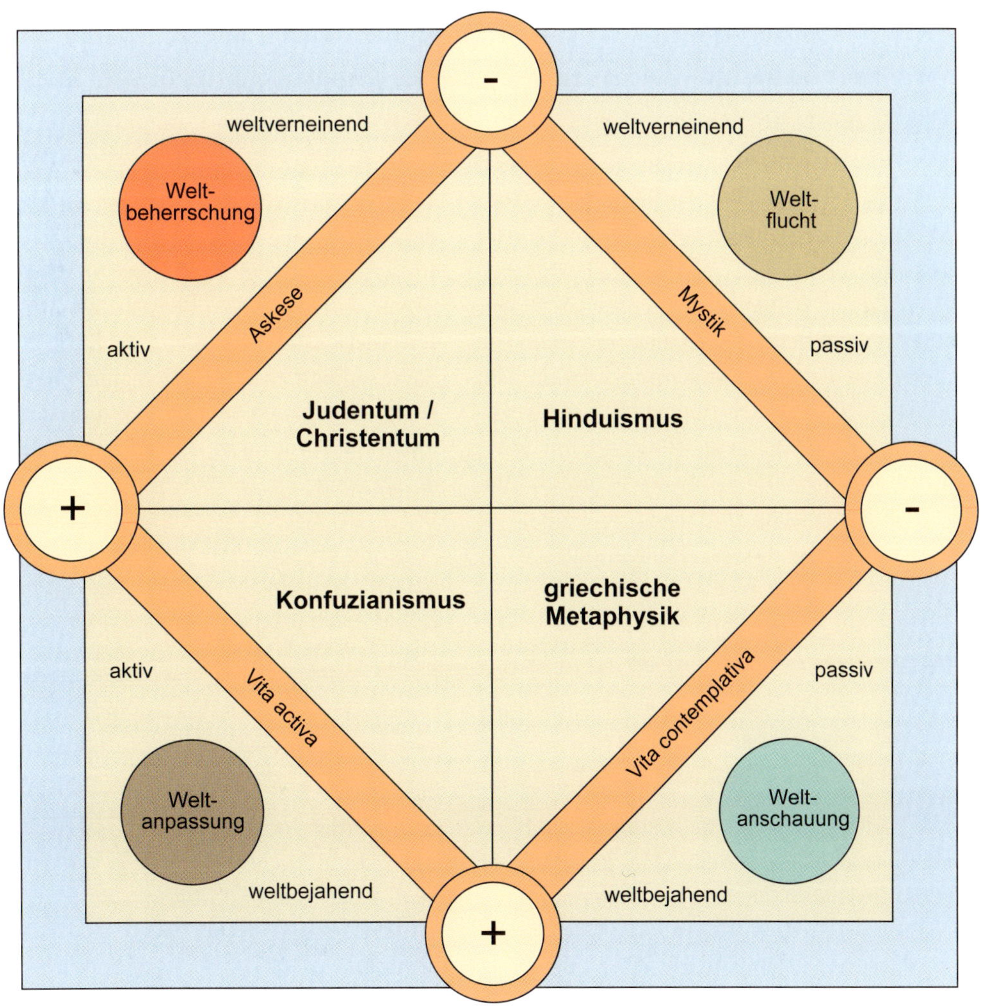


**A 7b Weber-Habermassches Diagramm der Einstellungen zur Welt** 20. Jahrhundert

h/a

Die Zentren der Philosophie verschieben sich im Verlauf der Zeit ähnlich wie die Zentren der Macht, manchmal in Verbindung mit diesen. Das Faktum dieser *translatio studii* (»Übertragung der Forschung«) ist altbekannt. Eine modellhafte Vorstellung davon wird aus dem 9. Jahrhundert, von al-Fārābī, überliefert.

Sie ist nicht darum vorbildlich, weil al-Fārābīs Erforschung der Ursache für den Wissenstransfer originell wäre (Dekadenz) oder weil die Folgen (Änderung der Perspektive durch den Standortwechsel und der Textassoziationen durch den neuen Kontext) besonders bedacht würden. Modellhaft ist der Verlauf der Verschiebung. Es ist ein kreisförmiger Verlauf zurück ins Ursprungsgebiet. Der Gang der Philosophie, der sich als ein unidirektionaler von Osten nach Westen (im Mashriq/Orient beginnend und von Hellas weiter nach Roma) darstellen läßt, erwies sich nach al-Fārābī als Sackgasse. Die Schuld dafür gibt er dem römischen Christentum. Ein knappes Jahrtausend später schrieb dann Hegel dem Islam die Schuld für die Stagnation der »Weltgeschichte« in seinem Bereich zu (→ A 4).

Von besonderem Reiz an al-Fārābīs Geschichtsbild ist die Zukunftsvision, zu der es verlockt: eine weiträumige, spiralförmige Wiederholung des Kreises. Nachdenklich macht freilich auch die Korrektur dieser Vision, zu der die gegenwärtige Entwicklung der Philosophie anhält, nicht anders, als schon die Erneuerung der lateinischen Philosophie im mittelalterlichen Europa bald nach al-Fārābīs Zeit zu einer Korrektur seiner Sicht der Geschichte nötigt.

Nach al-Fārābī beginnt die Philosophie bei den Chaldäern. Das ist eine Annahme, die schon in vorislamischen Zeiten in SW-Asien verbreitet war. Die Chaldäer waren die Träger der letzten vorpersischen Dynastie in Bābil/Babylōn und wurden anschließend als Träger der gesamten kulturellen Entwicklung im südlichen Mesopotamia, seit deren Anfängen, angesehen. Von den Chaldäern, so glaubte man, übernahmen die Ägypter das Wissen und von diesen die Hellenen, mit Athēnai als erstem und Alexandreia als zweitem Zentrum. Roma als drittes Zentrum vermochte sich nicht zu halten. Die Philosophie kehrte vielmehr über Syria (→ W 3–4) zurück in ihre Ausgangsregion. Das Zentrum war nun nicht mehr das heidnische Bābil, sondern das muslimische Baghdād. Weniger schematisiert betrachtet, verlief die ganze Entwicklung nicht kreis- oder spiral-, sondern schlaufenförmig (hin und zurück über Kemet/Aigyptos).

Bekanntlich breitete sich die im islamischen Milieu neu belebte Philosophie ein zweites Mal in westlicher Richtung aus, diesmal in einem noch größeren Bogen über den Īrān, N-Afrika und al-Andalus nach NW-Europa. Auch von Roma gingen im Mittelalter und in der Renaissance neue Impulse aus.
Im späten 19. und im frühen 20. Jahrhundert schien es, als würde die Spiralbewegung zurück nach Asien fortgesetzt, strahlenfömig aufgefächert nicht nur nach SW-, sondern ebenso nach S- und O-Asien. In mehreren neuen Zentren kam es dort, motiviert durch das europäische Vordringen, zum Versuch einer Regeneration der eigenen Überlieferungen,
Die gleichzeitige Ausbreitung der Philosophie nach Amerika erschien den Europäern lange Zeit, wie seinerzeit al-Fārābī die Vermittlung der Philosophie von Hellas nach Roma, als ein Ausläufer ohne Fortsetzungspotential. An Vergleichen der U.S.A. mit dem Römischen Reich fehlt es nicht. Zu Beginn des 21. Jahrhunderts sind die Verhältnisse jedoch so, daß die U.S.A. in der Philosophie wie in den Wissenschaften die zentrale Stellung einnehmen und daß die Orientierung an der »westlichen Philosophie« in sämtlichen Erdteilen in wachsendem Maße von den U.S.A. dominiert, kanalisiert und filtriert wird (→ G).

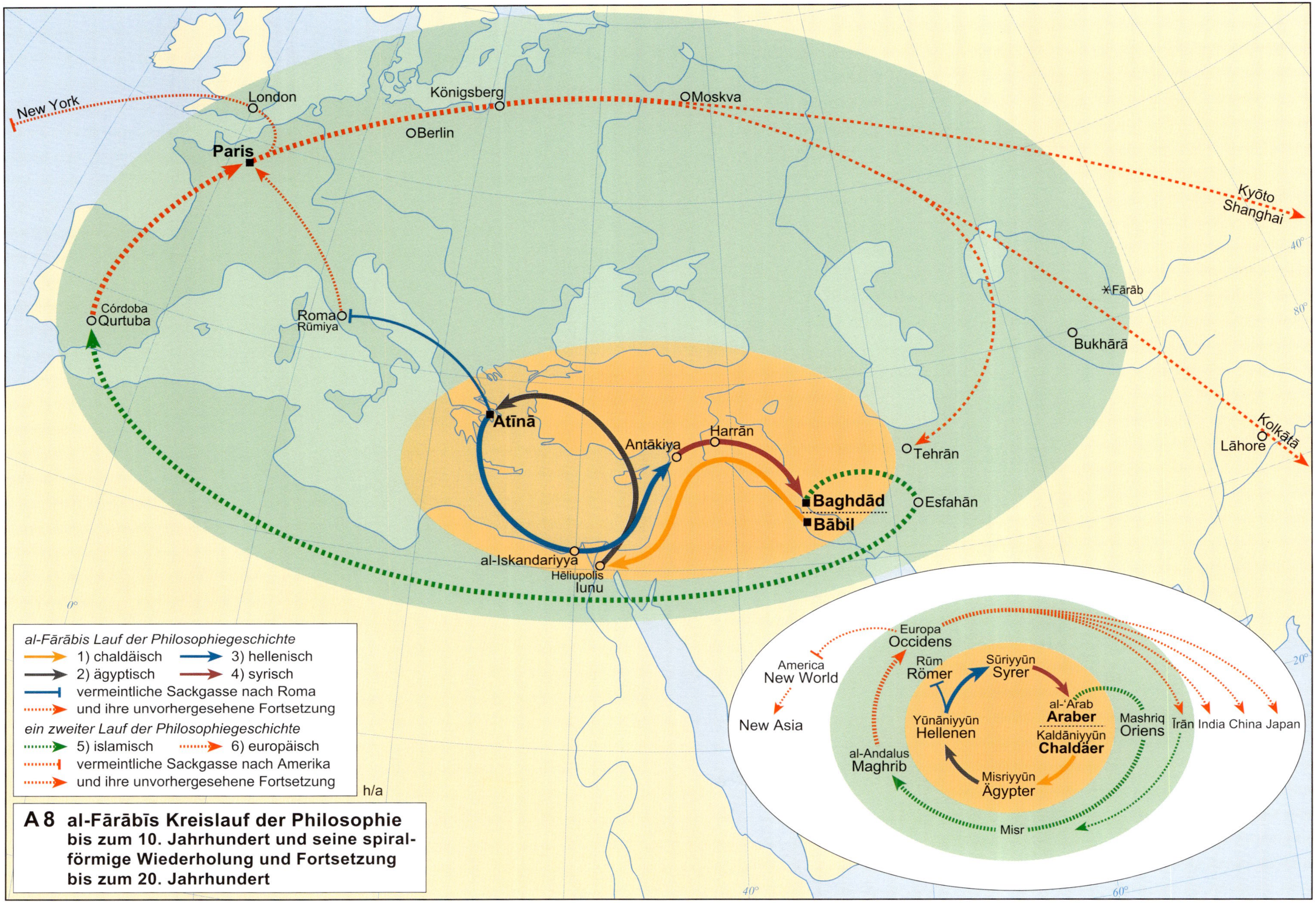


**A 8 al-Fārābīs Kreislauf der Philosophie bis zum 10. Jahrhundert und seine spiralförmige Wiederholung und Fortsetzung bis zum 20. Jahrhundert**

Ein zweifacher Kreislauf läßt sich für die Weisheit und die Philosophie »aus den Quellen des Judentums« ausmachen. Er kann in mehreren Hinsichten als Beispiel dienen. In Gang gebracht und gehalten wurde der Kreislauf von den wiederholt wechselnden und sich dabei in ihrer Ausdehnung hin und her verschiebenden politischen, wirtschaftlichen und kulturellen Dominanzverhältnissen innerhalb des westlichen Teils der »Alten Welt«.

Die mit dem geographischen Verlauf einhergehende intellektuelle Entwicklung der jüdischen Kultur wurde dabei angeregt und oftmals eigentlich gespeist vom jeweiligen Umfeld, besonders wenn dieses seinerseits eine Blütezeit erlebte. Ein Hinweis darauf ist der Sprachwandel. Obwohl die kanonischen Texte in hebräischer Sprache vorlagen, wurde jeweils die in den verschiedenen Regionen und Epochen vorherrschende Sprache als Gelehrtensprache übernommen: im Mittelalter in W-Europa erst Arabisch, dann Latein, in O-Europa in der Neuzeit Deutsch und später auch Russisch. Gegenwärtig ist die Hauptsprache der Philosophie im Judentum (wie die der wissenschaftlichen Judaistik) Englisch.

Die inhaltlichen Erkenntnisvermittlungen erfolgten jedoch keineswegs allein vom Umfeld auf das Judentum, sondern auch in umgekehrter Richtung (auf breiter Basis und nachhaltig freilich nur in Europa). Judentum, Christentum und Islam haben eine ganze Reihe intellektueller Probleme gemeinsam: den Konflikt zwischen Offenbarung und Vernunft in Natur- und Moralphilosophie, den Widerspruch zwischen der Bibel und Aristotelēs bei der Frage nach der Endlichkeit oder Unendlichkeit der Welt, das Verhältnis zwischen Gottes Allwissen und Allmacht und der Freiheit der Menschen bei der Erklärung des Bösen, die für die überlieferten Schriften einschlägigen Verstehensmöglichkeiten, den Erkenntniswert subjektiver religiöser Erfahrungen. Lösungen, die nichtchristliche Gelehrte erarbeitet hatten, wurden für die christlichen Philosophen und Theologen vorbildlich und deckten sich dann mit ihren eigenen Überlegungen so weit, daß man bei einem vielzitierten, aus dem Arabischen ins Lateinische übersetzten Text aus dem 11. Jahrhundert, *Fons vitae* (»Die Quelle des Lebens«), im mittelalterlichen Paris nicht sicher war, ob sein Autor, von dem man nur den latinisierten Namen Avicebron kannte, Muslim oder doch Christ gewesen war. Ein textkritischer Historiker kam schließlich 1859 darauf, daß er mit dem Dichter Ibn Gabirol aus Saraqusta/Zaragoza identisch und somit Jude war.

An der Geschichte des Judentums läßt sich ablesen, wie stimulierend und diversifizierend sich das Konkurrenzverhältnis zwischen *Oriens* und *Occidens* auswirken konnte. Das Judentum ist überdies ein Beleg dafür, daß dieses Verhältnis älter ist als die Rivalität zwischen Christentum und Islam und daß die intellektuellen Anregungen von SW-Asien für Europa keineswegs versiegten, nachdem die christlichen Scholastiker ihr Interesse an der islamischen Vermittlung der hellenischen Philosophie gegen 1300 verloren hatten.

Nach der Zerstörung von Yerūshālayim im Jahre 71 durch römische Truppen wurde Bābel/Babylōnia zum zweiten Mal ein jüdisches Exilland, diesmal ein freiwilliges, unter dem Schutz der parthischen und sasanidischen Rivalen des Römischen Reiches. Nachdem dort schon während des Exils im -6. Jahrhundert Schriften der Bibel geschrieben oder redigiert worden waren, wurde Mesopotamia nun für ein ganzes Jahrtausend das intellektuelle Zentrum im Judentum. Ebenfalls dort ansässige Händler (am bekanntesten die Radhaniten) verbreiteten die für die nachfolgende philosophische Entwicklung maßgebenden theologischen und juristischen Texte des »babylonischen Talmud« nicht nur über N-Afrika, sondern auch über O-Europa nach W-Europa. (Die gleichzeitigen Handelskontakte mit S- und O-Asien blieben ohne vergleichbare philosophische Folgen.)

Unter muslimischer Herrschaft wurde dann die Iberische Halbinsel (Sefārad) die Region der ersten philosophischen Blütezeit im Judentum. Vertreibungen nacheinander durch almoravidische und almohadische Fundamentalisten und die »Katholischen Könige« veranlaßten eine Rückkehr in den Osten, nach Yshrā'el und ins Osmanische Reich. Dieses hatte nicht nur Filastīn/Palästina erobert, sondern auch weite Teile O-Europas.

Damit wurde für einen zweiten Kreislauf über O-Europa der Weg frei. Mit der in Zefat (unter Aufnahme alter neuplatonischer Spekulationen und Anregungen aus dem Sufitum) fortentwickelten Kabbala kam es in der Renaissance nochmals zu einer Stimulation des philosophischen Denkens in Europa aus SW-Asien. Die von dort inspirierte religiöse Erneuerungsbewegung chassidischer Rabbiner im osteuropäischen Judentum blieb ebenfalls nicht ohne Einwirkung auf die Philosophie in Mitteleuropa. Der Holocaust führte schließlich im 20. Jahrhundert zu einer überstürzten Vollendung des zweiten Kreislaufs zurück nach Yshrā'el.

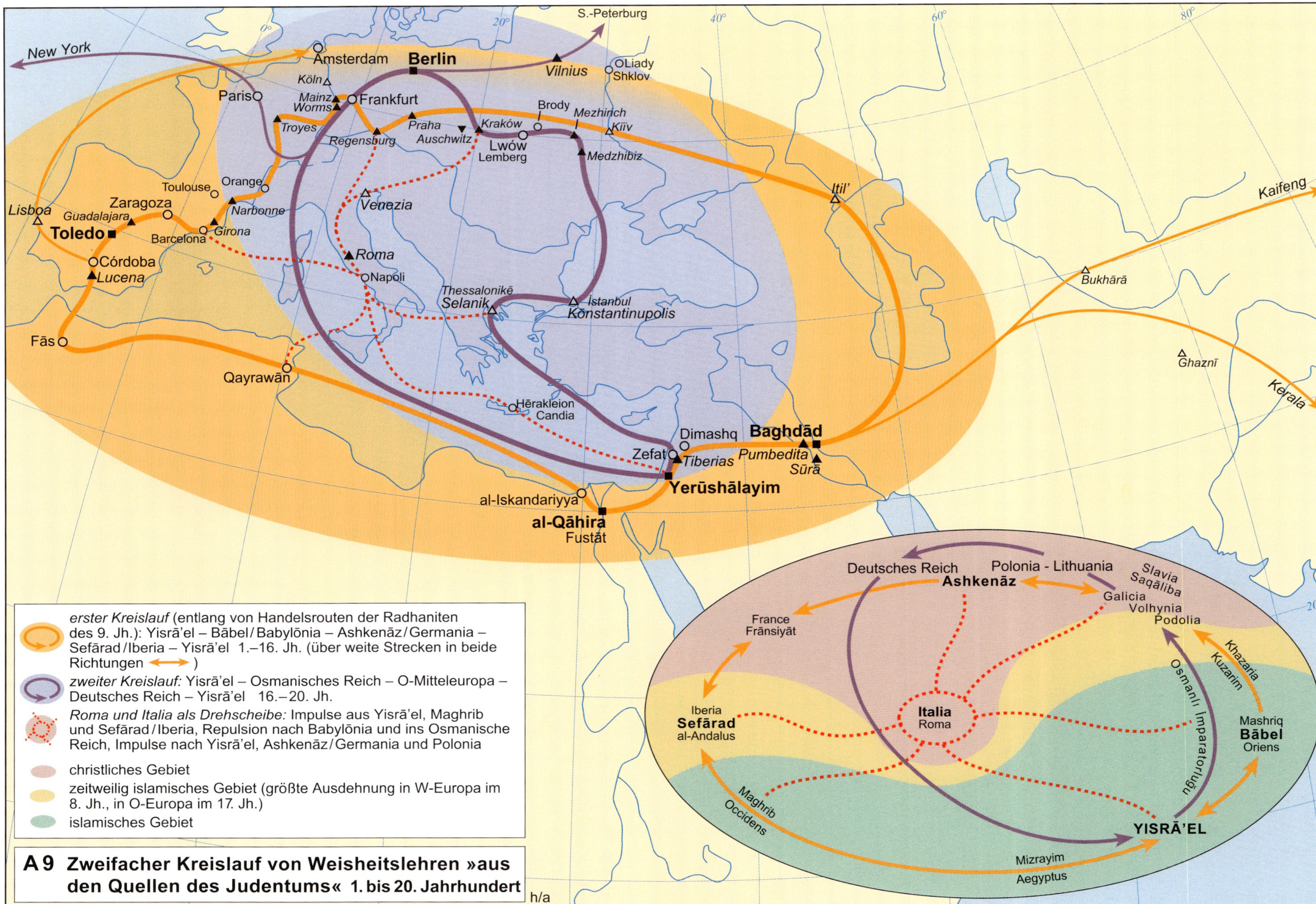


*erster Kreislauf* (entlang von Handelsrouten der Radhaniten des 9. Jh.): Yisrā'el – Bābel / Babylōnia – Ashkenāz / Germania – Sefārad / Iberia – Yisrā'el 1.–16. Jh. (über weite Strecken in beide Richtungen ↔ )

*zweiter Kreislauf:* Yisrā'el – Osmanisches Reich – O-Mitteleuropa – Deutsches Reich – Yisrā'el 16.–20. Jh.

*Roma und Italia als Drehscheibe:* Impulse aus Yisrā'el, Maghrib und Sefārad / Iberia, Repulsion nach Babylōnia und ins Osmanische Reich, Impulse nach Yisrā'el, Ashkenāz / Germania und Polonia

christliches Gebiet

zeitweilig islamisches Gebiet (größte Ausdehnung in W-Europa im 8. Jh., in O-Europa im 17. Jh.)

islamisches Gebiet

**A 9 Zweifacher Kreislauf von Weisheitslehren »aus den Quellen des Judentums« 1. bis 20. Jahrhundert**

h/a

Jaspers' Schaubild der Menschheitsgeschichte[1] entspricht dem Kandelaber-Modell der Paläoanthropologie (→ A 2–3, 5). Als Philosoph befaßt er sich jedoch im Unterschied zur Archäologie nicht nur mit der Vergangenheit, sondern auch mit der Zukunft. Für sie sieht er die Chance einer Wiedervereinigung der großen Kulturtraditionen, die sich jahrtausendelang in getrennten Bahnen entwickelten. Sein Modell gleicht daher nicht einfach einem mehrarmigen Kerzenständer, sondern einer Art Ofenrohr mit einem gemeinsamen (von Prometheus gestifteten) Herdfeuer und einem erneuten Zusammenschluß der Traditionen in der Zukunft.

Bei allem Respekt Jaspers' für andere Kulturen bleibt sein Schaubild merkwürdig zeitgebunden und »europalastig«. Vor dem »Wissenschaftlichen und technischen Zeitalter« kommen nur *Divergenzen* zur Darstellung, zuerst beim Aufkommen der »Hochkulturen«. Die Grundlage dazu schufen Landwirtschaft und Viehzucht. Zu Jaspers' Zeit hatte man noch kaum erkannt, daß sich mit deren Ausbreitung zugleich die Sprachen und Kulturen ihrer Pioniere breitmachten und zu einem Massensterben lokaler Sprachen und Kulturen führten, das mit dem gegenwärtigen Auslöschen von Minderheiten im Zuge der Globalisierung vergleichbar ist. Was sich wie eine Diversifikation einer undifferenzierten menschlichen Frühkultur ausnimmt, entpuppt sich in dieser Hinsicht als Reduktion einer Unzahl von sich anbahnenden Entfaltungsmöglichkeiten (→ K 2).

Neue Divergenzen verzeichnet Jaspers nach der Achsenzeit allein im bereits »in Orient und Okzident polarisierten Abendland«. Im Osten erscheinen ihm die Kulturen homogener und von einer »vergleichbaren Spannungslosigkeit«. In S-Asien ist die »Spaltung« in Hindu-, Jaina- und Buddhadharma jedoch ebenso bemerkenswert wie die westliche in Islam, »Byzanz-Rußland« und »Abendland«.

Der Buddhadharma hat die Kultur in Zhongguo/China ähnlich einschneidend verändert wie das Christentum die hellenisch-römische Kultur. Dabei wurde der Buddhadharma in O-Asien ebenso mit andauernden Divergenzen zwischen verschiedenen Lehrrichtungen sinisiert, wie das biblische Christentum im Westen von Anfang an aufgespalten in verschiedene Konfessionen hellenisiert wurde. Schließlich verlagerte sich nahezu gleichzeitig, seit dem 7. Jahrhundert, das Zentrum des Christentums (mit dem Aufkommen des Islam) definitiv von SW-Asien und N-Afrika nach Europa und das Zentrum des Buddhadharma (mit der Regeneration des Hindudharma und der Ausbreitung des Islam nach S-Asien) aus seiner Ursprungsregion in India nach Zhongguo/China.

*Konvergenzen* vermerkt Jaspers erst in der Neuzeit. Sämtliche Zusammenflüsse gehen vom Westen aus. Wechselseitige Einflüsse zeichnen sich erst für die Zukunft ab. Für frühere »Berührungen« wird nicht einmal eine skizzenhafte Schematisierung versucht. Die »Eingliederung der schriftlosen Völker aus dem Umkreis der Hochkulturen in die Welt der Achsenzeit« scheint zu ihrer Fortentwicklung nichts Nennenswertes beigetragen zu haben.

»Schriftlose Völker« und »Naturvölker« werden ungeachtet ihrer Verteilung über die ganze Erde systematisch östlich von China plaziert. Es ergibt sich so ein insgeheim »europalastiges« Gefälle: Je näher am linken (westlichen) Bildrand, desto mehrgleisiger und höherführender scheint die Geschichte zu verlaufen.

In bezug auf die Frühgeschichte gibt sich Jaspers allzu agnostisch. Das ist für die Philosophie seit der Aufklärung typisch, nachdem man sich von den religiösen Offenbarungen zur Frühgeschichte der Menschheit distanziert hatte. Das archäologische Wissen hat heute jedoch ein derartiges Ausmaß angenommen, daß philosophische Aussagen über die Anfänge der Menschheit, wie auch Jaspers sie nicht scheut, daran gemessen werden, wieweit sie den archäologischen Funden Rechnung tragen und wieviel Licht sie auf deren Verständnis werfen.

[1] Siehe Bildnachweis S. 134

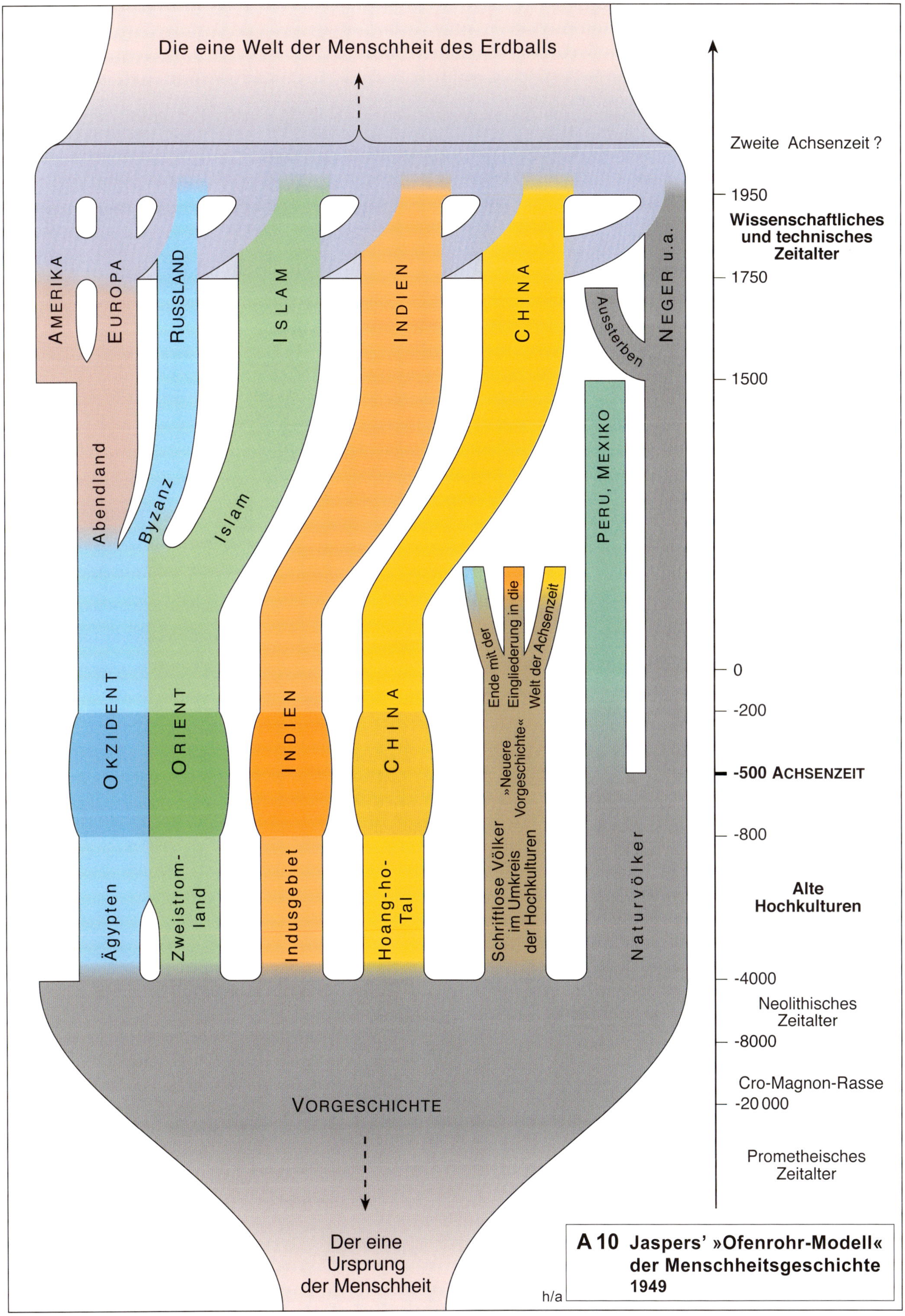


**A 10 Jaspers' »Ofenrohr-Modell« der Menschheitsgeschichte 1949**

Die Philosophie entfaltete sich in den großen Schrift- und Wissenschaftskulturen der Vergangenheit weitgehend auf getrennten Wegen. Zum einen erlauben es die geographischen Verhältnisse nicht, die kommerziellen Beziehungen und politischen Auseinandersetzungen zwischen den einzelnen Erdteilen, denen sich diese Kulturtraditionen zuordnen lassen, mit denjenigen innerhalb der Erdteile zu vergleichen. Zum anderen waren diese Kulturen komplex und ihre intellektuellen Resourcen reich genug, um in jeder von ihnen eine Mehrzahl miteinander rivalisierender und einander stimulierender Lehrrichtungen aufkommen zu lassen. Unter solchen Bedingungen gelingt es, die denkbaren Antworten auf die zentralen Fragen der Philosophie mit der erforderlichen Dauer, Breite und Tiefe eigenständig und kreativ auszuarbeiten. Es sind dies Fragen, die sich Menschen ungeachtet aller kultureller Unterschiede überall stellen.

In Anbetracht der Kontaktmöglichkeiten ist dennoch auffallend, daß sich die »zivilisatorischen Errungenschaften« nicht gleichmäßig über kulturelle Grenzen hinweg ausbreiteten (→ N 1). Die Übernahmebedingungen für technische Errungenschaften, für bestimmte Wissenschaften, allen voran die Medizin, aber auch die Astronomie, für narrative Literatur und nicht zuletzt für religiöse Bewegungen waren offensichtlich immer wieder günstiger als für die Philosophie. Die intellektuelle Relevanz dieser Bereiche ist allerdings nicht zu unterschätzen. Mit der Vermittlung verbesserter astronomischer Instrumente ging auch eine Vermittlung höherer Mathematik (Trigonometrie), mit der traditionellen Medizin ein ganzheitliches Denken, mit den Religionen eine radikalisierte Reflexion über die »letzten Dinge« einher.

Es ist natürlich ein Unterschied, ob nur von einer Stimulus-Diffusion (→ K 4) gesprochen werden kann oder von der Adoption umfangreicher philosophischer Texte und ganzer Systeme. Eine solche ist vor der europäischen Neuzeit nur einmal, mit der Ausbreitung des Buddhadharma von S- nach O-Asien, zu verzeichnen. Die philosophiegeschichtlich bedeutsamsten interkulturellen Transfers waren daneben die Übernahme der Schrift- und Wissenschaftskultur aus der »Nīl–Āmū Daryā-Region« durch die Hellenen unmittelbar vor der Achsenzeit sowie, Jahrhunderte darauf, die Rezeption des Menschen- und Weltbildes des Judentums, Christentums und des Islam in den hellenisch-römischen Traditionsstrang der Philosophie, und zwar in zwei Phasen: in einer spätantiken und einer mittelalterlichen.

Nachdem sich in der frühen zweiten Hälfte des letzten Jahrtausends vor dem Wechsel der Zeitrechnung in den großen Kulturregionen der »Alten Welt« nahezu gleichzeitig aufklärerisches Denken durchgesetzt hatte (→ A 5) und die anschließende Entwicklung wiederum asynchron verlaufen war, erfolgte um das 7. Jahrhundert nochmals ein überraschend paralleler Umschwung. Die Achsenzeit war religionskritisch eingestellt. Jetzt kam es zu einer neuen religiösen Blütezeit und zu einer »religiösen Wende« in den philosophischen Traditionen, in der »Nīl–Āmū Daryā-Region« mit dem Islam, in S-Asien mit dem *Vedānta*, in O-Asien mit der kreativen Phase der »Sinisierung« des Buddhadharma. In die gleiche Epoche fällt die für die spätere philosophische Entwicklung wichtige Konversion Mitteleuropas zum Christentum und von Han'guk/Korea, Nihon/Japan und Böyu/Tibet zum Buddhadharma.

Mit der Ungleichzeitigkeit der kulturellen Blütezeiten lassen sich die asymmetrischen interkulturellen Beziehungen erklären. Beispielhaft ist die »Goldene Zeit« der Kultur im 4. und 5. Jahrhundert in S-Asien, die in der Philosophie bis ins 7./8. Jahrhundert andauerte. Für die übrige »Alte Welt« waren dies sogenannte »dunkle« Jahrhunderte oder Übergangszeiten. Damals ging von S-Asien die größte wissenschaftliche und philosophische Ausstrahlung seiner Geschichte aus, mit dem Buddhadharma nach Osten, auf Mathematik, Medizin und *folk philosophy* beschränkt, nach Westen (→ S 5).

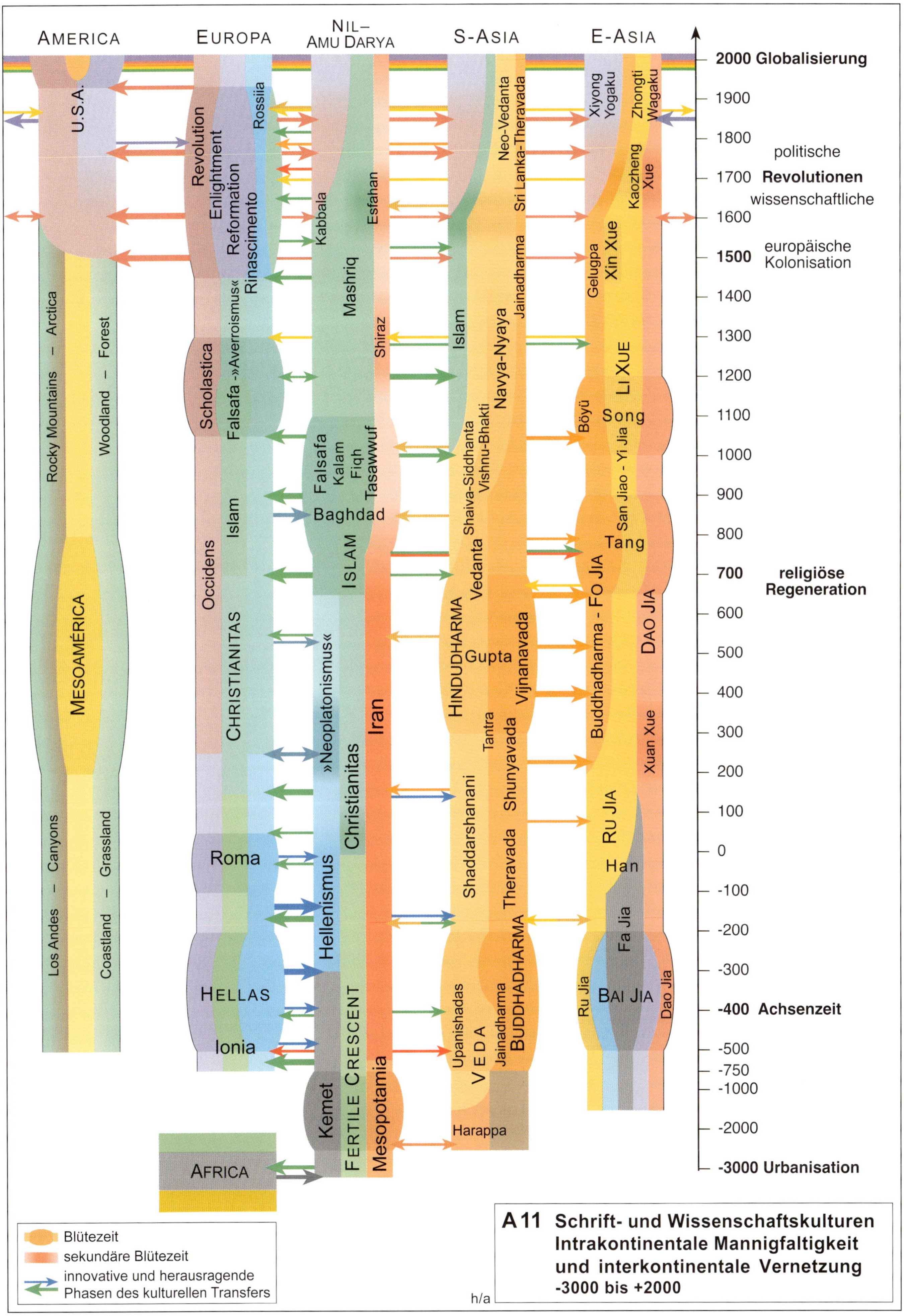


**A 11 Schrift- und Wissenschaftskulturen**
**Intrakontinentale Mannigfaltigkeit und interkontinentale Vernetzung**
**-3000 bis +2000**

# VOR- UND KONTEXTBEDINGUNGEN

Man kann sich als Philosoph nicht mit der Geschichte der Philosophie befassen, ohne auch den mentalen Voraussetzungen des Philosophierens und deren Geschichte nachzugehen. Nach dem gegenwärtigen Wissensstand beginnt diese Geschichte der mentalen Voraussetzungen in Afrika. Die Frage nach den Anfängen der Philosophie konvergiert so mit der Frage nach dem frühesten und bedeutendsten Beitrag des afrikanischen Kontinents zur Philosophie.

Was haben die Menschen, als sie vor 50 000 bis 100 000 Jahren von Afrika nach Asien, Europa und Australien auszogen, an philosophisch Relevantem mitgebracht? Die sicherste Antwort lautet: die Sprachfähigkeit. Wer jedoch menschliche Sprachkompetenz besitzt, verfügt zugleich über die kognitive Kompetenz, jede Philosophie, die sich seit der Achsenzeit vor 2500 Jahren entwickelte, nicht nur zu verstehen, sondern sie auch selber hervorzubringen.

Für die Beherrschung der menschlichen Sprachen und für das Philosophieren gleicherweise grundlegend sind folgende Tatsachen: 1. Menschen können *frei* reden. Sie können sagen, was sie wollen, unabhängig von den Reizen, die sie zu einer Reaktion veranlassen. 2. Sie können *universal* über alles sprechen, auch über nicht Gegenwärtiges, selbst über die Dinge, die es nicht gibt. 3. Sie können ihren Gesichtspunkt und damit ihre *Perspektive* wechseln und alles auch anders sagen. 4. Sie können *reflektierend* über ihre eigene Sprache sprechen. 5. Sie können *modalisierend* ihre Aussagen verabsolutieren oder relativieren, sie als notwendig, allgemeingültig, möglich, wahrscheinlich, fraglich, falsch usf. erklären. 6. Sie können *logisch* argumentieren und *rational* Gründe für ihre Aussagen anführen.

Sprachliche Kompetenz setzt soziale Kompetenz voraus. Wir verstehen eine sprachliche Äußerung nur, wenn wir erfassen, daß der Sprecher mit ihr etwas beabsichtigt und daß seine Wörter für ihn eine Bedeutung haben. Daß die Mitmenschen mentale Vorstellungen und Absichten haben, die für ihr Tun und Lassen maßgebend sind, ist eine fundamentale philosophische Erkenntnis, welche die frühen Menschen aus Afrika mitnahmen, als sie sich über die ganze Erde ausbreiteten.

Im 19. Jahrhundert nahm man an, daß der Höhenflug der menschlichen Intelligenz mit der Werkzeugherstellung einsetzte, und definierte den Menschen als *toolmaking animal* oder *Homo faber*. Gegenwärtig sucht man den Ansatz zur spezifisch menschlichen Intelligenz in der sozialen Kompetenz und definiert den Menschen wiederum wie Aristotelēs als ein Lebewesen, das zur Sprache und zu einer von Zielvorstellungen getragenen Gesellschaft fähig ist.

Es gibt keine Datenerhebung ohne Theorie. Die Klassifikation von archäologischen Fundgegenständen, Werkzeugen, Schmuckstücken oder ganzen Grabstätten, orientiert sich naturgemäß an »kognitionstheoretischen« Fragen: Zeugen sie von einem ästhetischen Bewußtsein (und damit von der »philosophischen« Fähigkeit, etwas unabhängig von seinem praktischen Nutzen zu sehen), von Selbstbewußtsein, von einem Wissen um den sozialen Status, von der Unterscheidung zwischen einem sichtbaren und einem unsichtbaren Leben?

Kein einziger der Fundorte, die auf der Karte eingetragen sind, war Hegel als solcher bekannt, als er zwischen 1805 und 1831 seine abschätzigen Urteile über die Menschen in Afrika fällte (»keiner Entwicklung und Bildung fähig«), mit einem Alter der Menschheit von rund 7000 Jahren rechnete und von der wissenschaftlichen Unerforschbarkeit der vorhistoriographischen Zeiten überzeugt war. Jaspers hielt noch 1949 die »Cro-Magnon-Rasse etwa vor 20 000 Jahren« in Europa für den frühesten Repräsentanten des anatomisch und kognitiv modernen Menschen. Heute ist nur eines gewiß: Diese Karte wird die erste im ganzen Atlas sein, die aufgrund neuer Funde zu korrigieren und zu ergänzen sein wird.

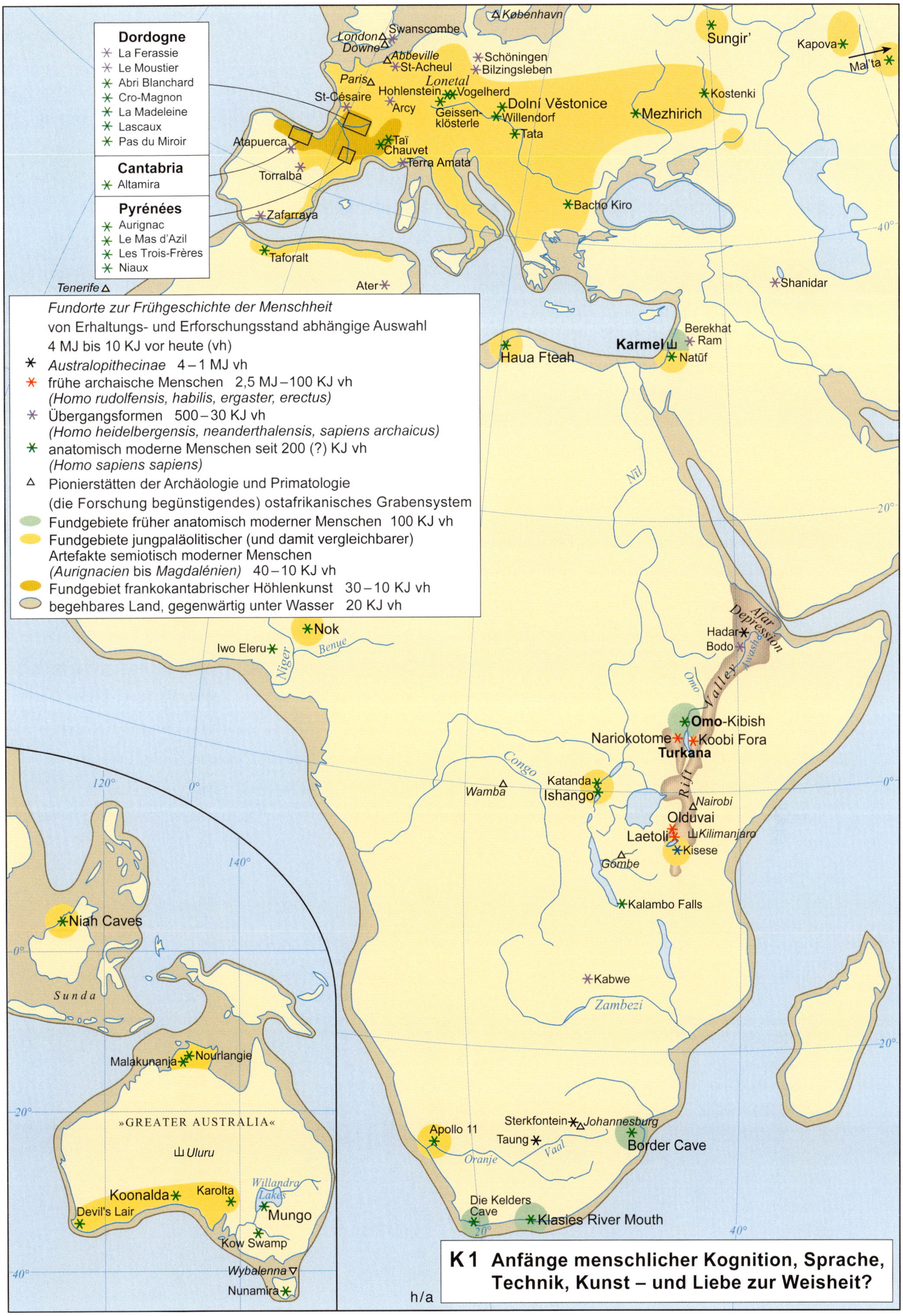


**K 1 Anfänge menschlicher Kognition, Sprache, Technik, Kunst – und Liebe zur Weisheit?**

Lewis H. Morgan erstellte 1877 eine *Scale of Progress of the Human Race from Savagery through Barbarism to Civilisation.* Marx und Engels haben diesen für das 19. Jahrhundert typischen Stufenbau alsbald adoptiert. Zweierlei erscheint an ihm fragwürdig: die Wortwahl und die Tendenz, die vielfältigen kulturellen Leistungen einlinig zu ordnen.

Die Bezeichnung für die zwei ersten Stufen paßt schlecht zu den Errungenschaften, die Morgan ihnen zuordnet. »Die Wilden« vollbrachten zwei spezifisch menschliche Leistungen: das Zünden und Zähmen des Feuers und die Schaffung der Sprache, die das am komplexesten strukturierte Kunstwerk des Menschengeschlechts überhaupt ist. Mit ihnen beginnt zweifelsohne die Humanisation einer Gruppe von Primaten unter den Säugetieren.

Die nachhaltigste Errungenschaft der zweiten Stufe ist die Domestikation von Pflanzen und Tieren. Als ihr Erkennungszeichen führt Morgan die Töpferkunst an, die sich heute geradezu als Paradebeispiel für den nicht gleichmäßigen Stufengang der Kulturgeschichte anbietet. Bei reichhaltigen natürlichen Nahrungsressourcen (Meeresfrüchten, Wildgetreide) sind jedoch schon vor der Agrikultur Seßhaftigkeit und Töpferei nachzuweisen.

Das Kennzeichen von »Zivilisation« ist für Morgan die Schrift. Man findet jedoch eine zivilisatorische Glanzleistung, die gemeinhin mit der Schrift assoziiert wird, nämlich systematisch gesammelte Texte wissenschaftlichen und philosophischen Inhalts, in S-Asien bereits Jahrhunderte vor der Einführung der Schrift (→ K 4–5, S 1). Zudem ist heute das Wort »Zivilisation« nicht nur für skripturale, städtische und technisch fortgeschrittene Gesellschaften üblich, sondern schlicht auch für menschenwürdige Kultiviertheit. »Ziviles« Verhalten in diesem Sinne ist älter als die Schrift. Ein Begriff wie »Urbanisation« eignet sich besser für die dritte Phase. Eine zeitgemäßere Überschrift über Morgans Dreiteilung der menschlichen Kulturgeschichte lautet entsprechend »Von der Humanisation über die Domestikation von Pflanzen und Tieren zur Urbanisation«.

Die Domestikation von Pflanzen und Tieren gehört zu den kulturellen Leistungen, die eigenständig in mehreren Regionen aufgekommen sind. Es sind Errungenschaften, die sich so rasch verbreiteten, daß die Zeit gar nicht reichte, sie andernorts »autochthon« zu entwickeln.

Die weite, teilweise transkontinentale Ausdehnung mehrerer Sprachfamilien wird gegenwärtig hypothetisch mit der Ausbreitung der Domestikation von Pflanzen und Tieren in Zusammenhang gebracht. Mit dem südwestasiatischen »Fruchtbaren Halbmond«, der Region der frühesten Domestikationen, wird die Verbreitung der indoeuropäischen, der afroasiatischen (»hamitosemitischen«) und, tentativ, der dravidischen Sprachen verbunden, mit dem biregionalen Ursprungsgebiet im ostasiatischen »Land der Mitte« die der sinotibetischen, der austrischen oder austroasiatischen und der austronesischen Sprachen, mit W-Afrika die der Niger-Congo- und der auf sie zurückweisenden Bantu-Sprachen.

Landwirtschaft und Viehzucht bilden die Basis für eine gesellschaftliche Schichtenbildung, für die nicht mehr nur biologische Kriterien (Alter, Geschlecht, Gesundheit, Verwandtschaft), sondern Berufsunterschiede maßgebend sind. Fortan gibt es komplexe Gesellschaften mit Gegensätzen zwischen Herren und Knechten, Begüterten und (rechtlich schlechter gestellten) Unbegüterten, zwischen (zunehmend schriftkundigen) Gebildeten und Ungebildeten und zwischen Stadt und Land. Für die weitere Entwicklung bahnbrechend sind der Stand der Herrscher und Krieger, die sich zur Aufgabe machen, die Handelswege und die in den Städten gesammelten Reichtümer zu sichern, sowie die Zunft der Schreiber, die darüber Buch zu führen haben.

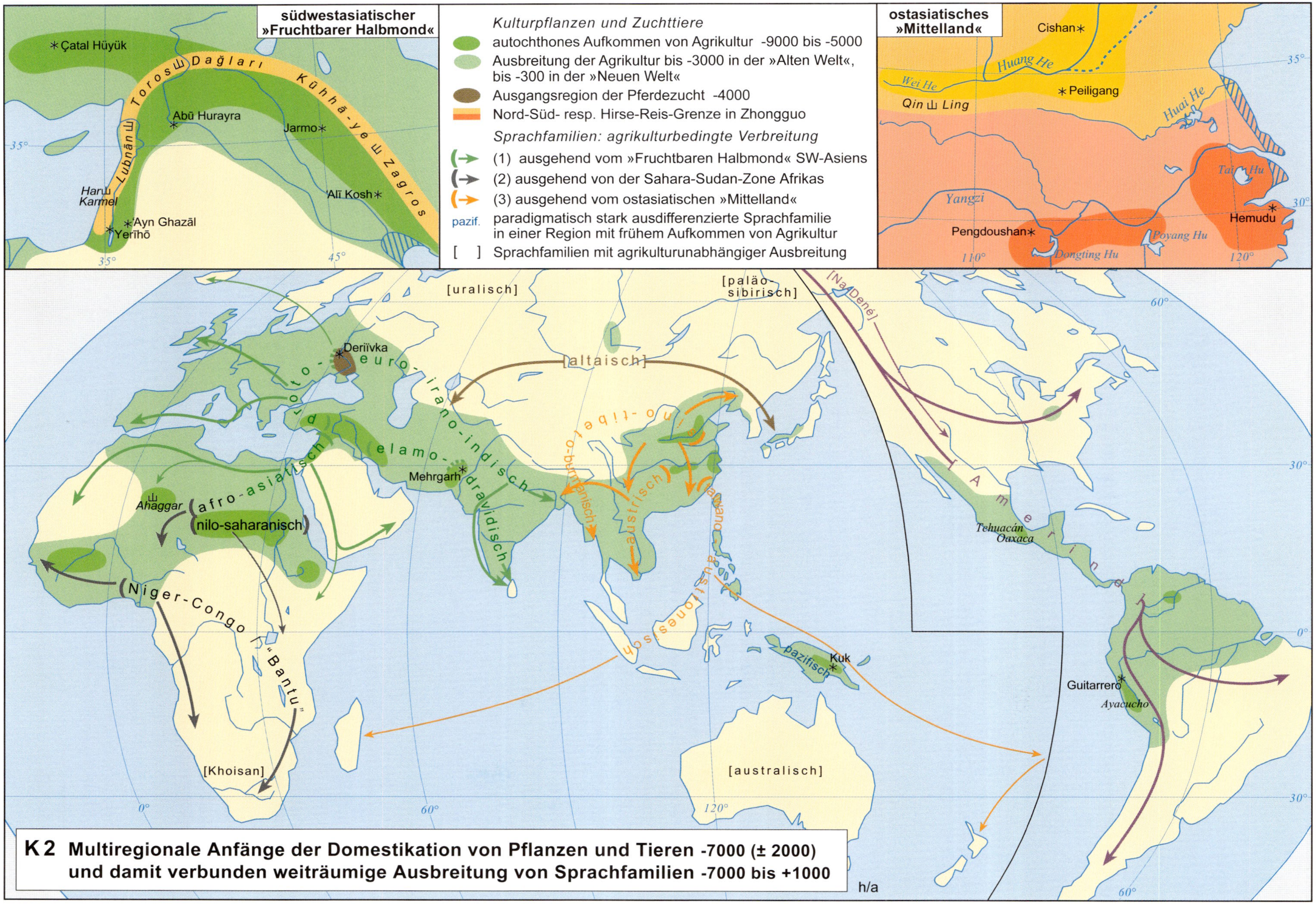


**K 2 Multiregionale Anfänge der Domestikation von Pflanzen und Tieren -7000 (± 2000) und damit verbunden weiträumige Ausbreitung von Sprachfamilien -7000 bis +1000**

Die Sprache gilt als das Zeichensystem, mit dem sich die Menschen von allen übrigen Lebewesen abheben. Das schließt nicht aus, daß Tiere über Begabungen verfügen, die ihnen in anderen kognitiven und kommunikativen Hinsichten eine Überlegenheit verschaffen, um die sie die Menschen nur beneiden können.

Die Schrift steht als das Zeichensystem zur Diskussion, das für die herausragendste Zäsur in der menschlichen Kulturgeschichte ausschlaggebend ist, für die Abhebung der Kulturen, die man lange als »Hochkulturen« von den »primitiven Kulturen« unterschied. Die menschlichen Wertvorstellungen lassen sich jedoch nicht allesamt in einer Art von Kultur optimal verwirklichen. Es gibt auch keine strikte Korrelation und gleichmäßige Fortentwicklung der Merkmale, die eine »Hochkultur« auszeichnen sollen: Schrift, städtische Siedlungen, Technologie, Wissenschaft und Philosophie. Tatsache ist dennoch, daß von einem gewissen, wenn auch nicht exakt festlegbaren Grad der Abstraktion und der systematischen Komplexität an jede Wissenschaft und Philosophie sich der Schrift als Medium des Nachdenkens und der Beweisführung bedient.

Innerhalb der Schriften unterscheidet man zwischen (logographischen) Wort-, (syllabischen) Silben- und (alphabetischen) Einzellaut-Schriften. In der Vergangenheit hatte man angenommen, daß die zeitliche Reihenfolge ihres Aufkommens ihren intellektuellen Rang widerspiegelt. Danach zeugten Einzellaut-Schriften von der höchsten Abstraktionsleistung. Sie abstrahieren im Unterschied zu den Wort-Schriften von der semantischen Bedeutung der sprachlichen Ausdrücke und im Unterschied zu den Silben-Schriften vom Ineinanderfließen der Laute im Redefluß. Die drei Schriftarten eignen sich jedoch gerade als Demonstrationsbeispiel dafür, daß Verfahren, die zeitlich nacheinander zur Verrichtung einer Aufgabe aufgekommen sind, diese Aufgabe keineswegs in jeder Kultur (im Fall der Schriften für jede Sprache) und in jeder Hinsicht fortschreitend besser erfüllen.
Ein Anzeichen hierfür ist allein schon die Tatsache, daß es keine Schriftkultur gibt, die ausschließlich alphabetische Zeichen benutzt. Ausgerechnet für die abstraktesten Begriffe und Denkleistungen (Zahlen und mathematische Operationen) werden Wortzeichen beibehalten. Umgekehrt ist es gar nicht möglich, ohne Zeichen oder Zeichenteile, die auch Informationen über die Lautstruktur der sprachlichen Ausdrücke enthalten, eine vollständige Schrift zu schaffen, von der alles mit graphischen Zeichen sichtbar vermittelt wird, was in einer Lautsprache zu hören ist. Sämtliche Schriften, die wie die ägyptische, die chinesische und die Maya-Schrift als Wort-Schriften klassifiziert worden waren, erwiesen sich bei genauerer Analyse als (logosyllabische) Wort-Silben-Schriften. Es sind Mischsysteme, die Zeichen oder Zeichenbestandteile mit semantischen und phonetischen Informationen aufweisen.
Das Alphabet ist nicht für jede Sprachstruktur und in jeder Hinsicht die optimale Schrift. In einer Sprache wie der chinesischen mit vielen gleichlautenden Wörtern lassen sich Mehrdeutigkeiten mit einer Wort-Silben-Schrift leichter vermeiden. Für eine Sprache wie die japanische mit einem einfachen Silbenmuster ist eine Silben-Schrift ökonomischer. Für Sprachen wie die »semitischen«, in denen die Vokale nur in einem vernachlässigbaren Maße zur Unterscheidung verschiedener Bedeutungen beitragen, ist eine Konsonanten-Schrift weniger aufwendig.
Die für einen Schreiber leichter erlernbare Schrift ist nicht automatisch die leserfreundlichere. Eine Wort-Silben-Schrift mit 2000 Zeichen ist, einmal gelernt, rascher und mit reicheren augenfälligen Bedeutungskonnotationen lesbar als eine Einzellaut-Schrift. Schriften haben verschiedene Funktionen. Nicht jede Schrift eignet sich in gleicher Weise für jede Sprache. Es ist nicht unbedingt zu erwarten, daß die verbliebenen Wort-Silben-Schriften früher oder später durch eine Einzellaut-Schrift »abgelöst« werden. Es mag für einzelne Sprachen vorteilhafter sein, für bestimmte Bereiche eine Silben- oder Einzellaut-Schrift als Zweitschrift zu benutzen, als ihre bisherige Wort-Silben-Schrift ganz aufzugeben.
Die Übertragbarkeit dieser Erkenntnisse von den Schrift- auf die philosophischen Systeme liegt auf der Hand.

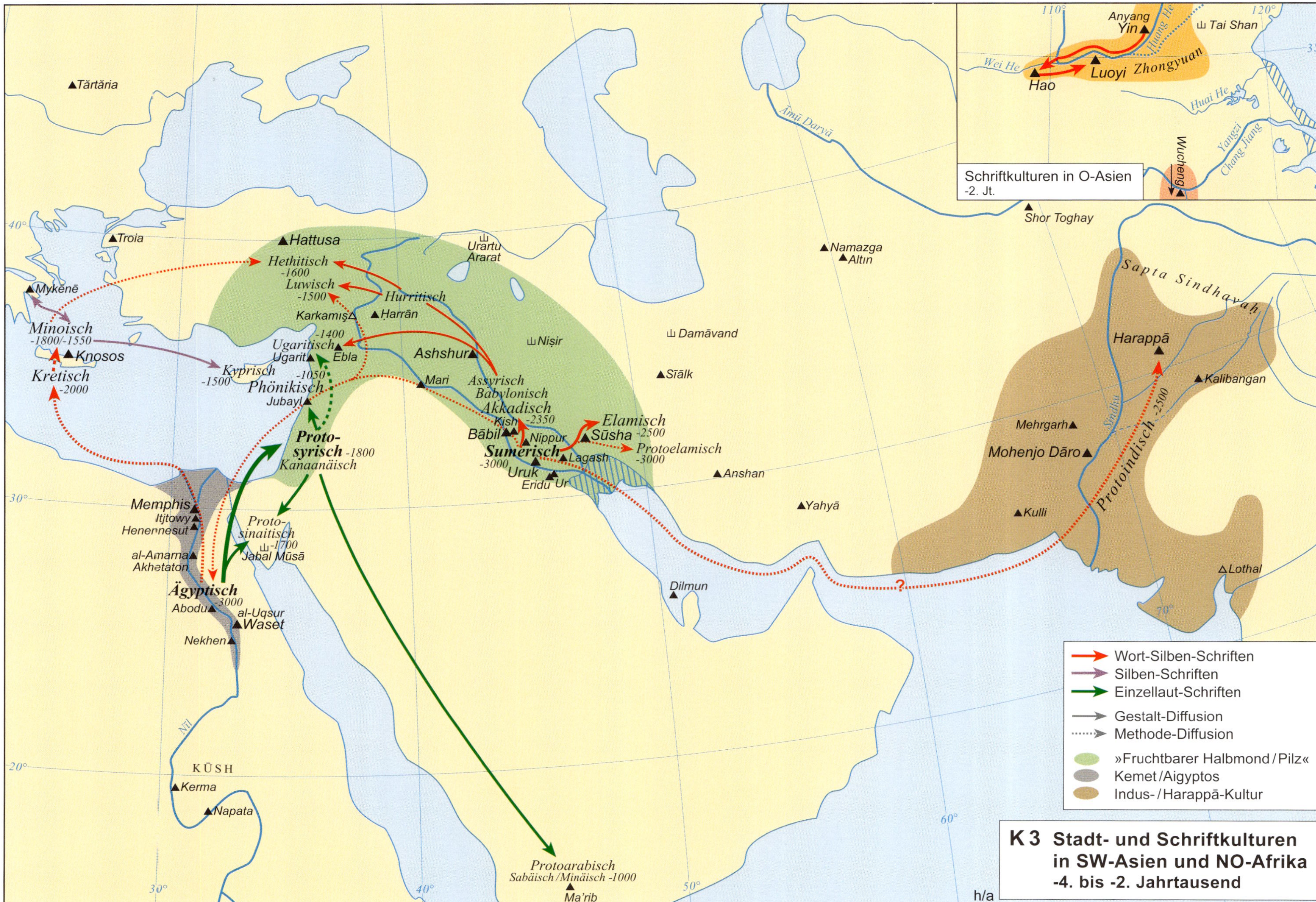


**K 3 Stadt- und Schriftkulturen in SW-Asien und NO-Afrika -4. bis -2. Jahrtausend**

Die frühesten Schriften, allesamt Wort-Silben-Schriften, kamen gegen Ende des -4. Jahrtausends im Ausstrahlungsgebiet des »Fruchtbaren Halbmonds« auf: die sumerische im südwestasiatischen Zweistromland und die ägyptische im nordostafrikanischen Niltal. Die nächste mit großer Wahrscheinlichkeit unabhängige Schaffung einer Schrift folgte erst eineinhalb Jahrtausende darauf in der Region um den »Gelben Fluß« *Huang He* in O-Asien. Mit Sicherheit ganz und gar eigenwüchsig, jedoch nach demselben logosyllabischen Grundmuster, setzte, nochmals 1000 Jahre später, die Schriftentwicklung in Mesoamérica ein. Die Schaffung einer (noch nicht entschlüsselten) Schrift im Industal um -2500 und diejenige auf Krētē um -2000 sind kaum unbeeinflußt von den älteren Schriften der »Nīl–Āmū Daryā-Region« aufgekommen. In beiden Gebieten ist die Schriftkultur nach gut 1000 Jahren wieder untergegangen. Ihren Platz nahmen nach einer längeren Vakanz neu aus der Region des »Fruchtbaren Halbmonds« importierte (im hellenischen Gebiet) oder auch nur inspirierte (im indischen Gebiet) Einzellaut-Schriften ein.

Die nicht gleichzeitige Entwicklung der frühen Schriftkulturen kontrastiert auffallend mit der nahezu perfekten Synchronie der Achsenzeitkulturen in denselben Regionen innerhalb der »Alten Welt«. Das Aufkommen der Wort-Silben-Schriften folgt dem Kandelaber-Modell der Paläoanthropologie (→ A 2–3, 5, 10), die sie überlagernde (und allein in O-Asien bloß bedrängende und nicht verdrängende) Entwicklung der alphabetischen Schriften in geradezu schulbeispielhafter Weise dem *Arche Noah*-Modell (→ A 3). Nur ist man jetzt geneigt, wenn man von den Wurzeln der Alphabetisierung der Schrift in Kemet/Ägypten absieht und sich an ihren ersten durchschlagenden und rundum sich auswirkenden Erfolg in SW-Asien hält, statt von einer Ausbreitung *out of Africa* von einer solchen *out of the Fertile Crescent* zu sprechen.

*Fertile Crescent* (»Fruchtbarer Halbmond«) war anfangs eine agrikulturgeschichtliche Bezeichnung für die halbkreisförmige Region um den Norden der Arabischen Wüste vom Mittelmeer bis hin zum Persischen Golf, in der die Domestikation von Pflanzen und Tieren zuerst einsetzte. In Anbetracht der nachfolgenden großen kulturellen Errungenschaften, die ebenfalls in dieser Region ihren Ausgang nahmen, wurde daraus zusehends ein allgemeiner kulturgeschichtlicher Ehrentitel, nunmehr gelegentlich unter Einbeziehung des Niltals. Wenn man die jeweils fast gleichzeitige und über wechselseitige Handelskontakte kontinuierlich mit dem Halbmond verbundene kulturelle Entwicklung auf anatolischem Gebiet ebenfalls berücksichtigt, kann man nicht minder anschaulich und symbolisch von einem »Fruchtbaren Pilz« sprechen.

Daß die Schaffung der Schrift ähnlich wie zuvor die Domestikation von Pflanzen und Tieren nur in wenigen Regionen eigenständig erfolgte, die originelle Schaffung der alphabetischen Schrift sogar nur in einer einzigen Region, und daß sie anschließend relativ rasch von Nachbarregionen übernommen wurden, ist nur auf den ersten Blick überraschend. Es ist weniger aufwendig, ein Problem nach einer Vorlage zu lösen, als sich die Problemlösung selbständig zu erarbeiten. Die Bedingungen für die Übernahme einer kulturellen Errungenschaft sind offenkundig geographisch weiter verbreitet als die speziellen, manchmal von Zufällen abhängigen Bedingungen für ihre erstmalige Hervorbringung.

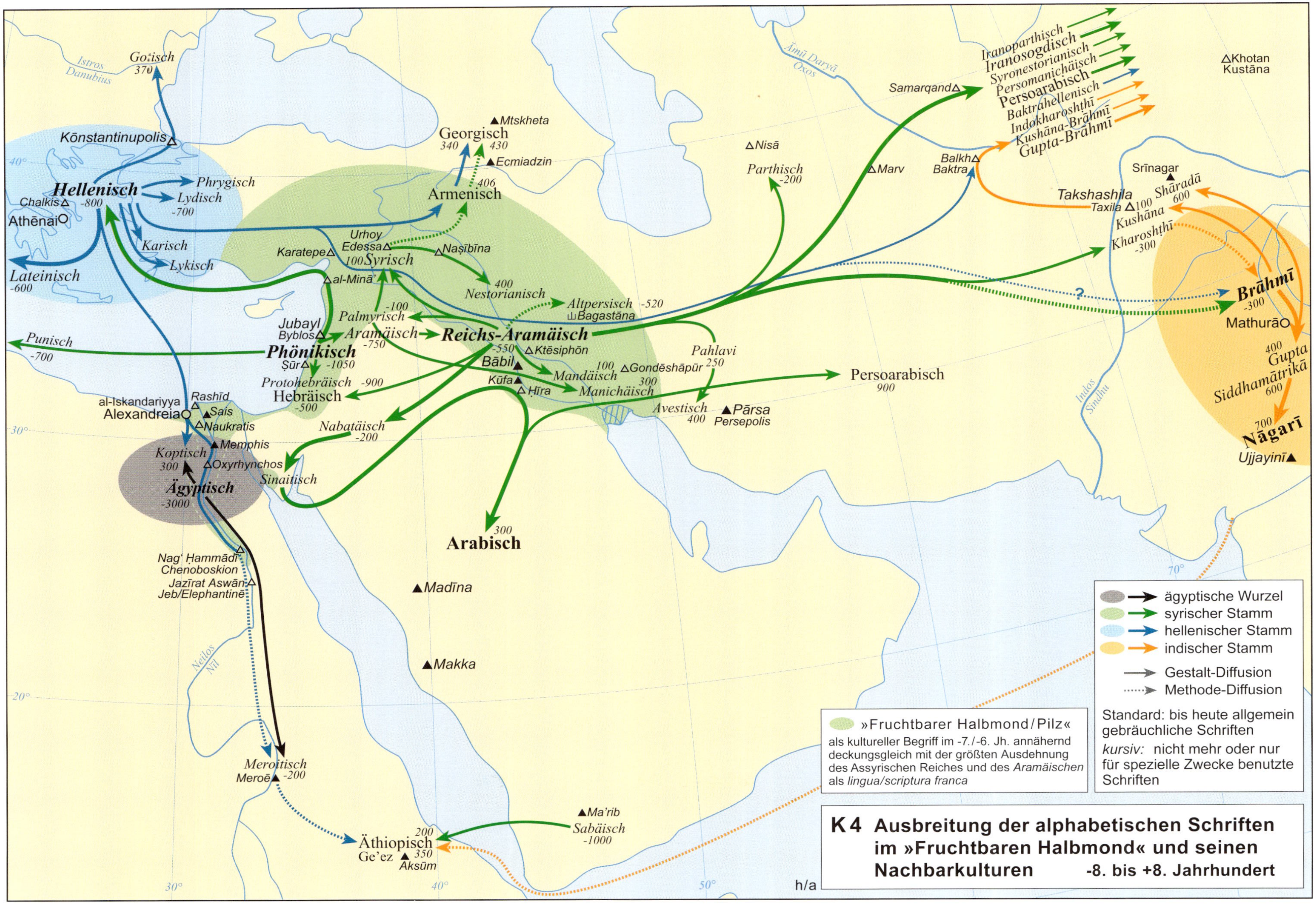


**K 4 Ausbreitung der alphabetischen Schriften im »Fruchtbaren Halbmond« und seinen Nachbarkulturen -8. bis +8. Jahrhundert**

Sämtliche Einzellaut-Schriften der Erde lassen sich zurückverfolgen auf eine protosyrische (»protokanaanäische«) Schrift, entwickelt im (Filastīn/Palästina und Lubnān/Phönikien umfassenden) syrischen Westteil des »Fruchtbaren Halbmonds«. Diese basiert ihrerseits auf einem in Kemet/Ägypten aufgekommenen Verfahren zur Alphabetisierung einer Wort-Silben-Schrift. Noch vor Beginn der europäischen Neuzeit verbreitete sich die alphabetische Schriftform von syrischem Boden aus im Westen bis zum Atlantik und im Osten bis zum Pazifik. Dabei kam es zu zwei struktural je verschiedenen Weiterentwicklungen der ursprünglichen alphabetischen Schrift. Es ist somit angebracht, vom primären syrischen Stamm im Westen einen hellenischen und im Osten einen indischen Stamm abzusondern.

Die Art und Weise, wie die Schriften sich insbesondere bei ihrer Übernahme von einer Sprache in eine andere entwickeln, erweist sich als außerordentlich lehrreich für die Entwicklung der Philosophie – vor allem bei ihrer Übernahme von einer Kultur in eine andere.
Ist die bloße Bekanntschaft mit einer fremden Schrift die Anregung zur Schaffung einer eigenen Schrift, spricht man von einer *Stimulus-* oder *Idee-Diffusion*. Bezieht sich die Inspiration auf ein bestimmtes Verfahren, wie zum Beispiel das Rebusprinzip, kann man auch von einer *Methode-Diffusion* sprechen. Nach diesem von Bilderrätseln bekannten Prinzip wird ein bildhaftes Zeichen für ein Wort auch für ein gleichlautendes anderes Wort eingesetzt. Das klassische Beispiel ist das sumerische Zeichen für »Pfeil« *ti,* das auch als Zeichen für »Leben«, im Sumerischen ebenfalls *ti,* benutzt wird. Bei einer systematischen Verwendung dieses Verfahrens entwickelt sich eine Wort- zu einer Silben-Schrift. Bei der Übernahme einer fremden Schrift für die eigene Sprache ist immer wieder zu beobachten, daß ein Verfahren, das in der Modellschrift nur ansatzweise oder nur für besondere Zwecke benutzt wird, in der neu zu schaffenden Schrift systematisch verallgemeinert wird. In Kemet gebrauchte man zu Geheimschriftzwecken und zur Schreibung fremdsprachiger Namen Wort-Zeichen auch als Zeichen für den Anfangsbuchstaben des jeweiligen Wortes. Das Zeichen für »Haus« *beth* wurde so zum Buchstaben für den Konsonanten *b* umfunktioniert. Die protosyrische Schrift für die kanaanäische Sprache in Filastīn, die erste rein alphabetische Schrift, ist dem ausschließlichen Gebrauch dieses aus Kemet übernommenen Verfahrens zur Schaffung von Einzellaut-Zeichen zu verdanken.

Werden von der Modellschrift die konkreten Zeichen als solche übernommen, kann man von einer *Gestalt-Diffusion* sprechen. Bei einer derartigen Übernahme der »phönikischen Buchstaben« für die hellenische Sprache kam es zu einem »kreativen Mißverständnis«. Bei den sogenannten »schwachen Konsonanten« der phönikischen Sprache, die es in der hellenischen nicht gibt, scheinen die hellenischen Schreibschüler, Kaufleute ohne philologische Bildung, den diesen Konsonanten am ähnlichsten klingenden Vokal gehört zu haben. So wurde aus dem phönikischen Buchstaben *'Aleph* für einen schwachkonsonantischen Kehllaut der hellenische Buchstabe *Alpha* für den Vokal *a*. Wiederum gebrauchten auch schon die Phöniker ihre Buchstaben für schwache Konsonanten gelegentlich zur Vokalmarkierung, jedoch nie so systematisch wie später die Hellenen. Aufgrund bloßer Hörfehler haben die ersten Schreiber der hellenischen Sprache, ohne sich ihrer besonderen Leistung bewußt zu sein, ein vollständiges Alphabet mit Zeichen für Konsonanten und Vokale geschaffen. Keiner der hellenischen Philosophen, die wie Platōn so stolz darauf waren, daß sie »alles, was sie von den Barbaren erhalten haben, verschönern und vollenden«, hat je diese spezielle Leistung als Beispiel für hellenische Kreativität angeführt.
Im Unterschied zu den Hellenen haben die offensichtlich phonetisch geschulten indischen Schöpfer der Brāhmī-Schrift, der Mutterschrift aller folgenden südasiatischen Schriften, ihr aramäisches Modell allem Anschein nach methodisch überdacht für ihre Sprache umgestaltet.

Hegel führte Zhongguo/China unter dem Schlagwort »das bewegungslose Eine« in seine Weltgeschichte ein. Es scheint, daß allein schon die Dauer und die schiere Größe der sprachlichen, kulturellen und der nach jeder Spaltung immer wieder hergestellten politischen Einheit in Zhongguo das Kontinuierliche und Homogene stärker hervortreten lassen als den geschichtlichen Wandel, der unaufhaltsam ist, und die geographische Diversität, ohne die es keine komplexere Gesellschaft gibt.

Wenn das »Mittelland« Zhongguo beim gegenwärtigen Stand der Forschung ein Paradebeispiel für etwas ist, dann dafür, daß eine kulturelle Einheit seiner Größenordnung nicht unbedingt mit der Herkunft aus einem Kerngebiet zu erklären ist. Die Einheit kann ebensogut das Resultat einer Jahrtausende währenden Interaktion zwischen benachbarten Regionen sein. Diese Art der Einheitserklärung ist aus der Sprachwissenschaft wohlbekannt. Die Eigenschaften, die in der Vergangenheit Linguisten dazu geführt hatten, verschiedene Sprachen zu einer Sprachfamilie zusammenzufassen, können sich als typologische Gemeinsamkeiten herausstellen, die mehr auf eine wechselseitige Angleichung infolge andauernder Nachbarschaftsbeziehungen zurückzuführen sind als auf einen gemeinsamen Stammbaum.

Zhongguo ist die einzige Kulturregion der Erde, in der die Agrikultur in zwei klimatisch unterschiedlichen Klimazonen aufgekommen ist, mit Hirse und Weizen im kühlen und trockenen Norden und Reis im warmen und regenreichen Süden. In beiden Zonen waren wegen der enormen räumlichen Ausmaße regionale Variationen unausweichlich. Darüber hinaus gab es im Ostteil des Landes keine geographischen Barrieren (Gebirgszüge, Wüsten), die wie in den übrigen Erdteilen eine Diffusion materieller und ideeller Errungenschaften und desgleichen Übergriffe politischer Art zwischen den zwei Hauptzonen erschwert hätten.

Im Verlauf der beiden letzten Jahrtausende vor dem Wechsel der Zeitrechnung gelang es der Region um den »Gelben Fluß« *Huang He,* dann doch eine führende Rolle zu übernehmen, in kultureller Hinsicht am deutlichsten mit der Entwicklung der Schrift. In wirtschaftlicher und technischer Hinsicht mag dabei wichtig gewesen sein, daß es sich um denjenigen Landesteil handelte, der in der damaligen Zeit leichter für Importe (Pferde) und Impulse (Bronzeverarbeitung) aus dem Westen Eurasiens zugänglich war.

Eine Entwicklung von großer Tragweite ist in Zhongguo – wie überall – weder in Abhängigkeit von einem fremdkulturellen Modell noch durch eine intrakulturelle Besonderheit zu erklären: das Aufkommen von zentral verwalteten und sozial abgestuften Staaten. Von einer bestimmten Bevölkerungszahl und -dichte an ist eine solche Staatenbildung unumgänglich für die Aufrechterhaltung des inneren Friedens über die Verwandtschaftszusammenhänge hinaus, für die angemessene Verteilung der Lebensmittel in einer arbeitsteiligen Gesellschaft, für die Organisation von Gemeinschaftsaufgaben und für rasche Entscheidungen in Notsituationen. Die alleinige kulturelle Voraussetzung für diese kritische Bevölkerungszahl (nach einer gängigen Schätzung ab 50000 Bewohnern) dürfte die Domestikation von Pflanzen und/oder Tieren sein.

Es gibt noch eine zweite Eigenheit von großer Tragweite, die zu einem guten Teil mit der Bevölkerungszahl zu erklären ist. Dank seiner Bevölkerungsgröße vermochte Zhongguo, fremde Eroberer und Einwanderer und desgleichen materielle und ideelle Importe im Verlauf der Zeit immer wieder zu »sinisieren«. Zusätzliche Bedingungen dafür waren ein hoher Bildungsstandard und intellektuelle Flexibilität, das Gegenteil der von Hegel diagnostizierten »Unbeweglichkeit«.

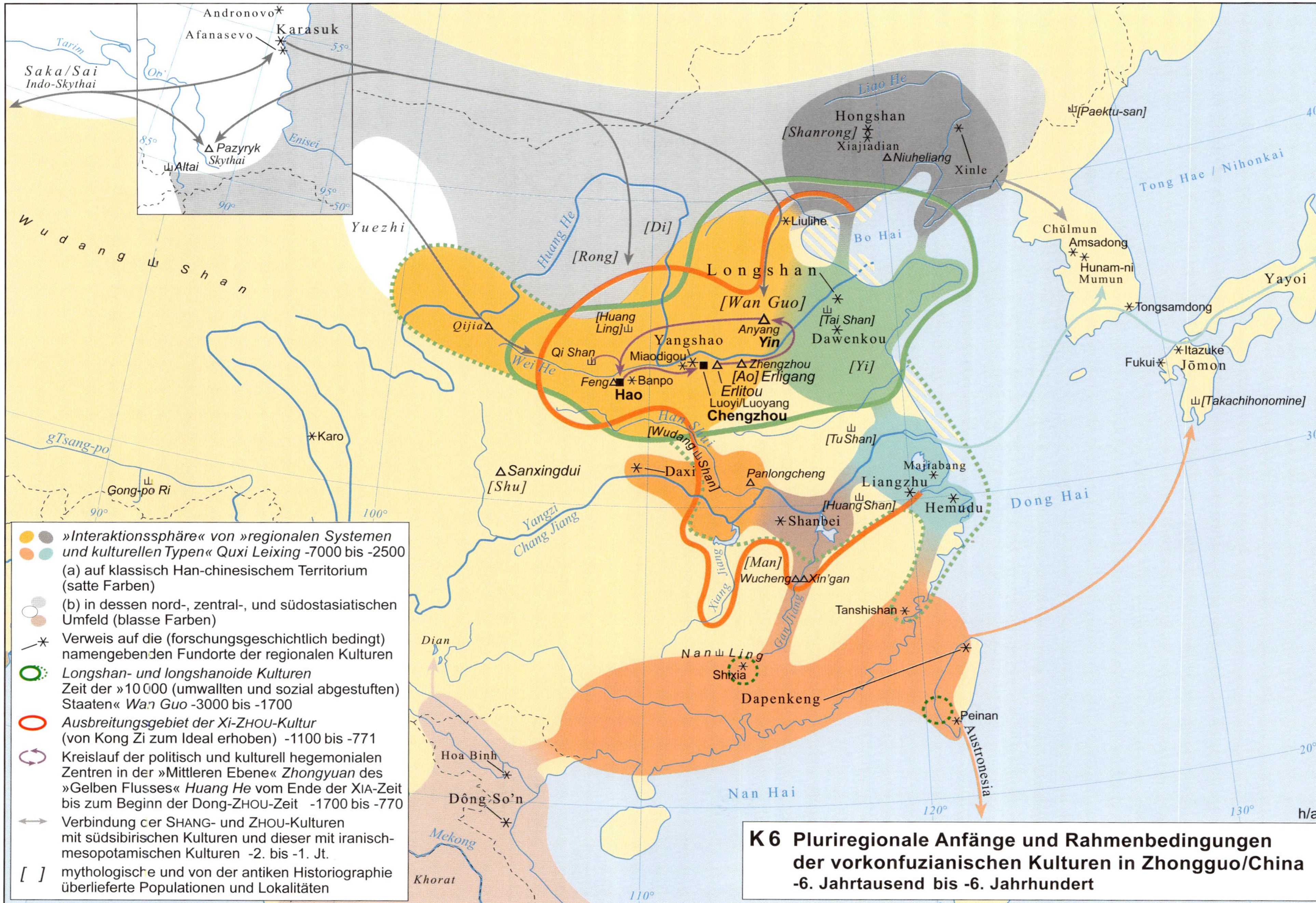


**K 6 Pluriregionale Anfänge und Rahmenbedingungen der vorkonfuzianischen Kulturen in Zhongguo/China**
**-6. Jahrtausend bis -6. Jahrhundert**

Der amerikanische Doppelkontinent kann als »Neue Welt« bezeichnet werden, nicht allein weil er von Columbus 1492 für die »Alte Welt« (Afrika, Asien, Europa) neu und mit anhaltenden innovatorischen Folgen entdeckt wurde. Er ist auch (von der Antarktis abgesehen) der zuletzt von Menschen bevölkerte Erdteil. Die Datierung des Einzugs von menschlichen Jägern, Fischern und Sammlern ist umstritten. Auf breiter Basis erfolgte er wahrscheinlich in derselben Zeitspanne (ab 13 000 Jahren vor heute), in der die Menschen im »Fruchtbaren Halbmond« mit der Domestikation von Pflanzen und Tieren begannen. Entscheidend für die Eigenart der nachfolgenden kulturellen Entwicklungen waren jedoch nicht die zeitliche Verzögerung um Jahrtausende, sondern unterschiedliche geographische Bedingungen.

Von sporadischen Besuchen abgesehen, die keine nennenswerten Spuren hinterließen, gab es keine Handelskontakte mit der »Alten Welt«. Solche Kontakte waren auch zwischen den herausragenden kulturellen Regionen in S-, Mittel- und N-Amerika nur über beträchtliche ökologische Barrieren hinweg möglich (Regenwälder zwischen Mesoamérica und den Andenkulturen und Wüste zwischen Mittel- und N-Amerika). Es fehlten im vorkolumbischen Amerika zudem (vom Llama in den Anden abgesehen) domestizierbare große Säugetiere, die als Last-, Reit- und Zugtiere in Frage kamen, sowie die technische Entwicklung von Radwagen und Segelschiffen für einen zügigen Fernverkehr. Rad und Wagen waren (in Mesoamérica) nur als Spielzeug gebräuchlich. Die Verarbeitung von Metall (ohne Eisen) geschah fast ausschließlich zu Schmuckzwecken.

Das Lehrreiche an der »anderen Welt« des vorkolumbischen Amerika ist, daß »zivilisatorische« Errungenschaften wie Stadt- und Schriftkultur, Astronomie und Mathematik in Mesoamérica und großräumige politische Staatswesen in den Anden nicht in Korrelation mit dem technischen Fortschritt (von der Stein- über die Bronze- zur Eisenzeit) und der Indienstnahme von Tieren zu Transportzwecken einhergehen, die man ausgehend von der »Alten Welt« für unabdingbar gehalten hatte.

Bei der Berücksichtigung oraler (schriftloser) Kulturen in der Geschichte der Philosophie ist die Unterscheidung zwischen *folk, sage* und *school philosophy* aufgekommen. Unter *folk philosophy* versteht man Leitsätze, an denen sich Menschen im Alltag orientieren, und Vorstellungen von der Natur der Menschen und der Welt, wie sie dem *common sense* entsprechen. Sind es Leitsätze, von denen man glaubt, sie seien für eine bestimmte Kultur charakteristisch, spricht man auch von *ethnophilosophy*.

Von *sage philosophy* spricht man, wenn »ein Weiser« diesen Leitsätzen nicht nur nachlebt, sondern dabei auch über sie nachdenkt und sie »hinterfragt«. Ein eindrückliches Beispiel dafür ist der Ausspruch eines mexikanischen »Weisen« *tlamatini* wenige Jahrzehnte vor der spanischen Eroberung: »Es kann sein, daß niemand die Wahrheit sagt auf Erden.«

Von *school philosophy* kann man sprechen, wenn es in einer Gesellschaft eine eigene Klasse von Gelehrten (Priestern, Fürsten oder Ratgebern) gibt, die diese Lebensweisheiten, aber auch Lehren über die Entstehung, die Geschichte und die Vergänglichkeit von Welt und Menschen systematisch entwickeln und tradieren und sie gegebenenfalls gegenüber einer anderen Lehrrichtung (»Schule« in einem zweiten Sinn des Wortes) verteidigen. Mit einer solchen Philosophie wurden spanische Franziskanermissionare konfrontiert, als sie 1524 in México Religionskolloquien mit aztekischen Priestern veranstalteten.

Auf der Karte von Mesoamérica sind neben politik- und kunstgeschichtlich herausragenden Orten vor allem solche verzeichnet, die mit erhaltenen literarischen Zeugnissen verbunden sind.

**K 7 Eine andere Welt**
**Vorkolumbisches Amerika**

Die kulturelle Diversität Afrikas vor der europäischen Kolonisation ist eher noch größer und krasser als diejenige des präkolumbischen Amerika. Wie für die amerikanische spielen auch für die afrikanische Geschichte geographische Faktoren eine unübersehbare Rolle. Einer dieser Faktoren unterscheidet Afrika jedoch deutlich von Amerika: der Kontakt mit anderen Kontinenten, seit jeher mit SW-Asien, später auch mit Europa und (von der Monsunschiffahrt ermöglicht) mit S-Asien, auf Madagasikara selbst mit SO-Asien. Die Folgen, obwohl beträchtlich, blieben freilich regional beschränkt. Sie wirkten sich vor der europäischen Kolonisation nie homogenisierend auf den gesamten Kontinent aus.

Die Schriftkulturen südlich von Sudan und Sahara sind auf diese transkontinentalen Verbindungen zurückzuführen: die christliche in Ītyop'ya und die ausgedehntere islamische im ganzen Nordteil und an der Ostküste. Wie in Amerika kannte man in Afrika südlich der Sahara vor der Ankunft der Europäer das Rad als Transportmittel nicht, im Unterschied zu Amerika dagegen die Eisenverarbeitung (verbunden mit einer berufsspezifischen Philosophie der Schmiede). Sie wurde mit einiger Wahrscheinlichkeit unabhängig von aus SW-Asien importierten Vorlagen entwickelt, möglicherweise in Anlehnung an ältere Verfahren der Kupfergewinnung.

Die Menschen lebten in Afrika wie in Amerika vor der Europäisierung nicht nur in Regenwäldern, Savannen, Steppen und Wüsten, sondern auch in landwirtschaftlich kultivierten Gegenden, in zentral organisierten, überregionalen und pluriethnischen Staaten und in Städten. Urbane Zentren gibt es südlich der Sahara und an der Ostküste seit über 1000 Jahren. In W-Afrika ist die Erklärung dafür nicht allein in den Handelsbeziehungen mit den Städten am Mittelmeer und am Nil zu suchen, sondern ebenso im eigenen agrikulturell fortgeschrittenen Umfeld.

Kolonisationen gab es in Afrika ebenfalls nicht nur von außen, aus SW-Asien und Europa, sondern auch kontinentintern, mit denselben Auswirkungen: Herabsetzung der einheimischen Bevölkerung zu einer »Unterschicht« in den nilotischen Hima-Staaten und Verdrängung in ökologisch ungünstige Gegenden oder Dezimierung durch mitgeschleppte Krankheitserreger, so geschehen mit den Khoisan in O- und S-Afrika durch die Bantu – vor den Buren und Briten.

Der Hauptunterschied zwischen Afrika und Amerika vor der europäischen Kolonisation hat damit zu tun, daß Amerika der späteste und Afrika der früheste von Menschen bewohnte Kontinent ist. Die ethnische und sprachliche Diversität ist im präkolumbischen Amerika möglicherweise etwas mehr als 10 000 Jahre alt, die in Afrika das Zehnfache davon.

Das sind geschichtliche und geographische Rahmen- und Randbedingungen, die zu beachten sind, wenn man »die oralen Traditionen der Philosophie in Afrika« freizulegen versucht. Was die verschiedenen Regionen und Sprachgruppierungen in Afrika verbindet, ist etwas, das man bei allen Menschen auf allen Kontinenten finden kann: kognitive Fähigkeiten, die für das artspezifische Sprachvermögen der Menschen und ihre philosophische Kompetenz gleicherweise grundlegend sind. Der bleibende Beitrag Afrikas zur Philosophie ist nicht in irgendwelchen exotischen Welt- und Wertvorstellungen zu suchen. Er besteht vielmehr in der Entwicklung dieser grundlegenden Fähigkeiten in der Frühgeschichte der Menschheit und in ihrer Ausbreitung auf alle anderen Kontinente (→ A 1, K 1).

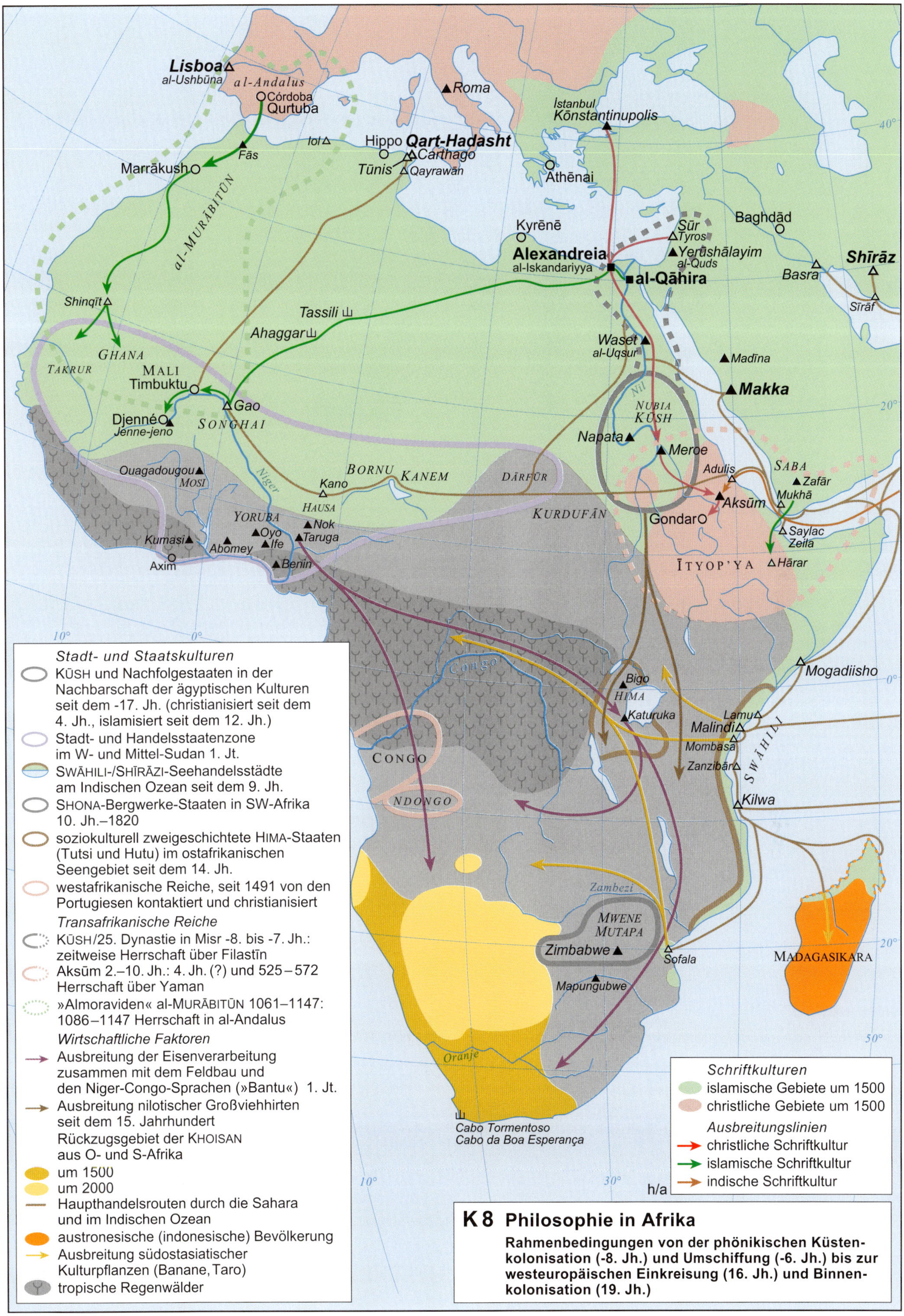


**K 8 Philosophie in Afrika**

**Rahmenbedingungen von der phönikischen Küstenkolonisation (-8. Jh.) und Umschiffung (-6. Jh.) bis zur westeuropäischen Einkreisung (16. Jh.) und Binnenkolonisation (19. Jh.)**

# VIER GESCHICHTEN
# DER PHILOSOPHIE

Was man als »europäische Philosophie« bezeichnet, ist ohne Einbeziehen des außereuropäischen Umfelds nicht verständlich. Mehr noch: Die »europäische Philosophie« ist ohne ihren Europa transzendierenden Entwicklungsgang nicht nachvollziehbar. Die sogenannte »abendländische Philosophie« nahm ihren Anfang in einem Gebiet, das die Hellenen »Morgenland« *Anatolē* nannten. Ihr erstes Zentrum war Milētos. Verwunderlich ist das nicht. Die Philosophie begann für Europa in seinem Südosten, der den großen Stadt-, Schrift- und Wissenschaftskulturen der »Nīl–Āmū Daryā-Region« am nächsten war.

Das zweite und überragende Zentrum lag in Europa: Athēnai. Aber bereits das dritte Zentrum, Alexandreia, findet sich wiederum außerhalb, in Kemet/Aigyptos, und das folgende, Baghdād, noch weiter im »Orient«, von den Arabern in ihrer Sprache als »Gegend des Aufgangs [der Sonne]« *Mashriq* bezeichnet. Auch das ist leicht erklärbar. Aigyptos, von Alexandros dem Großen und seinen ptolemäischen Nachfolgern hellenisiert, war damals materiell und auch wissenschaftlich das ressourcenreichste Land am Mittelmeer. Unter den Römern blieb es zusammen mit Syria eine kommerziell und kulturell herausragende Region des Reiches. Die letzte große Lehrrichtung innerhalb der hellenischen Philosophie, der »Neuplatonismus«, kam in diesen Ländern auf.

Nach der Eroberung durch die Araber übernahmen, vermittelt durch syrische Ärzte, muslimische Gelehrte die Philosophie dieser wissenschaftlich am weitesten fortgeschrittenen Gebiete des Kalifats. Mehrheitlich waren sie iranischer Herkunft. Iranische Städte, Esfahān und Nīshāpūr, wurden auch bald mit Baghdād konkurrierende Zentren der Philosophie. Mit der Ausbreitung des Islam bis nach al-Andalus/Iberia verschob sich anschließend das Zentrum zurück nach Europa, nunmehr in seinen von den Hellenen wirklich »Abendland« *Hesperia* genannten Westen, nach Qurtuba/Córdoba und von dort nach Paris. Der Weg hatte über NW-Afrika geführt, das die Römer immer mit zum *Occidens,* der »Gegend des Untergangs [der Sonne]«, gerechnet hatten, was von Rom aus gesehen geographisch verständlich ist. Die Araber teilten diese Sicht und hielten an diesem Namen, in ihrer Sprache *Maghrib,* fest.

In der Neuzeit kam es in Italia zu einem revolutionären Neuanfang der Wissenschaft und Philosophie. Auch er ist noch nicht losgelöst von seinem außereuropäischen Umfeld im Mittelmeerraum zu erklären (→ N 1–2).

Die »europäische Philosophie« läßt sich als eine Verbindung von hellenischen und biblischen (»orientalischen«) Welt- und Wertvorstellungen beschreiben. Fragt man, wo diese Verbindung zustande gebracht wurde, lautet die Antwort: nicht in Europa, sondern in SW-Asien und N-Afrika.
In der Antike stammten die wegweisenden Ansätze für diese Verbindung von jüdischen und frühchristlichen Theologen wie Philon und Ōrigenēs aus Alexandreia und Augustinus aus dem Umfeld des alten Carthago. Eine Grundlage dafür bot der ebenfalls schon synkretistische Hellenismus, auch er alexandrinischer Herkunft.

Für die zweite, mittelalterliche Phase der Verbindung von biblischem und hellenischem Denken (jetzt mehr auf die aristotelische Philosophie ausgerichtet) waren neben wiederum jüdischen Gelehrten (Isaac Israeli in Qayrawān, Maimonides in al-Qāhira) islamische Philosophen wegleitend. Zwei von ihnen, al-Fārābī (türkischer Herkunft) und Ibn Sīnā (tadschikischer Herkunft), stammten aus dem transoxanischen Zentralasien (→ W 5), al-Ghazālī aus dem nordostiranischen Tūs. Ibn Rushd aus Qurtuba weilte wiederholt in Marrākush und starb auch dort.

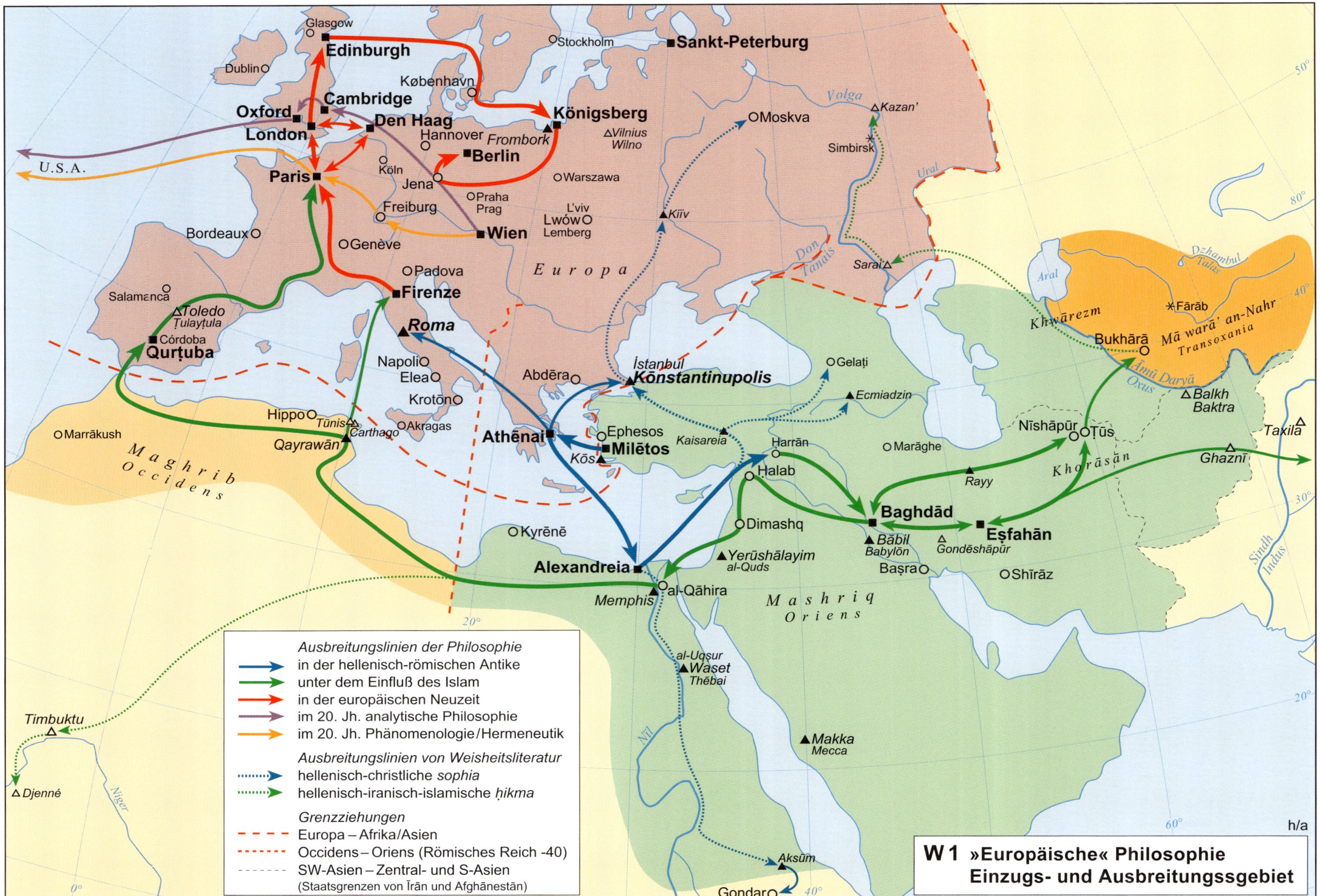
W1 »Europäische« Philosophie
Einzugs- und Ausbreitungssgebiet
h/a
Ausbreitungslinien der Philosophie
in der hellenisch-römischen Antike
unter dem Einfluß des Islam
in der europäischen Neuzeit
im 20. Jh. analytische Philosophie
im 20. Jh. Phänomenologie/Hermeneutik
Ausbreitungslinien von Weisheitsliteratur
hellenisch-christliche sophia
hellenisch-iranisch-islamische ḥikma
Grenzziehungen
Europa – Afrika/Asien
Occidens – Oriens (Römisches Reich -40)
SW-Asien – Zentral- und S-Asien
(Staatsgrenzen von Īrān und Afghānestān)
Glasgow
Edinburgh
Dublin
Stockholm
Sankt-Peterburg
København
Cambridge
Oxford
London
Den Haag
Hannover
Frombork
Königsberg
Vilnius
Wilno
Moskva
Kazan'
Volga
Simbirsk
Ural
U.S.A.
Köln
Berlin
Paris
Jena
Warszawa
Praha
Prag
Freiburg
L'viv
Lwów
Lemberg
Kiïv
Wien
Bordeaux
Genève
Padova
Europa
Don
Tanais
Sarai
Salamanca
Toledo
Ṭulayṭula
Firenze
Córdoba
Qurṭuba
Roma
Napoli
Elea
Krotōn
Abdēra
İstanbul
Kōnstantinupolis
Gelaṭi
Ecmiadzin
Hippo
Tūnis
Carthago
Akragas
Marrākush
Qayrawān
Maghrib
Occidens
Athēnai
Ephesos
Milētos
Kōs
Kaisareia
Harrān
Halab
Marāghe
Nīshāpūr
Ṭūs
Khorāsān
Rayy
Baghdād
Eṣfahān
Bābil
Babylōn
Gondēshāpūr
Başra
Shīrāz
Dimashq
Yerūshālayim
al-Quds
Kyrēnē
Alexandreia
al-Qāhira
Memphis
Mashriq
Oriens
al-Uqṣur
Waset
Thēbai
Nīl
Makka
Mecca
Aksūm
Gondar
Timbuktu
Djenné
Niger
Aral
Dzhambul
Talas
Fārāb
Khwārezm
Bukhārā
Mā warā' an-Nahr
Transoxania
Āmū Daryā
Oxus
Balkh
Baktra
Taxila
Ghaznī
Sindh
Indus
20°
40°
60°
0°
30°
50°
80°

Eine der umsichtigsten Einführungen in die Anfänge der Philosophie im antiken Hellas hat F. A. Lange (1866 in Zürich) geschrieben: »Die Tatsache, daß im Osten der griechischen Welt, wo der Verkehr mit Ägypten, Phönizien, Persien am lebhaftesten war, die wissenschaftliche Bewegung begann, spricht deutlicher für den Einfluß des Orients auf die griechische Kultur als die sagenhaften Überlieferungen von den Wanderstudien griechischer Philosophen. Die Idee einer absoluten Ursprünglichkeit der hellenischen Bildung hat ihre Berechtigung, wenn man darunter die Originalität der Form versteht; sie wird aber zum Phantom, wenn man auch Zusammenhänge und Einflüsse leugnet, die sich, wo die gewöhnlichen Quellen der Geschichte schweigen, aus der Betrachtung der natürlichen Verhältnisse von selbst ergeben.«

Vieles, worüber die traditionelle Geschichtsschreibung schweigt, bezeugen heute von der Archäologie freigelegte Dokumente: Dem Aufkommen von Wissenschaft und Philosophie in den hellenischen Städten von Ionia bis Sikelia/Sicilia im 6. Jahrhundert vor dem Wechsel der Zeitrechnung ging in den zwei Jahrhunderten zuvor eine »orientalisierende Phase« im gesamten hellenischen Siedlungsgebiet mit einer fast unübersichtlichen Flut materieller, künstlerischer, literarischer und ideeller Importe voraus.

Vermittelt wurde der interkulturelle Transfer nicht nur von eigenen Kaufleuten, sondern auch von phönikischen, deren Niederlassungen von Kypros bis Ibēria die hellenischen Kolonien beckenförmig umschlossen. Begünstigt wurde der weiträumige Kommerz durch das Assyrische Reich, das erste Großreich im Gebiet des »Fruchtbaren Halbmonds«, das sich phasenweise bis zur »Schwarzen Erde« *Kemet* und weit nach Anatolē hinein ausdehnte. Ihm folgte erst das Medische und dann das Persische Reich. Dieses umfaßte vom -6. bis -4. Jahrhundert die gesamte »Nīl–Āmū Daryā-Region«. Das Persische Reich war das erste Reich, das europäisches, nordafrikanisches, südwest-, zentral- und südasiatisches Gebiet mit kulturgeschichtlich so klingenden Namen wie Hellas, Ionia, Filastīn/Palaistinē, Kemet/Aigyptos, Bābil/Babylōnia, Transoxania und Gandhāra umfaßte. Weder das »Alexanderreich« noch die anschließende Hellenisierung der ganzen Region wären ohne ihre vorhergehende politische Vereinigung und verkehrstechnische Erschließung durch das Achaimeniden-Reich so rasch möglich gewesen.

Außer der Schrift (→ K 4–5) lernten die Hellenen bei den Phönikern Verfassungstrukturen kennen, die noch Aristotelēs – am Beispiel von Carthago – als modellhaft würdigte. Ihre hochentwickelte »semitische« Rechtskultur war, wiederum über Carthago, wohl auch im frühen Roma, dessen eigener Beitrag zur Wissenschaftsgeschichte Europas sein Recht ist, nicht unbekannt und entsprechend kaum ohne stimulierende Wirkung geblieben.

In Aigyptos, Mesopotamia und später bei Medern und Persern begegneten die Hellenen neben den Anfängen der Wissenschaften (Medizin, Astronomie und Mathematik), die für ihre Philosophie grundlegend waren, spekulativen Gedanken über den Ursprung der Welt und der Menschen, die zwar noch im Rahmen von mythischen Erzählungen entwickelt wurden, jedoch mit einem Rückgriff auf zunehmend physikalische und abstrakte Kategorien (wie »Wasser« als Urelement oder »anfangslose Lichter«). Neben ihren eigenen Überlegungen erschienen den ägyptischen Priestern die hellenischen Mythen über den Sonnengott und die Abstammung der Menschen von Halbgöttern und Nymphen wie Märchen für Kinder. So bekam es Solon um -600 in Sais zu hören.

Im Norden waren Hellenen und Römer mit den Ethnien der Thraker, Skythen und Kelten bekannt. Bei den Kelten stießen stoisch gebildete Forscher, die von den philosophischen Fähigkeiten aller Menschen überzeugt waren, auf einen Stand von Priestern und Lehrern, Druiden, die ihre »Philosophie« mündlich weitergaben. Die keltischen Druiden werden heute von Kulturwissenschaftlern mit der Kaste der Brahmanen in S-Asien verglichen, die zur gleichen indoeuropäischen Sprachfamilie gehören.

**W 2 Die mediterrane Antike in ihrem kulturellen Kontext -6. bis +6. Jahrhundert**

Die Anfänge von Wissenschaft und Philosophie im antiken Hellas finden sich in seinen Kolonien, zuerst in Ionia, in Milētos und seinen nördlichen Nachbarstädten. Die namhaftesten Philosophen sind Thalēs und Anaximandros in Milētos und Hērakleitos in Ephesos. Ionia stand während dieser Aufbruchszeit anfänglich unter der Oberherrschaft von Lydia, dem ersten Land in der westlichen Hälfte der »Alten Welt« mit einer systematischen Geldwirtschaft, und später unter der des Persischen Großreiches.

Zum Teil aufgrund des Vordringens der persischen Herrschaft verlagerte sich der Schwerpunkt rasch in die italischen und sikelischen Kolonien, mit Pythagoras aus Samos in Krotōn, Empedoklēs in Akragas und Parmenidēs in Elea. Weitere wissenschaftlich und philosophisch wichtige Kolonien waren Abdēra in Thrakē, die Heimat von Prōtagoras und Dēmokritos, und etwas später Kyrēnē im afrikanischen Libyē.

Athēnai wurde im »Perikleischen Zeitalter« im -5. Jahrhundert der alle früheren Orte überstrahlende Mittelpunkt der Künste, der Dichtung, der Philosophie und der Wissenschaften. Innerhalb der Philosophie vermochte es eine zentrale Position für mehr als 1000 Jahre bis zur Schließung der platonischen *Akadēmeia* +529 zu halten. Die eigentliche Blütezeit hatte die Stadt im -4. Jahrhundert mit Sokrates als Leitfigur und Platōn und Aristotelēs als Klassikern. Neben ihren Schulen hatten damals der Kyniker Antisthenēs, der Stoiker Zēnōn von Kition und Epikuros eigene Lehrstätten in Athēnai errichtet. Allein die *Akademēia* konnte sich über die Jahrhunderte halten, freilich mit mehrfach wechselnder philosophischer Ausrichtung. Vorübergehend wurde sie nicht zuletzt von der skeptischen (sich agnostisch aller Urteile enthaltenden) Lehrrichtung des Pyrrhōn aus Ēlis geführt.

Nach der Usurpation des Persischen Reiches durch Alexandros den Großen verlagerte sich das wissenschaftliche Zentrum nach Alexandreia mit überragenden Gestalten in der Medizin (Erasistratos und Hērophilos), Mathematik (Eukleidēs) und Astronomie (Ptolemaios). In der Philosophie blieb die Verbindung mit Athēnai die ganze Zeit hindurch erhalten. Aus Alexandreia selber ging – mit Plōtinos als Begründer – die neuplatonische Philosophie hervor. Schon bald nach der Stadtgründung wurde Alexandreia auch ein Foyer hellenisch-jüdischer und zwei Jahrhunderte nach der »Zeitenwende« eines hellenisch-christlicher Gelehrsamkeit (→ W 1).

Nach der Eroberung von Hellas und der Ausdehnung des Römischen Reiches in die östliche Mittelmeerregion wurde Roma zu einem dritten Zentrum der Philosophie. Seine philosophische Bedeutung besteht vor allem, neben der Kreation der Rechtswissenschaft (→ W 2, N 1), in seiner Wirkung (mit den Schriften von Cicero und Boethius) im latinisierten W-Europa.

Der überragende philosophische Denker in NW-Afrika ist Augustinus in Hippo (zugleich der überragende christliche Philosoph der späten mediterranen Antike). Die übrigen namhaften Philosophen derselben Zeit sind ebenfalls mehrheitlich außerhalb Europas zu suchen, in Aigyptos, Syria und Anatolē. Aus diesen Regionen stammten in der »orientalisierenden Phase« der hellenischen Geschichte die frühesten Anregungen für die philosophische Grundlegung der Wissenschaften im westlichen Teil der »Alten Welt«. Von denselben Regionen bezogen eineinhalb Jahrtausende später muslimische Gelehrte in einer »hellenisierenden Phase« ihrer Geschichte die Anregungen für die Fortentwicklung von Philosophie und Wissenschaften innerhalb dieses Teils der »Alten Welt«, nunmehr wie in den Anfangszeiten, in seinem »Orient«.

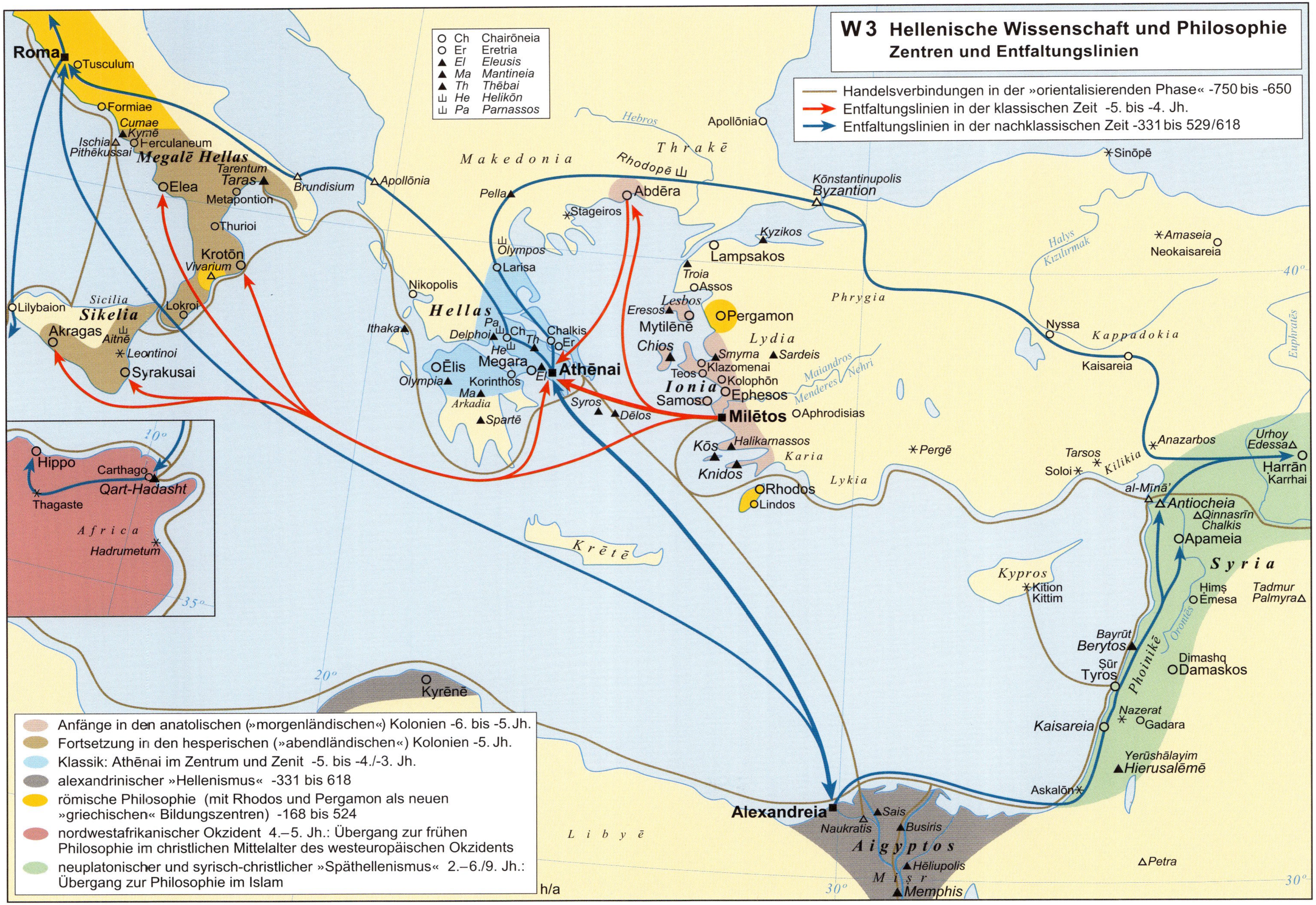
W 3 Hellenische Wissenschaft und Philosophie
Zentren und Entfaltungslinien
Handelsverbindungen in der »orientalisierenden Phase« -750 bis -650
Entfaltungslinien in der klassischen Zeit -5. bis -4. Jh.
Entfaltungslinien in der nachklassischen Zeit -331 bis 529/618
Ch Chairōneia
Er Eretria
El Eleusis
Ma Mantineia
Th Thēbai
He Helikōn
Pa Parnassos
Anfänge in den anatolischen (»morgenländischen«) Kolonien -6. bis -5. Jh.
Fortsetzung in den hesperischen (»abendländischen«) Kolonien -5. Jh.
Klassik: Athēnai im Zentrum und Zenit -5. bis -4./-3. Jh.
alexandrinischer »Hellenismus« -331 bis 618
römische Philosophie (mit Rhodos und Pergamon als neuen »griechischen« Bildungszentren) -168 bis 524
nordwestafrikanischer Okzident 4.–5. Jh.: Übergang zur frühen Philosophie im christlichen Mittelalter des westeuropäischen Okzidents
neuplatonischer und syrisch-christlicher »Späthellenismus« 2.–6./9. Jh.: Übergang zur Philosophie im Islam
Roma
Tusculum
Formiae
Cumae
Kymē
Ischia
Pithēkussai
Herculaneum
Megalē Hellas
Tarentum
Taras
Elea
Metapontion
Brundisium
Apollōnia
Thurioi
Krotōn
Vivarium
Lilybaion
Sicilia
Sikelia
Lokroi
Akragas
Aitnē
Leontinoi
Syrakusai
Hippo
Carthago
Qart-Hadasht
Thagaste
Africa
Hadrumetum
Makedonia
Pella
Olympos
Larisa
Nikopolis
Ithaka
Hellas
Delphoi
Ēlis
Megara
Korinthos
Olympia
Arkadia
Spartē
Chalkis
Athēnai
Syros
Dēlos
Stageiros
Abdēra
Rhodopē
Thrakē
Hebros
Apollōnia
Kōnstantinupolis
Byzantion
Kyzikos
Lampsakos
Troia
Assos
Lesbos
Eresos
Mytilēnē
Chios
Pergamon
Lydia
Smyrna
Sardeis
Teos
Klazomenai
Kolophōn
Ionia
Ephesos
Samos
Maiandros
Menderes Nehri
Milētos
Aphrodisias
Halikarnassos
Karia
Kōs
Knidos
Rhodos
Lindos
Lykia
Krētē
Phrygia
Sinōpē
Halys
Kızılırmak
Amaseia
Neokaisareia
Nyssa
Kappadokia
Kaisareia
Euphrates
Pergē
Tarsos
Soloi
Kilikia
Anazarbos
Urhoy
Edessa
Harrān
Karrhai
al-Mīnā'
Antiocheia
Qinnasrīn
Chalkis
Apameia
Syria
Kypros
Kition
Kittim
Himṣ
Emesa
Tadmur
Palmyra
Orontes
Bayrūt
Berytos
Ṣūr
Tyros
Phoinikē
Dimashq
Damaskos
Kaisareia
Nazerat
Gadara
Yerūshālayim
Hierusalēmē
Askalōn
Petra
Kyrēnē
Libyē
Alexandreia
Naukratis
Sais
Busiris
Aigyptos
Hēliupolis
Miṣr
Memphis
h/a

Die Achsenzeit um die Mitte des letzten Jahrtausends vor dem Wechsel der Zeitrechnung war gekennzeichnet durch das Bestreben zur »Entmythologisierung« des Welt- und Menschenverständnisses (→ A 5). Ein gutes Jahrtausend später setzte eine Regeneration religiöser Lebensformen und Denkkategorien ein (→ A 11). Der Wandel erfolgte nicht nur in allen drei großen Kulturregionen der Achsenzeit nahezu synchron. Über sich weit verbreitende Religionen erschlossen sich ihnen jetzt auch Zonen der Erde, die bislang von ihren philosophischen Höhenflügen unberührt geblieben waren (→ K 8, S 3 und 5, O 3 und 5).
Für Europa hat J. G. Herder (um 1790 in Weimar) die Bedeutung der Religionen für die Ausdehnung der Achsenzeit-Kulturen und die damit einhergehende Neuausrichtung der Philosophie prägnant formuliert: »Die ganze Kultur des nord-, öst- und westlichen Europa ist ein Gewächs aus römisch-griechisch-arabischem Samen. Lange Zeiten brauchte dies Gewächs, ehe es auf diesem härteren Boden endlich eigne, anfangs sehr saure Früchte bringen konnte; ja, hierzu war ein sonderbares Vehikel, eine fremde Religion [die christliche] nötig, um das, was die Römer durch Eroberung nicht hatten tun können, durch eine geistliche Eroberung zu vollführen. [...] Die Philosophie der Araber hat sich über den Koran gebildet und durch den übersetzten Aristoteles nur eine wissenschaftliche Form erlangt. Der ungelehrte Mohammed teilt mit dem gelehrtesten griechischen Denker [Aristotelēs] die Ehre, der ganzen Metaphysik neuerer Zeiten ihre Richtung gegeben zu haben.«

Die Karte, die man für die Wege der »europäischen Philosophie« von ihren Anfängen bis zum Ende des Mittelalters braucht, ist annähernd deckungsgleich mit den christlichen »Weltkarten« *mappae mundi* des Mittelalters. India ist auf diesen Karten nur gerade mit einem schmalen Streifen vertreten, Zhongguo/China fehlt ganz. In Afrika reichen sie im Osten bis nach Ītyop'ia, wo man die Quellen des Nils vermutete, und im Westen bis zum Atlasgebirge. In das frühäthiopische Reich von Aksūm hatte hellenisch-christliche Weisheitsliteratur bereits im 4. Jahrhundert Eingang gefunden. Im Maghrib kommt es über die Ausbreitung des Islam erstmals zu philosophischen Zentren auch im Landesinneren, das wichtigste davon in Marrākush, der Hauptstadt der Almoraviden und Almohaden. Diese hatte vom späten 11. bis zum frühen 13. Jahrhundert Teile der Iberischen Halbinsel besetzt. Vom 14. Jahrhundert an ist als namhaftestes Zentrum muslimischer Gelehrsamkeit südlich der Sahara Timbuktu hinzuzufügen (→ K 8).

Die Bedeutung islamischer und jüdischer Philosophen für die Philosophie des »christlichen Mittelalters« ist bekannt (→ W 1 und 5). Vermerkt sei hier nur, daß die frühen Universitätsgründungen in Napoli, Salerno und Montpellier der Zugehörigkeit dieser Städte zu Königreichen auf Sicilia und Mallorca zuzuschreiben sind, die besonders enge Beziehungen zum muslimischen Maghrib unterhielten. Weit weniger bekannt sind die »zivilisatorischen« Leistungen des Islam in den Volga-Regionen im heutigen Rossiia, bei den Khasaren und Volga-Bulgaren seit dem 8. und unter der mongolischen Herrschaft der »Goldenen Orda« *Zolotaia Orda* und den ihr folgenden tatarischen Qanaten seit dem 13. Jahrhundert.

In W-Europa wird vom 12. Jahrhundert an Paris das wichtigste Zentrum der Philosophie. Mit wenigen Unterbrechungen vermag es sich fortan als ein solches zu behaupten. Gegen Ende des Mittelalters gewinnt mit der aufkommenden Renaissance die dichteste urbane Region im westlichen Teil der »Alten Welt«, N-Italia, zunehmend an Gewicht (→ N 1).
Die herausragendsten Philosophen des »lateinischen Mittelalters« kamen in den früheren Phasen aus Italia (Anselmus von Canterbury aus Aosta, Thomas Aquinas aus Napoli) und in den späteren von den Britischen Inseln (Duns Scotus und Guilelmus Ockham, beide über Oxford).

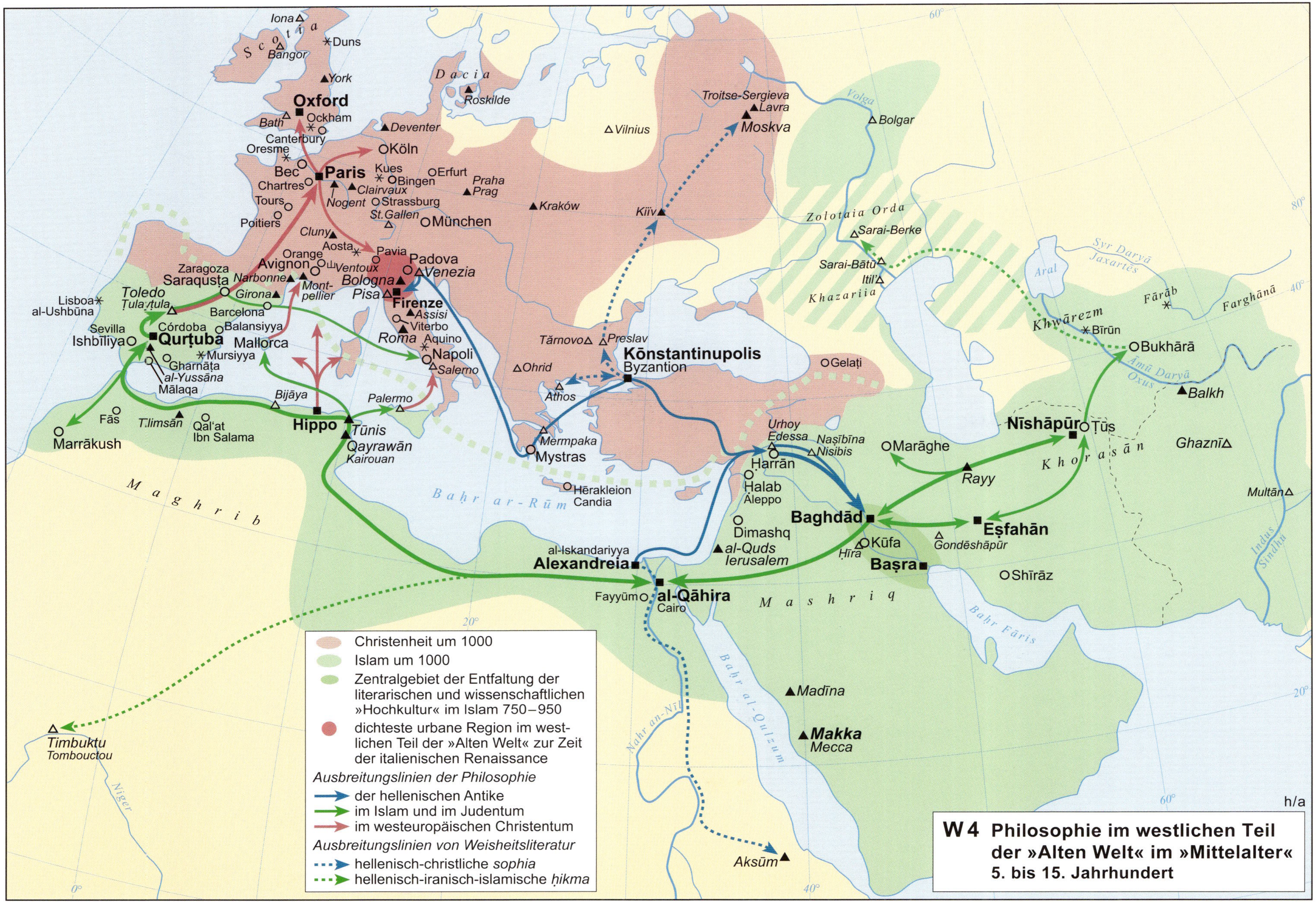
W4 Philosophie im westlichen Teil der »Alten Welt« im »Mittelalter«
5. bis 15. Jahrhundert
Christenheit um 1000
Islam um 1000
Zentralgebiet der Entfaltung der literarischen und wissenschaftlichen »Hochkultur« im Islam 750–950
dichteste urbane Region im westlichen Teil der »Alten Welt« zur Zeit der italienischen Renaissance
Ausbreitungslinien der Philosophie
der hellenischen Antike
im Islam und im Judentum
im westeuropäischen Christentum
Ausbreitungslinien von Weisheitsliteratur
hellenisch-christliche sophia
hellenisch-iranisch-islamische ḥikma
h/a
Iona
Scotia
Bangor
Duns
York
Oxford
Ockham
Bath
Canterbury
Oresme
Bec
Paris
Chartres
Tours
Poitiers
Köln
Kues
Bingen
Erfurt
Clairvaux
Nogent
Strassburg
St.Gallen
München
Praha
Prag
Dacia
Roskilde
Deventer
Kraków
Vilnius
Troitse-Sergieva
Lavra
Moskva
Kiiv
Bolgar
Volga
Zolotaia Orda
Sarai-Berke
Sarai-Bātū
Itil'
Khazariia
Cluny
Aosta
Pavia
Padova
Venezia
Orange
Avignon
Ventoux
Bologna
Pisa
Firenze
Zaragoza
Saraqusṭa
Narbonne
Mont-pellier
Girona
Barcelona
Assisi
Viterbo
Roma
Aquino
Napoli
Salerno
Lisboa
al-Ushbūna
Toledo
Ṭulayṭula
Sevilla
Ishbīliya
Córdoba
Qurṭuba
Balansiyya
Mallorca
Mursiyya
Gharnāṭa
al-Yussāna
Mālaqa
Bijāya
Palermo
Fās
Tlimsān
Qal'at Ibn Salama
Marrākush
Hippo
Tūnis
Qayrawān
Kairouan
Maghrib
Ohrid
Tărnovo
Preslav
Kōnstantinupolis
Byzantion
Athos
Mermpaka
Mystras
Hērakleion
Candia
Baḥr ar-Rūm
Gelaṭi
Urhoy
Edessa
Naṣībīna
Nisibis
Harrān
Halab
Aleppo
Dimashq
al-Quds
Ierusalem
al-Iskandariyya
Alexandreia
Fayyūm
al-Qāhira
Cairo
Nahr an-Nīl
Baḥr al-Qulzum
Madīna
Makka
Mecca
Aksūm
Timbuktu
Tombouctou
Niger
Maghrib
Mashriq
Baghdād
Kūfa
Ḥīra
Baṣra
Marāghe
Rayy
Eṣfahān
Gondēshāpūr
Shīrāz
Baḥr Fāris
Nīshāpūr
Ṭūs
Khorasān
Ghaznī
Multān
Indus
Sindhu
Balkh
Bukhārā
Āmū Daryā
Oxus
Khwārezm
Bīrūn
Fārāb
Farghānā
Syr Daryā
Jaxartes
Aral
0°
20°
40°
60°
80°

»Wissen« *'ilm* nimmt im Islam einen prominenten Platz ein. Um Wissen zu finden, soll ein Muslim nach einem Muhammad zugeschriebenen Wort notfalls bis nach as-Sīn/China reisen. Der Islam hält zu interkultureller Offenheit an.

Jeder Mensch wird vom *Qur'ān* dazu angehalten, sich seiner eigenen »Vernunft« *'aql* zu bedienen. Der Islam respektiert die Menschen als Individuen. Offenbarung und Vernunft sind Gaben Gottes und so, »richtig« verstanden, in Übereinstimmung miteinander. Die Übereinstimmung ist offensichtlich nicht in jedem Fall selbstverständlich. Sie bedarf der intersubjektiven Disputation. Der Islam ist eine Streitkultur. Sämtliche »Wurzeln des Verstehens« oder »Quellen der Rechtsprechung« *usūl al-fiqh* sind in Betracht zu ziehen und gegeneinander abzuwägen. Das sind zusätzlich zum *Qur'ān* und zur »mündlichen Überlieferung« *sunna* philosophisch anspruchsvolle Kriterien wie das des eigenen Urteilsvermögens *ijtihād,* des »Konsens« *ijmā,* der Fachleute, des allgemeinen Wohls der Menschen *istislāh* und schließlich der fairen Berücksichtigung sämtlicher Umstände *istihsān.* Seiner ganzen Anlage nach fordert der Islam zu philosophischen Überlegungen heraus.

Solche finden sich hauptsächlich in vier Bereichen: (a) in der »Wissenschaft der Theologie« *'ilm al-kalām,* (b) in der »Weisheit« *hikma* oder der »Philosophie« *falsafa,* ausgehend von Schriften hellenischer Philosophen, (c) in der »Rechtswissenschaft« *'ilm al-fiqh* und (d) im »Sufitum« *tasawwuf,* der Mystik aus den Quellen des Islam.

Die (rationale) Theologie *kalam* und die direkte Orientierung an der hellenischen Philosophie hatten ihre Blütezeit vom 8. bis zum 12. Jahrhundert. Ihre Zentren in der »Nīl–Āmū Daryā-Region« waren Basra, Nīshāpūr, Esfahān und, alle überragend, Baghdād (→ W 1 und 4). In den folgenden Jahrhunderten wurden philosophische Überlegungen zunehmend eine Sache der Rechtswissenschaft, der eigentlichen Basisdisziplin im islamischen Bildungssystem, und, alternativ dazu, der »Sufis«. Zu einer Renaissance der Philosophie, im Rückgriff nicht mehr auf die hellenische Literatur, sondern auf die herausragendste Gestalt der kreativen Aneignung dieser Literatur in der klassischen Zeit, Ibn Sīnā, kam es im 16. und 17. Jahrhundert in der »Schule von Esfahān«. Seit dem späten 19. Jahrhundert sind unterschiedliche Ansätze zur Erneuerung, nunmehr in direkter Auseinandersetzung mit zeitgenössischen Bewegungen in Europa und Amerika, mit noch ungewisser Zukunft zu verzeichnen. Als neue philosophische Foyers etablierten sich seither die Hauptstädte von Misr und Īrān, al-Qāhira und Tehrān, sowie (als interkulturelles Zentrum der Vermittlung) Bayrūt in al-Lubnān und (mit Iqbāl als herausragendem philosophischen Erneuerer) Lāhor im Panjāb (→ N 5).

Die Vermittlung hellenischer Philosophie in den Islam war zum größten Teil die Leistung christlich-syrischer Ärzte (→ W 4). Die ersten Übersetzungen von Texten aus dem Arabischen in die lateinische Sprache entstanden gleichfalls über die Medizin und das Interesse an den empirischen Pionierleistungen muslimischer Wissenschaftler. Nach dem 13. Jahrhundert verschob sich die Rezeption muslimischer und jüdischer Gelehrsamkeit aus SW-Asien nach Europa auf spirituelle und literarische Kreise. Weit bedeutsamer war in der gleichen Zeit die Ausbreitung muslimischer Weisheit und Wissenschaft nach S-Asien. In umgekehrter Richtung, von S- nach SW-Asien, setzte der Wissenstransfer schon in vorislamischer Zeit ein. Mit anhaltender Wirkung blieb er jedoch auf die Wissenschaften (Medizin und, zusammen mit Astronomie, Mathematik) und die Lebensweisheiten des fiktiven »Philosophen Bidpai« beschränkt (→ S 1, 2 und 5).

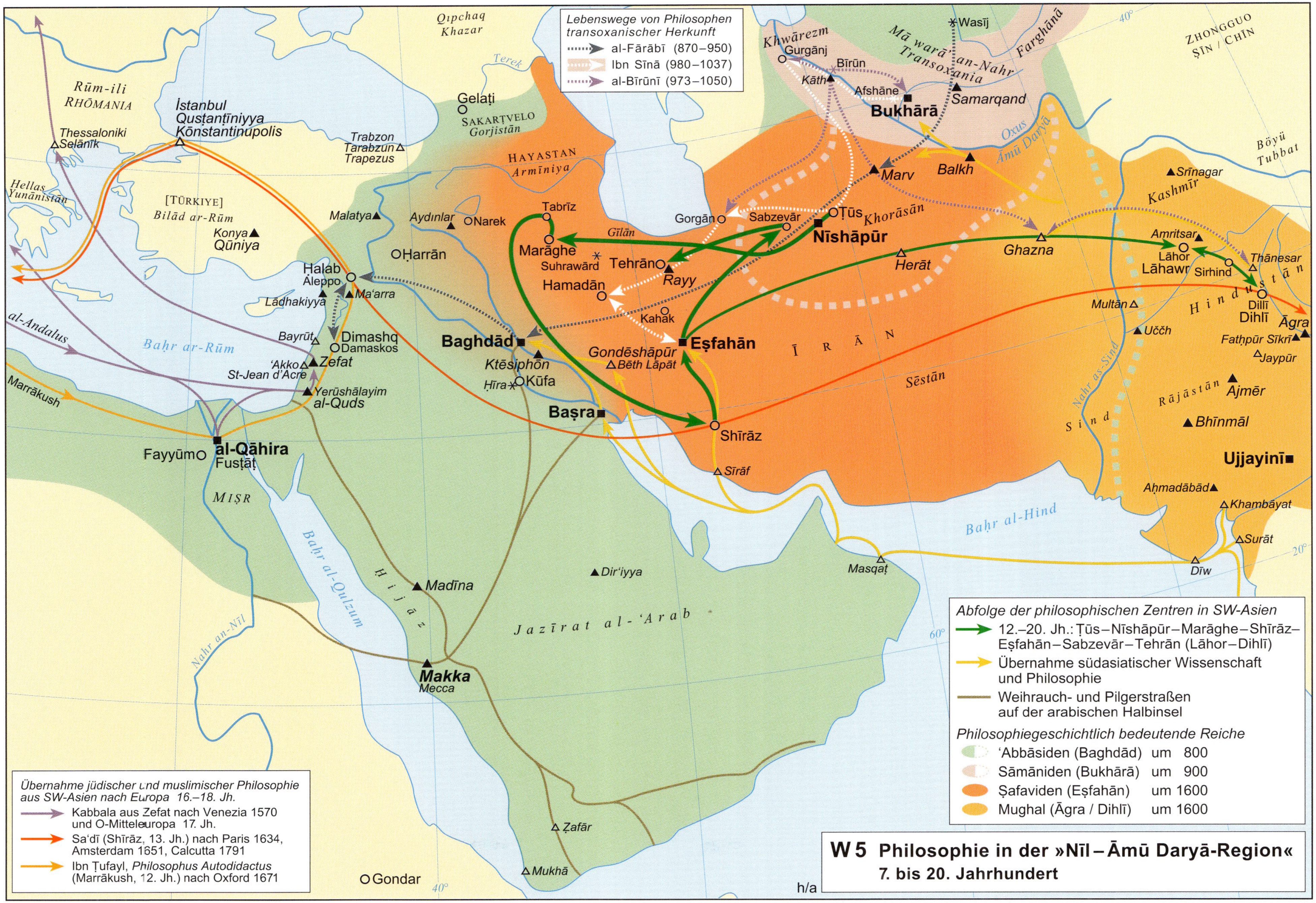


**W 5 Philosophie in der »Nīl – Āmū Daryā-Region«**
**7. bis 20. Jahrhundert**

Wer sich der Philosophie in S-Asien zuwendet, hält sich zur Orientierung mit Vorteil an eine Zwischenbemerkung aus Max Webers religionssoziologischen Studien, nach der »es auf dem Gebiet des Denkens über den ›Sinn‹ der Welt und des Lebens durchaus nichts gibt, was nicht, in irgendeiner Form, in Asien schon gedacht worden wäre«. Für S-Asien speziell gilt sein Zusatz, »daß die soteriologischen [auf das Heil und Wohl der Menschen bezogenen] Produkte der asiatischen Literatur die meisten auf diesem Gebiet auftauchenden Probleme weit rücksichtsloser durchgearbeitet haben, als dies der Occident getan hat«.

Die Radikalität ist nicht auf Religion und Ethik (mit der Aufforderung zu einem totalen Gewaltverzicht) beschränkt. Sie findet sich ebenso bei der Erörterung ontologischer und erkenntnispsychologischer Probleme. Jahrhunderte früher als in den anderen Erdteilen ist die »Nicht-Substantialität« des Universums und der menschlichen Person und als Folge davon deren Unbeständigkeit Gegenstand begrifflicher Analyse. Früher als anderswo wird der produktive und nicht bloß rezeptive Anteil der Sinne an der Erfahrung weltanschaulich ausgewertet.

Es ist verlockend, eine derart ausgezeichnete philosophische Kultur mit polarisierenden Gegenüberstellungen zu charakterisieren. Das Symboltier der Philosophie ist in Europa die Eule der Minerva-Athēnē, die ihren Flug mit der einbrechenden Dämmerung beginnt und die vergangene Tageszeit in Gedanken zusammenfaßt. Das Symboltier der südasiatischen Göttin der Weisheit, der Künste und der Wissenschaften, Sarasvatī, ist eine Gans, die sich überall auf der Erde mit dem beginnenden Tageslicht bemerkbar macht. Ein anderes, mehr lebenspraktisches Symboltier für Europa ist der Stier, in den sich Zeus verwandelte, um die phönikische Prinzessin in den Erdteil zu entführen, der nach ihr benannt werden sollte. In S-Asien sitzt der Gott Krishna auf einer sanft blickenden Kuh. Man muß sich freilich hüten, solche Gegenüberstellungen zu verabsolutieren. Eine bewährte kulturwissenschaftliche Daumenregel besagt, daß etwas, das in einem kulturellen Netzwerk ausgeprägt zur Entfaltung gebracht wurde, zumindest dem Ansatz nach auch in anderen komplexen kulturellen Netzwerken zu finden ist.

Das Interesse an Geschichte ist in S-Asien merklich geringer als in Europa, SW- und O-Asien. An Geschichtsbewußtsein fehlt es jedoch keineswegs. Die kanonischen Texte (der *Veda,* die *Upanishadas,* die großen Epen und die »Lehrsätze« und »Lehrreden« der frühen Denker) haben einen anderen Status als die klassischen Kommentare dazu und diese einen anderen als die folgenden Kommentare zu den Kommentaren. Die geschichtliche Dynamik in S-Asien wird augenfällig, wenn man sich die Entwicklung in den Großregionen, dem Nordwesten, dem Nordosten und dem Süden, gesondert vergegenwärtigt.

Wer sich mit den geographischen Konturen der Philosophie in S-Asien befaßt, muß sich auf jeden Fall von der Vorstellung von India als »Gangesland« lösen. Die Regionen um die Gangā, die für sich die Eigenbezeichnung »Mittelland« *Madhyamā Dish* benutzten, sind zwar frühe und sich immer wieder neu regenerierende Zentren des philosophischen Denkens. Philosophiegeschichtlich herausragende Regionen finden sich aber auch im Westen des Subkontinents, besonders im äußersten Nordwesten, in Kāshmīr(a), und auf der Halbinsel Saurāshtra-Kathiawar (→ S 2), im Süden und auf Srī Lankā (→ S 4).

Für die Geschichtsschreibung südasiatischer Philosophie unentbehrlich ist aber auch die Ausbreitung des Buddhadharma nach O-Asien (→ S 5). Besonders hervorgehoben zu werden verdient dabei die der Gangā-Ebene am nächsten liegende Region, Böyü/ Tibet (→ S 2–3 und 5).

**S 1 Philosophie in S-Asien**

Die namhaftesten Regionen der vorbuddhaitischen Frühzeit der Philosophie in S-Asien liegen im Nordwesten, der heute in Bhārat/India und Pākistān aufgeteilt ist. Das »Siebenstromland« *Sapta Sindhavah* zwischen dem Sindhu/Indus und dem legendären Fluß Sarasvatī, heute als »Fünfflußland« *Panjāb/Punjab* bekannt, ist die Region der frühen Texte des »Wissens« *Veda* aus dem -2. Jahrtausend. Das indische »Mittelland« *Madhyamā Dish* um das »Zweiflußland« *Doab* zwischen den nächsten »heiligen Flüssen« Gangā und Yamunā stellte die zentrale Region der brahmanischen Weisen der späten *Veda*-Zeit im anschließenden Jahrtausend dar. In seinem Nordwesten liegt Kurukshetra, das Schlachtfeld, auf dem das Epos *Mahābhārata* den »Gesang des Erhabenen« (Krishna) *Bhagavad-gītā* ortet.

Schon in der Frühzeit bedeutsam waren auch die beiden Regionen Gandhāra um Takshashilā/Taxila und Avanti/Mālava um Ujjayinī, die später in der Wissenschaftsgeschichte S-Asiens einen herausragenden Platz einnahmen: Gandhāra als Tätigkeitsregion des Sprachwissenschaftlers Pānini um -400, der von der jungen europäischen Linguistik im 19. und 20. Jahrhundert als eine Quelle der Inspiration geschätzt wurde, Ujjayinī als Zentrum der Astronomie und Mathematik, die schon viel früher, bereits im »Mittelalter«, über sasanidische und abbasidische Gelehrte in SW-Asien den neuzeitlichen Fortschritten in diesen Disziplinen in Europa den Weg gebahnt hatten (→ S 5, N 5). Die zweite bedeutende Stadt in Gandhāra war Purushapura/Peshāwar, als Heimatort der Brüder Asanga und Vasubandhu, der Begründer der idealistischen »Bewußtseinslehre« *Vijñana-vada* innerhalb der buddhaitischen Philosophie, eine Art Königsberg S-Asiens.

Das weiter im Norden liegende Kāshmīra neigt man dagegen, mit seiner überraschenden Verbindung von geographischer Abgelegenheit und philosophiegeschichtlicher Brillanz über mehrere Epochen und (buddhaitische, hinduitische und islamische) Lehrrichtungen hinweg, mit Scotia/Scotland im äußersten Nordwesten Europas zu vergleichen. Kāshmīra spielte eine beachtliche Rolle bei der Vermittlung der buddhaitischen Philosophie nach Zhongguo/China und Böyü/Tibet (→ S 5).
Das Gebiet des heutigen Gliedstaates Gujarāt war viele Jahrhunderte lang eine herausragende Region buddhaitischer und jainaitischer Gelehrsamkeit. Valabhī war Sitz einer mit Nālandā konkurrierenden buddhaitischen Klosteruniversität und Ort eines jainaitischen »Konzils«. Im Unterschied zum Buddhadharma vermochte sich der Jainadharma hier, in der Herkunftsgegend Mahātma Gandhis, bis in die Gegenwart als eine lebendige spirituelle Kraft zu erhalten.
Während der Antike war Mathurā im *Madhyamā Dish* ein künstlerisches und intellektuelles Zentrum. Seit dem 13. Jahrhundert übernahm dann Dillī/Dihlī/Delhī zusammen mit der politischen Hauptstadtrolle auch in den Künsten und Wissenschaften eine zentrale Position.

Die flächendeckende Ausbreitung des Islam im Nordwesten und strichweise auch in anderen Teilen markiert einen der folgenreichsten Brüche in der Kulturgeschichte S-Asiens. In den Bereichen der Spiritualität und der Ästhetik kam es dabei gut sichtbar zu einer wechselseitigen Durchdringung von süd- und südwestasiatischen Traditionen, am deutlichsten mit der Herausbildung der Reformbewegung der Sikh. Diese wurde jedoch bezeichnenderweise bald statt zu einer Brücke zwischen den Kulturen zu einer dissidenten, von der einen wie von der anderen Seite angefeindeten Religionsgemeinschaft. Auf der akademischen Ebene ist es dem Islam, anders als dem Buddhadharma in O-Asien, nicht gelungen, eine Transformation der einheimischen philosophischen Traditionen auszulösen.

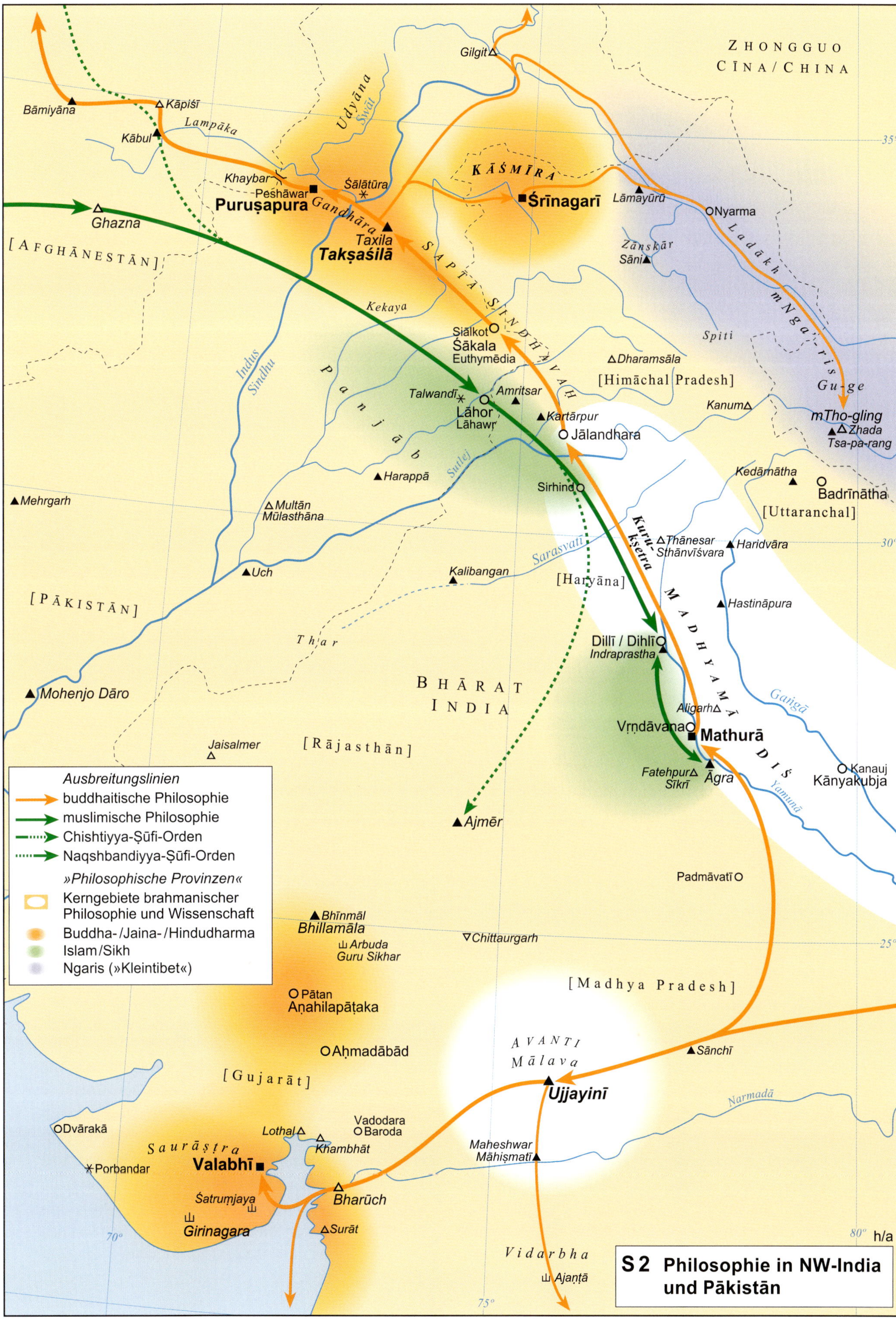


**S 2 Philosophie in NW-India und Pākistān**

Die untere Gangā-Ebene in NO-India nimmt in der globalen Geschichte der Philosophie einen einzigartigen Platz ein. Sie ist »weltweit« die einzige Region, die über fast drei Jahrtausende hinweg nahezu kontinuierlich einen herausragenden Rang behaupten konnte, von der frühesten Achsenzeit, dem -8. Jahrhundert, bis in die Gegenwart hinein. Es ist sogar ein und dieselbe Stadt, die sich in dieser Zeit immer wieder von neuem als ein attraktiver Ort philosophischer Studien und Disputationen erwies: Kāshī/Vārānasī.

»Weltberühmt« wurde die Region als Herkunfts- und Tätigkeitsgebiet des Buddha. Als solches wirkte sie zusammen mit der überragenden Klosteruniversität in Nālandā vom 5. bis zum 11. Jahrhundert wie ein Magnet auf ostasiatische Pilger- und Forschungsreisende. Die Namen der bedeutendsten buddhaitischen Philosophen sind mit Nālandā verbunden (geschichtlich gesichert Dignāga und Dharmakīrti, legendär Vasubandhu und Nāgārjuna). Vom 18. bis 20. Jahrhundert übte dann die britische Stadtgründung Calcutta eine vergleichbare Attraktivität auf europäische Indienforscher aus und ebenso auf südasiatische Intellektuelle, die in der Auseinandersetzung mit »der europäischen Wissenschaft und Philosophie« eine Erneuerung der eigenen Traditionen anstrebten.

Zu Zeiten des Buddha (und für diesen anfänglich auch den Weg weisend) kam es in der Gangā-Ebene zu einem ganzen Bündel von *Veda*-kritischen philosophisch-religiösen Erneuerungsbewegungen. Von ihnen konnte sich allein der Jainadharma des Mahāvīra aus Vaishālī auf indischem Gebiet halten. Im Unterschied zum Buddhadharma blieb die Ausbreitung des Jainadharma jedoch auf den Subkontinent beschränkt.

Aber bereits vor Mahāvīra und Buddha, zur Zeit der frühesten *Upanishadas,* waren die Königreiche von Kāshī und Videha Geburtsstätten der brahmanischen Philosophie gewesen. Nach der Blütezeit der buddhaitischen Philosophie wurden die gleichen Regionen, nunmehr unter den Namen Vārānasī und Mithilā, Geburtsstätten der in der Auseinandersetzung mit der buddhaitischen Philosophie neu erblühten brahmanisch-hinduitischen Philosophie. Mit Vārānasī und dem benachbarten Prayāga ist der Name von Shankara verbunden, dem die überragende Stellung der Lehrrichtung des *Vedānta* innerhalb der hinduitischen Philosophie zugeschrieben wird (→ S 4). Die zweite orthodoxe Lehrrichtung, die sich als »Neue Logik« *Navya-Nyāya* bis in die Gegenwart lebendig zu erhalten vermochte, hatte ihr Zentrum erst in Mithilā und später in Navadvīpa.

Das durch die Aufenthalte des Buddha berühmt gewordene Königreich von Maghada war das Kerngebiet der südasiatischen Großreiche der Maurya vor und der Gupta nach dem Wechsel der Zeitrechnung. Den Maurya ist die Ausbreitung des Buddhadharma über den gesamten Subkontinent, wenn nicht schon über seine Grenzen hinaus, zu verdanken, den Gupta die »Goldene Zeit« der südasiatischen Kultur mit Pātaliputra, Ayodhyā, Prayāga und Ujjayinī als politischen und intellektuellen Zentren und einer direkten oder indirekten kulturellen Ausstrahlung über die gesamte »Alte Welt« (→ A 11, S 1 und 5, N 5).

Der Nähe zur Gangā-Ebene (und zu Kāshmīra) verdankt das Hochland von Böyü/Tibet die für seine geographische Lage außergewöhnliche Schriftkultur und kreative Rezeption der buddhaitischen Philosophie. Seine herausragendsten philosophischen Klosteruniversitäten sind Sakya im 12. Jahrhundert und Ganden (mit Tsongkapa und dessen Nachfolgern) seit dem 15. Jahrhundert.

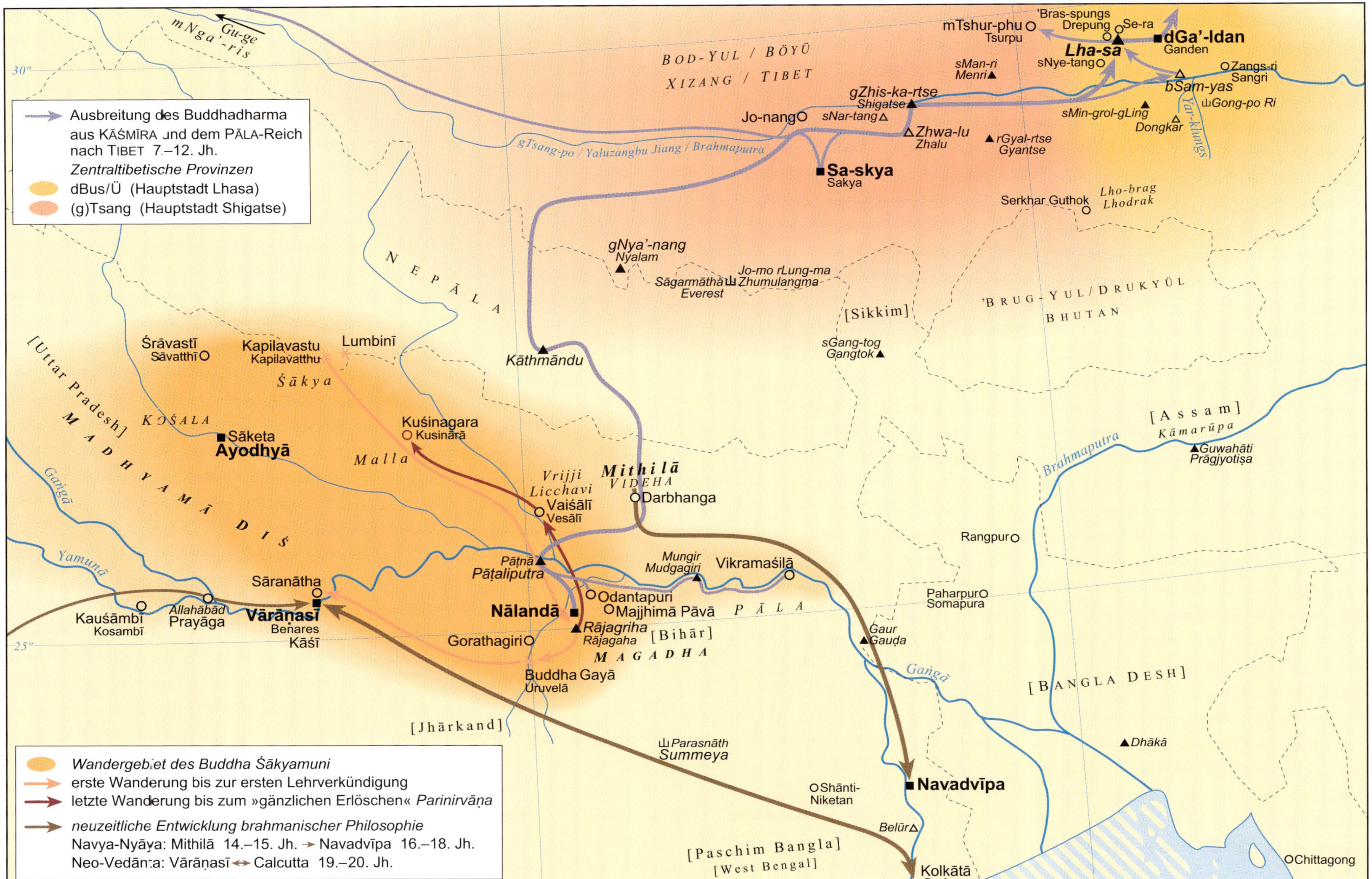


**S 3 Philosophie in NO-India und Zentraltibet**

S-India ist anders als N-India und Srī Lankā im globalen Geschichtsbild für eine große Zahl »westlicher« Philosophen eine Fläche ohne Profil. Madras/Chennai und Bombay/Mumbai sind als Zentren der Kolonialgeschichte und der interkulturellen Kontaktaufnahme und Auseinandersetzung zwischen India und Europa bekannt, das erste mehr in spiritueller, das zweite in politischer Hinsicht. Beide stehen jedoch als solche hinter Calcutta/Kolkātā im Mündungsgebiet der Gangā zurück. Mit Erstaunen nehmen viele die Bedeutung zur Kenntnis, die S-India gegenwärtig in der Computerbranche spielt. Die intellektuelle Geschichte von S-India läßt sich zwar nicht wie die des Nordens über mehr als 3000 Jahre zurückverfolgen, wer jedoch seine Bedeutung in den beiden letzten Jahrtausenden kennt, ist über seinen heutigen Rang in den Wissenschaften nicht überrascht.

Von den (zusammen mit Vasubandhu aus Purushapura/Peshāwar) vier herausragendsten Gestalten der akademischen Philosophie innerhalb des Buddhadharma stammen drei aus S-India: Nāgārjuna lehrte nach der Überlieferung in Āndra Desha, im Gebiet um Amarāvatī, dem dritten Stilzentrum der buddhaitischen Kunst neben Gandhāra und Mathurā. Dignāga ist gebürtig aus der Region um Kāñchīpuram und Dharmakīrti aus Tirumalapuram. Beide kehrten nach ihrer Lehrtätigkeit in Nālandā in den Süden, nach Kalinga/Orissa, zurück. Vor allem aber stammt die überragendste Persönlichkeit der hinduitischen Philosophie, Shankara, aus S-India. Shringeri und Kāñchīpuram rivalisieren um den Status seines Haupttätigkeitsortes.

Srī Lankā ist bekannt als die einzige Region in S-Asien, in der sich der Buddhadharma als Religion der Bevölkerungsmehrheit zu halten vermochte, und dies in der Tradition der erfolgreichsten seiner frühen Lehrrichtungen, der »Lehre der Alten« *Theravāda*. Die erste Verschriftlichung des Kanons der buddhaitischen Texte erfolgte im -1. Jahrhundert auf Srī Lankā, in Aluvihāra. Anurādhapura war das Zentrum in der kulturellen Blütezeit, Polonnaruwa zur Zeit der stärksten Ausstrahlung auf SO-Asien, Kandy während einer ersten Phase der Restauration mit der Unterstützung von Mönchen aus Muang Thai und schließlich Colombo/Kolamba in den folgenden politisierten Phasen der Restauration – anfangs in der Auseinandersetzung mit dem Christentum der europäischen Kolonisatoren und bald darauf mit dem Hindudharma des mächtigen Nachbarlandes und der eigenen tamilischen Bevölkerungsminderheit.

Das überragende Zentrum tamilischer Kultur auf dem Festland seit der frühesten dokumentierten Zeit ist Madurai. Die philosophiegeschichtlich bedeutendste Stadt und zugleich diejenige mit der größten interkulturellen Ausstrahlung auf SO-Asien und bis nach Zhongguo/China war jedoch mehrere Jahrhunderte lang Kāñchīpuram, eine der Hauptstädte der für die eigenständige Kultur des Südens bedeutsamen Reiche der Pallava und Cōla.

S-India wurde seit dem 7. Jahrhundert zu einem Zentrum der mit den Göttern Shiva und Vishnu verbundenen religiösen Frömmigkeitsbewegungen und der theologisch orientierten und sich in langen philosophischen Kontroversen in mehrere Richtungen aufteilenden *Vedānta*-Philosophie. Bezeichnend für die Bedeutung von S-India ist, daß seine namhaftesten Philosophen vom 7. bis 13. Jahrhundert, Shankara, Rāmānuja und Madhva, Pilger- und Studienreisen in den Norden zugeschrieben werden, während später, im 16. Jahrhundert, die bekanntesten Philosophen, Caitanya und Vallabha, in den Süden reisten.

**S 4 Philosophie in S-India und Srī Lankā**

S-Asien ist neben der »Nīl–Āmū Daryā-Region« der Erdteil mit der weitesten kulturellen Ausstrahlung vor der europäischen Neuzeit. Diese Ausstrahlung erfolgte, sieht man von den aryschen und tamilischen Einwanderern nach Srī Lankā ab, fast gänzlich ohne Eroberungen und Kolonisationen indischerseits. Fremderoberungen von Teilen S-Asiens spielten dagegen eine beträchtliche Rolle: iranische, für eine kurze Zeit »großtibetische«, vor allem aber die kushanaitische. Dazu kam die Ausweitung des chinesischen Herrschaftsgebiets nach Zentralasien, eine von südasiatischer Schriftkultur bereits stark geprägte Fernhandelsregion.

Die frühesten Wegbereiter südasiatischer Schriftkultur scheinen Kaufleute und ihre medizinischen Betreuer gewesen zu sein. Als »Heilpraktiker« dachten diese Begleiter ganzheitlich und sorgten sich zugleich um die leibliche Gesundheit und das seelische Heil ihrer Klienten. Bei der Ausdehnung ihrer Tätigkeit auf die einheimische Bevölkerung profitierten sie vom hohen Stand der Pharmakologie in S-Asien. Symptomatisch ist die Anzahl der medizinischen Texte, die seit 1900 in Zentralasien ausgegraben worden sind, und desgleichen der prominente Platz, den »Medizinbuddhas« in frühen Klöstern von Tibet bis nach Nihon/Japan einnehmen.

Auffallend ist die sehr unterschiedliche Rezeption südasiatischer Kultur in O- und W-Asien (und über W-Asien in Europa). Mit dem Buddhadharma verbreiteten sich die »indische Wissenschaft und Philosophie« über ganz O-Asien und führten dabei in Zhongguo/China zu einer nachhaltigen Transformation der philosophischen Traditionen, vergleichbar mit der Transformation der hellenischen Philosophie durch das Christentum. In den außerchinesischen Gebieten O-Asiens (Han'guk/Korea und Nihon, Monggol Ulus/Mongolia und Manzhou/Manchuria) förderte der Buddhadharma die Übernahme »chinesischer Zivilisation«, ähnlich wie das Christentum in den nördlichen Regionen Europas die Übernahme der »hellenisch-römischen Zivilisation« förderte (→ W 4).

In Zhongguo wurde die hinduitische Kultur im wesentlichen soweit rezipiert, wie sie in die buddhaitische Religion und Philosophie integrierbar war. In SO-Asien finden sich dagegen besonders in den frühen Zeiten hinduitische und buddhaitische Traditionen nebeneinander (beispielhaft in den benachbarten Tempelanlagen von Borobudur und Prambanam auf Java), teils miteinander rivalisierend, teils zusammenwachsend. Später kam die Hinwendung ganzer Staaten zum Islam hinzu, ebenfalls von indischen Kaufleuten eingeleitet.

In einem merkwürdigen Gegensatz zu O-Asien war der Westen ausschließlich an den fortgeschritteneren Leistungen S-Asiens in den Wissenschaften der Medizin, der Astronomie und der Mathematik interessiert. »Indische Philosophie« war nicht völlig unbekannt. Als akademisch betriebene Wissenschaft, vor allem in ihrer engen Verbindung mit Psychologie, Linguistik und Logik, blieb sie jedoch ohne nachhaltige Rezeption (→ W 5).

Nicht zu unterschätzen ist dagegen die Verbreitung von *folk philosophy* aus S-Asien in der Gestalt der Tierfabelsammlung *Pañcatantra,* einem »Fürstenspiegel« mit machiavellistisch anmutenden Ratschlägen des »Weisen/Philosophen« Vishnusharman/Bidpai, und einer auf muslimische und christliche Heilige übertragenen Buddhalegende, in Europa unter dem Titel *Barlaam und Josaphat* populär geworden. Der früheste Übersetzer des *Pañcatantra* in eine westliche Sprache, die persische, war ebenfalls ein Mediziner, Burzōē, den der Sasanide Xusro I um 550 auf eine Forschungsreise ins Nachbarland gesandt hatte.

Der geschichtliche und der geographische Gang der Philosophie im »Mittelland« Zhongguo/China erinnern in ihren großen Zügen an den Verlauf der Philosophie in Europa. Hier wie dort bietet sich eine geschichtliche Grobgliederung in Antike, Mittelalter, Renaissance, Neuzeit und Gegenwart an. In der Antike (→ O 2) erfolgte die Grundlegung von philosophischen Perspektiven, an die das Verständnis der nachfolgenden Entwicklung gebunden bleibt, auch wenn sie sich von ihnen abhebt. Kennzeichnend für das Mittelalter (→ O 3) ist die Umformung der gesamten Kultur, ausgehend von der Rezeption einer Religion aus einem andern Erdteil, des Buddhadharma in Zhongguo, des Christentums in Europa. Gleichzeitig verlagert sich das Zentrum dieser Religionen aus ihrem Ursprungsgebiet, dasjenige des Buddhadharma aus S-Asien ins »Mittelland«, dasjenige des Christentums aus SW-Asien ins »Abendland«. Das Mittelalter ist zudem eine Übergangszeit, in der, mit der religiösen Wende verbunden, intuitive Aspekte der Erkenntnis eine größere Rolle im philosophischen Denken zu spielen beginnen. Die nächste Phase (→ O 4) verstand sich als Rückkehr zur eigenen Antike und ihre Renaissance. Mit mehr Abstand gesehen erscheint sie jedoch zugleich als eine innovative Fortsetzung des zuvor eingeleiteten Transformationsprozesses. Die Renaissance kam in Zhongguo gut 400 Jahre früher zum Zuge als in Europa. Die anschließende Neuzeit freilich vermochte in Zhongguo nicht mehr die gleiche Dynamik zu entwickeln. Kennzeichnend für die Neuzeit sind die Hinwendung zu empirisch gestützter und pragmatisch ausgerichteter natur- und gesellschaftstheoretischer Forschung, die textkritische Analyse der zuvor idealisierten Geschichte und gleichzeitig eine zunehmende Subjektivierung und Individualisierung der Erkenntnisbasis. In der Gegenwart stehen eine globalisierte interkulturelle Kontaktaufnahme und Auseinandersetzung an. Zhongguo ist dabei das Land, von dem am ehesten eine eigenmächtige Gegenposition zur US-amerikanischen Dominanz in der Philosophie wie in der Politik erwartet werden kann.

In geographischer Hinsicht verläuft die Entwicklung in Europa vom Südosten, von Hellas und dem östlichen Mittelmeer, nach Nordwesten, Richtung Nordatlantik, mit »Mitteleuropa« und Rossiia in einem gewissen Sinn als Kontrapunkten. In Zhongguo verschiebt sich die dominierende Region vom Nordwesten, seiner »Mittleren Ebene« *Zhongyuan* mit den Hauptstädten Chang'an und Luoyang, über Kaifeng nach Südosten, in die Region um die »Südhauptstadt« Nanjing und die Hauptstadt der »Süd-Song« Hangzhou, mit der »Nordhauptstadt« Beijing als Kontrapunkt im Nordosten.

In Zhongguo gibt es traditionell ein ausgeprägtes Bewußtsein für die Besonderheiten der einzelnen Epochen und Regionen. Allerdings ist dieser Sinn für geschichtliche und geographische Eigenheiten ideologisch verstrickt mit der Annahme einer natürlichen Korrelation zwischen den Unterteilungen der einander zugeordneten Sachbereiche (Himmelsrichtungen, Elemente, Farben). Diversität wird grundsätzlich als etwas Positives gesehen, nämlich als eine Anregung für die wechselseitige Ergänzung. Mannigfaltigkeit ist natürlich. Entscheidend ist, daß Vielfalt nicht nur der »Welt« als ganzer, sondern auch den einzelnen Erdteilen zuerkannt wird. Mit einer solchen Einstellung findet man in einer fremden Kultur statt etwas »ganz anderem« vielmehr Dinge, die man in der eigenen Kultur infolge anderer Prioritäten hintangestellt hat. Auch diese Sicht ist in Zhongguo zu finden, im Mittelalter gegenüber dem südasiatischen Buddhadharma und in der Neuzeit gegenüber den »westlichen Wissenschaften«.

S-Asien (Tianzhu/India) liegt für das alte Zhongguo ebenfalls im »Westen«.

## O 1 Philosophie in Zhongguo/China

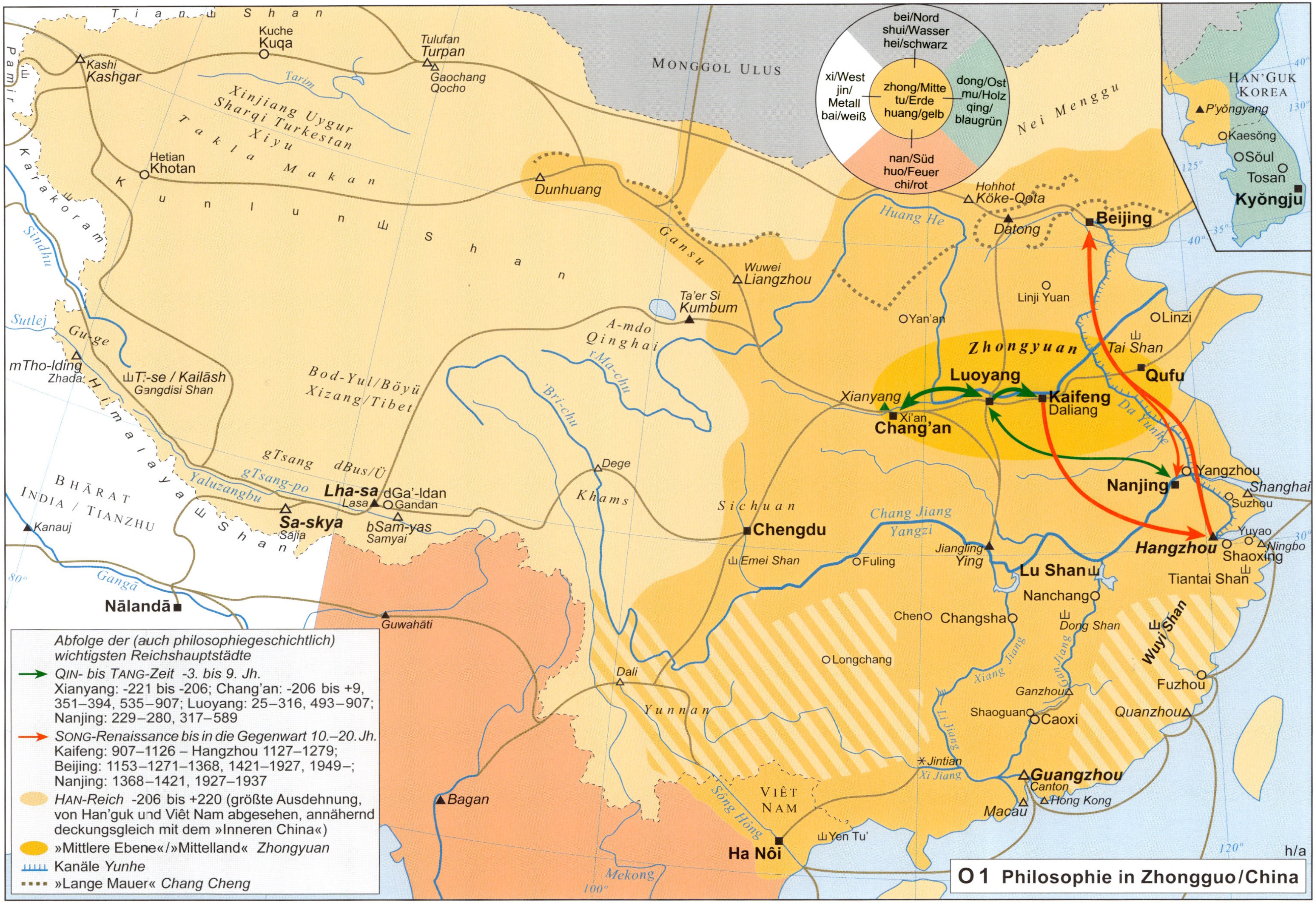

Die passendste Eigenbezeichnung für die Aufbauphase der Philosophie in Zhongguo/ China ist »Zeit der ›100 Schulen‹« *Bai Jia.* Im engeren Sinne bezieht sie sich auf die zweite Hälfte der achsenzeitlichen chinesischen Antike, auf die zwei Jahrhunderte unmittelbar vor der Reichseinigung im Jahre -221. Die Zahl 100 ist natürlich Rhetorik, aber eine beträchtliche Zahl von Lehrrichtungen ist charakteristisch für Aufbruchzeiten.

Die Standardgeschichtsschreibung handelt vor allem von sechs Schulen: von der konfuzianischen »Schule der Weichen (oder Gelehrten)« *Ru Jia,* der daoitischen Schule *Dao Jia,* der für ihre universale Ethik berühmten *Mo Jia,* der sprachanalytischen »Schule der Namen« *Ming Jia,* der legistischen »Gesetz-Schule« *Fa Jia* und schließlich von der naturphilosophischen Schule *Yin-Yang Jia.* Andere Lehrrichtungen wären nicht weniger aufzählenswert, in Anbetracht ihrer Wirkungsgeschichte etwa die Strategielehre *Bingfa* des Sun Zi.

Die herausragenden Repräsentanten der einzelnen Lehrrichtungen sind nach Kong Zi/ Confucius selber Meng Zi und Xun Zi für die *Ru Jia,* der legendäre Lao Zi und Zhuang Zi für die *Dao Jia,* der namengebende Gründer Mo Zi für die *Mo Jia,* Hui Shi und Gongsun Long für die *Ming Jia,* Han Fei für die *Fa Jia* und *Zou Yan* für die *Yin-Yang Jia.*

Der bekannteste Schulort der chinesischen Achsenzeit ist Qufu, die Lehrstätte des Kong Zi im Kleinstaat Lu. Während der eigentlichen Phase der »100 Schulen« im -4. und -3. Jahrhundert bildeten die herausragenden intellektuellen Zentren der Hof von Wei in Daliang und die *Jixia*-Akademie in Linzi, der Hauptstadt von Qi, daneben Lanling und der Hof des »Fürsten von Pingyuan« in Dongwu/Wucheng. Zur Zeit der Reichseinigung wurde die kaiserliche Hauptstadt Xianyang zum Sammelort der Vertreter der jetzt dominierenden *Fa Jia.* Alle diese Orte liegen in der »Mittleren Ebene« *Zhongyuan* oder in deren Umkreis, dem eigentlichen »Mittelland« des »Reiches der Mitte« *Zhongguo,* in der Talebene des »Gelben Flusses« *Huang He.*

Die philosophiegeschichtlich wichtigste Region außerhalb der »Zentralen Ebene« ist das Gebiet des »Südstaates« Chu mit der Hauptstadt Ying in der Nähe des Yangzi Jiang. Chu ist vor allem mit den beiden Lehrrichtungen der *Dao Jia* und der (geschichtlich weniger erfolgreichen, argumentativ jedoch überragenden) *Mo Jia* verbunden. Auf dem ehemaligen Gebiet von Chu wurden in den vergangenen Jahrzehnten die sensationellsten Manuskriptfunde aus der späteren Achsenzeit gemacht. Es sind weltweit die umfangreichsten Manuskripte protowissenschaftlichen und philosophischen Inhalts aus dieser Zeit.

Die politischen Binnenstrukturen in Hellas und in Zhongguo während der Achsenzeit werden gerne miteinander verglichen. Hier wie dort rivalisierten eine Vielzahl kleinerer und größerer nach Vorherrschaft strebender Staaten miteinander. Am Ende fanden sich beide Gebiete gewaltsam in Großreiche integriert, die an ihrem Rande mächtig geworden waren, Makedonia und Qin. Das weitere Umfeld ist jedoch deutlich verschieden. Hellas befand sich in der Nachbarschaft der zivilisatorisch und wissenschaftlich fortgeschrittensten Region der Erde. Zhongguo kannte keinen »Fruchtbaren Halbmond« in seiner unmittelbaren Umgebung und keine »orientalisierende Phase« des Kulturimports, die zur Erklärung der achsenzeitlichen Revolution herangezogen werden könnten. Es war ringsum von Völkern umgeben, die es selber als »barbarisch« einstufte, wie sie Hellas nur in seinem Norden kannte. Unter den Nachbarn Zhongguos sind am ehesten die Xiongnu als Erschließer der zentralasiatischen Seidenstraße mit den Phönikern als den Pionieren des Mittelmeerhandels zu vergleichen. Von einer ähnlichen kulturellen Vermittlerrolle kann jedoch, zumindest beim gegenwärtigen Kenntnisstand, keine Rede sein.

## O 2 Philosophie in Zhongguos »Mittelland« *Zhongyuan* zur Zeit der »100 Schulen« *Bai Jia* -6. bis -3. Jahrhundert

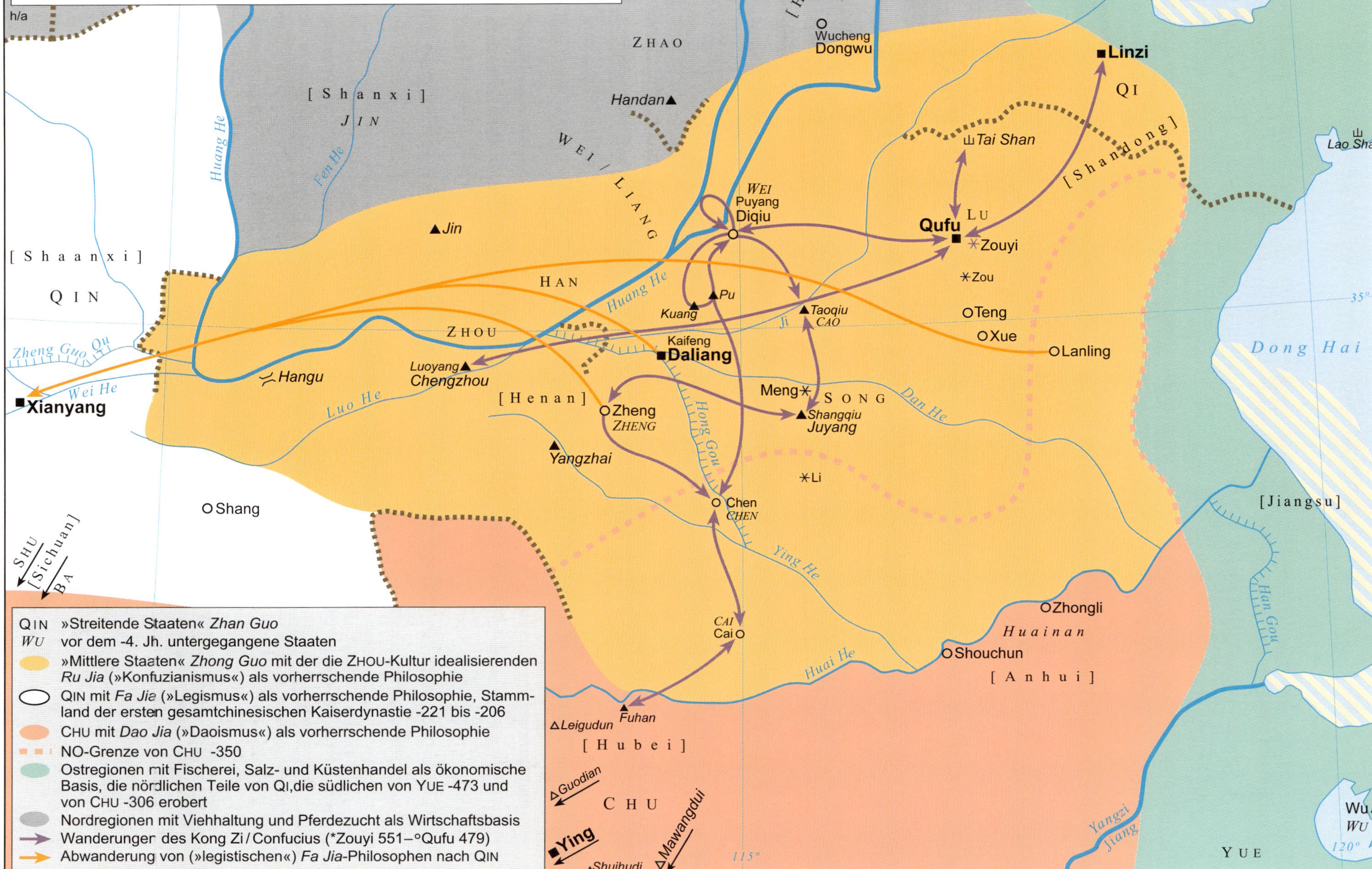


QIN »Streitende Staaten« *Zhan Guo*

*WU* vor dem -4. Jh. untergegangene Staaten

»Mittlere Staaten« *Zhong Guo* mit der die ZHOU-Kultur idealisierenden *Ru Jia* (»Konfuzianismus«) als vorherrschende Philosophie

QIN mit *Fa Jie* (»Legismus«) als vorherrschende Philosophie, Stammland der ersten gesamtchinesischen Kaiserdynastie -221 bis -206

CHU mit *Dao Jia* (»Daoismus«) als vorherrschende Philosophie

NO-Grenze von CHU -350

Ostregionen mit Fischerei, Salz- und Küstenhandel als ökonomische Basis, die nördlichen Teile von QI, die südlichen von YUE -473 und von CHU -306 erobert

Nordregionen mit Viehhaltung und Pferdezucht als Wirtschaftsbasis

Wanderungen des Kong Zi / Confucius (*Zouyi 551–°Qufu 479)

Abwanderung von (»legistischen«) *Fa Jia*-Philosophen nach QIN

In der Han-Zeit, den vier Jahrhunderten um den Zeitrechnungswechsel, folgte auf die »100 Schulen« *eine* Staatsschule mit Kong Zi als fortan alle anderen Denker überragender Gestalt. Gestützt wurde die Sonderstellung seiner Philosophie durch die Aneignung von Elementen auch anderer Schulen, der zuvor dominierenden legistischen *Fa Jia* ebenso wie der naturphilosophisch argumentierenden *Yin-Yang Jia.* Symptomatisch für diesen Vorgang ist, daß die Redaktion der »Fünf Klassiker« *Wu Jing* (der »Klassiker der Wandlungen« *Yi Jing* inbegriffen) nunmehr Kong Zi zugeschrieben wurde. Diese »Klassiker« bildeten fortan zusammen mit den »Gesprächen« *Lunyu* des »Meisters« *Zi* die kanonische Textbasis des staatlichen Bildungssystems.

Die Probleme der Philosophie sind nirgendwo ohne Divergenzen denkbar. So kam es auch innerhalb der konfuzianischen Philosophie schon in der frühen Han-Zeit zu unterschiedlichen Textüberlieferungen und -deutungen, die sich fortan als »Alt-Stil« und »Neu-Stil« voneinander abhoben. Ebenso etablierten sich just in der Zeit der Herausbildung eines klassischen philosophischen Kanons daoitische Tendenzen als dissidente Gegenbewegung zur konfuzianischen Orthodoxie. Daoitische Philosophie und »Volksreligion«, *Dao Jia* und *Dao Jiao,* sind dabei nicht immer leicht auseinanderzuhalten. Nicht leicht zu klassifizieren sind auch die originellsten Denker der auf die Han-Klassik folgenden Übergangszeit zum »Goldenen Zeitalter« der Tang-Dynastie wie Wang Bi und die »Sieben Weisen vom Bambushain«, die sich mit ihren erkenntnistheoretischen Überlegungen wie Wegbereiter des Buddhadharma/*Fo Jia* ausnehmen.

Nach einer Phase der allmählichen Rezeption seit dem ersten Jahrhundert, eingeleitet von »Missionaren« aus den verschiedensten Teilen S- und O-Asiens (namhaft: Kumārajīva, Paramārtha, Amoghavajra und, legendär, Bodhidharma) sowie von chinesischen Pilger- und Forschungsreisenden in S-Asien (namhaft: Faxian, Xuanzang und Yijing), kam es vom sechsten Jahrhundert an zur Herausbildung eigenständiger Lehrrichtungen, die man als »typisch für O-Asien« ansehen kann. Die philosophisch bedeutendsten sind *Huayan* (benannt nach dem Blumengirlanden-Sutra), *Tiantai* (benannt nach ihrem Hauptsitz) und *Chan* (über Nihon/Japan als *Zen* bekannt). Als überragender individueller buddhaitischer Denker in Zhongguo gilt Fazang, ein Patriarch der *Huayan Jia* in Chang'an.

Die Herrschaft fremdstämmiger Dynastien und die Wanderbewegungen während der langen Zeit der Reichsspaltungen zwischen der Han- und der Sui-/Tang-Zeit scheinen der Ausbreitung des Buddhadharma förderlich gewesen zu sein. Da sich die politischen Hauptstädte in Zhongguo mit ihren offiziellen Lehrstätten und ihrer gebildeten Beamtenschaft immer auch als Kulturhauptstädte verstanden, findet man Zentren der Philosophie jetzt auch im Süden, in Jianye/Jiankang (dem späteren Nanjing), in Jingzhou/Jiangling (in der Nachbarschaft der ehemaligen Chu-Hauptstadt Ying) und in Chengdu (in Sichuan). Chang'an und Luoyang bleiben jedoch dominant.

Eine andere Neuheit ist, daß mit der Gründung buddhaitischer Klöster intellektuelle Zentren in Gebirgslandschaften aufkommen. Herausragende Gebirge sind im Süden der Lu Shan, eine Begegnungsstätte von buddhaitischen, daoitischen und konfuzianischen Gelehrten, und der Tiantai Shan, das Zentrum der nach ihm benannten Lehrrichtung und Studienort mehrerer koreanischer und japanischer Pilgerreisender, und im Norden der Wutai Shan, ein gesamtasiatischer Wallfahrtsort mit Besuchern selbst aus S-Asien und Tibet.

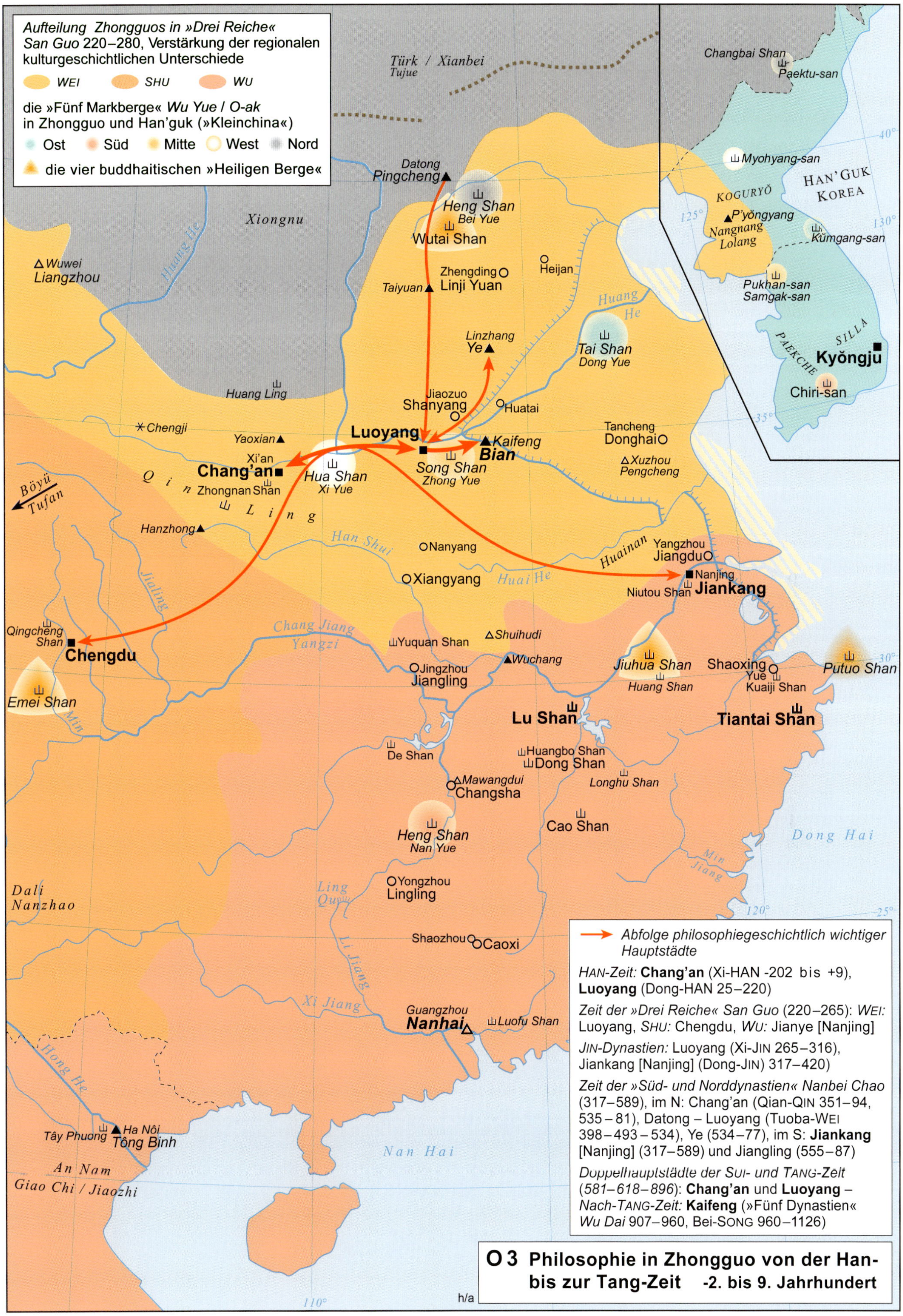


**O 3 Philosophie in Zhongguo von der Han- bis zur Tang-Zeit -2. bis 9. Jahrhundert**

Für S-Asien wurde festgehalten, daß in der nachachsenzeitlichen Geschichte seiner Philosophie der Süden des Subkontinents eine nicht zu übersehende Rolle spielt (→ S 4). Für Zhongguo/China gilt dasselbe in einem noch stärkeren Ausmaß. Hier zeichnet sich für das vergangene Jahrtausend eine eigentliche Verschiebung des Zentrums in den Südosten ab, der im Norden nur durch die Erhebung von Beijing zur »Nordhauptstadt« ein Gegengewicht erhält (→ O 1). Bereits die Mehrzahl der Initiatoren der neokonfuzianischen Wende in der Philosophie hielt sich, wie die Brüder Cheng, zeitweise in südlichen Regionen auf. Nach ihnen stammten nicht nur die beiden überragenden Gestalten dieser Philosophie, Zhu Xi und Wang Yangming, aus dem Südosten, sondern auch, mit der Ausnahme von Dai Zhen, die namhaftesten Vertreter der neuzeitlichen empirisch-pragmatisch, geschichts- und gesellschaftskritisch orientierten Reformbewegungen von Huang Zongxi im 17. bis zu Kang Youwei und Mao Zedong im 19. und 20. Jahrhundert.

Die Song-Zeit vom 10. bis zum 13. Jahrhundert gilt als der eigentliche Höhepunkt der wissenschaftlichen und der spekulativen philosophischen Entwicklung in Zhongguo. Sie wird mit der Renaissance und mit dem industriellen Zeitalter in Europa verglichen, trotz oder gerade wegen eines zweifachen Unterschieds. Einerseits ist sie den vergleichbaren Entwicklungen in Europa um Jahrhunderte voraus und hat diese mit ihren technischen Errungenschaften mit ermöglicht. Andererseits bleibt sie infolge einer Reihe von Hemmfaktoren mit ihrer Nachgeschichte hinter den sich fortsetzenden wissenschaftlichen und technischen Revolutionen in Europa zurück.

In der Tang-Zeit war das Schlagwort *san jiao yi jia* aufgekommen. Schopenhauers Übersetzung »Die drei Lehren [die konfuzianische, die daoitische und die buddhaitische] sind nur eine« folgt einer mehr »indischen«, monistischen Deutung, nach der die drei *jiao* letztlich auf dasselbe hinauslaufen. Nach einem mehr »chinesischen«, komplementaristischen Verständnis besagt der Satz, daß die drei nur zusammen ein (ganzes) »Haus« *jia* ergeben. »Drei Lehren – ein Haus« lautet die entsprechende Übersetzung. In den im Westen unter der Bezeichnung »neokonfuzianische Philosophie« bekanntgewordenen zwei Richtungen der »Song-Schule«, der »Prinzip-Schule« *Li Xue* und der »Geist-Herz-Schule« *Xin Xue,* kam es in der Tat bei aller Polemik gegen den buddhaitischen *Chan* und den daoitischen »Volksaberglauben« zu einem Amalgam von Lehrelementen der drei Traditionen im Rahmen einer spekulativen Interpretation der klassischen Literatur.

Das kulturelle Zentrum lag zu Beginn der Song-Renaissance noch in der »Mittleren Ebene« *Zhongyuan* um den Huang He, freilich nunmehr im Osten um die riesige Metropole Kaifeng, auch »Osthauptstadt« *Dongjing* genannt. Die politisch konservativen Initiatoren der neokonfuzianischen Philosophie zogen jedoch die alte Hauptstadt Luoyang als Aufenthaltsort vor. Das Verhältnis der beiden Städte zueinander läßt an das Verhältnis zwischen der »Osthauptstadt« Tōkyō und der alten Hauptstadt Kyōto während der »Restauration« in Nihon/Japan im späten 19. und frühen 20. Jahrhundert denken (→ O 5).
Mit der Verlegung der Kapitale der Süd-Song nach Lin'an/Hangzhou wurde die Gegend um den Unterlauf des Yangzi, die Region mit dem dichtesten Netz von großen Städten, zum fortan kulturell führenden Gebiet. Zum Gedankengut, zu dem sich die »neuen konfuzianischen Philosophen« von der buddhaitischen *Fo Jia* und der *Dao Jia* inspirieren ließen, gehörte auch das Ideal eines Rückzugs auf das Land. Zhu Xi gründete akademische Schulen auf dem Lu Shan und dem Wuyi Shan.

Infolge der unausweichlichen Auseinandersetzung mit dem »Westen« wurden schließlich seit dem 19. Jahrhundert die Hafenstadt Guangzhou an der »Südsee« *Nan Hai* und im 20. Jahrhundert zusätzlich Shanghai an der »Ostsee« *Dong Hai* zu Foyers von Reformbewegungen mit zunehmend revolutionärer Ausrichtung (→ N 5).

**O 4 Philosophie in SO-Zhongguo**
**10. bis 20. Jahrhundert**

Die Ausbreitung der großen schöpferischen Leistungen des »Mittellandes« Zhongguo/China erfolgte in den verschiedenen Himmelsrichtungen in unterschiedlichem Ausmaß und mit unterschiedlicher Nachhaltigkeit. Die einzigen Nachbarregionen, denen es gelang, die chinesische Schriftkultur, Wissenschaft und Philosophie nicht nur zu übernehmen, sondern unter Wahrung der Landessprache und in Verbindung mit der eigenen traditionellen Kultur zunehmend kreativ weiterzuentwickeln, sind Han'guk/Korea, Nihon/Japan und, bis zur französischen Kolonisation, Viêt Nam. Die Staaten im Norden von Zhongguo, die mit einer eigenen Schrift auch eine eigenständige Kultur zu schaffen versucht hatten, wurden, mit Ausnahme der »äußeren« Regionen von Monggol Ulus/Mongolia, alle (Tang-gud, Qidan, Jurchen, Manzhou) im Verlauf der Zeit nahezu restlos »sinisiert« – trotz ihrer Errichtung von Fremddynastien in Zhongguo oder gerade infolge dieser Übergriffe (→ K 5, S 5).

Der Norden von Viêt Nam war seit der frühen Han-Zeit über 1000 Jahre (-111 bis 998) ein integraler Teil von Zhongguo. Philosophisch blieb Viêt Nam über die erkämpfte Unabhängigkeit hinaus am »Mittelland« orientiert. Seine bekanntesten Gelehrten waren neokonfuzianisch gebildet und hatten Beijing noch während der letzten Dynastie im Rahmen von staatlichen Gesandtschaften besucht, so Le Quy Don 1760–62. Analoges gilt in noch stärkerem Maße für Han'guk. Sein Nordwesten stand über 400 Jahre hinweg (-108 bis 313) unter direkter chinesischer Verwaltung (→ O 1 und 3). In der Tang-Zeit blieben namhafte Koreaner nach ihrer Ausbildung als Amtsträger oder Gelehrte in Zhongguo, so Wŏnch'uk. Mehrere der neokonfuzianischen Philosophen hielten sich ebenfalls noch in der Qing-Zeit auf Gesandtschaftsbesuch in Beijing auf, so im 16. Jahrhundert einer der beiden »Großen«, Yi I.

Die Geschichte der Philosophie in Han'guk und Nihon verlief mit rezeptionsbedingter Zeitverschiebung und mit aufschlußreichen Akzentverschiebungen parallel zu derjenigen in Zhongguo. Nach einer anfänglich passiven Annahme der vielfältigen Lehrrichtungen und einer vorübergehenden Dominanz der *Tiantai*-Schule wurde in beiden Ländern der *Chan/Sŏn/Zen* die philosophisch fruchtbarste Lehrrichtung innerhalb des Buddhadharma. Als herausragende buddhaitische Denker gelten in Han'guk Wŏnhyo und Chinul, in Nihon Kūkai und Dōgen.

Die Übernahme der neokonfuzianischen Philosophie erfolgte bemerkenswert spät, in Han'guk (nahezu ausnahmslos auf die *Zhu-Xi*-Lehrrichtung beschränkt) seit dem 14., in Nihon seit dem 16. Jahrhundert. Als die überragenden koreanischen Philosophen werden Neokonfuzianer des 16. Jahrhunderts, Yi Hwang und Yi I, angesehen. Wie ihr Vorbild Zhu Xi tendierten beide dazu, sich auf das Land zurückzuziehen, wo sie abgeschiedene »Akademien« *Sŏwŏn* gründeten. In Nihon gelten als überragende Philosophen der Neuzeit Itō Jinsai und Ogyū Sorai, beide Vertreter einer geschichtskritischen Rückwendung von den neokonfuzianischen Spekulationen zu den Texten der Klassiker. Ihre Schulen unterhielten sie in den Hauptstädten Kyōto und Edo/Tōkyō. Im Zuge der für die Neuzeit charakteristischen textkritischen Hinwendung zur klassischen Literatur kam es in Nihon über das Studium der chinesischen Klassiker hinaus zu einer nationalistisch ausgerichteten Erforschung der frühesten Literatur des eigenen Landes.
Die zweite »neuzeitliche Wende«, diejenige zu empirisch gestützter und pragmatisch orientierter natur- und gesellschaftstheoretischer Forschung, verlief in Nihon erfolgreicher als in Zhongguo und Han'guk. Bei der sich daran bald anschließenden Rezeption »westlicher« Technologie und Wissenschaft und bei der Streitfrage, ob sich »westliche Technik« und »östliche Ethik« vertragen, übernahm dann auch Nihon die Wegweiserrolle in O-Asien (→ N 5).

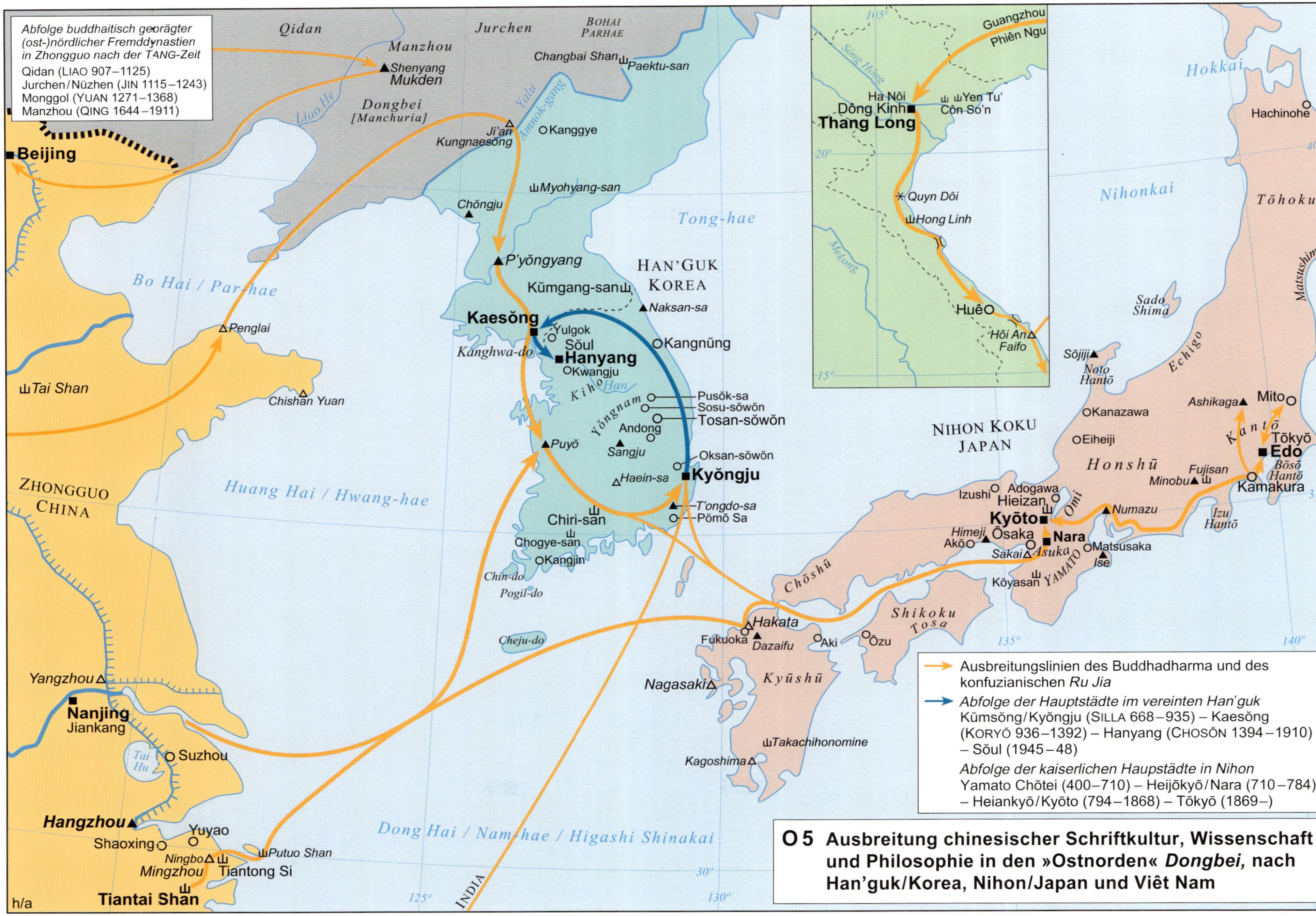


**O 5 Ausbreitung chinesischer Schriftkultur, Wissenschaft und Philosophie in den »Ostnorden« *Dongbei*, nach Han'guk/Korea, Nihon/Japan und Viêt Nam**

Die »westliche Zivilisation« läßt sich nicht ohne ihren außereuropäischen Kontext und ihre phasenweise Europa transzendierende Entwicklung erklären, weder in der Achsenzeit, in der in S- und O-Asien gleichrangige Entwicklungen auszumachen sind (→ A 5–6, W 1–3), noch in der Neuzeit, in der der »Westen« den übrigen Erdteilen sowohl mit technischen und wissenschaftlichen als auch mit philosophischen und politischen Revolutionen den Rang abläuft.

Nicht alle kulturellen Errungenschaften verbreiten sich gleich leicht, rasch und weit über sprachliche, religiöse und politische Grenzen hinweg. Beschränkt man sich für eine erste Erhellung der Verhältnisse auf drei Wissensgebiete, die für die »moderne westliche Zivilisation« grundlegend sind, Mathematik, Philosophie und Rechtswissenschaft, fällt folgendes auf: (a) die unterschiedliche Weite ihrer Verbreitung, (b) der schlaufenförmige Verlauf ihrer Entwicklung und (c) die Konvergenz der drei Schlaufen zu Beginn der Neuzeit im nördlichen Italia, der Ausgangsregion für den neuzeitlichen Aufbruch in urbaner Kultur und »exakter« Wissenschaftlichkeit in Europa.

Über die kürzeste Schlaufe verlief die Entwicklung der Rechtswissenschaft. Bekannt sind ihr Ursprung in der Stadt Roma, nach der das Recht benannt ist, und seine Kodifikation in Kōnstantinupolis, dem »zweiten Roma«, im 6. Jahrhundert. Die Wiederaufnahme der Rechtswissenschaft erfolgte seit dem 11. Jahrhundert zusammen mit der Ausbildung des europäischen Universitätswesens in Bologna, auch das ist bekannt. Kaum bekannt sind jedoch der Standort der bedeutendsten Rechtsschule im Römischen Reich vom 3. bis 6. Jahrhundert, Bērytos/Bayrūt, und der Anteil, den Rechtsgelehrte nordafrikanischer und südwestasiatischer Herkunft an der Ausbildung des Römischen Rechts hatten – mit der hochentwickelten »semitischen« Rechtskultur im »Fruchtbaren Halbmond« und in Carthago als stimulierendem Hintergrund. Die klassischen Formulierungen, daß alle Menschen von Natur aus frei und gleich seien, die erst in der Neuzeit ihre revolutionären Folgen zeitigten, stammen von Ulpianus aus Sūr/Tyros.

Die mittlere, philosophische Schlaufe wurde auf früheren Karten ausführlicher, mitsamt ihren Verzweigungen, dargestellt (→ W 1 und 4). Ihr Zentrum in der norditalienischen Städteregion war zu Beginn der Neuzeit Padova (→ N 2).

Die am weitesten ausholende Schlaufe ist die der Mathematik. Wenn man von ihren anonymen Wurzeln in Sumer und Akkad/Mesopotamia und Kemet/Aigyptos absieht, begann sie wie die hellenische Philosophie in Ionia. Der erste namhafte Mathematiker ist Hippokratēs von Chios. Auch ihre folgenden Zentren Athēnai und Alexandreia waren zugleich solche der Philosophie. Begünstigt von den hellenischen Reichen in SW-Asien erreichte sie, auf den Spuren von oder in Verbindung mit ihren babylonischen Vorläufern, India. Die herausragenden Zentren waren hier, ohne direkten Kontakt mit der Philosophie des Subkontinents, Kusumapura/Pātaliputra mit Āryabatha im 6. und Ujjayinī, durch das der Nullmeridian der südasiatischen Astronomie verlief, mit Brahmagupta und Bhāskara II im 7. und 12. Jahrhundert.
Die Rückkehr der Mathematik in den Westen ist iranischen Gelehrten zu verdanken. Der bekannteste unter ihnen ist al-Khwārezmī in Baghdād. Über Bijāya in Kabylia, wo Fibonacci, der erste große Mathematiker in Europa nach Archimēdēs, als Sohn eines pisanischen Kaufmanns Lehrjahre verbrachte, fand die Schlaufe ihren Weg in die Toscana nach Firenze. Hier wurde Galilei zum Begründer der modernen mathematischen Naturwissenschaften.
Abzweigungen der Mathematik-Schlaufe führten nach Kerala in S-India und in der mongolischen Zeit bis nach Beijing. Von beträchtlicher Bedeutung für die spätere kopernikanische Wende in der Astronomie sind Berechnungen, die in dieser vielgeschmähten Zeit der *pax Mongolica* in Marāghe in NW-Īrān angestellt worden waren.

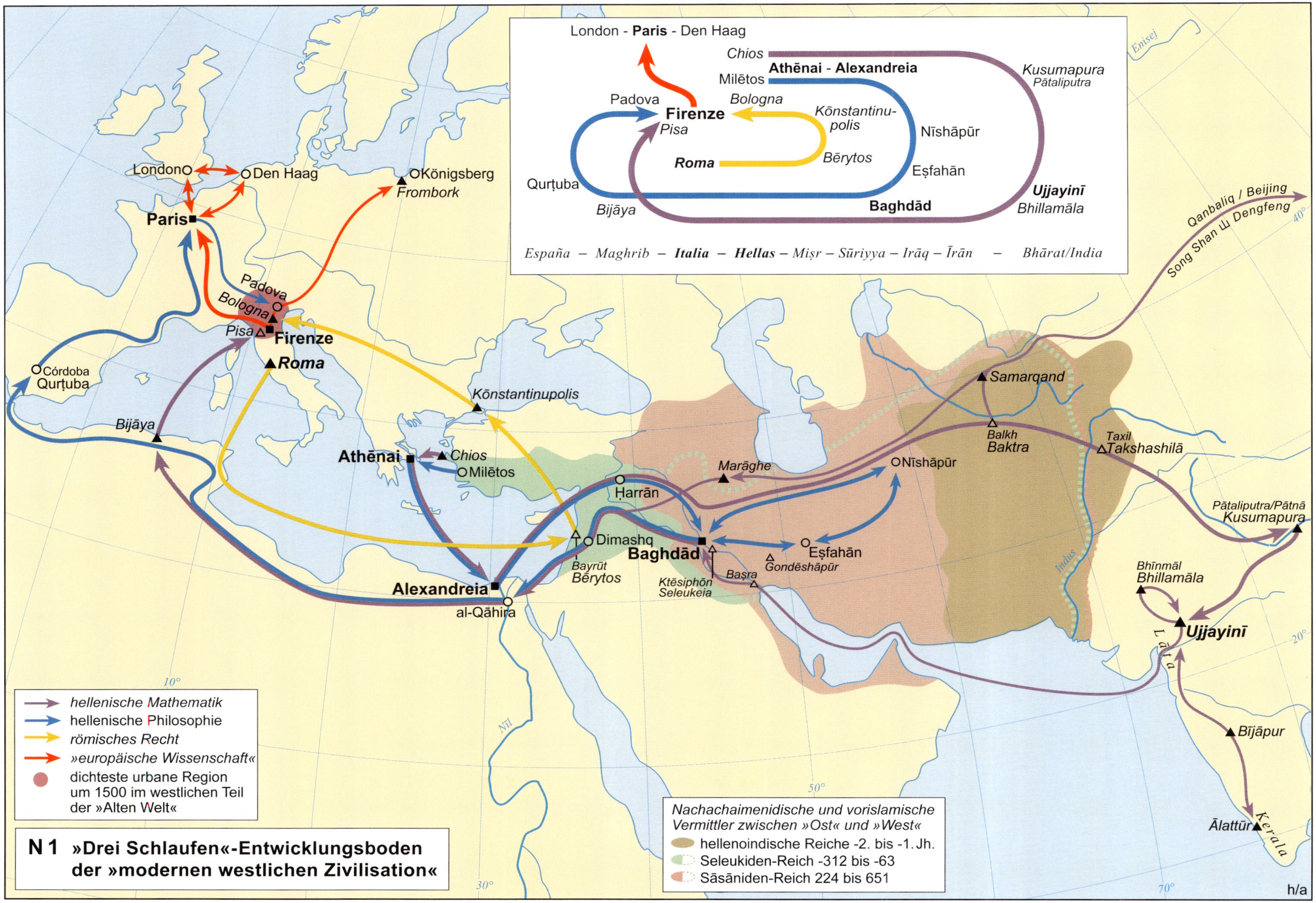


**N 1 »Drei Schlaufen«-Entwicklungsboden der »modernen westlichen Zivilisation«**

Die »europäische Philosophie« wird in der Neuzeit eigentlich »europäisch«. Es führt kein *mainstream* mehr schlaufenförmig, wie in der Antike und im Mittelalter (→ W, N 1), durch die Nachbarregionen im Osten und Süden des Mittelmeers, nur noch gelegentlich ein Rinnsal wie die Kabbala (→ A 9, W 5). Für die Darstellung der Hauptlinien ihrer Entwicklung reicht bis gegen Ende des 18. Jahrhunderts eine Europakarte aus. Von da an zeichnen sich anstelle der Regionen jenseits des Mittelmeers allmählich die ehemaligen europäischen Kolonien jenseits des Atlantiks als neues philosophisches Terrain ab.

Die Ausgangsregion der neuzeitlichen Neuorientierung in Wissenschaft und Philosophie ist bezeichnenderweise aber doch S-Europa, die norditalienische Städteregion, mit Machiavelli in der Politologie, Galilei in der Physik und den Nordeuropäern Copernicus (als Student) in der Astronomie und Vesalius (als Lehrer) in der Medizin. Der geschichtliche Hintergrund dieser Ausgangslage sind die jahrhundertelangen Kontakte mit den muslimischen Mittelmeerregionen. Nicht zu unterschätzen ist auch die Zuflucht, die byzantinische Gelehrte aus Konstantinupolis und jüdische von der Iberischen Halbinsel im 15. Jahrhundert in Italia gefunden hatten.

Im 17. und 18. Jahrhundert verlagerte sich der Schwerpunkt nach NW-Europa, in das Dreieck um Paris in France, London-Cambridge in England und Amsterdam-Leiden-Den Haag in Holland. Von Cambridge und Leiden abgesehen waren hier nicht Universitäten die Herde der philosophischen »Aufklärung«, sondern intellektuelle Salons und wissenschaftliche Gesellschaften in den urbanen Milieus der Hauptstädte. Die Mobilität war groß. Bis auf Spinoza und Kant hatten sich sämtliche überragenden Philosophen des 17. und 18. Jahrhunderts zeitweilig in Paris aufgehalten, von Descartes über die Briten Hobbes, Locke, Hume und Smith und den Deutschen Leibniz bis hin zu Montesquieu und Rousseau. Der überragende Wissenschaftler der Zeit, Newton, begnügte sich mit Dislokationen zwischen Cambridge, London und seinem Geburtsort Woolsthorpe.

In der zweiten Hälfte des 18. Jahrhunderts kamen neue regionale Zentren hinzu, in Scotland und vor allem in »Mitteleuropa«: Königsberg, Weimar-Jena und schließlich Berlin. Hume aus Edinburgh und Rousseau aus Genève waren in Hegels Sicht »die beiden Ausgangspunkte der deutschen Philosophie«, deren Dominanz in Europa mit Kant in Königsberg beginnt (→ N 4).

Die West-Ost-Bewegung der Philosophie der Aufklärung setzte sich von »Mitteleuropa« aus nach Rossiia fort, seit dem 19. Jahrhundert gleichzeitig mit der in der Romantik aufgekommenen Reaktion gegen die »rationalistischen« Verengungen des vorangegangenen *siècle des lumières*. Was man dabei im Westen mehr aus einem geschichtlichen Blickwinkel als Überwindung der Aufklärung durch die Romantik sah, verstand man in Rossiia zusehends aus einem geographischen und ethnischen Blickwinkel als Abwehr des romano-germanischen Westens durch den slavischen Osten. Die philosophisch herausragenden Gestalten waren in Rossiia Schriftsteller: Dostoevskii und Tolstoi.

Südwestlich der Hauptentwicklungslinien der neuzeitlichen Philosophie in Europa hatte die Iberische Halbinsel im 16. Jahrhundert ihr *Siglo de oro*. Ihr bleibender Beitrag, verbunden mit den Namen Vitoria und Suarez, besteht in der philosophischen Grundlegung des Völkerrechts.

N 2 Philosophie in der europäischen Neuzeit 16. bis 19. Jahrhundert
dichteste urbane Region im westlichen Teil der »Alten Welt« zur Zeit der italienischen Renaissance
Vorherrschende Strömungen 1650–1900 (in Schlagworten)
cartesianischer esprit de géometrie
britischer common-sense
Deutscher Idealismus
russische Intelligentsiia
Ausbreitungslinien
theoretische Philosophie
politische Philosophie
Sankt-Peterburg
Staraia Russa
Moskva
Pushkinskie Gory
Uppsala
Stockholm
Riga
Vicebsk Vitebsk
Iasnaia Poliana
Optina-Pustyn'
Orël
ROSSIIA
Vilnius Wilno
Königsberg
Frombork Frauenburg
Lund
København
Kiїv
Scotland
Aberdeen
Kirkcaldy
Edinburgh
Ninewells
Glasgow
Kirkcudbright
Dublin
Cork
Cloyne
Welbeck
Hardwick
Woolsthorpe
Daventry
Stratford
Oxford
Cambridge
Westport
Wrington
London
Leiden
Amsterdam
Den Haag
Hannover
Berlin
Wittenberg
Halle
Leipzig
Weimar
Jena
Frankfurt
Praha Prag
Kraków
Wien
München
Tübingen
Basel
Rouen
Paris
La Flèche
Dijon
Genève
Clermont
Milano
Torino
Venezia
Padova
Ferrara
Bologna
Firenze
Montaigne
Bergerac
Bordeaux
La Brède
Montauban
Toulouse
Digne
Roma
Napoli
Stilo
Salamanca
Valladolid
Coimbra
Ávila
Alcalá
Madrid
Lisboa
La Mancha
América Latina
Concord
Cambridge
Boston
Providence
Newport
Milford
New York
Northumberland
Philadelphia
Gettysburg
Baltimore
Charlottes-ville
U.S.A. 18.–19. Jh.
Ermenonville
Rueil
Montmorency
Juilly
Verneuil
Argenteuil
St-Denis
Poissy
Levallois
Auteuil
Boulogne
Quartier Latin
Vincennes
Charenton
Versailles
St-Maur
Meudon
Bourg-la-Reine
Grandval
Clamart
Port-Royal des Champs
Île de France 11.–20. Jh.
Istanbul
Kōnstantinupolis
Thessalonikē Selānik
Iōannina
h/a

Die Verschiebung des Schwerpunkts des philosophischen Lebens innerhalb Europas, die im 17. Jahrhundert einsetzte, war im 20. Jahrhundert so weit fortgeschritten, daß für die Darstellung der Hauptlinien der Entwicklung eine Karte der Regionen nördlich der Alpen ausreichen würde. Die Gebietsschrumpfung in Europa wird jedoch durch das fortschreitende Aufkommen neuer und innovativer Zentren in den vormaligen Kolonien, nicht mehr nur in Amerika, sondern nun auch in Australien, um ein Vielfaches kompensiert. In der zweiten Hälfte des Jahrhunderts hat sich die philosophische Meinungsbildung zunehmend in diese neuen Zentren verlagert.

Für die zwei um die Mitte des Jahrhunderts vorherrschenden Denkstile wurden in England geographische Kennzeichnungen geprägt: »angelsächsische« und »kontinentale« Philosophie. Die alternativen methodologischen Charakterisierungen als »analytische« und »phänomenologische und hermeneutische« Philosophie sind ebenso fragwürdig. Gemeinsame Ausgangspunkte, Überlappungen, Konvergenzen und Fortentwicklungen gibt es methodologisch und inhaltlich nicht weniger als in geographischer Hinsicht.

Der prominenteste Ausgangspunkt für beide Richtungen ist Wien, mit dem psychologischen Phänomenologen Brentano einerseits und dem naturwissenschaftlichen Phänomenalisten Mach und dem ihm folgenden »Wiener Kreis« andererseits. Für beide Richtungen wurde Frege in Jena zusätzlich wegweisend. Was die Breitenwirkung anbelangt, war die phänomenologische Bewegung bis um 1960, die analytische Philosophie anschließend erfolgreicher. Der phänomenologische Hauptstrang führte (mit Husserl und Heidegger) über Freiburg nach Paris (mit Sartre und Merleau-Ponty) und von dort in die U.S.A. Das zweite Zentrum der analytischen Philosophie neben und nach Wien war (mit Russell und Wittgenstein) Cambridge in England. Ihm folgten nach dem Zweiten Weltkrieg erst Oxford und dann Cambridge, Massachussetts. In einem über die logischen Schulen in Lwów und Warszawa führenden Nebenstrang ist das Zusammengehen von phänomenologischer Beschreibung und sprachlogischer Analyse besonders deutlich.

Nicht alle herausragenden philosophischen Leistungen des 20. Jahrhunderts lassen sich ohne weiteres in die Raster der beiden Richtungen einordnen: nicht diejenigen der Mathematiker (Poincaré, Gödel, Turing), Physiker (Einstein, Bohr), der Soziologen (M. Weber), Psychologen (Freud, Piaget) und Linguisten (Saussure, Chomsky), auch nicht die »dialogische Philosophie« um Buber und die »dialektische« um die »kritische Theorie«, die beide mit dem Namen der Stadt Frankfurt verbunden sind.

Aus S-Europa kamen im 20. Jahrhundert erstmals in der Geschichte der Philosophie keine neuartigen Impulse. Die namhaftesten Philosophen in Italia und España (Croce und Ortega) fanden ihre Quellen der Inspiration in Deutschland. Von Hellas, der einstigen Ausgangsregion der »europäischen Philosophie«, und von Konstantinupolis/Istanbul kann man nun ganz absehen. Sie stellen nicht mehr wie noch in den vorangegangenen Jahrhunderten wenigstens eine Durchgangsstation jüdischer Spiritualität zwischen Filastīn und »Ostmitteleuropa« dar, ebensowenig für die beginnende textkritische Erschließung islamischer Literatur an den »orientalischen Instituten« der europäischen Universitäten. Sie sind auch nicht mehr wie im 19. Jahrhundert von Byron bis Leont'ev die Endstation von »Orientreisen« romantischer Intellektueller (→ W 5, N 2 und 5), sondern, wie Istanbul seit jeher, Asylort verfolgter Wissenschaftler, nunmehr aus der Sovietunion und aus Nazi-Deutschland.
In Rossiia wurde die im 19. Jahrhundert aufleuchtende philosophische *Intelligentsiia* nach dem politischen Sieg der marxistisch-leninistischen Philosophie erstickt.

## N 3 »Westliche« Philosophie im 20. Jahrhundert

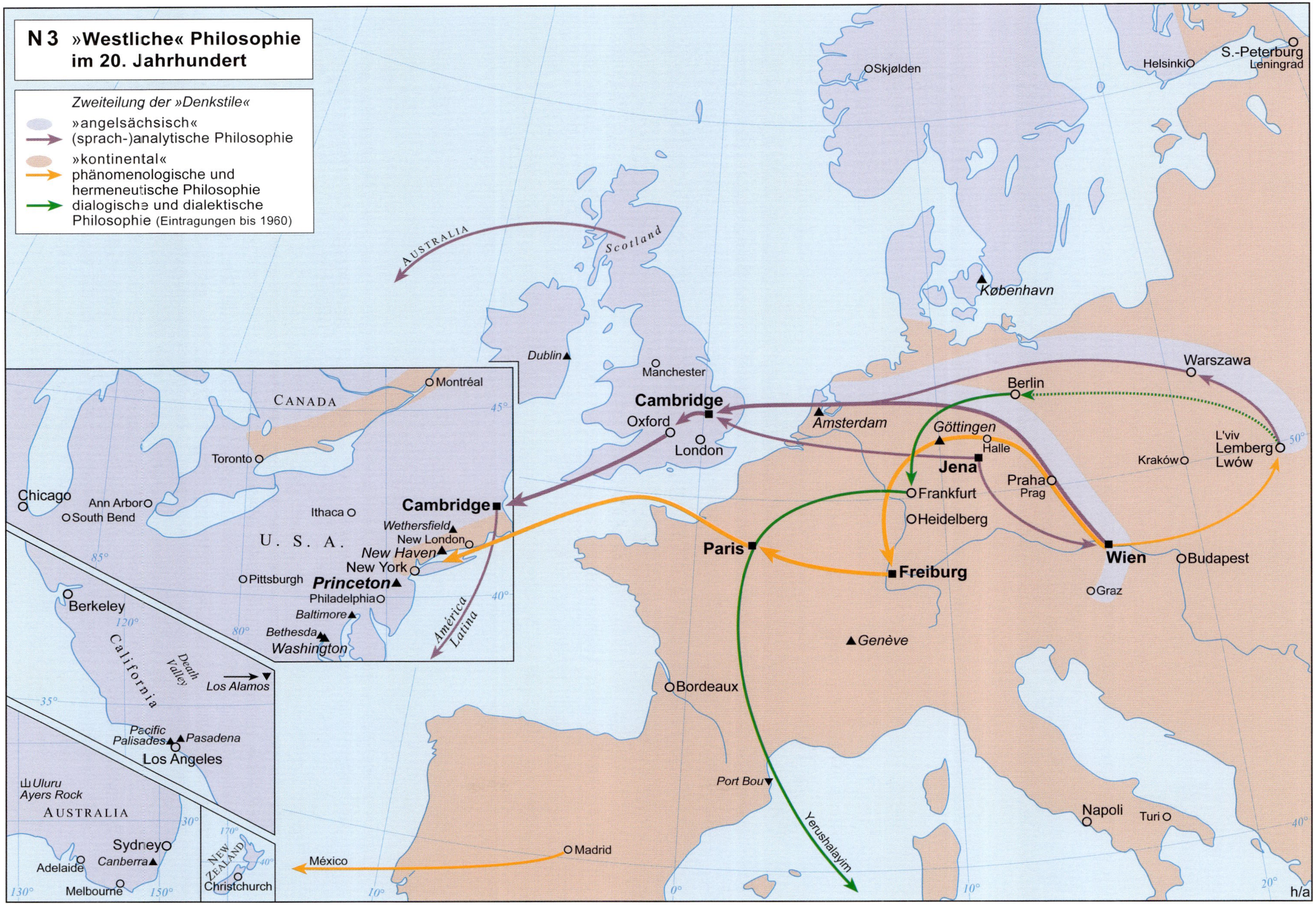

Mitteleuropa« ist in erster Linie ein klimageographischer Begriff für »das Übergangsgebiet zwischen dem ozeanischen West- und dem kontinentalen Osteuropa, zwischen dem subtropischen Süd- und dem fast subpolaren Nordeuropa«. Im 19. Jahrhundert wurde dieser zu einem »kulturgeographischen Begriff« überhöht für die, wie man es damals formulierte, »kulturell vom Deutschtum beherrschten Gebiete« (*Brockhaus* 1932). Gemeint waren die Regionen, in denen Deutsch die Erstsprache oder aber die vorherrschende Wissenschafts- und Verkehrssprache war, und die kulturell, in der Philosophie ganz besonders, nach Deutschland und, innerhalb des Habsburgerreiches, nach Wien ausgerichtet waren. In diesem kulturgeographischen Sinn ist »Mitteleuropa« heute nur mehr ein kulturgeschichtlicher Begriff. In den nicht oder seit dem Zweiten Weltkrieg nicht mehr deutschsprachigen Regionen in *Central Europe,* wie die nun bevorzugte fremdsprachige Selbstbezeichnung lautet, hat Englisch die deutsche Sprache als Zweit- und Wissenschaftssprache abgelöst. Geblieben ist damit allein eine dezidierte »Westorientierung«.

Ins Zentrum der Kultur, der Wissenschaft und der Philosophie in Europa ist dieses Zentraleuropa im frühen 16. Jahrhundert mit der kopernikanischen Revolution in der Kosmologie und mit der lutherischen Reformation in der Christenheit gerückt. Seine eigentliche Glanzzeit erlebte es vom letzten Drittel des 18. Jahrhunderts an, mit dem Beginn der Lehrtätigkeit Kants in Königsberg und der Wohnsitznahme Goethes in Weimar, bis zum ersten Drittel des 20. Jahrhunderts, in dem die überragenden Physiker der Zeit, Planck, Einstein, Bohr und Heisenberg, von Bern über Göttingen und Berlin bis København ihre das naturphilosophische Weltbild revolutionierenden Arbeiten in deutscher Sprache schrieben. Sein katastrophales Ende fand das als kulturphilosophische Größe konzipierte »Mitteleuropa« mit der Errichtung von Gasöfen von Grafeneck bis Auschwitz zur Vernichtung psychisch Kranker, politisch Andersdenkender, von Juden und Zigeunern.

Das Beziehungsnetz ist in Deutschland ein auffällig anderes als in seinem westlichen Nachbarland. Im neuzeitlichen France geht alles nach Paris und von Paris aus. Erfolg und Mißerfolg entscheiden sich dort. Es gibt wenige Verbindungen zwischen den übrigen Orten, die nicht über Paris führen. Deutschland ist dagegen übersät von einer verwirrenden Vielzahl kultureller Zentren. Eine beachtliche Verdichtung solcher Zentren findet sich in der Region, die von der letzten Teilung von Polska (1795) bis zur Verschiebung seiner Westgrenze an die Odra/Oder (1945) in Deutschlands Mitte lag, um die Universitätsstädte Leipzig, Halle und Jena, mit der »Lutherstadt« Wittenberg im Norden und der »Goethestadt« Weimar im Süden. Im 17. und 18. Jahrhundert ist dieses »Mitteldeutschland« die kulturell lebendigste Region, »das Herzstück Deutschlands«. Vom frühen 19. Jahrhundert an mußte es dann die führende Position der preußischen Hauptstadt Berlin überlassen. Eine Monopolstellung, die mit Paris vergleichbar gewesen wäre, vermochte Berlin jedoch nicht zu erringen. Bis auf Nietzsche und Frege hatten dennoch alle herausragenden Gestalten der Philosophie des 19. Jahrhunderts in Deutschland ihre »Berliner Jahre«: Fichte, Hegel, Schelling, Schopenhauer und Marx.

Zu einer eher mit Paris vergleichbaren Zentrierung brachte es Wien, die Hauptstadt des Habsburgerreiches. In den Wissenschaften (Freud, Gödel) und in der Philosophie (Brentano, »Wiener Kreis«) vollzog sich diese Entwicklung jedoch auffallend spät, ab 1870 und nur für 70 Jahre, dafür freilich mit einem ethnisch vielfältigeren und für den Westen Europas zuvor nicht erschlossenen Einzugsgebiet.

N 4 Wissenschaft und Philosophie in »Mitteleuropa« von Copernicus und Luther (1514/17) bis Grafeneck und Auschwitz (1940)
West-Ost-West-Ausbreitungslinien
Aufklärungsphilosophie 17.–19. Jh.
Philosophie »aus den Quellen des Judentums«
Konzentration von Wissenschaft und Philosophie im Habsburgerreich auf Wien im 19. und frühen 20. Jh.
Konzentration von Wissenschaft und Philosophie in France auf Paris
Foyers philosophischer Inspiration an den Rändern »Mitteleuropas«
Deutsches Reich (Ausdehnung 1900)
»Mitteldeutschland« (1795–1945)
Habsburgerreich (Ausdehnung 1900)
Russisches Reich (Ausdehnung 1900)
Osmanisches Reich (16./17. Jh.)
Schweiz, Benelux- und baltische Staaten
Cambridge
London
Oates
Haileybury
Downe
Ashford
Den Haag
Leiden
Egmond
Santpoort
Amsterdam
Utrecht
Rotterdam
Holland
Brugge
Leuven
Louvain
Brussel
Bruxelles
Paris
Le Havre
Rouen
Dieppe
Beaumont
Cambrai
Bazentin
Ribemont
Laon
Vouziers
Nancy
Cirey
Épinal
Langres
Orléans
La Flèche
Flux
Amboise
Tours
La Haye
Bourges
Nevers
Auxerre
Vézelay
Dijon
Dole
Montbéliard
Mömpelgard
Besançon
Puy-de-Dôme
Clermont
St-Julien
Lyon
Ferney
Coppet
Genève
Lausanne
Villeneuve
Jura
Bern
Basel
Dornach
Zürich
Kreuzlingen
Davos
Sils Maria
Locarno
Montagnola
Stresa
Como
Italia
Padova
Venezia
Trieste
Danmark
Trondheim
Göteborg
Lund
København
Kiel
Eutin
Rostock
Hamburg
Rheinsberg
Aurich
Groningen
Oldenburg
Worpswede
Soltau
Wieuwerd
Hannover
Minden
Bückeburg
Herford
Braunschweig
Helmstedt
Wolfenbüttel
Münster
Kleve
Duisburg
Düsseldorf
Wuppertal
Plettenberg
Köln
Bonn
Herborn
Marburg
Giessen
Göttingen
Blocksberg
Wartburg
Weimar
Jena
Keilhau
Pforta
Weissenfels
Halle
Leipzig
Dresden
Freiberg
Wittenberg
Coswig
Dessau
Potsdam
Berlin
Frankfurt
Mainz
Darmstadt
Sulzbach
Coburg
Bamberg
Bayreuth
Hof
Würzburg
Erlangen
Nürnberg
Ansbach
Heidelberg
Heilbronn
Trier
Strasbourg
Strassburg
Alsace
Elsass
Mulhouse
Mülhausen
Tübingen
Stuttgart
Neuburg
Ingolstadt
Ulm
Grafeneck
Freiburg
Messkirch
Meersburg
Augsburg
München
Salzburg
Klingenbrunn
Hochreith
Preussen
Kaliningrad
Königsberg
Frombork
Frauenburg
Lebork
Lauenburg
Gdańsk
Danzig
Elbląg
Elbing
Morąg
Mohrungen
Augustów
Toruń
Thorn
Poznań
Frankfurt
Podbrzezie
Dolne
Leszno
Lissa
Stara
Rudna
Polen
Wrocław
Breslau
Görlitz
Sławnikowice
Kieslingswalde
Herrnhut
Śląsk
Schlesien
Liberec
Hořice
Praha
Prag
Böhmen
Čechy
Těchobuz
Třešť
Olomouc
Prostějov
Mähren
Morava
Příbor
Přerov
Brno
Chrlice
Nivnice
Nové Mesto
Hodonín
Wien
Graz
Zagreb
Agram
Kraljevec
Budapest
Ungarn - Magyarország
Transilvania
Erdély - Siebenbürgen
Turda/Torda
Thorenburg
Körös
Criș
Sárospatak
Dubrovnik
Ragusa
Serbien
Srbija
Beograd
București
Auschwitz
Oświęcim
Kraków
Nowy Sącz
Neusandez
Galicia
Mala Tur'ia
Zabolotiv
Zabłotów
Chernivci
Czernowitz
Ternopil'
Tarnopol
Lviv
Lwów
Lemberg
Zhovkva
Żółkiew
Brodi
Zamość
Kielce
Łódź
Warszawa
Polska
Pol'sha
Volynia
Mezhirich
Międzyrzecz
Kiïv
Berdichiv
Medzhibiz
Międzybóż
Podolia
Vilnius
Wilno
Lietuva - Litwa - Litva
Niasvizh
Kaunas
Litauen
Šeteniai
Lettland - Latvija
Kandava
Kandau
Rīga
Tallinn
Reval
Tartu/Dorpat
S.-Peterburg
Rossiia
Vicebsk
Vitebsk
Nevel'
Liady
Orsha
Shklov
h/a

Vom 16. Jahrhundert an kam es zum ersten Mal in der Geschichte der Menschheit zu einer erdumspannenden Kontaktaufnahme zwischen den philosophischen Traditionen. Den Anfang machten auf hohem Niveau spanische Franziskanermönche, als sie 1524 in México aztekische Priester zu »Religionskolloquien« einluden (→ K 7).

Der globalisierte interkulturelle Kontakt verlief nie ganz problemlos. Ermöglicht wurde er durch die gewaltsame Erschließung und die in einem zuvor nie verwirklichten Ausmaß durchgesetzte Kolonisation des amerikanischen Doppelkontinents, W-, Zentral- und S-Afrikas, Australiens und der pazifischen Inseln von W-Europa sowie des sibirischen N-Asiens von Rossiia aus. Nicht weniger rücksichtslos erfolgte die Ablösung und Überlagerung der Vermittlung »westlicher« Kultur, Wissenschaft und Technologie, die seit dem 8. Jahrhundert von muslimischen Gelehrten hauptsächlich iranischer Herkunft in S- und O-Asien geleistet worden war (→ A 6), durch europäische Wissenschaftler. Rammohun Roy, 1831 der erste südasiatische Fürsprecher seiner Kultur in Europa, hatte noch um 1790 euklidische Geometrie und aristotelische Philosophie in arabischer Sprache in einer muslimischen Schule in Pātnā, dem ehemaligen Pātaliputra, kennengelernt und dort Persischstudien betrieben.

Die kulturellen Netzwerke außerhalb Europas wurden bis in die jüngste Vergangenheit hinein zum größten Teil von europäischen Wissenschaftlern erforscht, allerdings einseitig infolge der Überlegenheit ihres methodologischen Rüstzeugs und nicht in einer gleichberechtigten Zusammenarbeit mit den Angehörigen der erforschten Kulturen oder wenigstens mit der Kontrolle durch sie. Desgleichen vollzieht sich die wissenschaftliche Kontaktaufnahme zwischen den außereuropäischen Kulturen seit dem 19. Jahrhundert überwiegend über Arbeitsinstrumente und Institutionen, die von Europäern und Amerikanern geschaffen worden sind (→ G). Spitzenleistungen sind dabei bislang vor allem von japanischen Wissenschaftlern erbracht worden, insbesondere in der Erforschung der buddhaitischen Traditionen, nicht allein durch die Aneignung der im »Westen« entwickelten kulturwissenschaftlichen Methodik, sondern ebenso dank eigener jahrhundertelanger Erfahrungen in der Interpretation von Texten in fremden Sprachen (Sanskrit und Chinesisch).

Vier beispielhafte Glanzleistungen europäischerseits in der Erschließung der Philosophie fremder Kulturen sind: (1) die Übersetzungen konfuzianischer Klassiker durch Jesuitenmissionare im 17. Jahrhundert in Zhongguo/China, verbunden mit dem die Aufklärung in Europa stimulierenden Beleg einer erfolgreichen autonomen, nicht theologisch fundierten Ethik und einer agnostischen Abstandnahme von metaphysischen Theorien zur Erklärung der »Welt«, (2) die Aufdekkung der Verwandtschaft des Sanskrit mit den klassischen europäischen Sprachen durch W. Jones 1786 in Calcutta und der sich anschließende Aufschwung in der Übersetzung südasiatischen Schrifttums, (3) die Freilegung der von ihrem religiösen Zusammenhang ablösbaren logischen und ontologischen Analysen in *Mahāyana*-buddhaitischen Schriften durch Th. Stcherbatsky im frühen 20. Jahrhundert in Sankt-Peterburg, (4) der exemplarische Nachweis der sozialen und kognitiven Voraussetzungen für die Fähigkeit zu philosophieren (individueller Freiheitswillen, Abstraktionsvermögen) bei Angehörigen schriftloser (»primitiver«) Kulturen in eingehenden »Feldforschungen« bei den nordamerikanischen Winnebago durch P. Radin im gleichen frühen 20. Jahrhundert.

# GEGENWART
# UND ZUKUNFT

Die erste Phase der Globalisierung der Menschheit bestand in ihrer Ausbreitung über sämtliche Erdteile. In der zweiten Phase, in den vergangenen 500 Jahren, wurden Amerika, ganz Afrika und Australien von Europa aus in das Handelsnetz der »Alten Welt« einbezogen (→ A 1–2, N 5).

Für die gegenwärtige Phase der Globalisierung sind vier Vorgänge kennzeichnend: (1) der zeitliche Kollaps der räumlichen Distanzen, (2) die Ent-Medialisierung der interkontinentalen Kontakte, (3) die Ent-Regionalisierung der kulturellen Diversität und (4) die Monopolisierung der Globalisierung.

Zeitliche und räumliche Distanzen entsprechen sich nicht mehr. Innerhalb eines Tages ist es technisch möglich, in jede größere Stadt der Erde zu reisen. Innerhalb von Sekunden ist es möglich, mit irgendeiner anderen Person an jedem beliebigen Ort auf dem Globus zu kommunizieren.

Der interkontinentale Austausch von Gütern, materiellen und ideellen, erfolgte jahrhundertelang über Zwischenstationen und Zwischenhändler. Noch im 19. Jahrhundert las Schopenhauer die *Upanishadas* in einer lateinischen Übersetzung, die ihrerseits auf einer persischen Übersetzung des in Sanskrit verfaßten Originals basierte (→ A 6). Heute hat ein indischer Bestseller in englischer Sprache verfaßt die Chance, binnen Jahresfrist rund um den Globus gelesen und besprochen zu werden.

Kulturelle Verschiedenheit wird entregionalisiert. So wenig, wie jemand nach Zhongguo/China fahren muß, um kantonesisch zu essen, bedarf es einer Asienreise, um eine konfuzianische Lebenseinstellung zu pflegen. Hegel kannte keine Kollegen in India, im »Reich der Mitte« oder gar in Afrika, die seine Vorlesungen über die Geschichte der Philosophie hätten durchsehen können. Wer heute eine solche Vorlesung vorbereitet, kann sich seine Fehlurteile per E-Mail von Kollegen in Mumbai, Shanghai oder Nairobi korrigieren lassen. Globalisierung bedeutet nicht nur Homogenisierung. Sie bedeutet auch, daß uns heute Standpunkte erschlossen sind, die unseren Vorfahren unzugänglich blieben.

Auf einer Kugel sind alle Punkte gleichrangig, auf der Erdkugel sind sie es nicht. Auch waren sie es nie. Aber in der Vergangenheit war es doch stets eine Mehrzahl von Kulturen, Staaten und Städten, von denen eine zentrierende Wirkung ausging. Noch im Zeitalter der europäischen Kolonialherrschaft verteilte sich die Konzentration auf mehrere, miteinander rivalisierende Mächte. Gegenwärtig sind die U.S.A. die alleinige Supermacht, politisch und wirtschaftlich und nicht weniger sprachlich und kulturell. Englisch ist zur einzigen rund um die Erde gebräuchlichen *lingua franca* geworden. Was in den Wissenschaften geforscht, an den Universitäten gelehrt und in den Subkulturen gepflegt wird, richtet sich nach dem, was in den U.S.A. im Gange ist – auch in der Philosophie. N-Amerika entwickelte sich so, gegenläufig zur möglich gewordenen Ent-Medialisierung der interkulturellen Beziehungen, zum Vermittler und, in Ausrichtung auf die eigenen Interessen, auch zu einem Filter der Kontakte zwischen den verschiedenen Kulturen der Erde.

Kulturelle Monopole sind so bedenklich, wie es wirtschaftliche sind. Einen einzigen zentralen Punkt gibt es nur auf einer Kreisfläche. Die Monopolisierung des globalen Beziehungsnetzes ist mit der Gefahr einer Verflachung der Erdkugel zu einem Erdkreis verbunden. Daß ein derartiger Zustand – N-Amerika im Zentrum der Erde – stabil bleibt, ist, geographisch-geopolitisch betrachtet, nicht wahrscheinlich.

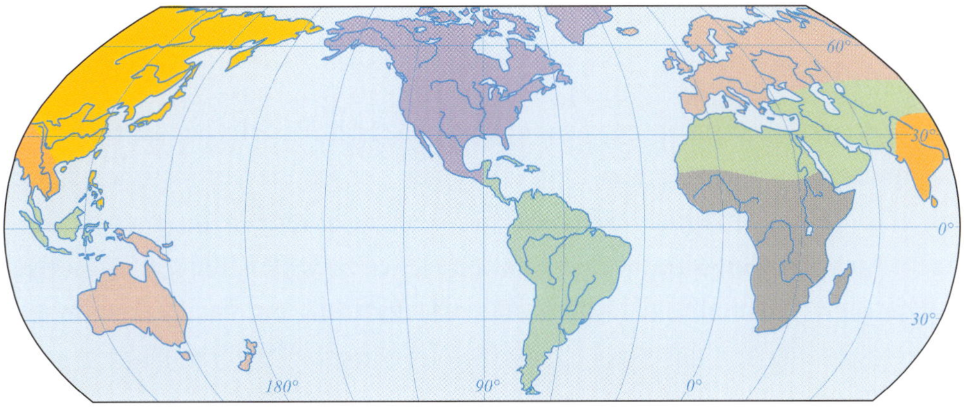


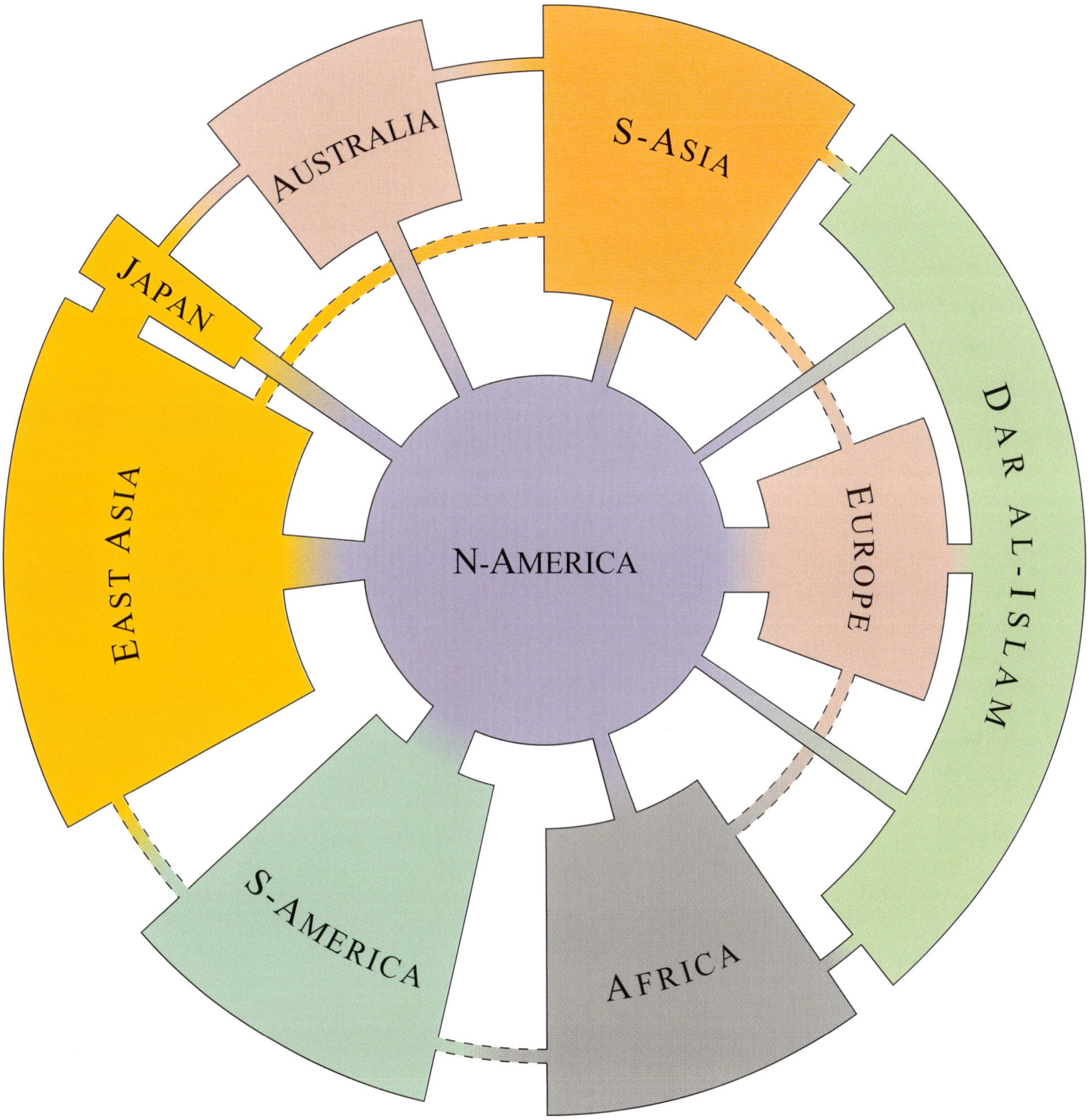


interkontinentale/interkulturelle Kontakte

dürftige oder dürftig gewordene Kontakte

**G Monopolisierung der Globalisierung?**
**Verflachung der Erdkugel zu einem Erdkreis?**
**21. Jahrhundert?**

Zukunftsprognosen erschöpfen sich mit ermüdender Regelmäßigkeit in der Voraussage einer linearen Fortsetzung von Entwicklungen der gerade verflossenen Jahre. Über kurz oder lang führt dann Unvorhergesehenes zu Weichenstellungen in ganz andere, ungeahnte Richtungen. An Vorstellungskraft scheint es auch jenen zu fehlen, die seit mittlerweile 200 Jahren Hegel folgend, ernsthaft ein Ende der Kunst, der Religion, der Philosophie, der Wissenschaft, der Geschichte und des Menschen (alles im Singular) wahrzunehmen glauben.

Zu viele Fragen sind offen. Zu viele Fakten sind noch unbekannt. Zu viele Theorien sind noch nicht ausgedacht. Zu vieles von dem, was bereits verschiedenenorts bedacht wurde, ist noch nicht in bezug zueinander gesetzt worden. Es läßt sich gar nicht ohne weiteres in Beziehung zueinander setzen, ohne Umwälzungen, die einen Neuanfang ermöglichen, und neue dynamisierende Spannungen zur Folge haben.

Versucht man sich vorzustellen, was im nächsten, im 22. Jahrhundert sein könnte, mag es heilsam sein, sich zu vergegenwärtigen, was Hegel um 1800 für das 19. und 20. Jahrhundert hätte voraussehen können: etwa die Leistungen von Darwin, Dostoevskii, Nietzsche, Einstein oder Picasso? Die Meiji-Restauration in Nihon/Japan und Mandelas Rolle bei der Aufhebung der Apartheid in South Africa? Die archäologische Wiederentdeckung des Sonnenhymnus des Akhenaton in Misr/Ägypten oder den paläoanthropologischen Befund, daß die Menschheit wahrscheinlich 150 000 Jahre älter ist, als er angenommen hatte?

Prognosen sind eines, Projekte ein anderes. Projekte ersetzen Endzustände durch Ziele. Ist in absehbarer Zukunft ein Verhältnis zwischen den verschiedenen Erdteilen realisierbar, bei dem nicht alle einander gleichgestellt sind – was in Anbetracht der unterschiedlichen Größen, Lagen und Potentiale nicht erwartet werden kann –, wohl aber jeder Besonderheiten aufweist, die seinen Anteil am Ganzen ausmachen? Zumindest ist eine »Weltkarte« projizierbar, auf der sämtliche größeren Erdteile einen sie kulturgeschichtlich auszeichnenden Platz erhalten, ohne daß einer oder einige von ihnen in eine diskriminierende Randposition geraten.

Eine solche Karte ist die geostete Karte mit Amerika am oberen Bildrand, die sich zur Darstellung der Ausbreitung der Menschheit in der Gestalt eines Stammbaums über die ganze Erde anbietet (→ A 1). Das Ungleichgewicht zwischen den Kontinenten der nördlichen und der südlichen Hemisphäre wird mit einer Ostung der Karte augenfälliger ausgeglichen als durch den bloßen Austausch von oberer und unterer Bildhälfte zwischen Norden und Süden, wie das gelegentlich vorgeschlagen wird.

Afrika, »die Wiege der Menschheit«, erhält auf einer geosteten Karte einen Platz, der seiner Basisfunktion entspricht, sekundiert von Europa, von dem die neuzeitlichen, die ganze Erde verändernden Entwicklungen ihren Ausgang nahmen. Das untere Mittelfeld der Karte wird schwergewichtig von Asien besetzt, gemäß seiner Größe und seiner geschichtlichen Bedeutung, mit Australien als Satelliten. Überwölbt wird das Ganze von der »Neuen Welt«, von N-Amerika, das in seinem äußersten Nordwesten O-Asien beinahe berührt, was ein zukünftiges Zusammengehen nahelegt, und von S-Amerika, einer aussichtsreichen Attika-Wohnung gleich in der Kuppel plaziert.

**Z Re-Orientierung der Erdkarte?**
**Zurück zur Ausgangslage? 22. Jahrhundert?**

# Literaturverzeichnis

In diesem Verzeichnis werden die Übersichtswerke angeführt, die hauptsächlich zur Erstellung des vorliegenden Atlasses konsultiert wurden und zu deren Lektüre der Atlas seinerseits als philosophiegeographischer Begleiter erstellt worden ist. Auf die Anführung von Spezialliteratur zu einzelnen Philosophen und philosophischen Lehrrichtungen wird gänzlich verzichtet. Sie kann der angeführten Übersichtsliteratur entnommen werden. Werke, die ohne eine nähere Charakterisierung aufgelistet sind, eignen sich als Einführungswerke auch für Nichtspezialisten, Nichtfachphilosophen und Nichtfachhistoriker.

## ATLANTEN


*The Cassell Atlas of World History,* ed. by John HAYWOOD, Oxford: Andromeda, 1997 [vorbildlich global konzipierter Geschichtsatlas].

*Putzger – Historischer Weltatlas,* hg. von Ernst von BRUCKMÜLLER & Peter Claus HARTMANN, Berlin: Cornelsen, 2001 [traditioneller europazentrierter Schulaltlas 1877 ff., die 103. Auflage 2001 mit rund 50 neuen (jedoch unverhältnismäßig kleinformatigen) über Europa vor der Kolonialzeit hinausführenden Karten].

*The Atlas of World Archaeology,* ed. by Paul G. BAHN, Oxford: Andromeda, 2000.

*Tübinger Atlas des Vorderen Orients (TAVO),* Wiesbaden: Reichert, 1977 ff. [enzyklopädisch konzipiertes, thematisch und regional gegliedertes Kartenwerk zu SW-Asien und NO-Afrika von der Frühgeschichte bis zur Gegenwart].

*The Cultural Atlas of Mesopotamia and the Ancient Near East,* ed. by Michael ROAF, Oxford: Andromeda, 1990.

*The Penguin Historical Atlas of Ancient Egypt,* ed. by Bill MANLEY, London: Penguin, 1996.

*The Penguin Historical Atlas of Ancient Greece,* ed. by Robert MORKOT, London: Penguin, 1996.

*Barrington Atlas of the Greek and Roman World,* ed. by Richard J. A. TALBOT, Princeton UP, 2000 [großformatiger, die Bodenbeschaffenheit wiedergebender Atlas].

*A Historical Atlas of the Jewish People,* ed. by Eli BARNAVI, New York: Schocken, 1992.

*An Historical Atlas of Islam / Atlas historique de l'Islam,* ed. by Hugh KENNEDY, Leiden: Brill, 2002 [Kartenwerk zur *Encyclopaedia of Islam*].

*A Historical Atlas of South Asia,* ed. by Joseph E. SCHWARTZBERG, Oxford University Press, 1992 [hervorragendes Standardwerk].

*Zhongguo Lishi Ditu Ji / The Historical Atlas of China,* ed. by TAN Qixiang, Shanghai: Ditu Chubanshe/Carthographic Publishing House, 1982 [achtbändiges minutiöses Kartenwerk, ausschließlich in chinesischer Sprache].

*The Cultural Atlas of China,* ed. by Caroline BLUNDEN & Mark ELVIN, Oxford: Andromeda, 1998.

*Atlas of Ancient America,* ed. by Michael COE et al., New York: Facts on File, 1986.


## MEHRBÄNDIGE ENZYKLOPÄDIEN


*Encyclopaedia Britannica,* Chicago: Current Online Edition [umfassendstes allgemeines Nachschlagewerk; ebenfalls *online*-zugänglich die klassische »1911 Edition« der *EB*).

*Encyclopaedia Universalis,* Paris 1990 [seinem Namen gerecht werdendes, französischsprachiges Nachschlagewerk mit einer vorbildlichen interkulturellen Ausrichtung].

*Brockhaus Enzyklopädie,* Mannheim: Brockhaus, 1986–94, updated Online Edition [stichwörter-, fakten- und zahlenreiches Nachschlagewerk].

*Lexikon Alte Kulturen,* hg. von Hellmut BRUNNER et al., Mannheim: Bibliographisches Institut, 1990 [Übersichtswerk über »alte Kulturen«; außerhalb Europas sind darunter die Kulturen bis zu ihrer Transformation durch den Einfluß von Christentum, Islam und/oder neuzeitliches Europa subsumiert].

*Der Neue Pauly: Enzyklopädie der Antike,* hg. von Hubert CANCIK & Helmuth SCHNEIDER, Stuttgart: Metzler, 1996 ff. [Standardwerk zur hellenisch-römischen Antike, in Abhebung von seinen Vorgängern unter Berücksichtigung ihres Umfelds sowie ihrer Rezeptions- und Wissenschaftsgeschichte].

*Lexikon der Ägyptologie,* hg. von Wolfgang HELCK & Wolfhart WESTEMDORF, Wiesbaden: Harrassowitz, 1975 ff. [fachwissenschaftliches Standardwerk].

*Reallexikon der Assyriologie und Vorderasiatischen Archäologie,* hg. von Dietz Otto EDZARD, Berlin: de Gruyter, 1928 ff. [fachwissenschaftliches Standardwerk].

*Bolshaia Sovetskaia Entsiklopedia,* Moskva, 1970–81; English Edition: *Great Soviet Encyclopedia,* ed. by A. M. PROKHOROV, New York, 1973–83 [Standardwerk, ersetzungsbedürftig].

*Kokushi daijiten,* Tokyo: Yoshikawa Kobinkan, 1979–97 [»Großes Lexikon der Landesgeschichte«, ausschließlich in japanischer Sprache].

*Kodansha Encyclopedia of Japan,* Tokyo: Kodansha, 1983, updated Online Edition [englischsprachiges Standardwerk].

*Encyclopédie Philosophique Universelle,* publiée sous la direction d'André JACOB, Paris: PUF, 1990–98 [global konzipierte Handbücher, dem Gesamttitel in vorbildlicher Weise gerecht werdend; darunter 2 monumentale Bände mit Werkbesprechungen, philosophisch aufschlußreiche Literatur über orale Kulturen miteinbezogen].

*Routledge Encyclopedia of Philosophy,* ed. by Edward CRAIG, London: Routledge, 1998, updated Online Edition [umfassendstes, zugleich systematisch und geschichtlich konzipiertes philosophisches Nachschlagewerk neueren Datums].

*Historisches Wörterbuch der Philosophie,* hg. von Joachim RITTER & Karlfried GRÜNDER, Basel: Schwabe, 1971 ff. [stichwörterreiches begriffsgeschichtliches Nachschlagewerk, europazentriert].

*Enzyklopädie Philosophie* und *Wissenschaftstheorie,* hg. von Jürgen MITTELSTRASS, Mannheim: Bibliographisches Institut, 1980–96 [vor allem für Europa und S-Asien informative begriffsanalytische und biographische Kurzartikel].

*Großes Werklexikon der Philosophie,* hg. von Franco VOLPI, Stuttgart: Kröner, 1999 [vorbildliche Beschreibung philosophischer Schriften mit Kurzbiographien ihrer Verfasser, überwiegend europazentriert].

*Encyclopedia of Indian Philosophies,* ed. by K. H. POTTER, Princeton University Press, 1981 ff. [fachwissenschaftliches Standardwerk, revisionsbedürftig].

*L'Inde classique: Manuel des études indiennes,* éd. par Louis RENOU & Jean FILLIOZAT, Paris: École française d'Extrême-Orient, 1985 [Standardwerk].

*The Philosophy of Law: An Encyclopedia,* ed. by Christopher Berry GRAY, New York: Garland, 1999.

*Encylopedia of Aesthetics,* ed. by Michael KELLY, Oxford UP, 1998.

*Kindlers Neues Literatur-Lexikon,* hg. von Walter JENS, München: Kindler, 1988–92, updated Online Edition [informative Kurzbesprechungen von über 19000 literarischen Werken aus mehr als »130 Nationalliteraturen«, philosophische Schriften miteinbezogen].

*The Encyclopedia of Religion,* ed. by Mircea ELIADE, New York: Macmillan, 1987 [Standardwerk, erneuerungsbedürftig].

*Encyclopaedia of Islam/Encyclopédie de l'Islam,* ed. by H. A. R. GIBB, Leiden: Brill, 1960 ff. [monumentales und minutiöses Standardwerk zur Kulturgeschichte in den muslimischen Ländern].

*Encyclop(a)edia Judaica,* ed. by Cecil ROTH, New York: Macmillan, 1971–82; updated Online Edition 1997 ff. [Standardwerk, europazentriert].

HANDBÜCHER UND EINBÄNDIGE ENZYKLOPÄDIEN

*The Cambridge Encyclopedia of Language,* ed. by David CRYSTAL, Cambridge University Press, 1997.

*The World's Writing Systems,* ed. by Peter T. DANIELS & William BRIGHT, Oxford University Press, 1996 [Standardwerk].

RENFREW, Colin, & Paul BAHN, *Archaeology: Theories, Methods and Practice,* London: Thames & Hudson, 1996.

*Encyclopaedia of the History of Science, Technology, and Medicine in Non-Western Cultures,* ed. by Helaine SELIN, Dordrecht: Kluwer, 1997.

*Encyclopedia of Asian Philosophy,* ed. by Oliver LEAMAN, London: Routledge, 2001.

*Encyclopedia of Chinese Philosophy, ed. by Antonio S. CUA,* London: Routledge, 2003.

*Korea: A Historical and Cultural Dictionary,* ed. by Keith PRATT & Richard RUTT, London: Curzon, 1999.

*Historical Dictionary of Mongolia,* ed. by Alan J. K. SANDERS, London: Scarecrow, 1996.

NETTON, Ian R., *A Popular Dictionary of Islam,* London: Curzon, 1992 [handliches Übersichtswerk mit konzisen Informationen].

GESCHICHTSWERKE

COLLINS, Randall, *The Sociology of Philosophies: A Global Theory of Intellectual Change,* Cambridge, MA: Harvard University Press, 1998 [überragende global konzipierte Monographie zur Geschichte der Philosophie, Herausstellung der in allen großen philosophischen »Netzwerken« vergleichbar wirksamen sozialen Faktoren der Entwicklung; in der Ausführung beschränkt auf die hellenisch-römische Mittelmeerregion, auf Islam und Judentum bis um 1300, auf S-Asien und Zhongguo/China (ohne Böyü/Tibet und Han'guk/Korea) bis um 1500, nur für Europa, N-Amerika und Japan Darstellung bis um 1965].

BURKERT, Walter, *The Orientalizing Revolution: Near Eastern Influence on Greek Culture in Early Archaic Age,* Harvard University Press, 1992 [wegweisende Diskussion des kulturellen Transfers aus SW-Asien und Kemet/Ägypten nach Hellas und in die hellenischen Kolonien unmittelbar vor dem Aufkommen der Philosophie].

*The Archaeological and Linguistic Reconstruction of African History,* ed. by Christopher EHRET & Merrick POSNANSKY, Berkeley: University of California Press, 1982.

CHANG, Kwang-chih, *The Archaeology of Ancient China,* New Haven: Yale University Press, 1986 [Standardwerk, erneuerungsbedürftig].

BARNES, Gina L., *China, Korea and Japan: The Rise of Civilization in East Asia,* London: Thames & Hudson, 1993 [vorbildliches, Sprach- und Staatsgrenzen überschreitendes archäologisches Übersichtswerk].

*The Cambridge History of Ancient China,* ed. by Michael LOEWE & Edward L. SHAUGHNESSY, Cambridge University Press, 1999.

NEEDHAM, Joseph, *Science and Civilisation in China,* Volume 2: *History of Scientific Thought,* Cambridge University Press, 1956 [Standardwerk, erneuerungsbedürftig].

GERNET, Jacques, *Le Monde chinois,* Paris: Colin, 1972; revidierte deutsche Ausgabe: *Die chinesische Welt,* Frankfurt am Main: Suhrkamp, 1987 [Standardgeschichtswerk, erneuerungsbedürftig].

SUGIMOTO, Masayoshi, & David L. SWAIN, *Science and Culture in Traditional Japan A. D. 600–1854,* Cambridge, MA: MIT Press [vorbildlich konzipiertes Geschichtswerk].

DASGUPTA, S. N., *A History of Indian Philosophy,* Cambridge University Press, 1922–55 [Standardwerk, erneuerungsbedürftig].

LAMOTTE, E., *Histoire du bouddhisme indien: Des origines à l'ère saka, Louvain: Institut Orientaliste,* 1958 [Standardwerk, erneuerungsbedürftig].

BAGCHI, Prabodh Chandra, *India and China: A Thousand Years of Cultural Relations,* Bombay: Hind Kidabs, 1950 [im Anhang

biographische Notizen von über 100 »indischen« Gelehrten in Zhongguo/China vom 1. bis 12. Jh.].
DUMOULIN, Heinrich, *Zen Buddhismus: Indien, China, Japan*, Bern: Francke, 1985–86 [Standardwerk, erneuerungsbedürftig].
TUCCI, Giuseppe, & Walther HEISSIG, *Die Religionen Tibets und der Mongolei*, Stuttgart: Kohlhammer, 1970 [Standardwerk, erneuerungsbedürftig].

HODGSON, Marshall G. S., *The Venture of Islam: Conscience and History in a World Civilization*, University of Chicago Press, 1958–74 [kulturgeschichtlich wegweisendes Standardwerk, im einzelnen erneuerungsbedürftig].

*Routledge History of Philosophy*, ed. by G. H. R. PARKINSON & S. G. SHANKER, London: Routledge, 1993–99 [englischsprachiges Standardwerk, auf den »Westen« beschränkt; eine Ergänzung durch eine *Routledge History of World Philosophies* hat begonnen; bereits erschienen sind: *History of Islamic Philosophy*, ed. by Seyyed Hossein NASR & Oliver LEAMAN, 1996, und *History of Jewish Philosophy*, ed. by H. FRANK & Oliver LEAMAN, 1997].
*Grundriß der Geschichte der Philosophie (»Neuer Überweg«)*, hg. von Helmuth HOLZHEY, Basel: Schwabe, 1983 ff. [enzyklopädisch konzipiertes Geschichtswerk mit der wohl umfassendsten Einbeziehung »kleiner Philosophen« und philosophiegeschichtlich »peripherer Länder«; bislang auf die hellenisch-römische Mittelmeerregion und Europa beschränkt und ohne Ortsregister und Karten, Bände über die Philosophie im Islam in Vorbereitung].
*Geschichte der Philosophie*, hg. von Wolfgang RÖD, München: Beck, 1978 ff. [zur Einführung geeignetes Geschichtswerk, auf die hellenisch-römische Mittelmeerregion und Europa beschränkt].
HÖFFE, Otfried, *Kleine Geschichte der Philosophie*, München: Beck, 2001 [konzis informierendes einbändiges Geschichtswerk, mit je einem Kapitel zur Philosophie in »Indien und China« und zur »islamischen und jüdischen Philosophie«, die Darstellung der Philosophie in S- und O-Asien auf die Achsenzeit konzentriert, diejenige zur Philosophie im Islam auf die vom lateinischen Mittelalter rezipierten Autoren, mit Ausblikken auf vereinzelte spätere Phasen der Geschichte].

*SOURCEBOOKS*
[kommentierte Auswahl von kurzen Texten]
published by Columbia University Press, New York, 2nd editions

*Sources of Indian Tradition*, 2 volumes, ed. by Ainslie T. EMBREE & Stephen HAY, 1988.
*Sources of Chinese Tradition*, 2 volumes, ed. by Wm. Theodore de BARY, Irene BLOOM & Richard LUFRANO, 1999 & 2000.
*Sources of Korean Tradition*, 2 volumes, ed. by Peter H. LEE, Yongho CH'OE & Wm. Theodore de BARY, 1997 & 2000.
*Sources of Japanese Tradition*, Volume 1, ed. by Wm. Theodore de BARY *et al.*, 2001.

BIOGRAPHIEWERKE

*Dictionary of Scientific Biography*, ed. by Charles C. GILLISPIE, New York: Scribner, 1970–80 [Sammlung von Biographien herausragender Wissenschaftler sämtlicher Erdteile; ein entsprechendes Werk mit Biographien von Philosophen ist ein Desiderat].
*The MacTutor History of Mathematics Archive*, ed. by the School of Mathematics and Statistics, University of Saint Andrews, Scotland; Free Online Archive [vorbildliche enzyklopädische Sammlung von Mathematikerbiographien aller Zeiten und Kontinente, mit Karten der Geburtsorte und globalen Zeittafeln].

*The Stanford Encyclopedia of Philosophy*, Free Online Encyclopedia, ed. by Edward N. ZALTA, Stanford University: The Metaphysics Research Lab, 1995 ff.; [»a dynamic reference work«, bislang überwiegend europa- und nordamerikazentriert].
*The Internet Encyclopedia of Philosophy*, Free Online Encyclopedia, ed. by James FIESER, University of Tennessee at Martin [bislang europazentriert].
*Philtar: Compendium of Philosophers*, Online links to materials by and/or about philosophers from all over the world, ed. by Elliot SHAW and Trevor CUSNOW [bislang überwiegend europa- und nordamerikazentriert].
*Dictionnaire des philosophes*, éd. par Denis HUISMAN, Paris: PUF, 1993.

*A Companion to American Thought*, ed. by Richard Wightman FOX & James T. KLOPPENBERG, Oxford: Blackwell, 1995.
*Biographische Enzyklopädie deutschsprachiger Philosophen*, hg. von Bruno JAHN, München: Saur, 2001 [überdurchschnittliche Konzentration auf Aufenthaltsorte und Kontaktpersonen; mit Zeittafeln und – eine Pioniertat unter biographischen Lexika – Ortsregister].

*Dictionnaire des philosophes antiques*, éd. par Richard GOULET, Paris: Centre national de la recherche scientifique, 1989.
*A Companion to the Philosophy in the Middle Ages*, ed. by Jorge J. E. GRACIA und Timothy B. NOONE, Oxford: Blackwell, 2003 [auf das lateinische Europa konzentriert, Miteinbeziehen einer kleinen Zahl im lateinischen Mittelalter rezipierter jüdischer und islamischer Philosophen].
SCHULTHESS, Peter & Ruedi IMBACH, *Die Philosophie im lateinischen Mittelalter: Ein Handbuch mit einem bio-bibliographischen Repertorium*, Zürich: Artemis, 1996 [auf das lateinische Europa konzentriert, Miteinbeziehen einer größeren Zahl im lateinischen Mittelalter rezipierter jüdischer und islamischer Philosophen].
*The Dictionary of Seventeenth-/Eighteenth-/Nineteenth-Century British Philosophers*, ed. by Andrew PYLE, John W. YOLTON, W. J. MANDLER et al., Bristol: Thoemmes Press, 2002/1999/2003 [je zwei Bände pro Jahrhundert; unvoreingenommener Philosophiebegriff, Annie Besant wie James Watt einschließend].

BUCKLAND, C. E., *Dictionary of Indian Biography*, London: Swan Sonnenschein, 1906.
*Reference India: Biographical Notes*, ed. by Ravi BHUSHAN, Delhi: Rifacimento International, 1992–95.
RIDDICK, John F., *Who Was Who in British India*, London: Greenwood, 1998.

*The Biographical Dictionary of Greater India,* ed. by Henry SCHOLBERG, New Delhi: Promilla, 1998.
*Encyclopedia of the Indian Biography,* ed. by Nagendra Kr. SINGH, New Delhi: A. P. H., 2000 ff.

GILES, Herbert A., *A Chinese Biographical Dictionary,* London: Quaritch, 1898.
LOEWE, Michael, *A Biographical Dictionary of the Qin, Former Han and Xin Periods,* Leiden: Brill, 2000.
*Dictionary of Ming Biography,* ed. by L. Carrington GOODRICH, New York: Columbia University Press, 1976.
*Sung [Song] Biographies,* ed. by Herbert FRANKE, Wiesbaden: Steiner, 1976.
*Eminent Chinese of the Ch'ing [Qing] Period,* ed. by Arthur W. HUMMEL, Washington: U.S. Government Printing Office, 1943–44.
*Biographical Dictionary of Republican China,* ed. by Howard L. BOORMAN, New York: Columbia University Press, 1967–71.

*Biographical Dictionary of Twentieth-Century Philosophers,* ed. by Stuart BROWN, London: Routledge, 1996 [global umfassendes Nachschlagewerk mit Berücksichtigung von Aufenthaltsorten und Kontaktpersonen sowie mit einer Länderübersicht].

Theoretische Vorüberlegungen zur Konzeption dieses Atlasses und Quellennachweise für die in den Leitgedanken und in den Begleittexten zu den Karten angeführten Zitate finden sich in:
HOLENSTEIN, Elmar, *Kulturphilosophische Perspektiven: Schulbeispiel Schweiz – Europäische Identität – Globale Verständigungsmöglichkeiten,* Frankfurt am Main: Suhrkamp, 1998, und »Die Kulturgeschichte der Menschheit: Ihre Konzeption bei Hegel (bis 1831), bei Jaspers (1949) und heute (1999)«, in: *Karl Jaspers – Philosophie und Politik,* hg. von Reiner WIEHL & Dominic KAEGI, Heidelberg: Winter, 1999, 163–184.

## BILDNACHWEIS

*Schaubild A 3a/b:* Adaptationen (mit Änderungen und Zusätzen) der zwei Entwicklungsmodelle von Christopher B. STRINGER, »The Emergence of Modern Humans«, in: *Scientific American,* December 1990, S. 70 – *Schaubild A 7a:* »Weltdiagramm« einer Astronomischen Handschrift aus Salzburg um 818, Codex 387 der Österreichischen Nationalbibliothek, Wien (leicht geänderte farbliche Gestaltung, jedoch wörtliche Übersetzung aus dem Lateinischen). – *Schaubild A 7b:* Figur 6 »Welteinstellungen« in Jürgen HABERMAS, *Theorie des kommunikativen Handelns,* Frankfurt am Main: Suhrkamp, 1981, Band 1, S. 293 (freie graphische Adaptation der Figur an das Salzburger »Weltdiagramm« – Die Inschriften sind jedoch wörtlich aus Habermas' Diagramm oder aus dem Kontext seiner Figur übernommen.) – *Schaubild A 10:* Freie graphische Adaptation eines Schwarzweiß-Schaubilds in Karl JASPERS, *Vom Ursprung und Ziel der Geschichte,* Zürich: Artemis, 1949, S. 49 (leicht modifiziert in der Taschenbuchausgabe des Fischer Verlags, Frankfurt am Main, 1955, S. 37). Die Inschriften sind jedoch wörtlich aus Jaspers' Schaubild oder aus seinem Kontext übernommen.

# REGISTER

*Hinweise zum Gebrauch der Register*

Die Register enthalten primär geographische und personengeschichtliche Informationen. Sie sind ein Stichwortverzeichnis, das als Wegweiser gedacht ist, in erster Linie für die Karten, in zweiter Linie für die Übersichtsliteratur zur Geschichte der Philosophie. Sie ersetzen diese Literatur in keiner Weise. Sie sind nur als ein Hilfsinstrument bei deren Lektüre zu verstehen.

Im *Geographischen Register* sind sämtliche Orte, Regionen und Staaten angeführt, die auf den Karten namentlich vermerkt sind, darüber hinaus alle gegenwärtigen Staaten, auf deren Gebiet Orte liegen, die Aufnahme in die Karten gefunden haben. Berge, Flüsse, Seen und Meere, deren Benennung auf den Karten in erster Linie der Orientierung dient, sind im Register nur angeführt, wenn sie von besonderer philosophie- oder von allgemeinerer kulturgeschichtlicher Bedeutung sind. In Ost-Asien sind Berge und Berglandschaften *(shan/san)* häufig Orte, in die sich Philosophen nicht nur zum eigenen Nachdenken, sondern auch zur Gründung von Lehrstätten zurückgezogen haben.

Die Reihenfolge der Ortsnamen in den Stichwortzeilen ist in der Regel: 1. die gegenwärtige Eigenbezeichnung, 2. die traditionelle wissenschaftliche Transkription (vor allem in Süd-Asien), 3. historische Bezeichnungen, 4. fremdsprachige Bezeichnungen. Bei einigen herausragenden Orten ist in der Literatur nach wie vor die historische Bezeichnung geläufig. In solchen Sonderfällen wird der heutige Name nachgestellt. Die bekanntesten Beispiele sind *Chang'an/Xi'an* und *Königsberg/Kaliningrad.* Bei Orten der hellenischen Antike wird durchgehend die klassische Schreibweise an erster Stelle angeführt (also: Athēnai/Athina; Akragas/Agrigento; Alexandreia/al-Iskandariyya). Übersetzungen deskriptiver Namen sind in Klammern angefügt. Herausragende Orte werden wie auf den Karten durch einen fetten Schrifttyp gekennzeichnet, solche, die ausschließlich oder überwiegend von kulturgeschichtlicher Bedeutung sind, durch Kursivdruck. Die Aufreihung der Karten, auf denen die Örtlichkeiten zu finden sind, entspricht der Abfolge der Karten im Atlas (A, K, W, S, O, N). Bei Mehrfacheintragungen sind die wichtigeren Karten durch einen fetten Schrifttyp herausgehoben.

Unmittelbar auf die Stichwortzeile folgt die geographische Lokalisierung der genannten Ortschaft oder Region. Angeführt wird in jedem Fall der Staat, in dem die Ortschaft oder Region liegt. Bei größeren und bei philosophiegeschichtlich besonders bedeutsamen Staaten geht zur genaueren Bestimmung der Lage die Angabe der Region, der Provinz oder des Teilstaates voraus, bei kleineren Orten auch die Nennung der nächsten bekannteren Stadt. Die Namen von nicht mehr existierenden Regionen und Staaten sind vom heutigen Staatsnamen durch einen Schrägstrich abgetrennt (Beispiel: Ionia/Türkiye).

Die Informationen zur kulturgeschichtlichen Bedeutung eines Ortes beschränken sich auf ein Minimum. Bei vielen Orten entfallen sie ganz. Etwas ausführlicher sind sie bei Orten, die auf den A-Karten zur Anfangsgeschichte der Menschheit und auf den K-Karten zu den Vor- und Kontextbedingungen der Philosophie verzeichnet sind. Dazu gehören die Karten für jene Erdteile, die vor der Einflußnahme durch Europa nur orale, von keiner Geschichtsschreibung festgehaltene Formen der Philosophie kannten. Es sind dies Orte, denen keine philosophisch relevanten Personennamen zugeordnet werden können. Bei philosophiegeschichtlich bedeutenden und gut dokumentierten Orten werden vor allem wichtige Lehrstätten und wissenschaftliche Gesellschaften, vereinzelt auch besondere Ereignisse sowie, gegebenenfalls bei Hauptstädten, herausragende und philosophiegeschichtlich relevante Herrscherpersönlichkeiten vermerkt.

An diese Informationen schließt sich das Verzeichnis der Personen an, die durch ihre Geburt, ihr Studium, ihre Tätigkeit und/oder ihren Tod mit dem angeführten Ort verbunden sind. Sie sind in der Regel der Grund, weshalb der Ort in die Karten aufgenommen wurde. Herausragende Philosophen sind durch einen fetten Schrifttyp hervorgehoben. Namen von Personen, die im Personenregister keinen eigenen Eintrag haben, stehen in Klammern. Die Zeitangaben beschränken sich auf die jeweiligen Jahrhunderte. Personen, die sich über einen Jahrhundertwechsel hinweg am bezeichneten Ort aufgehalten haben, werden getrennt aufgeführt. Bis zu einem halben Dutzend Namen innerhalb eines Jahrhunderts oder Doppeljahrhunderts sind im Rahmen des Möglichen chronologisch aufgereiht, mehr als fünf bis sechs Namen alphabetisch. Genauere zeitliche Informationen sowie eine Kurzcharakterisierung der Genannten finden sich im Personenregister.

Im *Personenregister* gelten analoge Regeln für die Schreibweise und die Aufreihung der Namen. Der üblichste Zitiername wird durch Schreibung mit Großbuchstaben hervorgehoben. In vielen Ländern und in neueren Zeiten ist dies zunehmend der Familienname, gelegentlich aber auch ein Ehrentitel oder einer der Namen zusammen mit einem Ehrentitel. Klassische Beispiele sind BUDDHA für Siddhārtha Gautama und KONG ZI für Kong Qiu/Confucius. Bei Ostasiaten, bei denen die Nachstellung des Personennamens üblich ist, wird dieser nicht durch ein Komma vom vorangehenden Familiennamen getrennt. Im Arabischen ist der Zitiername häufig ein Patronymikon, der Name des Vaters mit vorangestelltem »Sohn« *Ibn*. Zur Kennzeichnung, daß die genannte Person in Lexika unter *Ibn* und nicht etwa unter dem Namen des Vaters zu suchen ist, wird *Ibn* mit einem großen Anfangsbuchstaben geschrieben.

Insbesondere bei weiter zurückliegenden Jahreszahlen handelt es sich sehr häufig nur um annähernde Zeitbestimmungen. Auf eine Anhäufung der von der Forschung angeführten Jahreszahlen wird verzichtet. Im allgemeinen wird in solchen Fällen eine runde einer nichtrunden und eine gerade Zahl einer ungeraden vorgezogen. Nur bei größeren Unsicherheiten sind die Zahlen mit einem Fragezeichen in Klammern versehen.

Daß ein Aufenthalt mit einem Studium, einer Forschungs- oder einer Lehrtätigkeit in Verbindung stand, wird nur angeführt, wenn dazu einigermaßen gesicherte Informationen zu finden waren. Diese mit einem eigenen Symbol gekennzeichneten Tätigkeiten erstrekken sich nicht unbedingt über die ganze angeführte Aufenthaltsdauer. Sie besagen nur, daß sie im genannten Zeitraum einen gewichtigen Platz einnehmen.

Die Charakterisierung der einzelnen Personen ist auf ein Minimum beschränkt. Auf die Anführung von Schriften wird fast vollständig verzichtet. Lexika und Handbücher, die darüber informieren, gibt es zur Genüge. Kontakte zwischen den einzelnen Personen können über das Geographische Register aus den Auflistungen der Personen, die sich im gleichen Zeitraum am gleichen Ort aufgehalten haben, erschlossen werden.

Zum Abschluß kann nur nochmals betont werden, daß dieser Atlas mit seinen umfangreichen Registern allein als geographischer Begleiter bei der Lektüre philosophiegeschichtlicher Literatur konzipiert worden ist.

*Symbole in den Registern*

- * Herkunft, Herkunftsort, Geburtsjahr
- ° Tod, Sterbeort, Todesjahr
- ◡ Aufenthalt, Aufenthaltsort
- S̮ Aufenthalt mit Studium und/oder Forschungstätigkeit
- P̮ Aufenthalt mit Lehrtätigkeit
- ˅ Kurzaufenthalt, besuchter Ort, besuchte Person

# PERSONENREGISTER

ABAELARDUS, Petrus/Pierre Abélard

Le Pallet bei Nantes **1079/1105–08,* ⓢLoches in Touraine *1093* und Paris *1100,* ⓔMelun und Corbeil bei Paris *1102–05,* Paris *1108,* ⓢLaon *1113,* ⓔParis *1114,* nach der Liebesaffäre mit Heloissa *1117–18,* Klosteraufenthalte in Saint-Denis, Saint-Médard, Nogent-sur-Seine, Saint-Gildas-de-Rhuys in Bretagne, ⓔMont-Sainte-Geneviève bei (heute in) Paris *1133,* Cluny *1140* und °Saint-Michel bei Chalon-sur-Saône *1142:* frühscholastischer Erneuerer der Philosophie (Methodenlehre und Ethik)

'ABDUH, Muḥammad

*Mahallat Nasr bei Tanta im Nildelta *1849,* ⓢTanta *1862,* ◡al-Qahira *1866* und Bayrut *1882–89,* ˅Paris und Tunis, al-Qahira *1889–°1905:* »modernistischer« islamischer Rechtswissenschaftler, Reformtheologe und hermeneutischer Philosoph

**ABHINAVAGUPTA**

*S(h)rinagar *975,* ⓢJalandhara, °Kashmir *1025:* hinduitischer Philosoph, namhaftester Repräsentant der kashmirischen *S(h)aiva*-Philosophie (»All-Einheitslehre«, Erkenntnisphilosophie und Ästhetik)

ABRABANEL/Abravanel, Isaac Ben Judah

*Lisboa *1437,* ◡Castilla (Segur, Toledo, Alcalá de Henares, Guadalajara) *1483,* Napoli *1492,* Messina *1494,* Kerkyra/Corfu *1495,* Monopoli in Puglia *1496* und Venezia *1503–°1508:* jüdischer Bibelkommentator und Philosoph, Vater von Judah Abrabanel

ABRABANEL, Judah Ben Isaac/Leo Hebraeus/Leone Ebreo

*Lisboa *1460,* ◡Castilla *1483,* Napoli *1492–°1523;* zwischenzeitlich Genova *1495–1502,* Barletta bei Bari und Venezia: jüdischer Arzt und von neuplatonischen Ideen inspirierter Renaissancephilosoph

ABŪ BISHR MATTĀ Ibn Yūnus

*Dayr Qunna bei Baghdad, Baghdad *935–°940:* syronestorianischer Übersetzer und Kommentator aristotelischer Schriften, Lehrer des al-Farabi

ABŪ ḤANĪFA

*Kufa *699,* ˅Makka, °Baghdad (Gefängnis) *767:* islamischer Theologe und Rechtsgelehrter; namengebende Autorität der *Ḥanafiyya*-Rechtsschule (»Fairness« *istiḥsān* und »Analogieschluß« *qiyās* als Rechtsquellen, die *Qur'ān* und *Ḥadīth* ergänzen)

ABU 'l-HUDHAYL al-'Allāf

*Basra *750,* Baghdad *818–°840:* (philosophisch argumentierender) *Mu'tazila*-Theologe

ABŪ MA'SHAR al-Balkhī/Albumasar

*Balkh, ◡Baghdad, °Wasit in Iraq, *9. Jh.:* Astrologe (Verbindung von mesopotamisch-iranischen, indischen und hellenischen Quellen zu Lehrtexten)

ABU 'l-QĀSIM/Abulcasis

az-Zahra bei Qurtuba **936–°1013:* Arzt (Pharmakologe, Chirurg und Psychiater), Autor der frühesten illustrierten medizinischen Enzyklopädie im westlichen Teil der »Alten Welt«

ABU 'l-WAFĀ' al-Būzajānī

*Buzajan in Quhestan *940,* Baghdad *959–°998:* Astronom und Mathematiker (Trigonometrie)

ADELARDUS BATHENSIS/Adelard of Bath

*Bath *1080,* ◡Tours *1100* und Laon *1107,* ˅Salerno, Sicilia (Siracusa), Hellas, Kilikia (Mopsuestia/Mamistra/Yakapınar und Tarsos), Syria (Antiocheia) und España, ◡Bath *1130,* °*1160:* Übersetzer mathematischer und astronomischer Texte (Eukleides, al-Khwarizmi) aus dem Arabischen ins Lateinische

ADORNO, Theodor W(iesengrund)

*Frankfurt am Main *1903,* ◡Amorbach im Odenwald, ⓢFrankfurt und Wien, ◡Berlin, ⓔFrankfurt *1931,* Oxford *1934* und New York *1938,* ◡Los Angeles *1941–53,* ⓔFrankfurt *1949–69,* °Visp in der Schweiz *1969:* zusammen mit Max Horkheimer Vordenker der sozial- und kulturkritischen »Frankfurter Schule«, Musiktheoretiker

AEGIDIUS ROMANUS/Gilles de Rome

*Roma *1243,* ⓔParis, Bayeux, Bourges und Italia, ˅Vienne, °Avignon *1316:* Augustinermönch, scholastischer Philosoph (Verbindung von augustinischer und aristotelisch-thomasischer Philosophie)

al-AFGHĀNĪ, Jamāl ad-Dīn/Cheikh Gemmal Eddine Afghan

*Asadabad bei Hamadan oder As'adabad bei Kabul *1838,* ◡Kabul, al-Qahira *1871–79* und Istanbul *1870–71/1892–°1897;* ˅Makka *1857,* Herat, India (Aligarh, Hyderabad und Calcutta) *1879–82,* Paris *1883,* London *1883/1889/1891–92,* Bayrut *1885,* Tehran *1886,* Rossiia *1886–89,* München *1889* und Basra *1890:* islamischer Reformer, politischer Philosoph, Antikolonialist mit panislamischen Idealvorstellungen

AGRICOLA, Rodolphus Phrisius/Roelof Huysman

*Baflo bei Groningen *1444,* ⓢErfurt, Köln, Leuven und Pavia, ◡Ferrara *1475,* ˅Dillingen *1479,* ◡Groningen *1480,* Brussel *1482* und Heidelberg *1484–°1485;* ˅Roma *1485:* Humanist (Rhetorik und Dialektik)

AGRIPPA von Nettesheim/Henricus Cornelius

*Köln *1486,* ⓢParis, ⓔDole *1509,* ⓢLondon *1510,* ⓢⓔPavia und Torino, ◡Metz *1518,* Köln *1520,* Genève *1521,* Freiburg in der Schweiz *1523,* Lyon *1524,* Antwerpen *1528,* Mechelen *1530,* Köln, Bonn und Lyon, °Grenoble *1535:* humanistischer Renaissancephilosoph (Hermetik- und Kabbala-Kritik; Verteidigung der Würde der Frau)

AINESIDĒMOS/Aenesidemus

*Knosos, ◡Aitai bei Yumurtalık in Kilikia/Türkiye, ⓢⓔAthenai (?) und Alexandreia, *-1. Jh.:* Erneuerer und Systematiker der pyrrhonischen (skeptischen) Philosophie (Renaissance durch G. E. Schulze/Aenesidemus, Helmstedt *1792*)

AISCHYLOS

*Eleusis *-525,* ◡Athenai und Syrakusai, °Gela in Sikelia *-455:* Tragiker, Begründer der Tragödie als literarischer Kunstform

AISŌPOS/Aesopus

*Thrake, ◡Samos, ˅Sardeis, °Delphoi (?), *-6. Jh.:* halblegendärer Autor von Tierfabeln, Repräsentant archaischer hellenischer Lebensklugheit und Weisheit

AJDUKIEWICZ, Kazimierz
*Tarnopol *1890,* ⓈLwów und Göttingen, ⓁLwów, Warszawa und Poznán, °Warszawa *1963:* Logiker (»Lwów-Warszawa-Schule«), Sprach- und Wissenschaftsphilosoph (Konventionalismus)

AKBAR, Jalāl ad-Dīn Muḥammad/»der Große«
*Umarkot in Sindh *1542,* ⌣Kabul *1543,* Mughal-Herrscher *1556,* Hauptstädte: Agra, Fatehpur Sikri und Lahore, weitere Residenzstädte: Dihli/Delhi, Ajmer, Srinagar und Allahabad, °Agra *1605:* Förderer »universaler Toleranz« *ṣulḥ-i kull* und interreligiöser Gespräche zwischen den konfessionellen Gruppierungen seines Großreiches

AKHENATON/Echnaton/Amenhotep IV
*Waset, °Akhetaton *-14. Jh.:* (nach der archäologischen Wiederentdeckung *1892* idealisierter) Begründer der frühesten schriftlich dokumentierten monotheistischen Religion, Autor oder Auftraggeber eines »Sonnenhymnus«

AKHIQAR/Akikaros
⌣Ninua: Minister und Weiser (aramäischer Sprache) im Neuassyrischen Reich *-7. Jh.,* Sammlung von Weisheitssprüchen, in mehrere antike Sprachen übersetzt und nach der Überlieferung von Demokritos *-5. Jh.* nach einer Säuleninschrift in Babylon zitiert

ALBERTUS MAGNUS/Albert der Große
*Lauingen in Schwaben *1200,* ⓈPadova, Bologna und Köln, ⓈⓁParis *1243,* ⓁKöln *1248–°1280;* zwischenzeitlich ᵛAnagni, Viterbo und Orvieto (päpstlicher Hof), ⓁFreiberg, Hildesheim, Straßburg und Würzburg, ⌣Regensburg (Bischof) und ᵛLyon (Konzil *1274*): Dominikanermönch, scholastischer Naturwissenschaftler und Philosoph, Aristoteles-Kommentator und Lehrer des Thomas Aquinas

ALBERTUS PARVUS/Albert der Kleine/von Sachsen
*Helmstedt *1316,* ⓈPrag, ⓈⓁParis, ᵛAvignon *1362,* ⌣Wien (Gründungsrektor der Universität) *1365,* Halberstadt (Bischof) *1366–°1390:* scholastischer Philosoph

ALCUINUS Flaccus/Alkuin
*York *730,* ᵛParma *781,* ⓁAachen, Troyes, Ferrières bei Orléans und Tours *796–°804:* Benediktinermönch, Leiter der Hofschule Karls des Großen (»karolingische Renaissance«)

ALEMANNO, Yohanan Ben Isaac
*Paris *1433,* ⓁFirenze, Padova und Bologna, °Mantova *1503:* Renaissancephilosoph »aus den Quellen des Judentums«, Vermittler maimonidischer, averroistischer und kabbalaitischer Philosophie in Italia

ALEMBERT, Jean Le Rond d'
Paris **1717–°1783;* ᵛWesel am Rhein *1755,* Genève *1756* und Berlin *1764:* Mathematiker und Philosoph, Mitglied der *Preußischen Akademie der Wissenschaften* und der *Académie française* (Sekretär *1772*), Mitherausgeber der *Encyclopédie*

ALEXANDROS von Aphrodisias
*Aphrodisias, ⓁAthenai *198–211:* peripatetischer Philosoph, vor Ibn Rushd und Thomas Aquinas »der Ausleger« *ho exēgētēs* des Aristoteles

ALEXANDRUS HALENSIS/Alexander of Hales
*Hales Owen bei Birmingham *1185,* ⓈParis, ⌣Lichfield, London und Coventry, ⓁParis *1210–°1245;* ᵛLyon *1245:* Franziskanermönch, erster (methodologisch wegbereitender) Kommentator des »Sentenzenwerks« des Petrus Lombardus

ALKMAIŌN
⌣Kroton *-5. Jh.:* »pythagoreischer« Arzt, physiologischer Psychologe und Naturphilosoph

ALKMAN
*Sardeis (?), ⌣Sparta, *-7. Jh.:* frühester namhafter Chorlyriker in hellenischer Sprache, Autor einer halbmythischen Kosmogonie (Fragmentfund in Saqqara bei Memphis *1855*)

AMBEDKAR, Bhimrao Ramji
*Mhow in Madhya Pradesh *1891* (als »Unberührbarer« *S(h)ūdra*), ⓈBombay/Mumbai, Baroda/Vadodara, Auslandsstipendium des Mahārāja von Baroda *1913,* ⓈNew York *(Columbia) 1913–16* und London *(School of Economics) 1916–17/1920–23,* Bombay *1917–20/1923–47,* Dilli/Delhi *1947–°1956:* Rechtswissenschaftler und Politiker, Kämpfer für die rechtliche und soziale »Gleichheit« *samatā* aller Menschen und damit für die Aufhebung des hinduitischen Kastensystems, gegen Gandhis Restauration des Hindudharma und für die Wiederbelebung des Buddhadharma in seinem Ursprungsland, Verbrennung der *Manu-Smriti,* des Grundtextes des hinduitischen Kastenwesens, in Mahad *1927, Temple Entry Movement* (freier Zugang der *S(h)ūdra* zu den hinduitischen Heiligtümern) in Nasik in Maharashtra *1930,* Ablehnung eines Amtseides auf die *Bhagavad-gītā* in Bombay *1937,* Teilnahme an den *Indian Round Table Conferences* in London *1930–32/1946,* an buddhaitischen Tagungen in Sri Lanka (Kandy und Colombo) *1950,* Rangoon/Yangon *1954* und Kathmandu *1956;* federführender Autor (»Modern Manu«) der Verfassung der Republik Indien *1947–49,* Initiator einer Massenbekehrung von *S(h)ūdra* zum Buddhadharma in Nagpur *1956*

AMENEMHET → KHETY

AMENEMOPE
⌣Memphis *-11. Jh.:* Autor einer »Lehre (für das Leben)«, der frühesten in gezählte Kapitel unterteilten Schrift: persönliche Frömmigkeit und Gunst Gottes als Grundlage sozialethischen Verhaltens (religiöse Begründung der Ethik, kennzeichnend für die späteren Phasen der ägyptischen Weisheitsliteratur), Vorlage *(-700)* für die biblischen »Sprichwörter« 22.17–23.4

al-'ĀMIRĪ, Abu 'l-Ḥasan
*Khorasan, ⌣Rayy *966,* Baghdad *970–75,* ⌣Khorasan und Bukhara, °Nishapur *992:* islamischer Philosoph *(faylasūf)* neuplatonischer Inspiration (Verträglichkeit von hellenischer Philosophie und islamischer Theologie)

AMO, Antonius Guilielmus Afer/Anton Wilhelm
*Axim *1703,* ⌣Amsterdam *1707* und Wolfenbüttel *1708,* ⓈHelmstedt (?), Halle *1727* und Wittenberg *1730,* ⓁWittenberg *1734,* Halle *1736* und Jena *1739–40,* ⌣Halle und Berlin *(?),* Rückkehr nach Ghana (Axim und Chama) *1747 (?),* °*1756* (?): Rechtswissenschaftler, Physiologe und Philosoph der Aufklärung (Rechte der Mauri: Afrikaner bzw. Sklaven), erster in Europa ausgebildeter Philosoph aus »Schwarzafrika«

AMOGHAVAJRA/Bukong
*Sri Lanka *705,* SO-Asien *715,* Luoyang *724–36,* India und Sri Lanka *(Danta-vihāra) 737–46,* ⌣Chang'an, Liangzhou, Wutai Shan und °Luoyang *774:* Schüler des Vajrabodhi, der späteste der »Vier großen Übersetzer« buddhaitischer Texte ins Chinesische, Vermittler des »Diamant-Fahrzeugs« *Vajrayāna* nach China

AMPÈRE, André-Marie
*Lyon *1775,* ⓁLyon, Bourg-en-Bresse und Paris *1804–36,*

°Marseille *1836:* Mathematiker, Physiker (Elektrodynamik) und Wissenschaftsphilosoph

AN SHIGAO/LOKOTTAMA

*Anxi/W-Zentralasien, Luoyang *(Baima Si) 148–°170:* nach der Überlieferung arsakidisch-parthischer Adliger, frühester Übersetzer buddhaitischer Texte ins Chinesische

ĀNANDA

*Kapilavastu (?), °Vais(h)ali, *-5.* oder *-4. Jh.:* namhaftester Jünger Buddhas, nach der Überlieferung verantwortlich für die (mündliche) Redaktion von Buddhas »Lehrreden« *Sūtrapitaka* am Konzil zu Vais(h)ali ein Jahr nach Buddhas Tod

ANAXAGORAS

*Klazomenai *-500,* ⓛAthenai *460–50,* °Lampsakos *-428:* ionischer Naturphilosoph (»Geist« *nous* als Grundprinzip), frühester in Athenai öffentlich auftretender (und verurteilter) Philosoph

ANAXARCHOS

*Abdera *-380,* ⓢAthenai, ◡Pella, Teilnehmer am Eroberungszug Alexandros des Großen durch die vom Achaimeniden-Reich beherrschte »Nil–Amu Darya(–Sindhu)-Region« (Miletos *-334,* Sur/Tyros *-332,* Iunu/Heliupolis, Memphis und Alexandreia *-331,* Babil/Babylon *-331/-323,* Parsa/Persepolis *-330/-324,* Ekbatana/Hamadan *-330/-324,* Sus(h)a *-331/-324,* Alexandreia Eschate *-329,* Baktra/Balkh *-328 bis -327,* Marakanda/Samarqand *-327,* Gandhara *-326 bis -325,* Taksha-s(h)ila/Taxila *-326*), ⓛAlexandreia, °Salamis auf Kypros *-320* (ermordet): Philosoph im Ausgang von Demokritos, Mentor Pyrrhons

ANAXIMANDROS

*Miletos *-610,* ᵛSparte (?) und Apollonia Pontike, °*-546:* herausragender ionischer Naturphilosoph (möglicherweise iranischer Inspiration, »Unendliches« *apeiron* als Grundprinzip), Autor des frühesten in Prosa geschriebenen philosophischen Buchs in einer europäischen Sprache

ANAXIMENĒS

◡Miletos *-6. Jh.:* ionischer Naturphilosoph (»Luft« *aēr* als Grundprinzip)

ĀṆḌĀL/Āṇṭāl/Godai

*S(h)rivilliputur (mit »dem großen Alvar« Periyalvar als Lehrer und Adoptivvater), ◡Villiputur bei Madurai (?) und Madurai, °S(h)riranga(m) (?), *9. Jh.: Vaishṇava*-Dichterin (in tamilischer Sprache) und -Mystikerin

ANDERSON, John

*Stonehouse in Lanarkshire *1893,* ⓢGlasgow und Edinburgh, ⓛCardiff und Edinburgh, ⓛSydney *1927–°1962:* Initiator der empirisch-realistischen »australischen Philosophie« der zweiten Hälfte des *20. Jh.*

ANDŌ Shōeki

*Odate in Tohoku *1703,* ◡Kyoto, Hachinohe *1744–°1762:* Arzt und eigenständiger neokonfuzianischer Denker (»Lehre von der materiellen Energie« *Kigaku,* Kritik der feudalen Gesellschaftsordnung)

ANI

◡Waset *-15. bis -14. Jh.:* Autor einer »Lehre (für das Leben)«: Abhängigkeit des sozialethischen Verhaltens vom Willen Gottes

ANNAṂBHAṬṬA

◡S-India *16.–17. Jh.:* brahmanischer Philosoph »materialistischer Orientierung«, *Nyāya*-Lehrbuch-Autor

ANQUETIL-DUPERRON, Abraham Hyacinthe

*Paris *1731,* India (Pondichéry, Chandernagore bei Calcutta und Surat) *1755–61,* Paris *1762–°1805:* Vermittler und Übersetzer des parsischen *Zend-Avesta* (französisch *1771*) und der brahmanischen *Upanishad* (lateinisch *1801–02*)

ANSCOMBE, G(ertrude) E(lizabeth) M(argaret)

*Limerick in Ireland *1919,* ⓢLondon, Oxford und Cambridge, ⓛOxfort *1946,* und Cambridge *1970–°2001:* sprachanalytische Philosophin (Handlungstheorie und Tugendethik), Wittgenstein-Interpretin und Apologetin katholischer Glaubenslehren, verheiratet mit dem Philosophen Peter T. Geach

ANSELMUS Cantuarensis/Anselm of Canterbury/Anselmo d'Aosta

*Aosta *1033,* ᵛLyon, Cluny und Avrenches, ⓛBec *1059–93* und Caën *1063–78,* Canterbury *1093–°1109;* ᵛRoma, Bari und Liberi bei Capua *1097–1100,* ᵛRoma *1103–06:* Benediktinermönch und Erzbischof, herausragende Gestalt der frühscholastischen Philosophie (Ontologie, Sprachphilosophie)

ANTIOCHOS von Askalon

*Ashqelon *-130,* ⓢAthenai, ◡Alexandreia *-87,* ⓛAthenai *-79,* °Mesopotamia *-68:* Philosoph (Synthese von platonischer *Akadēmeia,* aristotelischem *Peripatos* und *Stoa*), Lehrer der Römer Brutus, Cicero, Lucullus und Varro

ANTISTHENĒS

Athenai **-445 bis* °*-365,* mütterlicherseits thrakischer Herkunft: Sokrates-Schüler, Begründer der kynischen Philosophie

AOKI Kon'yō

Edo **1698–°1769;* ⓢKyoto und Nagasaki: konfuzianischer Gelehrter und Promotor der »Hollandstudien« *Rangaku* (später zu »Weststudien« *Yōgaku* erweitert)

APOLLŌNIOS von Pergē

*Perge *-260,* ⓢⓛAlexandreia und Pergamon, °*-190:* Mathematiker (Kegelschnittlehre)

ARCHIMĒDĒS

Syrakusai **-287 bis* °*-212,* ⓢAlexandreia: Ingenieur, Physiker und Mathematiker (Hebelgesetz)

ARCHYTAS

Taras **-430 bis* °*-345:* herausragender »pythagoreischer« Mathematiker (mathematische Musikologie und Mechanik)

ARGUEDAS, José María

*Andahuaylas in Perú *1911,* ⓢAbancay und Lima, ⓛSicuani bei Cuzco *1939–41,* ◡México, Bolivia und Chile, ⓛLima *1962–°1969:* Schriftsteller und Anthropologe (sozial- und kulturphilosophische Darstellung der Quechua-Kultur aus einer Innenperspektive)

ARENDT, Hannah

*Hannover *1906,* ⓢMarburg (bei Heidegger), Freiburg (bei Husserl) und Heidelberg (bei Jaspers), ◡Berlin *1929,* Emigration über Paris *1933* nach ⓛNew York *(New School) 1941–°1975;* zwischenzeitlich ⓛBerkeley, Princeton und Chicago: politologische Philosophin in der Nachfolge von Jaspers (Totalitarismuskritik), verheiratet mit den Philosophen Günther Stern (Anders) und Heinrich Blücher

ARETĒ

ⓛKyrene *-4. Jh.:* Philosophin, Schulvorsteherin der von ihrem Vater Aristippos dem Älteren begründeten und von ihrem Sohn Aristippos dem Jüngeren fortgeführten »hedonistischen« Schule von Kyrene

ARGUEDAS, José María
*Andahuaylas in Perú *1911,* ⓈAbancay und Lima, ⓁSicuani bei Cuzco *1939–41,* ◡México, Bolivia und Chile, ⓁLima *1962–°1969:* Schriftsteller und Anthropologe (sozial- und kulturphilosophische Darstellung der Quechua-Kultur aus einer Innenperspektive)

ARISTARCHOS von Samos
Samos **-310 bis °-230;* ⓈAthenai (?), ⓁAlexandreia (?): Astronom, frühester bekannter Vertreter eines heliozentrischen Systems

ARISTIPPOS der Ältere
Kyrene **-435 bis °-355,* ◡Athenai und Syrakusai, ˅Korinthos und Megara: Sokrates-Schüler, Begründer der »hedonistischen« Schule von Kyrene

ARISTOPHANĒS
Athenai **-445 bis °-385:* Komödiendichter (Satire auf Sokrates und auf Aspasia)

**ARISTOTELĒS**
*Stageiros *-384,* ⓈⓁAthenai *-367,* ⓁAssos *-347,* Mytilene *-345,* Pella *-343,* Stageiros *-338* und Athenai *-335,* °Chalkis auf Euboia *-322:* zusammen mit seinem Lehrer Platon überragende Gestalt der antiken Philosophie (Logik, Ontologie, Ethik, Politologie, Poetik) und Naturwissenschaft (Biologie) im westlichen Teil der »Alten Welt«

ARKESILAOS
*Pitane in Mysia *-315,* ⓈSardeis und Athenai, ⓁAthenai *-265 bis °-240:* Schüler des Theophrastos, Begründer der mittleren, »skeptischen« *Akadēmeia*

ARNALDUS DE VILLA NOVA/Catalanus
*Villanueva de Jiloca bei Daroca in Aragón *1240,* ⓈMontpellier, Salerno, Napoli, Valencia und Barcelona, ⓁMontpellier *1289* und Paris *1299–1300,* ˅Roma, Marseille und Palermo, °Genova *1311:* Arzt und Naturwissenschaftler (»arabische« und »salernitanische« Medizin und Alchemie), Diplomat und Laientheologe (Talmudstudien)

ARNAULD, Antoine
*Paris *1612,* ⓁParis *1643–56,* ◡Port-Royal des Champs *1656–68,* Exil in den spanischen Niederlanden *1679:* °Bruxelles *1694:* Logiker, Philosoph und Theologe

ARON, Raymond
Paris **1905–°1983,* ⓈKöln und Berlin *1930–33,* ⓁLe Havre, Toulouse und Paris, London (Exil) *1940–44:* liberaler Politologe, Vermittler von deutscher Soziologie und Philosophie (M. Weber) nach France

ĀRYABHAṬA
*Kerala oder As(h)maka (?) *476,* ◡ Kusumapura/Pataliputra, *°550:* frühester historisch ausgewiesener indischer Mathematiker (Arithmetik, Algebra und sphärische Trigonometrie) und Astronom (Kugelgestalt und Rotation der Erde)

ĀRYADEVA
*Anuradhapura, ◡Dakshina Kos(h)ala, Andhra Des(h)a, Pataliputra und Prayaga (?), *2.–3. Jh.:* buddhaitischer *Mahāyāna*-Philosoph, Schüler des Nagarjuna, Ausbau der »Lehre von der Wesenlosigkeit [der Erscheinungen]« *S(h)ūnya-vāda,* Kritik an der *Sāṅkhya*- und *Vais(h)eshika*-Philosophie

ASAṄGA
*Purushapura, ⓁNalanda, Kaus(h)ambi und Ayodhya (?), *4. Jh.:* buddhaitischer *Mahāyāna*-Philosoph, Promotor der Weiterentwicklung (zusammen mit seinem Lehrer Maitreyanatha und seinem jüngeren Bruder Vasubandhu) der »Lehre von der Wesenlosigkeit [der Erscheinungen]« *S(h)ūnya-vāda* zur »Bewußtseinslehre« *Vijñāna-vāda,* damit nach tibetischer Überlieferung »dritte Drehung des Rades der Lehre«

al-ASH'ARĪ, Abu 'l-Ḥasan
*Basra *893,* °Baghdad *935:* Initiator der nach ihm benannten *Ash'ariyya*-Theologie (Verbindung von rationaler, philosophisch inspirierter Theologie *kalām,* schriftlicher Offenbarung *Qur'ān* und Überlieferung *Ḥadīth*)

AS(H)OKA/Aśoka
◡Magadha (Pataliputra), Gandhara (Takshas(h)ila) und Avanti (Ujjayini), *°-232:* Maurya-Herrscher *-268,* Förderer der Verbreitung des Buddhadharma durch Edikte soziokulturellen und ethischen Inhalts in weiten Teilen S-Asiens (entziffert *1837,* Zuschreibung gesichert *1915*) und durch die Aussendung von Missionaren bis nach Sri Lanka und Zentralasien, nach burmanischer Überlieferung auch nach Myanmar; hypothetischer Auftraggeber der Brahmi-Schrift, der Mutterschrift sämtlicher südasiatischer Schriften

AS(H)VAGHOSHA/Aśvaghoṣa
*◡Saketa, ◡Varanasi und Purushapura, *1.–2. Jh.:* buddhaitischer *Mahāyāna*-Dichter und -Philosoph, Autor einer epischen Buddha-Biographie und buddhaitischer Dramen, Berater des Kushana-Herrschers Kanishka, Mitorganisator des vierten buddhaitischen Konzils in Jalandhara oder Kashmir

ASPASIA
*Miletos, Athenai *-440 bis °-420:* Hetäre (?), philosophisch gebildete zweite Frau und Beraterin des Perikles

ATĪS(H)A/Atīśa/Dīpaṅkara S(h)rījñāna
*Vikramapura bei Dhaka *982,* ◡Sumatera (?), ⓈNalanda und Odantapuri, ⓁVikramas(h)ila, ◡W-Tibet: Tsaparang und T(h)oling *1042–45,* ◡Zentraltibet: Zhalu, Samye, Lhasa und Drayerpa bei Lhasa, °Nyetang *1054:* buddhaitischer *Tantrayāna*-Mystiker und -Gelehrter, maßgeblich beteiligt an der »Zweiten Ausbreitung des *(Buddha-)Dharma*« in Tibet

**AUGUSTINUS,** Aurelius
*Thagaste (mütterlicherseits phönikischer Herkunft) *354,* ⓈMadaura, ⓈⓁThagaste und Carthago, ˅Roma *383–84/387–88,* ⓈⓁMediolanum/Milano *384–87,* zwischenzeitlich ˅Rus Cassiciacum (Landgut zwischen Milano und Lago di Como), ˅Ostia *387,* ⓁThagaste *387* und Hippo *391–°430:* überragender (christlicher) Philosoph der späten lateinischen Antike, Rhetor, Bischof und »Kirchenvater«

AUROBINDO, S(h)rī Ghose
*Calcutta *1872,* ⓈEngland (Manchester, London und Cambridge) *1879,* ◡Baroda/Vadodara *1893,* Calcutta *1906* und Pondichéry/Puduchcheri *1910–°1950:* anfänglich nationaler Unabhängigkeitskämpfer, später Dichter, Mystiker und Philosoph (Verbindung von Ideengut aus dem *Vedānta* mit westlichen dialektischen und evolutionstheoretischen Begriffen), Gründer eines interkulturellen Ashram *1910*

AUSTIN, John
*Creeting Mill bei Ipswich in Suffolk *1790,* Malta und Sicilia (Offizier) *1806–12,* ⓈBonn *1826,* ⓁLondon *1828–33,* ◡Malta, Deutschland und Paris, Weybridge in Surrey *1848–°1859:* Initiator des »Rechtspositivismus«, Lehrer J. S. Mills

AUSTIN, J(ohn) L(angshaw)
*Lancaster *1911,* ⓈOxford, ⓁOxford *1933–°1960;* ⓁHarvard *1955* und Berkeley *1958–59:* Initiator der *Oxford School* der sprachanalytischen Philosophie *(Ordinary Language Philosophy),* Begründer der *Speech Act Theory*

AVENARIUS, Richard
*Paris *1843,* ⓈZürich, Leipzig und Berlin, ⓅLeipzig *1876* und Zürich *1877–°1896:* »empiriokritizistischer« Philosoph der »lebensweltlichen« Erfahrung und der Denkökonomie
AVERROËS → **IBN RUSHD**
AVICENNA → **IBN SĪNĀ**
al-AWZĀʿĪ, Abū ʿAmr ʿAbd ar-Raḥmān
*Dimashq (?), °Bayrut *774:* früher islamischer Rechtsgelehrter (Überlieferung *sunna* von Muhammads Handlungsweisen und mündlichen Lehren als Instrument der *Qurʾān*-Interpretation)

BAADER, Franz von
München *1765–°1841;* ⓈIngolstadt und Wien (Medizin) und Freiberg (Bergbau), England und Scotland *1792–96,* ˅Hamburg *1796:* theosophischer Philosoph, von Böhme beeinflußt und Schelling beeinflussend
BACHELARD, Gaston
*Bar-sur-Aube in Champagne *1884,* Paris *1907–13,* ⓅBar-sur-Aube *1919,* Dijon *1930* und Paris *1940–°1962:* Wissenschaftspsychologe und -philosoph (heuristische Bedeutung der poetischen Einbildungskraft)
BACHOFEN, Johann Jacob
Basel **1815–°1887 (Ⓟ1841–44);* ⓈBerlin (bei Savigny), Göttingen, Oxford, Cambridge und Paris: Rechtshistoriker (»Mutterrecht«), Anthropologe in Abstützung auf Mythologie und Symbolik
BACON, Francis
London **1561–°1626,* ◡Gorhambury in Herfordshire, ⓈCambridge *1573,* Paris *1576–79:* Politiker, aristoteles-kritischer Wissenschaftsphilosoph und Vordenker der experimentellen Naturwissenschaften der europäischen Neuzeit
BACON, Rogerus
*Ilchester in Somerset *1214,* ⓈⓅOxford und Paris, °Oxford *1294:* Franziskanermönch, scholastischer Natur-, Moral- und Sprachphilosoph
BĀDARĀYAṆA
◡Madhyama Dis(h) *-4. Jh. (?):* halblegendärer Autor des *Brahma-sūtra,* eines Grundtextes der *Vedānta*-Philosophie (Textredaktion *-4. bis +1. Jh.*)
BAER, Karl Ernst von
*Piep/Piibe bei Sankt Marien-Magdalenen/Koeru im Landkreis Jerwen/Järvamaa (Weißenstein/Paide), Estland/Eesti *1792,* ⓈReval/Tallinn, Dorpat/Tartu, Berlin, Wien und Würzburg, ⓅKönigsberg *1817* und Sankt-Peterburg *1834–67,* Dorpat *1867–°1876:* Biologe, Geologe und Naturphilosoph, Begründer der Onto- und Phylogenese vergleichenden Entwicklungslehre
BAḤYA Ben Joseph Ibn Paquda
◡Saraqusta/Zaragoza *11.–12. Jh.:* pietistischer jüdischer Theologe islamisch-neuplatonischer Inspiration
BAKHTIN/Baxtin, Mikhail Mikhailovich
*Orel *1895,* ◡Vilnius, ⓈOdes(s)a und Petrograd, ⓅNevel' *1918* und Vitebsk *1920,* Leningrad *1924,* Qostanay (Verbannung) *1929–35,* ⓅSaransk in der Republik Mordoviia *1936/1946–70,* Kimry bei Moskva *1937–46,* Moskva (sowie Klimovsk und Peredelkino bei Moskva) *1971–°1975:* herausragender philosophischer Denker des *20. Jh.* in Rossiia (Sprachphilosophie, Romantheorie, »Freudismuskritik«, Rabelais- und Dostoevskii-Interpretation)
BAKUNIN, Mikhail Aleksandrovich
*Premukhino in der Region Tver' *1814* (vielfache Rückkehr bis *1857*), ⓈSankt-Peterburg (Kadettenschule) *1828–33,* Moskva *1836–40* und Berlin *1840–42;* erstes revolutionäres Engagement in W-Europa: ˅Zürich, Paris (Kontakte mit Marx und Proudhon) *1844–47,* ˅Bruxelles, Dresden *1842/1849–50;* Rückführung über Praha *1850* und Olomouc *1851* nach Sankt-Peterburg (Zuchthaus) *1851* und Shlissel'burg am Ladogasee (Zuchthaus) *1854–57,* Verbannung nach Tomsk *1857* und Irkutsk *1859–61,* Flucht über De-Kastri, Yokohama, San Francisco, Panamá und New York nach England *1861,* Exil in W-Europa mit vielfach wechselnden Aufenthalten, Agitations- und Konferenzreisen: London (Kontakte mit Herzen, Marx und Engels) *1861–64,* Stockholm *1863–64;* France: Paris *1864* und Lyon *1870;* Italia *1864–74:* Firenze, Napoli, Sorento und Ischia, Bologna; Schweiz: Genève *1863–64/1867–69,* Jura (Neuchâtel *1869–74,* Le Locle *1869* und Saint-Imier *1872*), ˅Bern und Zürich (mehrfach), ˅Basel *1869,* ◡Locarno *1869,* Lugano *1874* und °Bern *1876:* anarchistischer Sozialphilosoph und Agitator – »Die Absurdität, die Schwäche, die Widersprüche übersteigen jedes Vorstellungsvermögen« (Dostoevskii in Genève *1876*)
BAN ZHAO
*Ling'an, ◡Xianyang bei Chang'an *49,* Luoyang *97–°120:* Dichterin, Autorin eines Buchs über die »Tugenden« der Frauen, zusammen mit ihrem Bruder Ban Gu Historiographin der (Xi-)Han-Dynastie
BÁÑEZ, Domingo
*Valladolid *1528,* ⓈSalamanca *1543–46,* ⓅÁvila *1561,* Alcalá *1567,* Valladolid *1573* und Salamanca *1577–1600,* °Medina del Campo *1604:* Dominikanermönch und Philosoph, Kontrahent von Molina im Streit um Freiheit und Determination (Gnade), theologischer Berater der Mystikerin Teresa de Ávila
BANKEI Yōtaku
*Hamada Mura (heute Stadtteil von Himeji) in Hyogo Ken *1622,* ⓈAko *1638* und Nagasaki *1650,* Lehrtätigkeit in weiten Teilen Nihons, namhafte Klostergründungen in Hamada, Shikoku und Edo, °Hamada/Himeji *1693:* *Zen*-buddhaitischer Gelehrter (Lehre vom »Ungeborenen« *anutpāda/fushō*) in der schöpferischsten Zeit der Philosophie in Nihon
BARDĒSANĒS/Bar Daisan
*Urhoy *154,* ◡Babylon (?), °Anium/Ani bei Kars in Armenia/Türkiye *222:* »aramäischer Philosoph« (von Porphyrios überlieferter Bericht über indische »Gymnosophisten«), Hymnendichter und Astrologe
BARTH, Karl
Basel **1886–°1968;* ⓈBern, Berlin, Tübingen und Marburg, ◡Genève (Aushilfsprediger) *1909,* Safenwil in der Schweiz (Pfarrer) *1911,* ⓅGöttingen *1921,* Münster *1925,* Bonn *1930–35* (entlassen) und Basel *1935–61:* Vordenker und Wortführer der »dialektischen Theologie«
BASAVA
*Bagavadi in Karnataka *1105,* ◡Mangalaveda und Kalyana in Karnataka, °Kudala Sangama *1167:* Staatsmann, unorthodoxer hinduitischer *Vīras(h)aiva*-Dichter und -Reformer
BASHŌ (»Bananenstaude«)
*Ueno in Mie Ken *1644,* Kyoto *1666* und Edo (Fukagawa Ku)

*1672–94,* poetisch-spirituelle Reisen (1) in den Westen (Ueno, Nara, Kyoto) *1684–85,* (2) nach Kashima in Kanto (am Pazifischen Ozean) *1687,* (3) in den Westen und nach Sarashina in den »Japanischen Alpen« *Nihon Arupusu 1688,* (4) in den Norden über Sendai und Matsushima bis nach Hiraizumi in Tohoku und entlang der »Japanischen See« *Nihonkai* über Kanazawa, Eiheiji und Okagi nach Kyoto (Saga) und Omi (Genjuan) *1689–91,* °Osaka (auf einer Reise nach Kyushu) *1694:* herausragender *Haiku*-Dichter, Poetologe und Reiseschriftsteller *Zen*-buddhaitischer Inspiration

BASILEIOS der Große
Kaisareia in Kappadokia **330–°379,* ◡Neokaisareia/Niksar und Annisa in Pontos, ⓢKonstantinupolis und Athenai, ᵛAigyptos, Palaistine, Syria und Mesopotamia *357–58,* ᵛKonstantinupolis *381:* Bruder von Gregorios von Nyssa und von Makrina, Bischof, herausragender christlicher Theologe und »Kirchenvater«

al-BATTĀNĪ/Albatenius
*Harran *850,* ◡Raqqa bei Baghdad, °Qasr al-Jiss bei Samarra *929:* »Sabier« *Ṣābī;* herausragender islamischer Astronom und Mathematiker (sphärische Trigonometrie) in der Tradition von Ptolemaios

BAUMGARTEN, Alexander Gottlieb
*Berlin *1714,* ⓢHalle und Jena, ⓛHalle *1737* und Frankfurt an der Oder *1740–°1762:* Schulphilosoph in der Nachfolge von Wolff, Begründer der Ästhetik als eigenständiger Disziplin

BAYLE, Pierre
*Carla(-Bayle) in den Pyrennées *1647,* ⓢPuylaurens in Tarn, ◡Toulouse, Genève und Paris, ⓛSedan in den Ardennes *1675* und Rotterdam *1681–°1706 (ⓛ1681–93):* Pionier der Aufklärungsphilosophie und Vorläufer *(»historique et critique«)* der Enzyklopädisten

BEAUVOIR, Simone de
Paris **1908–°1986;* ⓛMarseille *1931* und Rouen *1932–36,* nach *1945* interkontinentale Reisen (U.S.A., Moskva, Zhongguo, Brasil, Cuba, Nihon): Existenzphilosophin »des anderen Geschlechts«, Lebenspartnerin von Sartre

BECCARIA, Cesare
Milano **1738–°1794,* ⓢParma und Pavia, ᵛParis und Wien: aufklärerischer Rechtswissenschaftler, Strafrechtsreformer (Abschaffung der Folter und Todesstrafe)

BELINSKII/Belinskij, Vissarion Grigor'evich
*Sveaborg/Suomenlinna bei Helsinki (russisch *1808–1918*) *1811,* Chembar *(Belinskii)* in der Region Penza *1816–24,* ⓢPenza und Moskva *1829–32,* Kuraufenthalte in Kavkaz und W-Europa (Schlesien), Sankt-Peterburg *1839–°1848:* Literaturtheoretiker (sozialkritische Funktion der Literatur)

BENEDICT, Ruth
*New York *1887,* ⓢPoughkeepsie NY *(Vassar)* und New York (*Columbia,* bei Dewey und Boas), ⓛNew York *(Barnard* und *Columbia) 1923–31,* Feldforschung bei den *Amerindians* im SW und W der U.S.A. *1922–26,* ◡Washington *1943–45,* °New York *1948:* Kulturanthropologin

BENJAMIN, Walter
*Berlin *1892,* ⓢHeubinda bei Westhausen in Thüringen *1905–07,* Freiburg *1912,* München, Bern (◡Muri bei Bern) *1915–19* und Frankfurt am Main *1923,* ◡Wien *1919* und Berlin *1920–33,* ᵛSankt Moritz *1917,* Capri *1924,* Moskva *1926–27* und Ibizza/Eivissa *1932/1933,* Paris *1933–40,* ᵛSvendborg in Danmark (bei Brecht) *1934/1938,* ᵛNevers (Internierung) *1939,* °Port Bou *1940:* von der marxistischen und jüdischen Geschichtsphilosophie inspirierter Literatur-, Kunst- und Kulturtheoretiker

BENJI/Caoshan Benji
*Putian bei Quanzhou *840,* ◡Lingshi Shan bei Fuzhou, ⓢDong Shan *865–68,* °Cao Shan *901:* zusammen mit seinem Lehrer Liangjie vom Dong Shan Begründer der *Cao-Dong-/Sōtō*-Lehrrichtung des *Chan/Zen* (Lehre von den »Fünf Stufen« *wu wei* zur Erweckung)

**BENTHAM,** Jeremy
London **1748–°1832;* ⓢOxford *1860–63,* ᵛItalia, Konstantinupolis und Sankt-Peterburg *1785–88:* Rechtswissenschaftler und Moralphilosoph (Begründer des Utilitarismus, Abschaffung des Sklavenhandels)

BENUSSI, Vittorio
*Trieste *1878,* ⓢⓛGraz *1896–1918,* ⓢRoma *1898–99,* ⓛPadova *1919–°1927:* experimenteller Psychologe in der Nachfolge Meinongs (Gestaltwahrnehmung)

BERDIAEV/Berdjaev, Nikolai Aleksandrovich/Nicolas Berdiaeff
*Obukhovo bei Kiïv *1874,* ⓢKiïv *1894,* Vologda (Verbannung) *1898–1901,* Sankt-Peterburg *1904–09,* ⓢHeidelberg, ⓛMoskva *1907,* Abschiebung aus Rossiia *1922,* Berlin *1922* und Clamart bei Paris *1924–°1948 (ⓛ1924–39):* religionsphilosophischer Anthropologe, ausgehend von Dostoevskii und Nietzsche

**BERGSON,** Henri
Paris **1859–°1941;* ⓛAngers *1881* und Clermont-Ferrand *1883–87,* ᵛStockholm *1927:* führender Vertreter der Lebensphilosophie

BERKELEY, George
*Disert Castle in Kilkenny *1685,* Dublin *1700–13/1721–24* und London *1713–21/1724–28/1732–34,* ᵛKontinentaleuropa (Sicilia und Italia) *1713–14/1716–20,* Newport RI *1728–31,* Cloyne bei Cork (Bischof) *1734* und Oxford *1752–°1753:* Bewußtseinsphilosoph (Subjektivität der primären und der sekundären Sinnesqualitäten)

BERLIN, Isaiah
*Riga *1909,* Petrograd *1916–20,* Riga *1920–21,* ⓢLondon *1921–27* und Oxford *1928–32,* ⓛOxford *1932–°1997;* New York (britischer Pressedienst) *1941* und Washington DC (britische Botschaft) *1942–46,* ᵛMoskva und Leningrad (mehrfach): Kulturphilosoph (Politologie, Ideengeschichte)

BERNARD, Claude
*Saint-Julien bei Lyon *1813,* ⓢⓛParis *1834–°1878:* Physiologe und Wissenschaftstheoretiker der Medizin

BERNOULLI
Basler Mathematikerfamilie des *17.* und *18. Jh.:* herausragende Mitglieder: die Brüder Jakob und Johann und dessen Sohn Daniel; breites wissenschaftliches und philosophisches Beziehungsnetz, Tätigkeitsfeld von Paris und London bis Sankt-Peterburg und von Berlin bis Padova (Algebra, Infinitesimal-, Variations- und Wahrscheinlichkeitsrechnung, theoretische Mechanik, Hydraulik und Astronomie, Anwendung mathematischer Methoden in Medizin, Wirtschafts- und Rechtswissenschaft); Jakob: Basel **1654–°1705,* ᵛGenève *1676–77,* Leiden *1681* und London *1683;* Johann: Basel **1667–°1748,* ᵛGenève *1690* und Paris *1691–92,* ⓛGroningen *1695–1705;* Daniel: *Groningen *1700,* ⓢBasel *1705,* ⓛSankt-Peterburg *1725* und Basel *1733–°1782*

BĒRŌSSOS »der Chaldäer«/Bel-Ussur
*Babylon *-345,* °Kos (?) *-270:* Priester des Bel/Marduk und Autor einer Geschichte Babylons und seiner kosmo- und astrologischen Kultur; Referenz für die Vertreter des »chaldäischen« Ursprungs der Philosophie

BERTALANFFY, Ludwig von
*Atzgersdorf bei Wien *1901,* ⓢInnsbruck und Wien, ⓔWien *1934,* Ottawa *1949,* Los Angeles *1955,* Topeka KS *1958,* Edmonton in W-Canada *1961* und Buffalo NY *1969–°1972:* Philosoph der Biologie, Systemtheoretiker

BERZELIUS, Jöns Jacob
*Väversunda Sörgård bei Linköping *1779,* ⓢⓔUppsala, ⓔStockholm *1807–°1848;* ˅London *1812* und Paris *1826–27:* Arzt und Chemiker (chemische Nomenklatur *1811,* Elementaranalyse)

BESANT, Annie (Wood)
*London *1847,* ˅Bonn und Paris, Mitglied der *Fabian Society 1885* und der *Theosophical Society 1889* (Präsidentin *1907*), ˅Chicago *(World Parliament of Religions) 1883,* Adyar bei Madras *1893–°1933;* ◡Calcutta, Varanasi und Delhi, ˅England und U.S.A. *1926–27:* Sozialreformerin und Theosophin, Mitbegründerin des *Hindu College* in Varanasi *1898* und der *Indian Home Rule League 1916,* Präsidentin des *Indian National Congress 1917*

BESSARION, Ioannes
*Trapezus *1403,* ⓢKonstantinupolis, Mystras *1431–36* und Trapezus, Ferrara-Firenze (Konzil) *1438–39,* Konstantinupolis *1439–40,* Roma *1443–72,* Bologna *1450–55,* Deutschland (Nürnberg, Worms, Wien) *1460–61,* Venezia *1463,* °Ravenna *1472:* Kardinal, humanistischer Schriftsteller und neuplatonischer Philosoph, Einfluß auf die italienische Renaissance

BHĀRATA
◡Sapta Sindhavah: mythischer Ahnherr des nach ihm benannten adeligen *(ārya)* Geschlechts der Bharata, nach legendärer Überlieferung Autor des *Nāṭya-s(h)āstra* (»Lehrbuch der Schauspielkunst«; Textredaktion *-1. bis 4. Jh.*)

**BHARTRIHARI**/Bhartṛhari
*Ujjayini, ◡Nalanda (?) und Valabhi, °Ujjayini, *5. Jh.:* brahmanischer Grammatiker (sprachphilosophische Begründung der Metaphysik; Einflüsse auf *Vedānta-* und *Nyāya*-Philosophie)

BHĀSKARA I
*Saurashtra, ◡As(h)maka, Valabhi, Bharuch und Thanesar (?), *6.–7. Jh.:* Astronom, Kommentator des Aryabhata *(629)*

BHĀSKARA II
*Bidar oder Vijjadavida/Bijapur *1115,* ⓔUjjayini, °*1185:* Astronom und nach Aryabhata namhaftester indischer Mathematiker (Höhepunkt der Mathematik in S-Asien)

BHATTACHARYYA, Krishna-Chandra
*S(h)irampur bei Calcutta *1875,* ⓢCalcutta, ⓔ*Gouvernment Colleges* in Bangla *1898,* Amalner *(Indian Institute of Philosophy) 1933* und Calcutta *1935–37,* °*1949:* brahmanischer *Neo-Vedānta*-Philosoph mit Bezugnahme auf die Philosophie Kants

BHĀVAVIVEKA/Bhavya
ⓔNalanda und Valabhi *6. Jh.:* buddhaitischer *Mahāyāna*-Philosoph *(Svātantrika),* Verselbständigung der buddhaitischen Logik

BIDPAI → VISHNUS(H)ARMAN

BINSWANGER, Ludwig
Kreuzlingen **1881–°1966;* ⓢLausanne, Heidelberg und Zürich, Jena *1907–08,* ˅Freiburg: Psychiater, Pionier der Verbindung von Psychoanalyse und phänomenologischer »Daseinsanalyse«

al-**BĪRŪNĪ,** Abu 'r-Rayḥān
*Birun/»Vorstadt« von Kath *973,* ˅Rayy *955 (?),* ◡Gilan *995,* Kath *997,* ˅Bukhara, Gorgan *999,* Khwarezm (Kath und Gurganj) *1003,* ⓔGhazna *1017–°1050;* Indienreise (im Gefolge der Eroberungszüge des Mahmud von Ghazna) über Kabul, Kashmir und Panjab wahrscheinlich bis Thanesar: Polymath, Astronom und Geograph, (hermeneutisch vorgehender) Indologe und Philosoph

BLAVATSKY, Madame/Blavatskaia/Helena Petrovna Hahn von Rottenstern
*Ekaterinoslav/Dnipropetrovs'k in Ukraina *1831,* Saratov an der Volga *1842–48;* Reisen in Europa *1846–91,* Misr *1848/1870–71,* N-Amerika (U.S.A., Canada *1851,* México *1852) 1851–79,* S-Asien (Bombay, Colombo, Galle, Madras) *1852–85* und SW-Asien (Tbilisi *1861–63,* Palmyra *1871*); längere Aufenthalte in New York *1873–79,* Adyar bei Madras *1882,* Würzburg *1885* und London *1887–°1891:* Okkultistin mit Berufung auf ägyptische, indische und tibetische Inspirationen; zusammen mit Olcott Gründerin der *Theosophical Society 1875*

BOAS, Franz
*Minden in Westfalen *1858,* ⓢHeidelberg, Bonn, Kiel und Berlin, ⓔNew York *1886–°1942;* zwischenzeitlich ⓔWorcester MA und Chicago: modellhafte Feldforschungen bei den Kwakiutl in W-Canada und den Inuit auf Baffin Island, Initiator der sprachen-, regionen- und kulturenzentrierten Anthropologie in den U.S.A.

BODHIDHARMA/(Puti) Damo/Talma/(Bodai) Daruma
*Kanchipura(m) (?), Nanhai/Guangzhou *520* oder *420 (?),* Jinling/Nanjing, ◡Luoyang, ◡Song Shan *(Shaolin Si),* °*532* oder *479 (?):* legendärer erster Patriarch des *Dhyāna/Chan/Zen* und Begründer des *Shaolin*-Kampfsports

BODIN, Jean
*Angers *1530,* ⓢⓔToulouse, ◡Paris *1561* und Laon *1583–°1596:* Rechtswissenschaftler, politologischer Philosoph (Souveränitäts- und Toleranztheorie) und Pionier der Geldtheorie

BOETHIUS, Anicius Manlius Severinus
*Roma *480,* ⓢAthenai (?), ◡Ravenna, °Ticinum/Pavia *525:* Staatsbeamter, Vermittler hellenischer Philosophie (Lebensweisheit und Logik) an das lateinische Mittelalter

BOETHIUS DACUS
*Dacia/Danmark, ⓢRoskilde, ⓢⓔParis, *13. Jh.:* Dominikanermönch, scholastischer Philosoph (Vertreter des »lateinischen Averroismus«)

BÖHME, Jacob
*Alt Seidenberg/Stary Zawidów in Schlesien *1575,* Görlitz *1599–°1624;* ˅Prag, Striegau/Strzegom in Schlesien *1622* und Dresden *1624:* Schustermeister, theosophischer Mystiker, frühester in deutscher Sprache schreibender Philosoph (»Philosophus Teutonicus«)

BOHR, Niels
København **1885–°1962;* ◡Cambridge *1911* und Manchester *1912–15,* Princeton *1939* und Los Alamos *1943–45,* ˅Stockholm *1922,* Tokyo und Kyoto *1937:* Quantenphysiker und Philosoph (Atommodell, »Kopenhagener Deutung« der Quantenphysik)

BOLTZMANN, Ludwig
*Wien *1844,* ⓢLinz, Wien Heidelberg und Berlin, ⓛGraz, Wien, München und Leipzig, ᵛU.S.A. (St. Louis, Berkeley) *1904,* °Duino bei Trieste *1906:* theoretischer Physiker (Gastheorie, Thermodynamik, Atomistik) und Wissenschaftsphilosoph

BOLZANO, Bernard
Prag **1781–°1848 (ⓛ1805–19);* Rückzug nach Těchobuz *1823–41:* Erkenntnis-, Religions- und Moralphilosoph, Protagonist der »Böhmischen Aufklärung«, Kant-Kritiker, Vorläufer der mathematischen Logik und Mengenlehre, der analytischen und der phänomenologischen Philosophie des *20. Jh.*

BONAVENTURA/Giovanni Fidanza
*Bagnoregio bei Orvieto *1217,* ⓢⓛParis, Ordensgeneral der Franziskaner *1257* (◡Assisi, Roma und Viterbo), °Lyon *1274:* Franziskanermönch, von der neuplatonischen Philosophie inspirierter Theologe

BONNET, Charles
Genève **1720–°1793;* Landgut in Genthod bei Genève: Pionier der empirischen Biologie und Psychologie, Naturphilosoph

BOOLE, George
*Lincoln *1815,* ⓛCork *1849,* °Ballintemple bei Cork *1864:* Begründer der mathematischen Logik und der »Booleschen Algebra«

BORGES, Jorge Luis
*Buenos Aires *1899,* ⓢGenève *(Collège Calvin) 1914,* ◡España (Mallorca) *1919,* Buenos Aires *1921* (Bibliothekar *1938–46,* Direktor der Nationalbibliothek *1955–73*) und Genève *1985–°1986:* surrealistischer Schriftsteller-Philosoph

BOSCOVICH, Ruggero Giuseppe/Bošković, Rudjer Josip
*Ragusa/Dubrovnik *1711,* ⓛRoma *1740* und Pavia *1764,* ◡Paris (nach Aufhebung des Jesuitenordens) *1773* und Milano *1783–°1787:* Jesuit, Mathematiker und Physiker (Betrachtung der Atome als ausdehnungsloser Kraftzentren)

BOUCHER DE PERTHES, Jacques
*Rethel in den Ardennes *1788,* Abbeville *1825–°1868:* Zöllner, autodidaktischer Wegbereiter der Paläoanthropologie (Präsentation von Steinwerkzeugen des »antediluvianischen«, eiszeitlichen Menschen *1838,* anerkannt seit *1859*)

BOYLE, Robert
*Lismore in Ireland *1627,* ◡Dublin, ⓢEton, ᵛFrance und Italia (Genève *1639–44,* Firenze *1641–42*), ◡Stalbridge in Dorset *1644,* Oxford *1654* und London *1668–°1691:* Pharmakologe, Naturphilosoph (mechanistische Atomistik) und Wegbereiter der analytischen Chemie

BRADLEY, F(rancis) H(erbert)
*Clapham in Surrey bei London *1846,* ⓢCheltenham und Marlborough College, ⓢ◡Oxford *1865–°1924:* Repräsentant des *British Idealism* (Ethik, Logik, Metaphysik)

BRAHMAGUPTA
◡Bhillamala und Ujjayini, **598–°665:* Mathematiker und Astronom (Rezeption in Baghdad *8. Jh.* und durch al-Biruni *11. Jh.*)

BRECHT, Bertolt
*Augsburg *1898,* ◡München *1917* und Berlin *1924,* Exil in: Svendborg auf Fyn in Danmark *1933,* Iitti in Suomi *1939,* Santa Monica bei Los Angeles *1941* und Zürich *1947,* Berlin-Ost *1948–°1956:* von der marxistischen Ideologie inspirierter Dichter und Dramatiker, literarischer Vermittler altchinesischer Weisheit (Mo Zi und Lao Zi)

BRENTANO, Franz
*Marienberg bei Boppard im Rheinland *1838,* ⓢMünchen, Würzburg, Berlin, Münster und Tübingen, ⓛWürzburg *1866* und Wien *1874,* Firenze *1896* und Zürich *1915–°1917:* von Aristoteles inspirierter Philosoph (empirische Psychologie, Erkenntnisphilosophie, Ontologie und Ethik), Wegbereiter der analytischen und der phänomenologischen Philosophie des *20. Jh.*

BRIHASPATI/Bṛhaspati
◡Madhyama Dis(h) *-5. Jh. (?):* halblegendärer Begründer der (von den Brahmanen als heterodox betrachteten) materialistischen *Lokāyata*-Philosophie, Lehrer des Carvaka oder mit diesem identisch

BROUWER, Luitzen
*Overschie bei Rotterdam *1881,* ⓢⓛAmsterdam, ᵛWien *1928,* °Blaricum in Holland *1966:* Initiator der intuitionistischen und konstruktivistischen Mathematik und Logik

BRUCKER, Jacob
Augsburg **1696–°1770;* ⓢJena, ⓛKaufbeuren bei Augsburg *1724–44:* erster deutscher Autor einer (»kritischen«) Geschichte der Philosophie

BRUNO, Giordano
*Nola bei Napoli *1548,* ⓢNapoli *1562,* Flucht nach Roma *1576,* ⓛGenève *1578,* ᵛLyon *1579,* ⓛToulouse *1579,* ⓛParis *1581–83/1585–86,* ◡London und ᵛOxford *1583–85,* ⓛWittenberg *1586,* ᵛPraha *1588,* ⓛHelmstedt *1588,* ᵛFrankfurt am Main *1590* und ◡Venezia *1591,* Roma *1593–°1600* (als Ketzer verbrannt): spekulativer Naturphilosoph

BUBER, Martin
*Wien *1878,* Lemberg *1881–92,* ⓢWien, Leipzig und Zürich, ᵛBasel *1899/1901,* ⓛBerlin und Frankfurt am Main, ◡Heppenheim an der Bergstraße (zwischen Heidelberg und Darmstadt), ⓛYerushalayim *1938–°1965:* Religions- und Sozialphilosoph »aus den Quellen des Judentums« (chassidische Mystik), Theoretiker der zionistischen Bewegung

BÜCHNER, Ludwig
Darmstadt **1824–°1899,* ⓢStraßburg und Gießen, ⓢⓛTübingen, ᵛLausanne *1867:* Arzt und Populärphilosoph (»Vulgärmaterialist«), Bruder des Dichters Georg Büchner

BUCK, Pearl S(ydenstricker)
*Hillsboro WV *1892,* ◡Qingjiang in Jiangsu *1896,* Zhenjiang (Sommeraufenthalte auf dem Lu Shan) *1896,* Nanxuzhou in Anhui *1917* und ⓛNanjing *1919–34,* zwischenzeitlich ⓢShanghai *1909–10,* Lynchburg VA *1910–14* und Ithaca NY *(Cornell) 1924–26,* ᵛUnzen bei Nagasaki *1927* und Shanghai *1927–28,* ◡New York und Green Hills Farm in Bucks County PA *1934,* ᵛStockholm *1938,* °Danby VT *1973:* Schriftstellerin, vermittelt mit ihren Romanen die zeitgenössische chinesische Lebenswelt (Verknüpfung des Konflikts zwischen den Generationen mit dem Konflikt zwischen eigener und fremder Kultur), Lebensgemeinschaft mit dem Philosophen W. E. Hocking *1963–°1966*

**BUDDHA**/Siddhārtha Gautama/Siddhattho Gotamo/S(h)ākyamuni/Fo/Pul/Butsu
*Lumbini, Kapilavastu (bis zum 29. Lebensjahr), sechs Jahre Wanderleben als »Asket« *śramaṇa,* Buddha Gaya (»Erwachen« *bodhi* im 35. Lebensjahr), Saranatha (erste Lehrrede im »Seherhain« *Rishipatana* und damit »erste Drehung des Ra-

des der Lehre« *dharma-cakra-pravartana*), Wanderleben zwischen Kos(h)ala und Magadha, häufiges Regenzeitquartier in S(h)ravasti (im »Siegerhain« *Jetavana*) und Rajagriha (mehrmaliger Rückzug auf den »Geiergipfel« *Gridhrakūta*), °Kus(h)inagara (»vollständiges Erlöschen« *parinirvāṇa*); umstrittene Lebenszeit: *-563 bis -483* oder *-448 bis -368* (nach sin(g)halischer Tradition *-624 bis -544*)*:* Begründer der nach ihm benannten philosophischen »Lehre« Buddhadharma (»Mittelweg« *mādhyamā pratipad* zwischen Askese und Hedonistik zur Erlösung vom Leiden, Kritik am brahmanischen Ritualwesen und Theismus)

BUDDHABHADRA/Jiaoxian
*Nagarahara/Jelalabad in Afghanestan (Familie aus Kapilavastu) *359,* ⓢKashmir, ◡Nanhai/S-China, Chang'an *408,* Lu Shan *410* und Jiankang/Nanjing *413–°429:* Übersetzer (zusammen mit Faxian) buddhaitischer Texte ins Chinesische, darunter des »Blumengirlanden-Sutra« *Avatamsaka-sūtra/ Huayan-jing* (Grundtext der *Huayan*-Lehrrichtung)

BUDDHADATTA
*Uragapura, ⓢ*Kelasavihara* bei Uragapura und *Mahavihara* in Anuradhapura, ◡Bhutamangala am Kaveri-Fluß, *5. Jh.:* buddhaitischer *Theravāda*-Philosoph, nach burmanischer Überlieferung Missionar in Myanmar

**BUDDHAGHOSA**
*◡Buddha Gaya, Andhra Des(h)a oder Kanchipura(m), ⓛAnuradhapura, *5. Jh.:* herausragender buddhaitischer *Theravāda*-Philosoph, Kompilator und Kommentator des Pali-Kanons

BUDDHAPĀLITA
◡S-Asien, *5. Jh.:* buddhaitischer *Mahāyāna*-Philosoph in der Tradition von Nagarjuna, Begründer der *Prāsaṅgika*-Lehrrichtung

BUFFON, Georges Louis Leclerc de
*Montbard bei Dijon *1707,* ⓢDijon und Angers, ◡Nantes *1830,* ᵛItalia (Roma) und England (London), Paris *1732–°1788* (Sommeraufenthalte in Montbard): empirischer Naturforscher (Geologie und Biologie) und Theoretiker der Naturgeschichte

BÜHLER, Karl
*Meckesheim bei Heidelberg *1879,* ⓢFreiburg, Straßburg, Würzburg und Berlin, ⓛWürzburg *1907,* Bonn *1909,* München *1913,* Dresden *1918,* Wien *1922,* Oslo *1938,* Duluth MN *1939* und Saint Paul MN *1940,* Los Angeles *1945–°1963:* Wahrnehmungs-, Sprach- und Denkpsychologe; Zusammenarbeit mit Külpe (»Würzburger Schule«) und der Entwicklungspsychologin Charlotte Bühler

BUKHTĪSHŪ'
syropersische Ärztefamilie in Gondeshapur *8.–11. Jh.:* Ärzte und Spitalgründer in Baghdad *786,* Vermittler hellenischer und indischer Medizin

BULGAKOV, Sergei Nikolaevich
*Livny bei Orel *1871,* ⓢMoskva, Berlin, London und Paris, ⓛKiïv *1901* und Moskva *1906–18,* Simferopol' auf Krim *1919,* Zwangsemigration über Konstantinupolis nach Deutschland *1922,* ⓛPraha *1923* und Paris *1925–°1944:* anfänglich marxistischer, später christlicher Wirtschaftswissenschaftler, Religionsphilosoph, ausgehend von Solov'ev

BURCKHARDT, Jacob
Basel **1818–°1897;* ⓢBerlin und Bonn *1839–43,* ⓛZürich *1855–58:* Kultur- und Kunsthistoriker

BURGUNDIUS PISANUS/Burgundio da Pisa
Pisa **1110–°1193,* diplomatische Mission in Konstantinupolis *1168–71:* Übersetzer hellenischer Schriften ins Lateinische

BURIDANUS, Ioannes/Jean Buridan
*Béthune in Picardie *1295,* ⓢⓛParis, *°1360:* scholastischer Philosoph (Nominalismus in der Nachfolge von Ockham), Aristoteles-Kommentator

BURKE, Edmund
*Dublin *1729,* ⓢBallyduff in York, Ballitore in Kildare und Dublin, ◡London *1750,* ᵛParis *1773,* °Beaconsfield bei London *1797:* liberaler Politiker *(Whig)* und konservativer Politologe, Kritiker der Französischen Revolution und der britischen Kolonialverwaltung in India, Philosoph der ästhetischen Erfahrung

BURLAEUS, Gualterus/Walter Burley
*Burley in Wharfedale oder Burley bei Leeds *1275* (?), ⓢⓛOxford und Paris, ᵛAvignon, Toulouse und Bologna, ◡Durham, °Great Chart in Kent *1345* (?): scholastischer Philosoph (ockhamkritischer Verteidiger des Universalienrealismus)

BURNOUF, Eugène
Paris **1801–°1852 (ⓛCollège de France 1832):* Pionier der Avesta- und der Pali-Sprachforschung sowie der europäischen Geschichtsschreibung des Buddhadharma

BURZŌĒ/Borzūya
*Abarshahr/Nishapur oder Marv, ◡Ktesiphon, ᵛIndia, °Iran, *6. Jh.:* Arzt, Vermittler medizinischer Kenntnisse und der *Pañcatantra*-Tierfabeln aus dem Sanskrit ins Persische

BUTÖN/Bu-ston Rin-po-che
◡Zhalu, **1290–°1364:* buddhaitischer Gelehrter, Historiker, Kommentator und Endredaktor des tibetobuddhaitischen Kanons

BYRON, Lord/George Gordon
*London *1788,* ◡Aberdeen und Newstead Abbey in Nottinghamshire, ⓢLondon *1801* und Cambridge *1805,* »Orientreise« *1809–11* (ᵛIoannina, Tepelena in Shqipëria/Albania, Athina, Smyrna/Izmir, Troia, Konstantinupolis), ◡London *1811,* Italienreise über Genève und Schloß Chillon nach Venezia *1816,* Ravenna *1819,* Pisa *1821* und Genova *1822–23,* Mesolongi in Hellas *1823–°1824:* romantischer Dichter (Kultur- und Europamüdigkeit, *Oriental Tales*)

CABANIS, Georges
*Cosnac in Limousin *1757,* Vilnius (Bischofssekretär) *1773–75,* ⓢParis *1777,* ◡Reims *1784,* Auteuil bei Paris *1785* und ⓛParis *1797,* °Rueil bei Paris *1808:* Arzt, Physiologe und materialistischer *Idéologue* (»le cerveau fait organiquement la sécrétion de la pensée«)

CAITANYA, S(h)rī Krishna/Śrī Kṛṣṇa/Vis(h)vambhara Mis(h)ra
*Navadvipa *1486,* ◡Puri, Pilgerreisen in weiten Teilen Indias: im S bis nach Rames(h)vara(m); ᵛGaya, Varanasi, Allahabad, Mathura und Vrindavana *1515,* °Puri *1534:* hinduitischer *Vaishṇava*-Mystiker und -Philosoph (»Hingabe«-/*bhakti*-Religiosität)

CALVIN, Jean
*Noyon in Picardie *1509,* ⓢParis, Orléans und Bourges, reformatorische Tätigkeit in Basel *1535–36,* Straßburg *1535/*

*1538–41* und Genève *1536–38/1541–°1564:* kirchlicher Reformator und Theologe

CAMÕES, Luís Vaz de

*Lisboa *1525,* ⓈCoimbra (?), ◡Ceuta, Goa und Macau, °Lisboa *1580:* Schriftsteller (epische Beschreibung der »lusiadischen« Entdeckung des Seewegs nach India)

CAMPANELLA, Tommaso

*Steniano bei Stilo in Calabria *1568,* ◡Napoli *1589,* Firenze, Padova und Roma, Kerkerhaft in Napoli *1599* und Roma *1626–29,* Paris *1634–°1639:* Dominikanermönch, Autor des utopischen »Sonnenstaates« *La città del sole*

CAMUS, Albert

*Mondovi/Drean in Algérie française *1913,* Alger *1914–40,* ˅Tipasa, Bijaya und Oran, Paris *1940–60, Résistance* in der Region um Lyon und Saint-Étienne *1940–43,* ˅Stockholm *1957,* °Villeblevin bei Montereau-Font-Yonne, Val de Seine *1960:* existenzphilosophischer Schriftsteller

CANDRAKĪRTI

*S-India, ⓁNalanda, *7. Jh.:* buddhaitischer Philosoph (Erkenntnispsychologie und Logik) in der Tradition von Nagarjuna (*Prāsaṅgika*-Lehrrichtung)

CANETTI, Elias

*Ruse/Rushchuk in Bălgariia *1905,* ◡Manchester *1911,* Wien *1913,* Zürich *1916,* Frankfurt am Main *1921,* Wien *1924–38,* Berlin *1928–29,* Paris *1938,* London *1939–88* und Zürich *1971–°1994;* ˅Marrakush *1954,* ˅Stockholm *1981:* Schriftsteller und Soziologe

CANTOR, Georg

*Sankt-Peterburg *1845,* ◡Wiesbaden, Frankfurt am Main und Darmstadt, ⓈZürich, Berlin und Göttingen, ⓁHalle *1869–°1918:* Begründer der mathematischen Mengenlehre

CARAKA

◡Kashmir und Purushapura, *2. Jh. (?):* (möglicherweise buddhaitischer) Arzt des Kushana-Herrschers Kanishka, Autor des frühesten erhaltenen südasiatischen Lehrbuchs der Medizin *(Caraka-saṃhitā),* nach eigenen Angaben basierend auf einem Text des vedischen »Sehers« Agnives(h)a *(-8. Jh.?)*

CARDANUS, Hieronymus/Geronimo Cardano

*Pavia *1501,* ⓈPadova, ⓁMilano *1534,* Pavia *1543* und Bologna *1562,* ˅Edinburgh *1552,* Roma *1570–°1576:* Arzt, Mathematiker und Naturphilosoph (»Hylozoismus«)

CARNAP, Rudolf

*Ronsdorf-Wuppertal *1891,* ◡Barmen-Wuppertal, ⓈJena und Freiburg, Kriegsdienst *1914,* ◡Berlin *1917* und Jena *1921,* ⓁWien *1926* (»Wiener Kreis«) und Prag *1931–35,* Emigration in die U.S.A. *1935,* ⓁHarvard *1936/1941–42,* Chicago *1936,* Princeton *1952* und Los Angeles *1954–62,* °Santa Monica CA *1970:* Philosoph des logischen Positivismus

CARO, Joseph/Qārō, Yōsef

*Toledo oder Portugal *1488,* Portugal *1492–96,* Asyl im Osmanischen Reich: Nikopolis/Nikbuli, Istanbul, Hadrianopolis/Edirne und Selanik, ◡Misr (?), ⓁZefat *1536–°1575:* einflußreichster jüdischer Rechtsgelehrter *(Halakha)* nach Maimonides, Kabbala-Kenner

CARUS, Carl Gustav

*Leipzig *1789,* ⓁDresden *1814–°1869;* ˅Weimar *1821:* Arzt und naturphilosophischer Psychologe

CARUS, Paul

*Ilsenburg im Harz *1852,* ⓈGreifswald, Straßburg und Tübingen, ⓁDresden, Emigration über England und New York nach La Salle IL *1887–°1919:* »monistischer« Wissenschafts- und Religionsphilosoph, Organisator des *World Parliament of Religions* in Chicago *1893*

CĀRVĀKA

◡Madhyama Dis(h) *-5. Jh. (?):* Schüler des Brihaspati oder mit diesem identisch, Begründer der nach ihm auch *Cārvāka* genannten materialistischen *Lokāyata*-Philosophie

CASSIODORUS

*Scylaceum (Familie syrischer Herkunft) *490,* ◡Calabria, Roma und Ravenna, Vivarium bei Scylaceum *540–°580:* Staatsbeamter, als Gründer des Klosters und der Klosterbibliothek von Vivarium Vermittler hellenischer und römischer Kultur an das lateinische Mittelalter

CASSIRER, Ernst

*Breslau *1874,* ⓈBerlin, Leipzig, Heidelberg, München und Marburg, ⓁBerlin *1906,* Hamburg *1919,* Oxford *1933,* Göteborg *1935,* New Haven *(Yale) 1941* und New York *1944–°1945:* Polymath und neukantianischer Philosoph

CAVENDISH, Margaret

*Essex *1623,* Paris, Rotterdam und Antwerpen (Exil) *1644–60,* Heirat mit William Cavendish (First Duke of Newcastle) *1650,* Welbeck Abbey *1660–°1673:* Duchess of Newcastle und Mitglied des *Newcastle Circle* in Welbeck Abbey (zusammen mit Hobbes, dem Tutor der Cavendish-Familie), descartes- und hobbeskritische Naturphilosophin, früheste englischsprachige Autorin wissenschaftlicher und philosophischer Werke

CERVANTES, Miguel de

*Alcalá de Henares *1547,* ⓈMadrid und Roma, Offizier in Napoli (Einsätze von Lepanto bis nach Tunis) *1570–75* und Sklave in al-Jazā'ir/Alger *1575–80,* rasch wechselnde Aufenthalte: Madrid, Esquivias in La Mancha, Sevilla, Valladolid und wiederum Madrid *1606–°1616:* überragender Romanschriftsteller in spanischer Sprache *(Don Quixote)*

CÉSAIRE, Aimé

*Basse-Pointe auf Martinique *1913,* ⓈFort-de-France *1924* und Paris *1931–36,* ⓁFort-de-France *1939:* Politiker, Dichter und Denker der *Négritude*-Bewegung (zusammen mit Senghor)

CHAADAEV/Čaadaev, Petr Jakovlevich

Moskva **1794–°1856;* ˅W-Europa (Erlangen) *1823–26:* Initiator der »Slavophilie« (Rossiia als Gegenstand philosophischer Überlegungen, in seinem Fall von einem konservativen westlichen Standpunkt aus)

CHATEAUBRIAND, François René

*Saint-Malo in Bretagne *1768,* ◡Combourg, ⓈDol-de-Bretagne, Rennes und Paris, London *1793* und Paris *1800–°1848; Voyage en Amérique 1791–92* über Baltimore MD, Philadelphia, New York und das Gebiet der Iroquois bis zu den Niagara Falls (und fiktiv zu den Natchez in Louisiana); *Itinéraire à Jérusalem 1806–07* über Hellas (Sparta und Athina) und Konstantinupolis und zurück über Alexandria, Cairo, Carthago, Córdoba und Granada; diplomatischer Dienst in Roma, Berlin, London und Verona: romantischer Schriftsteller, Politiker und Politologe der Restauration (exotisch-verfremdende Darstellung antiker und »orientalischer« Kulturen: »je parle éternellement de moi«)

CHENG Hao

*Zhongshan/Dingzhou in Hebei oder Luoyang *1032,* ⓈChen/Yuanling *1046–47;* Kaifeng *Ⓢ1052–59/Ⓛ1067–70/1081;*

Amtsperson in Shaanxi (Hu bei Xi'an) und Henan (Fugou *1078–80*), ᵛChengdu *1067,* Zhenning in Guizhou (Verbannung) *1070,* ⓔLuoyang *1073–78/1082–°1085:* neokonfuzianischer Philosoph, einer der »Fünf Meister« *Wu Zi* der Bei-Song-Zeit, älterer der »zwei [Brüder] Cheng« *Er Cheng,* Initiator der neokonfuzianischen »(Natur-)Prinzip-Lehre« *(Xing-)Li Xue* (Akzentuierung von »Menschlichkeit« *ren* und »Selbstkultivierung« *xiushen,* spekulatives Klassikerstudium), Berufungsinstanz der mehr intuitionistisch-idealistischen Richtung innerhalb der neokonfuzianischen Lehrrichtung

**CHENG Yi**/Yichuan

*Luoyang *1033,* ⓢChen/Yuanling *1046–47;* Kaifeng ⓢ*1052–59/*ⓔ*1084–87;* Chengdu *1067–71/1080/1091;* Fugou *1078,* Fuzhou/Fuling in Sichuan (Verbannung) *1097–1100;* ⓔLuoyang (Landsitz und Lehrstätte am Yi He) *1072–83/1088–97/1100–°1107:* herausragender neokonfuzianischer Philosoph der Bei-Song-Zeit, einer ihrer »Fünf Meister« *Wu Zi,* zusammen mit seinem Bruder Hao Begründer der neokonfuzianischen »(Natur-)Prinzip-Lehre« *(Xing-)Li Xue* (Gleichsetzung der »menschlichen Natur« *xing* mit dem universalen »Ordnungsprinzip« *li*), Berufungsinstanz der mehr rationalistisch-realistischen Richtung innerhalb der neokonfuzianischen Lehrrichtung

CHENGGUAN

*Shanyin/Shaoxing *738,* ⓔWutai Shan *(Qingliang Si),* ᵛChang'an, °*839:* vierter Patriarch und Systematiker der buddhaitischen *Huayan*-Lehrrichtung

CHERNYSHEVSKII/Černyševskij, Nikolai Gavrilovich

*Saratov an der Volga *1828,* ⓢSankt-Peterburg, ⓔSaratov *1851,* ᴗSankt-Peterburg *1853* (Festungshaft *1862–64*), ᵛLondon *1859,* Verbannung nach Nerchinsk *1864,* Viliuisk *1871* und Astrakhan' *1883–89,* °Saratov *1889:* nonkonformistischer Sozialphilosoph, von den russischen Marxisten als Vorläufer interpretiert

**CHINUL**/Mogu-ja (»Rinderzähmer«)

*Tongju-gun/Sohung-gun in Hwanghae-do *1158,* ⓢKaesong *1182,* ⓢ*Kulsan-sa* auf Sagul-san, *Ch'ongwon-sa* bei Mokp'o in Cholla-namdo, *P'omun-sa* auf Haga-san in Kyongsang-pukdo *1185, Kojo-sa* auf P'algong-san bei Taegu *1188,* ᴗChiri-san *(Sangmuju-am) 1197* und *Suson-sa/Songgwang-sa* am Chogye-san *1200–°1210:* buddhaitischer Wandermönch und Gelehrter, Begründer der *Caoxi-/Chogye*-Lehrrichtung in der Tradition Huinengs, jedoch mit der Tendenz, die verschiedenen Lehrrichtungen zu harmonisieren (Verbindung von »Meditation« *Chan/Sŏn* und »Textstudium« *Jia/Kyo*)

CHISHOLM, R(oderick) M(ilton)

*North Attleborough MA *1916,* ⓢNew York, Providence RI *(Brown)* und Harvard, ⓔPhiladelphia PA *1946* und Providence RI *1947–°1999;* ⓔGraz (mehrfach): analytischer Philosoph in der Nachfolge von Brentano und Meinong (realistische Ontologie, phänomenologische Erkenntnistheorie, Wertethik)

CHISHTI Mu'in ad-Dīn

*Sestan *1141,* ⓢSamarqand, Bukhara und Nishapur, Wanderleben zwischen Baghdad, Samarqand und Ghazni, ᴗLahore, Ajmer *1191–°1236:* muslimischer Mystiker, Begründer des frühesten und »indischsten« *Ṣūfī*-Ordens in S-Asien *Chishtiyya*

CH'OE Cheu

*Kajong bei Kyongju *1824,* ᴗUlsan *1845,* Ch'ongsong-san bei *T'ongdo-sa 1853–54* und Yongdam-jong am Kumi-san bei Kyongju, °Taegu *1864* (hingerichtet): Begründer der koreanischen »Ostschule« *Tonghak* (»Lehre des Himmlischen Weges« *Ch'ŏndo-gyo,* vergleichbar mit der ideologischen Reformbewegung des »Himmlischen Reiches des Großen Friedens« *Taiping Tianguo* in *1851–64*), Amalgam von buddhaitischer, daoitischer, konfuzianischer, schamanaitischer und eschatologisch-christlicher Weltanschauung, angeregt durch die von ihm bekämpfte (katholisch geprägte) »Westschule« *Sŏhak*

CHOMSKY, Noam

*Philadelphia PA *1928,* ⓢPhiladelphia (bei Goodman) und Harvard (bei Quine), ⓔCambridge MA *(MIT) 1955:* Sprachtheoretiker, Promotor der »kognitiven Wende« in den Humanwissenschaften und politisch engagierter Intellektueller, herausragender *philosopher-scientist* der 2. Hälfte des *20. Jh.*

CHŎNG Chedu/Hagok (»Dunsttal«)

*S(e)oul *1649,* ᴗAnsan in Hwasong-gun bei S(e)oul *1690,* Kanghwa-do *1710–°1736:* einziger namhafter neokonfuzianischer Philosoph der von Wang Yangming vertretenen Lehrrichtung *(Yangmyŏnghak)* in Han'guk

CHŎNG Ch'ol/Songgang (»Kieferfluß«)

*S(e)oul *1536,* ᴗS(e)oul, ᵛBeijing, °Kanghwa-do *1594:* Amtsperson, neokonfuzianischer Gelehrter und herausragender Dichter (in koreanischer Sprache, Themen: Loyalität und Leben in der Natur)

CHŎNG Mongju/P'oŭn (»Eremit des Gemüsebeetes«)

**1337,* ᴗKaesong, ᵛKyushu *1377* und Nanjing *1386,* °Kaesong *1382* (ermordet): Staatsbeamter, einer der »Drei Eremiten« *samŭn* und Wegbereiter der neokonfuzianischen Philosophie in Han'guk

**CHŎNG Yagyong**/Tasan (»Teeberg«)

*Kwangju bei S(e)oul *1762,* ⓢᴗS(e)oul *1776,* ᴗSuwon *1793,* Kumjong in Ch'ungch'ong-namdo *1795* und Koksan in Hwanghae-do *1796,* ⓔSoch'on bei Kwangju *1799,* Verbannung *1801* nach Changgi bei P'ohang in Kyongsang-pukdo, Kangjin und Tasan bei Kangjin, ᴗKwangju und Mahyon in S(e)oul *1818–°1836:* eigenständiger konfuzianischer Philosoph, herausragender Repräsentant der empirisch vorgehenden »pragmatischen Schule« *sirhak* in Han'guk, mitinspiriert von der »Westschule« *sŏhak* (und der Interpretation der konfuzianischen Philosophie durch Ricci in Zhongguo)

CHRISTINE DE PISAN/Cristina da Pizzano

*Venezia *1365,* ᴗBologna *1365,* Paris *1368,* ᵛOrléans *1399–1404,* Kloster in Poissy (?) bei Paris *1418–°1430:* frühhumanistische Schriftstellerin (in französischer Sprache) und Philosophin

CHRYSIPPOS

*Soloi (phönikischer Herkunft ?) *-280,* °Athenai *-205:* stoischer Philosoph (Willensfreiheit, *Apatheia*-Ethik, *Pneuma*-Lehre und Logik)

CHURCH, Alonzo

*Washington DC *1903,* ⓢPrinceton, Harvard, Göttingen und Amsterdam, ⓔPrinceton *1929* und Los Angeles *1967–90,* °Hudson OH *1995:* mathematischer Logiker

**CICERO,** Marcus Tullius

*Arpinum in Latium *-106,* Roma, Tusculum und Formiae (mit Unterbrechungen) *96–43;* Bildungsreise nach Hellas und Asia Minor (Athenai, Korinthos, Sparte, Miletos, Smyrna,

Rhodos) *79–77,* Sicilia (Lilybaeum) *-75,* Thessalonike (Verbannung) *58–57,* Kilikia (˅Tarsos, ˅Ikonion/Konya, ˅Laodikeia am Lykos/Denizli) *51–50,* Brundisium *48–47,* °Caieta/ Gaeta bei Formiae *-43:* eklektischer Philosoph, Staatsmann, Rhetor und Rhetoriker

CLARKE, Samuel
*Norwich in Norfolk *1675,* ◡Cambridge und Norwich, London *1706–°1729:* Naturphilosoph (Verteidiger Newtons gegenüber Leibniz) und Befürworter einer »natürlichen Theologie«

CLAUBERG, Johannes
*Solingen bei Wuppertal *1622,* ⓢBremen, Groningen, Paris und Leiden, ⓛHerborn *1649* und Duisburg *1651–°1665:* früher Promotor der cartesianischen Philosophie in Deutschland

CLAUSEWITZ, Carl von
*Burg bei Magdeburg *1780,* Eintritt in die preußische Armee *1793* und Teilnahme an Kriegszügen gegen Napoléon, in russischen Diensten *1812–14,* ˅France (Internierung) *1806,* ˅Coppet *1807,* ˅Königsberg *1808,* ⓛBerlin *1810–30* und Koblenz *1815–18,* Breslau *1830–°1831:* Kriegstheoretiker

COHEN, Hermann
*Coswig bei Wittenberg *1842,* ⓢDessau, Breslau, Berlin und Halle, ⓛMarburg *1873* und Berlin *1912–°1918:* Haupt der »Marburger Schule« der neukantianischen Philosophie und Religionsphilosoph »aus den Quellen des Judentums«

COLEBROOKE, Henry Thomas
London **1765–°1837;* France *1777–81,* India *1783–1814* (◡Calcutta, Tirhut und Purnia in Bihar, ◡Nagpur, ⓛFort William in Calcutta *1805*): Begründer (zusammen mit W. Jones) der europäischen Indologie, Übersetzer (Manu *1797*) und Herausgeber (Panini *1809*)

COLLINGWOOD, R(obin) G(eorge)
*Cartmell Fell in Lancashire *1889,* ◡Rugby, ⓢⓛOxford *1908–41,* °Coniston in Cumbria *1943:* Geschichts- und Kulturphilosoph

COMENIUS, Johannes Amos/Jan Amos Komenský
*Nivnice *1592,* ⓢPřerov, Herborn *1611* und Heidelberg *1613,* ⓛPřerov *1614* und Fulnek *1618,* Flucht *1621,* ⓛLeszno/Lissa *1628–56* mit Zwischenaufenthalten in London *1641–42,* ⓛElbing *1642–48* und Sárospatak *1650–54,* Amsterdam *1656–°1670:* Bischof der »böhmischen Brüder« und reformpädagogischer Philosoph (»Pansophie«)

COMTE, Auguste
*Montpellier *1798,* Paris *1814–°1857:* »positivistischer« Philosoph und einer der Begründer der Soziologie als eigenständiger Disziplin

CONDILLAC, Étienne Bonnot de
*Grenoble *1715,* ⓢLyon, ◡Paris *1733,* zwischenzeitlich Parma *1758–67,* Mitglied der *Académie française 1768,* Flux bei Beaugency *1773–°1780:* Aufklärungsphilosoph und empirischer (»sensualistischer«) Psychologe, ausgehend von Locke

CONDORCET, Marie-Jean-Antoine-Nicolas Caritat de
*Ribemont *1743,* ⓢReims und Paris, Mitglied der *Académie des sciences 1769* und der *Académie française 1782,* °Bourg-la-Reine *1794:* Mathematiker (Wahrscheinlichkeitstheorie) und Aufklärungsphilosoph (Fortschrittstheorie), Promotor und Opfer der Französischen Revolution

CONFUCIUS → **KONG ZI**

CONRAD, Joseph/Józef Teodor Konrad Korzeniowski
*Berdichiv/Berdyczów *1857,* ◡Vologda in Rossiia *1862,* Lwów *1868* und Kraków *1869–74,* Seefahrer zwischen allen fünf Kontinenten (hauptsächlich Karibik, S- und SO-Asien, Australien) von Marseille *1874* und von England *1878–94* aus, Fahrt auf dem Congo ins »Herz der Finsternis« *1890,* ◡London, Essex und Kent: *Capel House* in Orlestone bei Ashford *1910–19, Oswalds House* in Bishopsbourne bei Canterbury *1919–°1924:* Schriftsteller (Menschenleben als Schiffahrt auf hoher See und in einem Dschungel; zeitgenössischer westeuropäischer und russischer Imperialismus, gesehen mit den »westlichen Augen« eines polnischen Aristokraten, späte Freundschaft mit Russell)

CONRAD-MARTIUS, Hedwig
*Berlin *1888,* ⓢ(als eine der ersten Frauen in Deutschland) München und Göttingen *1910,* ◡Bergzabern in der Pfalz (Bewirtschafterin einer Obstplantage) *1912–38,* Arnstorf in Niederbayern *1944–48,* München *1949* und Starnberg in Oberbayern *1957–°1966:* phänomenologische Naturphilosophin, verheiratet mit dem Phänomenologen Theodor Conrad

CONSTANT, Benjamin
*Lausanne *1767,* ⓢBruxelles, Erlangen, Oxford und Edinburgh, Paris *1785–1802/1814–15/1816–°1830,* befreundet mit Germaine de Staël *1794–1806,* Exil in der Schweiz (Coppet) und in Deutschland (Weimar *1804*): frühromantischer Schriftsteller und liberaler Politologe

CONSTANTINUS AFRICANUS
*Tunis oder Sicilia *1020,* ⓢQayrawan (?), Heilkräuterhändler im Mittelmeerraum und in SW-Asien, ◡Salerno *1075* und °Montecassino *1087:* Pharmakologe und frühester Übersetzer medizinischer Schriften aus dem Arabischen ins Lateinische *(orientis et occidentis magister)*

COPERNICUS, Nicolaus/Mikołaj Kopernik/Nikolaus Koppernigk
*Toruń *1473,* ⓢKraków *1491–94,* Bologna *1496,* Roma *1500,* Padova *1501* und Ferrara *1503,* ◡Lidzbark Warmiński/Heilsberg *1503* und Frombork/Frauenburg *1510–°1543* (zwischenzeitlich ◡Olsztyn/Allenstein und Pieniężno/Mehlsack): revolutionärer Astronom (Ablösung des ptolemäischen durch das nach ihm benannte heliozentrische Weltbild)

CORBIN, Henry
*Paris *1903,* ˅Deutschland (Freiburg) *1930–36,* ⓛIstanbul *(Institut français) 1939,* Tehran *(Institut français) 1945* und Paris *1954–°1978;* Mitbegründer der *Université Saint-Jean* in Jerusalem *1974:* Pionier in der Geschichtsschreibung der mystischen Philosophie im Islam *(Sufitum)* und der vergleichenden Spiritualitätsforschung

CORDOVERO, Moses
**1522* (Familie aus Córdoba), Zefat *1540–°1570:* Kabbala-Gelehrter

COUSIN, Victor
*Paris *1792,* ⓛParis *1815/1830,* ˅Deutschland (Heidelberg und Weimar *1817,* München *1818,* Dresden *1824,* Berlin *1824–25/1831,* Frankfurt *1831*), ˅Holland, °Cannes *1867:* eklektischer Philosoph und Bildungspolitiker (Vermittler des »Deutschen Idealismus« und des preußischen Bildungssystems in France)

CRESCAS, Ḥasdai
*Barcelona *1340,* Zaragoza *1388–°1410;* ˅Navarra (Pamplona): jüdischer Religionsphilosoph, Kritiker der aristotelischen Philosophie des Maimonides und des Gersonides

CROCE, Benedetto
*Pescasseroli di L'Aquila *1866,* Casamicciola auf Ischia (vom Erdbeben verschüttet) *1883,* ⓈRoma *1883–86,* ⓅNapoli *1886–°1952:* von Hegel inspirierter idealistischer Philosoph, Literaturtheoretiker und liberaler (antifaschistischer) Politiker (Minister in Roma *1920–21* und *1944*)

CSOMA Körösi, Sandor
*Körös/Criş *1784,* ⓈNagyenyed/Aiud in Transilvania *1799–1815* und Göttingen *1816–18,* Forschungsreise *1819* über Konstantinupolis, Alexandreia, ⓈTehran, ⓈMashhad, Lahore, Srinagar, Dras/Himbabs und Leh in Ladakh, ⓈZangla und Phugtal in Zanskar *1822–26,* ⓈSabatha bei S(h)imla und Kanum in Kinnaur *1827–30* nach Calcutta *(Asiatic Society) 1831–42* mit zwischenzeitlichem Sprachaufenthalt in Titalia bei Malda in Pashim Bangla *1835–37,* °Darjiling (auf dem Weg nach »Lhasa and beyond«) *1842:* auf der Suche nach der Urheimat der Magyaren (vermutet in der Gegend um Yarkand/Shache in Xinjiang Uygur) erschließt er die tibetische Sprache und entdeckt die Philosophie in der tibetobuddhaitischen Religion

CUDWORTH, Ralph
*Aller in Somerset *1617,* Cambridge *1632–°1688;* ⓅNorth Cadbury in Somerset *1650–54:* Repräsentant des *Cambridge Platonism,* einer der frühesten ausschließlich Englisch schreibenden Philosophen, Vater von Damaris Masham

CUI Shu
*Daming in Hebei *1740,* ◡Luoyuan und Shanghang in Fujian, °*1816:* textkritischer Philosoph der »Schule der Überprüfungen und Beweise« *Kaozheng Xue*

CURIE, Marie/Marya Skłodowska
*Warszawa *1867,* Paris *1891–1934* (als erste Frau Professorin für Physik an der *Sorbonne 1906*), ˅Stockholm *1903/1911,* °Sancellemoz bei Sallanches in Savoie *1934:* Physikerin (Radiochemie, zusammen mit ihrem Mann Pierre Curie und der Tochter Irène Joliot-Curie)

CUSANUS, Nicolaus/Nikolaus von Kues
*Kues/Cusa *1401,* ⓈHeidelberg, Deventer (?), Padova und Köln, ◡Trier, ˅Koblenz und Paris, ◡Basel (Konzil) *1432,* ˅Konstantinupolis *1437,* ˅Ferrara und Firenze (Konzil) *1438–39,* ◡Roma, ◡Deutschland (päpstlicher Legat), Brixen/Bressanone in S-Tirol/Alto Adige *1452–58,* °Todi in Umbria *1464:* ökumenischer Kirchenpolitiker und -reformator, Philosoph zugleich mystischer und mathematischer Prägung

CUVIER, Georges
*Mömpelgard/Montbéliard *1769,* ⓈStuttgart *1784,* Privatlehrer in Normandie *1788,* ⓅParis *1795–°1832:* Begründer der vergleichenden Anatomie und der wissenschaftlichen Paläontologie (antideszendenztheoretische »Katastrophentheorie«)

**DAI** Zhen
*Longfu/Tunxi in Xiuling, Huiyang, Anhui *1724,* ⓈHuizhou, Beijing *1754–°1777;* zwischenzeitlich Yangzhou *1757–62,* Baoding in Hebei *1768–69,* Taiyuan und Fengzhou/Xinfeng in Shanxi *1769–72* und Jinhua *1772–73:* Polymath und herausragender Philosoph des *18. Jh.,* Repräsentant der *Kaozheng Xue* (»Schule der Überprüfungen und Beweise«) und der damit verbundenen *Han Xue* (textkritische Erforschung der Han-Zeit, der empirischen Forschung zugewandt, Betonung des *qi*-Prinzips gegenüber dem *li*-Prinzip, Ableitung des sittlich »Notwendigen« *biran* aus dem »Naturgegebenen« *ziran*)

DAMASKIOS
*Damaskos *462,* ⓈAlexandreia *480,* ⓈⓅAthenai *482,* nach der Schließung der *Akadēmeia 529* Exil im sasanidischen Ktesiphon *530–32* (?), ⓅHarran (?), °Emesa *540* (?): neuplatonischer Philosoph, letztes Schuloberhaupt der *Akadēmeia*

DANILEVSKII/Danilevskij, Nikolai Jakovlevich
*Oberets in der Region Orel *1822,* ⓈSankt-Peterburg, Verbannung *1849–53,* wissenschaftliche Expeditionen (im Auftrag K. E. von Baers) *1853* an der Volga und im Kaspischen Meer, in der Arktis, im Weißen, Schwarzen und Azovschen Meer, °Tbilisi *1885:* »slavophiler« Geschichtsphilosoph und darwinkritischer Biologe (Kulturtypenlehre mit Einfluß auf Spengler: nichtlineare Unterteilung der Geschichte der Menschheit in zehn kulturgeschichtliche Typen, *Rossiia i Evropa*)

**DANTE,** Alighieri
*Firenze *1265,* ⓈBologna (?), nach der Verbannung aus Firenze *1302* ◡Casentino bei Arezzo, Bologna (?), ˅Paris (?), ˅Pisa *1312,* ◡Verona *1303/1316* und Ravenna *1319–°1321:* herausragender Dichter des christlichen Mittelalters *(La Divina Commedia),* Philosoph (Sprachtheorie und politische Philosophie)

DAOAN
*Fuliu in Hebei *314,* ◡Ye/Linzhang, Wanderleben in den Provinzen Hebei, Henan und Hubei, ◡Shaoxing, Heng Shan in Hebei, Xiangyang *365* und Chang'an *379–°385:* buddhaitischer Philosoph (»Vollendung der Weisheit« *prajñā-pāramitā*), Anreger von Übersetzungen und neuen Übersetzungskonzepten

DAOCHUO
Bingzhou bei Taiyuan **562–°645:* Popularisator der buddhaitischen Lehrrichtung des »Reinen Landes« *Sukhavatī/Jingtu/Jōdo*

DAOSHENG
*Julu/Pingxiang in Hebei *355,* ⓈLu Shan *397,* Chang'an *405–08* und ◡Jiankang/Nanjing *409,* °*434:* buddhaitischer Philosoph, Schüler des Kumarajiva, durch seine Auffassung von der allen Wesen innewohnenden »Buddha-Natur« *foxing* Wegbereiter der *Chan-/Zen-* und der *Tiantai-/Tendai*-Lehrrichtung

DĀRĀ SHIKŌH/Shukoh
*Ajmer *1615,* ◡Agra, Dihli/Delhi, Lahore und Srinagar, °Dihli *1659* (von seinem Bruder Aurangzeb als Apostat hingerichtet): Großenkel von Akbar dem Großen und Sohn von Jahan Ara, Religionsphilosoph (begriffsanalytische Verbindung von *Ṣūfī-* und *Vedānta*-Philosophie), Leiter der Übersetzung der *Upanishadas* und anderer religionsphilosophischer Schriften aus dem Sanskrit ins Persische

**DARWIN,** Charles
*The Mount bei Shrewsbury in Shropshire *1809,* ⓈEdinburgh (Medizin) *1825* und Cambridge (Theologie) *1828,* Forschungsreise auf dem Schiff *Beagle* um die Erde *1831–36,* ◡London *1836* und Downe *(Down House)* bei London *1842–°1882:* Begründer der nach ihm benannten biologischen Evolutionstheorie

DASGUPTA, Surendranāth
*Kus(h)tia in Bangladesh *1885,* ⓈCalcutta, ⓁChittagong *1911–24,* ⓈCambridge *1920–22,* ⓁCalcutta *1924–45,* ᵛEuropa und U.S.A. *1924–39,* ⓁCambridge *1949* und Lucknow *1950–°1952:* Geschichtsschreiber der »indischen Philosophie«

ad-DAWĀNĪ, Muḥammad Ibn As'ad
*Dawan bei Kazerun in Fars *1427,* ⓈⓁShiraz, °Heerlager Abu al-Fath bei Kazerun *1503:* islamischer Rechtsgelehrter und Philosoph (Ethik, Politologie und Mystik)

DELBRÜCK, Max
*Berlin *1906,* ⓈGöttingen und Berlin *1932–37,* ⓁNashville TN *(Vanderbilt) 1940–47* und Pasadena CA *(Caltech) 1937–39/1947–°1981,* ᵛStockholm *1969:* Biophysiker und einer der Begründer der Molekularbiologie und der Verschiebung der naturwissenschaftlichen Forschung von der Physik zu den Lebenswissenschaften

DELMEDIGO, Elijah Ben Moses Abba /Elia Cretensis
Candia/Herakleion **1460–°1497;* ⓁItalia (Padova, Firenze, Venezia, Perugia und Bassano in Veneto) *1480–94:* Arzt und Religionsphilosoph »aus den Quellen des Judentums«, kabbalakritischer Vermittler maimonidischer und averroistischer Philosophie in Italia

DELMEDIGO, Joseph Solomon
*Candia/Herakleion *1591,* ⓈPadova *1606,* ᵛVenezia, ◡Candia, al-Qahira und Kontantinupolis, ᵛWallachia, Moldov(i)a, Polska und Lietuva, ᵛVilnius *1620,* ◡Hamburg, Glückstadt in Holstein, Amsterdam, Frankfurt am Main *1630* und Praha *1648–°1655:* Arzt und Philosoph »aus den Quellen des Judentums«, Kabbala-kritisch in der Tradition seines Vorfahren Elijah Delmedigo

**DĒMOKRITOS**
*Abdera *-460,* ᵛAthenai, nach der Überlieferung Bildungsreisen in Phoinike, Syria, Babylonia, Aigyptos und nach Meroë, °*-370:* herausragender hellenischer Naturphilosoph, zusammen mit seinem Lehrer Leukippos Initiator einer atomistischen und mechanistischen Physik und Sinnesphysiologie

**DESCARTES,** René/Renatus Cartesius
*La Haye(-Descartes) *1596,* ⓈLa Flèche *1606* und Poitiers *1615–16,* ◡Nederland *1618–19* (Kontakt mit I. Beeckmann in Breda *1618*), Reisen in Mitteleuropa *1619–20* mit längerem Aufenthalt in Deutschland (Militärdienst in Bayern, Traumnacht in Neuburg an der Donau (?) *10./11. November 1619*), Italia (Venezia, Roma) *1623–24,* Paris *1625–28,* Nederland *1628–49* mit rasch wechselnden Aufenthalten in Deventer, Amsterdam, Leiden, Santpoort bei Haarlem, Egmond-Binnen und Egmond aan den Hoef, zwischenzeitlich ᵛParis *1644/1647/1648,* Stockholm (Einladung von Königin Kristina Wasa) *1649–°1650:* Mathematiker (Grundlegung der analytischen Geometrie), mechanistischer Physiker und Physiologe, herausragender »neuzeitlicher« Philosoph (Methodologie und Epistemologie, Bewußtseinsphilosophie, »Leib-Seele-Dualismus«, »angeborene Ideen«)

DEUSSEN, Paul
*Oberdreis bei Neuwied im Rheinland *1845,* ⓈSchulpforta (zusammen mit Nietzsche), Bonn, Tübingen und Berlin, ⓁGenève *1872,* Aachen *1875,* Berlin *1881* und Kiel *1889–°1919;* ᵛHellas, Filastin, Misr, al-Jaza'ir und India: von Schopenhauer angeregter und Nietzsche anregender Vermittler südasiatischer Philosophie

DEWEY, John
*Burlington VT *1859,* ⓁOil City PA *1879,* ⓈBaltimore MD *(Johns Hopkins) 1781,* ⓁAnn Arbor MI *(University of Michigan) 1884,* Chicago *1894* und New York *(Columbia) 1904–°1952;* ⓁTokyo, Beijing und Nanjing *1919–21,* ᵛIstanbul *1924,* Moskva *1928* und Edinburgh *1929:* Philosoph (Anthropologie, Pädagogik, Ästhetik), herausragende Gestalt des »amerikanischen Pragmatismus« nach Peirce

DHAMMAPĀLA/Dharmapāla
*Tamil Nadu, ⓈAnuradhapura, ⓁBadaratittha in Nagapattina(m) und Kanchipura(m) (?) *5. Jh.:* buddhaitischer Theravāda-Philosoph

DHARMAGUPTA/Fami
*Lata, ⓈKanyakubja und Devavihara in Takka/Panjab, Chinareise über Kapis(h)i, Kashgar, Kuqa und Turpan nach Chang'an *590* und °Luoyang *619:* Geograph Zentralasiens und Übersetzer buddhaitischer Texte ins Chinesische

**DHARMAKĪRTI**
*Tirumalapura *600,* ⓁNalanda, Missionsreisen durch ganz India, °Kalinga/Orissa *660:* herausragender buddhaitischer Philosoph (»Bewußtseinslehre« *Vijñāna-vāda,* Fortentwicklung der Erkenntnispsychologie und Logik Dignagas)

DHARMAPĀLA
*Kanchipura(m) *530,* ⓁNalanda: buddhaitischer *Mahāyāna*-Philosoph der »Bewußtseinslehre« *Vijñāna-vāda,* Schüler des Dignaga in zweiter Generation und Lehrerslehrer des Xuanzang

DHARMAPĀLA, Anagārika/Siri Devamitta Dhammapāla/David Hewavitarne
Sri Lanka **1864–°1933,* ⓈKotte bei Colombo, ◡Colombo (Gründung der *Mahābodhi Society 1891*), ᵛAdyar bei Chennai *1884,* Nihon (erstmals *1889,* zusammen mit Olcott), Buddha Gaya und Calcutta *1891,* Chicago *(World Parliament of Religions) 1893* und London (Gründung der *Buddhist Lodge of the Theosophical Society*) *1925:* Protagonist einer »modernistischen« Reformation des Buddhadharma: meditativ, sozialreformatorisch, antikolonialistisch und nationalistisch (»a pure Aryan Dharma, promulgated by an Aryan, preached by the Aryans to the Aryans«)

DHARMARAKSHA/Dharmarakṣa/Fahu
*Dunhuang *230,* Reise durch Zentralasien, möglicherweise bis nach S-Asien, ◡Chang'an und Luoyang, °*309:* Übersetzer buddhaitischer Texte und zentrale Gestalt der frühen buddhaitischen Gemeinde in Chang'an

DHYANABHADRA/Zhikong/Chigong
*N-India, ⓁBeijing, ᵛKaesong, ◡Kumgang-san und *Hoeamsa* in Yangju-gun bei S(e)oul, °Zhongguo *1363:* namhaftester buddhaitischer Missionar aus S-Asien in Han'guk *(Chan/Sŏn)*

DIDEROT, Denis
*Langres *1713,* Paris *1728–°1784;* zwischenzeitlich Vincennes (Gefängnis) *1749,* ᵛDen Haag und Sankt-Peterburg (bei Katharina der Großen) *1773:* Aufklärungsphilosoph, Hauptherausgeber der *Encyclopédie,* befreundet mit Sophie Volland

*1755–84,* großes Beziehungsnetz (Rousseau, Condillac, d'Alembert, d'Holbach, Helvétius)

DIETRICH VON FREIBERG/Theodoricus Teutonicus de Vriberch
*Freiberg *1240,* ⓢParis, ⓔTrier und Paris, ◡Würzburg, °*1320:* Dominikanermönch, thomaskritischer scholastischer Philosoph

**DIGNĀGA**/Diṅnāga
*Simharakatra(m) bei Kanchipura(m) *480,* ◡Andhra Des(h)a und Ajanta (?), ⓢAyodhya (?), ⓔNalanda und Ratnagiri (?), °Kalinga/Orissa *540:* herausragender buddhaitischer Erkenntnispsychologe und Logiker in der Nachfolge von Vasubandhu (Trennung zwischen der unmittelbaren sinnlichen Erkenntnis und der Erkenntnis durch Schlußfolgerung, Kritik an der brahmanischen Logik *Nyāya,* grundlegend für die »Bewußtseinslehre« *Vijñāna-vāda*)

DILTHEY, Wilhelm
*Biebrich bei Wiesbaden *1833,* ◡Wiesbaden, ⓢHeidelberg und Berlin, ⓔBasel *1866,* Kiel *1868,* Breslau *1871* und Berlin *1882–1905,* °Seis am Schlern/Siusi bei Bolzano in S-Tirol/Alto Adige *1911:* hermeneutischer Philosoph der Geisteswissenschaften und deskriptiver Psychologe

DIOGENĒS BABYLŌNIOS/von Babylōn(ia)
*Seleukeia *-240,* ⓢⓔAthenai, ᵛRoma *-156 bis -155,* °*-150:* stoischer Philosoph

DIOGENĒS von Sinōpē
*Sinope *-400,* ◡Athenai, ᵛKrete, °Korinthos *-323 (?):* namhaftester Repräsentant der kynischen Lebensphilosophie, »verrückt gewordener Sokrates« *Sōkratēs mainomenos* (Platon)

DIONYSIOS Areopagitēs/Pseudo-Dionysios
◡Syria (?) *5. Jh.:* im Mittelalter mit dem Paulos-Schüler und ersten Bischof von Athenai gleichgesetzt, von Proklos inspirierter neuplatonischer christlicher Philosoph

DIOP, Cheikh Anta
*Caytou bei Diourbel in Sénégal *1923,* ⓢDakar und Saint-Louis in Sénégal, ⓢⓔParis *1946–60* (ⓢbei Bachelard und Griaule), ⓔDakar *1960–°1986:* Kulturhistoriker (Promotor der Hinwendung der Archäologie zum afrikanischen Hintergrund und Kontext der Kulturen im »alten Ägypten«)

DIOSKORIDĒS Pedanios
*Anazarbos *1. Jh.:* römischer Militärarzt, Autor des klassischen Werks der Arzneimittellehre im westlichen Teil der »Alten Welt«

DIOTIMA
legendäre Priesterin in Mantineia *-5. Jh.,* Symbolfigur für das Verhältnis von Eros und Erkenntnis in Platons Dialog *Symposion*

DIRAC, P(aul) A(drien) M(aurice)
*Bristol *1902,* ⓢCambridge *1923,* København *1926,* Göttingen und Leiden *1927,* ⓔCambridge *1927–68,* Princeton *1934–35* und Tallahassee FL *1968–°1984;* ᵛMoskva *1928–73,* ᵛStockholm *1933:* mathematischer Physiker (relativistische Quantenmechanik)

DIVICIACUS
*Region um Bibracte/Mont Beuvray bei Augustodunum/Autun in Bourgogne (beides Hauptorte der keltischen Haedui), ᵛRoma, *-1. Jh.:* namhaftester keltischer Druide (Priester, Richter, Gelehrter), Gesprächspartner des Cicero über »Naturkunde« *physiologia*

**DŌGEN** Zenji
*Kyoto *1200,* ⓢHieizan *1213,* Omi *(Onjoji)* und Kyoto, (ᵛNingbo, ⓢTiantai Shan, Tiantong Si und Ayuwang Si bei Ningbo) *1223–27,* ⓔKyoto *1227, Uji (Anyoin* und *Koshoji) 1230* und Eiheiji auf dem Kichijozan *1244–53,* ᵛKamakura *1247–48,* °Kyoto *1253:* herausragender *Zen*-buddhaitischer Philosoph, Begründer des *Sōtō Zen,* der japanischen Weiterentwicklung des chinesischen *Caodong Chan* (»stille Erleuchtung« *mokusho* durch die »Meditation im Lotussitz allein« *shikan taza/zazen*)

DONG Zhongshu
*Guangchuan in Hebei *-195,* ⓔChang'an, ◡Yangzhou und Jiaoxi in Shandong, °*-105:* Han-zeitlicher Staatsmann und Philosoph (Einbringung kosmologischen Ideenguts – daoitische Lehren von den »Fünf Phasen« *wu xing* und *Yin-Yang* – in die konfuzianische Philosophie), Initiator der Erhebung der konfuzianischen Philosophie zur Staatsideologie

DORZHIEV, Agva(a)n/Ngavang Dorje/Vagindra
*Buriatiia *1853,* ◡Sankt-Peterburg, Lhasa und Drepung, ◡Atsagatskii Datsan (Kloster) bei Ulaan Ude, °Ulaan Ude *1938:* buddhaitischer Mönch, Agent im Dienst des russischen Zaren und Berater des 13. Dalai Lama, Vermittler tibetobuddhaitischer Religiosität nach Rossiia (buddhaitischer Tempel in Sankt-Peterburg *1911*)

DŌSHŌ
*Kawachi bei Osaka *629,* ⓢChang'an *653–60,* ⓔAsuka bei Nara, Wohlfahrtstätigkeit als Ingenieur in ganz Nihon, °*700:* buddhaitischer Gelehrter, Vermittler der »*Nur-Bewußtsein*-Lehre« *Vijñāna-vāda/Weishi/Yuishikishū* und Begründer der diese Philosophie pflegenden Lehrrichtung *Faxiang Zong/Hossō Shū* in Nihon

**DOSTOEVSKII**/Dostoevskij, Fedor Mikhailovich/Theodore Dostoyevsky
*Moskva *1821,* ⓢSankt-Peterburg *1838–49* (Scheinhinrichtung), Omsk (Straflager) *1850* und Semipalatinsk/Semey (Zwangsmilitärdienst) *1854–59,* ◡Tver' *1859;* Sankt-Peterburg *1859–°1881;* fünf »Europareisen« *1862* (London)/*1863/1865/1867–71* (Genève *1867,* Firenze *1868–69* und Dresden *1869–71*)/*1876* (Kur in Bad Ems); ᵛOptina-Pustyn' (mit Solov'ev) *1878,* ᵛMoskva (»Pushkin-Rede«) *1880;* mehrfache Landaufenthalte in Staraia Russa *1872–80:* Schriftsteller-Philosoph und -Psychologe (Nietzsche: »der einzige Psychologe, von dem ich etwas zu lernen hatte«), eine der drei überragenden Gestalten der russischen Literatur im *19. Jh.* (mit Pushkin und Tolstoi), Anreger spiritueller Religions- und Existenzphilosophie, Freudscher Psychoanalyse und Bakhtinscher Literaturtheorie

DRIESCH, Hans
*Bad Kreuznach bei Frankfurt am Main *1867,* ◡Hamburg, ⓢFreiburg, Jena und München, ᵛEngland und India, ◡Napoli *1891,* ⓔHeidelberg *1900,* Köln *1920* und Leipzig *1921–°1941* (zwangsemeritiert *1933*); ⓔAberdeen *1907–08,* Nanjing und Beijing *1922 23* und Buenos Aires *1928:* Biologe und Naturphilosoph (»Neovitalismus«)

DU Fu
*Gongxian am Song Shan *712,* ⓢChang'an, Wanderleben *730–45,* ◡Luoyang *744* und Chang'an *746–55,* ◡Fengyang und Huazhou in Shaanxi, Qinzhou und Tonggu/Chengxian in Gansu, Chengdu und Kuizhou in Sichuan, °Leiyang bei Hengyang *770:* zusammen mit seinem Freund Li Bai über-

ragende Gestalt der »Goldenen (Tang-)Zeit« der Dichtkunst in Zhongguo

DU BOIS-REYMOND, Emil
Berlin **1818–°1896,* ⓢBerlin und Bonn, ᵛParis *1850* und England *1850/1855/1866:* Elektrophysiologe und Populärphilosoph (»Grenzen der Naturerkenntnis«)

DU CHÂTELET-LOMONT, Émilie
*Paris *1706,* Cirey-sur-Blaise in Champagne (zusammen mit Voltaire) *1734–48,* ◡Bruxelles und Paris, °Lunéville in Lorraine *1749:* Mathematikerin und Naturphilosophin, ausgehend von Newton, Locke und Leibniz, befreundet mit Voltaire *1733–49*

DUHEM, Pierre
*Paris *1861,* ⓛLille *1887,* Rennes *1893* und Bordeaux *1894–1916,* °Cabrespine bei Carcassonne *1916:* Physiker, Wissenschaftshistoriker und -philosoph (»Duhem-Quine-These« der empirischen Unterbestimmtheit aller Theorie)

**DUNS SCOTUS,** Ioannes
*Duns oder Maxton in Scottish Borders *1265,* ⓢNorthampton, ⓢⓛOxford, ⓛParis *1302/1304* und Köln *1307–°1308:* Franziskanermönch, *Doctor Subtilis* der scholastischen Philosophie

DURKHEIM, Émile
*Épinal *1858,* ⓢParis und Leipzig, ⓛSens, Saint-Quentin, Troyes, Bordeaux *1887* und Paris *(Sorbonne) 1902–°1917:* Sozialanthropologe, Moral- und Religionsphilosoph

ECKHARDUS Teutonicus/Meister Eck(e)hart
*Hochheim bei Gotha *1260,* ⓢⓛErfurt, Köln und Paris, ◡Straßburg, °Avignon oder auf dem Weg zur Inquisition nach Avignon *1328:* Dominikanermönch, Mystiker und Philosoph

**EINSTEIN,** Albert
*Ulm *1879,* ◡München *1894,* ⓢAarau in der Schweiz *1895* und Zürich *(ETH) 1896–1900,* Bern (»technischer Experte dritter Klasse« am Patentamt) *1902,* ⓛZürich *(Universität) 1909,* Prag *(Deutsche Universität) 1911* und Zürich *(ETH) 1912,* Berlin *(Kaiser-Wilhelm-Institut) 1914* und Princeton *(Institute for Advanced Studies) 1933–°1955;* ⓛLeiden *1919–25,* ᵛBruxelles *(Solvay) 1911–30,* Stockholm *1921,* Paris *1921/1922,* Yerushalayim, Tokyo, Sendai und Kyoto *1923,* Davos *1927* und Le Coq/De Haan bei Oostende (letzter Aufenthalt in Europa) *1933:* revolutionärer Physiker (Relativitätstheorie, Versuch einer einheitlichen Feldtheorie) und politisch engagierter Intellektueller, herausragender *philosopher-scientist* der 1. Hälfte des *20. Jh.*

EISAI
*Kibitsu in Okayama Ken *1141,* ⓢHieizan, *1168/1187–91* (ⓢTiantai Shan, *Ayuwang Si* und *Tiantong Si* bei Ningbo), ⓛKyushu (Hafenstädte Hirado und Hakata), Kyoto und Kamakura, °Kamakura *1215: Zen*-buddhaitischer Gelehrter, Begründer des *Rinzai Zen,* der japanischen Weiterentwicklung des chinesischen *Linji Chan,* und des ersten japanischen *Zen*-Klosters (*Shofukuji* in Hakata), Autor eines Medizinbuchs, Promotor der Teekultur in Nihon und der Verbindung des *Zen* mit der Lebensform der Samurai

ELIADE, Mircea
*Bucureşti *1907,* ⓢCalcutta (bei Dasgupta) und Rishikesh bei Haridvara *1928,* ⓛBucureşti *1932,* ◡London *1940* und Lisboa *1941,* ⓛParis *1945* und Chicago *1956–°1986:* vergleichender Religionsphilosoph

ELIJAH BEN SOLOMON Zalman/Ha-Gaon mi-Vilna/Vilniaus Gaoni Elijahu
*Selets bei Grodno in Belarus' *1720,* ⓢKedainiai in Lietuva *1727,* ᵛZhovkva/Żółkiew, Leszno und Berlin, ⓛVilnius *1748–°1797:* herausragender jüdischer Gelehrter der Aufklärungszeit in O-Mitteleuropa, Gegner der chassidischen Bewegung

ELISABETH von Böhmen/von der Pfalz
*Heidelberg *1618,* ◡Berlin, Exil in Holland (Den Haag) *1627,* ⓢLeiden (Kontakt mit Descartes *1642*), Berlin *1646–50,* ᵛHeidelberg *1650,* Herford *1661–°1680* (Äbtissin des lutherischen Frauenstifts *1667*): Philosophin und Theologin

EMERSON, Ralph Waldo
*Boston *1803,* ⓢHarvard, Concord MA *1834–°1882;* ᵛEuropa: Roma, Paris, London und Craigenputtock in Scotland (bei Carlyle) *1832–33,* ᵛLondon und Paris *1847–48,* England und Misr *1872–73:* humanistischer Dichter und Denker, Gründer des *Transcendental Club 1836* (Verbindung von nachkantischer Transzendentalphilosophie, Romantik, Neuplatonismus, altägyptischer, persischer und indischer Weisheit)

**EMPEDOKLĒS**
*Akragas *-490,* ᵛMegale Hellas (Thurioi) und Hellas (Olympia *-440*), °Peloponnesos (?) *-430* (nach legendärer Überlieferung auf dem Vulkan Aitne): Arzt und Naturphilosoph (Elementenlehre, »Liebe und Haß«/Anziehung und Abstoßung als Bewegungsprinzipien)

ENGELS, Friedrich
*Barmen-Wuppertal *1820,* ◡Bremen *1840,* Berlin *1841,* Manchester *1842,* ᵛParis, Bruxelles, Köln und Genève *1844,* ◡Barmen *1844,* Manchester *1850* und London *1870–°1895:* dialektischer Geschichts-, Gesellschafts- und Naturphilosoph, Mitarbeiter und (nach dessen Tod) Interpret von Marx (erste Begegnung in Paris *1844*)

ENNIN
*Tsuga in Kanto *794,* ◡Hieizan *819,* Zhongguo *838–47* (ⓢYangzhou *839/845/847,* Chishan Yuan *839–40/845–47,* Wutai Shan *840* und Chang'an *840–45*), Hieizan *847–°864:* buddhaitischer Lehrer der *Tendai*-Lehrrichtung, der japanischen (esoterisch orientierten) Weiterentwicklung der chinesischen *Tiantai*-Lehrrichtung, und Wegbereiter der Lehrrichtung des »Reinen Landes« *Sukhavatī/Jingtu/Jōdo* in Nihon, Reisetagebuchschreiber

EPIKTĒTOS
*Hierapolis in Phrygia *50,* ⓛRoma, °Nikopolis *138:* stoischer Philosoph (auf das »Glück« *eudaimonia* ausgerichtete Ethik)

**EPIKUROS**
*Samos *-341,* ◡Teos, Athenai *-323 bis -21,* Kolophon, ⓛMytilene, Lampsakos *-310* und Athenai *-306 bis °-271:* namengebender Begründer der »epikureischen« Philosophie (auf das »Glück« *eudaimonia* ausgerichtete Ethik der »Unaufgeregtheit« *ataraxia*)

ERASISTRATOS
*Iulis auf Keos, ⓢⓛKos, ⓛAntiocheia und Alexandreia, °Anatole *-240:* Arzt, zusammen mit Herophilos Begründer der medizinischen Anatomie und Neurologie im westlichen Teil der »Alten Welt«

ERASMUS, Desiderius/von Rotterdam
*Rotterdam *1466 (?),* ⓢGouda, Utrecht, Deventer und Steyn bei Gouda, häufig wechselnde Aufenthalte: France (Cambrai und Paris) *1493–99,* England (London, Oxford, Cambridge) *1499–1514,* Italia (Torino, Pavia, Bologna, Firenze, Venezia, Padova, Ferrara, Siena, Roma, Napoli) *1506–09,* Leuven *1502–21,* Freiburg *1529–35,* Basel *1514–°1536:* humanistischer Renaissanceschriftsteller und Philosoph

ERATOSTHENĒS
*Kyrene *-284,* ◡Athenai, °Alexandreia *-202:* Polymath, Philologe und Geograph

ERI(U)GENA, Ioannes Scotus
*Scotia/Ireland *800,* ⓟLaon (Hofschule Karls des Kahlen) *845,* °Malmesbury in England *877* (?): neuplatonischer Philosoph, Übersetzer des Dionysios Areopagita ins Lateinische

EUDĒMOS von Rhodos
*ⓟ°Rhodos *-4. Jh.,* ⓢAthenai: Aristoteles-Schüler; Logiker, Naturphilosoph und Wissenschaftshistoriker

EUDOXOS von Knidos
Knidos **-400 bis °-340,* ⓢTaras, Lokroi, Athenai und Heliupolis, ⓟKyzikos *-370,* Athenai *(Akadēmeia) -367,* Knidos *-365:* Polymath, Philosoph und herausragender Mathematiker

EUKLEIDĒS von Megara
*Megara *-450,* ⓢAthenai, ⓟMegara, *°-360:* Sokrates-Schüler, Begründer der »megarischen Logik«

**EUKLEIDĒS**/Euklid
ⓢAthenai (?), ⓟAlexandreia *-320 bis -260:* Begründer der axiomatischen Methode in der Mathematik, Autor des klassischen Lehrbuchs der Geometrie

EULER, Leonhard
*Basel *1707,* ◡Sankt-Peterburg *1727,* Berlin *1741* und Sankt-Peterburg *1766–°1783:* Mathematiker und theoretischer Physiker (analytische Mechanik)

EURIPIDĒS
*Salamis *-485,* ◡Athenai, °Pella (?) *-406:* aufklärerischer und mythenkritischer Tragiker

EUSEBIOS
Kaisareia in Palaistine **260–°339,* ᵛKonstantinupolis *335:* Bischof und christlicher Historiograph (These des orientalischen und letztlich mosaischen Ursprungs der hellenischen Philosophie)

EVANS-PRITCHARD, Edward
*Crowborough in Sussex *1902,* ⓢOxford und London, Feldforscher bei den Azande *1926–30* und bei den Nuer *1935* in Sudan, Vermittler zwischen der britischen Armee und den Einheimischen im Zweiten Weltkrieg in Sudan und Misr, ⓟLondon (mit Unterbrechungen) *1930–40,* Cairo *1931–34,* Cambridge *1945* und Oxford *1946–°1973:* Sozialanthropologe (kulturgeschichtlich relativierende funktionale Anthropologie)

FANON, Frantz/Omar
*Fort-de-France *1925,* Kriegsfreiwilliger in France (Montbéliard, Toulon) *1944,* ⓢLyon *1947,* ◡al-Jaza'ir *1952–57/1960,* ᵛAccra (Diplomat) und Tunis (Herausgeber des Zentralorgans des *Front de Libération National*), °Bethesda MD bei Washington DC *1961:* Psychiater und Politologe (revolutionäre Befreiung der Kolonialgebiete; Kritik des »kulturellen Rassismus«, der Ethnopsychiatrie und der *Négritude*-Ideologie)

al-**FĀRĀBĪ**/Alpharabius
*Wasij in Farab *870,* ⓢMarv, ◡Baghdad, Harran *910* und Halab *942,* ᵛMisr und Konstantinupolis (?), °Dimashq oder Halab *950:* herausragende Gestalt der hellenisch inspirierten Philosophie *falsafa* im Islam (Metaphysik, Erkenntnislehre und Politologie), »Zweiter Meister« (nach Aristoteles)

al-FARGHĀNĪ/Alfraganus
*Farghana *800,* ◡Baghdad und Samarra, °Fustat *860:* Astronom im Ausgang von Ptolemaios

FAXIAN
*Wuyang in Shanxi *331,* ◡Jiangling; Pilger- und Forschungsreise ins »Buddhaland« *Foguo* (India) *399–413:* von Chang'an über Dunhuang, Khotan, Kashgar, Udyana, Purushapura, Takshas(h)ila, Mathura, Kanyakubja, Ayodhya, S(h)ravasti, Kapilavastu und Vais(h)ali nach Pataliputra *405–07;* ᵛRajagriha, Buddha Gaya und Varanasi; über Tamralipti auf dem Seeweg nach Anuradhapura *410,* über Sumatera und Java *411* nach Shandong *412* und Jiankang/Nanjing *413,* *°422:* Indienreisender und (zusammen mit Buddhabhadra) Übersetzer buddhaitischer Sutren ins Chinesische

**FAZANG**
Chang'an **643–°712* (Familie sogdischer Herkunft); ◡Luoyang (?): Begründer und überragender Denker der buddhaitischen *Huayan-/Kegon*-Lehrrichtung, zunächst mit Xuanzang und später mit S(h)ikshananda Übersetzer des *Avatamsakasūtra/Huayan Jing* (»Blumengirlanden-Sutra«) ins Chinesische

FECHNER, Gustav
*Groß-Särchen bei Bad Muskau/Mužakov in Sachsen/(heute) Żarkie Wilkie in Polska *1801,* ⓢⓟLeipzig *1817–°1887:* Physiker, Psychologe und Naturphilosoph, Begründer der Psychophysik

FEDOROV, Nikolai Fedorovich
*Tambov *1829,* ⓢOdes(s)a, ◡S-Rossiia (Volksschullehrer) *1851* und Moskva (Hilfsbibliothekar) *1868–°1903:* Außenseiter-Philosoph mit breiter literarischer und akademischer Wirkung

FEIGL, Herbert
*Reichenberg/Liberec *1902,* ⓢMünchen *1921,* Wien *1922* und Harvard *1931,* ⓟIowa City *1931* und Minneapolis MN *1940–°1988:* empirisch-analytischer Philosoph, ausgehend vom »Wiener Kreis« (»Leib-Seele-Problem«)

FÉNELON/François de Salignac de la Mothe-Fénelon
*Fénelon in Dordogne *1651,* ⓢCahors und Paris, ◡Paris (Prinzenerzieher) *1689* und Cambrai (Erzbischof) *1695–°1715:* religiöser Philosoph und Pädagoge, Wegbereiter der Frühromantik

FENG Youlan/Fung Yulan
*Tanghe in Henan *1895,* ⓢKaifeng und Shanghai *1910,* Beijing *1915* und New York *(Columbia) 1919–23,* ⓟKaifeng *1918,* Guangzhou *1923* und Beijing *1927–°1990;* zwischenzeitlich ⓟHengshan in Hunan *1937* und Kunming in Yunnan *1938–45,* Philadelphia *1946* und Honolulu *1947–48;* nicht bekannte Aufenthalte während der »Kulturrevolution« *1968–72* und nach der Ausschaltung der »Viererbande« *1974–83:* Geschichtsschreiber der Philosophie in Zhongguo nach westlicher Methodologie, ab *1949* nach marxistischer Ideologie

FENOLLOSA, Ernest F(rancisco)
*Salem MA *1853,* ⓢHarvard und Boston, ⓟTokyo *1878–90/1897–1900,* Boston *1890–97* und New York *(Columbia)*

*1900–08,* °London *1908:* Vermittler von »westlicher« Philosophie, Politologie und Ökonomie in Nihon und (zusammen mit seinem Schüler Okakura Kakuzo) von »japanischer« Kunst, Ästhetik und Philosophie im »Westen«

FERDOWSĪ/Firdawsī
*Bazh bei Tus *940,* ˅Esfahan und Baghdad (?), Ghazna und Herat (?) *1004,* Tus *1005–°1020:* herausragender Dichter in neupersischer Sprache, Autor des persischen »Nationalepos« *Shāhnāma*

FEUERBACH, Ludwig
*Landshut *1804,* ◡München und Ansbach, ⓢHeidelberg *1823* und Berlin *1824,* ⓢⓛErlangen *1828,* Bruckberg bei Ansbach *1837–60,* ⓛHeidelberg *1848–49,* Rechenberg bei Nürnberg *1860–°1872:* »Junghegelianer«, anthropologischer Religionsphilosoph

FEYNMAN, Richard P(hillips)
*New York *1918,* ⓢCambridge MA *(MIT)* und Princeton, ◡Los Alamos *1943,* ⓛIthaca NY *1945* und Pasadena CA *(Caltech) 1950–88,* ˅Stockholm *1965,* °Los Angeles *1988:* theoretischer Physiker (Vereinigung von Quantendynamik und Maxwellscher Elektrodynamik *1948,* Suche nach einer mathematischen »Weltformel«)

FIBONACCI, Leonardo/Leonardus Pisanus
Pisa **1170–°1240;* ⓢBugea/Bijaya, ˅Misr, as-Suriyya, Hellas (Konstantinupolis?), Sicilia (Palermo?) und Provence: erster namhafter westeuropäischer Mathematiker nach Archimedes, Vermittler arabischer Mathematik

FICHTE, Johann Gottlieb
*Rammenau bei Bischofswerda in Sachsen *1762,* ⓢMeißen, Schulpforta, Jena, Wittenberg und Leipzig, Hauslehrer in Sachsen *1784* und Zürich *1788,* ◡Leipzig *1790,* ˅Warszawa *1791,* Königsberg ˅*1791*/ⓛ*1806–07,* Hauslehrer in Krokowa bei Danzig *1791,* ˅Zürich *1793,* ⓛJena *1794* und Berlin *1799–°1814;* ˅Tübingen *1795,* ⓛErlangen *1805,* ˅København *1807:* radikaler Transzendentalphilosoph in der Nachfolge Kants (»Deutscher Idealismus«; »Reden an die deutsche Nation« *1807–08*)

FICINO, Marsilio
*Figline Valdarno bei Firenze *1433,* ◡Firenze, °Careggi bei Firenze *1499:* Renaissancephilosoph, Platon-Übersetzer und Gründer der *Accademia Platonica* in Careggi *1462*

FLAUBERT, Gustave
*Rouen *1821,* °Croisset bei Rouen *1880;* ◡Paris und London (mehrfach), ˅Genova *1845; Voyage en Orient:* Misr (Cairo, Nilfahrt bis Wadi Halfa), Filastin (Jerusalem) und Lubnan, Rhodos, Konstantinupolis, Hellas (Athina, Delfi, Parnassos) und Italia (Napoli, Roma) *1849–51; Voyage à Carthage* (Algérie und Tunis) *1858:* Schriftsteller-Philosoph (»orientalisierende« Vermischung historiographischer Nachforschungen und eigener Visionen)

FLORENSKII/Florenskij, Pavel Aleksandrovich
*Yevlax in Azerbaycan *1882,* ⓢTbilisi und Moskva, ⓛMoskva *1908–17,* Verbannung nach Sibir' *1933* und auf die Soloveckie Ostrova (Inseln) im Weißen Meer *1934–°1937 (?):* Religionsphilosoph in der Nachfolge von Solov'ev, Ingenieur

FLUDD, Robert/Robertus de Fluctibus
*Bearsted in Kent *1574,* ⓢOxford, ˅France, España, Italia und Deutschland *1598–1604* und France *1606,* ◡Oxford *1606* und ⓛLondon *1609–°1637:* Arzt, mystischer und symbolistischer Philosoph (Inspirationsquelle der Freimaurer)

FONTENELLE, Bernard de
*Rouen *1657,* Paris *1687–°1757:* Mathematiker und Populärphilosoph, Wegbereiter der Aufklärung, in der *Querelle des anciens et des modernes* auf der Seite der Modernen

FORSTER, Georg
*Nassenhuben/Mokry Dwór bei Gdańsk *1754,* ⓢSaratov und Sankt-Peterburg, ˅Kalmykia, ◡London, Teilnahme an Captain Cooks zweiter Weltumseglung *1772–75* und an Alexander von Humboldts Reise nach England und France *1790,* ⓛKassel *1778* und Vilnius *1784–87,* ◡Mainz *1788* und Paris *1793–°1794:* Reiseschriftsteller, Anthropologe und (jakobinischer) Politologe

FOUCAULT, Michel
*Poitiers *1926,* ⓢParis *1946,* ◡Lille *1952,* ˅Kreuzlingen *1952–53,* Uppsala *1955,* Warszawa *1958* und Hamburg *1959,* ⓛClermont-Ferrand *1960,* Tunis *1965* und Paris *1969–°1984:* Ideengeschichtsschreiber *(archéologie du savoir),* ausgehend von Marx und Nietzsche, Psycho- und Daseinsanalyse (Freud und Binswanger)

FOURIER, Charles
*Besançon *1772,* Lyon *1791–1825,* Paris *1826–°1837:* vormarxistischer utopischer Sozialphilosoph

FOURIER, Joseph
*Auxerre *1768,* ⓢⓛAuxerre, ⓢSaint-Benoît-sur-Loire, ◡Orléans, ⓢⓛParis, Misr (Expeditionsreise unter Napoléon) *1798–1801,* ◡Grenoble *1801* und Paris *1815–°1830:* Mathematiker und einer der Begründer der theoretischen Physik

FRANK, Philipp
*Wien *1884,* ⓢGöttingen, ⓛWien *1910,* Prag *1912* und Harvard *1939–53,* °Cambridge MA *1966:* Philosoph der Physik (»logischer Positivismus«), Einstein-Biograph

FRANK, Semen Liudvigovich
*Moskva *1877,* ◡Nishnii Novgorod *1892,* ⓢMoskva *1894,* Berlin *1899,* Kazan' *1901,* Stuttgart und München *1903,* ⓛSankt-Peterburg *1906–17,* zwischenzeitlich ⓢMarburg und München *1913–14,* ⓛSaratov an der Volga *1917* und Moskva *1921,* Abschiebung aus Rossiia *1922,* ⓛBerlin *1922,* ◡France (Grenoble, Paris) *1938,* London *1945–°1950:* nach revolutionären marxistischen Anfängen Übertritt in die orthodoxe Kirche und Engagement für einen liberalen Staat, Erkenntnis- und Religionsphilosoph (»All-Einheitslehre«, ausgehend von Solov'ev)

FRANKLIN, Benjamin
*Boston *1706,* Philadelphia *1723–°1790;* London *1724–26/1757–75* (˅Birmingham: *Lunar Society*) und Paris *1778–85:* Politiker, experimenteller Physiker (Elektrizität) und Populärphilosoph, Initiator der *American Philosophical Society 1743*

**FREGE,** Gottlob
*Wismar in Mecklenburg *1848,* ⓢJena und Göttingen, ⓛJena *1874,* Bad Kleinen bei Wismar *1917–°1925:* Promotor der modernen Logik, der mathematischen Grundlagenforschung und der sprachanalytischen Philosophie

**FREUD,** Sigmund
*Freiberg/Příbor *1856,* Wien *1860–1938,* Forschungsreisen nach Paris *1885* und Nancy *1889,* ˅Italia, Athina *1904* und U.S.A. (*Clark University* in Worcester MA) *1909,* London *1938–°1939:* Begründer der Psychoanalyse

FRIEDRICH (II) der Große
*Berlin *1712,* Festungshaft in Küstrin an der Oder/Kostrzyn

in Polska *1730–32,* ◡Schloß Rheinsberg *1736,* Berlin und Potsdam *1740–°1786:* nach eigener, »aufgeklärter« Vorstellung als »erster Diener seines Staates« herrschender preußischer König, nach dem Urteil Voltaires als »Antimachiavel«, nach dem Urteil Ulrich Bräkers, eines Söldners in seinen Diensten, wie ein »Barbar«; Staatsphilosoph, Erneuerer der *Preußischen Akademie der Wissenschaften* mit Voltaire, Maupertuis, Lambert, La Mettrie als Mitgliedern

FRIES, Jakob

*Barby bei Magdeburg *1773,* ⓈNiesky/Niska in Oberlausitz/Sachsen und Leipzig, ⓈⓁJena *1795–°1843;* Zofingen in der Schweiz (Hauslehrer) *1798–1800,* ⓁHeidelberg *1805–16* (zwangsemeritiert *1819–24*), ˅Wartburg *1817:* kantkritischer Bewußtseinspsychologe und -philosoph

FRÖBEL, Friedrich

*Oberweißbach in Thüringen *1782,* ⓈJena und Göttingen, ◡Frankfurt am Main, Gründer eines Landerziehungsheims in Griesheim bei Arnstadt *1816* und anschließend in Keilhau bei Rudolstadt *1817–31* sowie des ersten »Kindergartens« in Blankenburg bei Rudolstadt *1837,* zwischenzeitlich Yverdon *1810–11* und Burgdorf in der Schweiz *1831–36,* °Marienthal bei Bad Liebenstein *1852:* Reformpädagoge in der Nachfolge J. H. Pestalozzis, des Onkels von Julius Fröbel

FRÖBEL, Julius

*Griesheim in Thüringen *1805,* ⓈKeilhau, München, Jena, Weimar und Berlin, ⓁZürich *1833,* ˅Frankfurt (Nationalversammlung) *1848,* Exil in Amerika *1849–57* (New York, Nicaragua, Chihuahua in México, San Francisco), ◡Kissingen (Besuch von Tolstoi), Wien, München, Smyrna/Izmir *1876,* al-Jaza'ir *1888* und °Zürich *1893:* linksliberaler Politiker und Politologe

FROBENIUS, Leo

*Berlin *1873,* ◡Bremen, Basel und Leipzig (Assistent am Völkerkundemuseum), »Deutsche Innerafrikanische Forschungsexpeditionen« (zuletzt verbunden mit vergleichenden Studien in S-Asien und Untersuchungen zu den steinzeitlichen Höhlen Europas) *1904–35,* ◡München *1922* und Frankfurt am Main *1925–38,* °Biganzolo bei Verbania am Lago Maggiore *1938:* Ethnologe, Afrikanist (organismische Kulturmorphologie: »Kulturkreis«-Lehre)

FROMM, Erich

*Frankfurt am Main *1900,* ⓈHeidelberg, ◡München und Berlin, Mitarbeiter an den Instituten für Sozialforschung in Frankfurt und New York *1929–38,* ⓁNew York *1934–74,* Washington *1940–41,* New Haven *(Yale) 1948–49* und Ciudad de México (und Cuernavaca in Morelos) *1949–67,* Muralto bei Locarno *1969–°1980:* Psychoanalytiker (Verbindung von »Neopsychoanalyse«, »neomarxistischer« Frankfurter »Kritischer Theorie« und buddhaitischer Lebensweisheit)

FU Xi

erster der chinesischen »Kulturheroen« *Shengren, -3. Jt.:* nach legendärer Überlieferung Autor der »Früher Himmel«-/*xiantian*-Anordnung der »Acht Trigramme« *ba gua* des *Yi Jing* (»Buch der Wandlungen«)

FUJIWARA Seika

*Hosokawa Mura (heute Stadtteil von Miki) in Harima/Hyogo Ken *1561,* ⓁKyoto, °*1619:* anfänglich *Zen*-Mönch, unter dem Einfluß von Kang Hang/Kyo Ko, einem koreanischen Kriegsgefangenen in Nihon *1597–1600,* Hinwendung zur neokonfuzianischen *Cheng-Zhu Xue* und Initiator von deren japanischen Weiterentwicklung *Shushigaku* (unter Beibehaltung des *Zen* und von Ansichten der *Wang-Yangming*-Lehrrichtung *Yōmeigaku*)

GADĀDHARA/Bhaṭṭācārya

*Navadvipa *1604,* °*1709:* brahmanischer *Navya-Nyāya*-Philosoph in der Tradition Ganges(h)as (Beiträge zur Rechtsphilosophie)

GADAMER, Hans-Georg

*Marburg *1900,* ⓈBreslau, Marburg, München und Freiburg, ⓁMarburg *1929,* Leipzig *1939,* Frankfurt *1947* und Heidelberg *1949–°2002;* ˅Paris *1941,* ˅Buenos Aires *1949,* ⓁU.S.A. (mehrfach) *1968–88:* hermeneutischer Philosoph (»Wirkungsgeschichte«)

GALĒNOS

*Pergamon *129,* ◡Smyrna, Korinthos und Alexandreia, Pergamon *157–68,* Aquileia *168–69,* Roma *162–°216:* Arzt und aristotelisch-stoischer Philosoph, herausragende Autorität der »ionischen« Medizin im islamischen Raum

**GALILEI,** Galileo

*Pisa *1564,* ⓈSanta Maria di Vallombrosa bei Firenze *1579* und Pisa *1581,* ◡Firenze *1585,* ⓁPisa *1589,* Padova *1592* und Firenze *1610,* Inquisition in Roma *1633,* Hausarrest in Arcetri bei Firenze *1634–°1642:* revolutionärer Physiker und Naturphilosoph (Mathematisierung der Natur)

**GANDHI,** Mohandas Karamchand/Mahātma (»Große Seele«)

*Porbandar *1869,* ⓈRajkot und Bhavnagar in Gujarat, ⓈLondon *1888–91,* Durban *1893–1914* (Anwaltstätigkeit, Hinauswurf aus einem Erste-Klasse-Wagen in Pietermaritzburg auf der ersten Bahnfahrt von Durban nach Pretoria *1893,* Gründung einer Farm in Phoenix bei Durban *1904* und der »Tolstoy-Farm« bei Johannesburg *1910*), Rückkehr nach India *1915,* Gründung von Ashrams in Sabarmati bei Ahmadabad *1918* und in Sevagram bei Wardha *1936,* Kampagnen »zivilen Ungehorsams« *1920–22/1930–34 (Salt March 1930)/1940–42* mit anschließenden Gefängnisaufenthalten, Teilnahme an einer *Indian Round Table Conference* in London *1931,* °Dilli/Delhi *1948:* Jurist, Politiker, Politologe und Philosoph (spiritueller und gewaltfreier, auf Vermittlung abzielender Kampf gegen Rassen- und Kastentrennung und für nationale Selbstbestimmung; Anknüpfung an traditionelle Hindu- und Jaina-Ideale (»Nicht-Verletzen« *ahimsâ* und »Festhalten an der Wahrheit« *satya-graha*), an die »Gesinnungsethik« der *Bhagavad-gîtâ* sowie an verwandte Ideen aus dem »Neuen Testament«, bei Tolstoi und Thoreau; Engagement für interreligiöse Toleranz und kommunales Landleben)

**GAṄGES(H)A**/Gaṅgeśa Upādhyāya

*Chadana in Mithila, ⓁKarion bei Darbhanga: brahmanischer Philosoph, Begründer der »Neuen Logik« *Navya-Nyāya* mit Zentrum Mithila im *13.–14. Jh.,* Autor des *Tattva-cintā-maṇi* (»Juwel der Überlegungen über das Wirkliche«), des Grundtextes dieser Lehrrichtung

GANJIN → JIANZHEN

GAOS, José

*Gijón in Asturias *1900,* ⓈValencia und Madrid, ⓁMontpellier *1923,* Zaragoza *1930* und Madrid *1933,* ◡Valencia und Paris *1937,* ⓁCiudad de México *1938–°1969* (ⓁNuevo León,

Cuba und Guatemala): Vermittler zeitgenössischer kontinentaleuropäischer Philosophie (in der Nachfolge von Ortega y Gasset) nach Lateinamerika

GASSENDI, Pierre

*Champtercier bei Digne *1592,* ⓈDigne, Riez, Aix-en-Provence und Avignon; häufig wechselnde Aufenthalte: ⓁAix *1616,* Grenoble *1623,* Digne *1625–53* und Paris *1624–°1655;* ˅Nederland *1628–29:* neuzeitlicher Erneuerer der epikureischen Philosophie (Atomistik, empirische Erkenntnistheorie und Glücksethik; Korrespondenz mit Descartes und Hobbes)

GAUḌAPĀDA

◡Kurukshetra, Badrinatha und Bangla *6. Jh. (?):* anfänglich ein Anhänger des buddhaitischen *Mahāyāna* (?), Initiator des hinduitischen (nichtdualistischen) *Advaita-Vedānta* und Lehrerslehrer des S(h)ankara (Entwicklung des »Illusionismus« *Māyā-vāda* in Anlehnung an die buddhaitische »Lehre von der Wesenlosigkeit [der Erscheinungen]« *S(h)ūnya-vāda*)

GAUSS, Carl Friedrich

*Braunschweig *1777,* ⓈGöttingen *1795,* ◡Braunschweig *1798,* ⓁGöttingen *1807–°1855;* ˅München *1816* und Berlin *1828:* Mathematiker und Physiker *(princeps mathematicorum)*

GAUTAMA, Akshapāda/Akṣapāda

◡Madhyama Dis(h), ◡Mithila (?), *2. Jh. (?):* halblegendärer brahmanischer Autor des *Nyāya-sūtra* (»Leitfaden der Logik«), des Grundtextes der brahmanischen Logik (Textredaktion *-2. bis 4. Jh.*)

GE Hong/Baopu Zi

*Jurong in Jiangsu *283,* ◡Nanjing, Chang'an und Goulou in Guangxi, ˅Guangzhou und Việt Nam (?), °Luofu Shan *343:* daoitischer Alchimist und Philosoph

GEÕRGIOS TRAPEZUNTIOS/Georgius von Trapezunt

*Chandax/Herakleion auf Krete *1395,* ◡Italia *1428:* ⓁVicenza und Verona, ◡Venezia *1433,* Roma *1438,* Napoli *1452,* ◡Konstantinupolis *1464* und Roma *1466–°1484:* humanistischer Schriftsteller, Übersetzer hellenischer Schriften ins Lateinische, Verteidiger des Aristoteles gegen die Platoniker Plethon und Bessarion

GERARDUS CREMONENSIS/Toletanus

*Cremona in Lombardia *1114,* ◡°Toledo *1187:* Übersetzer naturwissenschaftlicher, medizinischer, mathematischer und philosophischer Schriften aus dem Arabischen ins Lateinische

GERBERTUS AURELIACENSIS/Gerbert d'Aurillac/Silvester II

*Auvergne, ⓈAurillac und Barcelona, ◡Vich in Cataluña, ⓈⓁReims, Bobbio bei Piacenza (Abt) *980–83,* Ravenna (Erzbischof) *998,* Roma (Papst) *999–°1003:* Benediktinermönch, Polymath, Bildungsreformer, Vermittler der indoarabischen Ziffern

GERSONIDES → LEVI BEN GERSHOM

GESNERUS, Conrad/Konrad Ges(s)ner

*Zürich *1516,* ⓈStraßburg, Bourges, Paris, Montpellier und Basel, ⓁLausanne *1537–40,* Zürich *1540–°1565:* Pionier der taxonomischen Natur- und Sprachforschung

GEULINCX, Arnold

*Antwerpen *1624,* ⓈⓁLeuven, ⓈⓁLeiden *1658–°1669:* Philosoph, angeregt von Descartes (Logik, Metaphysik), und Arzt

al-**GHAZĀLĪ**/Algazel

*Tus *1058,* ⓈGorgan und Nishapur, ⓁBaghdad *1085–95,* ˅Dimashq, al-Quds, Makka und Madina, Tus *1097–°1111;* zwischenzeitlich ⓁNishapur *1106–11:* erkenntnisskeptischer und philosophiekritischer islamischer Theologe, Rechtsgelehrter und *Ṣūfī*-Mystiker

GILGAMESH → SIN-LEQE-UNNINI

GINZBURG, Evgeniia Semenovna

*Moskva *1906,* idealistische Komsomolzin und Dozentin in Kazan' *1918,* Moskva und Iaroslav (Zuchthaus) *1937,* El'gen (Frauenarbeitslager) *1939* und Magadan *1947,* Moskva *1955–°1977:* Schriftstellerin (Beschreibung des Widerspruchs von idealistischer Utopie und *Gulag*-Erfahrung)

GÖDEL, Kurt

*Brünn *1906,* ⓈⓁWien *1923–39,* ⓁPrinceton *1933–°1978;* Flucht über Rossiia und Nihon nach Princeton *1939–40:* Mathematiker und Logiker (Grundlagenforschung, Unvollständigkeitssatz *1931,* mathematischer Platonismus)

GODWIN, William

*Wisbech in Cambridgeshire *1756,* ⓈHindolveston und Norwich in Norfolk, ⓈHoxton *(Dissenting Academy) 1773–77,* ◡Ware in Hertfordshire und Stowmarket in Suffolk, London *1782–°1836:* politologischer Philosoph der Frühromantik (»Anarchismus«), verheiratet mit der gleichgesinnten Mary Wollstonecraft *1797,* ihr Biograph und Herausgeber

**GOETHE,** Johann Wolfgang von

*Frankfurt am Main *1749,* ⓈLeipzig und Straßburg, Weimar *1775–°1832;* ˅Jena, ˅Italia *1786–88/1790:* überragender Dichter und Denker des »Sturm und Drang« und der deutschen Klassik, Vermittler persischer Dichtung und Weisheit

GOGOL', Nikolai Vasil'evich

*Veliki Sorochintsi in der ukrainischen Region Poltava *1809,* ⓈNizhyn *1818–28,* Reise nach Hamburg *1829,* Sankt-Peterburg *1829–36,* Reisen in W-Europa (längere Aufenthalte in Genève, Paris, Wien, Berlin, Düsseldorf, Frankfurt am Main, Nizza/Nice, Napoli und hauptsächlich in Roma, zwischenzeitlich Rückreisen nach Sankt-Peterburg und Moskva) *1836–48,* Pilgerfahrt nach Yerushalayim *1848,* Rückkehr nach Moskva und häufige Reisen in Rossiia (˅Optina-Pustyn' *1850/1851*), °Moskva *1852:* Schriftsteller-Philosoph (»Mitleidsethik«, »Lachen unter Tränen«)

GONGSUN Long

ⓁWucheng, Handan, Daliang (?) und Ji/Beijing in Yan, *-4. Jh.:* Philosoph der »Schule der Namen« *Ming Jia* (Logik, Dialektik, Sophistik), Philanthrop und Pazifist

GOODMAN, Nelson

*Somerville MA *1906,* ⓈHarvard, ⓁPhiladelphia *(University of Pennsylvania) 1946,* Waltham MA *(Brandeis) 1964* und Harvard *1967–°1998:* analytischer Philosoph, ausgehend von Carnap und Cassirer (Wissenschafts-, Kunst- und Symboltheorie)

GORGIAS

*Leontinoi *-480,* ◡Athenai *-427,* ˅Delphoi und Olympia, °Larisa (?) *-380:* »sophistischer« Philosoph, Titelfigur eines platonischen Dialogs

GOS(H)ĀLA/Gosāla Maskariputra/Gosāla Makkhaliputto

◡Madhyama Dis(h)/Majjhima Des(h)a (nach der Überlieferung Zeitgenosse des Mahavira und des Buddha, *-6. bis -4. Jh.*), °S(h)ravasti: Wanderleben als Schüler und Begleiter des Mahavira (Trennung in Nalanda), Begründer der fatalistischen *Ājīvika*-Lehre, der dritten großen philosophisch-religiösen Erneuerungsbewegung seiner Zeit in NO-India (neben Buddha- und Jainadharma)

GOSVĀMIN, Jīva
⌣Vrindavana und Mathura, °*1612:* hinduitischer *Vaishṇava*-Philosoph in der Nachfolge des Caitanya (Zusammenfassung der *Caitanya*-Dogmatik, einer Lehre von der mit dem Verstand nicht zu fassenden gleichzeitigen Einheit und Verschiedenheit der Welt und des Menschen mit Gott), Neffe des Rupa Gosvamin

GOSVĀMIN, Rūpa
⌣Vrindavana und Mathura, °*1566:* hinduitischer *Vaishnava*-Philosoph in der Nachfolge von Caitanya (Anwendung ästhetischer Konzepte in der Krishna-Theologie)

GOUGES, Olympe de
*Montauban *1748,* Paris *1767–°1793* (unter der Guillotine): Philosophin, Autorin der *Déclaration des droits de la Femme et de la Citoyenne 1791*

GRACIÁN y Morales, Baltasar
*Belmonte de Calatayud in Aragón *1601,* ⓢToledo, Calatayud und Zaragoza, vielfach wechselnde Aufenthalte (Lehrtätigkeit, spirituelle Beratung): ⓛHuesca in Aragón, Gandía bei Valencia, Tarragona, Madrid und Zaragoza, °Tarazona de Aragón *1658:* Jesuit, barocker *conceptista,* Schriftsteller und Philosoph, Stilist und Moralist (von Schopenhauer geschätzter Pessimismus)

GRAMSCI, Antonio
*Ales auf Sardegna *1891,* ⓢTorino *1911,* ⌣Moskva *1922,* Roma *1924, carcere* in Turi *1928–33,* Civitavécchia und Formia in Lazio, Roma *1935–°1937:* politischer Aktivist und Philosoph (Kulturrelativität der kommunistischen Gesellschaftsordnung)

GRĒGORIOS ho Nyssēs
*Kaisareia in Kappadokia *335,* Neokaisareia und Annesis in Pontos, Nyssa/Nevsehir (Bischof) *371–°395;* zwischenzeitlich Erzbischof von Sebaste/Sivas in Armenia/Türkiye, ᵛAntiocheia *379* und Konstantinupolis *381–383/394:* Bruder von Basileios dem Großen und von Makrina, philosophisch herausragender christlicher Theologe und »Kirchenvater«

GRIAULE, Marcel
*Aisy-sur-Armançon in Bourgogne *1917,* ⓢParis, Feldforscher im Sudangürtel von Ityop'ya bis Sénégal, hauptsächlich bei den Dogon *(1931–33),* ⓛParis *1942–°1956:* Kulturanthropologe, Erforscher des kosmologischen Denkens der Dogon (Gesprächspartner: Ogotemmeli)

GRICE, H(erbert) P(aul)
*Birmingham *1913,* ⓢⓛOxford *1938,* ⓛHarvard *1967* und Berkeley CA *1967–°1988:* sprachanalytischer Philosoph (Pragmatik, Wertlehre)

GRIGOR NAREKAC'I/Gregor von Narek
*Antsevatsi/Andzewac'i *945,* °Narek *1010:* namhaftester Philosoph im mittelalterlichen Hayastan/Armenia, Interpret hellenischer Philosophie und Patristik

GROSSETESTE, Robertus
*Suffolk *1168,* ⓢLincoln, Oxford und Paris, ⓛOxford, ⌣Lincoln (Bischof) *1235,* °Buckden in Buckinghamshire *1253;* ᵛLyon *1245:* Franziskanermönch, Philosoph und Übersetzer philosophischer Schriften aus dem Hellenischen ins Lateinische

GROTIUS, Hugo/Huigh de Groot
*Delft *1583,* ⓢLeiden und Orléans, ᵛParis *1598,* ⌣Den Haag *1599* und Rotterdam *1613,* ᵛLondon *1613,* ⌣Loevestein bei Dordrecht (Gefängnis) *1618,* Paris *1621,* Hamburg *1632,* Paris *1635* und Stockholm *1644–45,* °Rostock *1645:* Philosoph und Rechtstheoretiker (Völkerrecht)

GU Yanwu
*Kun Shan bei Suzhou *1613,* ohne festen Wohnsitz nach dem Sturz der Ming-Dynastie, hauptsächlich in Nanjing und nach *1657* in N-Zhongguo, Ji'nan in Shandong (Gefängnis) *1668,* ᵛBeijing, ⌣Huayin in Shaanxi *1679–82,* °Houma in Shanxi *1682:* Polymath, Wegbereiter der textkritischen »Schule der Überprüfungen und Beweise« *Kaozheng Xue* und einer an »praktischen Studien« orientierten Philosophie (Abwendung von der neokonfuzianischen Metaphysik)

GUAMAN Poma de Ayala, Felipe
*San Cristóbal de Suntunto bei Ayacucho *1535* (?), ⌣Cuzco und Guamanga/Ayacucho, °Lima *1615* (?): Historiograph der Andenregion von den »Anfängen« bis zur *Conquista,* Kritiker der spanischen Kolonialherrschaft

GUAN ZI/Guan Zhong/Yiwu
*Yingshang in Anhui (?), ⌣Qufu und Linzi, °*-645:* administrativer Neuerer in Qi und damit Wegbereiter der »Gesetz-Schule« *Fa Jia,* nach der Überlieferung Autor des nach ihm benannten Werkes *Guanzi* (Textredaktion *-5. bis -1. Jh.* an der *Jixia*-Akademie in Linzi)

GUILLAUME, James
*London *1844,* ⌣Val de Travers und ⓛLe Locle im Jura Neuchâtelois, ⌣Paris (Emigration *1879*), °Marin bei Neuchâtel *1916:* Sozialphilosoph (anarchischer, informell, kommunal und föderal strukturierter Sozialismus), Initiator der *Fédération Jurassienne* in Saint-Imier im Jura Bernois *1870,* Partner und Berater von Bakunin und Kropotkin, Gegner von Marx und Engels

GUNDISSALINUS, Domenicus/Domingo Gundisalvo/González
**1110,* ⌣Segovia und Toledo, °*1182 (?):* scholastischer Philosoph und Übersetzer philosophischer Schriften aus dem Arabischen ins Lateinische

GUO Shoujing
*Xingtai in Hebei *1231,* ⌣Dengfeng und Beijing, °*1316:* Ingenieur und Astronom

GUO Xiang
*Henan, ⌣Luoyang und Donghai/Tancheng, °*312:* »neodaoitischer« Kommentator des *Zhuangzi,* Repräsentant der »Dunklen Schule« *Xuan Xue* (Einbringung buddhaitischen Ideenguts in die daoitische Philosophie)

GURWITSCH, Aron
*Vilnius *1901,* ⓢBerlin, Freiburg, Frankfurt am Main und Göttingen, Emigration nach Paris *1933* und in die U.S.A. *1940,* ⓛBaltimore MD *(Johns Hopkins) 1940,* Harvard *1943,* Waltham MA *(Brandeis) 1946* und New York *1959–73,* °Zürich *1973:* phänomenologischer Psychologe

HAECKEL, Ernst
*Potsdam *1834,* ⌣Merseburg, ⓢBerlin, Würzburg und Wien, ⓢⓛJena *1861–°1919;* Forschungsreisen von den Islas Canarias (Pico del Teide *1867*) bis nach Java (Yogyakarta *1901*): Zoologe, monistisch philosophierender Abstammungstheoretiker

ḤĀFEẒ/Ḥāfiẓ
*Shiraz *1320,* ᵛEsfahan und Yazd, °Shiraz *1388:* herausragender persischer Lyriker (Gedichte mystischen und moralischen Inhalts), von Goethe rezipiert

HAKKI/Ḥaqqī, Ibrāhīm
*Hasankale/Pasinler bei Erzurum *1708,* Tillo/Aydınlar bei Siirt *1717–°1780;* zwischenzeitlich ⓈErzurum und ˅Makka: Polymath und *Ṣūfī*-Mystiker (Verträglichkeit von wissenschaftlicher Kosmologie und islamischer Religion)

HAKUIN
*Hara (heute Stadtteil von Numazu) *1685,* Lehr- und Wanderjahre in weiten Teilen Nihons *1702–16* (*Zuiungji* in Gifu Ken, *Jokoji* in Fukui Ken, *Shoshuji* auf Shikoku, *Eiganji* in Echigo no Kuni, *Shojuan* in Nagano Ken), Hara *(Shoinji) 1716–°1768:* letzter herausragender *Rinzai-Zen*-buddhaitischer Gelehrter der Edo-Zeit (Neuzeit in Nihon)

HALEVI → JUDAH HALEVI

al-ḤALLĀJ
*Tur bei Bayda in Fars *857,* ⓈWasit und Tustar in Iraq, ◡Basra *877,* Wanderschaft (Makka, Khuzestan, Khorasan, Hindustan/India und Turkestan), Shush/Susa *909–11,* Baghdad *883/903–08/912–°922: Ṣūfī*-Mystiker und -Theologe

HALLER, Albrecht von
Bern **1708–°1777;* ⓈBiel, Tübingen, Leiden (bei Boerhaave) und Basel (bei Johann Bernoulli), ˅London *1727,* ◡Paris *1727,* ◡Bern *1729,* ⓁGöttingen *1736* und ◡Bern *1753* (zwischenzeitlich ◡Lausanne, Roche und Aigle): Arzt, herausragender Physiologe des *18. Jh.* (Sensibilitäts- und Irritabilitätsforschung, (wie sein Kontrahent La Mettrie) von Newton inspirierter agnostischer Verzicht auf eine letzte Erklärung in den Lebenswissenschaften), Dichter

HAMANN, Johann Georg
*Königsberg *1730,* Riga *1756–59,* ˅London *1757–58,* Königsberg *1759–87,* ˅Warszawa *1765,* ˅Münster und Düsseldorf *1787,* °Münster *1788:* Sprach- und Kulturphilosoph

HAMILTON, William Donald
*Cairo *1936,* ⓈCambridge *1957,* London *1960* und Rio Claro in Brasil *1963,* ⓁLondon *1964,* Ann Arbor *(University of Michigan) 1978* und Oxford *1984–°2000;* zwischenzeitlich Feldforschung in Brasil und im Congo: Evolutionsbiologe (genetische Evolution altruistischen Verhaltens)

**HAN Fei** (ZI)
*Zheng in Han *-280,* ⓈLanling (?), °Xianyang *-233:* Schüler des Xun Zi, Gesandter des Staates Han bei Kaiser Qin Shi Huangdi, herausragender Philosoph der totalitären Staatsideologie der »Gesetz-Schule« *Fa Jia*

HAN Pongwan/Yongun (»Drachenwolke«)/Manhae
*Hongsong in Ch'ungch'ong-namdo *1879,* ⓈSorak-san in Kangwon-do und *Paektam-sa* bei Inje, ˅Nihon *1908/1910,* ◡Zhongguo *1910–13,* ◡S(e)oul, *°1944:* namhaftester buddhaitischer Schriftsteller und Gelehrter des *20. Jh.* in Han'guk

HAN Yu
*Heyang bei Luoyang *768,* Shaozhou *777–80,* Xuancheng in Anhui *782–86,* ⓈⓁChang'an, ◡Luoyang, Kaifeng, Yangshan und Chaozhou in Guangdong, °Luoyang *824:* Literat, zusammen mit Liu Zongyuan und Li Ao Promotor der »Alt-Stil-Lehrrichtung« *Guwen Xuepai,* Kritiker von *Buddhadharma/Fo Jia* und *Dao Jia,* Wegbereiter der konfuzianischen Renaissance der Song-Zeit

ḤANBAL → IBN ḤANBAL

ḤANĪFA → ABŪ ḤANĪFA

HANSON, Norwood Russell
*New York *1924,* ⓈCambridge und Oxford, ⓁCambridge *1952,* Bloomington IN *1957* und New Haven *(Yale) 1963–°1967:* Wissenschaftsphilosoph, Verbindung von geschichtlicher und logischer Analyse

HARIBHADRA, Sūri
*Citrakuta/Chittaurgarh, ◡S(h)rimala/Bhinmal, *8. Jh.:* Jaina-Philosoph (»weißgekleideter« *S(h)vetāmbara*), frühester Autor einer allgemeinen Übersicht über die Philosophie in S-Asien (Einteilung der brahmanischen Philosophie in sechs »Ansichten« *dars(h)ana*)

HARIVARMAN
◡Madyama Dis(h) *3. Jh. (?):* buddhaitischer Philosoph der (phänomenalistischen und nominalistischen) *Sautrāntika*-Lehrrichtung, Autor der *Satya-siddhi-s(h)āstra* (»Nachweis der Wahrheit«), des Grundtextes der chinesischen *Chengshi*- und der japanischen *Jōjitsu*-Lehrrichtung

HARTMANN, Eduard von
Berlin **1842–°1906* (Groß-Lichterfeld); ⓈRostock: spekulativer Lebensphilosoph (Philosophie des Unbewußten)

HARTMANN, Nicolai
*Riga *1882,* ⓈSankt-Peterburg, Dorpat/Tartu und Marburg, ⓁMarburg *1920,* Köln *1925,* Berlin *1931* und Göttingen *1945–°1950:* phänomenologischer Philosoph (realistische Ontologie, Wertethik)

HARVEY, William
*Folkestone in Kent *1578,* ⓈCanterbury, Cambridge *1593* und Padova *1600–02,* London *1603–56,* °Hempstead in Essex bei London *1657;* ˅Regensburg, Nürnberg, Praha, Wien, Venezia, Roma und Napoli *1636,* ⓁOxford *1642–46:* Arzt und Anatom (Blutkreislauf, Embryologie)

HAYASHI Razan
*Kyoto *1583,* ◡Sumpu/Shizuoka *1607* und Edo (Amtsperson des Tokugawa-Shogunats), °Edo *1657:* nach Anfängen als *Rinzai Zen*-Mönch in Kyoto *1595–97* Promotor der »orthodoxen« neokonfuzianischen Lehrrichtung des *Zhu Xi (Shushigaku),* ihrer Trennung vom buddhaitischen *Chan/Zen* und der Hinwendung zur japanischen Geschichte (konfuzianische Interpretation des Shinto und seiner Kosmogonie), Gründer der Privatakademie der Hayashi-Familie in Edo *1630* (Umwandlung in eine offizielle Shogunatsakademie mit Hayashi Hoko, einem Enkel Hayashi Razans, als erstem Leiter *1691;* Schließung *1871*)

HAYEK, Friedrich August von
*Wien *1899,* ⓈWien und New York, ⓁLondon *1931,* Chicago *1950,* Freiburg *1962* und Salzburg *1969–77,* ˅Stockholm *1974,* °Freiburg *1992:* neoliberaler Wirtschaftsphilosoph

HE Yan
*Nanyang *190,* °Luoyang *249:* »neodaoitischer« Philosoph der »Dunklen Schule« *Xuan Xue*

HEARN (Patrick) Lafcadio/Koizumi Yakumo
*Lefkada/Leukas/Santa Maura (ionische Insel) *1850,* ◡Dublin *1852,* ⓈRouen *1862* und Durham *1863–67,* ◡London *1867,* Cincinnati OH *1869,* New Orleans LA *1877* und Saint-Pierre auf Martinique *1887–89,* ◡Yokohama *1890,* ⓁMatsue *1890* und Kumamoto *1891,* ◡Kobe *1894,* ⓁTokyo *1896–1903,* °Okubo in Tokyo *1904:* Journalist und Schriftsteller (literarische Vermittlung shintoitischer japanischer Lebenswelt)

**HEGEL,** Georg Wilhelm Friedrich
*Stuttgart *1770,* ⓈTübingen (mit Schelling und Hölderlin) *1788–93,* Hauslehrer in Bern *1793* und Frankfurt am Main *1797–1800,* ⓁJena *1801–06,* ◡Bamberg *1807,* ⓁNürnberg

*1808,* Heidelberg *1816* und Berlin *1818–°1831;* ˅Nederland *1822,* ˅Prag und Wien *1824,* ˅Paris, Bruxelles, Gent, Brugge und Weimar *1827:* nach eigenem Verständnis Vollender der von Kant, Fichte und dem jungen Schelling idealisierten Geistphilosophie, Natur- Geschichts-, Kunst-, Religions-, Rechts- und Wissenschaftsphilosophie; vom Forschungsstand seiner Zeit ausgehender Versuch einer philosophischen Interpretation vor- und außereuropäischer Kulturen

**HEIDEGGER,** Martin
*Meßkirch *1889,* ⓈKonstanz *1903,* ⓈⓅFreiburg *1906,* ⓅMarburg *1923* und Freiburg *1928–°1976;* Hütte in Todtnauberg im Schwarzwald *1923,* ˅Heidelberg *1922,* ˅Berlin *1917/1933* und Leipzig *1933,* Lehrbetrieb in der Burg Wildenstein im oberen Donautal *1944–45,* Lehrverbot *1945–51,* ˅Bremen *1949,* ˅München *1950/1953,* ˅Darmstadt *1951;* Auslandsbesuche: Davos *1929,* Amsterdam *1930,* Roma *1936,* Zürich *1936/1959–69* (daseinsanalytische Seminare mit M. Boss in Zollikon bei Zürich), Paris und Cérisy-la-Salle in Normandie *1955,* Aix-en-Provence *1958,* Wien *1958,* Athenai *1962/1967,* Le Thor bei Avignon *1966/1968/1969* und Amriswil in der Schweiz *1968:* herausragender phänomenologischer Existenzphilosoph, in der späteren Zeit zunehmend dichtender Mystagoge des »Seyns« (Anthropologie- und Technikkritik, Verkennung des Nationalsozialismus)

HEISENBERG, Werner
*Würzburg *1901,* ⓈMünchen, ⓈⓅGöttingen und København, ˅Helgoland *1925,* ⓅLeipzig *1927,* Berlin *1941,* Göttingen *1946* und München *1955–°1976;* ˅Stockholm *1932,* ˅Farm Hill bei Cambridge (Internierung) *1945,* ⓅCambridge *1955* und Saint Andrews *1955–56:* Quantenphysiker (Unschärferelation *1927,* Versuch einer einheitlichen Feldtheorie)

HELMHOLTZ, Hermann von
*Potsdam *1821,* ⓈBerlin *1838,* Potsdam (Militärarzt) *1843,* ⓅKönigsberg *1849,* Bonn *1855,* Heidelberg *1858* und Berlin *1871–°1894:* Physiologe, Physiker, Erkenntnis- und Wissenschaftsphilosoph, herausragender *philosopher-scientist* des *19. Jh.*

HELOISSA/Heloïse
*Paris *1101,* ⓈArgenteuil und Paris *1117–18,* Kloster Argenteuil *1118* und Le Paraclet in Quincey bei Nogent-sur-Seine *1129–°1164:* Schülerin, Geliebte und (historiographisch ungesicherte) Briefpartnerin von Abaelardus *1117–18*

HELVÉTIUS, Claude-Adrien
*Paris *1715,* Château de Voré bei Rémalard in Orne *1751–°1771;* ˅London *1764* und Potsdam *1765:* Aufklärungsphilosoph (»sensualistischer Materialismus«), verheiratet mit Madame Anne Catherine de Ligniville, Leiterin eines Salons in Paris und nach dem Tod ihres Mannes in Auteuil

HEMACANDRA/Candradeva
*Dhandhuka in Gujarat *1088,* ◡Anahilapataka, °Gujarāt *1172:* Jaina-Gelehrter (Sanskrit- und Prakrit-Grammatik, Geschichte des Jainadharma, Jaina-Ethik)

HEMPEL, Carl Gustav
*Oranienburg bei Berlin *1905,* ⓈGöttingen, Heidelberg, Berlin und Wien, Emigration *1934* über Bruxelles in die U.S.A., ⓅChicago *1937,* New York *1939,* New Haven CT *(Yale) 1948,* (Harvard *1953–54*), Princeton *1955,* Yerushalayim *1974,* Berkeley CA *1975/1977* und Pittsburgh PA *1976–85,* °Princeton *1997:* Wissenschaftsphilosoph

HENRICUS GANDAVENSIS/Hendrik van Gent
*Gent, ⓅParis, Brugge und Tournai, ˅Lyon *1274,* °Tournai *1293 (?):* Philosoph und Theologe

HĒRAKLEITOS
Ephesos **-550 bis* °*-485:* herausragender ionischer Philosoph (dynamische, von Gegensätzen bestimmte Ordnung aller Dinge)

HERBART, Johann Friedrich
*Oldenburg *1776,* ⓈJena, Hauslehrer in Interlaken bei Bern (Kontakt mit J. H. Pestalozzi in Burgdorf) *1797* und Bremen *1800,* ⓈⓅGöttingen *1802,* ⓅKönigsberg *1809* und Göttingen *1833–°1841:* kantkritischer Entwicklungspsychologe und Erziehungsphilosoph

**HERDER,** Johann Gottfried
*Mohrungen/Morąg *1744,* ⓈKönigsberg *1762,* Riga (Schullehrer) *1764–69,* ˅Holland, France und W-Deutschland *1769/1770* (Den Haag, Nantes, Paris, Straßburg, Hamburg, Darmstadt) und Italia *1788–89,* ◡Bückeburg *1771* und Weimar *1776–°1803:* Sprach-, Kultur- und Geschichtsphilosoph

HERMĒS TRISMEGISTOS (»der dreimal Große«)
legendärer ägyptischer Weiser und Autor der im *Corpus Hermeticum* gesammelten neuplatonisch-gnostischen Schriften (Textredaktion *2.–5. Jh.*); nach gnostischer Auffassung identisch mit dem Gott Thoth, dem Schöpfer der ägyptischen Schrift, nach jüdischer und christlicher Überlieferung Zeitgenosse von Moses *(-13. Jh.)*

HĒRODOTOS
*Halikarnassos (väterlicherseits karischer Herkunft) *-484,* Samos *-465 bis -60,* Halikarnassos, Athenai und Thurioi; Forschungsreisen in Anatole und Hellas, zu den Thrakern und Skythen (über Apollonia, Hebros und Rhodope nach Olbia), nach Babylon (über Myriandros bei Iskanderun und Karkemish), nach Aigyptos (von Naukratis über Buto, Sais, Papremis, Busiris, Bubastis, Heliupolis, Memphis, Moeris/Fayyum, Hermupolis, Abydos und Thebai bis nach Elephantine/Aswan), Tyros und Kyrene; °Thurioi (oder Athenai?) *-424:* herausragender Historiograph und Ethnograph (polarisierende Darstellung des Verhältnisses zwischen Europa und Asien, Hellas und Aigyptos)

HĒROPHILOS
*Chalkedon in Bithynia *-330,* ⓈⓅKos, ⓅAlexandreia, °*-250:* Arzt, zusammen mit Erasistratos Begründer der medizinischen Anatomie und Neurologie im westlichen Teil der »Alten Welt«

HERTZ, Heinrich
*Hamburg *1857,* ⓈMünchen und Berlin, ⓅKiel *1883,* Karlsruhe *1885* und Bonn *1889–°1894:* Physiker (Mechanik, Elektromagnetismus), Natur- und Wissenschaftsphilosoph

HERZEN, Alexander/Aleksandr Ivanovich Gercen
*Moskva *1812,* Verbannungen nach Perm', Viatka/Kirov und Vladimir *1835–36,* ◡Moskva *1836,* Sankt-Peterburg *1840,* Novgorod *1841,* Moskva *1842;* Exil in W-Europa *1847:* ◡Paris *1848,* Genève *1849,* Nizza/Nice *1850,* London *1852,* Genève und Bruxelles *1865–70,* °Paris *1870:* sozialutopischer Schriftsteller-Philosoph; in Rossiia Wortführer der »Westler«, im Exil Promotor eines an die russische Tradition anknüpfenden Kommunitarismus

HĒSIODOS
*Askra in Boiotia, ◡Helikon, ˅Chalkis auf Euboia, *-8. bis*

*-7. Jh.:* Autor einer halbmythischen Kosmogonie (nach südwestasiatischen Vorlagen) und eines Lehrgedichts über menschliche Arbeit und Gerechtigkeit; frühester hellenischer Dichter, der sich mit seinem Namen persönlich vorstellt und die Glaubwürdigkeit seines inspirierten Textes beteuert, → Kabti-ili-Marduk

HESSE, Hermann
*Calw in Württemberg *1877,* ⓈMaulbronn,◡Tübingen, Basel, Gaienhofen am Bodensee (zwischenzeitlich Reise nach S-Asien *1911,* Abbruch aus Gesundheitsgründen in Sri Lanka), Ostermundigen bei Bern, Zürich und Montagnola bei Lugano *1919–°1962;* ˅Stockholm *1946:* Schriftsteller, literarischer Vermittler asiatischer Weisheit

HESSEN, Sergei Iosifovich
*Syktyvkar im Ural *1887,* ⓈSankt-Peterburg und Freiburg, ⓁPetrograd *1914–23* und Tomsk *1917–21,* Emigration nach Berlin und Praha, ⓁWarszawa (freie, später Untergrunduniversität) *1935* und Łódź *1945–°1950:* neukantianischer Philosoph (philosophische Pädagogik und politische Philosophie)

HILBERT, David
*Königsberg *1862,* ⓈHeidelberg, ⓁKönigsberg *1886* und Göttingen *1895–°1943;* ˅Paris *1900:* Mathematiker (Axiomatik, Formalismus)

HILDEGARD VON BINGEN
*Bermersheim bei Alzey in der Pfalz *1098,* ◡Kloster Disibodenberg an der Nahe *1106* und Rupertsberg bei Bingen *1150–°1179:* Äbtissin, Ärztin, Naturwissenschaftlerin, mystische Dichterin und Denkerin

HIPPIAS
*Elis *-460,* ⓁAthenai, ˅Sparte und Olympia, °*-390:* Mathematikhistoriker und sophistischer Philosoph (Unterscheidung von »Gesetz«/»Konvention« *nomos* und »Natur« *physis*), Titelfigur zweier platonischer Dialoge

HIPPOKRATĒS von Chios
*Chios, ◡Athenai, *-5. Jh.:* frühester namhafter hellenischer Mathematiker (Systematisierung der Geometrie)

**HIPPOKRATĒS** von Kōs
*Kos *-460,* °Larisa (?) *-370:* Begründer der Medizin als Erfahrungswissenschaft im westlichen Teil der »Alten Welt«, Idealfigur eines Arztes

HO Xuan Huong
*bei Ha Nôi (Familie aus Quynh Dôi) *18. Jh.,* ⓈThang Long/Ha Nôi, °*19. Jh.:* herausragende Dichterin in Viêt Nam (Kritik der konfuzianischen und buddhaitischen Moral und Gesellschaftsordnung)

**HOBBES,** Thomas
*Westport bei Malmesbury in Wiltshire *1588,* ⓈOxford *1602* und Cambridge *1608–10,* Tutor der Cavendish-Familie (Earls of Devonshire) mit Unterbrechungen *1608–79* in Hardwick Hall, Chatsworth House, Welbeck Abbey und London, ˅Great Tew bei Oxford *(Tew Circle),* ˅France (Paris: Kontakte mit Mersenne und Gassendi) und Italia (Roma, Firenze, Besuch bei Galilei in Arcetri *1636*) *1610–15/1629–30/1634–37,* Exil in Paris *1640–51* (˅Montauban *1646–47;* Kontakt mit Descartes *1648*), °Hardwick Hall *1679:* Freidenker und empiristischer Philosoph (mechanistische Physik, sensualistische und individualistische Psychologie, vertragstheoretische und absolutistische Staatslehre)

HOLBACH, Paul-Henri Thiry d'/Paul Heinrich Dietrich
*Edesheim bei Landau in der Pfalz *1723,* ⓈParis *1731* und Leiden *1744,* Château de Grandval in Val-de-Marne und Paris *1749–°1789:* Naturphilosoph (atheistischer Materialismus), Mitarbeiter an der *Encyclopédie*

HÖLDERLIN, Friedrich
*Lauffen am Neckar *1770,* ◡Nürtingen und ˅Stuttgart (mehrfach), ⓈDenkendorf, Maulbronn und Tübingen (mit Hegel und Schelling), ◡Weimar und Jena (mit Schiller) *1793–95,* Frankfurt am Main (Freundschaft mit »Diotima« Susette Gontard) *1796* und Bad Homburg *1798–1800/1804–06,* ˅Hauptwil in der Schweiz *1801* und Bordeaux *1802,* Tübingen *1806–°1843:* Dichter-Philosoph des »Deutschen Idealismus«

HOMĒROS
*Smyrna (?), ◡Chios (?), ˅Troia *-720 (?),* °Ios (?), *-8. Jh.:* Rhapsode, nach der Überlieferung Autor der *Ilias* und *Odysseia;* bis weit in die Neuzeit als »erster Autor des ganzen Heidentums« und »Quelle aller griechischen Philosophien« (Vico *1725*) verehrt

HŎ Nansŏrhŏn
*Kangnung *1563,* ◡°Kwangju bei S(e)oul *1589:* herausragende Dichterin in Han'guk

HŌNEN
*Inaoka in Okayama Ken *1133,* ⓈⓁHieizan, ⓁKyoto, Tosa und Komazu auf Shizuoka (Verbannung) *1207–11,* °Kyoto *1212:* Begründer der buddhaitischen Lehr- und Lebensrichtung des »Reinen Landes« *Sukhavatī/Jingtu/Jōdo* in Nihon (Einzug in das »Reine Land« nicht über den »Pfad der Weisen« *shōdōmon,* sondern durch *nembutsu,* die Anrufung des Amida Buddha)

HORKHEIMER, Max
*Stuttgart (Zuffenhausen) *1895,* ◡Paris, London und Bruxelles, ⓈMünchen, Frankfurt am Main und Freiburg *1919–22,* ⓁFrankfurt *1923–33/1949–59,* Emigration *1933* über Genève und Paris nach New York *1934* und Pacific Palisades bei Los Angeles *1940–49,* ⓁChicago *1954–59,* ◡Montagnola bei Lugano *1959,* °Nürnberg *1973:* zusammen mit Adorno Vordenker der sozial- und kulturkritischen »Frankfurter Schule« (»Kritik der instrumentellen Vernunft«)

HU Hong
*Chongan in Fujian *1106,* ⓁHeng Shan in Hunan, °*1161:* Philosoph, Begründer der neokonfuzianischen Hunan-Schule

HU Shi
*Jixi in Anhui *1891,* ⓈShanghai *1904,* Ithaca NY *(Cornell) 1910* und New York *(Columbia) 1915–17,* ⓁBeijing *1917–37* und Shanghai *1927–30,* ˅U.S.A. und Europa *1926–27/1937–38,* ◡Washington DC *1938–46,* ⓁBeijing *1946,* New York *1948* und Taibei *1958–°1962:* Vermittler von Deweys pragmatischer Philosophie, Befürworter der Verwendung der gesprochenen Sprache in der Literatur und der Revision der Philosophiegeschichtsschreibung (Tilgung der legendären und Herausstellung der methodologischen Aspekte)

HUANG DI (»Gelber Kaiser«)
legendärer Stammvater der Han-Chinesen *(-3. Jt.)* und literarische Figur in daoitischen (philosophischen und medizinischen) Schriften, überlieferte Grabstätte: Huang Ling

**HUANG Zongxi**
*Yuyao *1610,* ◡Beijing *1623* und Nanjing *1630–41,* ˅Hangzhou, Shaoxing (*Zhengren*-Akademie), Ningbo (*Fan*-Bibliothek) und Kun Shan bei Suzhou (*Xu-Qianxue*-Bibliothek),

Yuyao *1650–°1695:* Philosoph in der Tradition Wang Yangmings, Historiograph der Ming-Dynastie und der konfuzianischen Philosophie der Ming-Zeit sowie der vorangehenden Yuan- und Song-Zeit, Begründer der »Ost-Zhejiang-Schule« *Dong-Zhejiang Xue* der Historiographie und der systematischen (und geographisch orientierten) Philosophiegeschichtsschreibung in Zhongguo

HUI Dong

*Suzhou *1697,* ⌣Guangzhou, Suzhou *1731* und Yangzhou *1754–57,* °*1758:* Philosoph, Begründer der Wu- oder Suzhou-Lehrrichtung innerhalb der »Han-Schule« *Han Xue* (textkritische Erforschung der Han-Zeit)

HUI Shi

*Song, ⌣Daliang, *-4. Jh.:* Kanzler, Philosoph der »Schule der Namen« *Ming Jia* (Logik, Dialektik, Sophistik), Pazifist, literarischer Widerpart des Zhuang Zi

**HUINENG**/Caoxi Huineng

*Xinzhou in Lingnan *638,* ⌣Nanhai/Guangzhou, ⓢ*Dongshan Si* am Shuangfeng Shan bei Qizhou, ⓔSihui und Guangzhou, °Caoxi *713:* Analphabet barbarischer Herkunft (?), Begründer der »Süd-Schule« *Nan-Zong* des *Chan/Zen* (kanonischer Text: *Tan Jing*/»Plattform-Sutra«, Lehre von der »plötzlichen Erweckung« *dunwu*)

HUIYUAN

*Yanmen in Shanxi *334,* ⓢLuoyang und Heng Shan in Hebei, ⌣Qiankou Shan bei Ye, Luhun in Henan, Jiangling, Xiangyang und Lu Shan *(Longquan Si* und *Donglin Si) 381–°417:* Begründer der buddhaitischen Lehrrichtung des »Reinen Landes« *Jingtu/Jōdo,* (zusammen mit Tao Qian und Lu Xiujing) einer der »Drei Lacher vom Tigertal« *Huxi San Xiao*

HUIZINGA, Johan

*Groningen *1872,* ⓢLeipzig *1895–97,* ⓔGroningen *1905* und Leiden *1915–41,* °De Steeg bei Arnhem *1945* (Nazigefängnis); ˅U.S.A. *1926:* Kulturhistoriker

HUMBOLDT, Alexander von

*Berlin *1769,* ⓢFrankfurt an der Oder, Göttingen, Hamburg und Freiberg, ⌣Franken (Ansbach, Bayreuth, Coburg, Gefrees bei Bayreuth) *1892,* ˅Jena und Wien *1797,* ⌣Paris *1798/1804/1807–27,* ˅Roma und Napoli (Vesuvio) *1805,* Berlin *1827–°1859;* Forschungsreisen in Europa *1790–1805,* über Madrid *1798–99* und Tenerife nach S-Amerika (Los Andes und Cuba, Rückreise über México *1803,* Philadelphia PA und Washington DC *1804) 1799–1804* und über Sankt-Peterburg, Moskva und Kazan' nach Sibir' (Altai) und Zentralasien (Astrakhan') *1829:* Geograph und Wissenschaftshistoriker, Bruder Wilhelm von Humboldts

HUMBOLDT, Wilhelm von

*Potsdam *1767,* ⌣Berlin, ⓢFrankfurt an der Oder und Göttingen, ⌣Jena *1794–97,* ⌣Paris *1789/1797–1801/1813–14/1828,* ⌣Königsberg *1809,* ⌣Tegel bei Berlin, Burgörner bei Mansfeld und Auleben bei Nordhausen in Thüringen sowie Ottmachau/Otmuchów bei Grottkau/Grodków in Schlesien (Rückzugsorte), zahlreiche Reisen in Deutschland (Mainz, Düsseldorf, Mannheim, Stuttgart, Erfurt, Weimar, Lübeck, Eutin in Holstein, Hamburg, Dresden) und W-Europa (Paris, Zürich, Prag, Madrid, Toledo, Córdoba, Sevilla, Cádiz, Granada, Barcelona und Euskal Herria/País Vasco), diplomatischer Dienst in Roma *1802–08,* Wien *1810–15,* Prag *1813,* Paris *1814–15* und London *1817–18,* Tegel bei Berlin *1819–°1835:* Bildungspolitiker, Sprach- und Kulturwissenschaftler

**HUME**, David

Edinburgh **1711–°1776,* ⌣Landsitz Ninewells, France (Rückzug nach La Flèche zur Niederschrift des *Treatise of Human Nature*) *1734–37,* häufig wechselnde Aufenthalte in England (London) und Scotland (Edinburgh und Ninewells), ˅Wien und Torino (Gesandtschaftssekretär) *1748,* Paris (Botschaftssekretär) *1763–66* (Rückkehr nach London zusammen mit Rousseau): (erfolgreicher) Geschichtsschreiber und (während seiner Lebenszeit wenig erfolgreicher) Philosoph (ohne akademische Position), wegweisend als phänomenologischer Psychologe, Moral- und Religionsphilosoph

ḤUNAYN IBN ISḤĀQ/Ioannitius

*Hira *808,* ⓢGondeshapur und Basra, Forschungsreise nach Konstantinopolis (und al-Iskandariyya?), °Baghdad *873:* syronestorianischer Arzt und Philosoph (Logiklehrbuch), namhaftester Übersetzer hellenischer Autoren ins Syrische und Arabische

**HUSSERL**, Edmund

*Proßnitz/Prostějov *1859,* ⓢOlmütz, Leipzig (mit Masaryk), Berlin (Mathematik bei Weierstraß), Wien (bei Brentano) und Halle (bei Stumpf), ⓔHalle *1887,* Göttingen *1901* und Freiburg *1916–28,* Vorträge in London *1922,* Amsterdam *1928,* Paris (»Cartesianische Meditationen«) *1929,* Wien (»Krisis der europäischen Menschheit«) *1935* und Prag *1935,* °Freiburg *1938:* Philosoph, Begründer der phänomenologischen Bewegung

HUTCHESON, Francis

*Drumalig bei Saintfield in Ulster *1694,* ⌣Armagh, ⓢKillyleagh in Ulster und Glasgow, ⓔDublin *1719* und Glasgow *1729–46,* °Dublin *1746:* Moralphilosoph *(moral sense),* zusammen mit Reid Begründer der *Scottish (common sense) philosophy*

HUXLEY, T(homas) H(enry)

*Ealing bei London *1825,* ⓢLondon, Forschungsreise auf dem Schiff *Rattlesnake* zwischen Australia und New Guinea *1846–50,* ˅Sydney *1847,* London *1850–1895,* °Eastbourne in Sussex *1895;* ˅Oxford *1859/1893/1894,* ˅New York *1876:* Evolutionstheoretiker und Populärphilosoph

HUYGENS, Christiaan

Den Haag **1629–°1695;* ⓢLeiden und Breda, ˅Paris *1655/1660/1665–81,* London *1661/1663–64/1688–89:* Mathematiker und Physiker (Wellentheorie des Lichts, Pendeluhr), Kontakte mit Descartes in Holland, mit Pascal und Leibniz in Paris, mit Boyle und Newton in London

HYECH'O/Huichao

*Silla (oder Familie aus Silla in Zhongguo) *704,* ⓢGuangzhou, Reise über Kampuchea nach S- und Zentralasien: ˅Buddha Gaya, Rajagriha, Varanasi, Sarnath, Vais(h)ali, Kus(h)inagara, Kapilavastu, S(h)ravasti und Kanyakubja in NO-India, Hauptstadt des *Cālukya* Vatapi/Badami (oder Vengi in Andhra Des(h)a?) in S-India, Valabhi in W-India, Jalandhara, Kashmir, Ladakh, Gilgit-Region, Gandhara (Hauptstadt Pushkaravati bei Purushapura), Udyana, Lampaka, Kapis(h)i und Bamiyana im NW von S-Asien, Baktra, Samarqand, Farghana, Kashi und Kuqa in Zentralasien, ⌣Chang'an, °Wutai Shan *780* (?): namhaftester koreanischer Pilger und Forschungsreisender in S- und Zentralasien (Wiederentdeckung des Reiseberichts in Dunhuang *1908*); Übersetzungsassistent des Vajrabodhi

HYPATIA
Alexandreia **370–°415:* früheste namhafte Mathematikerin, neuplatonische Philosophin

IAMBLICHOS/Ya-mliku
*Chalkis/Qinnasrin *240,* ◡Kaisareia in Palaistine und Roma, ℗Daphne bei Antiocheia (?) und Apameia, °*325:* Porphyrios-Schüler und Begründer des syrischen Zweigs der neuplatonischen Philosophie

IBN ʻADĪ, Yaḥyā'
*Takrit/Tikrit in Iraq *893,* Baghdad *900–°974:* jakobitischer Christ und Schüler des al-Farabi; Philosoph und Vermittler hellenischer Wissenschaft nach Baghdad

IBN al-ʻARABĪ
*Mursiyya *1165,* Ishbiliyya *1173–94,* ˅al-Mariyya/Almería, Tunis, Fas, Qurtuba, al-Qahira, al-Quds, Makka, Baghdad, Quniya/Konya, ◡Malatya *1216* und Dimashq *1230–°1240* Halab: herausragender *Ṣūfī*-Mystiker, -Dichter und -Denker

IBN BĀJJA/Avempace
*Saraqusta, ◡Balansiyya, ◡Ishbiliyya, ˅Gharnata, ˅Wahran, °Fas *1139:* muslimischer Arzt, Rechtsgelehrter und Philosoph *faylasūf,* Vermittler hellenisch-islamischer Philosophie nach al-Andalus

IBN al-BAYṬĀR
*Malaqa *12. Jh.,* ⊛Ishbiliyya, ◡Maghrib *1220,* Anadolu und al-Qahira, °Dimashq *1248:* Botaniker und Pharmakologe

IBN DAUD, Abraham/Abraham Ben David Halevi/Avendauth
*Qurtuba *1110,* ◡al-Yussana, Toledo *1150–°1180:* jüdischer Arzt, Astronom, Historiograph und Philosoph aristotelischer Prägung (irrtümlicherweise gleichgesetzt mit dem Übersetzer Ioannes Hispanus)

IBN EZRA, Abraham/Abraham Iudaeus
*Tutila/Tudela in Aragón *1089,* ◡Qurtuba und al-Yussana, Reisen in N-Afrika; Italia *1140–47* (Roma, Lucca, Mantua, Verona), France *1147–58* (Narbonne, Béziers in Provence, Rouen, Dreux bei Paris), ◡London *1158,* ◡Narbonne *1161,* °Calahorra in Aragón *1167:* jüdischer Dichter, Bibelexeget und von islamisch-neuplatonischen Ideen inspirierter Philosoph

IBN EZRA, Moses Ben Jacob
*Gharnata *1055,* ⊛al-Yussana, ◡Gharnata, ˅Qurtuba, °Castilla *1135* (?): jüdischer Dichter und von islamisch-neuplatonischen Ideen inspirierter Philosoph

IBN GABIROL, Solomon/Ibn Jabīrūl/Avicebron
*Malaqa *1020,* ⊛Saraqusta, ◡Gharnata, °Balansiyya *1058:* jüdischer Dichter und von islamisch-neuplatonischen Ideen inspirierter Philosoph; herausragender Repräsentant der synkretistischen jüdisch-islamisch-christlichen Kultur in al-Andalus

IBN ḤANBAL, Aḥmad
Baghdad **780–°855;* ◡Kūfa, Basra, Makka und Madina: islamischer Theologe und Rechtsgelehrter, namengebende Autorität für die rigide *Ḥanābila*-Rechtsschule

IBN al-HAYTHAM/Alhacen
*Basra *965,* al-Qahira *996–°1039*: überragender Naturwissenschaftler des »Mittelalters« im westlichen Teil der »Alten Welt« (Optik und Medizin, Pionier der Verbindung von experimenteller Physik, Mathematik und philosophischer Theorie)

IBN HAZM
*Qurtuba *994,* ◡al-Mariyya/Almería *1013,* Hisn al-Qasr in al-Andalus *1016,* Gharnata *1020,* Shatiba/Játiva *1021,* Qurtuba *1023* und Manta Lisham/Casa Montija bei Huelva *1031–°1064:* islamischer Dichter, Rechtsgelehrter und hermeneutischer Theologe *(Ẓāhiriyya)*

**IBN KHALDŪN**
*Tunis *1332;* häufig wechselnde Aufenthalte: ◡Bijaya *1352,* Fas *1354–62,* Gharnata *1362,* Sevilla *1364,* Biskra *1366,* Fas *1372,* Tilimsan *1375,* Qal'at Ibn Salama *1375,* Tunis *1378* und al-Qahira *1382–°1406;* ˅Makka, ˅Dimashq *1400–01:* islamischer Rechtsgelehrter und Richter, Diplomat und Pionier der Geschichtssoziologie; Rezeption im Osmanischen Reich *16.–18. Jh.,* früheste Übersetzung ins Türkische *18. Jh.,* in eine europäische Sprache (Französisch) Paris *1858*

IBN MASARRA
*Qurtuba *883,* ◡Mashriq *888* und Sierra de Córdoba (Einsiedelei) *912–°931:* komparativer Religionswissenschaftler, früher Vermittler von *Mu'tazila*-Theologie, hellenisch-islamischer Philosophie und *Ṣūfī*-Mystik nach al-Andalus

IBN MĀSAWAYH, Abū Zakkariyā'/Mesue
*Gondeshapur, °Baghdad *857:* Arzt, Autor medizinischer Lehrbücher und Übersetzer hellenischer Wissenschaftstexte ins Arabische

IBN MISKAWAYH
Rayy **932–°1030:* islamischer Philosoph *faylasūf* (Ethik) und Historiograph

IBN al-MUQAFFAʻ
*Jur/Firuzabad in Fars *720,* ◡Kerman und Kufa, °Basra *756:* Dichter, Übersetzer der *Pañcatantra*-Tierfabeln aus dem Persischen ins Arabische *(Kalīla wa-Dimna),* aristotelischer Logiker

**IBN RUSHD**/Averroës
*Qurtuba *1126,* ◡Ishbiliyya *(Qāḍī) 1169,* Qurtuba *1171–79/1184–95,* al-Yussana (Verbannung) *1195* und Marrakush *1153/1180–84/1196–°1198:* islamischer Rechtsgelehrter, Arzt und herausragende Gestalt der von Aristoteles inspirierten Philosophie *falsafa* im Maghrib (»Okzident«), Aristoteles-Kommentator mit großer Wirkung im lateinischen Mittelalter und in der italienischen Renaissance (»lateinischer Averroismus«)

IBN SABʻĪN
*Mursiyya *1218,* ◡Sabta/Ceuta, Badis bei Titwan, Bijaya, Tunis, Qabis/Gabès (Tunis) und al-Qahira; Makka *1250–°1270:* philosophiekritischer islamischer Gelehrter, *Ṣūfī*-Mystiker und -Denker

**IBN SĪNĀ**/Avicenna
*Afshane bei Bukhara *980,* ⊛Bukhara, ℗Gurganj *1003,* Gorgan *1013,* Rayy *1014,* Hamadan *1015* und Esfahan *1023–37,* °Hamadan *1037:* islamischer Arzt, Autor eines medizinischen Lehrbuchs, Richter und überragende Gestalt der hellenisch inspirierten Philosophie *falsafa* im Islam mit großer Wirkung im lateinischen Mittelalter und in der neuzeitlichen iranischen Philosophie

IBN TAYMIYYA
*Harran *1263,* Dimashq *1269–°1328;* ˅Makka *1292,* ◡al-Qahira *1301/1306–08/1310–13,* ˅al-Iskandariyya und al-Quds: fundamentalistischer hanbalitischer Theologe und Rechtsgelehrter, Autorität der *Wahhābiyya*-Rechtsschule (seit dem *18. Jh.*)

IBN ṬUFAYL/Abubacer
*Wadi Ash/Guadix *1115,* ◡Gharnata, Sabta/Ceuta *1154,* Tanja/Tangier und Marrakush *1163–°1185:* muslimischer Arzt und von neuplatonischen Ideen inspirierter Philosoph *faylasūf,* Autor eines (nachträglich als »Ur-Robinson« berühmt gewordenen) philosophischen Entwicklungsromans; lateinische Übersetzung Oxford *1671* unter dem Titel *Philosophus Autodidactus*

IBN ZADDIK, Joseph Ben Jacob
°Qurtuba *1149:* jüdischer Dichter, Richter und von islamisch-neuplatonischen Ideen inspirierter Philosoph

IKHWĀN aṣ-ṢAFĀ' (»Lautere Brüder«)
Basra *10. Jh.:* Autorengruppe einer Sammlung von Briefen philosophischen und populärwissenschaftlichen Inhalts, inspiriert von neuplatonischen und aristotelischen Ideen

IKKYŪ Sōjun
*Saga bei Kyoto *1394,* Ⓢ Kyoto und Katata in Omi, ◡Sakai, Osaka und Kyoto, Shuonan im Dorf Takigi (heute Stadtteil von Tanabe Machi bei Kyoto) *1456–°1481:* exzentrischer *Zen*-Mönch und -Dichter (Einbeziehung von *Zen*-Idealen in Kunst und Literatur)

IL'IN, Ivan Aleksandrovich
*Moskva *1882 (Ⓔ1909–22),* Ⓢ Deutschland (Heidelberg, Freiburg, Göttingen, Berlin), Italia und France *1910–12,* Abschiebung aus Rossiia *1922,* ⒺBerlin *1923* und ◡Zürich *1937–°1954:* Philosoph (Rechts-, Moral- und Religionsphilosophie)

IMANISHI Kinji
Kyoto **1902–°1992:* Forschungsaufenthalte in Zhongguo (Chongchun in Ilin, Da Xinggan Lin in Nei Menggu und Zhangjakou an der Großen Mauer in Hebei) *1938–39/1944–46,* Micronesia (Ponape) *1941,* Nepal (Annapurna und Manaslu) *1952–53,* Kashmir (Hunza Valley) *1955,* Tanzania (Mahale Mountains) *1961–62,* ᵛAfrika, Europa und U.S.A.: ökologisch und soziologisch orientierter Verhaltensforscher, Pionier der »Kulturprimatologie« (»Naturlehre« *shizengaku*)

IMHOTEP/Imuthēs
*◡Iunu, ◡°Memphis, *-27. Jh.* (1. Hälfte): frühester mit Namen bekannter und datierbarer »Weiser«, Hohepriester (des Sonnengottes), Architekt, in späteren Zeiten zum Patron der Schreiber und zum Medizingott (Asklepios) erhoben

INGARDEN, Roman
Kraków **1893–°1970,* Ⓢ Lwów, Göttingen, Wien und Freiburg, ◡Kolskie, Lublin, Warszawa, und Toruń, ⒺLwów *1924* und Kraków *1945;* ᵛFreiburg *1927–39,* Marburg und Paris *1927–28,* W-Europa und N-Amerika *1957–69:* phänomenologischer Philosoph (realistische Ontologie, Ästhetik)

INGEN → YINYUAN

IŌANĒ PETRIC'I
**1050,* Ⓢ Konstantinupolis, ◡Kloster Petritzos/Bachkovo in Bălgariia, °Gelati *1126:* namhafter Philosoph (von neuplatonischen Ideen inspiriert) in Sakartvelo, Übersetzer hellenischer und hellenistischer Philosophie ins Georgische

IOANNES DACUS
*Dacia/Danmark oder S-Sverige, Ⓢ Lund und/oder Roskilde, ⓈⒺParis, *13. Jh.:* Sprachphilosoph

IŌANNĒS DAMASKĒNOS
*Damaskos *670,* Yerushalayim (Kloster *Mar Saba*) *700–°750:* christlicher Theologe und Philosoph, letzter »orientalischer Kirchenvater«

IOANNES HISPANUS
◡Toledo *12. Jh.:* Übersetzer aus dem Arabischen ins Lateinische, irrtümlicherweise gleichgesetzt mit Ibn Daud/Avendauth

IOANNES a Sancto Thoma/João de São Tomás/Juan de Santo Tomás
*Lisboa *1589,* Ⓢ Coimbra und Leuven, ◡Madrid, ⒺAlcalá *1613–43,* °Fraga de Aragón *1644:* Philosoph und Theologe in der Tradition von Thomas Aquinas

IQBĀL, Muḥammad
*Sialkot *1877,* Ⓢ Lahore *1893,* Cambridge *1905,* Heidelberg und München *1907–08,* Lahore *1908–°1938;* ᵛIndia (Delhi, Aligarh, Allahabad, Bombay, Hyderabad, Madras) *1905–35,* al-Qahira und al-Quds *1931,* Europa (London, Paris, Roma, Córdoba) *1931–33* und Afghanestan (Kabul, Ghazni) *1933:* Dichter (in Urdu und Persisch), Rechtsanwalt und Philosoph; *Reconstruction of Religious Thought* in Anlehnung an die persische Dichtung, *Qur'ān* und *Ṣūfī*-Mystik, an Goethe und Dante sowie an die zeitgenössische Lebens- und Religionsphilosophie in Europa

ISAIAH und DEUTERO-ISAIAH/Yēsha'yahū/Ēsaias/Isaias
Yerushalayim *-8. Jh.* und Babil *-6. Jh.:* herausragende israelitische Propheten (Spiritualisierung, Entmythologisierung und Ethisierung der religiösen Tradition)

ĪS(H)VARAKRISHṆA/Īśvarakṛṣṇa
◡Madhyama Dis(h) *4.–5. Jh.:* brahmanischer Philosoph, Autor der *Sāṅkhya-kārikā* (»Merkverse der Kategorienlehre«), eines Grundtextes der *Sāṅkhya*-Philosophie

ISIDORUS DE SEVILLA
*Cart(h)agena (?) *560,* °Sevilla *636:* Erzbischof *600,* letzter lateinischer »Kirchenvater«, enzyklopädischer Gelehrter mit breiter Wirkung auf das lateinische Mittelalter

ISOKRATĒS
Athenai **-436 bis °-338;* Ⓢ Larisa (?): Gründer der namhaftesten antiken Schule für Rhetorik (»allgemeine Bildung«)

ISRAELI, Isaac Ben Solomon/Abū Ya'qūb Isḥāq Ibn Sulaymān/Isaac Iudaeus
*Misr *855,* Qayrawan *905–°955:* jüdischer Arzt (Ophthalmologie, Pharmakologie) und von neuplatonischen Ideen inspirierter Philosoph (von Constantinus Africanus ins Lateinische übersetzt)

**ITŌ** Jinsai
Horikawa Ku in Kyoto **1627–°1705:* herausragender konfuzianischer Philosoph, Begründer der »Schule der alten Bedeutung« *Kogigaku* (auch *Horikawa Gakkō* genannt), einer restaurativ-innovativen Rückkehr von der neokonfuzianischen Spekulation zum Wortlaut und praktischen Verständnis der Klassiker *Kong Zi* und *Meng Zi*

IUBA (II)
**-50,* ◡Iol, Ⓢ Roma, *°+23:* mauretanischer König, Geograph und Ethnograph

IULIANOS
◡Syria *2. Jh.:* Soldat der römischen Armee, Kompilator der »Chaldäischen Orakel« *Chaldaika logika* (kosmo- und psychologische Lehren neupythagoreischer und neuplatonischer Herkunft, als »gottgegebene Worte« aus Babylon deklariert)

IULIANUS, Salvius
*Hadrumetum oder Pupput (zwischen Hadrumetum und Carthago) *107* (?), ◡Roma, ᵛAegyptus *130–31,* ◡Germania Inferior *151–52,* Hispania Cisterior (Tarragona) *161–64* und

Africa Proconsularis (◡Carthago, ᵛHadrumetum und Pupput) *167–68,* °Roma *170:* herausragender (in stoischer Philosophie gebildeter) römischer Rechtsgelehrter (»Fairness« *aequitas* und Zweckmäßigkeit *utilitas* als Leitprinzipien)

IXTLILXOCHITL/Fernando de Alva
*Teotihuacán (mütterlicherseits aus einer Texcoco-Fürstenfamilie) *1575,* ⓢSanta Cruz de Tlatelolco, °Texcoco *1650:* Historiograph der Region um México mit Verwendung und Übersetzung von vorkolumbischen *Codices*

JACOBI, Friedrich Heinrich
*Pempelfort bei Düsseldorf *1743,* ⓢGenève *1759–62,* ᵛWolfenbüttel *1780,* London *1786* und Paris *1801,* ◡Hamburg (Wandsbek) und Eutin in Holstein *1794–1804,* München ᵛ*1779*/©*1804*–°*1819:* vernunftkritischer Gefühls- und Glaubensphilosoph, zentrale Figur des »Sturm und Drang« und Wegbereiter der Romantik

JA'FAR aṣ-ṢĀDIQ
*Madina *700,* °Kufa *765:* sechster Imam der *Shī'a, Ḥadīth*-Gelehrter und namengebende Autorität der shiitischen *Ja'fariyya*-Rechtsschule (»Vernunft« *'aql* und »selbständiges Überlegen« *ijtihād* als Rechtsquellen, die *Qur'ān* und *Ḥadīth* ergänzen)

JAHĀN ĀRĀ/Bēgam Ṣāḥiba
*Agra *1614,* ◡Dihli/Delhi, Ajmer, Lahore, Srinagar und Sahibabad/Achibal in Kashmir, °Dihli *1681:* Großenkelin von Akbar dem Großen, Schwester von Dara Shikoh, *Ṣūfī*-Mystikerin und -Gelehrte

JAIMINI
◡Madhyama Dis(h) *-4. Jh. (?):* halblegendärer brahmanischer Autor des *Mīmāṃsā-sūtra* (»Leitfaden der Erörterung« der Riten), des Grundtextes der »ritualhermeneutischen« *Mīmāṃsā* (Textredaktion *-2. bis +2. Jh.*)

JAKOBSON, Roman Osipovich
*Moskva *1896,* ◡Praha *1920* (Mitbegründer des *Cercle linguistique de Prague 1926*) und ©Brno *1933,* Flucht *1939* über København, Oslo und Uppsala nach ©New York *(École libre* und *Columbia) 1941* und ©Cambridge MA *(Harvard* und *MIT) 1949–82,* °Boston *1982:* Promotor einer phänomenologisch konzipierten strukturalen Sprachwissenschaft, Freundschaft mit Cassirer, Koyré und Lévi-Strauss

JAMES, William
*New York *1842,* ◡New Port *1958,* ⓢ©Harvard *1861–1907,* ◡Boston *1864,* Cambridge MA *1866* und Chocorua NH *1886*–°*1910;* zehn Europareisen *1843–1910:* ᵛLondon und Paris, ⓢGenève *1859–60,* ©Edinburgh *1901–02* und Oxford *1908–09,* ᵛBerlin, Dresden, Heidelberg, Leipzig, Prag, Padova und Roma; ©Berkeley *1898,* Stanford *1906* und *Columbia 1907:* Physiologe und experimenteller Bewußtseinspsychologe, Religionspsychologe und Philosoph in der Nachfolge von Peirce (»Pragmatismus«)

JASPERS, Karl
*Oldenburg *1883,* ⓢHeidelberg, Berlin und Göttingen, Heidelberg *1908–48* (©*1919,* Lehrverbot *1943–45*), ᵛFreiburg *1920,* ©Basel *1948*–°*1969:* Psychiater und Existenzphilosoph, zeittypischer Erneuerer einer philosophischen Konzeption der Geschichte der Menschheit (philosophischer Durchbruch in der »Achsenzeit«)

JEAN PAUL/Johann Paul Friedrich Richter
*Wunsiedel bei Hof *1763,* häufig wechselnde Aufenthalte hauptsächlich in und bei Hof, Leipzig, Weimar und Berlin, Bayreuth *1804*–°*1825:* Schriftsteller-Philosoph (Ästhetik, Erziehungslehre)

JEFFERSON, Thomas
*Shadwell VA *1743,* ◡Williamsburg, Monticello bei Charlottesville, Philadelphia und Richmond VA, Paris (Botschafter *1784–89*), Washington DC (dritter Präsident der U.S.A. *1801–09*), Monticello *1809*–°*1826:* Staatsmann (inspiriert von Lockes politischer Philosophie), Hauptautor der *Declaration of Independence 1776* und des *Statute of Virginia for Religious Freedom 1776/86*

JEREMIAH/Yirmeyahū/Ieremias
*Anatot bei Yerushalayim *-650,* ◡Yerushalayim, °Kemet/Misr *-587:* herausragender israelitischer Prophet (Spiritualisierung, Entmythologisierung und Ethisierung der religiösen Tradition)

**JESUS**/Yeshūa'/Iēs(o)us ho Nazōraios/Christos/'Īsā Ibn Maryam
*Nazerat *-6 (?),* Lehrtätigkeit in Galil/Galilaia, ᵛRegionen von Gadara und von Tyros und Sidon, °Yerushalayim *30 (?):* religiöser Heilsverkünder und Prediger einer selbstlosen und universalen Liebesethik, nach seinem Tod Stiftergestalt der christlichen Religion

JHERING, Rudolf von
*Aurich *1818,* ⓢBerlin, ©Basel *1845,* Rostock *1846,* Kiel *1849,* Gießen *1852,* Wien *1868* und Göttingen *1872*–°*1892:* Rechtshistoriker und -philosoph (»juristischer Naturalismus«)

JIA Yi
*Luoyang *-200,* ◡Chang'an und Changsha, °*-168:* Staatsmann und Dichter, Wegbereiter des »konfuzianischen Staates«

JIANZHEN Gaozong/Ganjin
*Yangzhou *688,* ⓢShaoxing, ◡Chang'an und Luoyang, ᵛTiantai Shan und Suzhou, ◡Yangzhou, Nara *754*–°*763:* buddhaitischer Mönch und Heilkräuterarzt, Organisator der »Ordensdisziplin« *vinaya/lü/ritsu* in Nihon

JIAO Hong
Nanjing **1540*–°*1620;* ©Beijing *1589–97:* neokonfuzianischer Gelehrter in der Tradition Wang Yangmings (Freundschaft mit Li Zhi, Verbindung konfuzianischer, daoitischer und buddhaitischer Ideen)

JIUN Onkō
*Osaka *1718,* ⓢKyoto, ◡Habikino bei Osaka, *Shōanji* in Nagano Ken, *Chōeiji* in Takaida (heute Stadtteil von Osaka), *Keirinji* in Arima (heute Stadtteil von Kobe), *Sōryū'an* in Nagao auf dem Ikomasan (heute Stadtteil von Osaka), *Amidaji* in Kyoto, *Kōkiji* auf dem Katsuragisan in Osaka Ken (Haupttempel seiner *Shōbō*-Mönchsregel), °Kyoto *(Amidaji) 1804:* buddhaitischer Mönch der *Mantra-dhāranī-/Zhenyan-/Shingon*-Lehrrichtung der »Wahren Worte«, herausragender (autodidaktischer) Sanskrit-Forscher und Autor der ersten Sanskrit-Grammatik in O-Asien

JIZANG
*Jinling/Nanjing *548* (väterlicherseits arsakidisch-parthischer Herkunft), ⓢShe Shan *555,* ◡Kuaiji Shan *590,* Yangzhou *599* und Chang'an, °*623:* buddhaitischer Philosoph in der Tradition Nagarjunas, Begründer der *Mādhyamika-/Sanlun*-Lehrrichtung in Zhongguo

JÑĀNAPRAKAS(H)A/Jñānaprakāśa

*S(h)alivati/Tirunelveli, ◡Bangla, Tirunnamalai und °Chidambara(m), *16. Jh.:* hinduitischer *S(h)aiva-siddhānta*-Philosoph

JONAS, Hans

*Mönchengladbach bei Düsseldorf *1903,* ⓢFreiburg, Berlin, Heidelberg und Marburg, Emigration nach England *1933* und Yerushalayim *1935–49,* ◡Montréal, ⓟOttawa *1949* und ⓟNew York *(New School) 1955–°1993 (New Rochelle):* Religionswissenschaftler (Gnosis) und Philosoph (Verantwortungsethik)

JONES, William

*London *1746,* ⓢOxford, ◡London (bei Burke *1781–82*), ⓢParis und Holland, Calcutta *1783–°1794:* Richter und Rechtsphilosoph, Übersetzer (aus dem Arabischen, Persischen und Sanskrit: Kalidasa *1789,* Manu *1794*) und Begründer der vergleichenden Sprachwissenschaft *1786* mit dem entscheidenden Nachweis über die Verwandtschaft indischer und europäischer Sprachen

JUANA Inés de la Cruz, Sor

*Hacienda San Miguel de Naplanta bei Amecameca *1651,* ◡Amecameca de Juárez, Ciudad de México *(Claustro San Jerónimo 1667) 1661–°1695:* Lyrikerin und Kulturphilosophin

JUDAH HALEVI

*Tutila/Tudela in Aragón *1075,* ⓟal-Yussana, Qurtuba, Ishbiliyya, Gharnata und Toledo, ˅al-Iskandariyya *1140,* °al-Qahira *1141:* jüdischer Arzt, philosophiekritischer Theologe und herausragender Dichter (in hebräischer Sprache)

JUNG, Carl Gustav

*Kesswil am Bodensee *1875,* Basel *1879–1900/ⓟ1943–44,* Zürich und Küsnacht bei Zürich *1900–°1961;* ˅Wien *1907,* ˅U.S.A. (*Clark University* in Worcester MA zusammen mit Freud *1909,* New York *1912,* New Mexico und Arizona *1924–25, Harvard 1936, Yale 1937*), ˅Afrika (Kenya und Uganda: Mount Elgon, Sudan und Misr: Waset/Luxor, Cairo) *1925–26,* ˅India (Bombay, Delhi, Agra, Varanasi, Sanchi, Calcutta) *1937–38:* Psychiater und Psychologe, in Abgrenzung zu Freud Begründer einer eigenen »Tiefenpsychologie« (Individuations-, Religions- und Mythenpsychologie)

JUNGIUS, Joachim

*Lübeck *1587,* ⓢ/ⓟRostock und Gießen, ⓟFrankfurt am Main und Augsburg, ⓢPadova *1618,* ◡Braunschweig, Wolfenbüttel und ⓟHelmstedt, ⓟHamburg *1629–°1657:* Arzt, Mathematiker und Wissenschaftsphilosoph

KABĪR

*Varanasi *1440 (?),* °Maghar bei Gorakhpur in Uttar Pradesh *1518 (?):* Muslim von Geburt, Liederdichter (in Hindi) und Mystiker (synkretistische Verbindung von islamischer *Ṣūfī-* und hinduitischer *Bhakti*-Religiosität), Vorläufer der religiösen Reformbewegung der Sikh

KABTI-ILI-MARDUK

◡Babil *-10. Jh.* (Spätdatierung *-8. Jh.,* 1. Hälfte): Autor des Erra-Mythos, frühester bekannter Dichter, der sich mit seinem Namen persönlich vorstellt und die Glaubwürdigkeit seines (in einem Traum eingegebenen) Werkes beteuert; → Hēsiodos

KAGAME, Alegisi/Aléxis

*Kiyanza in Rwanda *1912,* ⓢRuhengei, Kabgayi und Nyakibanda, ◡Kigali, ⓢRoma *1952–55,* ⓟAstrida/Butare *1956* und Nyakibanda *1971,* °Butare *1981;* ⓟLumumbashi in Congo-Zaire *1972:* Dichter und Philosoph in der Nachfolge von Tempels (Konzeption der Philosophie oraler Kulturen als »Ethnophilosophie«)

KAIBARA Ekiken

*Fukuoka *1630,* ⓢNagasaki und Kyoto, ˅Edo, ◡Fukuoka Ken, °*1714:* neokonfuzianischer Polymath, Arzt, Botaniker, Pädagoge und Philosoph (*Cheng-Zhu Xue/Shushigaku:* Betonung der Zusammengehörigkeit der beiden Prinzipien *li/ri* und *qi/ki*)

KĀLIDĀSA

◡Ujjayini und Ayodhya (?), °Sri Lanka (?), *5. Jh.:* namhaftester Dichter und Dramatiker in Sanskrit (*S(h)akuntalā,* von W. Jones *1789* ins Englische, von A. Trutmann *2004* neu ins Deutsche übersetzt)

KAMO no MABUCHI

*Totomi in Shizuoka Ken *1697,* ⓢKyoto *1733* und ⓟEdo *1737–°1769: waka*-Dichter und Initiator der *Kokugaku* (»Landeslehre«), der philologischen Erforschung der frühen japanischen Literatur und des Shinto

KAṆĀDA

*◡Varanasi *2.–3. Jh.* (?): halblegendärer brahmanischer Autor des *Vais(h)eshika-sūtra* (»Leitfaden der Unterscheidung«), des Grundtextes der *Vais(h)eshika*-Philosophie

KANG Senghui/Sanghabhadra

*Giao Chi/Jiaozhi/N-Viêt Nam (sogdischer Herkunft), ◡Jianye/Nanjing *247–°280:* frühester namhafter Vermittler des Buddhadharma *(Mādhyamika)* in S-Zhongguo

KANG Youwei

*Yintan im Nanhai-Distrikt bei Guangzhou *1858,* ⓟGuangzhou *1891–97;* Beijing *1888–89/1894/1895/1897–98* (»Reform der 100 Tage«)/*1926;* Exil und interkontinentale Reisen *1898–1913:* Nihon, S- und SO-Asien, Europa und N-Amerika mit längeren oder wiederholten Aufenthalten in Hong Kong *1898–1913,* Tokyo und Yokohama *1898–99,* Singapore und Penang in Malaysia *1900–10,* Darjiling in West Bengal *1902–03,* Victoria bei Vancouver in Canada *1899–1909,* Saltsjöbaden bei Stockholm *1904/1906–08* und Kobe in Nihon *1912–13;* Shanghai *1914–27* und Hangzhou *1918–25,* °Qingdao in Shandong *1927;* vor der Möglichkeit von Flugreisen der am weitesten gereiste Philosoph, propagandistisch, geschäftlich und kulturgeschichtlich motiviert; in Zhongguo: Lu Shan *1889,* Luofu Shan *1894,* Mao Shan (mehrfach) *1914–24,* Qufu und Tai Shan *1916* und *1922,* Kaifeng, Luoyang, Hangu Guan, Song Shan, Putuo Shan und Lao Shan *1923* (Grabstätte *1927*) und Tiantai Shan *1924;* in S-Asien: Calcutta, Agra, Mathura und Delhi, Varanasi, Buddha Gaya und Gangtok, Anuradhapura und Kandy; in SW-Asien und N-Afrika: Jerusalem, Cairo, Luxor und Fas; in Europa: nahezu alle Hauptstädte mit Ausnahme von Sankt-Peterburg; Pompeii und Herculaneum, Aachen (Grab Karls des Großen), Waterloo (Niederlage Napoléons), Amsterdam (Schiffswerft Peters des Großen), Toledo, Córdoba, Granada und Sevilla; in N-Amerika: Boston, New York, Washington DC und Mount Vernon, México, Yucatán und Oaxaca: herausragende Gestalt der Philosophie in Zhongguo am Ende der Kaiserzeit, sozialer und politischer Reformator (Utopie von der »Großen Gleichheit« *datong*), Interpret des Kong Zi als eines fortschrittlichen Gesellschaftsreformers, Orientierung an daoitischen, buddhaitischen und »westlichen« Idealen, an der Meiji-Restauration in Nihon, der aufgeklärten Reform Peters des Großen in Rossiia und Muhammads *Hijra*

**KANT**, Immanuel
Königsberg **1724–°1804 (ⓛ1755–96):* überragende Gestalt der neuzeitlichen europäischen »Aufklärung«; transzendentalphilosophische Kritik der (Newtonschen) Naturwissenschaft, der (organismischen) Lebenswissenschaften, der praktischen Vernunft (Ethik) und der Urteilskraft (Ästhetik), Beiträge zur Kosmogonie (Planetensystem), empirischen Anthropologie und liberalen Politologie; im *19. Jh.* und in der 1. Hälfte des *20. Jh.* maßgebend bei der wissenschaftlichen Rehabilitierung und Erneuerung von *Vedānta-* und buddhaitischer Philosophie

KAPILA
◡Madhyama Dis(h) *-7. Jh. (?):* halblegendärer Autor des *Sāṅkhya-sūtra* (»Leitfaden der Kategorienlehre«), eines Grundtextes der *Sāṅkhya*-Philosophie (Textredaktion *14. Jh.*), der älteren Überlieferung nach Begründer des *Yoga*

KARNEADĒS
*Kyrene *-214,* ˅Roma *-156 bis -155,* °Athenai *-129:* Mitglied der mittleren und Überleiter zur neueren *Akadēmeia,* Mathematiker (Wahrscheinlichkeitslehre)

al-KĀSHĪ/al-Kāshānī
*Kashan in Iran, ⓛSamarqand *1419–°1429:* Astronom und Mathematiker (Dezimalbruchsymbolik) am Observatorium des Ulugh Beg

**KAUṬILYA**/Cāṇakya/Vishṇugupta
◡Takshas(h)ila und Pataliputra *-4. bis -3. Jh.:* Politiker und Politologe, Autor einer Staatslehre *Artha-s(h)āstra* (»Lehrbuch des Vorteils«; Textredaktion *-3. bis 4. Jh.,* wieder aufgefunden *1905*); → Vishnus(h)arman

KECKERMANN, Bartholomaeus
*Danzig *1571,* ⓢWittenberg und Leipzig, ⓢⓛHeidelberg *1592* und ⓛDanzig *1602–°1609:* calvinistischer Theologe und aristotelischer Philosoph mit breiter Wirkung in N-Europa

KELSEN, Hans
*Prag *1881,* ⓢⓛWien *1906* und ⓛKöln *1930,* Emigration über Genève *1933* und Prag *1936* nach ⓛHarvard *1940–45* und Berkeley CA *1942–°1973:* Rechtsphilosoph (»Rechtspositivismus«), Autor der österreichischen Verfassung von *1920*

KENYATTA, Jomo/Johnstone Kamau Ngengi/»Alter Herr« *Mzee*
*Gatundu in einer Kikuyu- und Mount-Kenya-Region *1891,* ◡Nairobi *1910;* England *1929–46:* ⓢBirmingham und London (bei Malinowski), ˅Moskva *1931–32,* ◡Storrington in Sussex *1939,* ˅Manchester (*Pan African Federation,* zusammen mit Nkrumah) *1945;* Rückkehr nach Kenya *1946,* ⓛGithunguri *1947,* Gefängnis *1953–59,* Verbannung nach Lodwar in W-Turkana *1959* und Maralal bei Nairobi *1961,* Nairobi *1961–78* (erster Präsident der Republik Kenya *1964–78*), °Mombasa *1978:* Anthropologe, Afrikanist und Politiker

KEPLER, Johannes
*Weil der Stadt in Württemberg *1571,* ⓢMaulbronn und Tübingen, ⓛGraz *1594,* ◡Prag *1600,* ◡Linz *1612,* ˅Ulm, Frankfurt am Main, Regensburg und Prag, Sagan/Żagań in Schlesien *1627,* °Regensburg *1630:* revolutionärer Astronom (elliptische Planetenbewegungen)

KEYNES, John Maynard
*Cambridge *1883,* ⓛCambridge und ◡London *(India Office),* ˅Versailles *1919* und Bretton Woods NH *1944,* °Firle in Sussex *1946:* Wirtschaftswissenschaftler (Geldtheorie und politische Ökonomie) und Wissenschaftsphilosoph (Wahrscheinlichkeitstheorie), befreundet mit Moore, Russell und Wittgenstein

KEYSERLING, Hermann
*Könno/Kõnnu im Landkreis Pernau/Pörnu, Estland/Eesti *1880,* ⓢPernau, Dorpat/Tartu, Genève, Heidelberg und Wien, ◡Paris *1903,* Berlin *1906,* Hamburg *1907* und Rayküll/Raikküla bei Rappel/Rapla im Landkreis Raplamaa, Eesti *1908,* Reise um die Nordhalbkugel der Erde *1911–12,* ◡Friedrichsruh bei Hamburg *1918,* ⓛDarmstadt *1920,* ◡Schönhausen an der Elbe *1939* und Aurach in Tirol *1942,* °Innsbruck *1946:* Populärphilosoph, »Weltreise«-Tagebuchschreiber (idealisierende Kulturtypologie)

al-KHAYYĀM, ‘Umar/‘Omar-e
Nishapur **1050–°1132,* ˅Samarqand *1070,* Esfahan *1075* und Marv *1118:* freigeistiger islamischer Dichter, Astronom und Mathematiker

KHEDRUP JE/*mKhas-grub dGe-legs dPal bZang-po*
*W-Tibet *1385,* Studienreise in Zentraltibet, beginnend bei Remdava (in Gyantse) und von diesem an Tsongkhapa verwiesen; dessen zweiter Nachfolger »auf dem Thron von Ganden« *1432–°1438:* namhaftester philosophischer Gelehrter in der Nachfolge Tsongkhapas (Reinkarnation in den »Panchen Lama«)

KHETY/Cheti
◡Waset (?), ◡Itjtowy, *-20. Jh.:* Autor einer »Lehre (für das Leben)« eines beamteten Schreibers; möglicherweise auch Autor der »Lehre des Amenemhet (I)«, einer Verbindung von königlicher »Autobiographie« und (den Menschen mißtrauendem) »Fürstenspiegel«, sowie der ebenfalls autobiographisch und selbstreflexiv erzählten »Geschichte des Sinuhe«

al-KHWĀREZMĪ, Muḥammad Ibn Mūsā/Algorismi
*Qutrabbul (?) bei Baghdad *780,* ⓛBaghdad *813–°850:* Astronom und namhaftester islamischer Mathematiker, Vermittler der indischen Zahlzeichen

KI no TSUAYUKI
Kyoto **872–°945;* Tosa *930–34* (Tagebuch *Tosa Nikki* der Rückreise nach Kyoto *935*): Staatsbeamter, *waka*-Dichter, frühester Autor einer Poetik in Nihon

**KIERKEGAARD**, Søren Aabye
København **1813–°1855;* ⓢBerlin *1841* (bei Schelling)/ *1843/1845–46:* hegelkritischer Schriftsteller-Philosoph (individuelle Selbstwahl), Vorläufer der Existenzphilosophie des *20. Jh.*

KILWARDBY, Robertus
*Leicestershire *1215,* ⓢⓛParis und Oxford, Canterbury (Erzbischof) *1272–78,* °Viterbo *1279:* Dominikanermönch, Grammatiker, Logiker und (augustinischer) Philosoph

al-KINDĪ/Alkindus
*Basra oder Kufa *800,* ⓢKufa, °Baghdad *866:* »erster Philosoph *faylasūf* der Araber« (von aristotelisch-neuplatonischen Ideen inspiriert, Deutung der offenbarten Lehren als konkrete Parabeln abstrakter philosophischer Wahrheiten), Schöpfer der arabischen *falsafa*-Terminologie

KIPLING, Rudyard
*Bombay *1865,* ◡Devon in England *1871, British India 1882–89* (Lahore *1882* und Allahabad *1887–89,* Sommer in

S(h)imla), Rückreise über Nihon und die U.S.A. nach England *1889,* ᵕBrattleboro VT *1892,* England *1896–1936* (Burwash in Sussex *1902,* Winter in South Africa *1898–1904,* ᵛStockholm *1907,* ᵛCanada *1907,* Misr *1913,* Brasil *1927* und *West-Indies 1930*), °London *1936:* Kinderbuch- und Kolonialschriftsteller (Zivilisationsmission des »Weißen Mannes« und asiatische Exotik)

KIRCHER, Athanasius

*Geisa bei Fulda *1601,* ⓢFulda, Paderborn und Köln, ⓟKoblenz, Heiligenstadt in Thüringen, Mainz, Speyer und Würzburg, ⓟAvignon *1632* und Roma *1633–°1680;* ᵛMalta *1637/1638:* barocker Polymath, »Orientalist« (spekulative Rekonstruktion der ägyptischen Schrift und Kultur)

KIREEVSKII/Kireevskij, Ivan Vasil'evich

*Moskva *1806,* Dolbino bei Velev in der Region Tula, Moskva *1822–56,* ᵛOptina-Pustyn', ⓢBerlin und München *1830–31,* °Sankt-Peterburg *1856:* Initiator der slavophilen Philosophie (»Ganzheitlichkeit« *tsel'nost'* als Grundzug des »russischen Denkens«)

KLAGES, Ludwig

*Hannover *1872,* ⓢLeipzig, Hannover und München, ᵕMünchen *1901* und Kilchberg bei Zürich *1915–°1956:* Psychologe (»Ausdruckskunde«) und spekulativer Lebensphilosoph

KLEANTHĒS

*Assos *-330,* ⓟAthenai *-280 bis °-230:* stoischer Philosoph, Zenon-Nachfolger

KLEIST, Heinrich von

*Frankfurt an der Oder *1777,* ᵕPotsdam *1792,* ⓢFrankfurt an der Oder *1799,* ᵛWürzburg *1800,* Göttingen (»Kantkrise«), Dresden, Paris und Schweiz (Thun) *1801,* Oßmanstedt bei Weimar *1802–03,* ⓢKönigsberg *1805–06,* Gefangenschaft in Châlons-sur-Marne *1807,* ᵕDresden *1807* und Berlin *1809–°1811:* Schriftsteller-Philosoph

KLEITOMACHOS/Clitomachus/Hasdrubal

*Carthago *-186,* ⓟCarthago (in phönikisch-punischer Sprache), ⓢⓟAthenai *(Akadēmeia) -162 bis -°110;* ᵛRoma *-156 bis -155* (?): skeptischer Philosoph

KLEMENS von Alexandreia

*Athenai (?) *150,* ⓟAlexandreia, ᵛAntiocheia, Hellas, Palaistine, Kappadokia und Roma, °*215:* christlicher Theologe (Verbindung von biblischer Offenbarung und hellenischer Kultur), Gnosis-Kritiker

KNORR VON ROSENROTH, Christian

*Alt-Raudten/Stara Rudna *1636,* ⓢFraustadt/Wschowa bei Leszno, ᵕStettin/Szczecin, Leipzig *1655–60* und Wittenberg *1660,* ᵛHolland (Leiden, Amsterdam), France und England *1663–66,* Sulzbach am Main *1668–°1689:* christlicher Kabbala-Gelehrter

KÖHLER, Wolfgang

*Reval/Tallinn *1887,* ᵕWolfenbüttel *1893,* ⓢTübingen, Bonn und Berlin (bei Stumpf), Frankfurt am Main *1911–13,* ᵕTenerife (Anthropoidenstation der *Preußischen Akademie der Wissenschaften*) *1913,* ⓟBerlin *1921,* Philadelphia PA *(Swarthmore) 1935* und Enfield NH *(Dartmouth) 1958,* °Lebanon NH *1967;* ⓟHarvard *1934,* Edinburgh *1958* und Princeton *1966:* zusammen mit Wertheimer und K. Koffka Begründer der Gestaltpsychologie

KOJÈVE/Kojèvnikoff, Alexandre/Aleksandr Koževnikov

*Moskva *1902,* Flucht über Bozei (Gefängnis) und Warszawa nach Berlin *1920,* ⓢHeidelberg *1921,* Berlin *1922* und Paris *1926,* ⓟParis *(École pratique des hautes études) 1933–39,* Vincennes (Bibliothekar) *1937–39,* Marseille *1941–44* und Gramat in Lot *1943,* Paris (Beamter in der *Direction des relations économiques extérieures,* Teilnahme an internationalen Tagungen) *1944–68,* °Bruxelles *1968:* Philosoph, Solov'ev-, Dostoevskii- und Hegel-Interpret (»Ende der Geschichte«)

**KONG ZI**/Kong Qiu/Kōshi/Confucius

*Zouyi in Lu *-551;* ᵕQufu, ᵛTai Shan; ᵛLuoyang (legendärer Besuch bei Lao Zi), Linzi in Qi *517–16;* Wanderleben *497–94:* Diqiu/Puyang *497–96,* Reisen mit dem Ziel Chen bis Kuang und Pu; über Cao, Song, Zheng bis nach Chen *492–89* und zurück nach Diqiu; mit dem Ziel Zhao bis zum Huang He und zurück nach Diqiu; über Chen nach Cai *489–86,* ᵛFuhan und zurück nach Diqiu *486–84;* ⓟQufu *484–°479:* überragende Gestalt der philosophischen Tradition in Zhongguo, Begründer der »weichen Schule« oder »Gelehrten-Schule« *Ru Jia,* nach der Überlieferung Redaktor der »Fünf Klassiker« *wu jing* (Hauptquelle seiner Philosophie: *Lunyu*/»Analecta«/»Gespräche«; Textredaktion *-4. Jh.*)

KŌNSTANTINOS »der Philosoph«/Kyrillos »der Slavenapostel«/Konstantin-Kiril Filosof

*Thessalonike *826,* ᵕKonstantinupolis, diplomatische Missionen am Hofe der Abbasiden *860* und bei den Khasaren auf Krim *861,* (zusammen mit seinem Bruder Michael-Methodios) ᵕOhrid *863,* Pannonia/Magyarország und Morava *866,* ᵛVenezia *867,* Roma *867–°869:* Schöpfer der glagolitischen Schrift *862,* einem Vorbild der nach ihm benannten kyrillischen Schrift, »ein Denker und Sprachforscher sondergleichen« (R. Jakobson)

KOTARBIŃSKI, Tadeusz

Warszawa **1886–°1981* (ⓟ*1918–57*)*;* ⓢDarmstadt (Architektur) und Lwów, ⓟŁódź *1945–49:* Logiker (»Reismus«) und Moralphilosoph

KOYRÉ, Alexandre

*Taganrog *1882,* ⓢTbilisi, Rostov-na-Donu, Göttingen (bei Husserl) *1908* und Paris (bei Bergson) *1911–14/1919–22,* Kriegsfreiwilliger *1914–18,* Rossiia *1916–19,* ⓟParis *1922–30/1932,* Montpellier *1930–31,* Cairo (mit Unterbrechungen) *1934–38,* New York *(École libre)* und Paris *1945–°1964;* diverse Gastprofessuren in den U.S.A. (ⓟPrinceton *1955–62*): Wissenschafts- und Philosophiehistoriker

KRATYLOS

ᵕAthenai (?) *-5. Jh.:* »sophistischer« Philosoph in der Tradition von Herakleitos, Titelfigur eines sprachphilosophischen, platonischen Dialogs

KRAUSE, Karl Christian Friedrich

*Eisenberg in Thüringen *1781,* ⓢⓟJena, ᵕRudolstadt in Thüringen, Dresden und Berlin, ⓟGöttingen *1823* und München *1831–°1832;* ᵛRoma und Paris: idealistischer Philosoph mit einer lang anhaltenden reformatorischen Wirkungsgeschichte in España und América Latina *(Krausismo)*

KRISHNA/Kṛṣṇa

mythischer Weiser und Kriegsheld (»Erscheinung« *avatāra* des Gottes Vishnu): *Mathura, jugendlicher Kuhhirte in Gokula und Vrindavana auf dem linken und rechten Ufer der Yamuna bei Mathura, König in Dvaraka, Teilnehmer an der Schlacht in Kurukshetra *(-9. Jh.?)* als Wagenlenker und philosophischer Lehrer des Arjuna (literarische Verarbeitung in der *Bhagavad-gītā*/»Gesang des Erhabenen«; Textredaktion *-1. bis 1. Jh.*)

KROCHMAL, Nachman
*Brodi *1785,* ⓛŻółkiew/Zhovkva bei Lwów, ◡Brodi, °Tarnopol/Ternopil' *1840:* Philosoph der *Haskala* (»Aufklärung«) und Begründer der »Wissenschaft des Judentums«

KROPOTKIN, Petr Alekseevich
*Moskva *1842,* Sankt-Peterburg *1860–62 (page de chambre)/ 1867–76* (Innenministerium und Zuchthaus), Irkutsk und Chita in Sibir' (freiwillige Beamtentätigkeit und geographische Forschungen) *1862–67;* ᵛSchweiz (Zürich, Genève, Neuchâtel, Sonvilier im Jura Bernois) und Bruxelles *1872;* Exil in W-Europa: England (London, Harrow und Bromley bei London, Brighton) *1876–1917,* Schweiz (Genève, Neuchâtel und La Chaux-de-Fonds im Jura Neuchâtelois) *1876–81,* France (Lyon *1882* und Clairvaux *1883–86,* ᵛParis) *1882–1907,* Winter in der Schweiz und in Italia *1908–17,* ᵛU.S.A. *1897/1901* und Canada *1901;* ᵛPetrograd und Moskva *1917,* Dmitrov bei Moskva *1918–°1921:* Geograph und Sozialphilosoph (anarchischer Kommunalismus)

KUHN, Thomas S(amuel)
*Cincinnati OH *1922,* ⓢⓛHarvard, ⓛBerkeley CA *1956,* Princeton *1964* und Cambridge MA *(MIT) 1979–°1996:* Wissenschaftshistoriker (Soziologie wissenschaftlicher Revolutionen)

**KŪKAI**/Kōbō Daishi
*Sanuki/Zentsuji auf Shikoku *774,* ⓢNara und Kyoto; Chinareise *804–06:* ᵛFujian, ⓢChang'an, ᵛNingbo; ⓛNara, Kyoto und Koyasan (Gründung der Klosteranlage *816*), legendäre Pilgerschaft und Lehrtätigkeit in weiten Teilen des Landes, °Koyasan *835:* *Mahāyāna*-buddhaitischer Philosoph, Begründer der synkretisierenden und »esoterischen« *Mantradhāraṇī-/Zhenyan-/Shingon*-Lehrrichtung von den »Wahren Worten« in Nihon (nach der Überlieferung auch Schöpfer der *Kana*-Silbenschrift)

KUKI Shūzō
*Tokyo *1888,* ⓢHeidelberg, Freiburg, Marburg, Zürich und Paris *1922–28,* ⓛKyoto *1929–°1941:* hermeneutischer Philosoph, phänomenologischer Analytiker »typisch japanischer« Themen (ästhetischer Lebensstil, Intersubjektivität, Kontingenz), mitangeregt von der zeitgenössischen Lebens- und Existenzphilosophie in Europa

KÜLPE, Oswald
*Kandau/Kandava *1862,* ⓢLeipzig, Berlin, Göttingen und Dorpat/Tartu, ⓛLeipzig *1888,* Würzburg *1894,* Bonn *1909* und München *1914–°1915:* Philosoph (»kritischer Realismus«), Begründer der »Würzburger Schule« der Denkpsychologie

KUMĀRAJĪVA/Jiumoluoshi
*Kuqa *344,* ⓢKashmir *352,* ◡Kashgar und Kuqa *355,* Liangzhou *385* und Chang'an *402–°413:* enzyklopädischer *Mahāyāna*-Philosoph, einer der »Vier großen Übersetzer« buddhaitischer Texte ins Chinesische

**KUMĀRILA** Bhaṭṭa
◡Kerala, Mithila und Prayaga (?), *7.–8. Jh.:* herausragender brahmanischer *Mīmāṃsā*-Philosoph, Kommentator des *Mīmāṃsā-sūtra,* Begründer der nach ihm benannten (realistischen) *Bhaṭṭa*-Richtung der *Mīmāṃsā*

KUMAZAWA Banzan
*Kyoto *1619,* ◡Okayama Ken, ⓢOmi *1641–42,* Kyoto *1656–67,* »Semiexil« in mehreren Provinzstädten, °Shimosa in Kanto *1691:* »führerloser Samurai« *rōnin,* namhaftester neokonfuzianischer Philosoph der *Wang-Yangming*-Lehrrichtung *(Yōmeigaku)* in Nihon neben seinem Lehrer Nakae Toju und einer der frühesten in japanischer Sprache schreibenden Philosophen

KUṆḌAKUṆḌA/Padmanandī
*Kondakunde, *3.–4. Jh.:* herausragender »luftbekleideter« (nackter) *Digambara-Jaina*-Philosoph und früher Jaina-Logiker

LAGRANGE, Joseph Louis de/Giuseppe Ludovico Lagrangia
*Torino *1736,* ᵛParis *1763/1766* und London *1766,* ⓛBerlin (Nachfolger Eulers) *1766* und Paris *1787–°1813:* Mathematiker und Physiker (analytische Mechanik)

LALLĀ/Lal Ded
*Pandrethan bei S(h)rinagar, ◡Pampura, °Bijbehara/Vejibror in Kashmir, *14. Jh.:* hinduitische *S(h)aiva*-Mystikerin und -Dichterin

LAMARCK, Jean-Baptiste de Monet
*Bazentin-le-Petit in Picardie *1744,* ⓢAmiens, ⓢⓛParis *1768–°1829;* ᵛNederland, Deutschland (Göttingen, Berlin), Österreich und Ungarn *1781–82:* evolutionstheoretischer Biologe *(Philosophie zoologique)*

LAMBERT, Johann Heinrich
*Mülhausen *1728,* ◡Basel *1745,* Hauslehrer der Familie von Salis in Chur (Schweiz) und Tutor auf Bildungsreisen durch Europa *1748–58/1762–63,* ◡Augsburg und ᵛMünchen *(Bayerische Akademie der Wissenschaften) 1759–62,* Berlin *(Preußische Akademie der Wissenschaften) 1764–°1777:* autodidaktischer Polymath und Philosoph (Methodologie, Semiotik, Vorarbeiten zur nichteuklidischen Geometrie)

LA METTRIE, Julien Offray de
*Saint-Malo in Bretagne *1709,* Collèges in Coutances in Normandie, Paris, Caën und Harcourt in Normandie, ⓢParis, Reims und Leiden (bei H. Boerhaave) *1728–33,* ◡Saint-Malo *1734* und Paris *1742–46* (zwischenzeitlich *Médecin des Gardes* im »Österreichischen Erbfolgekrieg«: Dettingen am Main *1743,* Freiburg im Breisgau *1744,* Fontenoy in Hainaut, Belgique *1745*), ◡Leiden *1746* und Berlin (Mitglied der *Preußischen Akademie der Wissenschaften* und Gesellschafter Friedrichs des Großen in Potsdam) *1748–°1751:* Arzt und aufklärerischer Philosoph (nichteliminativer Materialismus)

LANFRANCUS
*Pavia *1010,* ◡Normandie (Avranches *1039,* Bec *1042* und Caën *1063*), Canterbury *1070–°1089;* ᵛRoma: Benediktinermönch und Erzbischof, frühscholastischer Theologe und Philosoph

LANGE, Friedrich Albert
*Wald bei Solingen *1828,* ⓢDuisburg, Zürich und Bonn, ◡Köln *1852,* Bonn *1855,* Duisburg *1858* und Winterthur bei Zürich *1866,* ⓛZürich *1870* und Marburg *1872–°1875;* ᵛDüsseldorf *1861* und Leipzig *1864:* Zeitungsredakteur, Sozialphilosoph und Wegbereiter der neukantianischen Philosophie

LANGER/Knauth, Susanne K(aterina)
*New York *1895,* ⓢHarvard (bei Whitehead) und Wien *1921,* ⓛHarvard *1927,* Newark DE *(University of Delaware) 1943,* New York *(Columbia) 1945–50* und New London CT *(Connecticut College) 1954–85,* °Old Lyme CT *1985:* neukantia-

nische Philosophin (Symbolik, Ästhetik, Phänomenologie der Gefühle)

**LAO ZI**/Lao Dan/Lōshi
legendärer oder halblegendärer (?) »alter Meister«, nach der Überlieferung Autor des *Dao De Jing* (»Klassiker vom Weg und Wesen«; Textredaktion *-4. bis -3. Jh.*) und Begründer der »Schule des Weges« *Dao Jia* (»Daoismus«): *Kuren (Viertel) in Li(xiang) in Chu *-604,* ◡Chengzhou/Luoyang (Archivar, Begegnung mit Kong Zi), Wegzug über den Hangu-Paß in den »Westen« *xi,* °*-531*

LAPLACE, Pierre Simon
*Beaumont-en-Auge *1749,* ⓢCaën, Paris (und Auteuil) *1768–°1827:* Astronom (*Mécanique céleste,* Kosmogonie) und Mathematiker *(démon de Laplace)*

LAS CASAS, Bartolomé de
*Sevilla *1474 (?),* mehrfache Aufenthalte in Amerika *1502–47,* hauptsächlich auf La Española/Haiti/Santo Domingo (Rückzug in das Dominikanerkloster in Puerto Plata, Beginn der historiographischen Tätigkeit *1523–31*), kürzere Aufenthalte auf Cuba, in Venezuela (Cumaná *1520–21*), Nicaragua, Costa Rica, México und Guatemala (Bischof in Ciudad Real de los Llanos de Chiapa *1544–47*); Madrid *1547–°1566:* Kritiker der spanischen Kolonialherrschaft und Vorkämpfer für die Anerkennung der Menschenwürde der Indios und der »natürlichen Freiheit« aller Menschen (Disputationen in Barcelona *1519* und Valladolid *1550*)

LASK, Emil
*Frauenstadt/Wadowice *1875,* ◡Mark Brandenburg, ⓢFreiburg, Straßburg und Berlin, ⓛHeidelberg *1905,* Kriegsfreiwilliger *1914,* °Turza Mała/Mala Tur'ia *1915:* Philosoph neukantianischer und lebensphilosophischer Ausrichtung

LĀṬADEVA
*Lata Des(h)a, ⓢKusumapura/Pataliputra (*Āryabhata*-Schüler), *5.–6. Jh.:* Astronom (Verwendung von hellenischen und hellenobabylonischen Techniken)

LA VEGA, Garcilaso de/»el Inca«
*Cuzco *1539* (als *mestizo*), ◡Spanien *1560* (Montilla bei Córdoba, Granada), °Córdoba *1616:* Historiograph der Inca und der spanischen *Conquista* der Anden, Übersetzer von Judah Abrabanel ins Spanische

LAVOISIER, Antoine-Laurent de
Paris **1743–°1794* (unter der Guillotine), ˅Auteuil: einer der Begründer der analytischen Chemie (ersetzt die Phlogiston- durch die Oxydationstheorie der Verbrennung)

LAVROV, Petr Lavrovich
*Melekhovo in der Region Pskov *1823,* ⓢⓛSankt-Peterburg *1837–66,* ◡Vologda (Verbannung) *1867* und Paris (Exil) *1870–71/1877–°1900;* London *1872–77:* positivismuskritischer Sozialphilosoph (»subjektive Methode«), Vordenker des »russischen Populismus« *narodnichestvo*

LE Quy Don
*Son Nam bei Thai Binh *1726,* ◡Thang Long/Ha Nôi, Beijing *1760–62,* °Nghê An/Nghê Tinh *1784:* neokonfuzianischer Philosoph (Klassikerkommentator), enzyklopädischer Gelehrter und letzter namhafter, in chinesischer Sprache schreibender Literat in Viêt Nam

LE Thanh Tong
Dông Kinh/Ha Nôi **1441–°1497:* herausragender Herrscher der späten Le-Dynastie, Regierungsperiode Hong Duc *(1460–97),* »Goldene Zeit« der Kultur in Viêt Nam; Dichter und konfuzianischer Gelehrter, Herausgeber des Straf- und Zivilgesetzbuchs *Hong Duc* (Rechte der Frauen)

LEE, Tsung-Dao → LI Zhengdao

LEGGE, James
*Huntly in Aberdeenshire *1815,* ⓢAberdeen und London, ◡Melaka *1840* und Hong Kong *1843–73* (mehrfache Rückkehr nach England und Scotland), ⓛOxford *1875–°1897;* Landsitz in Dollar, Clackmannanshire, Scotland: herausragender europäischer Sinologe des *19. Jh.,* Übersetzer und Interpret der chinesischen Klassiker (Mitarbeiter und Berater: Wang Tao), erster Professor für Sinologie in Europa *(1876)*

**LEIBNIZ,** Gottfried Wilhelm
*Leipzig *1646,* ⓢLeipzig, Jena und Altdorf bei Nürnberg, ◡Mainz *1668* und Paris *1672–76,* ˅London *1673/1676,* ˅Amsterdam und Den Haag *1676/1694,* Hannover *1676–°1716;* vielfache Aufenthalte in Herrenhausen bei Hannover (Sommerresidenz der Kurfürsten von Hannover) und in den mit dem Haus Hannover verbundenen Städten Braunschweig *(1664–1716),* Hildesheim *(1690–1707),* Wolfenbüttel (*1685–1716,* Bibliothekar *1691*), Helmstedt *(1690–1707)* und Clausthal im Harz *(1680–97)* sowie in Berlin *(1698–1709),* Hamburg *(1678–1710),* Dresden *(1680–1714)* und Halle *(1700–12);* ˅Herford *1679,* Sulzbach *1688* und Leipzig *1711;* ˅Prag *(1690/1700/1712),* Wien *(1688–89/1690/1700/1708/1712–14)* und Italia *1689–90* (Napoli, Roma und Firenze *1689,* Bologna *1689/1690*): Polymath, Mathematiker (Rechenmaschine, Infinitesimalrechnung, mathematische Logik) und erste überragende Gestalt der neuzeitlichen Philosophie in Deutschland (Ontologie: Monadologie, Theodizee; Erkenntnislehre: Locke-Kommentar), persönliche Kontakte mit großen Gelehrten seiner Zeit in Paris (Arnauld, Malebranche, Huygens, Tschirnhaus), London (Boyle) und Den Haag (Spinoza), dazu Briefkontakte vielfältigster Art, u. a. mit »Chinamissionaren«, um sich über die Philosophie und die Wissenschaften in Zhongguo zu informieren, Kontakt mit hochgebildeten Frauen: Elisabeth von der Pfalz und von Böhmen (Äbtissin in Herford), Sophie von der Pfalz (Kurfürstin von Hannover), Sophie Elisabeth von Braunschweig-Wolfenbüttel und deren Tochter Sophie Charlotte von Preußen (Gründung der *»Sozietät der Wissenschaften«* zu Berlin *1700*)

LENIN/Ulianov, Vladimir Il'ich
*Simbirsk *1870,* ⓢKazan' und Samara an der Volga, Sankt-Peterburg *1893–97,* zwischenzeitlich ˅W-Europa *1895,* Shushenskoe (Verbannung) *1897–1900;* erstes Exil in W-Europa (München, London, Genève) *1900–05,* ◡Moskva *1905,* zweites Exil in W-Europa (Genève, Paris, Kraków, Bern, Tagungen in Zimmerwald und Kiental im Berner Oberland, Zürich) *1907–17;* ◡Petrograd *1917* und Moskva *1918–24,* °Gorki bei Moskva *1924:* marxistischer Philosoph (»Marxismus-Leninismus«), Revolutionstheoretiker und -organisator, Machtpolitiker

LEONARDO da Vinci
*Vinci bei Firenze *1452,* Firenze *1467–82/1500–06,* Milano *1482–99/1506–13,* Roma *1513–16* und Cloux/Clos-Lucé bei Amboise *1516–°1519:* Maler, Naturforscher und Techniker, Vermittler der Renaissance nach France

LEONT'EV, Konstantin Nikolaevich
*Kudinovo in der Region Kaluga *1831,* ◡Moskva, Arzt im Krimkrieg (Kerch', Feodosiia und Simferopol') *1853–56,* Diplomat im Osmanischen Reich *1863–73* (Krete/Girit *1864,*

Hadrianopolis/Edirne *1865,* Tuzla in România *1867,* Ioannina *1869,* Thessalonike *1871* und Konstantinupolis *1871–73*), ᵛAthos *1871;* Moskva (Zensor) *1880–87,* Optina-Pustyn' *1875/1887–91,* °Sergiev Posad *1891:* Kulturphilosoph (»ästhetischer Immoralismus«, Poesie des Lebens, »Antimodernismus« und Europakritik)

LERMONTOV, Mikhail Jur'evich
*Moskva *1814,* ◡Tarkhany bei Chembar (Belinskii) in der Region Penza, ⓢMoskva und Sankt-Peterburg, Verbannung in den Kavkaz *1837/1840–41:* Tbilisi und Mtskheta *1837,* ᵛGroznyi, Schlacht am Fluß Valerik *1840,* Piatigorsk *1837/1840–°1841:* Dichter in der Nachfolge Lord Byrons und Pushkins (Zivilisationskritik, Suche nach einer »natürlichen« Kultur)

LEŚNIEWSKI, Stanisław
*Serpukhov bei Moskva *1886,* ◡Sankt-Peterburg und Sibir' (Kiakhta, Irkutsk), ⓢLeipzig, Zürich, Heidelberg, München und Lwów, ⓟMoskva *1915* und Warszawa *1918–°1939:* Philosoph (Ontologie, Mereologie) und Logiker (»Lwow-Warszawa-Schule«)

LESSING, Gotthold Ephraim
*Kamenz bei Dresden *1729,* ⓢMeißen, Leipzig und Wittenberg, Berlin (Kontakt mit Mendelssohn) *1748–55,* Leipzig *1752–58,* Breslau (Sekretär) *1760,* Berlin *1765,* Hamburg (Dramaturg) *1767,* Wolfenbüttel (Bibliothekar) *1770–81,* °Braunschweig *1781;* ᵛAmsterdam *1756* und Italia (über Wien bis nach Napoli) *1775–76:* Schriftsteller, Literaturkritiker und Aufklärungsphilosoph (Humanität, Toleranz)

LEUKIPPOS
*Miletos oder Elea, ◡Abdera, *-5. Jh.:* zusammen mit seinem Schüler Demokritos Initiator einer atomistischen und mechanistischen Naturtheorie innerhalb der hellenischen Philosophie

LEVI BEN GERSHOM/Gersonides/Ralbag
*Bagnols-sur-Cèze *1288* (?), ᵛAvignon, Orange *1320–°1344:* jüdischer Arzt, Astronom und Mathematiker, Bibelkommentator und Philosoph, von Aristoteles inspiriert

LÉVINAS, Emmanuel
*Kaunas *1905,* ◡Rossiia *1914–20* (Khar'kov/Harkiv in Ukraina *1916–20*), ⓢStrasbourg *1923–30* und Freiburg *1928–29,* ⓟParis *1930–°1995;* Soltau (Kriegsgefangener) *1940–45,* ⓟPoitiers *1963–67:* Theologe und phänomenologischer Philosoph »aus den Quellen des Judentums«

LÉVI-STRAUSS, Claude
*Bruxelles *1908,* ⓢParis (Philosophie) *1927–31,* ⓟSão Paulo (Soziologie) *1934–39,* Reise in die *tristes tropiques* im Landesinnern von Brasil *1938,* ⓟNew York (*New School,* Kontakt mit Koyré und Jakobson) *1941* und Paris *1947:* Anthropologe *(Anthropologie structurale),* Mythentheoretiker und Philosophiekritiker

LÉVY-BRUHL, Lucien
Paris **1857–°1939* (ⓟ*1908*)*:* Philosoph und Ethnologe *(mentalité prélogique)*

LEWIS, C(larence) I(rving)
*Stoneham MA *1883,* ⓢHarvard, ⓢⓟBoulder CO, ⓟBerkeley CA *1911* und Harvard *1920–53,* °Menlo Park CA *1964:* Philosoph *(pragmatic a priori)* und Logiker (Valuation, Modallogik)

LI Ao
*Kaifeng *774,* ◡Chang'an und Luoyang, Jingzhao in Shaanxi, Changde in Hunan, Zhengzhou in Henan, Hefei in Anhui, Guizhou/Guiyang, Changsha und Xiangyang (Amtsperson), °*836:* zusammen mit Han Yu Promotor der »Alt-Stil-Lehrrichtung« *Guwen Xuepai* und Wegbereiter der konfuzianischen Renaissance in der Song-Zeit (Hinwendung zu *Mengzi,* Miteinbeziehen buddhaitischen Ideenguts in die konfuzianische Philosophie)

LI Bai/Li Taibo
*Suiye/Tokmok am Chu in Kyrgystan oder Chengji in Gansu *700,* ◡Qinglian in Sichuan, Wanderleben: ◡Chang'an und Luoyang, Jiujiang am Lu Shan (Gefängnis), ᵛHuang Shan und Jiuhua Shan; °Dangtu/Taiping in Anhui *762:* zusammen mit seinem Freund Du Fu herausragende Gestalt der »Goldenen (Tang-)Zeit« der Dichtkunst in Zhongguo

LI Gong
Xicaojiazui bei Baoding in Hebei **1659–°1733;* Lehr- und Beratertätigkeit hauptsächlich in seiner Heimatregion, in Beijing (38 Aufenthalte *1685–1727*) und Tongxiang/Wutong in Zhejiang *(ᵛ1695, 1697–99):* Polymath, Philosoph empirisch-praktischer Ausrichtung in der Nachfolge Yan Yuans

LI Qingzhao
*Zhangqiu bei Ji'nan in Shandong *1084,* Kaifeng *1086–1107,* zwischenzeitlich Luoyang *1095,* ◡Qingzhou, Laizhou, Zizhou in Shandong *1107–26,* Jiankang/Nanjing *1128–29,* Huzhou *1129,* Flucht mit dem Hofe der *Song* nach Hongzhou/Nanchang, Yuezhou/Shaoxing und Mingzhou/Ningbo in Zhejiang, Hangzhou *1132–49,* °Jinhua *1155:* Poetin (Frauen- und Flüchtlingslyrik) und Poetologin

LI Shizhen
Qizhou **1518–°1593;* ◡Wuchang/Wuhan, Beijing und Nanjing, Forschungsreisen durch Hubei (Wudang Shan), Henan, Anhui und Jiangsu: Arzt und Pharmakologe, Autor des pharmakologischen Standardwerks der chinesischen Medizin *Bencao Gangmu* (»Wurzeln und Kräuter in Abriß und Detail«)

LI Si
*Shangcai in Chu/Henan, ⓢLanling, Xianyang *-247 bis* °*-208* (hingerichtet): Schüler des Xun Zi, Kanzler der Reichseinigung durch Qin *-221* und radikaler legistischer Reformator, Initiator der Bücherverbrennung *-213*

LI Ye/Li Zhi
*Luancheng in Hebei *1192,* ⓢYuanshi in Hebei und Luoyang, Junzhou/Yangzhai (Amtsperson), ⓟShanxi und Hebei, ◡Beijing, °Yuanshi *1279:* Mathematiker (Technik zur Lösung von Gleichungen beliebigen Grades)

LI Zhengdao/Tsung-Dao LEE
*Shanghai *1926,* ⓢGanzhou, ◡Guizhou, Kunming *1944,* Chicago *1946* und Berkeley *1950,* ⓢⓟPrinceton *1951* und ⓟNew York *(Columbia) 1953,* ᵛStockholm *1957:* theoretischer Physiker (zusammen mit Yang Chen-Ning experimentell bestätigte Voraussage nicht-spiegelbildsymmetrischer Naturgesetze *1956*)

LI Zhi
*Jinjiang (Familie muslimischer Herkunft) *1527* (mehrfache Rückkehr), Gongcheng/Huixian in Henan *1556–60/1566,* Nanjing (Doktor an der kaiserlichen Akademie und Amtsperson) *1560–1600,* Beijing *1563–98,* Yao'an in Yunnan (Amtsperson) *1577–80,* Huang'an in Hubei *1581–85,* buddhaitisches Kloster am Longhu (»Drachensee«) bei Macheng *1585–91/1593/1600,* ◡Tongzhou bei Beijing *1601* und °Beijing *1602:* dissidenter neokonfuzianischer Philosoph in der Tradition Wang Yangmings und der Taizhou-Schule

LI Zhizao
*Renhe/Hangzhou *1565,* ◡Nanjing, Beijing und Hangzhou, ∨Fuzhou *1603,* °*1630:* Geograph und Astronom, Mitarbeiter Riccis *1601–10*

LIANG Qichao
*Xinhui in Guangdong *1873,* ⓢⓔGuangzhou *1887–95,* ∨Beijing und Shanghai *1890–98,* ⓔChangsha *1897,* ◡Tokyo und Yokohama *1898–1911,* ◡Honolulu *1899–1900,* ∨Singapore, Australia, Philippines, Canada und U.S.A. (Washington) *1900–03,* ◡Beijing *1912–°1929;* ◡Shanghai *1915–16,* ⓔTianjin *1915/1920–28,* ∨Hong Kong *1916,* ⓔNanjing, ∨Europa (London, Paris und andere Hauptstädte) *1919–20:* Journalist und Philosoph, herausragender Intellektueller in den ersten zwei Jahrzehnten des *20. Jh.* in Zhongguo

LIANGJIE/Dongshan Liangjie
*Zhuji am Kuaiji Shan *807,* ⓢSong Shan *827,* ◡Yunyan in Shaanxi, ⓔXinfeng Shan und Dong Shan *859–°869:* zusammen mit seinem Schüler Caoshan Benji Begründer der *Caodong-/Sōtō*-Lehrrichtung des *Chan/Zen*

LICHTENBERG, Georg Christoph
*Ober-Ramstadt bei Darmstadt *1742,* ⓢⓔGöttingen *1763–°1799;* ∨Hannover, Osnabrück und Stade in Niedersachsen *1772–73,* ∨England *1770/1774–75:* Naturwissenschaftler und satirischer Aufklärungsphilosoph

LIEBIG, Justus
*Darmstadt *1803,* ⓢBonn, Erlangen und Paris, ⓔGießen *1825* und München *1851–°1873:* Pionier in der organischen Chemie, Wissenschaftstheoretiker

LINNÉ, Carl von/Linnaeus, Carolus
*Råshult in Småland *1707,* ⓢLund *1727* und ⓢⓔUppsala *1728–°1778;* ⓢHolland (Leiden) *1735–38,* England (Oxford) *1736* und Paris *1738,* Stockholm *1738–41:* Arzt und Botaniker (taxonomisches »Natursystem«)

LINJI YIXUAN → YIXUAN

LIPSIUS, Justus/Joost Lips
*Overijse bei Brussel *1547,* ⓢKöln und Leuven, ◡Roma *1568* und Wien *1571,* ⓔJena *1572,* Köln *1574,* Leuven *1576,* Leiden *1579* und Leuven *1592–°1606:* humanistischer Philologe und Philosoph

LIU An/Huainan Zi
*Feng in Anhui *-179,* Shouchun *164–°122;* Chang'an (Amtsbesuche) *-152/-146/-139/-134:* König von Huainan, Philosoph und Initiator der Abfassung des *Huainanzi,* eines synkretisierenden daoitischen Werks

LIU Xiang
*Pei in Jiangsu *-77,* ◡Chang'an, °*-6:* kaiserlicher Bibliothekar und Hauptverantwortlicher für die Kategorisierung und Redaktion des klassischen chinesischen Schrifttums

LIU Xie
*Jingkou/Zhenjiang in Jiangsu *465,* ◡Jiankang/Nanjing, Linchuan und Nankang/Xingzi (Amtsperson), °*522:* Autor der frühesten Poetik in Zhongguo: *Wenxin Diaolong* (»Der literarische Geist und das Ritzen von Drachen«)

LIU Zhi
Nanjing **1660–°1730:* namhaftester muslimischer (Hui) Gelehrter in Zhongguo, klassisch und universal gebildeter Übersetzer und Vermittler islamischer Literatur (Konvergenz von *Qur'ān* und konfuzianischer Philosophie)

LIU Zhiji
*Pengcheng/Xuzhou *661,* ◡Luoyang, ◡Anzhou/Anlu bei Wuhan (Verbannung), °*721:* Historiograph (Entwicklung einer kritischen, nach Objektivität strebenden Geschichtsschreibung)

LIU Zongyuan
*Jie/Yuncheng in Shanxi *773,* ◡Chang'an, Lantian bei Chang'an, Lingling/Yongzhou und Liuzhou in Guangxi (Verbannung) *815–°819:* zusammen mit Han Yu und Li Ao Promotor der »Alt-Stil-Lehrrichtung« *Guwen Xuepai,* Wegbereiter der konfuzianischen Renaissance in der Song-Zeit

LLULL, Ramón/Raimundus Lullus
*Palma de Mallorca *1232,* Aragón (Barcelona) *1246–63,* vielfach wechselnde Aufenthalte: ◡Mallorca (∨Puig de Randa *1274,* ⓔMiramar *1276*), ⓔMontpellier und Paris, ∨Barcelona, Lyon und Marseille, ◡Italia und Sicilia (Genova, Pisa, Roma, Napoli, Messina), ∨Kypros (Famagusta/Ammochostos/Gazi Magusa und Kloster Agios Chrysostomos bei Bufavento) und Armenia Inferior/Kilikia (Lajazzo/Ayas/Yumurtalık) *1301–02,* ◡Tunis *1292–93/1293-94/1314–16* und Bugea/Bijaya *1307/1315,* °Tunis (oder auf der Rückfahrt nach Mallorca) *1316:* Arabist, Dichter (in katalanischer Sprache), Mystiker und Philosoph (logische Kombinatorik)

LOBACHEVSKII/Lobačevskij, Nikolai Ivanovich
*Nizhnii Novgorod an der Volga *1792,* ⓢⓔKazan' *1800–°1856;* ∨Sankt-Peterburg: Mathematiker, einer der Begründer der »nichteuklidischen« und »imaginären« Geometrie, Kant-Kritiker

**LOCKE,** John
*Wrington in Somerset *1632,* ⓢLondon *1647,* ⓢⓔOxford *1652,* ◡Kleve am Niederrhein (Botschaftssekretär) *1665,* London *1667,* France (Paris, Lyon, Montpellier) *1675,* London und Oxford *1679,* Nederland (Amsterdam, Rotterdam) *1683,* London und Oates (im Hause von Damaris Masham) *1689–°1704:* Arzt, Staatsbeamter und herausragender Philosoph der frühen Aufklärung; descarteskritischer, empirischer und analytischer Erkenntnistheoretiker und Anthropologe (persönliche Identität, Handlungsfreiheit), als Staats- und Religionsphilosoph *(natural law, toleration)* Wegbereiter des liberalen Verfassungsstaates

LOMONOSOV, Mikhail Vasil'evich
*Denisovka(-Lomonosovo) bei Kholmogory in der Region Arkhangel'sk *1711,* ⓢMoskva *1731,* Sankt-Peterburg *1736,* Marburg (bei Wolff) *1736* und Freiberg (Bergakademie) *1739–40,* ⓔSankt-Peterburg *1741–°1765:* Chemiker, Sprach- und Literaturwissenschaftler, Autor der ersten Grammatik der russischen Sprache und Mitbegründer der (nach ihm benannten) Universität in Moskva

LORENZ, Konrad
*Wien *1903,* ◡Altenberg bei Wien, ∨Leiden *1936,* ⓔKönigsberg *1940,* Militärpsychiater (Posen/Poznán) *1941* und Kriegsgefangener (Chalturin/Chalburun in Azerbaycan, Erewan in Armenia, Krasnogorsk bei Moskva) *1944–48, Max-Planck-Forschungsinstitute* Buldern bei Dülmen im Münsterland *1950* und Seewiesen in Bayern *1957,* ∨Stockholm *1973,* Altenberg und Wien *1973–°1989:* Verhaltensforscher (»Prägung«, angeborene Verhaltensmuster)

LOSSKII/Losskij, Nikolai Onufrievich
*Kreslavka bei Vitebsk *1870,* ⓢBern, Sankt-Peterburg *1891–98* und Deutschland (Göttingen, Heidelberg, Leipzig) *1901–03/1907,* ⓔSankt-Peterburg *1900–21,* Abschiebung aus Rossiia *1922,* ⓔPraha, Brno und Bratislava *1922–45,* zwi-

schenzeitlich Palo Alto CA, New York *1946* und Los Angeles *1950–64,* °Sainte-Geneviève-des-Bois bei Paris *1965:* namhaftester russischer Schulphilosoph (Metaphysik im Ausgang von Leibniz, Intuition als Grundlage der Erkenntnis)

LOTZE, (Rudolf) Hermann
*Bautzen bei Dresden *1817,* ⓈLeipzig, ◡Zittau *1838,* ⒺLeipzig *1840,* Göttingen *1844* und °Berlin *1881:* Arzt und Philosoph, systematische Verbindung von naturwissenschaftlicher (»mechanistischer«) und klassischer philosophischer (»metaphysischer« und »wertethischer«) Forschung

LOVEJOY, Arthur O(ncken)
*Berlin *1873,* ⓈBerkeley, Harvard und Paris, ⒺStanford *1899* und Saint Louis MO *1901* und Baltimore MD *(Johns Hopkins) 1910–°1962:* Philosoph (Ideengeschichte)

LÜ Buwei
*Yangzhai/Junzhou *-290,* ◡Handan und Xianyang, °Sichuan *-235:* Staatsmann, philosophischer Mäzen und Initiator des frühesten eklektischen Werkes in Zhongguo: *Lüshi Chunqiu* (»Frühling und Herbst des Herrn Lü«) *-239*

LU Xiangshan/Lu Jiuyuan
*Jinxi am Xiang Shan *1139,* Hangzhou ˅*1172/1183–87;* Begegnungen mit seinem philosophischen Kontrahenten Zhu Xi in *Ehu Si 1175* und auf dem Lu Shan *1181,* ⒺXiang Shan *1187–91;* Amtsperson in Chongan/Chongcheng am Wuyi Shan *1179–82* und Jingmen in Hubei *1191–°1193:* charismatischer Philosoph, Begründer der »Herz-Schule« *Xin Xue* innerhalb der neokonfuzianischen Bewegung, ausgehend von Cheng Hao (Gleichsetzung von »Herz« *xin* mit dem universalen »Ordnungsprinzip« *li,* Kritik am Klassikerstudium)

LU Xiujing
*Wuhing/Huzhou *406,* ◡Jiankang/Nanjing, Lu Shan *453–67,* °*477:* daoitischer Gelehrter der *Lingbao*-Lehrrichtung, Kompilator des frühesten daoitischen Kanons, unterteilt in »Drei Höhlen« *San Dong,* (zusammen mit den um eine Generation älteren Huiyuan und Tao Qian) einer der »Drei Lacher vom Tigertal« *Huxi San Xiao*

LU Xun/Zhou Shuren
*Shaoxing *1881,* ⓈNanjing *1899,* Tokyo *1902* und Sendai *1904–09;* ⒺShaoxing*1910,* Beijing *1912,* Xiamen *1926* und Guangzhou *1927,* Shanghai *1927–°1936:* herausragender Schriftsteller des republikanischen Zhongguo (Erhebung der Umgangssprache zur Schriftsprache)

LU Yu
*Jingling/Tianmen in Hubei *733,* °*804:* Autor des »Teeklassikers« *Cha Jing*

LUCRETIUS
◡Roma und Umgebung, *-*97 bis* °*-55:* aufklärerischer Autor eines Lehrgedichts der epikureisch-demokritischen Naturphilosophie, Psychologie und Ethik

LUKÁCS, György/Georg
Budapest **1885–°1971;* ⓈBerlin (bei Simmel) und Heidelberg (bei Rickert und Windelband, Kontakte mit M. Weber, E. Lask und S. George), ◡Wien *1922–24,* Moskva *1930,* Berlin *1931,* ◡Moskva (Emigration) *1933,* Tashkent/Toshkent (Evakuierung) *1941,* ⒺBudapest *1944,* România (Deportation) *1956–57:* marxistischer Philosoph und Literaturtheoretiker

ŁUKASIEWICZ, Jan
*Lwów *1878,* ⓈBerlin, Louvain und Graz, ⒺLwów *1906* und Warszawa *1915,* Flucht *1944* (˅Schweiz, Bruxelles, Münster), ⒺDublin *1946–°1956:* Logiker und Philosoph (»*Lwów-Warszawa*-Schule«, Schöpfer der »polnischen Notation«, mehrwertige Logik)

LURIA, Isaac (Ben Solomon) Ashkenazi
*Yerushalayim *1534,* ◡al-Qahira (und Nilinsel Jazirat ar-Rawda) *1540* und ⒺZefat *1570–°1572:* herausragende Gestalt der Kabbala-Studien in Zefat

LURI(I)A/Lurija, Aleksandr Romanovich
*Kazan' *1902,* ⓈⒺMoskva *1923–°1977:* Psychologe, Mitarbeiter von Vygotskii, Pionier der interkulturellen Erkenntnispsychologie (Uzbekiston *1931–32*) und der Neuropsychologie (Aphasieforschung)

LÜ T'AI/Lidaiya
König von Sukhothai *1347,* nach der Überlieferung Autor der Thai-Fassung der buddhaitischen Kosmologie (»Drei Welten« *Trai bhūmi kathā*)

LUTHER, Martin
Eisleben in Thüringen/Sachsen-Anhalt **1483–°1546;* ◡Mansfeld, ⓈMagdeburg, Eisenach und Erfurt, ⓈⒺWittenberg *1508–09/1511–21/1522–46;* ˅Roma *1510,* Heidelberg und Augsburg *1518,* Leipzig *1519,* Worms *1521,* Wartburg *1521–22* und Marburg *1529:* christlicher Theologe und kirchlicher Reformator (Berufung auf das offenbarte Wort der Bibel und das persönliche Gewissen)

LUXEMBURG, Rosa
*Zamość *1870,* ◡Warszawa *1873,* ⓈZürich *1889,* ◡Berlin *1899,* ˅Warszawa *1905,* ⒺBerlin (Parteischule der SPD) *1907,* Gefängnis in Berlin und Breslau *1915–18,* °Wilmersdorf bei Berlin *1919* (ermordet): revolutionäre sozialistische Agitatorin und Politologin (Diktaturkritik)

LYELL, Charles
*Kinnordy bei Kirriemuir in Scotland *1797,* ◡New Forest bei Southampton, ⓈOxford *1816,* London (Privatgelehrter, Kontakte mit Darwin) *1819–°1875;* ˅Paris (Kontakte mit A. von Humboldt und Cuvier) *1823,* Feldforschungen in W-Europa und N-Amerika: Geologe (panchronische Gültigkeit der geologischen Gesetze)

al-MA'ARRĪ, Abu 'l-'Alā'
Ma'arra **973–°1058;* ⓈHalab, ˅Antakiyya, Tripuli und Dayr al-Farus bei al-Ladhikiyya, ◡Baghdad *995 (?)/1007:* Dichter und Querdenker

MACH, Ernst
*Chirlitz bei Brünn *1838,* ◡Untersiebenbrunnen bei Wien, ⓈKremsier/Kroměříž bei Prostějov und Wien, ⒺGraz *1864,* Prag *1867* und Wien *1895,* Vaterstetten bei München *1913–°1916:* Physiker, Empfindungsdaten-Psychologe und Philosoph (metaphysisch »neutraler Monismus«), Wegbereiter der Phänomenologie, des »logischen Positivismus« des »Wiener Kreises« und der theoretischen Physik Einsteins

**MACHIAVELLI,** Niccolò
Firenze **1469–°1527;* Staatsbeamter, diplomatische Reisen (France, Schweiz, Österreich, Roma), Rückzug auf sein Landgut in Sant'Andrea bei San Casciano *1513:* politologischer Philosoph

MACHIG LABDRÖN/Ma-gcig Lap-s Gron
**1049 (?),* Dranang/Din-ri (?) in Zentraltibet, °Sangri *1129:* gelehrte buddhaitische *Tantra-yāna*-Mystikerin, Schülerin

und Konsortin des Drapa Ngonshe und seines indischen Lehrers Padampa Sanggye

McTAGGART, John
London *1866–°1925; ◡Weibridge in Surrey *1870,* ⓈⒺCambridge *1885–1925:* neohegelianischer Philosoph

MĀDHAVA
◡Vijayanagara und S(h)ringeri, °*1386:* Klostervorsteher, Staatsmann und Mitbegründer des Vijayanagara-Reiches, Wegbereiter der hinduitischen Renaissance, Kommentator der brahmanischen Philosophie

MADHVA/Pūrṇaprajña/Ānandatīrtha
*Kalyanapura bei Udipi *1238 (?),* ⒺUdipi, Reisen in den S bis Rames(h)vara(m) und in den N bis nach Haridvara und Badrinatha, °Udipi *1317 (?):* hinduitischer Philosoph, Begründer des »vedantischen Dualismus« *Dvaitā-Vedānta* und »Realismus« *Tattva-vāda* (Wesensunterschied zwischen Gott *īs(h)vara* und »Seele« *jīva,* Problematisierung des vedantischen Begriffs der »Illusion« *māyā,* beeinflußt von der Scholastik der Jaina und möglicherweise von der nestorianisch-christlichen Theologie in S-India)

MAGO
◡Carthago *-2. Jh.:* Initiator der Agrarwissenschaft im westlichen Teil der »Alten Welt«, »Vater des Landaufenthalts« *pater rusticationis, -146* als einziger karthagischer Schriftsteller ins Lateinische übersetzt, *-88* auch ins Hellenische

**MAHĀVĪRA**/Vardhamāna Kās(h)yapa/Jina
*Kundagrama bei Vais(h)alī (nach der Überlieferung als älterer Zeitgenosse des Buddha, *-6.* oder *-5. Jh.*), Wanderleben als »Asket« *s(h)ramaṇa* (seit dem 30. Lebensjahr), teilweise zusammen mit Gos(h)ala (Trennung in Nalanda), Erwachen (im 42. Lebensjahr) in der Nähe von Jrimbhikagrama am Ufer des Flusses Rijupalika, Regenzeitquartiere in Vais(h)alī, S(h)ravasti und Rajagriha, °Majjhima Pava (nach der Überlieferung im 72. Lebensjahr): nach der Jaina-Überlieferung der 24. »Furtbereiter« *Tīrthan-kāra* und der Begründer des Jainadharma (asketische Erlösungslehre, materialistische Vorstellung von der verunreinigenden und belastenden Wirkung des »Handelns« *karman* auf die Seele, die durch »Nichtverletzen« *ahiṃsā* geläutert und entlastet wird und damit dem »Kreislauf« *saṃsāra* von Tod und Wiedergeburt zu entrinnen vermag)

MAHINDA → SAṄGAMITTĀ

MAIMON, Salomon/Shlomo Ben Yehoshua
*Sukoviborg (Dorf am Oberlauf des Flusses Neman/Memel) bei Mir in Belarus' *1753,* ◡Niasvizh, ˅Mezhirich, Reise *1776–77* über Königsberg nach Berlin, ◡Posen/Poznań *1778–80,* ◡Berlin *1780–83/1785–95,* ⓈHamburg (Altona) *1783–85,* ˅Amsterdam und Den Haag *1783,* ˅Dessau *1786 (?),* Breslau *1787* und Potsdam *1789,* Nieder-Siegersdorf/Podbrzezie Dolne *1795–°1800:* nach rabbinischen, chassidischen und kabbalaitischen Studien Aufklärungsphilosoph und radikaler idealistischer Kant-Kritiker

MAIMONIDES → **MOSHE BEN MAIMON**

MAINE DE BIRAN, Marie-François-Pierre
*Bergerac *1766,* ⓈPérigueux, ◡Bergerac, Grateloup bei Bergerac und Paris, °Paris *1824:* Politiker und anthropologischer Philosoph (sinnliche Erfahrung der willentlichen Anstrengung)

MAISTRE, Joseph de
*Chambéry in Savoie *1753,* ◡ⓈTorino, ◡Lausanne (Exil) *1792,* ˅Coppet, Torino *1797–°1821;* Gesandter des Königreiches Sardegna-Piemonte in Sankt-Peterburg *1802–17:* Politologe der Restauration

MAKRINA die Jüngere
*Kaisareia oder Neokaisareia *327,* °Annesis am Fluß Iris bei Neokaisareia *380:* philosophisch bemerkenswerte christliche Theologin, Schwester der »Kirchenväter« Basileios von Kaisareia und Gregorios von Nyssa

MALEBRANCHE, Nicolas
Paris *1638–°1715; ⓈSaumur (sur-Loire) *1661,* ˅Juilly, ˅Normandie *1685* und Périgord *1688:* Philosoph, angeregt von Augustinus und Descartes

MĀLIK IBN ANAS
Madina *716–°795: namengebende Autorität der *Mālikiyya*-Rechtsschule (»öffentliches Wohl« *istiṣlāḥ/maṣlaḥa* und »eigene Meinungsbildung« *ijtihād/ra'y* als Rechtsquellen, die *Qur'ān* und *Ḥadīth* ergänzen)

MALINOWSKI, Bronislaw
*Kraków *1884,* ⓈLeipzig, ◡London *1910,* Australia, New Guinea und Trobriand Islands/Kiriwina *1914–18,* London *1924,* ⒺNew Haven *(Yale) 1939–°1942:* Sozialanthropologe (Funktionalismus)

MALRAUX, André
Paris *1901–°1976; frühe Reisen in Europa: Firenze, Venezia, Praha und Wien *1921,* Berlin und Hellas *1922;* erste Reise nach »Indochina«: Ha Nôi, Saigon, Kunstdiebstahl im Hindu-Tempel von Banteay-Srei bei Angkor und Verhaftung in Phnom Penh *1923–24;* zweite Reise nach »Indochina«: Saigon und Ha Nôi, weiter nach Zhongguo (Hong Kong) *1925;* drei Reisen in den Iran: Esfahan *1926–31;* »Weltreise« rund um die Nordhalbkugel *1931,* Deutschlandreisen: Köln und Berlin *1931/1934;* Reise nach Djibouti (und Entdeckung von Saba' in Yaman von einem Flugzeug aus) und erste Reise in die Sovietunion: Leningrad, Moskva und Novosibirsk *1934,* Engagement im Spanischen Bürgerkrieg (»Escadrille A. M.«): Barcelona, Madrid, Valencia, Banyuls-sur-Mer *1936–39;* in der französischen *Résistance:* Midi, Paris, Alsace *1939–45;* Informations- und Kulturminister unter de Gaulle *1945–46* und *1959–69,* vielfältige Reisen in Europa, Afrika, Asien und Amerika *1945–75:* Schriftsteller-Philosoph der *condition humaine* im *20. Jh.*

MALTHUS, Thomas Robert
*Rookery bei Guildford in Surrey *1766,* ⓈCambridge, ⒺHaileybury *(College* der *East India Company) 1805–34,* °Saint Catherine bei Bath *1834:* Wirtschafts- und Bevölkerungswissenschaftler

MAṆḌANA Mis(h)ra/Sūres(h)vara
*Mithila *660 (?):* brahmanischer Philosoph, nach ungesicherter Überlieferung Schüler und Schwager des *Mīmāṃsā*-Philosophen Kumarila und nach verlorener Disputation mit S(h)ankara in Prayaga Anhänger seiner *Vedānta*-Philosophie unter dem Namen Sures(h)vara, Sprachphilosoph

MANDEVILLE, Bernard (de)
*Dordrecht *1670,* ⓈRotterdam und Leiden, London *1692–°1733:* Arzt und Gesellschaftsphilosoph (Egoismus als Grundlage allgemeinen Wohlstands)

MANGKUNEGARA IV
Surakarta *1809–°1881: nach der Überlieferung Autor des erkenntnisphilosophischen Verswerkes *Wedhatama*

MANI/Manichaios

*Mardinu oder Afruniya bei Ktesiphon *216,* ◡Ktesiphon, Reisen im sasanidischen Reich und in den angrenzenden Regionen im O (Industal) und W (römisch besetztes Mesopotamia und Armenia), °Beth Lapat/Gondeshapur *276:* Gnostiker, Stifter der »ersten Weltreligion« (in geographischer und inhaltlicher Hinsicht: Verbreitung im W über N-Afrika bis zum Atlantik und im O über Zentralasien bis zum Pazifik, Verbindung von zarathustrischen, christlichen und buddhaitischen Ideen und Idealen); Kenntnis aus Originaltexten (gefunden in Zentralasien) *1902*

MĀṆIKKAVĀCAKAR

*Tiruvatavur bei Madurai, ◡Madurai und Chidambara(m), *9. Jh. (?):* hinduitischer *S(h)aiva*-Mystiker, -Dichter (in tamilischer Sprache) und -Denker (»Er [S(h)iva], der ich ist« *yāNāginiNRāNē*)

MANN, Thomas

*Lübeck *1875,* München *1892–1933,* Roma *1896–98,* Exil: Sanary-sur-Mer in Provence *1933,* Küsnacht bei Zürich *1933,* Ⓛ Princeton *1938* und Pacific Palisades bei Los Angeles *1941,* Erlenbach und Kilchberg bei Zürich *1952–55,* °Zürich *1955;* Reisen in Europa von Oxford im W bis Königsberg im O und von Napoli und Granada im S bis Stockholm im N, in N-Amerika von New York und Washington bis San Francisco und Los Angeles; »Mittelmeerreise« (Cairo, Luxor, Konstantinupolis, Athina) *1925* und »Inspektionsreise« nach Misr und Filastin (Nilfahrt von Cairo bis Wadi Halfa; Jerusalem) *1930:* Schriftsteller-Philosoph (literarische Verarbeitung zeitgenössischer archäologischer Forschungsergebnisse in Misr: Echnatons Humanismus)

MANU

nach brahmanischer Mythologie Stammherr der Menschheit und Autor (in Kurukshetra) des *Mānava-Dharma-s(h)āstra* (»Lehrbuch der Gesetze des Manu«), des Grundtextes des hinduitischen Rechts (Textredaktion *-2. bis 2. Jh.*), basierend auf Rechtstexten *(Dharma-sūtra/Manu-smriti)* der spätvedischen Zeit, früheste Übersetzung von W. Jones *1794,* verbrannt von Ambedkar (später als Autor der Verfassung der Republik India »Modern Manu« genannt) in Mahad *1927*

MAO Zedong

*Shaoshanchong *1893,* Ⓢ Changsha, Beijing *1918,* Shanghai mehrfach *1919–26,* Guangzhou ˅*1923*/Ⓛ*1925;* ideologischer Stratege von Bauernrevolutionen in Hunan und Jiangxi *1925,* »Langer Marsch« von Jiangxi (Jinggang Shan) nach Shaanxi *1934–35,* Yan'an *1936–47,* Beijing *1949–°1976;* ˅Qufu *1916* und Lu Shan *1959/1970,* ˅Moskva *1949/1957:* sinomarxistischer Revolutionär, Machtpolitiker und Philosoph

MARCUS AURELIUS

*Roma *121,* Kriegszüge gegen Parther und Germanen, ◡Aquileia, ◡Carnuntum, °Vindobona (Wien) bei Carnuntum oder Bononia bei Sirmium (?) *180:* römischer Kaiser und stoischer Philosoph

MARCUSE, Herbert

*Berlin *1898,* Ⓢ Berlin und Freiburg, Frankfurt am Main *(Institut für Sozialforschung) 1932,* Emigration über Genève und Paris *1933* nach New York *1934,* ◡Washington DC *1942,* Ⓛ New York *1950,* Harvard *1952,* Boston MA *(Brandeis) 1954* und San Diego CA *1965,* (zwischenzeitlich Ⓛ Paris *1959/1961–62,* Frankfurt *1964* und Berlin *1965*), °Starnberg bei München *1979:* neomarxistischer Existenzphilosoph, Vordenker der »68er Studentenbewegung«

MARITAIN, Jacques

*Paris *1882,* Ⓢ Paris (bei Bergson) und Heidelberg, Ⓛ Paris (*Institut catholique,* »Salon« zusammen mit seiner Frau Raïssa Oumançoff in Versailles und Meudon) *1912–40,* Ⓛ Canada und U.S.A. (Chicago, New York *[Columbia, École libre],* Princeton, South Bend *[Notre Dame],* Toronto) *1933–60* (Exil *1940–45*), Roma (*Vaticano,* Botschafter) *1945–48,* Toulouse *1960–°1973:* Kultur- und Gesellschaftsphilosoph, ausgehend von Bergson und Thomas Aquinas, Hauptverfasser der Menschenrechtsdeklaration der UNO *1948*

MARPA/Mar-pa

*Lhodrak *1012,* Ⓢ Myu-gu-lung und Nalanda, ◡Serkhar Guthok und Drobolung, °*1097:* tibetobuddhaitischer *Tantrāyāna*-Dichter und -Übersetzer, Schüler des Drogmi und des Naropa, Lehrer des Milarepa

MARSILIUS da Padova/Marsilio dei Mainardini

*Padova *1275,* Ⓛ Paris *1313,* Flucht an den Hof Ludwigs von Bayern in Nürnberg *1326,* ˅Roma *1328,* München *1330–°1342:* Arzt, politischer Philosoph (Trennung von Kirche und Staat)

MARTINUS DACUS

*Dacia/Danmark oder S-Sverige, Ⓢ Roskilde und/oder Lund, Ⓢ/Ⓛ Paris, ◡Roskilde (Kanzler am dänischen Hof), °*1304:* scholastischer Sprachphilosoph

MARTY, Anton

*Schwyz *1847,* Ⓢ Einsiedeln, Mainz, Würzburg *1869* und Göttingen *1874,* Ⓛ Schwyz *1869,* Czernowitz *1875* und Prag *1880–°1914:* Sprachphilosoph

**MARX,** Karl

*Trier *1818,* Ⓢ Bonn und Berlin (in »junghegelianischen« Kreisen), Köln (Zeitungsredakteur) *1842–43/1848–49,* Paris *1843–45* (Kontakte mit Proudhon und Heine, Beginn der Zusammenarbeit mit Engels)/*1848/1849,* Bruxelles *1845–48* und London *1845/1849–°1883:* Wirtschafts-, Gesellschafts- und Geschichtsphilosoph (dialektischer Materialismus, Kommunismus), Ideologe der internationalen Arbeiterbewegung

MASARYK, Tomáš Garrigue

*Hodonín/Göding *1850,* Ⓢ Brno, Wien und Leipzig, Ⓛ Wien *1879* und Praha *1882* (erster Professor für Philosophie an der Tschechischen Universität), Emigration (zur Organisation der Autonomiebewegung der ostmitteleuropäischen »Nationen«) nach W-Europa *1915,* Rossiia (Kiïv, Moskva) *1917* und in die U.S.A. (Washington) *1918,* Praha *1918–°1937* (Schloß Lány): Sozialphilosoph und Staatsmann, erster Präsident von Československo *1918–35*

MASHAM/Cudworth, Damaris

*Cambridge *1658,* ◡Oates in Essex *1785,* °Bath *1708:* Moralphilosophin, Tochter von R. Cudworth, Schülerin und Gastgeberin von Locke in seinen letzten Lebensjahren *1689–1704*

MASSIGNON, Louis

*Nogent-sur-Marne bei Paris *1883,* Ⓢ Paris und Alger, ˅Baghdad *1908,* Ⓛ Cairo *1912–60* und Paris *1926–°1962:* charismatischer Religionswissenschaftler (Mystik im Islam, feminine Spiritualität, interkulturelle Zusammenarbeit)

al-MĀTURĪDĪ, Abū Manṣūr

*Maturid bei Samarqand *870,* °Samarqand *945:* hanafitischer Theologe, Jurist und *Qur'ān*-Kommentator, Begründer der nach ihm benannten *Māturīdiyya*-Theologie

MAUPERTUIS, Pierre-Louis Moreau de
*Saint-Malo *1698,* ◡Paris *1714,* ⓈBasel *1729–30,* Lapplandexpedition (˅Tornio im Grenzgebiet Suomi/Sverige, Bestätigung der Newtonschen Physik) *1736–37,* Berlin und Potsdam *1741–56* (Präsident der *Preußischen Akademie der Wissenschaften 1745*), °Basel *1759:* Mathematiker, Naturwissenschaftler und Philosoph (»Prinzip der kleinsten Wirkung«)

MAUTHNER, Fritz
*Horschitz/Hořice *1849,* ⓈPrag, ◡Berlin *1876,* Freiburg *1905* und Meersburg am Bodensee *1909–°1923:* Theater- und Sprachkritiker (Konzeption der Philosophie als Sprachtherapie)

al-MĀWARDĪ, Abu ’l-Ḥasan
*Basra *974,* ⓈⓅBaghdad *995–°1058;* ◡Ustuwa bei Nishapur *1035–38:* shafiitischer Rechtsgelehrter

MAXWELL, James Clerc
*Edinburgh *1831,* ◡Landsitz Glenlair bei Kirkcudbright (Rückzugsort *1865–71*), ⓈEdinburgh und Cambridge, ⓅAberdeen *1856,* London *1860–65* und Cambridge *1871* (Aufbau des *Cavendish Laboratory*) *–°1879:* Physiker (Elektrodynamik, Gastheorie, Dreifarbenlehre)

MAYER, Julius Robert
Heilbronn **1814–°1878;* ⓈTübingen, ˅Den Haag *1839,* ◡Paris *1839–40:* Arzt (als Schiffsarzt nach Indonesia *1840–41*) und Physiker (Satz von der Erhaltung der Energie)

MEAD, George Herbert
*South Hadley MA *1863,* ⓈOberlin OH und Harvard, Angestellter der Wisconsin Central Railroad *1883–87,* ⓈLeipzig (bei Wundt) *1888* und Berlin (bei Dilthey) *1889,* ⓅAnn Arbor MI (*University of Michigan,* Zusammenarbeit mit Dewey) *1891* und Chicago *1894–°1931:* Philosoph (pragmatische Konzeption der symbolischen Interaktion)

MEAD, Margaret
*Philadelphia PA *1901,* ⓈGreencastle IN *(DePauw),* ⓈⓅNew York *(Barnard/Columbia, American Museum of Natural History) 1920–°1978;* milieutheoretische Feldforschung auf Samoa (Insel Tau) *1925–26,* New Guinea *1931–33,* Bali und New Guinea *1936–39,* ⓅPoughkeepsie NY *(Vassar) 1939* und Washington DC *1942–45:* Anthropologin (kultureller Determinismus und Relativismus)

MEIER, Georg Friedrich
*Ammendorf bei Halle *1718,* ⓈⓅHalle *1730–°1777:* Aufklärungsphilosoph (Hermeneutik)

MEINONG, Alexius
*Lemberg *1853,* ⓈⓅWien *1875,* ⓅGraz *1882–°1920:* analytisch-phänomenologischer Philosoph (Erkenntnispsychologie, Gegenstandstheorie), Gründer des ersten psychologischen Labors in Österreich *1894*

MELISSOS
◡Samos *-5. Jh.:* eleatischer Philosoph

MENDEL, Gregor
*Heinzendorf/Hynčice bei Troppau/Opava in Mähren/Morava *1822,* ⓈOlmütz/Olomouc, Brünn/Brno *1843–°1884;* ⓅZnaim/Znojmo und ⓈWien *1851–53:* Augustinermönch, Pionier der Vererbungslehre

MENDELEEV, Dmitrii Ivanovich
*Tobol’sk, Region Tiumen’ in W-Sibir’ *1834,* ⓈⓅSankt-Peterburg *1849–°1907;* ⓅSimferopol’ auf Krim und Odes(s)a am Schwarzen Meer *1855–56,* ⓈParis und Heidelberg *1859–61,* landwirtschaftliches Musterlandgut Boblovo in Klin bei Moskva *1865,* mehrere Auslandsreisen (Paris, London, U.S.A.): Chemiker, Entdecker der »periodischen Gesetzmäßigkeit der chemischen Elemente«

MENDELSSOHN, Moses
*Dessau *1729,* Berlin *1743–°1786;* Freundschaft mit Lessing *1754:* Popularphilosoph der Aufklärung, Interpretation der jüdischen Religion als (natürliche) Religion des Gesetzes

**MENG ZI**/Meng Ke/Mōshi/Mencius
*Zou *-371,* ⓈQufu (?), ˅Teng, ◡Linzi, ⓅDaliang, °Xiu in Song oder Zou *-289:* herausragender konfuzianischer Philosoph, »zweiter Heiliger« (nach Kong Zi) *yasheng,* Klassikerstatus seit der konfuzianischen Renaissance in der Song-Zeit (Begründung der Ethik in der »guten menschlichen Natur« *xing shan*); → Xun Zi

MENGER, Carl
*Neusandez/Nowy Sącz *1840,* ⓈKraków, Wien und Prag, ◡Lemberg, ⓅWien *1873–1903,* °Wien *1921:* Begründer der »österreichischen Schule« der Nationalökonomie (Grenznutzentheorie)

MENIPPOS
*Gadara (phönikischer Herkunft?) *-3. Jh.:* kynischer Philosoph (Parodie sowohl auf die Mythologie als auch auf die Philosophie)

MERIKARE
◡Henennesut *-21. Jh.:* ägyptischer König, Adressat und Auftraggeber (?) einer »Lehre (für das Leben)«, »des ältesten Fürstenspiegels«: Sozialethik, gestützt auf eine anthropozentrische Schöpfungslehre und die Erwartung eines Totengerichts

MERLEAU-PONTY, Maurice
*Rochefort-sur-Mer *1908,* ⓈLe Havre und Paris (*École normale;* Kontakte mit Sartre, Beauvoir, Gurwitsch, Lévinas, Maritain und G. Marcel), ˅Leuven *(Husserl-Archief) 1939,* ⓅLyon *1945* und Paris *1949–°1961:* phänomenologischer Philosoph (Phänomenologie der mehrdeutigen leiblichen Existenz)

MERSENNE, Marin
*Oizé bei La Flèche *1588,* ⓈLe Mans, La Flèche *1604* und Paris *1609–11,* ◡Nigeon und Meaux bei Paris, ⓅNevers *1614* und Paris (Klosterzelle und akademischer Salon an der Place Royale) *1619–°1648;* Reisen durch Mitteleuropa *1628–30,* ab *1640* vorwiegend in Italia: Minimenmönch, Philosoph (metaphysikskeptisches, mechanistisches und pragmatisches Wissenschaftsverständnis) und Musiktheoretiker

MICHAEL SCOTUS
*Scotia/Scotland oder Ireland *1175,* ◡Toledo *1217,* ˅Bologna und Roma, Palermo *1225–°1235:* Astrologe und Alchemist, Übersetzer von Aristoteles-Kommentaren des Averroes

MIKHAILOVSKII/Mixajlovskij, Nikolai Konstantinovich
*Meshkhovsk in der Region Kaluga *1842,* ◡Sankt-Peterburg, Verbannung *1882/1891,* °Sankt-Peterburg *1904:* Journalist und Sozialphilosoph (»russischer Populismus« *narodnichestvo* und »moralischer Sozialismus«, Verbindung von Individualismus und Kommunalismus)

MIKI Kiyoshi
*Hirai Mura (heute Stadtteil von Tatsuno) in Hyogo Ken *1897,* ⓈKyoto und Europa (Heidelberg, Marburg und Paris *1922–25*), ◡Tokyo *(ⓅHōsei Daigaku 1927–30),* ◡Pilipinas (wehrpflichtiger Kriegsberichterstatter) *1943,* °Tokyo (Gefängnis) *1945:* Gesellschaftsphilosoph humanistischer neomarxistischer Ausrichtung

MIKYÖ DORJE/Mi-bskyod rDo-rje
*Damchu in Kham *1507,* ♇Tsurpu (?),°Dakpo Shedrup Ling/Dvags-po bShad-sgub-gling in Kham *1554:* buddhaitischer Philosoph, ausgehend von Nagarjuna (*Mādhyamika*-Lehrrichtung, Kritik jeglicher begrifflicher Fixierung philosophischer Einsichten), 8. Oberhaupt der tibetischen *Kagyupa*-Lehrrichtung, Kritiker des Tsongkhapa und seiner *Gelukpa*-Lehrrichtung

MILAREPA/Mi-la Ras-pa
*Lhodrak *1040,* ◡Serkhar Guthok und Tise/Kailas(h) (Dzutrül Phug), °Nyalam *1123:* herausragender tibetobuddhaitischer *Tantrāyāna*-Mystiker und -Dichter (Lebensweg- und Naturlyrik)

MILL, James
*Northwater Bridge in Forfarshire *1773,* ⓢEdinburgh *1790,* London *1802–°1836:* Freundschaft mit Bentham, *Examiner* im *India House* der *East India Company,* utilitaristischer Philosoph und kolonialistischer Politologe, Vater John Stuart Mills

**MILL,** John Stuart
*London *1806, Examiner* im *India House* der *East India Company 1823–58,* ᵛFrance *1820–21/1830,* Italia und Hellas *1854–55,* verheiratet mit Harriett Harry (Mrs. Taylor) *1851–58,* Saint-Véran bei Avignon (mit Kurzaufenthalten in London: *Member of Parliament 1865–68) 1858–°1873:* Philosoph (utilitaristische Ethik, Wissenschaftslogik, politische Ökonomie)

MIŁOSZ, Czesław
*Šeteniai in Lietuva *1911,* Kindheit in Rossiia (Petrograd, Krasnoiarsk am Enisei, Rzhev an der Volga, Tartu), ◡Wilno/Vilnius *1921* und Warszawa *1937–45,* zwischenzeitlich ⓢParis *1934–35,* Botschaftssekretär in New York und Washington *1945–50,* Exil *1951–90:* Paris *1951* und ♇Berkeley *1960,* ◡Kraków und Berkeley *1990;* ᵛStockholm *1980:* Dichter-Philosoph (Totalitarismus, O- und W-Europa)

MĪR DĀMĀD
*Astarabad/Gorgan *16. Jh.,* ⓢMashhad, ◡Qazvin und Kashan, ♇Esfahan *1590–1631,* °an-Najaf in Iraq *1631:* islamischer Dichter, Rechtswissenschaftler und gnostischer Philosoph, »Dritter Meister« (nach Aristoteles und al-Farabi), Begründer der »Schule von Esfahan«

MIURA Baien
Tominaga Mura/Oazu Tomikiyo (heute Stadtteil von Aki) auf Kyushu **1723–°1789;* ᵛNagasaki *1745/1778* und Ise *1750:* Arzt und skeptischer (konventions- und traditionskritischer) Philosoph

**MO ZI**/Mo Di/Micius
*Lu, ◡Song, °Chu, *-5. Jh.:* Begründer der nach ihm benannten Schule *Mo Jia,* einer gildenartigen philosophischen Bewegung mit kommunistischen und pazifistischen Idealen und einem starken Interesse an Logik und Physik; zentraler Begriff: »umfassende Rücksichtnahme« *jian'ai*

MÖBIUS, August Ferdinand
*Schulpforta *1790,* ⓢLeipzig, Göttingen und Halle, ♇Leipzig *1816–°1868:* Mathematiker (projektive und analytische Geometrie, »Möbiusband«)

MOERBECKA, Guilelmus de/Willem van Moerbeke
*Moerbeke in Brabant *1215,* ⓢGhent, Paris und Köln, ◡Italia (am päpstlichen Hofe in Orvieto, Roma und Viterbo), ᵛLyon *1274;* Byzantinisches Reich (unter Kreuzfahrer- und venezianischer Herrschaft): ◡Thebai und Nikaia, Mermpaka und Korinthos (Erzbischof) *1278–°1286:* Dominikanermönch, Übersetzer aristotelischer und neuplatonischer Schriften ins Lateinische

MOLESCHOTT, Jacob
*'s-Hertogenbosch in Nederland *1822,* ⓢKleve und Utrecht, ⓢ♇Heidelberg, ♇Zürich *1856,* Torino *1861* und Roma *1878–°1993:* Physiologe und Philosoph (»Vulgärmaterialismus«)

MOLIÈRE/Jean Baptiste Poquelin
Paris **1622–°1673;* Wandertheater (zusammen mit Madeleine Béjart) *1645–58:* Komödiendichter, Gassendi-Schüler

MOLINA, Luis de
*Cuenca in Castilla-La Mancha *1535,* ⓢAlcalá und Salamanca, ⓢ♇Coimbra und Évora in Portugal, ◡Lisboa und Cuenca, °Madrid *1600:* Jesuit, Moralphilosoph, Disputation mit Báñez um das Verhältnis von Freiheit und Determination (Gnade)

**MOLLĀ ṢADRĀ** Shīrāzī
*Shiraz *1571,* ⓢ♇Esfahan, ᵛMakka, Kahak bei Qom *1600–13,* ♇Shiraz *1613–40,* °Basra *1640:* herausragende Gestalt der »Schule von Esfahan« und der neuzeitlichen gnostischen Philosophie im Islam

MONGKUT/Mahāmankuta/Rama IV
Krung Thep/Bangkok **1804–°1868;* Mönch *1824* und König *1851–68:* Gründer des Reformordens *Dhammayuttika-Nikāya* (zusammen mit Mon-Mönchen), überragende Gestalt des »buddhistischen Modernismus« in SO-Asien, tolerant gegenüber regionalen Traditionen (»Volksreligion«) und fremden Religionen (Islam, Christentum)

MONTAIGNE, Michel Eyquem de
*Château de Montaigne in Saint-Michel(-de-Montaigne) *1533–°1592,* ⓢBordeaux und Toulouse, ◡Bordeaux *(Maire 1581–85)* und Château de Montaigne *1571;* Reise nach Italia über die Schweiz und S-Deutschland *1580–81:* ᵛBasel, Baden bei Zürich, Augsburg, Verona, Padova, Venezia, Ferrara, Bologna, Firenze, Siena, Roma, Loreto bei Ancona, Firenze, Pisa, Lucca, Viterbo, Parma und Milano; Paris *1588:* Renaissanceschriftsteller und -philosoph (pyrrhonischer Agnostizismus)

**MONTESQUIEU,** Charles de
*Château de La Brède bei Bordeaux *1689,* ⓢJuilly bei Paris *1700–05,* ◡Bordeaux, La Brède und Paris, Reise über Österreich (Wien) und Ungarn nach Italia (Venezia, Firenze, Roma, Napoli) und über Deutschland und Holland nach England (◡London) *1728–31,* °Paris *1755:* Aufklärungsphilosoph und Politologe (Rechtsstaat, Gewaltenteilung), Vordenker für die Freiheits- und Staatskonzeptionen der Amerikanischen und der Französischen Revolution

MOORE, G(eorge) E(dward)
*London *1873,* Cambridge *1892–°1958;* zwischenzeitlich ◡London und Edinburgh: Initiator einer analytischen *common-sense*-Philosophie, befreundet mit Russell, Keynes und Wittgenstein

MORE, Henry
*Grantham in Lincolnshire *1614,* ⓢEton, ⓢ♇Cambridge *1631–°1687;* ᵛRagley in Warwickshire (Landsitz von Anne Conway): *Cambridge Platonist*

MORE/Morus, Thomas
London **1478–°1535* (enthauptet); ⓢOxford, Gesandtschaften in Brugge *1515/1521* und Calais, Kanzler *1529–32:* Humanist und Utopist

MORGAN, Lewis Henry
*Aurora NY *1818,* Rochester NY *1844–°1881;* Feldforschung bei den Iroquois (als Mitglied der Seneca) und den Ojibwa: Kulturanthropologe *(Human Progress from Savagery through Barbarism to Civilization)*

MORI Ōgai
*Machida Mura bei Tsuwano *1862,* ⓢTokyo und Deutschland (Leipzig, Dresden, München und Berlin *1884–88*), Tokyo *1888–°1922;* zwischenzeitlich Manzhou/Manchuria *1894–95*/*1904–05,* Taiwan *1895* und Kokura auf Kyushu *1899–1902:* (Militär-)Arzt, herausragender Schriftsteller und Literaturtheoretiker

MOSES/Moshē/Mōysēs/Mūsā
nach der biblischen Überlieferung *Mizrayim/Misr, ᴗMidian am Golf von Aqaba, Sinai/Jabal Musa und Kadesh Barnea/'Ayn Qudays in der Wüste Negev, °Nebo/Jabal an-Naba/Mount Pisgah in al-Urdunn/Jordan, *-13. Jh.:* Gesetzgeber der jüdischen Religion und Autor der ersten »Fünf Bücher« der Bibel/*Tora* (Textredaktion: Yerushalayim und Babil *-10. bis -5. Jh.;* Übersetzung in die hellenische Sprache in Alexandreia *-3. Jh.*), von jüdischen und christlichen Theologen (seit Philon und Klemens von Alexandreia) als Inspirationsquelle der gesamten hellenischen Philosophie angesehen

**MOSHE BEN MAIMON**/Mūsā Ibn Maymūn al-Qurṭubī/Moses Maimonides
*Qurtuba *1138,* Flucht vor den Almohaden in den christlichen Teil von España (ⓢToledo?) und nach Provence (?) *1148,* ᴗFas *1160,* Saint-Jean d'Acre/'Akko *1165* (ᵛYerushalayim und al-Khalil/Hebron), ᴗal-Iskandariyya und al-Fustat *1170–°1204:* jüdischer Arzt, Rechtsgelehrter *(Halakha)* und Philosoph, inspiriert von Aristoteles; überragende Gestalt der Philosophie »aus den Quellen des Judentums« im Mittelalter

MOSHE BEN NAḤMAN/Moses Nahmanides/Bonastrug da Porta
*Girona *1194,* ᵛMontpellier *1232 (?)* und Barcelona *1263,* ᵛYerushalayim *1267,* Saint-Jean d'Acre/'Akko *1267–°1270:* Bibelexeget und Promotor der Kabbala als einer jüdischen Alternative zur hellenisch-islamischen Philosophie

MOTOORI Norinaga
*Matsusaka *1730,* ⓢKyoto, ⓔMatsusaka, diverse Vortragsreisen, °Kyoto *1801:* Arzt und Philosoph, herausragender Vertreter der *Kokugaku* (»Landeslehre«), der philologischen und geschichtskritischen Erforschung der frühen japanischen Literatur und des darin vertretenen Menschenbildes und der Gesellschaftsauffassung

**MUḤAMMAD** Ibn 'Abd Allāh
*Makka *570,* Yathrib/Madina *622* (»Emigration« *hijra*)*–°632:* Prophet und Gründer des Islam

MUKAŘOVSKÝ, Jan
*Písek in Čechy *1891,* ⓢⓔPraha *1910–°1975;* ⓔPlzeň *1915–25* und Bratislava *1934–37:* Literaturtheoretiker (funktionale und strukturale Analyse), Mitglied des *Cercle linguistique de Prague 1926–51* (Selbstkritik)

MÜLLER, Max
*Dessau *1823,* ⓢLeipzig, Berlin und Paris, ⓔOxford *1846–°1900;* ⓔLondon *1861*/*1863*/*1873:* vergleichender Sprach- und Religionswissenschaftler, Indologe, Herausgeber der *Sacred Books of the East* (50 Bände *1879–1910*)

**MURASAKI** Shikibu
ᴗKyoto, Takefu in Echizen/Fukui Ken und Ishiyamadera bei Otsu, **987–°1016 (?):* Hofdame, weltweit überragende Romanschriftstellerin ihrer Epoche, Tagebuchschreiberin und Ästhetikerin (in der Folge ihrerseits eine literarische Figur)

MUSIL, Robert
*Klagenfurt in Kärnten *1880,* ⓢMährisch-Weißkirchen/Hranice Severomoravský bei Olomouc, Wien, Brünn/Brno, Stuttgart und Berlin, Bozen/Bolzano (Kriegsfreiwilliger) *1916–17,* ᴗWien und Berlin, Exil in Zürich *1938* und Genève *1939–°1942:* Schriftsteller-Philosoph (Ich-Findung und Ich-Entfremdung in einer wissenschaftlichen Welt)

MUSŌ Soseki
*Mie Ken *1275,* ⓢYamanashi Ken (Heienzan), ⓔNara, Kyoto und Kamakura, Wander- und Eremitenleben hauptsächlich in Yamanashi Ken, Tohoku (Matsushima) und Tosa, °Kyoto *1351:* buddhaitischer Mönch (Verbindung des esoterischen *Shingon* mit dem *Zen*), Promotor des »Fünf-Berge«-/*Gozan*-Systems innerhalb des japanischen *Zen*

**NĀGĀRJUNA**
*Vidarbha (?), ⓔDakshina Kos(h)ala und Andhra Des(h)a (Amaravati, Dhanyakataka und Nagarjunakonda?), °S(h)rishaila(m) (?), *2.–3. Jh.:* herausragende Gestalt der buddhaitischen Philosophie, Ausarbeitung der frühen *Mahāyāna*-Literatur in den *Mūla-madhyamaka-kārikā* (»Merkverse des radikalen Mittelwegs«), Begründer der »Lehre von der Wesenlosigkeit [der Erscheinungen]« *S(h)ūnya-vāda,* damit nach tibetischer Überlieferung »zweite Drehung des Rades der Lehre«; in der chinesischen, tibetischen und muslimischen Überlieferung werden ihm auch medizinische und alchemistische Schriften eines gleichnamigen Autors zugeschrieben

NĀGASENA
*Kashmir oder Himalaya, ⓢKhotan und Pataliputra (?), ⓔEuthymedia/S(h)akala*:* buddhaitischer *Theravāda*-Philosoph, Dialogpartner des hellenoindischen Königs Menandros/Milinda *(-2. Jh.)* in *Milinda-pañha* (»Fragen des Milinda«; Textredaktion *1.–5. Jh.*)

NAGEL, Ernest
*Waagneustadtl/Nové Mesto *1901,* ⓢⓔNew York (*Columbia*) *1911–°1985:* Wissenschaftsphilosoph

NAHMANIDES → MOSHE BEN NAḤMAN

NAKAE Tōju
*Ogawa/Kamiogawa (heute Stadtteil von Adogawa) in Omi *1608,* ᴗOzu, Ogawa/Adogawa *1634–°1648:* »der Weise von Omi«, Begründer der *Wang-Yangming*-Lehrrichtung *(Yōmeigaku)* in Nihon (Hervorhebung der »guten intuitiven Erkenntnis« *liangzhi/ryōchi*)

NAMBI/Āndār Nambi
ᴗTamilakam *10.–11. Jh.:* Kompilator des *Tirumurai,* einer Sammlung von Hymnen (in tamilischer Sprache) an S(h)iva, eine der Grundlagen der tamilischen *S(h)aiva*-Philosophie *S(h)aiva-siddhānta*

NAMMĀḶVĀR
ᴗTirunelveli *7.–9. Jh. (?):* hinduitischer *Vaishṇava*-Mystiker, -Dichter und -Denker

NĀNAK/Guru Nānak
*Talwandi *1469,* ᴗSultanpur bei Jalandhar (Erleuchtung *1496*), nach der Überlieferung Reisen im O bis nach Guwahati, im S bis Rames(h)vara(m), im N nach Ladakh und Tibet (Manasarovara) und im W bis Baghdad, Madina und Makka,

°Kartarpur *1538:* Begründer der religiösen Reformbewegung der Sikh (Verbindung von Hindudharma und Islam, Ablehnung des Kastenwesens und des Ritualismus)

NANJŌ Bun'yū/Nanjio Bunyiu

*Gifu Ken *1849,* ⓢOxford *1876* und ⓛTokyo *1884–°1927:* herausragender Buddhadharma- und Sanskrit-Forscher (Verbindung der Kenntnisse der buddhaitischen Tradition und ihrer Interpretation in Zhongguo und Nihon mit den in Europa entwickelten philologischen und historiographischen Methoden)

NĀROPA

*Kashmir *956,* ⓢVikramas(h)ila, ⓛNalanda, ◡Ladakh (Lamayuru) und Zanskar (Sani), °Nyetang *1040:* buddhaitischer *Tantra-yāna*-Mystiker und -Missionar in Tibet, Lehrer des Marpa

NĀṢIR-i KHOSRAW

*Qubadhiyan am Amu Darya *1004,* Marv *1040–45,* ˅Nishapur, Tabriz, Halab, Ma'arra, al-Quds und Makka, al-Qahira *1047–50,* ◡Balkh *1052,* ◡°Badakhshan in Afghanestan *1075:* persischer Dichter und *Ismā'īliyya*-Philosoph

NATORP, Paul

*Düsseldorf *1854,* ⓢBerlin, Bonn und Straßburg, ◡Dortmund und Worms (Hauslehrer), ⓛMarburg *1880–°1924:* neukantianischer Philosoph, Kontakt mit Tagore

NATSUME Sōseki

Edo/Tokyo **1867–°1916 (ⓛ1903–10);* ⓛMatsuyama auf Shikoku *1895* und Kumamoto auf Kyushu *1896,* ˅Paris *1900,* ⓢLondon *1900–03:* Literaturtheoretiker (Anglist und Japanologe) und herausragender Schriftsteller-Psychologe

an-NAẒẒĀM, Ibrāhīm Ibn Sayyār

*Basra *770,* Baghdad *819–°840:* unorthodoxer *Mu'tazila*-Theologe und radikaler Ontologe (»Zeit-Atomismus und -Phänomenalismus«, Akzidentalität des Seienden), Disputationspartner der gelehrten Tawaddud in *Alf layla wa layla* (»TausendundeineNacht«, 458.–460. Nacht)

NEEDHAM, Joseph

*London *1900,* ⓢⓛCambridge *1918–°1995;* Chongqing *1943–46:* Biologe und Historiker der Wissenschaften und Technologien in Zhongguo, Herausgeber von *Science and Civilization in China (1954)*

NEMESIOS

◡Emesa *4.–5. Jh.:* christlicher Bischof und neuplatonischer Anthropologe

NESTORIOS

*Germanikeia/Kahramanmaraş in Syria/Türkiye *380,* ⓢⓛAntiocheia, Konstantinupolis (Patriarch) *428–31,* ˅Ephesos *431,* Verbannung nach Petra in Arabia und Aigyptos (westliche Wüstenregion zwischen Pano(n)polis/Akhmim und Elephantine/Aswan), °*450:* christlicher Theologe, nach der Verurteilung durch das Konzil von Ephesos Etablierung seiner Lehre (von der Getrenntheit der göttlichen und der menschlichen Natur in Christos) als offizielle Lehre der syrisch-christlichen Kirche im Reich der Sasaniden (Synode von Gondeshapur *483*) und von dort aus Ausbreitung (zusammen mit der nestorianisch-syrischen Schrift) nach Zentralasien, Zhongguo und S-India

NEUMANN, János/Johann/John von

*Budapest *1903,* ⓢBerlin, Zürich *(ETH)* und Göttingen, ⓛBerlin, Hamburg *1929* und Princeton *1930–57,* Los Alamos NM *1943,* °Washington DC *1957:* Mathematiker (Spieltheorie, *Computer Science*), Modell für S. Kubricks »Dr. Strangelove«

NEURATH, Otto

*Wien *1882,* ⓢBerlin, ◡Wien, Leipzig und Heidelberg, »Gesellschaftstechniker« in Bayern *1919,* ◡Wien *1920,* ˅Moskva *1924,* ◡Den Haag *1934,* Isle of Man (Internierung) *1939* und Oxford *1941–°1945:* Philosoph und Soziologe, positivismuskritisches Mitglied des »Wiener Kreises«

NEWMAN, John Henry

*London *1801,* ⓢⓛOxford *1817–45,* Birmingham *1849–°1890;* zwischenzeitlich ◡London, ˅Roma und ⓛDublin *1854–58:* Theologe und Erkenntnistheoretiker (Haupt des *Oxford Tractarian Movement*)

NEWTON, Isaac

*Woolsthorpe *1642* (Rückzugsort *1665–67*), ⓢGrantham in Lincolnshire, ⓢⓛCambridge *1661* und ◡London *1696–°1727:* Mathematiker (Infinitesimalrechnung) und Physiker (Gesetze der klassischen Mechanik, Korpuskulartheorie des Lichtes, Farbenlehre), Begründer der (mit theoretischen Konstrukten wie der Gravitationskraft operierenden) »klassischen Physik«

NEZAHUALCOYOTL (»Fastender Koyote«)

Texcoco **1400–°1470;* ⓢTenochtitlán: namhaftester vorkolumbischer *(Nahuatl-)*Dichter und am ausführlichsten (von Sahagún) dokumentierter Gelehrter und philosophischer Denker in Mesoamérica, Herrscher von Tezcoco, gefolgt von seinem kongenialen Sohn Nezahualpilli *(*1462–°1515)*

NGO Thi Nham

*Tha Thanh Oai, Tuong Tin in Ha Tay (Literatenfamilie Ngo) *1746,* ◡Thang Long/Ha Nôi und Phu Xuân/Huê, ˅Beijing, **1746–°1803:* eklektischer Philosoph der »drei Lehren« *san jiao/tam giao (nho, dao* und *phat giao)*

NGUYEN Du

*Tiên Diên am Hông Linh *1765,* ◡Huê, Hông Linh und Quang Binh, ˅Beijing *1813,* °Huê *1820:* klassischer Schriftsteller (in vietnamischer Sprache), Autor eines moralischen (buddhaitisch und konfuzianisch orientierten) Versromans

NGUYEN Trai

*Nhi Khê bei Ha Nôi *1380,* ◡Thang Long/Ha Nôi und Chi Linh beim Côn So'n, °*1442:* konfuzianischer Gelehrter, Stratege und Geograph, nach der Überlieferung auch Autor einer konfuzianischen Morallehre, geschrieben für »Frauen und Kinder« in vietnamischer Sprache

NICHIREN

*Kominato auf Boso Hanto *1222,* ⓢKiyosumidera auf Boso Hanto, Hieizan, Otsu in Omi und Koyasan *1234–53,* ⓛKiyosumidera *1253* und Kamakura *1254/1263–71,* Verbannung nach Izu Hanto (Ito) *1261–63* und Sadoshima (Niibo Mura) *1271–74,* ⓛMinobu *1274–82,* °Ikegami (heute Stadtteil von Tokyo) *1282:* charismatischer buddhaitischer Reformer, Begründer einer nach ihm benannten politisch aktiven religiösen Bewegung (*Nichiren Shugi:* namhafteste Organisationen im *20. Jh.:* »werteschaffende Gesellschaft« *Sōka Gakkei 1930* und »Partei für eine reine Regierung« *Kōmeitō 1961*)

NICOLAUS ORESMIUS/Nicole d'Oresme

*Oresme bei Bayeux oder Allemagne/Fleury-sur-Orne bei Caën *1320,* ⓢⓛParis, Rouen *1362–64,* ˅Avignon *1363/1366,* Lisieux (Bischof) *1378–°1382:* eigenständiger scholastischer Philosoph, Natur- und Wirtschaftswissenschaftler, Übersetzer aristotelischer Schriften ins Französische

**NIETZSCHE**, Friedrich
*Röcken bei Lützen in Sachsen *1844,* Naumburg *1850–64,* ⓢSchulpforta (mit Deussen), Bonn und Leipzig, ⓛBasel *1869–79,* rasch wechselnde Aufenthalte in der Schweiz (ᵛLuzern *1869–72/1882,* Basel *1882/1884/1889* und Zürich *1882/1884,* Sommer in Sils Maria *1881/1883–88*), Deutschland (häufige Rückkehr nach Naumburg, zuletzt krank *1890;* ᵛBayreuth *1872/1874/1876,* ᵛKlingenbrunn *1876*), Italia (ᵛSorento *1876–77,* Stresa *1880,* Venezia *1880/1884–85,* Messina und Roma *1882,* Winter in und bei Genova *1880–83,* ᵛTorino *1888–89*) und an der Côte d'Azur (Winter in Nizza/Nice *1883–88*), ᵕJena *1889,* Naumburg *1890* und Weimar *1897–°1900:* Gräzist, Schriftsteller-Philosoph; überragende Gestalt in der Philosophie am Ende des *19. Jh.*, u. a. inspiriert von der beginnenden europäischen Rezeption des indischen *Veda* und von Lehren des Buddha (Metaphysikkritik, »Umwertung aller Werte«)

NIMBĀRKA
*Nimbapura in Karnataka, ⓛMathura, Govardhana und Vrindavana, *12. Jh.:* hinduitischer *Vedānta*-Philosoph (moderate Gegenposition zu S(h)ankaras »All-Einheitslehre«: »Sowohl Spaltung als auch Nichtspaltung« *bhedābheda*)

NISHI Amane
*Tsuwano *1829,* ⓢOsaka *1849,* ⓢⓛEdo *1853,* ⓢLeiden *1863–65,* ⓛEdo/Tokyo, Kyoto und Numazu in Shizuoka Ken, Tokyo *1870–°1897:* enzyklopädisch gebildeter Kritiker der chinesischen und Befürworter der »westlichen« Wissenschaften, Vermittler der philosophischen Ideen von Comte und J. S. Mill

**NISHIDA** Kitarō
*Mori bei Kanazawa *1870,* ᵕUnoke, ⓢKanazawa und Tokyo, ⓛNanao auf Noto Hanto *1895* und Kanazawa *1896–97/1899–1909* und Yamaguchi Shi *1887–99,* ⓛTokyo *1909–10,* ⓛKyoto *1910–44* und ᵕKamakura *1928–°1945:* herausragender Philosoph des *20. Jh.* in Nihon, Haupt der *Kyōto-Gakuha* (»Kyoto-Schule«)

NKRUMAH, Kwame/Francis Nwia Kofie
*Nkroful bei Axim *1909,* ᵕHalf Assini und Achimota bei Accra; ⓢⓛ*Lincoln University* bei Philadelphia *1935–45,* London *1945–47,* ᵛManchester (*Pan African Federation,* zusammen mit Kenyatta) *1945;* Accra *1947–66* (erster Präsident der Republik Ghana *1960–66*), Exil in Conakry in Guinée *1966,* °Bucureşti *1972:* herausragender neomarxistischer Befreiungsphilosoph in »Schwarzafrika« (Verbindung von »traditionell afrikanischen«, christlichen und marxistischen Idealen) und Machtpolitiker

NOBILI, Roberto de
*Montepulciano in Toscana *1577,* ⓢNapoli und Roma *1596–1603,* ᵕGoa *1604,* Kochi, Madurai *1606* und Mailapura(m)/São Tomé bei Chennai *1645–°1656:* Jesuit, Missionstheologe (»indischer Ricci«: Inkulturation des Christentums), Sanskrit- und Tamil-Forscher, gefolgt von Costanzo Giuseppe Beschi/Viramamunivar (*Castiglione bei Mantova *1680,* ᵕMadurai und Tiruchirapalli, Manapparai bei Tiruchirapalli *1755 °1747*)

NOËL, François
*Hestrud bei Maubeuge an der belgischen Grenze (Nord, France) *1651,* ⓢTournai und Douai bei Lille, Zhongguo (Macau, Jiangsu und Jiangxi) *1685–1702/1707–08,* Roma (Ritenstreit) *1702–06,* ᵕPraha *1708,* °Lille *1729:* herausragender jesuitischer Vermittler chinesischer Kultur, Wissenschaft und Philosophie (Übereinstimmung der *philosophia sinica* mit den »christlichen Wahrheiten«)

NOGUCHI, Hideyo
*Okinashima Mura bei Inawashiro in Fukushima Ken *1876,* ⓢTokyo, ᵕPhiladelphia *1900,* København *1903* und New York *(Rockefeller Institute for Medical Research) 1904,* ᵛGuayaquil in Ecuador *1918,* Mérida in Yucatán *1920,* Arizona (U.S.A.) und Accra *1927–°1928:* Bakteriologe (Geschlechts- und Tropenkrankheiten), erster herausragender Medizinwissenschaftler Nihons nach der Öffnung des Landes

NOTKER LABEO (»der Breitlippige«)/Teutonicus
*Wil oder Jonschwil bei Sankt Gallen *950,* °Sankt Gallen *1022:* Benediktinermönch, frühester Übersetzer philosophischer Schriften (Aristoteles, Boethius) ins Deutsche

NOVALIS/Friedrich Leopold Freiherr von Hardenberg
*Oberwiederstedt bei Mansfeld im Harz *1772,* Weißenfels *1785–°1801;* ⓢEisleben, Jena, Leipzig und Wittenberg, Bad Tennstedt bei Erfurt *1794–95,* ⓢFreiberg *(Bergakademie) 1797–99:* Dichter der »blauen Blume«, Wegbereiter der Romantik in der Philosophie (kognitive Rolle von Gemüt und Poesie)

NUMĒNIOS von Apameia
ᵕApameia *2. Jh.,* ᵛRoma (?): neupythagoreischer Wegbereiter der neuplatonischen Philosophie

**OCKHAM,** Guilelmus/William of Ockham
*Ockham in Surrey bei London *1285,* ⓢSouthwark bei London, ⓢⓛLondon und Oxford, Avignon *1324–28,* Flucht an den Hof Ludwigs des Bayern in Pisa *1328,* München *1330–°1347:* Franziskanermönch, überragende Gestalt der spätscholastischen Philosophie und Wegbereiter »neuzeitlicher« philosophischer Positionen (nominalistische Epistemologie und Ontologie, naturrechtlich begründete Gesellschaftsphilosophie)

OGATA Kōan
*Okayama Ken *1810,* ⓢOsaka, Edo *1831* und Nagasaki *1836,* ⓛOsaka und Edo (Gründung von *Tekijuku,* einer Schule für Medizin und »Hollandstudien« *Rangaku* in Osaka *1838* und Reorganisation von *Igakujo,* einer Schule für »westliche« Medizin in Edo *1862*), °Edo *1863:* Arzt und Medizinwissenschaftler (durch die Anwendung »westlicher« Medizin bei einer Choleraepidemie Wegbereiter der Öffnung Nihons für »westliche« Wissenschaft und Philosophie)

**OGYŪ** Sorai
Edo **1666–°1728;* Nagara auf Boso Hanto (Verbannungsort seines Vaters) *1679–90:* herausragender konfuzianischer Philosoph der Edo-Zeit (Neuzeit in Nihon), Befürworter der philologischen Rückkehr von den neokonfuzianischen Spekulationen zu den Texten der Klassiker (»Studium der Alten« *Kogaku*)

OKEN(FUSS), Lorenz
*Bohlsbach bei Offenburg *1779,* ⓢFreiburg, Würzburg und Göttingen, ⓛJena *1807–27* (Absetzung *1819*), ᵛWartburg *1817,* ᵛParis, ⓛBasel *1821–22,* München *1827* und Zürich *1833–°1851:* romantischer Naturphilosoph und liberaler Politiker, Begründer der Zeitschrift *Isis*

OLCOTT, Henry Steel
*Orange NJ *1832,* ⓢNew York, ᵕAmherst OH, Newark NJ,

Mount Vernon NY, Washington DC und New York, ◡Bombay *1879* und Adyar bei Chennai *1882–°1907;* ˅Chittenden VT (Begegnung mit Madame Blavatsky) *1874,* ˅Sri Lanka (Colombo, Galle und Kandy) *1880–98/1906,* NO-India (Buddha Gaya, Calcutta, Lucknow, Varanasi), Burma/Myanmar (Rangoon/Yangon und Mandalay) *1885–91,* Nihon (Kobe, Kyoto, Yokohama, Tokyo) *1889–91,* London *1878–1906* und New York *1906:* »Reformgeist« (Agrikultur, allgemeine Schulbildung und technische Ausbildung der unteren gesellschaftlichen Schichten, Abschaffung der Sklaverei und des Kastenwesens, Wiederbelebung der Religionen durch eine Hinwendung zu ihren frühesten Texten und eine Abwendung von ihren »dekadenten« rituellen Praktiken), »culture broker between Occident and Orient«, Mitbegründer (mit Madame Blavatsky) der *Theosophical Society* in New York *1875* und deren *Headquarters* in Adyar *1882* (verbunden mit dem Wandel von einer amerikanischen Organisation zur Reform der spiritistischen Bewegung zu einer globalen Vereinigung zur Promotion von *Asian Wisdom* und dem Zusammenschluß sämtlicher Religionen zu einer *Universal Brotherhood of Humanity* – im Geiste des liberalen Protestantismus seiner Zeit)

ONKHSHESHONQY
◡Iunu und Memphis *-4. Jh. (?):* Autor einer »Lehre (für das Leben)« mit einer Formulierung der »Goldenen Regel«

OPARIN, Aleksandr Ivanovich
Moskva **1894–°1980:* Biologe, Pionier der wissenschaftlichen Erforschung der Entstehung des Lebens (beeinflußt von einem nichtreduktiven dialektischen Materialismus)

ŌRIGENĒS
*Alexandreia *185,* ⓔAlexandreia und Kaisareia in Palaistine, ˅Roma *212,* Yerushalayim, Bostra/Busra in Syria *244* und Athenai *245,* °Kaisareia oder Tyros *254:* Promotor einer philosophischen Interpretation der christlichen Glaubenslehren

ORIKUCHI Shinobu/Shaku Chōkū
*Osaka Fu *1887,* ⓢⓔTokyo *(Kokugakuin und Keiō Daigaku),* Feldforschung in ganz Nihon, °Tokyo *1953:* herausragender Kulturanthropologe (Verbindung der Erforschung von zeitgenössischer und geschichtlicher »Folklore«), *Tanka*-Dichter

ORPHEUS
nach legendärer Überlieferung thrakischer Dichter (°Hebros) und Autor theogonischer und kosmogonischer »Heiliger Reden« *hieroi logoi* (Textredaktion *-7. bis -1. Jh.*), in neuplatonischen Kreisen des *15. Jh.* als einer der ersten (musischen) Philosophen verehrt

ØRSTED/Oersted, Hans Christian
*Rudkøbing auf Langeland *1777,* ⓢⓔKøbenhavn *1794–°1851;* ⓢDeutschland (Berlin, Göttingen, Weimar) *1801–04:* von Schellings Naturphilosophie inspirierter Physiker (Elektromagnetismus)

ORTEGA y Gasset, José
*Madrid *1883,* ⓢMálaga, Bilbao, Madrid, Leipzig *1905,* Berlin (bei Simmel) *1906* und Marburg (bei Cohen) *1907/1911,* ⓔMadrid *1908–29,* Exil (Paris *1936,* Argentina *1939* und Lima *1941*), Madrid *1948–°1955;* mehrfache Reisen nach Deutschland (Diskussion mit Heidegger in Darmstadt *1951*): liberaler Lebens- und Existenzphilosoph

ORUKA, Henry Odera
*Nyanza in Kenya *1944,* ⓢUppsala *1968* und Detroit MI *(Wayne State) 1969–70,* ⓔNairobi *1970–°1995;* ⓔRichmond IN *1988–89* und Philadelphia *(Haverford) 1993–94:* Philosoph, Erforscher der *sage philosophy* (im Kontrast zur *folk* oder *ethnophilosophy*) in Afrika

ORWELL, George/Eric A(rthur) Blair
*Motihari in Bihar (British India) *1903,* ◡Henley-on-Thames und Shiplake bei Reading *1904,* ⓢEastbourne in Sussex *(Saint Cyprian's) 1911* und Eaton *1917–21, Assistant Superintendent of Police* in Burma/Myanmar *1922–27* (ⓢMandalay, ◡Myaungmya, Twante, Syriam/Thanlyin und Insein bei Rangoon/Yangon, Moulmein/Mawlamying und Katha), London und Umgebung *1927–°1950;* Paris *(Down and Out) 1928–29,* Teilnahme am Spanischen Bürgerkrieg (Catalunya und Aragón: Barcelona, Huesca, Zaragoza) *1936–37,* Wallington in Hertfordshire bei London *1936–40,* Erkundungsreise in N-England (Wigan bei Manchester, Liverpool, Sheffield und Barnsely) *1936,* Marrakush (Kuraufenthalt) *1938–39,* Insel Jura in Scotland *1946–50:* Journalist und Schriftsteller-Philosoph (»against [imperialism and] totalitarianism and for democratic Socialism, as I understand it«)

OTTO, Rudolf
*Peine bei Hannover *1869,* ⓢHildesheim, Erlangen, Göttingen und Erichsburg bei Göttingen *(Predigerseminar),* ⓔGöttingen *1899* (ⓢTübingen *1905*), ⓔBreslau *1914* und Marburg *1917–°1937;* ˅Hellas (Korfu/Kerkyra, Athina, Konstantinupolis) *1891,* Cairo, Jerusalem und Athos *1895,* Rossiia (Valaam-Klosterinsel auf dem Ladogasee) *1900,* Asien (Lahore, Karachi, Calcutta, Rangoon/Yangon, Tokyo, Kyoto, Koyasan, Tsingtau/Qingdao) *1911–12,* U.S.A. (Oberlin OH) *1924,* Sri Lanka und India (Colombo, Anuradhapura, Madurai, Madras, Kanchipuram, Bangalore, Mysore, Bombay) *1927–28:* Theologe und Religionsphänomenologe (Autonomie der religiösen Erfahrung, Vermittlung »west-östlicher Mystik«)

OUYANG Xiu
*Mianzhou in Sichuan *1007,* ◡Suizhou in Hubei, Amtsperson in den Hauptstädten Luoyang *1030* und Kaifeng (mehrfach) *1034–67,* Hubei und Hunan (Verbannung) *1036–43,* Anhui, Henan *1045–54* und Bozhou/Boxian in Anhui *1067–71;* Yingzhou/Fuyang in Anhui *1071–°1072:* Staatsmann, Historiker und Literat (Wiederaufnahme des Tang-zeitlichen »Alt-Text-Stils« *Guwen*)

OVIDIUS
*Sulmo/Sulmona in Abruzzi *-43,* ◡Roma, ˅Hellas, Tomi (Verbannung) *8–°17:* klassischer lateinischer Dichter

PADMASAMBHAVA (»der Lotusgeborene«)
*Udyana/Swat, ⓔNalanda (?), ◡Kashmir, Zanskar und Ladakh: Sani, Shergol, Traktok und Lamayuru (?); ◡Zentraltibet: Samye (Gründung des ersten buddhaitischen Klosters in Tibet *775*) und Terdrom, °Kailas(h) (?), *8. Jh.:* legendärer buddhaitischer *Tantra-yāna-* und *Vijñāna-vāda*-Mystiker und -Missionar in Tibet; nach der Überlieferung Autor des »Tibetischen Totenbuchs« *Bar-do Thos-grol/Thödol* (Textredaktion *16. Jh.*); Berufungsinstanz der tibetobuddhaitischen *Nyingmapa*-Lehrrichtung (»Lehre des Alten«, »Rotmützen«) und der traditionellen, vom buddhaitischen *Tantra-yāna* beeinflußten Bön-Religion; Konsortinnen: Mandarava (Kashmir) und Yeshe Tsogyel (Tibet)

PAGPA PAṆḌITA/'Phags-pa Paṇḍita/Chögyal Pagpa
*Sakya *1235,* Liangzhou *1247 (?),* Kaiping/Doloon Nuur

*1258* und Qanbaliq/Beijing *1260–°1280:* Neffe des Sakya Pandita, buddhaitischer Mönch, Diplomat und »Staatslehrer« *Guo Shi* am Hofe des Qubilai Qan, Schöpfer einer mongolischen Schrift

PAINE, Thomas
*Thetford in Norfolk *1737,* ◡Kent (Sandwich und Margate), Emigration in die U.S.A. (Philadelphia und New Rochelle NY) *1774,* ◡England *1787,* Flucht nach France (Paris) *1792,* Rückkehr in die U.S.A. (New Rochelle NY) *1802,* °New York *1809:* Politologe, Protagonist der Amerikanischen und Verteidiger (gegen Burke) der Französischen Revolution

PANAITIOS von Rhodos
*Lindos *-185,* ⓈⓁPergamon, ⓁAthenai, Lindos und Roma, Begleiter des Scipio Africanus Minor auf seiner »Orientreise« *-141 bis -139,* °*-100:* Philosoph, Begründer der praxisnahen mittleren Stoa und deren Vermittler nach Roma

**PĀṆINI**
*S(h)alatura, ⓁTakshas(h)ila, *-5. bis -4. Jh.:* überragender Sprachwissenschaftler der gesamten Antike, Autor der *Ashṭādhyāyī* (»Oktalog«, »acht Kapitel« umfassende grammatische Analyse des vedischen Sanskrit in etwa 4000 Regeln und in einer algebraisch formalisierten Sprache, eine unschätzbare Inspirationsquelle der »modernen westlichen Sprachwissenschaft« im *19.* und frühen *20. Jh.*)

PAPINIANUS, Aemilius
*Leptis Magna/Labda bei al-Khums in Africa Tripolitana/Libiya oder Emesa/Hims *140* (?), ᵛEburacum/York *211* (?), °Roma *212:* herausragender römischer Rechtsgelehrter (ethische Leitprinzipien)

PARACELSUS/Theophrastus Bombastus von Hohenheim
*Einsiedeln in der Schweiz *1493,* ◡Villach in Kärnten *1502,* ⓈWien *1509* (?) und Ferrara *1513–16,* Wanderarzt *1517–41:* Militärarzt von España bis Rossiia, ᵛSalzburg *1524,* ᵛBaden-Baden, ᵛStraßburg *1526,* ⓁBasel *1527,* ᵛZürich, ᵛColmar *1528,* ᵛNürnberg *1529,* ᵛBeratzhausen bei Regensburg *1530,* ◡Sankt Gallen, Appenzell und Bodenseeregion *1531,* ᵛInnsbruck, Sterzing/Vipiteno und Meran(o) in S-Tirol/Alto Adige *1534,* ᵛBad Pfäfers in der Schweiz *1535,* ᵛAugsburg *1536,* ᵛMünchen, Eferding bei Linz, Mährisch-Kromau/Moravský Krumlov, Preßburg/Bratislava und Wien *1537,* ◡Kärnten (Villach, Sankt Veit, Klagenfurt) *1538,* °Salzburg *1541:* innovativer Arzt, »faustischer« Alchimist und »hermetischer« Philosoph

PARAMĀRTHA/Boluomota/Zhendi
*Ujjayini *499,* ◡Pataliputra (?), ᵛFunan/Kampuchea, ᵛNanhai/Guangzhou *546,* ◡Jianye/Nanjing *548,* °*569:* buddhaitischer Philosoph, Übersetzer und Kommentator buddhaitischer Texte der »*Nur-Bewußtsein*-Lehre« *Vijñāna-vāda/Weishi Zong* (*Vasubandhu*-Biographie)

PARETO, Vilfredo
*Paris *1848,* ⓈGenova und Torino, ◡Firenze *1874* und Fiesole *1889,* ⓁLausanne *1893–1907* und ◡Céligny bei Genève *1898–°1923.* Wirtschafts- und Sozialphilosoph (mathematische Methodologie, »Pareto-Optimum«, Grenznutzenschule)

**PARMENIDĒS**
ⓁElea *-5. Jh.:* Begründer der philosophischen Ontologie im westlichen Teil der »Alten Welt«, Titelfigur eines platonischen Dialogs (fingierte Diskussion mit Sokrates in Athenai *-450*?)

PĀRS(H)VA/Pārśva/Pārs(h)avanātha
*Varanasi, °Summeya/Parasnath, *-8. Jh.* (?): nach der Jaina-Überlieferung der 23. »Furtbereiter« *Tīrthan-kāra,* wahrscheinlich der eigentliche historische Stifter des Jainadharma, Vorläufer des Mahavira

PASCAL, Blaise
*Clermont *1623,* ◡Paris *1631,* Rouen *1640* und Paris *1647–°1662;* mehrfach Rückkehr nach Clermont und Aufenthalt in Port-Royal des Champs *1656: esprit de géometrie et esprit de finesse:* Mathematiker (Wahrscheinlichkeitstheorie, Konstruktion einer Rechenmaschine), experimenteller Physiker (Luftdruckmessung auf dem Puy-de-Dôme und in Paris *1648* zur Widerlegung des *horror vacui* der Natur) und Philosoph

PASTEUR, Louis
*Dole *1822,* ⓈArbois in Franche-Comté *1829–39,* Besançon *1839–42* und Paris *1842–48;* ⓁDijon *1848,* Strasbourg *1849–54,* Lille *1854–57* und Paris *1857–95,* °Villeneuve-l'Étang bei Paris *1895:* Chemiker, Mikrobiologe und Immunologe *(Institut Pasteur 1888)*

PATAÑJALI I
◡Madhyama Dis(h) *-2. Jh. (?):* brahmanischer Philosoph, nach einer jüngeren Überlieferung Autor des *Yoga-sūtra* (»Leitfaden der Anspannung«; Textredaktion *2.–3. Jh.*), des Grundtextes der *Yoga*-Philosophie, in der Überlieferung mit Patanjali II gleichgesetzt

PATAÑJALI II
◡Madhyama Dis(h): Mathura und Ayodhya (?), *-2. Jh.:* brahmanischer Grammatiker, Autor eines »Großen Kommentars« *(Mahābhāshya)* zu Panini

PATOČKA, Jan
*Turnov/Turnau in Čechy/Böhmen *1907,* ⓈPraha *1925,* Paris *1929,* Berlin *1932* und Freiburg *1933,* Praha *1934–°1977* (Ⓛ*1945–50/1968–71):* phänomenologischer Existenz- und Kulturphilosoph, Comenius-Interpret

PAULOS Apostolos
*Tarsos (»römischer Bürger«), ◡Yerushalayim (mehrfach), Damaskos *32–35* und Antiocheia (mehrfach); Missionsreisen nach Kypros, Anatole (Ikonion mehrfach *47–52,* Ephesos mehrfach *51–55,* ᵛMiletos *56*) und Hellas (Thessalonike *50/54–55,* Athenai *50,* Korinthos mehrfach *50–56*), ᵛTyros *56,* ◡Kaisareia in Palaistine *58,* ᵛSyracusae *60* und Roma *60–°63 (?):* Begründer der christologischen Theologie und Wegbereiter für die »Hellenisierung« des Christentums

PAVLOV, Ivan Petrovich
*Riazan' *1849,* ⓈⓁSankt-Peterburg/Petrograd/Leningrad *1870–°1936;* Breslau und Leipzig *1884–86,* ᵛStockholm *1904:* Physiologe (Verhaltensforscher, Neurologe und Psychiater), Verteidiger der Menschenrechte und der akademischen Freiheit

PEANO, Giuseppe
*Spinetta bei Cúneo in Piemonte *1858,* ⓈⓁTorino *1876–°1932,* ᵛParis *1900:* mathematischer Logiker (Axiomatik, Weiterentwicklung der mathematischen Symbolsprache)

PEI Wei
*Wenxi in Shanxi *267,* ◡Luoyang, °*300:* eigenständiger konfuzianischer Philosoph (Gegenposition zur »Dunklen Schule« *Xuan Xue*)

**PEIRCE,** Charles S(anders)
*Cambridge MA *1839,* ◡Boston, ⓈⓁCambridge MA *1855–69,* ⓁBaltimore MD *1879–84,* Milford PA *1887–°1914;* Europareisen: Sicilia (Catania) *1870,* London und Paris *1875/1880,* Stuttgart *1877:* mathematischer Logiker (Semiotik, Re-

lationenlehre) und Philosoph, ausgehend von Duns Scotus und Kant, Initiator des »amerikanischen Pragmatismus«

PERIKLĒS
Athenai *-*500 bis* °*-429;* Kolonisationsreise nach Thrake *-447,* Thurioi (?) *-444* und im Gebiet des Schwarzen Meers (Sinope) *-435,* Kriegszug nach Samos *-441 bis -439:* Staatsmann, verheiratet mit Aspasia aus Miletos; seit dem *18. Jh.* Symbolfigur einer demokratischen »offenen Gesellschaft«

PETRARCA, Francesco
*Arezzo in Toscana *1304,* ∪Avignon *1312,* ⓢMontpellier *1316* und Bologna *1320,* ∪Avignon und Vaucluse bei Avignon *1326,* Milano *1353,* Venezia *1362,* Padova und Arquà bei Padova *1368–74,* °Arquà(-Petrarca) *1374;* Reisen in France, Vlaanderen, Deutschland (Prag) und Italia, ∨Mont Ventoux *1336,* ∨Roma (Dichterkrönung) *1341,* ∨Verona (Fund von Cicero-Handschriften) *1345:* Dichter, Wegbereiter der Renaissance

PETRAŻYCKI, Leon/Lev Iosifovich Petrazhitskii
*Kollontaevo bei Vitebsk *1867,* ⓢKiïv und Berlin, ⓟSankt-Peterburg/Petrograd *1898–1917,* ⓟWarszawa *1919–°1931:* Rechtsphilosoph (Verbindung von Rechtswissenschaft, Psychologie und Soziologie)

PETRUS HISPANUS I/Ioannes Papa XXI
*Lisboa *1205,* ∪Siena, Viterbo (Papst) *1276–°1277:* Arzt und philosophischer Psychologe; in der Überlieferung nicht von Petrus Hispanus II unterschieden

PETRUS HISPANUS II (non-Papa)
ⓟToulouse und/oder Montpellier *13. Jh.:* Autor logischer und grammatischer Lehrbücher

PETRUS LOMBARDUS
*Lumellogno bei Novara in Lombardia *1095,* ⓢBologna und Reims, ⓢⓟParis *1133–°1160:* scholastischer Kompilator von Bibel- und Kirchenväterzitaten (»Sentenzenwerk«, ein vielkommentiertes Schulbuch an den mittelalterlichen Universitäten W-Europas)

PETRUS VENERABILIS
*Montboissier in Auvergne *1093,* ⓢSauxillanges, Cluny *1109–°1156;* ∨Toledo *1142:* Benediktinerabt, Initiator einer lateinischen Übersetzung des *Qur'ān*

PHAIDŌN
*Elis *-418,* ⓢAthenai, ⓟElis und Phle(i)us: Sokrates-Schüler, Begründer der philosophischen Schule von Elis-Eritrea, Titelfigur eines platonischen Dialogs

PHAIDROS
Athenai *-*450 bis* °*-393;* zwischenzeitlich ∪Eleusis (Profanisierungsvorwurf) und in der Verbannung: Gesprächspartner des Sokrates, Titelfigur eines platonischen Dialogs

PHEREKYDĒS
anatolischer/südwestasiatischer Herkunft (?), ∪Syros, *-6. Jh.:* zusammen mit Anaximandros frühester Prosaschriftsteller in hellenischer Sprache, Autor einer (nur noch halbmythischen) Kosmogonie (mit südwestasiatischen Einflüssen), einer der »Sieben Weisen«

PHILODĒMOS
*Gadara *-110,* ⓢAthenai, ⓟRoma, Neapolis und Herculaneum, °*-40:* epikureischer Philosoph, namhafter Autor von Epigrammen

PHILOLAOS
*Kroton oder Taras *-470,* ∪Taras, Sikelia und Thebai, °*-380:* pythagoreischer Arzt und Naturphilosoph

PHILŌN von Alexandreia/Philo Iudaeus
Alexandreia **-20 bis* °*50;* ∨Yerushalayim und Roma *39–40:* hellenistisch-jüdischer Religionsphilosoph (allegorische Interpretation der biblischen Texte; These vom mosaischen Ursprung der hellenischen Philosophie)

PHILŌN von Larisa
*Larisa *-160,* ⓟAthenai *134–°85;* ⓟRoma *-88:* Arzt und skeptischer Philosoph (Philosophie als Therapie)

PHILOPONOS, Iōannēs
Alexandreia **480–°565:* Polymath, »Grammatikos«, letzter namhafter Philosoph in Alexandreia, neuplatonischer (christlicher) Aristoteles-Kommentator

PIAGET, Jean
*Neuchâtel *1896,* ⓢZürich und Paris, ⓟGenève *1921–°1980;* ⓟNeuchâtel *1925–29* und Paris *(Sorbonne) 1952–63:* Entwicklungspsychologe und Philosoph (genetische Epistemologie)

PICO DELLA MIRANDOLA, Giovanni
*Mirandola in Emilia *1463,* ⓢBologna, Padova, Firenze, Paris und Perugia, ∨Roma *1487,* ∪France (Exil), Firenze *1488–°1494:* herausragender humanistischer Renaissance-Philosoph (Kabbala-, Averroismus-, Platon- und Aristoteles-Kenner)

PLANCK, Max
*Kiel *1858,* München *1867–85,* ⓢBerlin (bei Helmholtz) *1877–78,* ⓟKiel *1885* und Berlin *1889,* ∪Rogätz bei Magdeburg *1943* und Göttingen *1945–°1947;* ∨Stockholm *1918:* Begründer der Quantenphysik und Förderer Einsteins

**PLATŌN**/Plato
*Athenai (oder Insel Aigina?) *-427,* ∨Megara *-399,* ∨Kyrene und Aigyptos, drei Reisen nach Syrakusai *-388 bis -387* (über Megale Hellas: Taras und Lokroi)/*-366 bis -365*/*-361 bis -360,* ⓟAthenai *(Akadēmeia) -387 bis* °*-348;* ∨Olympia *-360:* zusammen mit seinem Schüler Aristoteles überragende Gestalt der antiken Philosophie im westlichen Teil der »Alten Welt« (»Ideenlehre«; Ontologie, Ethik, Politologie)

PLESSNER, Helmuth
*Wiesbaden *1892,* ⓢFreiburg, Heidelberg, Göttingen, Berlin und Erlangen, ∪Nürnberg *1917–18,* ⓟKöln *1920,* ∨Istanbul *1933,* ⓟGroningen *1934–51,* Utrecht *1943–44,* Göttingen *1951–62,* Frankfurt am Main *1952–53,* New York *(New School) 1962–63* und Zürich *1966–72,* ∪Erlenbach bei Zürich *1963* und Göttingen *1975–°1985:* philosophischer Biologe und Anthropologe

PLĒTHŌN, Geōrgios Gemistos
*Konstantinupolis *1355,* ⓢHadrianopolis/Edirne und Prusa pros Olympo/Bursa am Uludağ *1380,* ⓟKonstantinupolis *1400* und Mystras *1410–°1452;* Italienreise *1437–41* (Teilnahme am Konzil von Ferrara-Firenze *1438–39*): platonischer Philosoph mit starkem Einfluß auf die italienische Renaissance

PLINIUS MAIOR/der Ältere
*Comum/Como *23,* ∪Roma, Staatsbeamter und Heerführer in mehreren römischen Provinzen (Germania Superior, Africa, Gallia Narbonensis, Hispania Tarraconensis, Gallia Belgica), zuletzt in Misenum bei Neapolis, °Stabiae/Castellamare di Stábia bei Pompeii *79:* Naturforscher

**PLŌTINOS**
*Lykonpolis *205* (?), ⓟAlexandreia, Teilnahme an einem römischen Feldzug nach Iran (auf der Suche nach persischer und indischer Weisheit) *242–44,* ∨Antiocheia *244,* ⓟRoma

*244–69,* °Minturnae bei Formiae *270:* Begründer der neuplatonischen Philosophie

PLUTARCHOS
*Chaironeia *45,* ⓢAthenai, ᵛRoma, Alexandreia, Sparte, Patras und Sardeis, ◡Chaironeia, Athenai und Delphoi (Apollonpriester *95*), °*120:* Historiograph (parallele Biographien von Hellenen und Römern) und Philosoph (Ethik)

POCOCK(IUS)/Pococke, Eduard(us)
Oxford **1604–°1691;* Halab *1630–35* und Konstantinupolis *1637–40:* erster Professor für arabische Sprache in Oxford *1636* (vorübergehend in Childrey in Birkshire), bahnbrechender neuzeitlicher Vermittler arabischer und hebräischer Literatur

POINCARÉ, Henri
*Nancy *1854,* ⓢParis, ⓔCaën *1879* und Paris *1881–°1912:* Mathematiker (qualitative Methoden, Topologie), Physiker (Invariantenthese) und Philosoph (heuristische Rolle der Intuition, »Konventionalismus«)

POLANYI, Michael
*Budapest *1891,* Emigration *1919* nach Deutschland (Karlsruhe und Berlin) *1920* und England *1933,* ⓔManchester *1933* und Oxford *1959–61,* °Northampton *1976;* ᵛSovietunion (mehrfach), ⓔAberdeen *1951–52:* Arzt, Chemiker und Philosoph *(tacit knowledge, life's irreducible structure)*

POLYBIOS
*Megale Polis in Arkadia *-200,* ◡Roma *-168,* °*-120:* Geschichtsschreiber und -philosoph, Mitglied des Gelehrtenkreises um Scipio Africanus Minor

POPPER, Karl (Raimund)
*Wien *1902,* ⓢWien, England (London, Cambridge, Oxford) *1935–36,* ⓔChristchurch *1937* und London *1945–°1994:* Wissenschaftsphilosoph (»kritischer Rationalismus«: grundsätzliche Falsifizierbarkeit der wissenschaftlichen Aussagen) und liberaler Politologe (»offene Gesellschaft«)

PORPHYRIOS/Malchos
*Tyros oder Batanaia/Bashan in Syria *233,* ⓢAthenai und Roma *263–68,* ◡Lilybaion, ⓔRoma *280–°309:* Plotinos-Schüler und -Herausgeber, Autor einer klassischen Einführung in die aristotelische Logik

POSEIDONIOS von Apameia
*Apameia *-135,* ⓢAthenai, ⓔRhodos, ᵛEtruria, Gallia (Massalia/Marseille), Hispania (Gades/Cádiz *-90*) und N-Afrika, ᵛRoma *-87 bis -86,* °*-51:* herausragender hellenistischer Polymath, Geograph und Ethnograph, stoischer Philosoph und Vermittler der Philosophie nach Roma

POST, Emil Leon
*Augustów *1897,* ⓢⓔNew York *1904–°1954;* ⓔPrinceton *1920–21* und Ithaca NY *(Cornell 1924–27):* mathematischer Logiker (Theorie formaler Sprachen)

PRABHĀKARA Mis(h)ra
*Mithila (?), ◡Kerala (?), *7. Jh.:* brahmanischer Philosoph, möglicherweise Schüler des Kumarila, Kommentator des *Mīmāṃsā sūtra* und Begründer eines nach ihm benannten (realistischen) Zweigs der *Mīmāṃsā*-Philosophie

PRAS(H)ASTAPĀDA/Praśastapāda
◡S-Asien *6. Jh.:* brahmanischer Philosoph, Systematiker der *Vais(h)eshika*-Philosophie

PRIESTLEY, Joseph
*Fieldhead in Birstall bei Leeds *1733,* ⓢDaventry *(Dissenting Academy) 1752–55,* ◡Needham Market in Suffolk, ◡Nantwich und ⓔWarrington *(Dissenting Academy)* in Cheshire bei Manchester *1761,* ◡Leeds *1767, Shelburne House* in London und in Calne in Wiltshire bei Bristol *1773,* Birmingham (Mitglied der *Lunar Society*) *1780,* London *1791* und Northumberland PA *1794–°1804;* ᵛParis *1774:* dissidenter Theologe, Chemiker (Entdeckung des Sauerstoffs), Politologe (Verteidiger der Französischen Revolution) und Naturphilosoph (nichteliminativer Materialismus)

PRIGOGINE, Ilya
*Moskva *1917,* ◡Deutschland *1921,* ⓢⓔBruxelles *1929–°2003;* ⓔAustin TX *1967–2003,* ᵛStockholm *1977:* Chemiker und Evolutionstheoretiker (Thermodynamik irreversibler Prozesse, »dissipative Strukturen«)

PRIOR, A(rthur) N(orman)
*Masterton in New Zealand *1914,* ⓢDunedin *(Otago) 1932–38,* ᵛItalia, France und England (London, Oxford) *1937,* ◡New Zealand (Dunedin, Wellington, Christchurch, *Royal New Zealand Air Force 1940*), ⓔChristchurch *1946,* Manchester *1959* und Oxford *1956/1966–69,* °Trondheim *1969:* Logiker (*tense logic,* propositionale Einstellungen)

PRISCIANUS
*Caesarea Mauretaniae/Iol, ⓔKonstantinupolis, *5.–6. Jh.:* Autor einer klassischen Grammatik der lateinischen Sprache

PROKLOS
*Konstantinupolis *412,* ⓢXanthos/Kınık in Lykia/Türkiye, Berytos/Bayrut und Alexandreia, ⓢⓔAthenai *430–°485:* letzter herausragender neuplatonischer Philosoph der *Akadēmeia*

PRŌTAGORAS
*Abdera *-490,* ◡Athenai, °*-420:* herausragender »sophistischer« Philosoph (»Mensch Maß aller Dinge«), Autor der Verfassung von Thurioi, Titelfigur eines platonischen Dialogs

PROUDHON, Pierre-Joseph
*Besançon *1809,* ⓢParis *1838,* ◡Lyon *1843* und Paris *1848–°1865;* Exil in Belgique *1858–62:* Wirtschafts- und Sozialphilosoph (»wissenschaftlicher Sozialismus«, liberal und pluralistisch)

PSELLOS, Michael
*Konstantinupolis *1017,* Tätigkeit am kaiserlichen Hofe, Rückzug an den Olympos/Uludağ bei Prusa/Bursa *1054–55* und in die Umgebung von Konstantinupolis *1074–°1078:* Polymath (»oberster Philosoph« *hypatos tōn philosophōn*)

PTAHHOTEP
◡Memphis *-24. Jh.:* königlicher Beamter und Autor einer »Lehre (für das Leben)«, »des ältesten [erhaltenen] Buchs der Welt«: Abhängigkeit des Wohlergehens der Menschen von ihrem gerechten Verhalten (ordnungsphilosophische und pragmatische Begründung der Ethik, kennzeichnend für die frühesten Phasen der ägyptischen Weisheitsliteratur)

PTOLEMAIOS, Klaudios
*Ptolemais he hermeion (?), ◡Alexandreia, °Kanopos bei Alexandreia *170:* überragender antiker Astronom und Geograph im westlichen Teil der »Alten Welt« (geozentrisches Weltbild)

PUFENDORF, Samuel
*Dorfchemnitz bei Chemnitz in Sachsen *1632,* ⓢGrimma, Leipzig und Jena, ◡København *1658,* ⓢLeiden *1659,* ⓔHeidelberg *1661,* ⓔLund *1668,* ◡Stockholm *1677* und Berlin *1688–°1694:* Jurist, Historiograph und Rechtsphilosoph (Natur- und Völkerrecht)

PUSHKIN/Puškin, Aleksandr Sergeevich
*Moskva (Urenkel Ibrahim Hannibals, des äthiopischen »Mohren« Peters des Großen) _1799,_ ⓈTsarskoe Selo (Pushkin) bei Sankt-Peterburg _1811_ und Sankt-Peterburg _1817,_ Verbannung nach Ekaterinoslav/Dnipropetrovs'k in der Ukraina _1820,_ Kishinev/Chişinău in Bas(s)arabia/Moldova _1820,_ Odes(s)a _1823_ und Mikhailovskoe (Pushkinskie Gory) in der Region Pskov _1824–26,_ zwischenzeitlich Reisen im Kavkaz und auf der Krim (∨Gurzuf bei Ialta und Bakhchisarai) _1820_ und in ein Lager der »Zigeuner« _Roma_ bei Berezine (südlich von Chişinău) in Ukraina; ◡Moskva _1826–36_ und Sankt-Peterburg _1827–°1837;_ ∨Mikhailovskoe _1827/1835,_ Kavkaz (Tbilisi) _1829,_ Boldino in der Region Nizhnii Novgorod _1830/1833/1834_ und Tsarskoe Selo _1831:_ überragende Gestalt der Dichtkunst in Rossiia, reflektierte Auseinandersetzung mit nichteuropäischen Kulturen und damit Distanzierung von Lord Byron (»Ein Europäer muß, auch wenn er vom Überschwang des Südens berauscht ist, Geschmack und Blick eines Europäers bewahren«), Symbolfigur der Haltlosigkeit einer rassistischen Sprach- und Kulturtheorie

**PYRRHŌN**
Elis *_-360 bis_ °_-270;_ ⓈMegara und Athenai (?), Teilnehmer am Eroberungszug Alexandros des Großen durch die vom Achaimenidischen Reich beherrschte »Nil–Amu Darya(–Sindhu)-Region« (→ Anaxarchos), ⓅAthenai _-300,_ ∨Oropos in Attika und Delphoi: namhaftester agnostischer (»skeptischer«) Philosoph der hellenischen Antike (»Urteilsenthaltung« _epochē_)

**PYTHAGORAS**
*Samos _-570,_ ⓈMiletos (?), nach nicht gesicherter Überlieferung Reisen nach Aigyptos, Phoinike (Tyros) und Babylon, ◡Kroton _-529,_ Metapontion _-508 bis_ °_-480:_ schamanitischer (?) Arzt, halblegendärer Begründer der religiös-politischen Lebensgemeinschaft der »Pythagoreer« und deren zahlenzentrierten Philosophie (Musikologie, Kosmologie, Psychologie, Seelenwanderungslehre)

QIN Jiushao
*Puzhou/Anyue in Sichuan _1202,_ ◡Hangzhou, Qizhou, Hexian in Anhui, Jiankang/Nanjing, Huzhou und Qiongzhou bei Haikou auf Hainan Dao, °Meizhou/Meixian in Guangdong _1261:_ Mathematiker (Methode zur Lösung von Gleichungen beliebigen Grades)

QIU Jin
*Xiamen _1875,_ ◡Hunan, Beijing _1903,_ Tokyo _1904_ und Shanghai ∨_1905/1906–07,_ °Shaoxing _1907:_ Dichterin, Frauenrechtlerin und Revolutionärin

QU Yuan
*Chu _-340,_ ◡Ying, °_Miluo_-Fluß in Hunan _-289:_ erster namhafter Dichter in Zhongguo (»Oden von Chu« _Chuci_)

QUESNAY, François
*Méré bei Versailles _1694,_ ⓈParis, ◡Mantes an der Seine und Versailles _1749–°1774:_ Arzt (der Marquise de Pompadour und von Louis XV), Wirtschaftswissenschaftler, Begründer der frühesten Schule der Nationalökonomie (»Physiokratie«, Zhongguo/China als Modell)

QUETZALCOATL/Kukulcan (»Federschlange«)
legendärer weiser Herrscher (der Tolteca) in Tula _10. Jh.,_ ⓈXochilcalco, Verbannung um _987,_ nach einer Version Apotheose an der Golfküste, Erhebung zu einem Gott der Weisheit, des Kalenders, der Glyphen und der Goldschmiedekunst (von den Azteca _1519_ mit dem Conquistador Cortés gleichgesetzt), nach einer anderen Version Auswanderung über Cholula nach Yucatán und als Kukulcan Gründer des Tolteca-Maya-Staates von Chichén Itzá

QUINE, W(illard) V(an) O(rman)
*Akron OH _1908,_ ⓈOberlin OH, Harvard und Oxford, ∨Wien, Praha und Warszawa _1932–33,_ ⓅHarvard _1933–2000,_ ⓅSão Paulo _1942_ und Oxford _1953–54/1973–74,_ ◡Princeton _1956–57_ und Palo Alto CA _1958–59,_ Reisen in 117 Staaten und Kleinstaaten, °Boston _2000:_ Logiker und Ontologe (empirismuskritischer Naturalismus, _indeterminacy of translation_)

RĀBI'A al-'Adawiyya
Basra *_713_–°_801:_ namhafteste _Ṣūfī_-Mystikerin und -Denkerin

RĀDHAKRISHNAN, Sarvepalli
*Tiruttani in Tamil Nadu _1888,_ Ⓢ_Madras Christian College,_ ⓅMysore _1918,_ Calcutta _1921–41,_ Oxford _1936–52_ und Varanasi _1939–48,_ ◡Paris (Gründungsvertreter der Republik India bei der UNESCO _1946–52_), Moskva (Botschafter _1949–52_), Dilli/Delhi (Vizepräsident der Republik India _1952–62,_ Präsident _1962–67_), °Madras _1975:_ hinduitischer _Neo-Vedānta_-Philosoph in der Nachfolge von S(h)ankara und Vivekananda, Vermittler »indischen Denkens« im »Westen«

RADIN, Paul
*Łódź _1883,_ ⓈNew York, München, Berlin und Praha, Feldforschung bei den Ojibwa und Winnebago _1908–13,_ ⓅNashville TN _(Fisk),_ Berkeley CA, Chicago, Cambridge in England und Waltham bei Boston _(Brandeis),_ °New York _1959:_ Anthropologe, Pionier der Erforschung des philosophischen Denkens in oralen Kulturen (Gesprächspartner: Warudjáxega/»Crashing Thunder«/Jasper und Hágaga/»Big Winnebago«/Sam Blowsnake)

RAGHUNĀTHA S(h)iromani
*Assam _1475,_ ⓈMithila, ⓅNavadvipa, °_1550:_ brahmanischer Philosoph, Schüler Vasudevas, herausragender Vertreter der »Neuen Logik« _Navya-Nyāya_ (Kommentar zu Ganges(h)a, Untersuchungen zur Kategorie der Relation und zum Wesen der Zahl)

RĀMAKRISHNA/Rāmakṛṣna/Gadadhar Chatterji
*Kamarpukur in Paschim Bangla _1836,_ Calcutta _1852–°1886:_ hinduitischer Mystiker, Kali-Priester im _Dakshines(h)var_-Tempel (synkretistischer religiöser Pluralismus in der Tradition des _Vedānta,_ wirksam durch die von seinem Schüler Vivekananda begründete _Rāmakrishna Math_ [»Kloster«] _and Mission_)

RAMAN, Chandrasekhara Venkata
*Tiruch(ch)irapalli _1888,_ ⓈⓅMadras, ⓅCalcutta _1907_ und Bangalore (und Hebbal bei Bangalore) _1933–°1970;_ ⓅOxford _1921,_ Toronto und Philadelphia _1924,_ ⓈMoskva _1925_ und ∨Stockholm _1930:_ Physiker (Photonenstreuung, Spektroskopie)

RĀMANA Mahāṛṣi/Venkatarāmaṇ Ayyār
*Tiruch(ch)uli bei Madurai _1879,_ Einsiedelei auf dem Berg Arunachala bei Tiruvannamalai, °Tiruvannamalai in Tamil

Nadu *1950:* hinduitischer *Shaiva*-Mystiker und -Lehrer in der Tradition des *Vedānta*

**RĀMĀNUJA**/Iḷaiya Perumāḷ
*S(h)riperumbudur *1017 (?),* ⓢKanchipura(m), ⓛS(h)riranga(m), Pilgerreise durch ganz India: ˅Rames(h)vara(m), Mathura, Vrindavana, Ayodhya, Badrinatha, S(h)rinagari, Dvaraka und Puri, Missionstätigkeit in Karnataka (Belur, Yadavagiri), ⓛS(h)riranga(m) *1122–°1137:* herausragender hinduitischer *Vaishṇava*-Philosoph, Begründer des »differenziert nichtdualistischen *Vedānta*« *Vis(h)ishtādvaita-Vedānta* (Deutung der »Einzelseelen« *jīva,* der »ungeistigen« Materie *acit* und der Zeit als Attribute Gottes, realistische Gegenposition zu S(h)ankaras »Illusionismus« *Māyā-vāda*)

RAMÓN y Cajal, Santiago
*Petilla de Aragón *1852,* ⓢⓛZaragoza, ⓛValencia *1883,* Barcelona *1887* und Madrid *1892–°1934;* ˅Stockholm *1906:* Arzt und Morphologe (Aufbau des Nervensystems aus Neuronen)

RAMSEY, F(rank) P(lumpton)
*Cambridge *1903,* °London *1930:* Logiker und Wissenschaftsphilosoph, Freundschaft mit Russell, Keynes und Wittgenstein (˅Puchberg *1923* und Wien *1924*)

RAMUS, Petrus/Pierre de la Ramée
*Cuts bei Noyon in Picardie *1515,* ⓢⓛParis *1526–°1572* (mit konfessionsbedingten Unterbrechungen); ˅Poissy *1561,* Reise nach Deutschland (Straßburg, Heidelberg) und in die Schweiz (Basel, Zürich, Genève) *1568–70:* humanistischer und reformatorischer Philosoph, Aristoteles-Kritiker und Studienreformer (Logik, Rhetorik, »ramistische« Methodologie)

RASHĪD ad-DĪN Ṭabīb
*Hamadan (jüdische Ärztefamilie) *1247,* Tabriz *1265–°1318:* Arzt, Wazir unter mongolischen Ilkhanen, frühester sich auf südwest- und ostasiatische Quellen stützender »Universalhistoriker«, Auftraggeber von Übersetzungen medizinischer und historischer Texte aus dem Chinesischen ins Persische

RATNAKĪRTI
ⓛVikramas(h)ila *11. Jh.*: synkretistischer buddhaitischer *Mahāyāna*-Philosoph

RAWLS, John
*Baltimore *1921,* ⓢKent CT, ⓢⓛPrinceton *1939,* ⓢOxford *1952,* ⓛIthaca NY *1953, MIT 1960* und *Harvard 1962,* Lexington MA *2003:* philosophischer Ethiker und Politologe

ar-**RĀZĪ,** Abū Bakr/Rhazes
Rayy **854–°925,* ◡Baghdad: freigeistiger islamischer Arzt (Verbindung von hellenischer und indischer Medizin) und Philosoph *(faylasūf)*

ar-RĀZĪ, Fakhr ad-Dīn
*Rayy *1149,* ⓢMaraghe, ◡Rayy *1180 (?)* und Sarakhs bei Mashhad *1184,* ◡Khwarezm, Ma wara an-Nahr (Bukhara und Samarqand) und Hindustan/India (?), °Herat *1209: Shāfi-'iyya*-Rechtsgelehrter, philosophiekritischer *Ash'ariyya*-Theologe und Polymath

REGIOMONTANUS (»Königsberger«)/Johannes Müller
*Königsberg in Franken *1436,* ⓢⓛWien, ◡Roma und Padova, Ofen/Buda(-Pest) *1468* und Nürnberg *1471–75,* °Roma *1476:* Astronom und Mathematiker (Trigonometrie, ausgehend von »arabischen« Vorlagen)

REICHENBACH, Hans
*Hamburg *1891,* ⓢStuttgart, Berlin, Göttingen, München und Erlangen, Kriegsteilnehmer (an der »Ostfront«) *1915–17,* ⓛStuttgart *1920,* Berlin *1926,* Istanbul *1933* und Los Angeles *1938–°1953:* Wissenschaftsphilosoph (logischer Empirismus, Kant-Kritik, ausgehend von Einsteins Relativitätstheorie)

REID, Thomas
*Strachan bei Aberdeen *1710,* ⓢKincardine und Aberdeen, ◡New Machar bei Aberdeen *1737,* ⓛAberdeen *1751* und Glasgow *1764–°1796:* Repräsentant der *Scottish (common sense) Philosophy*

REIMARUS, Hermann Samuel
Hamburg **1694–°1768;* ⓢJena und Wittenberg, ˅Leiden und Oxford *1720–21,* ⓛWismar in Mecklenburg *1723* und Hamburg *1728:* Aufklärungsphilosoph und -theologe (»natürliche Religion«)

REINACH, Adolf
*Mainz *1883,* ⓢMünchen und Tübingen, ⓢⓛGöttingen *1905/1909–14,* °Diksmuide in Vlaanderen *1917:* phänomenologischer Philosoph (Rechtsphilosophie)

RENAN, Ernest
*Tréguier in Bretagne *1823,* ⓢⓛParis *1838–°1892;* Roma *1849–50,* Lubnan, Filastin und Misr *1860–61:* »Orientalist«, Religionshistoriker und politisch engagierter Kulturphilosoph

REUCHLIN, Johannes/Kapnion
*Pforzheim in Baden *1455,* ⓢFreiburg, Paris und Basel, ◡Poitiers und Orléans, ◡Stuttgart, Heidelberg, Tübingen und Ingolstadt, °Bad Liebenzell bei Pforzheim *1522;* ˅Italia (Roma, Firenze) *1482/1492/1498:* humanistischer Renaissancephilosoph (Verbindung von platonischer und pythagoreischer Philosophie, Kabbala und christlicher Theologie) und Hebraist

RICCI, Matteo/Li Madou
*Macerata bei Ancona *1552,* ⓢRoma *1568,* Coimbra *1577* und Goa *1578–81,* ˅Kochi *1580,* ◡Macau *1582,* Zhaoqing *1583,* Shaozhou *1589,* Nanchang *1595,* Nanjing ˅*1595/1599–1601* und Beijing ˅*1598/1601–°1610:* Jesuit, Missionstheologe (Inkulturation des Christentums), Vermittler des europäischen Wissensstandes auf dem Gebiet der Geographie, Astronomie und Mathematik nach Zhongguo

RICKERT, Heinrich
*Danzig *1863,* ⓢBerlin, Zürich und Straßburg, ⓛFreiburg *1891* und Heidelberg *1916–°1936:* mit Windelband Begründer der »Südwestdeutschen Schule« der neukantianischen Philosophie

ROLLAND, Romain
*Clamecy bei Vézelay *1866,* ⓢParis *1880,* Roma *1886–89/1895–97,* ⓛParis *1903–12,* Genève *1914,* Villeneuve am Lac Léman *1922* und Vézelay *1938–°1944;* ˅Stockholm *1915* und Moskva *1935:* Musikwissenschaftler, Schriftsteller und literarischer Vermittler indischer Spiritualität und Ethik (Ramakrishna und Gandhi)

ROSCEL(L)INUS Compendiensis/Roscelin de Compiègne
*Bretagne (?) *1050,* ⓢSoissons bei Compiègne in Picardie und Reims, ⓛCompiègne, Tours, Loches in Touraine (Lehrer des Abaelardus) und Besançon, °Tours oder Besançon *1120:* frühscholastischer Philosoph (Nominalismus)

ROSENBLUETH, Arturo
*Guerrero in México *1900,* ⓢCiudad de México, Berlin und Paris, ⓛCiudad de México *1927–30/1961–°1970;* Harvard (*Medical School,* bei Cannon und Wiener) *1930–61:* Physiologe *(Cybernetics)* und Philosoph *(Mind and Brain)*

ROSENZWEIG, Franz
*Kassel *1886,* ⓈGöttingen, München, Freiburg, Leipzig *1912* und Berlin *1913–14,* België, Makedonia und Polska (Kriegsteilnehmer) *1914–18,* ⓅKassel *1920* und Frankfurt am Main *1920–°1929:* Religionsphilosoph »aus den Quellen des Judentums«

ROSMINI-SERBATI, Antonio
*Rovereto in Trentino *1797,* ⓈPadova, ◡Rovereto *1821,* Milano *1826–28,* Trento *1831–37* und Stresa *1839–°1855;* ˅Roma (mehrfach) *1823–49,* Torino, Domodossola *(Monte Calvario) 1828/1831,* Gaeta *1848–49* und Napoli *1849:* katholischer Aufklärungsphilosoph und Politologe, ausgehend von Augustinus, Thomas Aquinas und Kant

**ROUSSEAU,** Jean-Jacques
*Genève *1712,* häufig wechselnde Aufenthalte: Annecy, Chambéry und Les Charmettes bei Chambéry in Savoie (bei Madame de Warens) *1728–42;* Torino *1728* und Venezia *1743–44;* Paris *1731/1742–52/1766/1770–78* und Montmorency (Château de La Chevrette und Ermitage bei Madame d'Épinay, Jardin de Montlouis) *1756–62;* ˅Genève *1754,* Môtiers bei Neuchâtel *1762–65* und Sankt-Peters-Insel im Bielersee *1765;* England (mit Hume: London, Chiswick bei London und Wootton in Bedfordshire) *1766–67;* Bourgoin (-Jallieu) in Rhône-Alpes und Monquin bei Bourgoin *1768–70;* °Ermenonville bei Paris *1778:* überragende Gestalt der Philosophie der Aufklärung und der Aufklärungskritik (Zivilisationskritik, Sozial- und Staatsphilosophie, Anthropologie und Pädagogik), Musikwissenschaftler und Komponist

ROY, Rammohun/Rām Mohan Raya
*Radhanagar bei Bardhaman in Paschim Bangla *1772,* ⓈPatna (Islam), Tibet (Buddhadharma) und Varanasi (Hindudharma), ◡Murshidabad in Paschim Bangla, Ramgarh in Bihar und Bhagalpur, Rangpur *1809* und Calcutta *1815–30,* London *1831–33,* ˅Paris *1832–33,* °Bristol *1833:* religiöser und sozialer Reformer des Hindudharma, inspiriert von Islam, protestantischem Christentum und *Vedānta* (für Monotheismus, gegen Aberglauben und Witwenverbrennung, für englische Schulbildung), Gründer der »Society of God« *Brahmo Samāj 1828,* Übersetzer aus dem Persischen und dem Sanskrit ins Englische

ROZANOV, Vasilii Vasil'evich
*Vetluga an der Volga *1856,* ⓈSimbirsk, Nizhnii Novgorod und Moskva, Lehrer an Provinzgymnasien, ◡Sankt-Peterburg/Petrograd *1893* und Sergiev Posad *1918–°1919:* Schriftsteller, Promotor der religiös-philosophischen Renaissance in Rossiia um *1900*

RÜCKERT, Friedrich
*Schweinfurt in Franken *1788,* ⓈWürzburg, Heidelberg und Jena, ◡Stuttgart *1816,* ˅Roma *1818,* ◡Wien *1818,* ◡Coburg *1820,* ⓅErlangen *1826,* ⓅBerlin *1841* und ◡Neuses bei Coburg *1848–°1866:* romantischer Dichter und »Orientalist« (Umdichtungen aus einer Vielzahl asiatischer Sprachen)

(ar-)RŪMĪ, Jalāl ad-Dīn/Mawlānā
*Balkh *1207,* Migration über Samarqand *1212,* Nishapur, Makka, Malatya, Sivas, Akşehir *1219* und Laranda bei Karaman *1222* nach Quniya/Konya *1228–°1273:* herausragender *Ṣūfī*-Dichter (in persischer Sprache) und -Mystiker

**RUSSELL,** Bertrand
*Trelleck bei Monmouth in Wales *1872,* London *1875–90* und wiederholt bis an sein Lebensende, Cambridge Ⓢ*1890–94* (bei Whitehead und McTaggart)/Ⓟ*1895–1901/1910–16/1944–* (formell) *1970;* wechselnde Wohnorte in S-England und Wales (Fernhurst in Sussex, Little Buckland in Worcestershire, Oxford, Porthcurno in Cornwall, Ffestiniog in Wales); Vortragsreisen und Gastprofessuren: U.S.A. (mehrfach) *1896–1950:* ⓅChicago *1938,* Los Angeles *1939* und Harvard *1940,* Philadelphia und Princeton *1941–44;* ˅Petrograd und Moskva (Visite bei Trotskii und Lenin) *1920,* ⓅBeijing *1920–21,* ˅Australia *1950,* ˅Stockholm *1950;* Plas Penrhyn bei Penrhyndeudraeth in Wales *1955–°1970:* herausragender analytischer und zugleich politisch engagierter Philosoph der 1. Hälfte des *20. Jh.;* Hinwendung zu empirieorientierter Philosophie *1898* und zu Antimilitarismus und Antiimperialismus *1901,* Engagement für die Einhaltung der Menschenrechte und die Kernwaffenkontrolle nach dem Zweiten Weltkrieg; Philosophie der Mathematik und Logik (Typen-, Relationen- und Deskriptionenlehre, »logischer Atomismus«), der Psychologie (»neutraler Monismus«) und der Naturwissenschaften (physikalischer Realismus), Populärphilosophie (Moralismus- und Religionskritik, Geschichte der »westlichen Philosophie«)

RUTHERFORD, Ernest
*Spring Grove bei Nelson in New Zealand *1871,* ⓈDunedin (Otago) und Christchurch, ⓈCambridge *(Cavendish Laboratory) 1895–98,* ⓅMontreal *1898,* Manchester *1907* und Cambridge *1919–°1937;* ˅Stockholm *1908:* Physiker (Radioaktivität, Atommodell)

RYLE, Gilbert
*Brighton *1900,* Ⓢ/ⓅOxford *1919–76,* °Withby in Yorkshire *1976:* sprachanalytischer Philosoph der *Oxford School* (*Ordinary Language Philosophy,* Kritik des *Cartesian Myth* der Leib-Seele-Interaktion)

SAADIAH (Ben Joseph) GAON
*Pithom/Abu Suwayr in Fayyum *882,* ◡Yishra'el (Tiberias?) und Halab, ⓅBaghdad *(Akademie von Sura) 922–33/937–°942:* Rechtsgelehrter *(Halakha),* Sprachwissenschaftler (erste Übersetzung der Bibel ins Arabische) und frühester namhafter jüdischer Philosoph des Mittelalters

al-SABZAWĀRĪ/Sabzevārī, Mollā Hādī
Sabzevar **1797–°1873:* ⓈMashhad und Esfahan, ⓅMashhad und Sabzevar, ˅Makka und Kerman: herausragende Gestalt der Philosophie im *19. Jh.* in Iran (in der Nachfolge von Molla Sadra)

SA'DĪ, Moṣleḥ ad-Dīn
Shiraz **1213–°1292;* ⓈBaghdad, Reisen in SW-Asien und Misr (nach ungesicherter Überlieferung auch nach Konstantinupolis und Hindustan/India): herausragender persischer Dichter (Lehrgedichte lebenspraktischen und moralphilosophischen Inhalts; früheste Übersetzung in eine europäische Sprache (Französisch), Paris *1634;* früheste gedruckte Ausgabe in der persischen Originalsprache, Calcutta *1791–95*)

SAHAGÚN, Bernardino de
*Sahagún de Campos in Léon *1499,* ⓈSalamanca, Valle de México (ⓅSanta Cruz de Tlatelolco, ◡Tlalmanalco, Xochimilco, Huexotzinco und Cholula) *1530–°1590:* Franziskanermönch, Missionar und Anthropologe, Erforscher und Dokumentarist der Sprache (Nahuatl), Religion und Kultur der Azteca

SAICHŌ
*Omi (Familie chinesischer Herkunft) *767,* ⓢNara, ⓢⓔHieizan *785,* ᵛNingbo und ⓢTiantai Shan *804–05,* ⓔHieizan, Kyoto und Omi (*Shojuraigoji* bei Otsu), °Hieizan *822:* Begründer der buddhaitischen *Tiantai-/Tendai*-Lehrrichtung in Nihon und ihres Zentrums auf dem Tempelberg Hieizan *(Enryakuji 788)*

SAINT-SIMON, Henri de
Paris **1760–°1825;* Teilnahme am Amerikanischen Unabhängigkeitskrieg (Yorktown VA *1781*), ᵛJamaica *1783,* Madrid *1787* und Genève *1802:* Wirtschafts- und Sozialphilosoph, Wegbereiter der Soziologie und sozialistischer Ideen

SAKUMA Shōzan
*Matsushiro bei Nagano *1811,* ⓢⓔEdo *1833–36/1839–55,* Verbannung nach Matsushiro *1855–63,* ᵛHagi und Tosa/Kochi, °Kyoto *1864* (von Anhängern der »Verehrt-den-Kaiser-und-vertreibt-die-Barbaren-«/*sonnō jōi*-Bewegung ermordet): Promotor der »Weststudien« *Yōgaku* und ihrer Verbindung mit der neokonfuzianischen Philosophie: »Östliche Ethik und westliche [empirische und technische] Wissenschaft« *Tōyō no dōtoku, seiyō no gakugei;* → Zhang Zhidong

**SAKYA PAṆḌITA**/Sa-skya Paṇḍita/Sa-pan/Kunga Gyaltsen
*Tsang *1182,* ⓔSakya, ᵛLiangzhou *1247 (?),* °Lanzhou in Gansu *1251:* herausragender tibetobuddhaitischer Gelehrter, Übersetzer aus dem Sanskrit, Politiker und Diplomat, zusammen mit seinem Neffen Pagpa Pandita Initiator der »Ersten Bekehrung« der Mongolen zum Buddhadharma

SANCHES, Franciscus/Francisco Sánchez
*Valença do Minhó in Portugal *1551* (?), ⓢBordeaux *1562,* ⓢRoma *1571* und ⓢⓔMontpellier, ⓔToulouse *1585–°1623:* Arzt und Philosoph (empirisch-skeptische Wissenschaftsmethodologie, Platon- und Aristoteles-Kritik)

SANCHUNIATHŌN
◡Beruta/Bayrut (und/oder Sur/Tyros und Siduna/Sidon) *-10. bis -4. Jh. (?):* Historiograph und Philosoph (Geschichte von Phoinike; Kosmo- und Zoogonie)

SANGGYE GYATSO/Sangs-rgyas rGya-mtsho
Lhasa **1653–°1705:* Polymath, Arzt und Gründer der Medizinschule auf dem »Eisenberg« Chakpo Ri bei Lhasa, Kalenderwissenschaftler, Historiker und Staatsmann (Regent *1679–1705*)

SANGHABHADRA
◡Kashmir *5. Jh.:* buddhaitischer *Sarvāsti-vāda*-Philosoph

SAṄGHAMITTĀ/Saṅghamitrā
*Ujjayini, ◡Kakanada/Sanchi (?), ◡Anuradhapura, *-3. Jh.:* nach halblegendärer Überlieferung Tochter des Maurya-Herrschers As(h)oka und zusammen mit ihrem Bruder oder Onkel Mahinda/Mahendra buddhaitische Missionarin und Begründerin der Nonnentradition auf Sri Lanka

SANTAYANA, George
*Madrid *1863,* ◡Ávila und Boston, ⓢHarvard und Deutschland, ⓔHarvard *1889–1912,* ◡England (London, Oxford, Cambridge), France (Paris), España (Madrid, Ávila) und Italia (Firenze), Roma *1925–°1952:* Schriftsteller-Kulturphilosoph (nichtreduktiver Naturalismus, Puritanismuskritik)

SAPIR, Edward
*Lauenburg/Lębork *1884,* New York *1889–1905 (ⓢColumbia),* Feldforschung bei Amerindians in Oregon *1905–07,* ◡Berkeley CA *1907,* Philadelphia *1908* und Ottawa *1910,* ⓔChicago *1925* und New Haven *(Yale) 1931–°1939:* Anthropologe, Sprachwissenschaftler (»Sapir-Whorf-Thesis« des sprachlichen Relativismus)

SĀRAMATĪ
◡S-Asien *3. Jh.:* buddhaitischer *Mahāyāna*-Philosoph, Hauptvertreter der *Tathāgata-garbha*-Philosophie (Lehre von einem jedem Lebewesen innewohnenden »Keim der Erleuchtung«, wegbereitend für die *Chan-/Zen*-Traditionen in O-Asien)

SARMIENTO, Domingo
*San Juan de la Frontera in Argentina *1811,* Exil in Chile, Brasil, Europa und U.S.A., Washington DC (Botschafter) *1865–68,* ◡Buenos Aires (Präsident der Republik *1868–74*), °Asunción in Paraguay *1888:* Analytiker von *Civilización y barbarie* in S-Amerika

SARTRE, Jean-Paul
Paris **1905–°1980;* La Rochelle *1917–20,* ⓢParis *1924–29* und Berlin *1933–34,* ⓔLe Havre *1931–33/1934–36,* Laon *1936–37* und Paris *1937–39/1941–44,* Kriegsteilnehmer als Sanitäter *1939* und Kriegsgefangener in Staleg XII D bei Trier *1940–41,* ᵛFreiburg *1952;* nach *1945* mehrfach interkontinentale Reisen (N- und S-Amerika, Sovietunion, O-Asien, Afrika): Schriftsteller und phänomenologischer Philosoph, herausragende Gestalt des »Existenzialismus« in Paris, politisch engagierter Intellektueller (Problematisierung der marxistischen Ideologie), Lebenspartner von S. de Beauvoir

SAUSSURE, Ferdinand de
*Genève *1857,* ⓢLeipzig *1876,* ◡Paris *1881,* ⓔGenève *1891–1912,* °Vufflens-sur-Morges bei Genève *1913:* Begründer der strukturalen Sprachwissenschaft

SAVIGNY, Friedrich Carl von
*Frankfurt am Main *1779,* ⓢⓔMarburg *1795,* ⓔLandshut *1808* und Berlin *1810–°1861;* ◡Paris *1804–05:* Rechtshistoriker und -philosoph, Begründer der »historischen Rechtsschule«

SCHELER, Max
*München *1874,* ⓢBerlin, ⓢⓔJena, ⓔMünchen *1906,* Göttingen *1906/1910–11,* Berlin *1912,* Köln *1919–28* und °Frankfurt am Main *1928:* phänomenologischer Philosoph (Wertethik, Anthropologie)

**SCHELLING,** Friedrich Wilhelm Joseph
*Leonberg bei Stuttgart *1775,* ⓢTübingen (mit Hegel und Hölderlin) *1790* und Leipzig *1795,* ⓔJena (anfangs mit Fichte, später mit Hegel) *1798,* Würzburg *1803,* München *1806* (zwischenzeitlich ⓔErlangen *1820–27*) und Berlin *1841–54,* °Bad Ragaz in der Schweiz *1854:* »idealistischer« Philosoph, ausgehend von Kant und Fichte, Promotor der romantischen Religionsphilosophie, Mythologie und Naturphilosophie des frühen *19. Jh.*

**SCHILLER,** Friedrich
*Marbach in Württemberg *1759,* ⓢLudwigsburg und Stuttgart, Regimentsmedikus *1780,* rasch wechselnde Aufenthalte *1782–89* (Mannheim, Meiningen und Rudolstadt in Thüringen, Weimar *1784–85/1787/1789,* Leipzig und Dresden), ⓔJena *1787–99* und ◡Weimar *1799–°1805:* Dichter des »Sturm und Drang«, der Klassik und der Frühromantik, Geschichtsschreiber und Philosoph (»Philosophie der Physiologie«, Ästhetik, Kritik der Kantischen Pflichtethik)

SCHLEGEL, August Wilhelm von
*Hannover *1767,* ⓢGöttingen *1786,* ◡Amsterdam (Hofmeister) *1791,* ◡Braunschweig *1795/1800–01,* ᵛDresden *1796/1798,* ⓔJena *1794–1800* und Berlin *1798/1801–02/1841,* Se-

kretär und Begleiter Madame de Staëls in Coppet und auf Reisen durch Europa _1804–17_ (Roma _1804,_ Genève _1805,_ Auxerre und Rouen _1806,_ München _1807,_ Wien, Dresden und Weimar _1808,_ Paris _1810,_ Wien, Kiïv, Moskva, Sankt-Peterburg und Stockholm _1812,_ London und Paris _1814,_ Pisa _1815,_ Firenze und Paris _1816_), ⓅBonn _1818–°1845;_ ˅Heidelberg _1818,_ Paris _1820_ und London _1821:_ frühromantischer Literat, Literatur- und Kunsttheoretiker, Shakespeare-Übersetzer, erster Professor für Sanskrit und Vermittler »indischer« Literatur in Deutschland; Bruder Friedrich von Schlegels

SCHLEGEL, Friedrich von
*Hannover _1772,_ ⓈGöttingen und Leipzig, ◡Lucka bei Leipzig _1793,_ Dresden _1794,_ Jena _1796_ und Berlin _1797,_ ⓅJena _1799–1802,_ ◡Paris _1802,_ Köln _1804_ und Wien _1808–28,_ Frankfurt am Main _1815–18_ und Dresden _1828–°1829;_ österreichischer Legationsrat in Frankfurt am Main _1815–18_ und ˅Italia (Roma, Napoli, Firenze) _1819,_ Dresden _1824_ und München _1827:_ anfangs innovativer frühromantischer Literat, Literaturwissenschaftler und Vermittler von »Sprache und Weisheit der Inder«, später konservativer Literaturgeschichtsschreiber, Lebens- und Geschichtsphilosoph, verheiratet mit der Schriftstellerin und Philanthropin Brendel Mendelssohn/Dorothea Veit, einer Tochter M. Mendelssohns

SCHLEIERMACHER, Friedrich
*Breslau/Wrocław _1768,_ ◡Pleß/Pszczyna bei Katowice und Anhalt bei Pleß, ⓈHerrnhuter Brüdergemeinde Niesky/Niska in Oberlausitz/Sachsen und Barby an der Elbe, ⓈHalle _1787,_ Hauslehrer in Schlobitten/Słobity bei Elbląg, Prediger in Landsberg an der Warthe/Gorzów Wielkopolski _1794,_ Berlin _1796_ und Stolp/Słupsk _1802,_ ⓅHalle _1804_ und Berlin _1807–°1834:_ liberaler Theologe, Platon-Übersetzer und Hermeneutiker

SCHLICK, Moritz
*Berlin _1882,_ ⓈHeidelberg, Lausanne und Berlin, ◡Göttingen, ◡Zürich _1908,_ ⓅRostock _1911,_ Kiel _1921_ und Wien _1922–°1936_ (ermordet); ⓅStanford _1929_ und Berkeley CA _1931–32:_ »neopositivistischer« Philosoph, Gründer des »Wiener Kreises«

SCHMITT, Carl
Plettenberg *_1888–°1985;_ ⓈBerlin, München und Straßburg, ⓅMünchen _1919,_ Greifswald _1921,_ Bonn _1922,_ Berlin _1928–45_ und Köln _1933,_ Lagerhaft in Berlin _1945–47_ und Nürnberg _1947:_ ideologischer Rechts- und Staatstheoretiker (Dezisionismus, Verkennung des Nationalsozialismus)

**SCHOPENHAUER,** Arthur
*Danzig _1788,_ ◡Hamburg _1793_ (ⓈLe Havre _1797–99,_ Wimbledon bei London _1803_) und Weimar _1807,_ ⓈGöttingen _1809,_ Berlin _1811_ und Jena _1813,_ ˅Weimar _1813–19_ und Dresden _1814–18,_ ˅Italia (Venezia, Firenze, Roma, Napoli) _1818–19/1822–23,_ ⓅBerlin _1820/1825–31,_ ˅Mannheim _1831,_ Frankfurt am Main _1831–°1860:_ Philosoph, ausgehend von Kants »Idealismus«, in seiner Denkrichtung bestärkt durch die beginnende europäische Rezeption von »Brahmanismus und Buddhaismus« (Willensmetaphysik, atheistische und pessimistische Religiosität, Mitleidsethik)

SCHRÖDINGER, Erwin
Wien *_1887–°1961;_ ⓅWien _1917,_ Jena _1920,_ Stuttgart _1920,_ Breslau _1921,_ Zürich _1921,_ Berlin _1927,_ Oxford _1933,_ Graz _1936,_ Gent _1938,_ Dublin _1939_ und Wien _1956–61_ (˅Alpbach in Tirol); ˅Stockholm _1933:_ Quantenphysiker (Wellenmechanik, Äquivalenz von Wellen- und Matrizenmechanik) und Naturphilosoph (Promotor der biophysikalischen Forschung)

SCHUMPETER, Joseph A(lois)
*Triesch/Třešť' _1883,_ ⓈWien _1893,_ ˅England und Misr _1906–08,_ ⓅCzernowitz _1909_ und Graz _1911,_ ◡Wien _1919,_ ⓅBonn _1925_ und Harvard _1932–50,_ °Taconic CO _1950:_ Wirtschaftswissenschaftler (Grenznutzenlehre, Konjunkturforschung)

SCHURMAN, Anna Maria van
*Köln _1607,_ ◡Dreiborn bei Köln _1610,_ Utrecht _1613_ (˅Genève _1661_), Amsterdam _1669,_ Herford und Altona bei Hamburg _1670–72,_ Wieuwerd _1675–°1678:_ Lyrikerin, Frauenrechtlerin, Philosophin und dissidente Theologin

SCHÜTZ/Schu(e)tz, Alfred
*Wien _1899,_ ˅Freiburg _1932–37,_ Emigration _1938_ über Paris nach New York _1939–°1959 (ⓅNew School):_ phänomenologischer Soziologe (Beschreibung der »Lebenswelt«)

SCHWEITZER, Albert
*Kaysersberg bei Colmar im Elsaß _1875,_ ⓈMülhausen, Straßburg, Paris und Berlin, ⓅStraßburg _1902–12,_ 14 Aufenthalte in Lambaréné _1913–°1965;_ France _1917–18_ (Internierung in Bordeaux, Garaison in Hautes-Pyrennées und Saint-Rémy-de-Provence), mehrjährige Vortragsreisen in Europa, ˅Oslo _1952:_ Musikwissenschaftler, liberaler Theologe, paternalistischer »Urwalddoktor«, Moralphilosoph (»Ehrfurcht vor dem Leben«, Vermittlung »indischer« Ethik)

SEKI Takakazu
*Fujioka in Gumma Ken oder Edo _1642,_ °Edo _1708:_ überragender Mathematiker in Nihon vor Kenntnis der europäischen Mathematik (Vorwegnahme von Leibnizschen Entdeckungen)

SELLARS, Wilfrid S(talker)
*Ann Arbor MI _1912,_ ⓈParis, Buffalo NY, Oxford und Harvard, ⓅIowa City _1938,_ Minneapolis MN _1946,_ New Haven _(Yale) 1958_ und Pittsburgh PA _1963–°1989;_ ⓅLondon _1956:_ sprachanalytischer Philosoph (Kritik am epistemologischen _myth of the given,_ wissenschaftlicher Realismus)

SEN no RIKYŪ
*Sakai _1522,_ ◡Kyoto, Osaka und Sakai, ˅Omi, Yoshino Yama _(Chikurinin),_ Hakata und Odawara, °Kyoto _1591:_ namhaftester japanischer Teemeister und Lehrer des »Teeweges« _chadō_ und der Teeästhetik _(wabicha)_

SENECA
*Corduba _-4,_ ◡Roma, ◡Aigyptos (Kuraufenthalt), Corsica (Verbannung) _41–48,_ Roma _49–°65:_ Staatsbeamter und stoischer Philosoph

SENGHOR, Léopold Sédar
*Joal-la-Portugaise in Sénégal _1906,_ ⓈN'Gasobil, Dakar _1922_ und Paris _1928–32,_ ⓅTours _1935_ und Saint-Maur-des-Fossés bei Paris _1939–40/1942–46,_ Kriegsteilnehmer und -internierter in der Loireregion _1940–42,_ Dakar und Paris _1945–60_ (Abgeordneter, Regierungsmitglied), Dakar _1960–80_ (erster Präsident der Republik Sénégal), Paris (Mitglied der _Académie française 1983_) und Verson bei Caen _1980–°2001:_ Dichter und Denker der _Négritude_-Bewegung

SENGZHAO
*Jingzhao/Chang'an _374,_ ⓈLiangzhou, Chang'an _402–°414:_ Mitarbeiter des Kumarajiva bei der Übersetzung buddhaitischer Texte, Wegbereiter der chinesischen _Mādhyamika-/San-lun_-Lehrrichtung in Zhongguo

SERVETO, Miguel/Michel Servet
*Tudela oder Villanueva de Sigena in Aragón *1511,* ⓢToulouse und Paris, ˅Bologna, Basel und Straßburg *1530–31,* ◡Lyon und Vienne, °Genève (Hinrichtung in Champel) *1553:* Arzt, Anatom (Lungenkreislauf), Freigeist und von neuplatonischen Ideen inspirierter Theologe

SEXTOS EMPEIRIKOS
hellenischer Herkunft (?), ◡Roma (?), *2.–3. Jh.*: Arzt und empirisch-skeptischer Philosoph

S(H)ABARASVĀMIN/Śabarasvāmin
◡Madhyama Dis(h) *4. Jh.*: brahmanischer Philosoph, Autor des ältesten erhaltenen Kommentars zum *Mīmāṃsā-sūtra*

ash-SHĀFI'Ī
*'Asqalan (?) *767,* Makka *769–86/802–11,* ⓢMadina *786–96,* ◡Najran in al-Yaman *797,* ◡Baghdad *800,* Fustat *815–°820:* islamischer Theologe und Rechtsgelehrter, »Vater der islamischen Rechtswissenschaft«, namengebende Autorität der *Shāfi'iyya*-Rechtsschule (»Konsens und Gemeinsinn« *ijmā',* »Analogieschluß« *qiyās* und »Geltung des *status quo* bis zum Beweis des Gegenteils« *istiṣḥāb* als Rechtsquellen, die *Qur'ān* und *Ḥadīth* ergänzen)

SHAFTESBURY, Anthony Ashley Cooper, Third Earl of
*London *1671,* Holland *1698–99* (Rotterdam)/*1703–04,* Italia *1711–13,* °Chiaia bei Napoli *1713:* Politiker und Philosoph der Aufklärung, ausgehend von Locke und den *Cambridge Platonists* (Autonomie von *moral sense* und ästhetischer Erfahrung)

SHAGGIL-KINAM-UBBID
◡Babil *-8. Jh.*: selbstbewußter Autor (in akkadischer Sprache) der »babylonischen Theodizee«, eines Streitgesprächs mit einem selbstgerechten Freund über das ungerechte Schicksal eines unschuldigen Menschen: Erwägung, aus der zivilen Gesellschaft und dem religiösen Kult »auszusteigen«

SHĀH WALĪ ALLAH ad-Dihlawī
Dilli **1703–°1762;* Makka und Madina *1730–32:* herausragender islamischer Gelehrter in Mughal-Hindustan (Theologie, Philosophie, Sprach- und Rechtswissenschaft), Mitglied des *Naqshbandiyya-Ṣūfī*-Ordens

SHAKESPEARE, William
Stratford-upon-Avon **1564–°1616;* London *1582–1612:* überragender englischsprachiger Theaterschriftsteller und Dichter

SHANG Yang/Gongsun Yang
*Shang in Wei *-390,* ◡Daliang, ◡Xianyang und Shang in Shaanxi, °*-338:* Philosoph der »Gesetz-Schule« *Fa Jia,* Vermittler von Rechtstexten des Staates Wei nach Qin *-361,* Staatskanzler von Qin

**S(H)AṄKARA**/Śaṅkara/Śaṅkarācārya
überragende Gestalt der hinduitischen Philosophie der nachklassischen Zeit; ungesicherte, von Legenden umwobene Lebensstationen und -daten, nach der Überlieferung **788–°820,* wahrscheinlicher *7.–8. Jh.,* *Kaladi, Reisen durch ganz India bis nach Kashmir und zum Kailas(h), ⓢam Fluß Narmada (bei Govinda, einem Schüler von Gaudapada) und in Varanasi, ⓛPrayaga (nach ungesicherter Überlieferung Disputation mit Kumarila und/oder dessen Schüler Mandana Mis(h)ra), ⓛS(h)ringeri und/oder Kanchipura(m), Klostergründungen an den vier Kardinalpunkten Indias: S(h)ringeri (S), Dvaraka (W), Badrinatha (N), Puri (O), °Kanchipura(m) oder Kedarnatha: Hauptvertreter des »vedantischen Nichtdualismus« *Advaita-Vedānta* (Identität des »Absoluten« *brahman* mit dem »Selbst« *ātman,* Kommentare zum *Vedānta-sūtra* und zu den Haupttexten der brahmanischen Überlieferung)

S(H)ĀNTARAKSHITA/Śāntarakṣita
*Zahor in Bangladesh *725,* ⓛNalanda und Odantapuri, ˅Nepal, ⓛTibet *763,* Samye *775–°788:* buddhaitischer *Mahāyāna*-Philosoph in der Tradition der »Lehre von der Wesenlosigkeit [der Erscheinungen]« *S(h)ūnya-vāda* und der »Bewußtseinslehre« *Vijñāna-vāda,* zusammen mit Padmasambhava Gründer des Klosters Samye *775*

S(H)ĀNTIDEVA/Śāntideva
*Saurashtra, ⓛNalanda, °*730 (?):* buddhaitischer *Mahāyāna*-Philosoph und -Dichter in der Tradition des Nagarjuna (*Svātantrika*-Lehrrichtung), Autor einer Gesamtdarstellung der Lehrrichtung des »Mittleren Weges« *Mādhyamika*

SHAO Yong
*Fanyang/Zhouxian bei Beijing *1011,* ◡Gongcheng/Huixian in Henan, ⓢSumen Shan bei Huixian (Numerologiestudium bei Li Zhicai), Luoyang *1050–°1077:* exzentrischer, neokonfuzianischer Philosoph (numerologische Kosmologie, zyklischer Wandel), einer der »Fünf Meister« *Wu Zi* der Bei-Song-Zeit

SHCHERBATSKOI/Ščerbatskoj, Fedor Ippolitovich/ Stcherbatsky, Theodore
*Kielce in Polska/Pol'sha *1866,* ⓢSankt-Peterburg, Wien und Berlin, ⓛSankt-Peterburg/Petrograd/Leningrad *1900–41,* ˅Urga/Ulaan Baatar *1905,* Buriatiia *1907* und S-Asien (Bombay und Calcutta) *1910–11,* °Borovoe in Qazaqstan *1942:* Indo- und Tibetologe, Promotor der Erforschung von Logik und Ontologie in der buddhaitischen Sanskrit-Literatur

SHEN Kuo/Shen Gua
*Qiantang/Hangzhou *1031,* Pingquan bei Chengdu *1042,* Kaifeng *1043–48,* Suzhou *1050,* Hangzhou *1051;* Amtsperson in Kaifeng im Umkreis von Wang Anshi (mit Unterbrechungen) *1066–80* und in mehreren Provinzen, Runzhou/Zhenjiang *1086–°1095:* Polymath, Ingenieur (Magnetkompaß), Geograph und Wissenschaftshistoriker

SHENHUI
*Xiangyang *670,* ⓢCaoxi, ◡Luoyang und Nanyang bei Luoyang, Huatai (Disputation zwischen »Nord-« und »Süd-Schule« *Bei* und *Nan Zong*) *732,* ◡Jiangxi (Verbannung) *753,* °Luoyang *762:* Schüler erst von Shenxiu, dann von Huineng, Promotor der »Süd-Schule« *Nan Zhong* des *Chan/Zen* (Lehre von der »plötzlichen Erweckung« *dun wu*)

SHENXIU
*Weishi in Henan *606,* ⓢShuangfeng Shan bei Qizhou und »Jadequelle-Berg« Yuquan Shan bei Dangyang in Hubei, ◡Luoyang und Chang'an, °*706:* Repräsentant der »Nord-Schule« *Bei Zong* des *Chan/Zen* (Lehre von der »allmählichen Erweckung« *jian wu*)

SHESTOV/Šestov, Lev (Léon)/Lev Isaakovich Shvartsman/ Yehuda Leib
*Kiïv *1866,* ⓢMoskva und Kiev, ◡Kiïv, Simferopol', Moskva und Sankt-Peterburg/Petrograd *1889–1920,* mehrfache Aufenthalte in W-Europa *1896–1914* (◡Roma *1895,* Bern *1998* und Nervi bei Genova *1900,* Freiburg *1908* und Coppet *1910–14*), ˅Iasnaia Poliana *1910;* Emigration *1919:* ◡Genève *1920,* ⓛParis *1921–°1938* (◡Clamart *1921–26* und Boulogne-sur-Seine *1930–38*); Vortragstätigkeit in W-Europa und Filastin: Berlin *1922,* Amsterdam *1928,* Yerushalayim *1936:*

nach journalistischer Tätigkeit Religionsphilosoph, ausgehend von Dostoevskii und Tolstoi und Annäherung an die Lebens- und Existenzphilosophie

SHINRAN
*Hino bei Kyoto *1173,* ⓢHieizan *1181* und Kyoto (Yashimizu) *1201,* ⌣Echizen Kokufu in Echigo no Kuni (Verbannung) *1207,* ⓔInada bei Kasama in Kanto *1212* und Kyoto *1235–°1263:* buddhaitischer Lehrer, Begründer der religiösen Lehrrichtung des »Wahren Reinen Landes« *Jōdo Shin* (Erlösung nicht »aus eigener Kraft« *za li/jiriki,* sondern »dank der Kraft eines anderen« *ta li/tariki,* zum Ausdruck gebracht durch das gläubige Bekenntnis »Ich nehme meine Zuflucht zum *Amithāba Buddha*« *Namu Amida Butsu*), »japanischer Luther«

SHĪRĀZĪ, Quṭb ad-Dīn
*Shiraz *1236,* ⓢMaraghe *1260,* ⌣Sivas und Malatya *1280,* Misr *1283 (?),* Tabriz *1290 (?)–°1311:* Polymath, Arzt, Astronom und Mathematiker in der Nachfolge von at-Tusi

SHNEUR, Zalman
*Lezna/Lozniany/Liozno in Belarus' *1745,* ˅Vilnius, ⓢMezhirich, ⌣Belarus', Sankt-Peterburg (Gefängnis *1798* und *1801*), ⓔLiady *1801,* °Piena bei Kursk *1813:* »Der Meister von Liady« *Ha-Rav mi-Ladi,* Begründer des »*Chabad*-Systems« innerhalb der chassidischen Bewegung (Verbindung von traditioneller Frömmigkeit, Weisheit und zeitgenössischer Philosophie)

SHŌTOKU Taishi
*Asuka *574,* ⌣Osaka *(Tennoji 593),* ⌣Omi (*Chomeiji* bei Hachiman?), ⌣°Ikaruga *(Hōryūji 607)* bei Nara *622:* Organisator des japanischen Staates nach chinesischem Modell, Initiator diplomatischer Beziehungem mit Sui-Zhongguo, Autor oder Auftraggeber der »17-Artikel-Verfassung« *Jūshichijō no Kempō* (Verbindung von buddhaitischen, konfuzianischen, daoitischen und »legistischen« Wert- und Gesellschaftsvorstellungen) *604*

SHPET/Špet, Gustav Gustavovich
*Kiïv *1879,* ⓢⓔKiïv und Moskva, ˅Paris, Edinburgh und Deutschland *1910* und *1911,* ⌣Göttingen *1912–13,* ⓔMoskva *1914,* Verbannung nach Eniseisk *1935* und Tomsk *1935–°1937:* Philosoph (Ästhetik, Semiotik, Phänomenologie und Hermeneutik), Hegel-Übersetzer

S(H)RĪ HARSHA/Śrī Harṣa
ⓔKanyakubja, ⌣Gauda, *12. Jh.:* Philosoph des »nichtdualistischen« *Advaita-Vedānta* in der Tradition Mandana Mis(h)ras, Kritiker der Kategorien der *Nyāya-Vais(h)eshika*-Philosophie und damit Anreger der »Neuen Logik« *Navya-Nyāya*

SHUBSHI-MESHRE-SAKKAN
⌣Babil *-12. Jh.:* »leidender Gerechter«, »babylonischer Hiob«: Überlegungen (in sumerischer Sprache) über das unbegreiflich leidvolle Schicksal trotz gerechten Lebens

SHURUPPAK/Uburtutu (?)
⌣Shuruppak in Sumer *-25. Jh.:* Autor von »Lehren« (Lebensregeln)

SIDDHASENA Divāraka
⌣Ujjayini *7. Jh.:* Jaina-Logiker

SIEBOLD, Philipp Franz von
*Würzburg *1796,* Nagasaki *(Dejima) 1823–29/1859–62,* ˅Edo, Leiden *1830–59,* °München *1866:* Arzt, Biologe, Geograph und Ethnograph: Vermittler westlicher Wissenschaften *Yōgaku* nach Nihon und wissenschaftlicher Informationen über Nihon nach Europa

SIGERUS de Brabantia/Siger van Brabant
*Brabant in België *1240,* ⓢⓔLiège und Paris, °Orvieto *1283:* führender Vertreter des »lateinischen Averroismus«

as-SIJISTĀNĪ, Abū Sulaymān Muḥammad
*Sijistan/Sestan um *930,* ⓔBaghdad *985–°1000:* humanistischer islamischer Philosoph *(faylasūf), al-Manṭiqī* (»der Logiker«)

SIMA Guang
*Guangshan in Anhui *1019,* ⌣Xiaxian/Sushuixiang in Shaanxi, Kaifeng *1038/1045–70,* Suzhou *1038–41,* Yongxing/Chang'an *1070–71,* Luoyang *1071–85,* °Kaifeng *1086:* Historiograph und konservativer Politiker, befreundet mit den Brüdern Cheng, »sechster Meister« der Bei-Song-Zeit, Gegenspieler des Wang Anshi

SIMA Qian
*Xiayang bei Hancheng am Huang He in Shaanxi *-145,* ⌣Chang'an, ˅Yangzi-Flußgebiet (Lu Shan), Shandong (Tai Shan), Sichuan und Yunnan, °Xiayang *-90:* Hofastrolog und Historiograph, Autor des *Shiji* (»Aufzeichnungen des Chronisten«), einer Geschichte Zhongguos von den legendären Anfängen bis zu seiner Zeit, Vorlage für nachfolgende Dynastiegeschichten

SIMMEL, Georg
*Berlin *1858,* ⓔStraßburg *1914–°1918:* Soziologe und Kulturphilosoph

SIMON DACUS
*Dacia/Danmark oder S-Sverige, ⓢLund und/oder Roskilde, ⓢⓔParis, *13. Jh.:* Sprachphilosoph

SIMON, Richard
Dieppe **1638–°1712;* ⓢ⌣Paris *1658* (Bibliothekar *1662*), Bolleville in Normandie *1678–82:* Pionier der Bibelkritik

SIMPLIKIOS
*Kilikia *490,* ⓢAlexandreia, ⓢⓔAthenai, nach der Schließung der *Akadēmeia 529* Exil im sasanidischen Ktesiphon *530–32* (?), Harran *532–°560* (?): neuplatonischer Aristoteles-Kommentator

SIN-LEQE-UNNINI
⌣Ashshur *-13. bis -12. Jh.:* Redaktor der vollständigsten Fassung des *Gilgamesh*-Epos (in akkadischer Sprache, aufgefunden auf zwölf Tafeln in der Bibliothek des Ashshur-bani-apli in Ninua; früheste sumerische Fassungen *-21. Jh.*); »homerische« Thematik Jahrhunderte vor Homer: Selbstberatung der Heroen, Sterblichkeit, Freundschaft und die Wandelbarkeit der Gesinnung der Menschen

as-SĪRĀFĪ, Abū Sa'īd al-Ḥasan
*Siraf *900,* ⓢ'Uman, al-'Askar/Samarra und Baghdad, ⓔBaghdad *930–°979:* Rechtsgelehrter und Sprachwissenschaftler (sprachrelativistische Logik und Semantik, Disputation mit Abu Bishr Matta über das Verhältnis von Logik und Sprache *932*)

SIRHINDĪ, Aḥmad
*Sirhind *1564,* ⓢSialkot und Dilli, Sirhind *1603–°1624: Ṣūfī*-Mystiker und -Denker des *Naqshbandiyya*-Ordens, Verteidiger der islamischen Orthodoxie

**SMITH,** Adam
*Kirkcaldy *1723,* ⓢGlasgow und Oxford, ⓔEdinburgh *1748* und Glasgow *1751,* ˅France (Paris, Toulouse, Genève: Kontakt mit Voltaire) *1764–66,* mehrfach wechselnde Aufenthalte in London, Kirkcaldy, Edinburgh und Glasgow, °Edinburgh

*1790:* herausragender Repräsentant der *Scottish (common sense) Philosophy,* Moral- und Wirtschaftsphilosoph

**SŌKRATĒS**

Athenai **-470 bis °-399;* ᵛSamos, Korinthos (?) und Delphoi (?), Teilnahme am Peloponnesischen Krieg (im nördlichen Hellas und in Makedonia: Poteidaia *-429,* Delion *-424,* Amphipolis *-422*): Inbegriff des freien philosophischen Menschen, »maieutischer« Promotor der Erkenntnistheorie und der theoretischen Ethik

SOLŌN

Athenai **-640 bis °-560;* ᵛAigyptos (Sais), Kypros und Sardeis (?): Dichter, Staatsmann und Gesetzgeber, einer der »Sieben Weisen«

SOLOV'EV, Vladimir Sergeevich

*Moskva *1853* (Ⓟ*1875,* später wiederholte Besuche), Sergiev Posad *1873–74* (später wiederholte Besuche), Sankt-Peterburg *1877–1900* (Ⓟ*1880–82,* Kontakt mit Dostoevskii *1878–81,* gemeinsamer Besuch in Optina-Pustyn' *1878*); »Europareisen« *1875–76/1888–89/1893/1899,* verbunden mit Ägyptenreisen (Cairo) *1875–76/1899;* ᵛZagreb (ökumenische Gespräche) *1886/1888–89,* Kuraufenthalte in Suomi/Finland ab *1894;* °Uzkoe bei Moskva *1900:* namhaftester Philosoph des *19. Jh.* in Rossiia (theokratische Geschichtsphilosophie und autonome Ethik)

SOPHOKLĒS

Athenai **-496 bis °-406:* Tragiker, Autor einer dramatischen Verarbeitung des Oidipos-Mythos

SOREL, Georges

*Cherbourg in Bretagne *1847,* ⓈParis, ◡al-Jaza'ir und Perpignan, Boulogne-sur-Seine bei Paris *1892–°1922:* Ingenieur, Sozialphilosoph (Theorie der Gewalt)

SŎSAN Taesa (»Großmeister des Westberges«)/Ch'oe Yŏsin

*Anju in P'yongan-namdo *1520,* ⓈⓅS(e)oul, ᵛChiri-san und *Pŏmŏ-sa,* ◡°Myohyang-san/So-san *1604:* namhaftester buddhaitischer Gelehrter der Choson-Zeit (Neuzeit) in Han'guk, Anführer von »Kriegsmönchen« im Kampf gegen die japanischen Invasoren *1592–98*

SPENCER, Herbert

*Derby in England *1820,* Birmingham *(railroad engineer) 1837–41,* London *1846–1903,* ᵛSchweiz und Paris *1853–55,* Italia *1867,* Misr *1879–80,* U.S.A. und Canada *1882,* °Brighton *1903:* Sozialphilosoph (Liberalismus, *nightwatchman state,* Evolutionstheorie)

SPENGLER, Oswald

*Blankenburg im Harz *1880,* ⓈHalle, München und Berlin, ◡Saarbrücken, Düsseldorf und Hamburg, München *1904–°1936:* Geschichts- und Kulturphilosoph (»Untergang des Abendlandes«)

SPERBER, Manès

*Zabłotów *1905,* ⓈWien *1916,* ◡Berlin *1927,* Flucht über Wien, Praha und Zagreb nach Paris *1933–°1984;* Schweiz *1940–45:* Schriftsteller, Psychologe und Politologe (Totalitarismusanalyse)

SPEUSIPPOS

Athenai **-410 bis °-339:* Neffe Platons, dessen Begleiter nach Syrakusai und zweiter Nachfolger als Vorsteher der *Akadēmeia -348 bis -339*

**SPINOZA,** Baruch de/Benedictus de

*Amsterdam *1632,* ◡Rijnsburg bei Leiden *1660,* Voorburg bei Den Haag *1663* und Den Haag *1670–°1677:* Philosoph der Aufklärung, ausgehend von Descartes (Substanzmonismus, Ethik, Politologie, Bibelkritik)

STAËL-HOLSTEIN, Madame de/Germaine Necker

*Paris *1766–1803* (Freundschaft mit Constant *1794–1806*), vielfache Exil- und Sommeraufenthalte in Coppet bei Genève *1792–1816,* Landesverweis durch Napoléon *1803,* Junipeter Hall bei Mickleham in Surrey *1803–04,* Reisen mit → A. W. Schlegel durch Europa *1804–17,* °Paris *1817:* frühromantische Schriftstellerin und liberale Politologin

STCHERBATSKY → SHCHERBATSKOI

STEIN, Edith/Teresia Benedicta a Cruce

*Breslau *1891,* ⓈGöttingen und Freiburg, ⓅSpeyer *1923* und Münster *1932,* Karmelitin in Köln-Lindenthal *1933* und Echt bei Roermond in Nederland *1938–42,* °Auschwitz *1942:* phänomenologische Philosophin und Mystikforscherin

STEIN, Gertrude

*Allegheny bei Pittsburgh PA *1874,* ◡Wien *1875,* Paris *1878* und Oakland CA *1880–91,* ⓈCambridge MA *(Radcliffe) 1893* und Baltimore *(Johns Hopkins) 1897–1902,* Paris *1903–°1946* (Neuilly-sur-Seine); ᵛLondon *1902–03/1914,* U.S.A. (New York, Chicago) *1934–35,* Oxford und Cambridge *1926/1936,* Bilignin in Savoie *1929/1942–44:* avantgardistische Schriftstellerin und Ästhetin

STEINER, Rudolf

*Kraljevec *1861,* Pottschach, Neudörfl und Wiener Neustadt in Niederösterreich *1863–79,* ⓈWien, ◡Weimar und Berlin, Dornach *1913–°1925:* Goethe-Forscher und goetheanischer Philosoph, Generalsekretär der deutschen Sektion der *Theosophischen Gesellschaft 1902–12,* Gründer der *Anthroposophischen Gesellschaft 1913* und der ersten *Waldorfschule* in Stuttgart *1919*

STHIRAMATI

ⓈNalanda, Ⓟ°Valabhi, *5.–6. Jh.:* buddhaitischer *Mahāyāna*-Philosoph der »Bewußtseinslehre« *Vijñāna-vāda*

STIRNER, Max/Johann Caspar Schmidt

*Bayreuth *1806,* ⓈBerlin, Erlangen und Königsberg, ◡Berlin *1826–°1856*): »linkshegelianischer« Philosoph (ethischer Solipsismus, theoretischer Anarchismus)

STRABON

Amaseia **-64 bis +23 (?),* ⓈNysa/Sultanhisai in Anatole/Türkiye, ◡Alexandreia und Roma, Reisen im Mittelmeerraum (ᵛKorinthos *-29*) und auf dem Nil (bis Syene/Aswan und Philai/Pilak *-25 bis -24*): stoischer Geograph und Historiograph

STRAUSS, David Friedrich

Ludwigsburg bei Stuttgart **1808–°1874;* ⓈBlaubeuren, Tübingen und Berlin, ⓅTübingen *1832–35* und Zürich (»Straußenhandel«) *1839,* ◡Stuttgart: von Hegel inspirierter liberaler Theologe (Christentum als antidogmatische Humanitätsreligion)

STRAUSS, Leo

*Kirchhain bei Marburg *1899,* ⓈMarburg, Hamburg, Freiburg, Frankfurt am Main und Berlin, ◡Paris *1932,* London *1934* und Cambridge *1935,* ⓅNew York *1938,* Chicago *1949,* Claremont bei Los Angeles *1968* und Annapolis MD *1969–°1973;* ⓅBerkeley *1953* und Yerushalayim *1954–55:* politologischer Philosoph (Ideengeschichte und Zeitkritik)

STUMPF, Carl

*Wiesentheid bei Würzburg *1848,* ⓈWürzburg und Göttingen, ⓅWürzburg *1873,* Prag *1879,* Halle *1884,* München *1889*

und Berlin *1894–°1936:* Philosoph, Psychologe und Musikwissenschaftler, Wegbereiter von Phänomenologie und Gestaltpsychologie

SU Shi/Su Dongpo
*Meizhou in Sichuan *1037,* ◡Kaifeng, Hangzhou, Mizhou/Zhucheng in Shandong, Xuzhou in Jiangsu, Huzhou und Yingzhou/Fuyang in Anhui, ◡Huizhou in Guangdong und Danzhou/Nada auf Hainan Dao (Verbannung), °Changzhou in Jiangsu *1101:* Dichter, Maler und Kalligraph, Verkörperung des gebildeten und integren chinesischen Beamten

SUÁREZ, Francisco
*Granada *1548,* ⓈⒷSalamanca *1561,* ⒷValladolid *1574/1576,* Ávila *1575,* Segovia *1575,* Roma *1580–85,* Alcalá *1585,* Salamanca *1592* und Coimbra *1597–1615,* °Lisboa *1617:* Jesuit, herausragender spätscholastischer Philosoph (Metaphysik, Psychologie, Rechts- und Staatsphilosophie), *Doctor Eximius*

as-SUHRAWARDĪ, Yaḥyā
*Suhraward *1154,* ⓈMaraghe und Esfahan, ◡Rum/Anadolu, Halab *1183–°1191: Shaykh al-ishrāq* (»Meister der Erleuchtung«), herausragender *Ṣūfī*-Mystiker und -Philosoph (»Lichtwissenschaft« *ḥikmat al-ishrāq*)

SUN Simiao
*Huayuan/Yaoxian *581,* ◡Chang'an, °*682:* Arzt, seit dem *14. Jh.* als göttlicher »Arzneikönig« *Yaowang* verehrt, Autor medizinischer Werke

SUN ZI/Sun Wu
*Wei, ◡Qi und Wu, Feldzug gegen Chu, *-6. bis -5. Jh.:* Stratege und Strategietheoretiker (»Kriegskunst« *Sunzi bingfa,* fortgesetzt von seinem wahrscheinlichen Nachfahren Sun Bin, *-4. Jh.*)

SUN Yixian/Sun Yat-sen/Sun Zhongshan/Sun Nakayama
*Cuiheng bei Xiangshan/Zhongshan *1866,* ⓈHonolulu, Guangzhou und Hong Kong, rasch wechselnde Auslandsaufenthalte: Nihon (Tokyo und Yokohama mehrfach *1895–1907/1913–16*), U.S.A., Europa (London) und SO-Asien (Ha Nôi, Singapore, Penang); ◡Shanghai *1911–22* und Guangzhou *1916–25,* °Beijing *1925:* Arzt, sozialer und politischer Reformer, erster Präsident der »Republik China« *Zhonghua Minguo* in Nanjing *1912*

SUS(H)RUTA/Suśruta
◡Varanasi (?) *1. Jh.:* nach legendärer Überlieferung Schüler des Divodasa, eines Königs von Kas(h)i/Varanasi, Arzt und Autor des zweiten klassischen Lehrbuchs der südasiatischen Medizin *Sus(h)ruta-saṃhitā* (Textredaktion *-1. bis 7. Jh.*)

SUZUKI Daisetsu (Daisetz) Teitarō
*Kanazawa *1870,* ⓈTokyo und Kamakura *(Engakuji),* ◡La Salle *1897,* ˅Paris und London *1908,* ⒷTokyo *1909,* Kyoto *1919* und New York *(Columbia) 1951–57,* °Kamakura *1966;* ˅London *1936,* ⒷHonolulu *1949–50,* ˅México und Cuernavaca *1957:* Übersetzer klassischer Schriften der chinesischen *Mahāyāna*-Philosophie und Verbreiter des »*Zen*-Buddhismus« in den U.S.A. und in Europa

SWEDENBORG, Emanuel
*Stockholm *1688,* Uppsala *1692–1709,* Stockholm *1716–70;* 11 »Europareisen« *1710–70* nach England (London, Oxford), Holland (Amsterdam, Leiden), France (Paris), Deutschland (Berlin, Dresden, Leipzig, Rostock), Italia (Padova, Roma) und Danmark (København), London *1771–°1772;* Visionen in Delft *1744* und Göteborg *1759:* Polymath, Ingenieur und Theosoph, »Geisterseher« (Kant), einer der sechs *representative men* Emersons

SYMEŌN SĒTH
*Antakiya/Antiocheia (?), ˅Misr/Aigyptos, ◡Konstantinupolis, ◡Olympos/Uludeğ bei Pursa/Brusa und Rhaidestos/Tekirdag (Rückzugsorte), *11. Jh.:* Arzt (Diäthetik) und Philosoph, Übersetzer von *Pañcatantra/Kalila wa Dimna* ins Hellenische

aṭ-ṬABARĪ, Abū Ja'far
*Amol in Tabarestan *839,* ⓈRayy, Basra, Kufa und Baghdad, Reisen in SW-Asien und Misr, Baghdad *870–°923: Qur'ān*-Kommentator, Rechtswissenschaftler und Verfasser einer Weltgeschichte

TACITUS
*Gallia *55,* ◡Roma, Prokonsul der Provinz Asia (Ephesos) *112,* °*117:* Historio- und Ethnograph, Autor einer in der antiken Literatur einmaligen Monographie über ein fremdes Volk (die Germanen)

T'AEGO (»Großes Altertum«)/Pou (»Dümmling«)
*Cholla-do *1301,* ⓈKaesong, Zhongguo *1346–48/1365,* Ⓑ°Kaesong *1382:* buddhaitischer Gelehrter der *Linji-/Imje*-Lehrrichtung des *Chan/Sŏn* (irritierende Fragen und Antworten *gongan/kongan* als Mittel zur »Erweckung«)

at-TAFTĀZĀNĪ, Sa'd ad-Dīn
*Taftazan in Khorasan *1322,* ⓈFarumad bei Sabzavar, ◡Gorgan *1342,* Herat *1345–51/1358,* Ghujuwan/Gizhduvan bei Bukhara *1355,* Saray *1357,* Khwarezm *1365–79,* ◡Sarakhs in Khorasan *1380/1384–85* und Samarqand *1382/1385–°1390:* Rechtswissenschaftler, Grammatiker, *Qur'ān*-Exeget und *Māturīdiyya*-Theologe

TAGORE/Ṭhākur, Rābīndranāth(a)
Calcutta **1861–°1941;* ⓈBrighton und London *1878–80,* S(h)anti-Niketan *1901–41* (Ashram *1901,* Universität *Vis(h)va-Bhārati 1922*), zehn »Weltreisen« *1912–32* (Europa, Amerika, Asien, dreimal Nihon), Begegnungen mit W. B. Yeats in London *1912,* mit Natorp und Otto in Marburg *1930,* mit Rolland in Paris, Villeneuve und Genève *1921–36,* mit Mussolini in Roma *1926* (vermittelt durch den Indo- und Tibetologen G. Tucci): Sohn Debendranath Tagores, des Nachfolgers von Roy als Leiter der *Brahmo Samāj,* bengalischer Dichter (erster nichteuropäischer Nobelpreisträger für Literatur *1913*), Sozial- und (panasiatischer) Kulturreformer, Vermittler zwischen »Osten« und »Westen«

TAINE, Hippolyte
*Vouziers *1828,* ⓈParis *1848–51,* ⒷNevers *1851,* Saint-Cyr-l'École bei Versailles *1863* und Poitiers *1852* und Paris *1864–°1893:* Kulturwissenschaftler und Philosoph (Milieutheorie), intellektueller Wortführer in France im letzten Drittel des *19. Jh.*

TAKUAN Sōhō
*Izushi *1573,* ⓈⒷKyoto und *Nansoji* in Yamanashi Ken, ⒷIzushi, Kyoto und Edo, Verbannung nach Unzen in Yamagata Ken *1629–32,* °Edo *1645:* »gelehrter Mönch« *gakusō* des buddhaitischen *Rinzai Zen* während der Rezeptionsphase der neokonfuzianischen Philosophie *Cheng-Zhu Xue/Shushigaku* in Nihon (*Zen*-buddhaitische Deutung der neokonfuzianischen Prinzipien *li/ri* und *qi/ki*)

TANABE Hajime

*Tokyo *1885,* ⓛSendai *1913* und Kyoto *1927–45,* ⓢBerlin und Freiburg *1922–24,* ◡Kita-Karuizawa *1945,* °Maebashi in Gumma Ken *1962:* phänomenologischer Philosoph (synthetisierende Verbindung buddhaitischer, christlicher und marxistischer Ideen)

TANAKA Ōdō

*Nakatome/Tokorozawa bei Tokyo *1867,* ⓢTokyo und Kyoto, ◡Tsuruoka in Tohoku, ⓢLexington KY *(College of the Bible) 1889–94* und Chicago *(University) 1894–97,* ⓛTokyo *(Waseda) 1897–°1932:* Essayist und Philosoph (Befürworter einer liberalen Gesellschaftstheorie, ausgehend von Dewey)

TANLUAN

*Yanmen/Daixian beim Wutai Shan *476,* ⓛWutai Shan und Bingzhou/Wenshui in Shanxi, °Pingzhou/Lulong in Hebei *542:* Patriarch der Lehrrichtung des »Reinen Landes« *Sukhavatī/Jingtu/Jōdo* (Erlösung nicht »aus eigener Kraft« *zi li,* sondern »dank der Kraft eines anderen« *ta li*)

TAO Hongjing

*Moling bei Danyang in Jiangsu *456,* ◡Jiankang/Nanjing und Mao Shan, °Huayang *536:* Staatsbeamter, Dichter, Kalligraph, Ingenieur (Wasseruhr, Schwertschmiedekunst), Pharmakologe und kritischer daoitischer Philosoph (Verbindung von daoitischen und buddhaitischen Ideen)

TAO Qian/Tao Yuanming

Chaisang/Jiujiang am Fuße des Lu Shan **365–°427;* ◡Jiangzhou/Chongqing in Sichuan und Pengze in Jiangxi (Amtsperson), ◡Lu Shan und Taohuayuan am Yangzi in Hunan: Eremit und Dichter (Lob des gesellschaftlich ungebundenen Lebens in der Natur), (zusammen mit Huiyuan und Lu Xiujing) einer der »Drei Lacher vom Tigertal« *Huxi San Xiao*

TĀRANĀTHA/Künga Nyingpo/Kun-dga' sNying-po

*Tsang *1575,* ⓢⓛJonang, °Monggol Ulus (Erdene Zuu?) *1634:* tibetobuddhaitischer Mönch (Reinkarnation im Bogdo Gegeen, dem Oberhaupt der buddhaitischen Religion in Monggol Ulus *1635–1924*), Historiker des Buddhadharma

TARSKI/Tajtelbaum, Alfred

*Warszawa *1901 (ⓛ1926),* ˅Wien *1930/1935,* ⓛHarvard *1939,* Princeton *1941* und Berkeley CA *1942–°1983;* ⓛParis *1955,* London *1966* und Lima *1974–75:* Mathematiker und Logiker (Wahrheitsdefinition)

TAWADDUD

Sklavin in *Alf layla wa layla* (»TausendundeineNacht«; 436.–462. Nacht), die in einer Disputation am Hofe des Harun ar-Rashid in Baghdad um *800* sämtliche Gelehrte, Rechtswissenschaftler, *Qur'ān*-Experten, Ärzte, Mathematiker, Philosophen und namentlich an-Nazzam schlägt, kompensatorische Phantasiefigur für die Chancenungleichheit der Frauen in der Geschichte der Wissenschaften und der Philosophie

TEMPELS, Placide Frans

*Berlaar bei Antwerpen *1906,* ⓢTielt in Vlaanderen *1924–30,* Missionar bei den Lubu in Shaba/Katanga (Elisabethville/Lumumbashi) *1933–46/1949–62,* Roma (kirchliches Gerichtsverfahren) *1964,* °Hasselt in België *1978:* Missionstheologe (Inkulturation des Christentums), Pionier in der Erforschung der Philosophie in Afrika

TERESA DE ÁVILA

*Ávila *1515,* Klostergründungen in 15 Städten (Ávila *1562,* Valladolid *1568,* Toledo *1569,* Salamanca *1570,* Sevilla *1575*), Toledo (Inquisition) *1576–77,* °Alba de Tormes bei Salamanca *1582:* Karmelitin, Klosterreformatorin, Mystikerin, psychologische Analytikerin mystischer Erfahrungen (theologische Berater: Bañez und Juan de la Cruz), erste zur »Kirchenlehrerin« *doctor ecclesiae* ernannte Frau *(1970)*

TETENS, Johann Nicolaus

*Tetenbüll *1736* oder Tönning *1738* (beide in Schleswig-Holstein), ⓢKøbenhavn und Rostock, ⓛRostock *1759,* Bützow bei Schwerin *1760* und Kiel *1776,* København (Beamter im Finanzministerium) *1789–°1807:* Philosoph und Psychologe

THĀBIT IBN QURRA

*Harran *836,* °Baghdad *901:* »Sabier« *Ṣābī;* Arzt, Astronom und Mathematiker (Zahlentheorie), Übersetzer hellenischer Schriften ins Arabische

THALĒS

Miletos (mütterlicherseits phönikischer Herkunft?) **-624 bis °-546:* einer der »Sieben Weisen«, Initiator der ionischen Naturphilosophie; Voraussage der Sonnenfinsternis vom *28. 5. -585* (traditionelles Anfangsdatum der hellenischen Philosophie)

THEAITĒTOS

Athenai **-415 bis °-369:* Mathematiker, Titelfigur eines platonischen Dialogs

THEODŌROS

Kyrene **-465 bis °-385;* ⓢⓛAthenai: mathematischer Lehrer Platons und Theaithetos' (irrationale Zahlen)

THEODŌROS von Mopsuestia

*Antiocheia *350,* ◡Tarsos, Mopsuestia/Yakapınar in Kilikia/Türkiye *392–°428:* Bischof, führendes Mitglied der Theologenschule in Antiocheia, geschichtlich orientierter Hermeneutiker, seit dem Konzil von Konstantinopolis *553* theologische Autorität der nestorianischen Christenheit

THEOPHRASTOS

*Eresos *-370,* ⓢⓛAthenai, Assos, Mytilene, Pella und Stageiros, °Athenai *-287:* Aristoteles-Schüler und sein Nachfolger als Leiter des *Peripatos,* Philosoph und Naturwissenschaftler

**THOMAS** AQUINAS

*Roccasecca bei Aquino *1225,* ⓢMontecassino *1230–39,* ⓢⓛNapoli *1244/1272–74,* Paris *1245–48/1252–59/1269–72* und Köln *1248–52,* ◡Orvieto *1261,* Roma *1265* und Viterbo *1267* (am päpstlichen Hofe), °Fossanova in Lazio *1274:* Dominikanermönch, herausragende Gestalt der hochscholastischen Philosophie, Aristoteles-Kommentator

THOMAS(IUS), Christian(us)

*Leipzig *1655,* ⓢFrankfurt an der Oder, ⓛLeipzig *1681,* Berlin *1690* und Halle *1690–°1728:* Jurist und Philosoph, Rechtsreformer (Trennung von Recht und Moral, Ablehnung der Folter, Rechte der Frauen) und Frühaufklärer (Vorlesungen in deutscher Sprache *1687,* Herausgeber der ersten wissenschaftlichen Zeitschrift in deutscher Sprache *1688*)

THOMSEN, Christian Jürgensen

København **1788–°1865:* empirischer Archäologe, Begründer des »Drei-Stufen-Systems der Vorgeschichte« (Stein-, Bronze-, Eisenzeit) *1836* (archäologische Überwindung des wissenschaftsphilosophischen Agnostizismus in bezug auf die Anfangsgeschichte der Menschheit)

THOREAU, Henry David

Concord MA **1817–°1862;* ⓢHarvard, Hütte am *Walden Pond* bei Concord *1845–47:* Philosoph (nachkantische Transzendentalphilosophie, Naturreligiosität, Rezeption »indischer« Philosophie, Konzeption des »zivilen Ungehorsams«)

THUKYDIDĒS
*Athenai (väterlicherseits thrakischer Herkunft) *-460,* Verbannung *-424 bis -404,* °Athenai *-400* (?): klassischer Historiograph

TIMAIOS
Titelfigur eines platonischen Dialogs, von Platon fingierter (?) pythagoreischer Philosoph aus Lokroi auf Besuch in Athenai *-5. Jh.*

TLACAELEL
◡Tenochtitlán/México **1398–°1470:* Gesetzgeber, Berater der letzten Azteca-Herrscher

TOCQUEVILLE, Aléxis de
*Verneuil-sur-Seine bei Paris *1805,* ◡Paris, Versailles (Richter) *1827–31,* ˅U.S.A. *1831–32* und England *1833/1835/1857,* °Cannes *1859:* republikanischer Politiker und liberaler Politologe (Demokratietheorie am Beispiel der U.S.A.)

**TOLSTOI**/Tolstoj, Lev Nikolaevich/Leo Tolstoy
Iasnaia Poliana **1828–1910;* ⓈKazan' *1841–47,* häufige Aufenthalte in Moskva (länger *1837–41, 1848–51* und Winter *1881–96*) und Sankt-Peterburg; Kriegsfreiwilliger im Kavkaz (Tbilisi, Starogladkovskaia am Fluß Terek, Groznii, Piatigorsk) *1851–54* und im Krimkrieg (Bucureşti und Kishinev/Chişinău *1854;* Simferopol' *1854* und Sevastopol' *1854–55*); »Europareisen« *1857* (Paris, Luzern)/*1860–61* (Kissingen: ˅J. Fröbel, London: ˅Herzen); Gaspra bei Ialta auf Krim *1901–02,* ˅Optina-Pustyn' *1877/1890/1910;* °Astapovo bei Lipetsk *1910:* Schriftsteller-Philosoph, Pädagoge und Pazifist, eine der drei überragenden Gestalten der Literatur in Rossiia im *19. Jh.* (mit Pushkin und Dostoevskii)

TOMINAGA Nakamoto
Osaka **1715–°1746:* aufklärerischer Philosoph und hermeneutischer Kritiker der überlieferten Lehren *(Buddhadharma/Bukkyō, Ru Jia/Jukyō* und Shinto*)*

TRAN Nhan Tong
◡Thang Long/Ha Nôi, **1258,* König *1279–93,* Rückzug als Mönch auf die Berge Côn So'n (?) und Yen Tu' (»Bambushain«/*Truc Lâm*), °Yen Tu' *1308:* Initiator der »Bambushain-«/*Truc-Lâm*-Lehrrichtung des buddhaitischen *Chan/Thiên*

TRAN Thai Tong
◡Thang Long/Ha Nôi, **1218,* König *1225–58,* Rückzug als Mönch auf die Berge Yen Tu' (?) und Côn So'n, *°1277* (bestattet in Long Hung, Thai Binh): Autor eines konfuzianischen Morallehrbuchs und buddhaitischer Schriften *(Chan/Tiên)*

TROTSKII/Trockij, Lev Davidovich/Leo Trotsky/Leib Bronshtein
*Landgut Ianovka in der ukrainischen Region Kherson *1879,* ◡Odes(s)a *1888* und Irkutsk (Verbannung) *1900,* Flucht nach London und Paris *1902,* ◡Sankt-Peterburg *1905,* ◡Wien *1907* (ⓅBologna *1911*), ˅Zürich *1914,* Paris *1915* und New York *1917,* ◡Petrograd *1917* und Moskva *1918–27,* ◡Almaty (Verbannung) *1928,* Flucht über die »Prinzeninsel« Prinkipo/»Große Insel« Büyük Ada bei Istanbul *1929,* Paris *1933,* Oslo *1935* nach Ciudad de México *1937–°1940* (ermordet): marxistisch-leninistischer Ideologe (»revolutionäre Moral«, »permanente Revolution«)

TRUBETSKOI, Nikolai Sergeevich/Nikolaj S. Trubeckoj/Trubetzkoy
*Moskva *1890,* Feldforschung bei Tuapse am Schwarzen Meer und Cherkessk im Kavkaz, ˅Tbilisi *1913,* ⓈLeipzig *1913,* Flucht über Tbilisi *1918,* ⓅRostov-na-Donu *1918,* Konstantinupolis *1920,* ⓅSofiia *1920* und Bled in Slovenija *1922* nach ⓅWien *1922–°1938;* Mitglied des *Cercle linguistique de Prague 1926–38:* Sprachwissenschaftler, Pionier der strukturalen Phonologie, ideologischer Wortführer der »Eurasischen Bewegung« *(Evraziistvo),* Sohn des Philosophen Sergei und Neffe des Philosophen Evgenii Nikolaevich Trubetskoi

TSCHIRNHAUS, Ehrenfried Walther von
*Kieslingswalde/Sławnikowice *1651,* ⓈGörlitz und Leiden, ˅London und Oxford *1675,* Paris *1675–76/1679/1682,* Italia und Malta, ◡Kieslingswalde *1679,* °Dresden *1708:* Naturwissenschaftler und Philosoph (erstes deutsches Mitglied der Pariser *Académie des sciences 1682,* erster europäischer Hersteller von Porzellan)

**TSONGKHAPA**/Tsong-kha-pa bLo-bzang Grags-pa
*Tsongkha (Kumbum) in Amdo/Qinghai *1357,* ⓈDrikung, Nyetang, Tzechen, Samye, Zhalu, Sakya und Gyantse, Olkha *1392–97,* ˅Lhasa, Reting und Sera, ⓅGanden *1409–°1419:* überragende Gestalt der buddhaitischen Philosophie in Tibet (ausgehend von Nagarjuna und Atis(h)a), Begründer der seither im tibetischen und mongolischen Buddhadharma dominierenden *Gelugpa*-Lehrrichtung (»Tugendbettler«/»Gelbmützen«)

TURGENEV, Ivan Sergeevich
*Spasskoe-Lutovinovo in der Region Orel *1818,* ˅W-Europa (Bern, Paris) *1822–23,* ⓈMoskva *1827,* Sankt-Peterburg *1834* und Berlin *1838–39;* mehrfache Reisen in Rossiia und W-Europa *1840–81,* häufigste und längere Aufenthalte in Rossiia in Sankt-Peterburg, Moskva und Spasskoe, in W-Europa in Paris *1845–83,* Baden-Baden *1862–70* und Bougival bei Paris *1873–°1883,* dazu wiederholte Besuche hauptsächlich in Berlin, Dresden, London und Roma: Schriftsteller-Philosoph, frühester Vermittler der zeitgenössischen kulturellen Befindlichkeiten und Strömungen in Rossiia (»überflüssige Menschen«)

TURING, A(lan) M(athison)
*London *1912,* ⓈCambridge und Princeton, ◡Bletchley Park bei Milton Keynes (Tätigkeit für den britischen Nachrichtendienst) *1939,* London *1945* und Manchester *1948–54,* °Wilmslow in Cheshire *1954:* mathematischer Logiker und Computerwissenschaftler

aṭ-ṬŪSĪ, Naṣīr ad-Dīn
*Tus *1201,* ⓈNishapur *1213–21* und 'Iraq (Mawsil/Mosul), ◡Sartakht bei Kermanshah *1233,* Maymun Diz (ismailitische Festung) bei Alamut *1245* und Qazvin im Alborzgebirge *1256,* ◡Baghdad (Berater der mongolischen Eroberer) *1256,* ⓅMaraghe (Leiter des Observatoriums) *1259,* °Qazimayn/Qazimiyya bei (heute in) Baghdad *1274:* Polymath, Arzt, Rechtsgelehrter, Mathematiker und Philosoph (»Sittenlehre« *'ilm al-akhlāq*)

TWARDOWSKI, Kazimierz
*Wien *1866,* ⓈWien, Leipzig und München, ⓅWien *1894* und Lwów *1895–°1938:* phänomenologischer Philosoph, ausgehend von Brentano (Erkenntnispsychologie, Gegenstandstheorie), Gründer des ersten psychologischen Labors im polnischen Sprachgebiet *1907*

UDAYANA
Karion bei Darbhanga *975–°1050: letzter herausragender Vertreter der traditionellen *Nyāya-Vais(h)eshika*-Philosophie, Wegbereiter der »Neuen Logik« *Navya-Nyāya,* Kritiker der buddhaitischen Lehre von der Nichtexistenz des »Selbst« *(anātman)*

UDDĀLAKA Āruṇi
◡Kurukshetra, Kekaya, Varanasi und Videha, *-8. bis -6. Jh. (?):* Philosoph aus der *Chāndogya-Upanishad,* später vom *Vedānta* vereinnahmt, Urheber der Lehre von der Identität des »Selbst« *ātman* mit dem »Absoluten« *brahman* (Ausspruch: »das bist du« *tat tvam asi*)

UDDYOTAKARA Bhāradvāja
◡Padmavati *6.–7. Jh.:* brahmanischer *Nyāya*-Philosoph, Autor eines Kommentars zum *Nyāya-sūtra* (Auseinandersetzung mit der buddhaitischen Logik Dignagas)

UEXKÜLL, Jakob Johann von
*Keblas(e)/Mihkli in Estland *1864,* ⓈReval/Tallinn, Dorpat/Tartu und Heidelberg, ◡Napoli, ˅Afrika, ⓁHamburg *1925–40,* °Capri *1944:* Biologe und Philosoph

ŬICH'ŎN
*Kaesong *1055,* ⓈZhongguo (Kaifeng, Hangzhou, Tiantai Shan) *1085–86,* °Kaesong *1101:* buddhaitischer Gelehrter der *Tiantai-/Ch'ont'ae*-Lehrrichtung, fördert die Drucklegung des Kanons (»Dreikorb« *Tripiṭaka*) der buddhaitischen Schriften (in chinesischer Sprache)

ŬISANG
*Silla *625,* ⓈKyongju und Chonju in Cholla-pukdo, in Koguryo abgebrochener Versuch einer Studienreise (zusammen mit Wonhyo) nach Chang'an *650,* ⓈChang'an *661–70* und Zhongnan Shan *662,* ◡Silla, ˅*T'ongdo-sa,* Gründer der Klöster *Naksan-sa 671, Pusŏk-sa 676* und *Pŏmŏ-sa 678,* °*702:* Wandermönch und buddhaitischer Gelehrter der »Blumengirlanden«-/*Huayan-/Hwaŏm*-Lehrrichtung

ULPIANUS, Domitius
*Tyros *170* (?), ◡Roma, ˅Eburacum/York *211* (?), °Roma *223:* Systematisierer der römischen Rechtswissenschaft

ULUGH BEG
*Soltaniyye in Zanjan, Iran *1394,* Samarqand *1409–°1449:* Enkel des Timur, hochgelehrter Herrscher, Erbauer einer Hochschule *1420* und eines Observatoriums *1425*

**UMĀSVĀTI**/Umāsvāmin
*Nyagrodhika, ◡Pataliputra *3.–4. Jh.:* herausragender philosophischer Systematiker des Jainadharma, Autor des *Tattvārthādhigama-sūtra* (»Leitfaden zur Erreichung des wahren Sinns«), der frühesten Gesamtdarstellung der Jaina-Philosophie

UNAMUNO y Jugo, Miguel de
*Bilbao *1864,* ⓈMadrid *1880–84,* ⓁSalamanca *1891–1924/1931–°1936;* ◡Fuerteventura (Islas Canarias) (Deportation) *1924,* Hendaye in Pays Basque/Euskal Herria und Paris (Exil) *1925–30:* Schriftsteller-Philosoph, in Anlehnung anfänglich an den »Krausismo«, später an die Lebens- und Existenzphilosophie

VĀCASPATI Mis(h)ra
◡Mithila *9. Jh.:* brahmanischer *Vedānta*-Philosoph, Autor der wichtigsten Gesamtdarstellung der *Sāṅkhya*-Philosophie (dazu Kommentare zu Werken der *Mīmāṃsā,* des *Nyāya, Yoga* und *Vedānta*)

VĀGBHAṬA/Vāhaṭa
◡Kerala *8. Jh. (?):* Arzt, Autor des dritten und systematischsten Werkes der südasiatischen Medizin (Caraka und Sus(h)ruta zusammenfassend; Übersetzungen ins Chinesische und Tibetische)

VAJRABODHI/Jingangzhi
*Malaya bei Kanchipura(m) oder Madhyama Dis(h) *669,* ⓁKanchipura(m), ⓈNalanda und Valabhi, ◡Sri Lanka, Guangzhou *719* und Luoyang *724–°741:* buddhaitischer Missionar und Übersetzer in Zhongguo (»Diamant-Fahrzeug« *Vajra-yāna*); Lehrer des Amoghavajra

VALLA, Laurentius/Lorenzo
Roma *1407–°1457;* ◡Venezia, Piacenza, Pavia, Milano, Genova, Firenze und Napoli: humanistischer Schriftsteller, quellenkritischer Historiker und Kritiker der scholastischen Logik

VALLABHA Bhaṭṭa
*C(h)amparanya in Chhattisgarh *1479,* ◡Varanasi, Pilgerreisen durch ganz India: ◡Vijayanagara (mehrfach), Udipi, Kanchipura(m), Chidambara(m) und Rames(h)vara(m) im S, über Bharukaccha nach Dvaraka im W, nach Mathura und Gokula, Kurukshetra, Haridvara, Kedarnatha und Badrinatha, Kanyakubja und Ayodhya im N, nach Gaya und Puri im O; °Varanasi *1531:* hinduitischer Philosoph, letzter der fünf großen Kommentatoren des *Vedānta* (»Weg des Erblühens« *pushtimārga* durch Hingabe an Krishna)

**VASUBANDHU**
*Purushapura *315,* ⓈKashmir, ⓁPurushapura, S(h)akala und Kaus(h)ambi (?), Ayodhya *391–°395* (?): herausragende Gestalt der buddhaitischen Philosophie, in jungen Jahren Verfechter des »realistischen« *Sarvāsti-vāda,* Autor des *Abhidharma-kos(h)a* (»Schwertscheide der Scholastik«), später von seinem älteren Bruder Asanga zum *Mahāyāna* bekehrt, daraufhin Systematiker der »Bewußtseinslehre« *Vijñāna-vāda* (idealistische Erkenntnistheorie und Logik), damit nach tibetischer Überlieferung »dritte Drehung des Rades der Lehre« (E. Frauwallner *1951* schreibt die beiden Werkphasen in umgekehrter Abfolge *400–80* und *315–95* zwei verschiedenen Personen zu: Vasubandhu »dem Jüngeren«, Lehrer des Dignaga in Ayodhya, und Vasubandhu »dem Älteren«, Bruder des Asanga in Purushapura)

VĀSUDEVA Sārvabhauma (»der Universale«)
*Navadvipa, ⓈMithila, ⓁNavadvipa, *15.–16. Jh.:* brahmanischer Philosoph, Begründer des zweiten Schulzentrums der »Neuen Logik« *Navya-Nyāya* in Navadvipa, Lehrer von Caitanya und Raghunatha S(h)iromani

VASUMITRA
*Madhyama Dis(h), ◡Purushapura, *1.–2. Jh.:* buddhaitischer Philosoph der realistischen *Sarvāsti-vāda*-Lehrrichtung, Leiter des »Vierten buddhaitischen Konzils« in Jalandhara oder Kashmir (Festlegung des *Mahāyāna*-buddhaitischen Kanons)

VĀTSĀYANA, Pakṣilasvāmin
*Kanchipura(m) *4.–5. Jh.:* brahmanischer Philosoph, Autor des frühesten erhaltenen Kommentars zum *Nyāya-sūtra* (»Leitfaden der Logik«: Ausbau des realistischen Standpunkts

des *Nyāya,* Kritik an der »Lehre von der Wesenlosigkeit [der Erscheinungen]« *S(h)ūnya-vāda* des Nagarjuna)

VERGILIUS
*Andes/Pietole bei Mantova *-70,* ◡Roma, Neapolis und Sicilia, ˅Hellas, °Brundisium *-19:* klassischer lateinischer Dichter, Autor des römischen Staatsepos *(Aeneis)* und von Lobgedichten auf das Hirten- und Bauernleben *(Bucolica* und *Georgica)*

VESALIUS, Andreas/Andries van Wesele
*Brussel *1514,* ⓈLeuven, Paris und Padova, ⓁPadova *1537–43* und Bologna *1540,* ˅Venezia *1542,* ◡Basel und Mainz *1543,* Brussel *1553–56,* Madrid *1559–64,* ˅Yerushalayim *1564,* °Zante/Zakynthos *1564:* Arzt (ar-Razi-Studium) und Anatom (Chirurgie, frühestes umfassendes Lehrbuch der menschlichen Anatomie)

**VICO,** Giambattista
Napoli **1668–°1744;* Vatolla bei Salerno (Hauslehrer) *1684–93:* herausragender Philosoph in Italia nach der Renaissance (europazentrierte Kulturgeschichtsphilosophie, Erkenntnistheorie der Humanwissenschaften, Descartes-Kritik)

VIJÑĀNABIKSHU/Vijñānabhikṣu
◡India *16. Jh.:* synthetisierender hinduitischer Philosoph, Kommentator der *Sāṅkyā-kārikā* mit vedantischen Einflüssen

VINĪTARUCI
*S-Asien (?), ◡Chang'an *574,* ◡Nanhai/Guangzhou und Region um Ha Nôi *580,* °*594:* namhafter früher buddhaitischer Missionar im nördlichen Viêt Nam

VISHNUS(H)ARMAN/Viṣṇuśarman/Baydabā/Bīdbā/Bidpai/Sendebar
◡Mahilaropya/Mailapura oder Pataliputra: möglicherweise nach dem Modell des Kautilya/Vishnugupta fingierter brahmanischer Weiser und »Moralphilosoph« (A. Doni in Venezia *1552:* »indiano filosopho morale«) in den *Pañcatantra*-Tierfabeln (Redaktion der »Fünf Texte« *3. Jh.*), einem (machiavellistischen) »Fürstenspiegel« (»Lehre der Lebensführung« *nītis(h)āstra*); im *15.–16. Jh.* in Europa wahrscheinlich der meistgedruckte und von den Britischen Inseln bis nach Indonesia der meistübersetzte und -gelesene »Philosoph«

VITAL, Ḥayyim Ben Joseph
*Zefat *1543,* ˅as-Suriyya und Misr, ⓁYerushalayim *1577–97,* Zefat *1586–92* und Dimashq *1597–°1620:* Kabbala-Gelehrter in der Nachfolge von I. Luria

VITORIA, Francisco de
*Vitoria/Gasteiz in País Vasco/Euskal Herria oder Burgos *1485,* ⓈBurgos *1506,* ⓈⓁParis *1510,* ⓁValladolid *1523* und Salamanca *1526–°1546:* Dominikanermönch, Rechtsphilosoph (Kolonialismuskritik und Grundlegung des Völkerrechts)

VITRUVIUS
◡Roma *-1. Jh.:* klassischer Architekturtheoretiker

VIVEKĀNANDA, Narendranāth Datta
*Calcutta *1863,* °Belur *1902:* hinduitischer *Neo-Vedānta*-Philosoph in der Tradition von S(h)ankara und Ramakrishna, Gründer der *Ramakrishna Math* [»Kloster«] *and Mission* in Belur *1897,* ˅Madras *1892,* zwei Reisen in den »Westen« *1893–97* und *1899–1900* (*World's Parliament of Religions* in Chicago *1893,* anschließend Reisen in den U.S.A. und in Europa, zu Max Müller in Oxford und zu Deussen in Kiel *1896*)

VIVES, Juan Luis
*Valencia *1493,* ⓈParis und Brugge, ⓁLeuven *1517,* London *1523* und Brugge *1528–°1540:* Humanist (Scholastikkritik, pädagogische Psychologie)

VOGT, Carl
*Gießen *1817,* ⓈGießen und Bern, ◡Neuchâtel und Paris (Kontakte mit Bakunin, Herzen, G. Herwegh und Proudhon), Forschungsreisen im Mittelmeerraum *1844–47,* ⓁGießen *1847–49,* ˅Frankfurt am Main und Stuttgart (Nationalversammlung) *1848,* ⓁGenève *1852–°1895:* liberaler Politiker, Zoologe (»Darwinismus«) und Philosoph (»Vulgärmaterialismus«)

VOLTA, Alessandro
Como **1745–°1827;* ⓁComo *1774,* Pavia *1778* und Padova *1815–19,* ˅France und England *1781–82,* Deutschland *1784,* Genève und Paris *1801:* Physiker (Elektrophysik)

**VOLTAIRE,** François Marie Arouet
Paris **1694–°1778,* London *1726–28,* Cirey (mit Émilie Du Châtelet) *1734–48,* ˅Niederlande (Bruxelles), Kleve am Niederrhein und Berlin; Potsdam und Berlin *(Preußische Akademie der Wissenschaften) 1750–53,* ◡Genève *1754* und Ferney *1758–78:* Schriftsteller-Philosoph der Aufklärung (Theodizee- und Kirchenkritik, »China-Eulogie«, Deismus, Toleranzdenken), zusammen mit Du Châtelet Vermittler von Newtons Physik und Lockes Philosophie in France, Historiograph

VON WRIGHT, Georg Henrik
*Helsingfors/Helsinki *1916–°2003;* ◡Merano in Trentino/S-Tirol (Kuraufenthalt) *1928,* ⓈWien *1937* und Cambridge *1939,* ⓁCambridge *1948–51,* London *1956,* Saint Andrews *1959–60,* Ithaca NY *(Cornell) 1965–77* und Oxford *1978:* Logiker und Philosoph (Modallogik, Handlungs- und Verstehenstheorie, ausgehend von Wittgenstein)

VYĀSA/Vedavyāsa/Krishṇa Dvaipāyana/Bādarāyaṇa
mythischer Redaktor des *Veda,* des Epos *Mahābhārata,* des *Vedānta-sūtra,* eines Kommentars zum *Yoga-sūtra* (Textredaktion *6. Jh.*) und anderer früher Texte: *auf einer Insel im Fluß Yamuna, ◡am Fluß Sarasvati, °Badrinatha, *-12. Jh. (?)*

VYGOTSKII/Vygotskij, Lev Semenovich/Leo Vygotsky
*Orsha *1896,* ⓈHomel' in Belarus' und Moskva, ⓁMoskva, Leningrad und Khar'kov/Kharkiv in Ukraina, °Moskva *1934:* Literatur- und Kunsttheoretiker, Psychologe (soziokulturelle Konzeption der Entwicklungspsychologie, Piaget-Kritik), Pionier (zusammen mit A. Luriia) der interkulturellen Erkenntnispsychologie

WAGNER, Richard
*Leipzig *1813,* ⓈDresden und Leipzig, ◡Würzburg *1833–34,* Königsberg *1836* und Riga *1837,* Flucht (aus finanziellen Gründen) über London nach Paris *1839–42,* Dresden *1842–49,* Flucht (aus politischen Gründen) nach Zürich *1850–58,* ◡München *1864,* Tribschen bei Luzern *1866,* Bayreuth *1872* und Venezia *1882–°1883;* zwischenzeitlich rasch wechselnde Aufenthalte*:* Komponist und Kunsttheoretiker, ausgehend von Romantizismus und Schopenhauerscher Philosophie (Musikdrama als Gesamtkunstwerk)

WANG Anshi
*Linchuan/Shangdundu *1021,* Amtsperson in mehreren Provinzen (in Ningbo möglicherweise Bekanntschaft mit arabi-

schen Ideen), Kaifeng *1041/1058–63/*(zeitweise als Kanzler) *1066–76,* Jiangning/Nanjing bis *1041/1063–66/1076–°1086:* Literat, wirtschaftlicher und sozialer Reformpolitologe und -politiker, »neolegistischer« Gegenspieler der konservativen neokonfuzianischen Philosophen um Sima Guang

**WANG Bi**

*Shanyang/Jiaozuo *226,* °Luoyang *249:* daoitischer Philosoph der »Dunklen Schule« *Xuan Xue,* einflußreicher Kommentator des *Daode Jing* (»Klassiker vom Weg und Wesen«), des *Yi Jing* (»Klassiker der Wandlungen«), aber auch des *Lunyu* (»Gespräche« des Konfuzius)

WANG Chong

*Shangyu/Baiguan bei Shaoxing *27,* ⓢLuoyang, ◡Shangyu und Shaoxing, °*97:* skeptischer Kritiker der orthodoxen konfuzianischen Philosophie (naturalistische Erklärung »himmlischer« Ereignisse)

WANG Fuzhi/Chuanshan

*Hengyang *1619,* ◡Zhaoqing, Guilin in Guangxi und Chuan Shan am Heng Shan in Hunan *1652–°1692:* Historiker und Sozialphilosoph (Kritik der neokonfuzianischen Philosophie, evolutionäres, fortschrittsorientiertes Geschichtsbild)

WANG Gen

*Anfengchang bei Taizhou *1483,* ˅Shandong, Qufu *1507,* Nanchang *1521* und Beijing *1522,* ⓢⓟShaoxing *1522* und ⓟTaizhou *1529–°1541:* neokonfuzianischer Philosoph in der Nachfolge Wang Yangmings, Begründer der Taizhou-Schule

WANG Ji

*Shanyin bei Shaoxing *1498,* ⓢYuyao *1521,* ˅Beijing (mehrfach), ⓟShaoxing *1542–°1583;* zwischenzeitlich ⓟHangzhou, Nanjing, Jiangnan, Fujian und Guangdong: neokonfuzianischer Philosoph in der Nachfolge Wang Yangmings

WANG Tao

*Fulizhen/Luli bei Kunshan *1828,* ⓢKunshan bei Suzhou, ˅Nanjing *1846/1861,* Shanghai *1848–62,* England und Scotland (◡Dollar in Clackmannanshire, ˅Paris und Oxford) *1868–70,* ˅Nihon *1879,* ˅Shandong *1889,* Shanghai *1884–°1897:* Journalist (Begründer des modernen Zeitungswesens in Zhongguo), sozial engagierter Reformer (Interpretation des Kong Zi als Reformer), wissenschaftlicher Berater J. Legges

WANG Wei

*Qi in Shanxi *700,* ◡Taiyuan, Chang'an, Luoyang, Shandong und Lantian bei Chang'an, °*761:* vom Buddhadharma inspirierter Dichter, Maler und Musiker (Kunst als Ausdruck der Persönlichkeit)

**WANG Yangming**/Wang Shouren

*Yuyao *1472,* Shaoxing, Yangming-Schlucht im Kuaiji Shan und Yuyao *1472–82/1502–04/*ⓟ*1522–27;* politische und intellektuelle Hauptstadt-Aktivitäten: Beijing *1482–88/*ⓢ*1492–1502/*ⓟ*1504–06* und Nanjing *1501/1511–16/1521;* Longchang (Verbannung, philosophische Erleuchtung) *1508–10;* Magistrat, Gouverneur und Feldherr in Jiangxi (Luling/Ji'an *1510,* Nanchang *1516–18/1519–21* und Ganzhou *1517–18,* ˅Jiuhua Shan), in Guangdong und in Guangxi (Wuzhou *1527–28*), Pazifizierungskampagnen in Jiangxi sowie in den südlichen Nachbarprovinzen *1517–18/1527–28,* im SO bis nach Zhangzhou in Fujian und im SW bis nach Nanning in Guangxi, auf der Rückreise °Nan'an/Dayu *1529:* herausragende Gestalt der Philosophie in Zhongguo in der Neuzeit (nach der Song-Renaissance), Repräsentant der »Herz-Schule« *Xin Xue* (ausgehend von Lu Jiuyuan), des zweiten (dissidenten) Strangs der neokonfuzianischen Philosophie *(Lu-Wang Xue,* in Han'guk *Yangmyŏng-hak,* in Nihon *Yōmei-gaku):* Entdeckung des Wesens der Dinge in »guter intuitiver Erkenntnis« *liang zhi,* Vollendung der Erkenntnis im Handeln und des Handelns in der Erkenntnis: »Erkenntnis und Handlung sind eins« *zhi xing he yi*

WANG'IN/WANI

*ⓟPaekche (Kwangju?) *4.–5. Jh.,* ⓟ°Yamato *5. Jh.:* namhafter früher Vermittler der chinesischen Schrift und Schriftkultur (»Gespräche« *Lunyu* des Kong Zi) von Han'guk nach Nihon *405 (?),* Berater am »Hofe« *Chōtei* in Yamato

WATSON, John B(roadus)

*Greenville SC *1878,* ⓢⓟChicago *1900,* ⓟBaltimore MD *(Johns Hopkins) 1908,* ◡New York *(advertising business)* und Westport CO *1920–°1958:* Psychologe, Begründer des Behaviorismus

WATSUJI Tetsurō

*Himeji *1889,* ⓢTokyo, ⓟKyoto *1925* und Tokyo *1934–°1960;* ˅Sinay *1927,* ⓢBerlin, ˅Freiburg und Paris *1927–28:* herausragender Moral- und Kulturphilosoph des *20. Jh.* in Nihon

WATT, James

*Greenock bei Glasgow *1736,* ◡London *1754,* Glasgow *1757* und Birmingham (Mitglied der *Lunar Society*) *1774,* ˅Paris *1786,* °Heathfield bei Birmingham *1819:* an theoretischer Grundlagenforschung interessierter Ingenieur *(Watt's steam engine 1769)*

WEBER, Marianne

*Oerlingshausen in Westfalen *1870,* Heidelberg *1887–°1954:* Frauenrechtlerin, Sozialwissenschaftlerin, Frau und Nachlaßverwalterin Max Webers

**WEBER,** Max

*Erfurt *1864,* Berlin-Charlottenburg *1869–93,* ⓢHeidelberg *1882–84,* Militärdienst in Straßburg und ⓢGöttingen *1885,* ⓟFreiburg *1894* und Heidelberg *1896–1919 (*ⓟ*bis 1903),* ⓟWien *1918* und München *1919–°1920;* Reisen nach Great Britain *1895* und in die U.S.A. *1904:* herausragende Gestalt der Gesellschaftswissenschaften (Methodologie der Humanwissenschaften, Wirtschafts-, Politik- und vergleichende Religionssoziologie) und Politiker

WEI Yuan

*Shaoyang in Hunan *1794,* ◡Beijing *1814,* ◡Dongtai, Xinghua und Gaoyou in Jiangsu *1845–54,* °Hangzhou *1856:* Philosoph (»Neu-Text-Lehrrichtung« *Jinwen-Xuepai*), Geo- und Historiograph

WEIL, Simone

*Paris *1909,* ⓟin mehreren französischen Städten *1931–38,* Fabrikarbeiterin *1934,* Freiwillige im Spanischen Bürgerkrieg *1936,* ˅Italia (Assisi) *1937,* Flucht *1940* über Vichy und Marseille nach New York *1942,* Dienst bei *France libre* in London *1942,* °Ashford *1943:* bis zum Äußersten ihren Überzeugungen nachlebende Moral-, Gesellschafts- und Religionsphilosophin

WEN Wang (»König Wen«)

*Qi Shan, ◡Youli bei Yin (Gefangenschaft), Feng (*Zhou*-Residenz) *-1099 bis °-1050:* erster König der Zhou-Dynastie und Idealgestalt des weisen Herrschers, nach legendärer Überlieferung Autor der »Später Himmel«-/*houtian*-Anordnung der »Acht Trigramme« *ba gua* des »Klassikers der Wandlungen«

*Yi Jing* und von Teilen der klassischen »Urkunden« und »Lieder« *Shu Jing* und *Shi Jing*

WERTHEIMER, Max
*Prag *1880,* ⓈBerlin, Würzburg, Frankfurt am Main und Wien, ⒷFrankfurt am Main *1912–16/1929–33,* Berlin *1916–29* und New York *1933–43,* °New Rochelle NY *1943:* Begründer der Gestaltpsychologie

WHITEHEAD, A(lfred) N(orth)
*Ramsgate (Isle of Thanet) in Kent *1861,* ⓈⒷCambridge *1880,* ⒷLondon *1911–24* und Harvard *1924–37,* °Cambridge MA *1947:* Mathematiker (*Principia Mathematica* mit Russell *1910–13*) und Philosoph (prozessuale Konzeption der Realität)

WHORF, Benjamin Lee
*Winthrop bei Boston *1897,* ⓈCambridge MA *(MIT), Chemical Engineer* der *Hartford Fire Insurance Company 1919–41,* Linguist *1924,* New Haven CT *(Yale)* Ⓢ*1931–35*/Ⓑ*1937–38,* ˅México (Nahuatl-Sprachstudien) *1930,* Hopi-Sprachstudien mit einem *native speaker* in New York und Wethersfield bei Hartford CT ab *1932,* ˅*Hopi Reservation* in Arizona *1938,* °Wethersfield *1941:* Chemiker und charismatischer Sprachwissenschaftler (»Sapir-Whorf-Thesis« des sprachlichen Relativismus)

WIENER, Norbert
*Columbia MO *1894,* ⓈCambridge MA *(Tufts* und *Harvard),* Cambridge in England und Göttingen, ⒷCambridge MA *(MIT) 1919–64,* Ciudad de México *1947/1949/1951* und Calcutta *1955–56,* °Stockholm *1964:* Mathematiker, Mitbegründer der Informationstheorie und Begründer der Kybernetik

WINCKELMANN, Johann
*Stendal in der Altmark bei Magdeburg *1717,* ◡Berlin und Salzwedel, ⓈHalle und Jena, ◡Hadmersleben *1742* und Seehausen in der Altmark *1743,* Nöthnitz bei Dresden (Bibliothekar) *1748,* Dresden *1754* und Roma *1755–68* (Bibliothekar und Antiquar), ˅Napoli *1758/1762/1764,* °Trieste *1768* (ermordet): Kunsthistoriker, Begründer der wissenschaftlichen Archäologie in Europa und des idealisierten Bildes der hellenischen Antike in der »Deutschen Klassik«

WINDELBAND, Wilhelm
*Potsdam *1848,* ⓈJena, Berlin, Göttingen und Leipzig, ⒷZürich *1876,* Freiburg *1877,* Straßburg *1882* und Heidelberg *1903–°1915:* mit Rickert Begründer der »Südwestdeutschen Schule« der neukantianischen Philosophie

**WITTGENSTEIN,** Ludwig
*Wien *1889,* ⓈLinz *1903,* Berlin *1906,* Manchester *1908* und Cambridge *1911–13,* ˅Jena *1912,* ⒷCambridge *1930–47;* Arbeitsferien- und Rückzugsorte: Hochreith bei Wien bis *1933,* Skjølden in Norge *1913–14/1921/1936–37/1950,* Ireland (Dublin, *Red Cross* in Wicklow, Rosro an der Connemara Coast) *1934/1936/1947–49,* Swansea in Wales *1942–47,* Oxford *1950–51;* Kriegsfreiwilliger und -gefangener im Ersten Weltkrieg (Ostmitteleuropa: Kraków *1914,* Lemberg *1915,* Olmütz *1916,* Czernowitz *1917;* Italia: Asiago und Trient/Trento *1918,* unterbrochen von einem Studienaufenthalt in Hallein bei Salzburg, Lagerhaft bei Como und Cassino *1918–19*), Spitaldienstfreiwilliger im Zweiten Weltkrieg (London *1941* und Newcastle *1943–44*); Volksschullehrer in Trattenbach am Semmering, Haßbach bei Neunkirchen, Puchberg am Schneeberg und Otterthal bei Trattenbach in Niederösterreich *1920–26,* Gärtnergehilfe in den Klöstern Klosterneuburg und Hütteldorf bei Wien *1920* und *1926,* Architekt im Auftrag seiner Schwester in Wien *1925–28;* ˅Sovietunion (Leningrad, Moskva, Qazaqstan) *1935* und U.S.A. (New York *1939* und Ithaca NY *1949*); zwischenzeitliche Aufenthalte in Wien *1919–39/1948–50* (Kontakte mit dem »Wiener Kreis« *1927–30/1934–36*), mehrfache Rückkehr nach Cambridge *1948–°1951:* herausragende Gestalt der sprachanalytischen Philosophie der ersten Hälfte des *20. Jh.,* anfangs auf eine ideale logische Sprache ausgerichtet, später an der »Sprache des Alltags« orientiert (Philosophie der Mathematik und der Psychologie)

WOLFF, Christian
*Breslau *1679,* ⓈJena, ◡Leipzig und Gießen, ˅Berlin, ⒷHalle *1706–23/1740–°1754;* zwischenzeitlich nach Landesverweis als »Religionsfeind und Determinist« aufgrund seiner »Rede über die praktische Philosophie der Chinesen« *(1721)* ⒷMarburg *1723–40:* aufklärerischer Schulphilosoph, ausgehend von Descartes, Suárez und Leibniz

WOLLSTONECRAFT, Mary
London **1759–°1797;* ˅Portugal *1785,* ˅Ireland *1787,* Paris *1792–95,* ˅Scandinavia *1795:* dissidente Politologin und Moralphilosophin, Promotorin von Frauenrechten, verheiratet mit W. Godwin, ihrem späteren Biographen und Herausgeber

WŎNCH'UK
*Moryang bei Kyongju *613,* ⓈⒷChang'an (Abt des *Ximing Si*), °Chang'an *696:* namhaftester in Zhongguo verbliebener buddhaitischer Gelehrter aus Han'guk (Vertreter der *»Nur-Bewußtsein*-Lehre« *Vijñāna-vāda/Weishi Zhong* und Sprachwissenschaftler; Rezeption durch Tsongkhapa *14. Jh.*)

**WŎNHYO**
*Puljich'on/Chain-myan in Kyongsan-gun bei Taegu *617,* ⓈKyongju, ˅Chonju in Cholla-pukdo, zweimaliger Aufbruch zu einer Studienreise (zusammen mit Uisang) nach Chang'an: Umkehr in Koguryo *650,* in der Region um Namyang in Kyonggi-do *661,* ◡Silla, ˅Naksan-sa, °*686:* namhaftester buddhaitischer Gelehrter (und legendenumwobener Wandermönch) in Han'guk, harmonisierender Vermittler zwischen den verschiedenen buddhaitischen Lebensformen und Lehrrichtungen (»Mittlerer Weg« *Chung-do*); nach legendärer Überlieferung Vater des Sol Ch'ong, des namhaftesten konfuzianischen Gelehrten des Silla-Reiches

WOOLF, Leonard S(idney)
*London *1880,* ⓈCambridge, *Civil Servant* in Sri Lanka/Ceylon *1904–11* (Colombo, Jaffna *1905,* Kandy *1907* und Hambantota *1908–11*), ◡London, ◡°Rodmell in Sussex *1969;* verheiratet *1912* mit Virginia (Stephen) Woolf, *London *1882,* ◡London (Gordon Square), °Rodmell *1941:* Schriftsteller-Philosophen, Autobiographen und Zeitdiagnostiker, zentrale Gestalten der *Bloomsbury Group 1907–30*

WUNDT, Wilhelm
*Neckarau bei Mannheim *1832,* ⓈTübingen, Heidelberg und Berlin, ⒷHeidelberg (anfänglich als Assistent bei Helmholtz) *1857* (Abgeordneter im Badischen Landtag *1864–68*), Zürich *1874* und Leipzig *1875–1917,* °Großbothen bei Leipzig *1920:* Physiologe, Psychologe und Philosoph, Gründer des ersten Labors für experimentelle Psychologie *1879*

XENOPHANĒS
*Kolophon *-570,* Wanderleben in Hellas und Sikelia (Syrakusai, Zankle/Messina, Katane/Catania), °Elea *-478* (?): ionischer Philosoph, Begründer der Schule von Elea, Kritiker anthropomorphisierender Gottesvorstellungen

XENOPHŌN
*Athenai *-427,* ˅Sardeis, Schlacht in Kunaxa bei Babylon *-401* und anschließend »Rückzug« *anabasis -401 bis -399* nach Trapezus, ˅Sparte, Skillos bei Olympia *-394 bis -371,* ◡Korinthos *-371,* °Athenai oder Korinthos *-350:* Sokrates-Schüler und -Biograph, Heerführer (in persischen Diensten und gegen die Perser), Geschichtsschreiber und philosophischer Pädagoge (Kyros als Idealherrscher)

XI Kang
*Zhi in Anhui *223,* ◡Luoyang und Shanyang/Jiaozuo, °Luoyang *262:* daoitischer Philosoph, Musiker und Dichter, Anführer der »Sieben Weisen vom Bambushain« *Zhulin Qi Xian*

XIANG Xiu
*Huai bei Shanyang/Jiaozuo, ◡Luoyang und Shanyang/Jiaozuo, *3. Jh.:* Kommentator des daoitischen Klassikers *Zhuangzi,* einer der »Sieben Weisen vom Bambushain« *Zhulin Qi Xian*

XIONG Shili
*Huanggang/Huangzhou in Hubei *1885,* ◡Nanchang, Guangzhou und Nanjing, ⓟBeijing, Sichuan und Hubei, °Beijing *1968:* konfuzianischer Philosoph und *Buddhadharma-/Fojiao*-Forscher, konfuzianisch gefärbte Wiederbelebung der buddhaitischen »*Nur-Bewußtsein*-Lehre« *Vijñāna-vāda/Weishi Zong*

XU Xing
*Chu, ◡Teng, *-4. Jh.:* einziger namentlich bekannter Vertreter der »Schule der Landwirte« oder »Primitivisten« *Nong Jia,* Kontrahent des Meng Zi

XUANJIAN/Deshan Xuanjian
*Jiannan/Chengdu *782,* ⓢLizhou in Hunan *810–40,* ⓟDe Shan *847–°865:* *Chan-/Zen*-Meister (Erweckung mit Stockschlägen)

XUANZANG
*Chenhe bei Goushi am Song Shan *602,* ⓢLuoyang und Chengdu, ◡Chang'an *622;* Pilger- und Forschungsreise nach India *629–45:* Turpan *630,* Kuqa, Tianshan, Talas, Samarqand, ⓢBalkh, ⓢTermez, Bamiyana, Kapis(h)i *630,* Lampaka, Purushapura (˅Vasubandhus Haus), Udyana/Swat, Takshas(h)ila, ⓢKashmir (*Sarvāsti-vāda*-Studien bei Sanghakirti in S(h)rinagara) *631–33,* ⓢS(h)akala, ⓢC(h)inabhukti *633–34,* ⓢJalandhara *634,* Mathura, Sthanvis(h)vara/Thanesar, ⓢS(h)rugna/Sugh und Matipura, ⓢKanyakubja *636/*(als Gast von König Harsha) *642,* Ayodhya *636,* Prayaga und Kaus(h)ambi *636/642,* S(h)ravasti, Kapilavastu, Lumbini, Kus(h)inagara, Varanasi und Saranatha, Vais(h)ali, Pataliputra, Buddha Gaya, ⓢNalanda (bei S(h)ilabhadra) *637,* ˅Rajagriha, Tamralipti *638,* ⓢDakshina Kos(h)ala und Andhra Des(h)a (Dhanyakataka/Amaravati), Kanchipura(m), Vatapi/Balami, Nasik(ya) und Ajanta *641,* Malava, Bharukaccha, Valabhi, Girinagara, Ujjayini (?), Mulasthana/Multan, ⓢParvata in Jammu *642,* (Rückkehr nach) Nalanda *642,* ˅Kamarupa/Assam, (Rückreise) Kanyakubja *643,* Prayaga und Kaus(h)ambi, Jalandhara, Takshas(h)ila, Kapis(h)i, Hindukush und Pamir, Kashgar *644,* Khotan, Taklamakan-Wüste, Dunhuang, Chang'an *645;* ◡Luoyang, °Chang'an *664:* Übersetzer und Kommentator der aus S-Asien mitgebrachten buddhaitischen Werke hauptsächlich der »*Nur-Bewußtsein*-Lehre« *Vijñāna-vāda/Weishi Zong,* Begründer und Leiter *649–59* des Übersetzungsinstituts *Yichang* im »Kloster der großen Güte und Gnade« *Dacien Si* in Chang'an, dem Zentrum der buddhaitischen *Faxiang*-Lehrrichtung

**XUN ZI**/Xun Kuang/Sun Qing
*Zhao *-310,* ⓢⓟLinzi (*Jixia*-Akademie) *-295,* ⓟChu (Ying) *-284,* Linzi und Xue (Mengchang) *-275,* Qin (Xianyang) *-265,* Wucheng (Pingyuan) *-260* und Lanling *-255 bis °-230:* herausragender konfuzianischer Philosoph (systematische Argumentation, Integration legistischer Elemente in die konfuzianische Ethik, These von der »schlechten menschlichen Natur« *xing e* im Gegensatz zu Meng Zi)

YĀJÑAVALKYA
◡Videha *-6. Jh. (?):* brahmanischer Gesetzgeber und Philosoph aus der *Brihad-āraṇyaka-Upanishad* (Lehre vom unsterblichen »Selbst« *ātman* und der Seelenwanderung), Gesprächspartnerinnen: Maitreyi (Ehefrau) und Gargi

YAMAGA Sokō
*Aizu in Fukushima Ken *1622,* ⓢEdo, ⓟAko *1652–75* und Edo *1660–°1685:* Militärwissenschaftler und Philosoph (Kritik der neokonfuzianischen Philosophie der *Hayashi*-Schule), Promotor des »Kriegerweges« *bushidō* (Ethik der Samurai)

YAMAGATA Bantō
*Kazume Mura in Hyogo Ken *1748,* Osaka *1760–°1821:* Kaufmann, (»materialistischer« und »kritischer«) Philosoph, herausragender Repräsentant der »Kaufleute-Schule« *Kaitokudō* in Osaka

YAMAZAKI Ansai
*Kyoto *1619,* ⓢHieizan, Kyoto, Tosa *(Nangakuha)* und Ise, ⓟKyoto *1646–°1682:* neokonfuzianischer und »nationalistischer« Philosoph (spekulative Verbindung von neokonfuzianischer Philosophie *Shushigaku* und Shinto)

YAN Fu
*Yangqi bei Ganzhe in Fujian *1854,* ⓢFuzhou *1866–71,* Portsmouth und Greenwich *1877–79,* Tianjin *1879–98,* ⓟBeijing *1905–°1921:* Matrose und Schiffbauingenieur, technischer, politischer und ethischer Reformer, Übersetzer und kritischer Vermittler britischer und französischer Klassiker der Philosophie (Spencer, J. S. Mill, A. Smith, Montesquieu)

YAN Yuan
Boye in Hebei **1635–°1704;* zwischenzeitlich ⓟFeixiang: konfuzianischer Philosoph in der Tradition Wang Yangmings und Lu Jiuyuans (Abwendung von der neokonfuzianischen Orthodoxie und dem Klassikerstudium hin zur »Einübung« *xixing;* Errichtung eines neuen Bildungsideals mit Einbezug von Praxiserfahrung und Leibesübungen)

YANG Hui
*Qiantang/Hangzhou, ◡Taizhou, ˅Suzhou, *13. Jh.:* Mathematiker (Entwicklung algebraischer Methoden)

YANG Xiong
*Chengdu *-53,* °Chang'an *+18:* konfuzianischer Philosoph der »Alt-Text-Lehrrichtung« *Guwen Xuepai* und Gegner daoitischer Philosophie (Versuch, neue kanonische Schriften zu schaffen)

YANG Zhenning/Chen-Ning
**1922* Hefei in Anhui, ◡Beijing, ⓢKunming in Yunnan *1944*

und Chicago *1946,* ⓢⓟPrinceton *1949,* ⓟStony Brook NY *1966–99,* Hong Kong *1986* und Beijing *1998,* ᵛStockholm *1957:* theoretischer Physiker (zusammen mit Lee Tsung-Dao experimentell bestätigte Voraussage nicht-spiegelbildsymmetrischer Naturgesetze *1956*)

YANG Zhu
*Wei, *-5. bis -4. Jh.:* Philosoph zur Zeit der »100 Schulen« *Bai Jia;* Repräsentant einer hedonistischen ichzentrierten *(wei wo)* Philosophie, Kritiker der konfuzianischen gesellschaftszentrierten Ethik

YAS(H)OVIJAYA/Yaśovijaya
*Radhanpur bei Patan *1624* (?), ⓢVaranasi, ⓟGujarat, ᵛKhambhat, °Darbhavati bei Vadodara *1688 (?):* Jaina-Philosoph (Erkenntnispsychologie, Ontologie, Systematisierung der Jaina-Logik, Kritik der »Neuen Logik« *Navya-Nyāya*)

YĀSKA
◡Madhyama Dis(h) *-5. Jh.:* brahmanischer Gelehrter, Autor des *Nirukta,* einer Etymologie vedischer Ausdrücke

YESHE TSOGYEL/Ye-shes mTsho-rGyal
◡Lhasa, Yamalung bei Samye, Yarlung (?), Tirthapuri in der Tise-/Kailas(h)-Region und Tertrom: Tochter des Königs Trisong Detsen und Konsortin des Padmasambhava *772,* buddhaitische *Tantrāyāna*-Mystikerin

**YI Hwang**/T'oegye
*On'gye-ri/T'oegye-dong in Tosan-myon bei Andong *1501,* ◡S(e)oul (ⓢ*1523–34,* Amtsperson, letzter Besuch *1568*), ◡Danyang und P'unggi (Amtsperson), Gründung der Akademien *Sosu-sŏwŏn* und *Tosan-sŏwŏn,* Rückzug in seine Herkunftsregion Tosan-myon *1549–°1570:* überragende Gestalt der neokonfuzianischen Philosophie in Han'guk, Auslöser der »Vier-Sieben-Debatte« *sach'il-lon 1561* über den Anteil des »Ordnungsprinzips« *li/i* und des »energetischen Prinzips« *qi/ki* an den »vier Anfängen« *si duan/sadan* (den ethischen Prinzipien des Meng Zi) und den »sieben Gefühlen« *qi qing/ch'ilchŏng* (nach dem »Klassiker der Riten« *Liji*)

**YI I**/Yulgok
*Pukp'ong-ri bei Kangnung *1536,* klassische Erziehung durch seine hochgelehrte Mutter Sin Saimdang *(*1504–°1551),* ◡Kumgang-san *1554–56* und S(e)oul, ᵛ*Tosan-sŏwŏn 1558,* ◡Ch'ongju in Ch'ungch'ong-pukdo und Hwanghae-do (Amtsperson), ᵛBeijing (Gesandtschaft), S(e)oul (Amtsperson) *1581–°1584;* Rückzugsorte: Soktam-ri bei Haeju in Hwanghae-do und Yulgok-ri: herausragendster neokonfuzianischer Philosoph in Han'guk neben Yi Hwang, seinem großen Kontrahenten (ausgewogenes Verhältnis zwischen *li/i* und *qi/ki*) in der »Vier-Sieben-Debatte«, Inspirationsquelle für die *Kiho*-Lehrrichtung und die *Horak*-Debatte seiner Anhänger über das Verhältnis von *li/i* und *qi/ki,* beide von seinen Anhängern initiiert

YI Ŏnjŏk/Hoajae (»Zwielicht-Studio«)
*Yangdong-ri bei Kyongju *1491,* ◡S(e)oul (Amtsperson *1514–30/1537–45*), ◡Tongnaktang bei *Oksan-sŏwŏn* (Rückzugsort) *1530–37,* Kanggye (Verbannung) *1547–°1553:* neokonfuzianischer Philosoph und »Land-Gelehrter« *sarim,* Vorläufer des Yi Hwang (Errichtung der ländlichen (Privat-) Akademie *Oksan-sŏwŏn* in der Nachbarschaft von seinem Geburts- und Rückzugsort)

YI Saek/Mogŭn (»Hirt-Eremit«)
**1328,* ⓢKaesong und Beijing *1348–51,* ⓟKaesong, Hansan in Ch'ungch'ong-namdo (Verbannung) *1392,* °Yoju in Kyonggi-do *1396:* Staatsbeamter, einer der »Drei Eremiten« *samŭn* und Wegbereiter der neokonfuzianischen Philosophie in Han'guk

YI Sungin/Toŭn (»Töpfer-Eremit«)
*Kyongsang-pukdo *1349,* ⓟKaesong, ᵛNanjing, °Sunch'on in Cholla-namdo *1392:* mehrfach aus Kaesong verbannter Staatsbeamter, einer der »Drei Eremiten« *samŭn* und Wegbereiter der neokonfuzianischen Philosophie in Han'guk

YIJING
*Qizhou/Ji'nan in Shandong *653,* Pilger- und Forschungsreise nach India *671–95:* von Yangzhou *671* auf dem Seeweg über ⓢS(h)rivijaya (Palembang?) auf Sumatera *672* (und Mon?) nach Tamralipti *673,* ⓢNalanda *673–83,* ᵛRajagriha, Vais(h)ali, Kus(h)inagara und Saranatha, ᵛValabhi (?), Rückreise auf dem gleichen Weg mit Aufenthalt in S(h)rivijaya (Übersetzungstätigkeit) *685–92* (zwischenzeitlich ᵛGuangzhou *689*) nach Luoyang *695,* °Chang'an *713:* Übersetzer buddhaitischer Texte des »Großen Fahrzeugs« *Mahāyāna* ins Chinesische

YINYUAN Longqi/Ingen Ryūki
*Fuqing/Rongcheng in Fujian *1592,* ᵛPutuo Shan *1614,* Huangbo Shan *(Wanfu Si)* in Fujian *1620–53,* ⓢJiaxing in Zhejiang *1624–30,* ◡Nagasaki (*Kofukuji,* Kloster chinesischer Kaufleute) *1654* und Settsu bei Osaka *1655,* ᵛEdo *1658, Uji* bei Kyoto *1659–°1673:* Promotor der *Zen*-buddhaitischen *Huangbo-/Ōbaku*-Lehrrichtung in Nihon und Gründer des Klosters *Wanfu Si/Mampukuji* in Uji (Zentrum der chinesischen Ming-Kultur, -Kunst und -Medizin in Nihon)

YIXUAN/Linji Yixuan/Imje Uihyon/Rinzai Gigen/Lam-Te
*Nanhua/Dongming in Shandong *810,* ⓢ*Daan Si* bei Nanchang und Huangbo Shan in Jiangxi, Zhengding *(Linji Yuan) 854–°887:* Begründer der *Linji-/Imje-/Rinzai*-Lehrrichtung des *Chan/Sŏn/Zen* (irritierende Fragen und Antworten *gongan/kongan/koan* als Mittel zur »Erweckung«)

YOSHIDA Shōin
*Matsumoto Mura bei Hagi *1830,* ⓢⓟHagi, ᵛKyushu, Edo und Mito, °Edo *1859* (hingerichtet): Vordenker der Meiji-Restauration

YUKAWA, Hideki
*Tokyo *1907,* ⓢⓟKyoto, zwischenzeitlich ⓟOsaka *1933–36,* Princeton *1948* und New York *(Columbia) 1949–53,* °Kyoto *1981:* theoretischer Physiker (Wechselwirkung zwischen den elementaren Partikeln), erster japanischer Nobelpreisträger *1949*

YUN Sŏndo/Kosan (»Einsamer Berg«)
**1587,* ◡S(e)oul, Ko-san in Yangju-gun bei S(e)oul, P'yongan-pukdo, Kanghwa-do und Namhan Sansong bei S(e)oul, °Pogil-do *1671:* konfuzianisch geschulter, mehrfach aus S(e)oul verbannter Staatsmann und herausragender Dichter (in koreanischer Sprache; Themen: Niedertracht des Menschen, Leben in der Natur)

YŪSUF KHĀṢṢ ḤĀJIB
◡Balasaghun und Kashgar *11. Jh.:* Dichter und Gelehrter (Ethik und Medizin in der Tradition des Ibn Sina), Autor des frühesten erhaltenen Werks der türkisch-islamischen Literatur (»Glückseligkeit bringendes Wissen« *Qutaghu Bilig*)

YUTOK Yönten Gönpo/gYu-thog Yon-tan mGon-po
◡Gongbu Menlong in Kham/O-Tibet und Lhasa, Reisen in S-Asien und Zhongguo (?), **786–°911 (?):* Arzt, Autor des Hauptwerks der indotibetischen Medizin, kommentiert von seinem Nachfahren Yutok »dem Zweiten« *12. Jh.*

ZANGPO, Rinchen/Rin-chen bZang-po
*Radnis *958,* ◡Kashmir, Guge (Toling und Tsaparong) und Ngari/»Kleintibet« (Ladakh und Zanskar), °Toling *1055:* Übersetzer von Sanskrit-Texten ins Tibetische (im Kontakt mit Atis(h)a) und Gründer (nach der Überlieferung) von »108« buddhaitischen Tempeln und Klöstern, darunter Toling und Tsaparang in Guge, Tabo in Spiti, Lamayuru, Nyarma, Alchi, Manggyu und Spituk in Ladakh

ZAR'A, Ya'ecob
*Aksum *1599,* °Gondar *1692:* Autor eines autobiographischen philosophischen Traktats, neben Amo namhaftester Philosoph in »Schwarzafrika« vor dem *20. Jh.*

**ZARATHUS(H)TRA**/Zardusht/Zoroaster
◡O-Iran (*Khorasan?–Ⓔ Khwarezm?) *-10. Jh.* (hypothetische Frühdatierung, traditionelle Spätdatierung: *-628 bis -551*): Autor der frühesten Teile der *Avesta,* des »Grundtextes« der Parsen (erste Sammlung und Verschriftlichung der zuvor ausschließlich mündlichen Überlieferung unter den Achaimeniden *-5. Jh.,* Redaktion und Kanonbildung unter den Sasaniden *5. Jh.*), und revolutionärer Begründer einer nicht mehr an rituellen Opfern, sondern an einem ausgeprägten ethischen Dualismus orientierten Religion (keine Deckungsgleichheit des Gegensatzes von Gut und Böse mit dem ontologischen Gegensatz von Geist und Materie), der frühesten geschichtlich erfolgreichen monotheistischen Religion im westlichen Teil der »Alten Welt«

ZAYA Bandit/Jaya Paṇḍita
Zhungaer/Dzungaria in Xinjiang Uygur **1592–°1662;* Tibet *1616–39:* oiradischer Adliger und tibetobuddhaitischer Gelehrter, Dichter, Übersetzer aus dem Tibetischen ins Mongolische, Schöpfer der »Klaren Schrift« *tod bichig/todo üsüg* für die westmongolische Sprache *1648,* Teilnehmer am Kongreß der oiradischen Konföderation (Erlaß des Gesetzbuchs *Tsaajiyn bichig*) *1640*

ZEAMI
*Nara *1363,* ◡Yamato, Kyoto und Sadoshima (Verbannung), °Kyoto *1443:* *Nō*-Schauspieler, -Autor und -Theoretiker (Ästhetik im Rückgriff auf *Zen* und Shinto)

ZĒNŌN von Elea
*Elea *-490,* von Platon fingierte (?) Diskussion mit Sokrates (zusammen mit seinem Lehrer Parmenides) in Athenai *-450,* °*-430:* Ontologe (Paradoxien der Bewegung und der Vielheit)

**ZĒNŌN** von Kition
*Kittim (phönikischer Herkunft) *-333,* Athenai *312–°262:* Begründer der stoischen Philosophie

ZHANG Heng
*Xi'e/Shiqiao in Henan *78,* ◡Luoyang, °*139:* Astronom und Ingenieur (Konstruktion eines Seismographen und eines wassergetriebenen Himmelsglobus, Erklärung der Mondfinsternis)

ZHANG (Dao-)Ling/Zhang Tianshi (»Himmlischer Meister Zhang«)
*Fengxian in Jiangsu oder Tianmu in Zhejiang *34,* Ⓢ Chang'an (?), ◡Jiangzhou/Chongqing, Heming Shan (Vision des »Höchsten Herrn Lao« *Taishang Laojun 142*) und Qingcheng Shan, °Hanzhong *156* (?): daoitischer Alchimist und Philosoph, erster Patriarch des »Weges der Himmlischen Meister« *Tianshi Dao* oder der »Fünf-Scheffel-Reis« *Wudoumi Dao* und damit Begründer der »kirchlichen« Organisation des religiösen *Dao Jiao;* namhafteste Nachfolger: Zhang Heng (Sohn), Zhang Lu (Enkel, Begründer eines daoitischen Staates in *Hanzhong*) und Zhang Sheng (Großenkel, Begründer der Residenz der *Tianshi* auf dem Longhu Shan)

ZHANG Lu
*Fengxian in Jiangsu, ◡Chengdu und Hanzhong, °*220:* Enkel des Zhang Ling und dritter Patriarch des »Weges der Himmlischen Meister« *Tianshi Dao,* Gründer eines daoitischen Staates in Sichuan und S-Shaanxi *191–215*

ZHANG Xuecheng
*Kuaiji/Shaoxing *1738,* Yingcheng in Hubei *1751–56,* ◡Beijing (mehrfache Aufenthalte *1760–82*), ᐯNingbo (mehrfach), Lehr- und Forschungstätigkeit an regionalen Akademien in Anhui, Henan, Hebei und Hubei, Ⓔ Feixiang *1780–82,* Baoding bei Beijing *1784–87* und Wuchang *1790–94,* Wanderleben *1795–°1801:* Regionalhistoriograph und -geograph, Geschichtsphilosoph (Methodologie, utilitaristische Einstellung), letzter namhafter Vertreter der *Dong-Zhejiang Xue* der Historiographie

ZHANG Zai/Hengqu
*Kaifeng *1020,* Amtsperson in Kaifeng, Hebei, Shaanxi, Gansu und Zhejiang, Rückzug an den Nan Shan in die Herkunftsregion seiner Familie bei Hengqu *1070–°1077:* Promotor der neokonfuzianischen Philosophie (Kosmologie und Ethik, *qi* als Grundprinzip), einer der »Fünf Meister« *Wu Zi* der Bei-Song-Zeit, Onkel und Lehrer der Brüder Cheng

ZHANG Zhidong
*Nanpi in Hebei *1837,* Beijing *1863–67/1877–82/1907–°1909;* Magistrat in Zhejiang, Hubei und Sichuan *1867–73,* Ⓔ Chengdu *1873–77,* Gouverneur von Shanxi in Taiyuan *1882,* von Guangdong und Guangxi in Guangzhou *1884* und von Hubei und Hunan in Wuchang *1889–1907,* zwischenzeitlich Amtsperson in Nanjing *1894–97/1902:* Politiker und gemäßigter Reformer nach dem Muster der Meiji-Restauration in Nihon; Schlagwort: »von (dem Land) der Mitte das Wesen, vom Westen die Technik« *zhongti xiyong;* → Sakuma Shōzan

ZHENG Xuan
*Gaomi in Shandong *127,* ◡Luoyang, °Yuancheng in Hebei *200:* Kommentator klassischer Texte

ZHI Dun/Zhi Daolin
*Chenliu/Kaifeng (Yuezhi-Herkunft) *314,* ◡Jiankang/Nanjing und Kuaiji Shan, °*366:* buddhaitischer Philosoph (Verbindung der daoitischen »Dunklen Schule« *Xuan Xue* mit der Philosophie des »Großen Fahrzeugs« *Mahāyāna*)

ZHI Qian
Yuezhi-Herkunft, Ⓢ Luoyang, ◡Wuchang und Jianye/Nanjing (Wu-Hauptstädte) *223–53* und Qionglong Shan in Jiangsu, *3. Jh.:* einer der ersten Übersetzer buddhaitischer Texte ins Chinesische

**ZHIYI**
*Yingchuan/Xuchang in Henan *538,* Ⓢ Huarong bei Jiangling, Xiangyang und Dasu Shan bei Guangshan in Henan *560–67,* Ⓔ Tiantai Shan, Jinling/Nanjing, Jiangling/Jingzhou, Guangzhou, Lu Shan und Yangzhou, °*597:* herausragender systematisierender Philosoph des *Buddhadharma/Fo Jia* (Weiterentwicklung der »Lehre von der Leere« *S(h)ūnya-vāda* zur *Tiantai*-Lehrrichtung)

ZHOU Dunyi
*Yingdao/Daojiang in Hunan *1017;* Kaifeng bis *1036/*ᐯ*1060/1067;* Amtsperson in Jiangxi (Nan'an/Dayu *1040–46,* Nanchang *1055,* Ganzhou *1061–64,* Lingling/Yongzhou *1064–*

*67*), Chen/Yuanling *1046–47,* Sichuan und Guangdong; Nankang/Xingzi und *Lianxi* (Landhaus) am Lu Shan *1062–°1073:* herausragender Promotor der neokonfuzianischen Philosophie (*taiji*-Kosmologie und Ethik), einer ihrer »Fünf Meister« *Wu Zi* der Bei-Song-Zeit, Lehrer der Brüder Cheng

ZHOU Gong Dan (»Herzog von Zhou«)

◡Zongzhou/Hao und Chengzhou/Luoyang, *-11. Jh.:* Sohn des Wen Wang, konfuzianische Idealgestalt des loyalen Ministers, nach legendärer Überlieferung Autor der *Zhouli* (»Riten der Zhou«) und von Teilen der Klassiker der »Urkunden« und »Lieder« *Shu Jing* und *Shi Jing*

**ZHU Xi**

*Youxi *1130,* ◡Jianyang *1140* und Wufu (Dorf) am Wuyi Shan (mit Unterbrechungen) *1143–94,* ©Jianpu/Nanping *1151/1158/1160/1162;* Amtsperson: Tongan *1151–54,* Nanchang *1179–81,* Anhui und Zhejiang *1181–82,* Zhangzhou *1190,* Changsha *(Yuelu Shuyuan) 1194;* Hangzhou (am Kaiserhof insgesamt 46 Tage) *1163/1165/1181/1188/1194;* ˅*Ehu Si* (Disputation mit Lu Jiuyuan) *1175,* ©Lu Shan (»Weißhirschhöhlen-Akademie« *Bailudong Shuyuan) 1179–81,* ◡Nanjing (Tempelwächter) *1192,* ©Kaoting am Wuyi Shan *1194–°1200:* überragende synthetisierende Gestalt der »(Natur-)Prinzip-Lehre« *(Xing-)Li Xue,* der dominanten Lehrrichtung innerhalb der neokonfuzianischen Philosophie in Zhongguo und Han'guk (*Cheng-Zhu Xue,* in Han'guk *Chuja-hak/Chongju-hak,* in Nihon *Shushigaku*), spekulativer Kommentator der Klassiker

ZHU Zaiyu

Beijing **1536–°1610:* empirisch forschender Musiktheoretiker

**ZHUANG ZI**/Zhuang Zhou

*Meng, ◡Song, ˅Daliang (?), °Zhongli *-4. Jh.:* urbildlicher Philosoph der »Schule des Weges« *Dao Jia* (Textredaktion der mit seinem Namen betitelten Schrift *Zhuangzi -4. bis 4. Jh.*)

ZI Chan/Gongsun Qiao

◡Jin, °*-522:* Berater des Herzogs von Jin, Autor des ersten schriftlich fixierten Gesetzeswerks in Zhongguo und damit Vorläufer der »Gesetz-Schule« *Fa Jia*

ZIEGENBALG, Bartholomäus

*Pulsnitz bei Dresden *1682,* ©Berlin und Halle, Tranquebar/Tarangambadi *1706–°1719:* christlicher Missionar und Tamil-Forscher (Sprache und Religion)

ZIYA GÖKALP/Meḥmet Ḍiyā

*Diyarbakır in Anadolu *1876,* ©Istanbul und Selanik, ©Istanbul *1913–18,* °Istanbul *1924:* Schriftsteller und Soziologe, Vordenker der »modernisierten« Türkei

ZONGMI/Guifeng Zongmi

*Xichong bei Nonghui in Sichuan *779,* ©Suizhou in Sichuan *802* und Xiangzhou *810,* ©Luoyang, Chang'an, Zhongnan Shan und Wutai Shan, °Guifeng im Zhongnan Shan *841:* fünfter Patriarch der buddhaitischen *Huayan-* und *Chan-/Zen-*Lehrrichtungen, Kommentator des *Avatamsaka-sūtra/Huayan Jing* und des *Yuanjiao Jing* (Einfluß auf den *Chan/Zen* und auf die neokonfuzianische Philosophie)

ZOU Yan

*Qi, ©Linzi (*Jixia*-Akademie), Daliang (?), Wucheng und Yan, *-3. Jh.:* Begründer der kosmologischen Lehren von *Yin* und *Yang* und den »Fünf Phasen« *wu xing*

# GEOGRAPHISCHES REGISTER

*Abbeville* K 1
Picardie, France: revolutionäre Entdeckung von Steinwerkzeugen des »vorsintflutlichen Menschen« *homme antédiluvien* (neben *500 KJ* alten Knochen von ausgestorbenen Tierarten) durch J. Boucher de Perthes *1847,* wissenschaftliche Anerkennung *1859*

Abdēra/Avdhira A 6, W 1–3
Thrakē, Hellas: ionische Kolonie *-7. Jh.;* ℗Leukippos, **Demokritos, Protagoras -5. *Jh.*,** *Anaxarchos *4. Jh.*

Aberdeen N 2
Scotland: Universität *1593*, *Aberdeen Philosophical Society 1758–73,* Zentrum der *Scottish (common sense) Philosophy;* *℗**Reid,** (*℗°G. Campbell) *18. Jh.*, ◡Byron, *Legge, ℗Maxwell *19. Jh.*, ℗Driesch, ℗Polanyi, ℗Arendt *20. Jh.*

*Abodu/Abydos* K 3
Kemet/bei al-Balyanā, Miṣr: Residenzstadt der beiden ersten Dynastien *-2900 bis -2600,* Anfänge der Schriftkultur, Verehrungsstätte des Osiri(s)

*Abomey/Dahomey* K 8
Benin: Hauptstadt eines absolutistisch und »bürokratisch« regierten Königreiches *1658–1892*

*Abri Blanchard* K 1
bei Les Eyzies, Dordogne, France: Fundstätte einer *32 KJ* alten Knochenplatte mit mäanderförmig angeordneten Punkten, als serielles Notationssystem (»archäoastronomischer Mondkalender«) gedeutet

*Abū Hurayra, Tall* K 2
am al-Furāt/Euphrat, as-Sūriyya: Fundstätte *(1974)* mit revolutionären Ergebnissen zu den Anfängen der Domestikation von Pflanzen *(-11 000)* und Tieren *(-7000)* im »Fruchtbaren Halbmond« (Arbeitsteilung zwischen den Geschlechtern, von neuen Ernährungsweisen und Arbeitsgeräten verursachte Krankheiten)

*Accra* N 5
Gold Coast/Ghana: Hauptstadt *1876/1957;* °Noguchi, ◡Nkrumah, ∨Fanon *20. Jh.;* in der Nachbarschaft: Legon, *University of Ghana* (℗B. Williams, ℗℗K. Wiredu *20. Jh.*)

*Aceh/Atjēh* S 5
Sumat(e)ra: früheste islamische Region in Indonesia *13. Jh.*

*Acheul(éen)* → *Saint-Acheul*

Adelaide N 3
South Australia: Universität *1874,* philosophisches *brainstorming 1950–70* (*Mind-Brain Identity Theory,* entwickelt von U. T. Place und J. J. C. Smart)

*Adena* K 7
bei Chillicothe, Ohio, U.S.A.: namengebende Fundstätte einer *Woodland-Mound*-Kultur *-700 bis -100*

Adogawa O 5
Omi/Shiga Ken, Nihon: *℗°Nakae Toju *17. Jh.*

*Adulis* K 8
bei Mitsiwa/Massawa, Eritrea: ägyptischer Anlaufhafen im Lande »Punt« *-2. bis -1. Jt.* (?), Hafenstadt des Reiches von Aksum *1.–8. Jh.*, Umschlagplatz afrikanischer und südasiatischer Güter

*Adyar* → *Chennai*

*Afanasevo* → *Karasuk*

*Afar Depression* K 1
Ītyop'ya: namengebende Fundregion *1972* des *Australopithecus afarensis 4–3 MJ vh,* → *Hadar*

*Afghānestān/Afghanistan* A 9, K 3–5, **W** 1, 2, 4, **5, S** 1, **2,** 5, N 1
herausragende kulturelle Zentren → *Balkh,* Ghaznī, Herat

***Africa**/Libyē/Libya* **A 1–4, 6,** 7, 10, **11, K 1**–5, **8, W,** S 5, N 1, 5, G

Afshāne/Afshāna W 5
bei Bukhārā, Mā Warā' an-Nahr/Uzbekiston: *Ibn Sina *10. Jh.*

*Āgra* W 5, S 2, N 5
Uttar Pradesh, Bhārat/India: Residenz der *Mughal*-Herrscher *1566–1638;* ◡°Akbar der Große *16.–17. Jh.*, *Jahan Ara und ◡Dara Shikoh *17. Jh.*, ∨Kang Youwei *20. Jh.;* in der Nachbarschaft → *Fatehpur Sīkrī*

Agrigento → Akragas

*Ahaggar/Hoggar* K 2, 8
aṣ-Ṣaḥrā', al-Jazā'ir: neolithische Kulturregion (Domestikation von Rindern, Felsbilder) *-7. bis -2. Jt.;* traditionelle Region der *Twāreg* (Tuareg); → *(aṣ-)Ṣaḥrā'*

Aḥmadābād W 5, **S** 1, **2,** N 5
Gujarāt, Bhārat/India: muslimische Gründung *1411,* britisch *1818–1949;* Zentrum der *Jaina* – ◡**Gandhi:** Gründung eines Ashram in Sabarmati *1918,* Hauptquartier bis *1936* und Ausgangspunkt des *Salt March* nach Dandi (südlich von Surat) *1930*

*Aigyptos* → *Miṣr*

*Aithiopia* → *(1) Kūsh, (2) Ītyop'ya*

*Aitnē/Aetna/Monte Etna* W 3, Z
Sikelia/Sicilia: °Empedokles (nach legendärer Überlieferung Sturz in den Vulkan) *-5. Jh.* (?)

*Ajanṭā* S 2
Mahārāshtra, Bhārat/India: buddhaitische Höhlentempel *1.–6. Jh.*, wiederentdeckt *1819;* ∨Dignaga *6. Jh.* (?), ∨Xuanzang *7. Jh.* (?)

*Ajmēr/Ajayameru* W 5, S 1, 2
Rājasthān, Bhārat/India: muslimisch *1193;* Zentrum des frühesten und »indischsten« der in S-Asien verbreiteten *Ṣūfī*-Orden *(Chishtiyya)* um das Grab von ◡°Chishti *12.–13. Jh.;* ∨Nanak *15.–16. Jh.*, ◡Akbar der Große (mehrfache Residenz) *16. Jh.*, *Dara Shikoh und ◡Jahan Ara *17. Jh.*

*Akhetaton/al-Amarna* K 3
Kemet/Miṣr: Kultstätte des Sonnengottes Aton und Residenzstadt des Akhenaton (Echnaton) *-14. Jh.*, freigelegt *1892,* Fund *1887* der *Amarna*-Briefe, abgefaßt hauptsächlich in akkadischer Keilschrift (über 300 Tontafeln aus SW-Asien)

Aki O 5
Bungo/Ōita Ken, Kyūshū, Nihon: *℗°Miura Baien *18. Jh.*

*Akita* N 5
Tōhoku, Nihon: Foyer der Übernahme »westlicher« Kunst (Malerei) und Wissenschaft (Landwirtschaft, Bergbau) *18.–19. Jh.*, (◡Hiraga Gennai *18. Jh.*)

*Akkad* K 3, 5
Mesopotamia/'Irāq: überregionaler Staat (mit Akkad/Agade bei Kish als namengebender Hauptstadt) *-2300,* bereits zuvor Übernahme der sumerischen Keilschrift für die zur afroasiatischen (»semitischen«) Sprachfamilie gehörende akkadische Sprache und Ausbildung einer bilingualen Schriftkultur *-2500;* in der Folge setzt sich die Bezeichnung »Sumer und Akkad« für das südliche Mesopotamia durch und breiten sich die akkadische Sprache als *lingua franca* und die Keilschrift als gebräuchliche Schriftform in SW-Asien aus bis zur Ablösung durch das Aramäische und seine alphabetische Schrift *-7. Jh.;* Dekodierung der akkadischen Schrift *1857*

'Akko/'Akkā/(Saint-Jean d')Acre W 4
bei Haifa, Yishrā'el: antiker Handelshafen, letzte Hauptstadt des französischen Kreuzfahrerstaates in Filastin *1104–1291;* (˅Ioachimus de Floris/da Fiore), ◡Maimonides *12. Jh.,* (˅Ibn Falaquera), ◡°Nahmanides, (˅Marco Polo) *13. Jh.*

Akō O 5
Hyōgo Ken, Nihon: ⓢBankei, ⓔYamago Soko *17. Jh.*

Akragas/Agrigento W 1–3
Sikelia/Sicilia: hellenisch *-600 bis -210;* medizinische Schule, *ⓔ**Empedokles** *-5. Jh.*

*Aksūm/Axum* **K** 4, **8,** W 1, 4, **S 5**
Ītyop'ya: Hauptstadt des frühesten, schriftlich dokumentierten äthiopischen Staates *1.–8. Jh.,* Blütezeit (Christianisierung, Schaffung der äthiopischen Schrift nach sabäischen, meroitischen und indischen Vorlagen) *4. Jh.;* kulturelle Kontakte mit dem kushitischen Meroē (erobert *350*), dem hellenisierten und christianisierten Aigyptos, mit Saba' auf der Arabischen Halbinsel (Oberhoheitsansprüche *4.–6. Jh.*) und mit S-Asien; *Zar'a *16. Jh.*

*Ālattūr/Aśvatthagrāma* S 4, N 1
bei Tirūr, Kerala, Bhārat/India: Foyer der astronomischen und mathematischen »Kerala Schule« um Parames(h)vara und Nilakantha *15. Jh.*

Alcalá de Henares/Complutum N 2
bei Madrid, España: Universität *1509* (gegründet von Jiménez de Cisneros, nach Madrid verlegt *1836*), Edition der *Biblia poliglota complutense* (hebräisch-hellenisch-lateinisch, mit hebräisch-aramäischem Glossar) *1414–17;* ˅I. und J. Abrabanel *15. Jh.,* ⓢMolina, *Cervantes, ◡Báñez, ◡Suárez *16. Jh.,* ⓔIoannes/Juan de Santo Tomás, (ⓢCalderón de la Barca) *17. Jh.*

Aleppo → Ḥalab

**Alexandreia**/al-Iskandariyya **A 6,** 8, 9, **K** 4, **8, W 1–4, S 5, N 1**
Aigyptos/Miṣr: herausragende Stadtgründung Alexandros' des Großen *-331,* ptolemäisch *-305,* römisch *-30,* arabisch *642;* Zentrum der hellenistischen Wissenschaften von der Gründung der Stadt *-331* bis zum Polymath Philoponos °*565* und damit kulturelles Zentrum in Aigyptos im Anschluß an Memphis, Foyer jüdisch-hellenistischer und früher christlich-hellenistischer Gelehrsamkeit *-3. bis +1. Jh.* (Bibelübersetzung *Septuaginta -3. Jh.*) und *2.–6. Jh.;* Ausgangsort der neuplatonischen Philosophie *3. Jh.;* Bibliotheken: *Museion -300 bis +270* und *Serapeion -235 bis 391*
*Philosophen und Wissenschaftler, Antike*: Philosophie: ⓔAnaxarchos *-4. Jh.,* ◡Ainesidemos, ◡Antiochos *-1. Jh.,* ◡Seneca, ˅Plutarchos *1. Jh.,* (ⓔAmmonios Sakkas und) ⓢⓔ**Plotinos** *3. Jh.,* *ⓔ°Hypatia *4.–5. Jh.,* ⓢProklos, ⓢDamaskios *5. Jh.,* *ⓔ°Philoponos *5.–6. Jh.;* (ⓔAmmonios Hermeiu), ⓢSimplikios *6. Jh.;* Philologie und Grammatik: (ⓔAristophanes von Byzantion *3.–2. Jh.,* ⓔAristarchos von Samothrake und Dionysios Thrax), ˅Polybios *-2. Jh.;* Mathematik: ⓔ**Eukleides** *4.–3. Jh.,* ⓢArchimedes *-3. Jh.,* ⓢⓔApollonios *-3. bis -2. Jh.,* (ⓔHeron *1. Jh.,* ⓔDiophantos *3. Jh.,* ⓔPappos *3.–4. Jh.*); Astronomie und Geographie: ⓔAristarchos von Samos, ⓔ°Eratosthenes *-3. Jh.,* ◡Strabon *-1. Jh.,* ◡**Ptolemaios** *2. Jh.;* Medizin: Redaktion der Hippokratischen Schriften, ◡Erasistratos und Herophilos *-3. Jh.,* ◡Galenos *2. Jh.;* Gelehrsamkeit »aus den Quellen des Judentums und Christentums«: *°**Philon** von Alexandreia *-1. bis 1. Jh.,* ⓔKlemens von Alexandreia, *ⓔ**Origenes** *2.–3. Jh.; Mittelalter:* ˅Hunayn Ibn Ishaq *9. Jh.* (?), ˅Halevi, ˅Maimonides *12. Jh.,* ◡Ibn Taymiyya *14. Jh.; Neuzeit:* (˅Napoléon Bonaparte und) ˅J. Fourier *18.–19. Jh.,* ˅Chateaubriand, Csoma Körösi und Flaubert *19. Jh.,* (ⓔR. Barthes und A. J. Greimas *20. Jh.*)

*Alexandreia Eschatē/Alexandria Ultima/Khujand/Leninabad* W 2
Farghāna, Sogdianē/Tojikiston: »letzte« Stadtgründung Alexandros' des Großen am nordöstlichen Rand des Persischen Reiches *-329*

*Alger* und *Algérie* → *(al-)Jazā'ir*

*Alīgarh/Ko(i)l* S 2, N 5
Uttar Pradesh, Bhārat/India: *Alīgarh Movement,* begründet von Sayyid Ahmad Khan zur »modernisierenden« Erneuerung des Islam *19. Jh., Muhammadan Anglo-Oriental College/ Alīgarh Muslim University 1875/1920;* ˅al-Afghani *19. Jh.,* ˅Iqbal *20. Jh.*

*'Alī Kosh, Tappe* K 2
Deh Lorān, Khūzestān, Īrān: namhafte Fundstätte *(1961)* mit Zeugnissen für die Frühphase der Domestikation von Pflanzen und Tieren im östlichen Teil des »Fruchtbaren Halbmonds« *-8000 bis -3000*

Allahābād/Prayāga S 3
Uttar Pradesh, Bhārat/India: hinduitischer Wallfahrtsort am Zusammenfluß von Ganga und Yamuna, eine der Residenzstädte des Gupta-Reiches *4.–6. Jh.,* Zentrum brahmanischer und buddhaitischer Kultur; von Akbar dem Großen *1583* mit der Festung »Gottesstadt« *Allahābād* versehen; Universität *1887,* intellektuelles Zentrum der sozialen Reformen und der nationalen Unabhängigkeitsbewegung (Sitz der *Nehru*-Familie) *19.–20. Jh.;* ◡Aryadeva *2.–3. Jh.* (?),˅Xuanzang *7. Jh.,* ◡**Kumarila** (?), ◡Mandana und ˅**S(h)ankara** (Streitgespräch) *7.–8. Jh.,* ˅Nanak, Vallabha und Caitanya *15.–16. Jh.,* ◡Kipling *19. Jh.,* ˅Iqbal *20. Jh.*

*Almaty/Alma Ata* S 5
Qazaqstan: ◡Trotskii (Verbannung) *20. Jh.*

*Alsace/Elsaß* N 4
France: deutsch *5. Jh.–1681/1871–1918;* *Lambert (Mülhausen) *18. Jh.,* *Schweitzer (Kaysersberg bei Colmar) *20. Jh.*

*Altai/Altaj/Altay/Altain Nuruu* A 2, 6, K 2, 6, W 2, S 5, N 5, Z
Monggol Ulus – Zhongguo – Rossiia: Region früher agrarischer und bronzezeitlicher Kulturen am Oberlauf von Enisei und Ob' in Kontakt mit südwest- und ostasiatischen Kulturen, »Altaiskythai«; namengebende Gebirgsregion der altaischen Sprachen, »Heiliges Gebirge« für Türken und Mongolen; ˅A. von Humboldt *19. Jh.*

*Altamira* K 1
Cantabria, España: erste Fundstätte *(1879)* von jungpaläolithischen Höhlenmalereien *13,5 KJ vh,* wissenschaftliche Anerkennung (E. Cartailhac: »*Mea culpa* d'un sceptique«) *1902*

*»Alte Welt«/Afroeurasia* A 4–7
Bezeichnung für die in Europa bis zum 15. Jahrhundert allein bekannten Erdteile (N-)Afrika, Asien und Europa; → *»Neue Welt«*

*Altın/Altyn Tepe* K 3
bei Ashgabat, Türkmenistan: namhafte Fundstätte mit Belegen für die bronzezeitlichen Anfänge urbaner Kultur in Zentralasien *-3. Jt.,* → *Namazga*

*Aluvihāra/Ālokavihāra* S 4
Siṃhala/Srī Lankā: Felsentempel bei Matale, Verschriftlichung des *Pāli*-Kanons der buddhaitischen Texte (Sammlung in »Drei Körben« *tipiṭaka*) *-1. Jh.,* Zerstörung der Bibliothek durch britische Truppen *1848*

**Amarāvatī** A 6, **S** 1, **4, 5**
Āndhra Des(h)a/Āndhra Pradesh, Bhārat/India: frühes Zentrum buddhaitischer Kunst (neben Gandhara und Mathura) mit Ausstrahlung auf Sri Lanka und SO-Asien *1.–4. Jh.;* ⓅNagarjuna und Aryadeva *2.–3. Jh.* (?); in der Nachbarschaft oder mit Amaravati identisch: *Dhanyakataka,* ∨Xuanzang *7. Jh.*

*Amarna* → *Akhetaton*

*Amaseia/Amasya* W 3
Pontos/Türkiye: römisch *-63,* erste Residenz der pontischen Könige, gegründet von Mithridates I Philhellenos *-301;* *°Strabon *-1. bis 1. Jh.*

*Amboise* N 4
Touraine, Loire, France: °Leonardo da Vinci *16. Jh.*

***America*** A 1–3, 6, 8–**11, K** 2, 5, **7, N 2, 3, 5, G**
→ *»Neue Welt«/»New World«,* ***Mesoamérica***

*Amerindians* A 1, 3, K 2, 7
Bezeichnung (anstelle von »Indianer«) der größten präkolumbischen Bevölkerungsgruppe der »Neuen Welt«, in einem weiteren Sinn unter Ausschluß allein der Inuit, in einem engeren (sprachwissenschaftlichen) Sinn beschränkt auf die Angehörigen der *Amerind(ian)*-Sprachfamilie unter Ausschluß auch der *Na-Dené;* Einwanderungswellen aus NO-Asien: *Amerind(ians) 35 (?)–13 KJ,* Na-Dené *14–12 KJ,* Inuit *10–4 KJ vh*

*Ampato, Nevado de* K 7
Los Andes, Perú: 6310 m hoher Berg mit einer Zeremonienplattform auf 5300 m, Fund *(1995)* eines um *1500* wahrscheinlich rituell getöteten Mädchens

*Amritsar* K 5, W 5, **S 2,** N 5
Panjāb, Bhārat/India: Kultzentrum der (hinduitisches und muslimisches Ideengut verschmelzenden) Religionsgemeinschaft der *Sikh,* gegründet *1577* mit Unterstützung von Akbar dem Großen, Aufbewahrungsort des »Urbuchs« *Ādi Grantha* (Redaktion *1604* in Gurmukhi-Schrift); zweimalige Zerstörung des »Goldenen Tempels« *Harimandir 1761* und *1984* (durch Hindus), *Amritsar Massacre* durch britische Truppen *1919*

*Amsadong* K 6
bei S(e)ŏul, Han'guk: namhafteste Fundstätte *(1968)* der *Chŭlmun*-Kultur

Amsterdam A 9, W 5, **N 2–5**
Holland, Nederland: interkontinentale Hafenstadt *16. Jh.; Athenaeum Illustre 1632*/Universität *1877;* ∪°Comenius, ∪J. Delmedigo, ∪Descartes, ∨Knorr von Rosenroth, ∨Leibniz, ∨Locke, ∪Schurman und ***Spinoza** *17. Jh.;* ⓈAmo, ∨Herder, ∨Lessing, ∨Maimon, ∪A. W. Schlegel und Swedenborg *18. Jh.;* ∨Kang Youwei, ⓈⓅBrouwer, ⓈChurch, ∨Barth, Buber, Husserl, Shestov und Heidegger *20. Jh.*

*Āmū Daryā/Oxos/Jayḥūn* **A 6, 11,** K 2–5, **W 1, 2, 4, 5,** S 5
Afghānestān – Tojikiston – Uzbekiston – Türkmenistan: größter Fluß im westlichen Zentralasien (vom Hindukush zum Aralsee), über weite (räumliche und zeitliche) Strecken Grenzfluß; »Land jenseits des Flusses« → *Mā warā' an-Nahr/Transoxania,* Region am Unterlauf → *Khwārezm,* Brückenstadt → *Termez;* → ***»Nīl–Āmū Darya-Region«***

*'Amūd, Wādī/Naḥal 'Ammud* A 2
Yishrā'el: Fundstätte von Neandertaler-Fossilien und von blattförmigen Werkzeugen *(blades) 50–40 KJ vh*

Anahilapataka → Pātan

*Anasazi/Ancestral Pueblo* K 7
New Mexico, U.S.A.: herausragende *Pueblo*-Kultur im SW von N-Amerika *-100 bis 1700,* wahrscheinliche Vorfahren der *Pueblo Indians,* → *Chaco Canyon*

*Anatolē/Anatolai/Anatolia/Anadolu (»Morgenland«)/Asia minor (»Kleinasien«)* W
Türkiye: Region der Anfänge der ionischen (hellenischen) Wissenschaft und Philosophie *-6. Jh.,* → *Ionia*

*Anazarbos/Dilekkaya* W 3
Kilikia/Türkiye: römisch *-31;* *Dioskorides Pedanios *1. Jh.*

*al-Andalus/Andalucía* **A 8, 9,** K 8, **W 4,** 5
arabischer Name für die Iberische Halbinsel (im engeren Sinn für deren muslimischen Teil), muslimisch *711–1492,* Blütezeit der islamischen Wissenschaft und Philosophie *11.–12. Jh.*

*Los Andes* A 11, K 7
zweite Hochgebirgsregion der Erde (nach Böyü/Tibet) mit einer herausragenden Kulturgeschichte (Lhasa 3700 m, Cuzco 3380 m über Meer); Baumwolle- und Keramikkulturen an der Küste von Perú und Ecuador *(→ El Paraíso, Valdivia) -3. bis -1. Jt.,* frühe durch Kunsthandwerk ausgezeichnete, überregionale Kulturen *(→ Chavín, Mochica, Nazca)* und Staaten *(→ Huari, Tiahuanaco) 1. Jt.,* gefolgt von Großreichen *(→ Chimú, Inca) 1200–1532*

***Āndhra Des(h)a**/Āndhra Deśa* K 5, **S** 1, **4**
Āndhra Pradesh, Bhārat/India: südindische Region mit dem dravidischen Telugu als Schriftsprache, drittes Zentrum (neben Mathura und Gandhara) der frühen buddhaitischen Kunst (*Amarāvatī*-Stil: Ausstrahlung auf Sri Lanka und SO-Asien), gleichzeitig Zentrum der frühbuddhaitischen *Mahāsaṅghika*-Lehrrichtung und der aus ihr hervorgegangenen Philosophie des »Mittleren Weges« *Mādhyamika* (»Lehre von der Wesenlosigkeit« *S(h)ūnya-vāda*); Ⓟ**Nagarjuna** und **Aryadeva** *2.–3. Jh.* (?), ⓅDignaga *6. Jh.,* ⓈXuanzang *7. Jh.*

Andong O 5
Yŏngnam/Kyŏngsang-pukdo, Han'guk: traditionelle ländliche Stadt; in der Nachbarschaft: On'gye-ri/T'oegye-dong (*Yi Hwang) und → Tosan-sŏwŏn

*Andronovo* → *Karasuk*

*Angkor* S 5
bei Siĕmréab, Kâmpŭchéa: Khmer-Hauptstadt *889–1431, Phnom Bakheng:* hinduitischer (shivaitischer) Tempelberg (»Weltenberg« *Meru*), *Angkor Wat:* hinduitisches (vishnuitisches) Hauptstadtkloster *12. Jh., Angkor Thom:* buddhaitisches Reichszentrum *13. Jh.;* Freilegung *1860,* ∨Malraux (Kunstdiebstahl im Hindu-Tempel *Banteay Srei*) *20. Jh.*

*Angola* → *Ndongo*

'Annāba → **Hippo**

Ann Arbor N 3
Michigan, U.S.A.: *University of Michigan 1837;* ⓟDewey, ⓟG. H. Mead *19. Jh.,* ⓟHamilton, *ⓢSellars *20. Jh.*

Ansbach N 4
bei Nürnberg, Franken, Deutschland: ◡Feuerbach *(Schloß Bruckberg) 19. Jh.*

*Anshan/Tappe Malyān* K 3
Fārs, Īrān: elamische Stadt, Blütezeit *-4. bis -2. Jt.,* namhafte Fundstätte protoelamischer Schrifttafeln *-3. Jt.*

*Antiocheia/Anṭākiya/Hatay* A 8, W 3
Syria/Türkiye: hellenisch *-307,* römisch *-64,* sasanidisch *540,* arabisch *638;* Metropole des Römischen Reiches in SW-Asien: Ausgangsbasis der Verbreitung christlicher Theologie im Römischen und im Persischen (Sasanidischen) Reich und Etappenort der Vermittlung hellenischer Wissenschaft und aristotelisch-neuplatonischer Philosophie von Alexandreia nach Gondeshapur und Baghdad; ◡Erasistratos *-3. Jh.,* ◡Paulos Apostolos *1. Jh.,* ˅Klemens von Alexandreia *2.–3. Jh.,* ˅Plotinos, ⓟIamblichos (?) *3. Jh.,* ˅Gregorios von Nyssa, *Theodoros von Mopsuestia *4. Jh.,* ⓢⓟNestorios *5. Jh.,* ⓢAdelardus Bathensis *12. Jh.*

**Anurādhapura A 6, S 1, 4, 5**
Siṃhala/Srī Lankā: Residenz der sin(g)halischen Könige *-380 bis 993* und monumentale buddhaitische Klosterstadt *-3. bis 10. Jh.* (»Großes Kloster« *Mahāvihāra -3. Jh.,* schismatische Klöster: *Abhayagirivihāra -1. bis 12. Jh.* und *Jetavanavihāra 3.–12. Jh.,* archäologische Freilegung *1817*); Zentrum der buddhaitischen »Lehre der Alten« *Theravāda;* ◡Mahinda und Sanghamitta *-3. Jh.,* *Aryadeva *2. Jh.,* ⓟBuddhadatta, ⓟ**Buddhaghosa,** ⓢDhammapala, ˅Faxian *5. Jh.,* ⓢVajrabodhi, ˅Amoghavajra *8. Jh.* (?); ˅R. Otto *20. Jh.*

*Anyang* K 3, 6, O 3
Henan, Zhongguo: in der Nachbarschaft: (1) Fundstätte von »Überresten von Yin« *Yinxu,* der letzten Hauptstadt der Shang-Dynastie *-13. bis -11. Jh.,* → *Yin;* (2) *Linzhang* in Hebei, unter dem Namen *Ye* Hauptstadt mehrerer kurzzeitiger Dynastien *4.–6. Jh.,* → *Ye*

*Ao* → *Erligang*

Aosta W 4
Piemonte, Italia: *Anselmus *11. Jh.*

*Aotearoa/New Zealand* A 1, N 3

Apameia/Qal'at al-Muḍīq W 2, 3
Syria: *Poseidonios *-2. Jh.,* ◡Numenios *2. Jh.,* ⓟ**Iamblichos** *3.–4. Jh.*

Aphrodisias/Geyre W 3
Karia/Türkiye: Zentrum der Bildhauerei *-1. bis 5. Jh.;* *Alexandros von Aphrodisias *2. Jh.*

*Apoala* K 7
Mixteca Alta, México: nach mythologischer Überlieferung Herkunftsort mixtekischer Herrscherdynastien

*Apollo 11 Cave* K 1
Huns Mountains, Namibia: Fundstätte *(1969)* der bislang frühesten bekannten Felsbilder (gemalte Tierfiguren) in Afrika *27,5 KJ vh*

Apollōnia Pontikē/Sozopol W 3
Thrakē/Bălgariia: miletische Kolonie *-610,* ˅Anaximandros *-6. Jh.*

*Apollōnia/Pojani* W 3
Ēpeiros/Shqipëria: römischer Verkehrsknotenpunkt zwischen dem Seeweg nach Brundisium und dem Landweg nach Byzantion *-2. Jh.;* ˅Herodotos *-5. Jh.,* (ⓢAugustus Imperator *-45*)

Aquino W 4
bei Roccasecca, Campania, Italia: normannosizilianisch *1058–1282;* *Thomas Aquinas *13. Jh.;* in der Nachbarschaft: *Abbazia di Montecassino,* gegründet von Benedictus de Nursia, zusammen mit dem nach ihm benannten Benediktinerorden *6. Jh.,* ⓢThomas Aquinas *13. Jh.*

*Arabia* und *al-'Arabiyya as-Sa'ūdiyya* → *Jazīrat al-'Arab*

*Aram/Aramaia/Aramaea* **K 3–5**
as-Sūriyya – Türkiye: »Land der Aramäer« *Māt Aramu* (im engsten Sinn: Region des Stadtstaates Dimashq); Gründung von aramäischen Stadtstaaten und Übernahme des kanaanäisch-phönikischen (protosyrischen) Alphabets *-10. Jh.,* von Assyria annektiert *-8. Jh.,* mutmaßliche Träger der letzten vorpersischen Dynastie (»Chaldäer«) und der kulturellen Blütezeit in Babil/Babylon *-625 bis -539,* in der Folge Ausbreitung der aramäischen Sprache als *lingua franca* im Persischen Reich (»Reichs-Aramäisch«) und Entwicklung seiner Schrift zur »Mutterschrift« sämtlicher alphabetischer Schriften in Zentral-, S- und O-Asien *-6. bis 18. Jh.;* ◡Akhiqar *-7. Jh.*

*Arbuda/Guru Sikhar/Mount Ābu* S 2
Rājasthān, Bhārat/India: einer der fünf »Heiligen Berge« der *Jaina,* Tempelanlage *11.–13. Jh.,* ˅Nanak *15.–16. Jh.*

*Arcy-sur-Cure* K 1
bei Avalon, Bourgogne, France: Fundstätte von Neandertaler-Fossilien, Hüttenbauten mit Feuerstellen, Knochenwerkzeugen und Höhlenmalereien *31–36 KJ vh,* als Indiz für eine mit dem zeitgleichen *Homo sapiens sapiens* vergleichbare kulturelle Kompetenz des *Homo sapiens neanderthalensis* interpretiert

Argenteuil N 2
bei Paris, France: ◡Heloissa (Kloster) *12. Jh.;* Lieblingsgegend impressionistischer Maler *19. Jh.*

*Argentina* K 7, N 5

*Arikamedu/Podukē/Poduca* S 4
Tamil Nādu, Bhārat/India: antike Hafenstadt, auf dem Landweg mit Muziris an der Küste von Kerala verbunden, Handelsbeziehungen über Aigyptos mit dem Römischen und über SO-Asien mit dem Chinesischen Reich *-1. bis 2. Jh.*

*Arkadia* W 3
Peloponnēsos, Hellas: poetisch idealisierte Gebirgslandschaft, angeregt von Polybios (*Arkadia) *-2. Jh.,* initiiert von Vergilius *-1. Jh.* und erneuert von Petrarca *14. Jh.*

*Armenia* → *Hayastan, Kilikia*

Ashford N 4
Kent, England: ◡Conrad (*Capel House* in Orlestone), ˅Russell, °S. Weil *20. Jh.*

*Ashikaga* O 5
Kantō, Nihon: Herkunftsort *(12. Jh.)* der Shogune der Muromachi-Zeit *1338–1573;* Sitz der konfuzianischen *Ashikaga Gakko,* der größten Schule im »mittelalterlichen« Nihon, geleitet hauptsächlich von buddhaitischen Mönchen *12. Jh.–1872,* Blütezeit *15.–16. Jh.*

*Ashkenāz* A 9
traditionelle jüdische Bezeichnung für Mitteleuropa (Deutschland – Polska – Lietuva)

*Ās(h)maka/Āśmaka* S 4
Āndhra Pradesh, Bhārat/India: *Aryabhata *5. Jh.* (?), ◡Bhaskara I *6.–7. Jh.*

*Ashshur/Assur/Qal'at Shirqāṭ* K 3
Mesopotamia/'Irāq: Ausgangsort und Hauptstadt des Assyrischen Reiches *-2400 bis -879;* Keilschriftbibliothek des Tukulti-apal-esharra (Tiglatpileser I) *-1100;* ◡Sin-leqe-unnini *-13. bis -12. Jh.*

***Asia*** **A,** K 1–6, 8, **W, S, O,** N 1, 5, G

Askalōn/'Asqalān/'Ashqelōn W 3
Syria-Palaistinē/Yishrā'el: hellenisch *-333,* arabisch *640;* *Antiochos von Askalon *-2. Jh.,* *ash-Shafi'i *8. Jh.*

*Assisi* W 4
Umbria, Italia: (*◡°Francesco d'Assisi, Gründer des »Franziskanerordens« *Ordo Fratrum Minorum 1209*), ◡Bonaventura *13. Jh.,* ᵛS. Weil *20. Jh.*

Assos/Behramkale W 3
Troas/Türkiye: ⒺAristoteles, ⓈⒺTheophrastos, *Kleanthes *-4. Jh.*

*Assyria/Māt Ashshur* A 4, K 3
Mesopotamia/'Irāq: frühestes historiographisch belegtes Großreich der Erde (vom Arabisch-Persischen Golf bis nach Lydia und Kemet *-9. bis -7. Jh.*), großräumiger Vermittler syrischer und mesopotamischer Schriftkultur während der »orientalisierenden Phase« der hellenischen Kultur *(-750 bis -650),* Wegbereiter des Persischen Großreiches; traditionelle Bezeichnung für das nördliche Mesopotamia

*Astrakhan'* N 5
an der Volga-Mündung, Rossiia: Residenz eines mongolisch-türkischen Nachfolgestaates der »Goldenen Orda« *1466,* russisch *1544;* (ᵛIbn Battuta *14. Jh.*), ᵛA. von Humboldt, ◡Chernyshevskii *19. Jh.*

*Asuka* O 5
Region bei Nara, Nihon: politisches und kulturelles Zentrum in Nihon zur Zeit der Einführung der chinesischen Schrift- und Staatskultur (Asuka-Zeit *538/552–710*), offizielles Datum der Einführung des *Buddhadharma/Bukkyō 538* oder *552,* Errichtung einer konfuzianischen Hochschule für Staatsbeamte *Daigakuryō 7. Jh.,* herausragender Herrscher: *Ⓔ°**Shotoku** Taishi und Naka no Oe/Tenji *6.–7. Jh.;* Ⓔ**Dosho** *7. Jh.*

*Aswān → Jeb*

*Atapuerca* K 1
bei Burgos, España: Fundstätte *(1976)* eines gut erhaltenen Schädels des »Vorgängermenschen« *Homo antecessor* und der möglicherweise frühesten Steinwerkzeuge in Europa *800 KJ vh (?)* sowie der bislang frühesten bekannten Belege für die intentionale Totenbestattung archaischer Menschen *200 KJ vh*

*Ater/Bi'r al-Ater* K 1
bei Tébessa, al-Jaza'ir: namengebende Fundstätte einer in N-Afrika verbreiteten jüngeren paläolithischen Steinwerkzeugtechnik *(Atérien) 60–40 KJ vh*

**Athēnai**/Athina/Atīnā **A 6,** 8, K 3, 4, 8, **W 1–3, S 5, N 1**
Attikē, Hellas: Zentrum der hellenischen Philosophie über 1000 Jahre hinweg, vom »Perikleischen Zeitalter« *-443 bis -429* bis zur Schließung der *Akadēmeia 527,* Blütezeit *-5. bis -3. Jh.; Philosophische Schulen: Kynikoi* (»Hündische«), benannt nach der Lehrstätte des Sokrates-Schülers Antisthenes im Gymnasion *Kynosarges* im O der Stadt oder nach der »unverschämten, hündischen« Lebensweise des Antisthenes-Schülers Diogenes, *-4. Jh.; **Akadēmeia,*** benannt nach dem benachbarten Tempel des Heros Akademos im NW der Stadt, Gründer: Platon, später pythagoreische, skeptische und neuplatonische Phasen, *-387 bis 529; **Peripatos*** (»Wandelhalle«) im *Lykeion,* einem dem Apollon Lykeios geweihten Hain im O der Stadt, Gründer: Aristoteles und Theophrastos, *-335 bis +3. Jh.; Philosophia tou kēpou,* benannt nach der Lehrstätte, einem »Garten« ***Kēpos,*** Gründer: Epikuros, *-306 bis -1. Jh.; **Stoa,*** benannt nach der »Säulenhalle« am »Markt« *Agora,* dem Versammlungsort der »älteren Stoa«, Gründer: Zenon von Kition, *300–130*
*Philosophen und andere herausragende Intellektuelle, vorklassische Zeit:* *°Solon *-7. bis -6. Jh.; klassische Zeit:* ◡Aischylos *-6. bis -5. Jh.,* Ⓔ**Anaxagoras,** ◡°Aspasia, ◡Euripides, ◡Herodotos, ◡Hippokrates von Chios, ᵛParmenides (?), *°Perikles, ⒺProtagoras, *°Sophokles, ◡Theodoros von Kyrene, *◡Thukydides und ᵛZenon von Elea (?) *-5. Jh.,* *Ⓔ°Antisthenes, ⓈAristippos, *°Aristophanes, ᵛDemokritos, ⓈEukleides von Megara, ⒺGorgias, ⒺHippias, *Ⓔ°Isokrates, ⓈPhaidon, *°Phaidros, *Ⓔ°**Platon,** *Ⓔ°**Sokrates,** *Ⓔ°Speusippos, *°Theaitetos und *◡Xenophon *-5. bis -4. Jh.,* ⓈAnaxarchos, ⓈⒺ**Aristoteles,** ⓈDiogenes von Sinope, ⓈEudemos von Rhodos, ⓈⒺEudoxos, ⓈEukleides (?) und ◡Kratylos (?) *-4. Jh.,* ⓈⒺ**Epikuros,** ⒺPyrrhon, ⓈⒺ°Theophrastos und ⓈⒺ°**Zenon** von Kition *-4. bis -3. Jh.; hellenistische und römische Zeit:* ⓈⒺ°Arkesilaos, ⓈAristarchos von Samos (?), ⓈⒺ°Chrysippos, ⓈEratosthenes und ⓈⒺ°Kleanthes *-3. Jh.,* ⓈⒺDiogenes Babylonios *-3. bis -2. Jh.,* °Karneades, ⓈⒺHasdrubal/Kleitomachos, ⒺPanaitios und ⓈPoseidonios *-2. Jh.,* ⓈⒺAntiochos und Ⓔ°Philon von Larisa *-2. bis -1. Jh.,* ⓈⒺAinesidemos, ⓈPhilodemos und Cicero *-1. Jh.,* ᵛPaulos Apostolos *1. Jh.,* ◡Plutarchos *1.–2. Jh.,* *Klemens von Alexandreia *2. Jh.* (?), ⒺAlexandros von Aphrodisias *2.–3. Jh.,* ᵛOrigenes, ◡Porphyrios *3. Jh.,* ⓈBasileios, (ⓈIulianos Apostata) *4. Jh.,* Ⓔ°**Proklos** *5. Jh.,* ⓈⒺDamaskios *5.–6. Jh.,* ⓈBoethius (?), ⓈⒺSimplikios *6. Jh.; Neuzeit:* ᵛChateaubriand, Byron, Flaubert, Haeckel und Otto *19. Jh.;* (ⓈC. Castoriadis), ᵛFreud, Th. Mann und Heidegger *20. Jh.*

*Athōs/Hagion Oros/Agio Oros* W 4, S 5
Chalkidikē/Halkidiki, Hellas: interkultureller Klosterberg (iberisch-georgische, serbische, bulgarische, russische und bis zum *13. Jh.* auch süditalienische Klöster), Mönchsrepublik und Übersetzungszentrum seit dem *9. Jh.,* Blütezeit *11. Jh./14.–15. Jh.,* Renaissance *18.–19. Jh.;* ◡Leont'ev, ᵛOtto *19. Jh.*

*Atlas* A 2, Z
Hesperia/Occidens/Maghrib: (1) Hochgebirge, (2) mythischer Träger des Himmels am westlichen Ende der »Alten Welt«, (3) Sammlung geographischer und/oder thematischer Karten

Augsburg N 4
Bayern, Deutschland: ᵛAlbertus Magnus *13. Jh.,* ⒺJungius, ᵛParacelsus, ᵛMontaigne *16. Jh.,* *°Brucker *17.–18. Jh.,* ◡Lambert *18. Jh.,* *◡Brecht *19.–20. Jh.*

*Augustów* N 4
Polska: russisch *1795–1917;* *Post *19. Jh.*

Aurich N 4
Friesland, Deutschland: *Jhering *19. Jh.,* (◡W. Schapp *20. Jh.*)

*Aurignac* K 1
Pyrénnées, France: namengebende Fundstätte der bislang frühesten jungpaläolithischen und ausschließlich dem anatomisch modernen Menschen zugeordneten Kulturphase *(Aurignacien)* in Europa *40–30 KJ vh;* Klingentechnik bei der

Bearbeitung von Steinwerkzeugen, massive Zunahme der erhaltenen Knochenwerkzeuge, Herstellung der Werkzeugtypen in Abhängigkeit von den Eigenschaften des Materials, Kunstwerke: tragbare Kleinplastiken, Felsmalereien (Tierdarstellungen) und Petroglyphen (Eingravierungen abstrakter Zeichen)

*Auschwitz/Oświęcim* A 9, N 4
Polen/Polska: deutsch *1939–45,* Konzentrations- und Vernichtungslager der SS *1940–45:* °E. Stein, (◡L. Fleck)

***Australia*** A 1–3, **K 1,** N 3, 5, G

*Austro-Asia* → *Southeast Asia*
Namengeber für die austrische oder austroasiatische Sprachfamilie (→ K 2)

*Austronesia* A 1, **K 2,** 6, N 5
Inseln im mittleren und südlichen Pazifik; Namengeber für die austronesische Sprachfamilie

Auteuil N 2
bei Paris, France: Salon der Madame Helvétius/Anne Catherine de Ligniville *1771–1800,* Gäste: d'Alembert, Buffon, Cabanis, Condillac, Condorcet, (A. L. Destutt de Tracy), Diderot, Franklin, d'Holbach, Jefferson, Laplace, Lavoisier (und Napoléon); (*M. Proust *19. Jh.*)

*Autun/Augustodunum* W 2
Bourgogne, France: gallorömisches Schulzentrum *-1. bis 4. Jh.* im Anschluß an traditionelle, von keltischen Druiden geführte Schulen, in der Umgebung: ℗Diviciacus *-1. Jh.*

*Auxerre* N 4
Bourgogne, France: (*Guilelmus Altissiodorensis/Guillaume d'Auxerre *12. Jh.*), *℗J. Fourier *18. Jh.,* ˅Staël und A. W. Schlegel *19. Jh.*

*Avanti* S 2
Madhya Pradesh, Bhārat/India: Königreich mit supraregionalen Hegemoniebestrebungen in N-India -7. *bis -4. Jh.,* Hauptstädte → *Māhishmatī* und ***Ujjayinī,*** von den Maurya erobert *-4. Jh.,* Entstehungsregion der Pali-Sprache *-4. Jh.;* ◡As(h)oka, *◡Mahinda (sein Bruder oder Sohn) und Sanghamitta (seine Tochter, Missionare in Sri Lanka) *-3. Jh.*

Avignon W 4
Provence, France: Residenz der römischen Päpste *1309–76,* Universität *1303–1791;* °Aegidius Romanus, ˅Albertus Parvus, ˅Burlaeus, °Eckehardus (?), ˅Gersonides, ˅Nicolaus Oresmius, ◡Ockham, ◡Petrarca *14. Jh.,* (°Petrus de Alliaco/Pierre d'Ailly *15. Jh.*), ◡Gassendi, ℗Kircher *17. Jh.;* in der Nachbarschaft: (1) *Saint-Véran,* ◡°(Harriet Harry und) J. S. Mill *19. Jh.,* (2) *Le Thor,* (◡R. Char), ˅Heidegger *20. Jh.*

*Ávila* N 2
Castilla, España: (◡Moses de León *13.–14. Jh.*), *◡**Teresa,** ℗Báñez, ℗Suárez *16. Jh.,* ◡Santayana *20. Jh.*

Axim K 8, N 5
Gold Coast/Ghana: *Amo *18. Jh.,* *Nkrumah *20. Jh.*

*Ayacucho/Guamanga/Huamanga* K 2
Los Andes, Perú: Fundregion von frühen Belegen *(-6000)* der Domestikation von Pflanzen und Tieren (Llama, Meerschweinchen), namhafte Fundstätte: *Pikimachay Cave* (Kartoffeln *-4500*); *◡Guaman *16.–17. Jh.*

*Aydınlar/Tillo* W 5
bei Siirt, Doğu (»Ost«) Anadolu, Türkiye: ◡°Hakki *18. Jh.*

*Ay Khanum/Āi Xānum/Eukratida (?)* W 2
Baktria/Afghānestān: hellenobaktrisch *-239 bis -130,* Fundstätte *(1964)* von hellenisch-philosophischen Papyri *-2. Jh.*

*'Ayn Ghazāl/Ain Ghazal* K 2
al-Urdunn/Jordan: Fundstätte *(1980)* einer *-7000 bis -6000* rasch angewachsenen neolithischen Siedlung (Domestikation von Tieren) mit Zeugnissen eines Totenkults (aus Lehm geformte Schädel)

**Ayodhyā**/Sāketa/Sāgeya/*Oudh*/(heute Stadtteil von) *Faizābād* **S** 1, **3**
Kos(h)ala/Oudh/Uttar Pradesh, Bhārat/India: nach dem Epos *Rāmāyana* Geburts- und Residenzstadt des Titelhelden *Rāmā,* nach mythischer Jaina-Überlieferung Geburtsort des ersten »Furtbereiters« *tīrthan-kāra* Rishabhanatha, eine der Residenzstädte von Kos(h)ala unmittelbar vor Buddhas Lebenszeit *-6. bis -5. Jh.* und des Gupta-Reiches während der »Goldenen Zeit« S-Asiens *4.–6. Jh.;* ˅Mahavira und Buddha *-6. bis -4. Jh.,* ◡Patanjali II *-2. Jh.* (?), ◡As(h)vaghosha *1.–2. Jh.,* ℗**Asanga** und ℗°**Vasubandhu** *4. Jh.* (?), ˅Faxian *5. Jh.,* ⓈDignaga, ◡Kalidasa *5. Jh.* (?), ˅Xuanzang *7. Jh.,* ˅Ramanuja *11. Jh.,* ˅Nanak und Vallabha *15.–16. Jh.; Babri*-Moschee von Babur *1528* über dem Geburtstempel des *Rāmā* errichtet, von Hindu *1992* zerstört

*Ayuthia/Ayudhyā/Nakhon S(r)i Ayutthaya* **S 5,** N 5
Muang Thai: Hauptstadt eines Thai-Reiches *1350–1767,* nach dem Untergang von Sukhotai *1438* kulturelles Zentrum; Entsendung buddhaitischer Mönche nach Kandy zur Restauration des buddhaitischen *Theravāda* in Sri Lanka *1751,* »Solenelle Ambassade du Roy de Siam au Roy [de France Louis XIV]« *1686*

*Āzarbayjān* (Provinz in Īrān) → *Marāghe, Tabrīz*

*Azerbaycan/Azerbaijan* (unabhängiger Staat *1991*) → *Kavkaz*

*Azteca* K 7
Valle de México: letztes und größtes vorkolumbisches Reich in Mesoamérica, Übernahme der Stadtkultur der Tolteca und der Großstadt Teotihuacán und der Bilderschrift-Kultur der Mixteca; → **México**

***Bābil**/Bāb-ili/Bābel/**Babylōn*** **A** 4, **6, 8,** 9, **K 3,** 4, **W** 1, **2**
Mesopotamia/bei al-Ḥilla, 'Irāq: Kleinstadt am al-Furat/Euphrat *-3. Jt.,* überragendes kulturelles und politisches Zentrum in SW-Asien (über mehrfach wechselnde Fremdherrschaften hinweg) *-1700 bis -300,* Inbegriff einer »Weltstadt« seit seiner neubabylonischen Blütezeit unter den Chaldäern *-626 bis -539,* Ablösung als Zentrum durch Seleukeia am Dijla/Tigris *-300;* herausragender Herrscher: Hammurapi *-1728 bis -1686* und Nabu-kudduri-usur (Nebukadnezar II) *-605 bis -562,* halbmythische Herrscherin (assyrische Königsgattin und -mutter): Sammuramat/Semiramis *-9. bis -8. Jh.; herausragende Intellektuelle:* ◡Shubshi-meshre-Sakkan *-12. Jh.,* ◡Kabti-ili-Marduk *-10. Jh.,* ◡**Shaggil-kinam-ubbid** *-8. Jh.,* ˅Pythagoras *-6. Jh.* (?), ˅Herodotos, ˅Demokritos (?) *-5. Jh.,* ◡Berossos, (˅°Alexandros der Große), ˅Anaxarchos und Pyrrhon *-4. Jh.*

***Bābil/Bābel/Babylōnia*** **A** 4, 6, **8, 9,** K 4, W 1, 2
antiker (hellenischer und jüdischer) Name für das südliche Mesopotamia, traditionelle Eigenbezeichnung: »Sumer und Akkad«; Exilregion (»babylonische Gefangenschaft«) der Juden nach der Zerstörung des Salomonischen Tempels, Redaktion zentraler Schriften (Pentateuch, Prophetenbücher) des »Alten Testaments« *-586 bis -538* und wichtigste Asylregion (nunmehr unter parthischer und sasanidischer Herrschaft)

nach der Zerstörung des zweiten Tempels durch eine römische Armee während der formativen Phase des rabbinischen Judentums (Redaktion des »babylonischen Talmud«) *1.–6. Jh.* → *Pumbedita, Sura,* **Baghdād;** ᵕ**Deutero-Isaiah** *-6. Jh.*, *Diogenes Babylonios *-3. Jh.*, ⓔ°Saadiah Gaon *10. Jh.*

*Bacho Kiro* K 1
Bălgariia: Fundstätte der bislang frühesten Artefakte (aus Tierzähnen gefertigter Schmuck) der jungpaläolithischen Kultur (Früh-*Aurignacien) 43 KJ vh;* hypothetische Station des anatomisch modernen Menschen auf dem Weg von SW-Asien nach W-Europa

*Bādāmi/Vātāpi* S 4
Karnātaka, Bhārat/India: Hauptstadt des *Cālukya 6.–8. Jh.;* ᵛXuanzang *7. Jh.*, ᵛHyech'o *8. Jh.*

Badrīnāth(a)/Badarīkā S 1, 2
Uttaranchal, Bhārat/India: Wallfahrtsort an einem Quellfluß der Ganga, *Badrīnātha-/Vishnu*-Heiligtum; ᵕ°Vyasa (mythisch), ᵕGaudapada *6. Jh.* (?), ᵕS(h)ankara (nördliche seiner vier panindischen Klostergründungen) *7.–8. Jh.*, ᵛRamanuja *11. Jh.*, ᵛMadhva *13. Jh.*, ᵛVallabha *15.–16. Jh.*

*Bagan/Pagan/Arimaddanapura* **S 5,** O 1
Myanmar: Hauptstadt und monumentale Tempelstadt des ersten burmanischen Reiches *1044–1287* auf dem Gebiet des heutigen Myanmar, Verbindung von Pyu-, Mon-, singhalischer und burmanischer Kultur; nach der Eroberung von Thaton *1057* Adoption des (aus Kanchipuram übernommenen) *Theravāda* der Mon, anschließend über direkte Kontakte und wechselseitige Förderung Übernahme des singhalischen *Theravāda* (Berufung von Mönchen aus Bagan nach Sri Lanka *1751* zur Erneuerung des Buddhadharma); frühestes Zentrum der Literatur in burmanischer Mirma-Sprache und -Schrift neben Pali als Gelehrtensprache; (Marco Polo *13. Jh.*?)

*Bagastāna/Bīsutūn* K 4
Kūhhā-ye Zagros, Īrān: Felsmassiv am Handelsweg zwischen Mesopotamia (Babil/Babylon) und dem medisch-iranischen Hochland (Hagmatana/Hamadan), Denkmal von Dareios dem Großen *(-520)* in drei Sprachen und Keilschriften (elamisch, akkadisch-babylonisch und altpersisch); Beginn der Entschlüsselung durch H. C. Rawlinson *1836*

**Baghdād** **A 6, 8,** 9, 11, K 8, **W 1, 4–5, S 5, N 1**
al-Mashriq/'Irāq: Hauptstadt der abbasidischen Kalifen *762–863/892–1258* (unter der Herrschaft der Buyiden *945–1055* und der Saljuken *1055–1194*), herausragende Kalifen: al-Mansur *754–75* und Harun ar-Rashid *786–809;* kulturelles, wissenschaftliches und philosophisches Zentrum des Islam *8.–11. Jh., wissenschaftliche Institutionen: Bīmāristān* (Stadtspital, verbunden mit wissenschaftlicher Forschung) *786,* »Haus der Weisheit« ***Bayt al-Ḥikma*** *832 (?)* und *Niẓāmiyya*-Madrasa *1066,* jüdische »Akademien« *Yeshivot Pumbedita* und *Sura 9.–13. Jh.*
*Philosophen und andere herausragende Intellektuelle:* ⓔ°**Abu Hanifa** *8. Jh.*, ᵕBukhtishu' *8.–9. Jh.*, ᵕ°Abu l-Hudhayl, ᵕAbu Ma'shar, ᵕal-Farghani, ⓔ°Hunayn Ibn Ishaq, ⓢᵕ°Ibn 'Adi, ⓔ°**Ibn Hanbal,** ᵕ°Ibn Masawayh, ᵕ°al-Khwarezmi, ⓢⓔ°al-**Kindi,** ⓔ°an-**Nazzam,** ⓢⓔash-Shafi'i und ᵕ°Tawaddud (fingiert) *9. Jh.*, ᵕ°al-Hallaj, ᵕAbu Bakr ar-**Rāzī,** ⓢⓔ°at-Tabarī und Thabit Ibn Qurra *9.–10. Jh.*, ⓔ°Abu Bishr Matta, ᵕ°Abu l-Wafa, ᵕal-'Amiri, ⓔ°al-Ash'ari, ⓔal-**Farabi,** ᵛFerdowsi (?), ⓔ°**Saadiah** Gaon, ⓔ°as-Sijistani und ⓢⓔ°as-Sirafi *10. Jh.*, ⓢⓔal-Mawardi *10.–11. Jh.*, ⓔal-**Ghazali** *11. Jh.*, ⓢChishti *12. Jh.*, ᵛIbn al-'Arabi, ⓢSa'di und ᵕ°at-Tusi *13. Jh.*, ᵛNanak *15.–16. Jh.*, ᵕMassignon *20. Jh.*

*Bago/Pegu/Haṃsavatī* S 5
Myanmar: von Thaton aus gegründetes Foyer der (*Theravāda*-buddhaitischen) Mon-Kultur *825,* Residenzstadt eines Mon-Staates *1287–1539* und des wiedervereinigten burmanischen Reiches *1546–1635*

*Bagrām* → *Kāpis(h)ī*

*Baḥrain* → *Dilmun*

al-Balansiyya → Valencia

*Balāsāg(h)ūn/Akbeshi/Husiwoerduo* S 5
Chu-Tal, Kyrgyzstan: Residenzstadt der westtürkischen Qarakhaniden *10.–11. Jh.;* (*ᵕSingqu Seli Tutung *10. Jh.*), ᵕYusuf Khass Hajib *11. Jh.;* in der Nachbarschaft Hauptquartier des plurikulturellen und pluriethnischen Staates der Qara-Kitai/Xi-Liao *1128–1218,* eine der in Europa vermuteten Residenzen des »Priesterkönigs Ioannes«

*Bălgari(i)a/Bălgarija/Bulgaria* K 3, 5, W 2–4
→ *Thrakē*

*Balkh/Baxtrish/Baktra/Bālhīka* K 4, **W** 1, 2, 4, **5, S** 1, **5,** N 1
Baktria/bei Mazār-e Sharīf, Afghānestān: persisch *-6. Jh.*, hellenische Exilanten *-5. bis -4. Jh.*, von Alexandros dem Großen erobert *-329,* hellenobaktrisch *-206, Yuezhi*-kushanaitisch *-126 bis 140,* sasanidisch *3. Jh.*, muslimisch *642;* Zentrum zarathustrischer, hellenobaktrischer, indobaktrischer, buddhaitischer und islamischer Kultur an einer Schnittstelle von Handelswegen zwischen SW-, S- und Zentralasien; (ᵛAlexandros der Große, °Kallistenes), ᵛAnaxarchos und Pyrrhon *-4. Jh.*, ⓢXuanzang *7. Jh.*, ᵛHyech'o *8. Jh.*, *Abu Ma'shar *9. Jh.*, ᵕNasir-i Khosraw *11. Jh.*, *Rumi *13. Jh.*

Baltimore N 2, 3
Maryland, U.S.A.: *Johns Hopkins University 1816,* ᵛChateaubriand *18. Jh.*, ⓢDewey, ⓔPeirce *19. Jh.*, ⓢG. Stein *19.–20. Jh.*, ⓔJ. B. Watson, ⓔLovejoy, *Rawls, ⓔA. Gurwitsch *20. Jh.*

Bamberg N 4
Franken, Deutschland: ᵕHegel *19. Jh.*

*Bāmiyān(a)* S 2
Afghānestān: buddhaitische Klosterhöhlen an einem indischen Zweig des Seidenstraßennetzes *2.–7. Jh.;* ᵛXuanzang *7. Jh.*, ᵛHyech'o *8. Jh.*

*Bangalore* S 4
Karnātaka, Bhārat/India: Hauptstadt von Mysore/Karnataka *1831,* interkulturelles Zentrum dravidischer (kannada-, telugu- und tamilsprachiger) Bevölkerungsgruppierungen, *Indian Institute of Science 1909* und *Indian Academy of Science 1933* (in Hebbal bei Bangalore *1943*), ᵛR. Otto, ⓔ°Raman *20. Jh.*

*Bangkok* → *Krung Thep*

*Baṅgla/Banga/Bengal(en)* K 5, **S** 1, **3,** 5, N 5
Pas(h)chim(a) Bangla/West Bengal, Bhārat/India – Bāṃlādesh/Bangladesh/East Bengal: herausragende intellektuelle Zentren → Paharpur, **Navadvīpa, Calcutta;** ⓔS(h)ri Harsha *11.–12. Jh.*, Jnanaprakas(h)a *16. Jh.*, *Roy *18. Jh.*, *Ramakrishna, *Dasgupta *19. Jh.*, ⓔBhattacharyya *19.–20. Jh.*

*Bangor* W 4
bei Belfast, Scotia/Northern Ireland: Kloster *555–900* mit literarischer Ausstrahlung auf Scotland, England und auf den europäischen Kontinent (St. Gallen in der Schweiz und Bobbio in Italia)

*Banpo(cun)* K 6
bei Xi'an, Zhongguo: prototypische Fundstätte eines Dorfes der Yangshao-Kultur (mit pikto- und ideographischen Zeichen auf den Tonartefakten), eine der besterhaltenen archaischen neolithischen Siedlungen überhaupt *-4000 bis -3000*

*Bantu* K 1, 8
größte Sprachgruppe in Afrika südlich der Sahara, explosionsartige Ausbreitung von der westafrikanischen Benue-Niger-Region *-3000 bis +300* über die Congo-Region nach O- und S-Afrika

Barcelona/Barshinūna A 9, W 4
Catalunya, España: muslimisch (al-Andalus) *717–801,* Universität *1430;* ⓈGerbertus Aureliacensis, ⓈArnaldus de Villa Nova, ◡Llull, ˅Nahmanides *13. Jh.*, *Crescas *14. Jh.*, ˅Las Casas *16. Jh.*, ˅W. von Humboldt *18. Jh.*, ⓅRamon y Cajal *19. Jh.*, ˅Malraux, Orwell und S. Weil *20. Jh.*

Basel A 5, **N** 2, **4,** 5
Schweiz: Universität *1460;* ⓈReuchlin *15. Jh.*, ◡Calvin, ◡°Erasmus, ⓈGesner, ˅Montaigne, ⓅParacelsus, ˅Ramus, ◡Serveto und ˅Vesalius *16. Jh.*, *Ⓟ°Jakob und Johann Bernoulli, ⓈⓅ°Daniel Bernoulli *17.–18. Jh.*, *Euler, ⓈHaller, ◡**Lambert** und ˅°Maupertius *18. Jh.*, *Ⓟ°Bachofen, *Ⓟ°J. **Burckhardt,** ⓅOken, ⓅDilthey, ◡Frobenius, ⓅJhering und Ⓟ**Nietzsche** *19. Jh.*, ⓈⓅJung, ◡Hesse, *Ⓟ°K. **Barth,** ˅Buber *19.–20. Jh.*, ˅Luxemburg, Ⓟ°Jaspers *20. Jh.*

al-**Başra** A 6, K 8, **W** 1, **4, 5,** S 5, N 1
al-Mashriq/'Irāq: Handelsstadt am Arabisch-Persischen Golf, frühes intellektuelles Zentrum des Islam *8.–10. Jh.*, Entstehungsort der theologischen Schulen der ***Mu'tazila*** *8. Jh.* und der ***Ash'ariyya*** *10. Jh.;* *Abu l-Hudhayl, ◡°Ibn al-Muqaffa', *an-Nazzam *8. Jh.*, *◡°Rabi'a *8.–9. Jh.*, ◡al-Hallaj, ⓈHunayn Ibn Ishaq, ⓅIbn Hanbal, *al-Kindi (?), Ⓢat-Tabari *9. Jh.*, *Ⓟal-Ash'ari *9.–10. Jh.*, ◡**Ikhwan as-Safa,** *Ibn al-Haytham, *al-Mawardi *10. Jh.*, °Molla Sadra *17. Jh.*, ˅al-Afghani *19. Jh.*

*Bath* W 4
Avon, England: *◡Adelardus Bathensis *11.–12. Jh.*, (◡°D. Hartley *18. Jh.*),°Malthus *19. Jh.*

*Bayreuth* N 4
Franken, Bayern, Deutschland: ◡°Jean Paul, *Stirner, ◡Wagner (Festspiele *1872*), ˅Nietzsche *19. Jh.*

*Bayrūt/Beruta/Bērytos/Beirut* W 3, N 1, 5
Phoinikē/al-Lubnān: überragende Rechtsschule im Römischen Reich *3. Jh.–551;* Zentrum »westlich« orientierter muslimischer Intellektueller *1850–1975, American University 1866;* ◡Sanchuniaton *-10. bis -4. Jh. (?),* (ⓅGaius *2. Jh.*), ⓈProklos *5. Jh.*, (ⓅDorotheos *6. Jh.*), ◡°al-Awza'i *8. Jh.*, ˅al-Afghani, ◡'Abduh *19. Jh.*

*Bazentin-le-Petit* N 4
bei Péronne, Picardie, France: *Lamarck *18. Jh.*

*Beaumont-en-Auge* N 4
bei Lisieux, Normandie, France: *Laplace *18. Jh.*

Bec/Le Bec-Hellouin W 4
Normandie, France: benediktinisches Kloster *1034:* ⓅLanfrancus und ⓈⓅ**Anselmus** *11. Jh.*

**Beijing**/Peking (»Nordhauptstadt«)/Yanjing/Zhongdu/Dadu/ Qanbaliq **A 6,** K 5, **S 5, O 1, 4,** 5, N 1, 5
Zhongguo: Hauptstadt (oder Nebenhauptstadt) mehrerer Dynastien *10.–20. Jh.:* Qidan/Liao *917–1122,* Jurchen/Jin *1153–1215,* Monggol/Yuan *1267–1368,* Ming *1421–1644,* Qing *1644–1911;* herausragende Kaiser: Qubilai *1271–95,* Kangxi *1661–1722,* Qianlong *1735–96; wissenschaftliche Editionen:* Druck des tibetobuddhaitischen Kanons *1683* und seiner mongolischen Übersetzungen *1720/1749,* illustrierte Enzyklopädie *Gujin Tushu Jicheng* (»Vollständige Sammlung alter und neuer Werke«) *1728,* umfassendste Sammlung in chinesischer Sprache geschriebener Werke *Siku Quanshu 1782; wissenschaftliche Institutionen:* islamische Institute: *Huihui Sitian Jian* (Observatorium) *1271* und *Huihui Guozi Xue* (Übersetzerschule) *1289, Guanxiang Tai* (Observatorium, errichtet nach Plänen von F. Verbiest SJ) *1674,* »Schule für westliche Sprachen und Wissenschaften« *Tongwen Guan 1862*
*Philosophen und andere herausragende Intellektuelle:* ◡Gongsun Long *-3. Jh.*, ⓅLi Ye, ◡°Pagpa Pandita, (ⓅXu Heng, ◡Marco Polo, ˅An Hyang) *13. Jh.*, (◡Ioannes de Montecorvino), ◡Guo Shoujing *13.–14. Jh.*, (˅Ibn Battuta *14. Jh.*), ⓈⓅ**Wang Yangming** *15.–16. Jh.*, ◡Li Shizhen, ⓅJiao Hong, ˅Wang Gen, ˅Wang Ji, ˅Yi I, ˅Chong Ch'ol *16. Jh.*, ◡°Li Zhi, ◡Li Zhizao, *◡°Zhu Zaiyu, ˅◡°Ricci *16.–17. Jh.*, ◡Huang Zongxi, ˅Gu Yanwu *17. Jh.*, ◡Li Gong *17.–18. Jh.*, ◡°**Dai Zhen,** ˅Le Quy Don, ˅Ngo Thi Nham, ◡Zhang Xuecheng *18. Jh.*, ˅Nguyen Du', ◡Wei Yuan *19. Jh.*, ◡**Kang Youwei,** ◡°Zhang Zhidong, ◡°Liang Qichao *19.–20. Jh.*, ⓈⓅ°Feng Youlan, ⓅHu Shi, ⓅLu Xun, ◡°**Mao Zedong,** ◡Qiu Jin, ˅°Sun Yixian, Ⓟ°Xiong Shili, Ⓟ°Yan Fu und ⓅYang Chen-Ning *20. Jh.; Gastprofessoren um 1920:* Dewey, Russell und Driesch

*Belarus'* N 4
→ *Lietuva, Polska*

*België/Belgique* N 4
südlicher Teil von Nederland/Pays Bas; burgundisch *1384,* habsburgisch-österreichisch *1477–1555/1714–94,* spanisch *1555–1714,* französisch *1794–1815,* niederländisch *1815–30;* → Brugge, Brussel, Leuven

*Belize* K 7
→ *Maya*

Belūr S 4
bei S(h)ravana Belgola, Karnātaka, Bhārat/India: früheste Hauptstadt der Hoysala *12. Jh.;* vishnuitische Missionstätigkeit des Ramanuja in einer jahrhundertelang jainaitischen Region *12. Jh.*

*Belūr* S 3
bei Kolkātā, Bhārat/India: Ⓟ°Vivekānanda *19.–20. Jh.*, Gründer der *Rāmakrishna Math* (»Kloster«) *and Mission 1897*

Benares → **Vārānasī**

*Benin City* K 8
Nigeria: herausragender Stadtstaat in einer tropischen Regenwaldzone, Blütezeit *13.–15. Jh.*

*Beograd/Belgrad* (»Weiße Burg«)*/Alba Graeca/Singidunum* W 2, N 4
Srbiia: römische, byzantinische und türkische Festungsstadt an der Grenze zwischen O- und W-Roma *-40/+395–476,* Grenzstadt zwischen Österreich/Ungarn/Serbien und dem Osmanischen Reich *1521–1806/1867,* »Eingangspforte Mitteleuropas zum Balkan und Orient« *(Brockhaus 1935)*

*Berdichiv/Berdyčiv/Berdyczów/Berdichev* N 4
Ukraina: *Korzeniowski/Conrad *19. Jh.*

*Berekhat Ram* K 1
Golan Heights, SW-Asia: Fundstätte *(1981)* eines Tuffsteins in Venusform mit einer eingeritzten Nackenrinne (Mischung

von Geofakt und Artefakt) *230 KJ vh,* als bislang frühestes bekanntes Kunstwerk interpretiert

Bergerac N 2
Dordogne, France: *◡Maine de Biran *18.–19. Jh.*

Berkeley N 3
California, U.S.A.: *University of California 1868;* (ⓈⓅJ. Royce), ⓈLovejoy, ⓅW. James *19. Jh.,* ⓅArendt, ⓅJ. L. Austin, ˅Boltzmann, Ⓟ°Grice, ⓅHempel, Ⓟ°Kelsen, ⓅKuhn, ⓅC. I. Lewis, ⓅMiłosz, ⓅRadin, ◡Sapir, ⓅSchlick, ⓅL. Strauss und Ⓟ°Tarski *20. Jh.,* (ⓈⓅJ. R. Searle und ⓅH. L. Dreyfus *20.–21. Jh.*)

**Berlin A** 4, **6,** 8, **9, W 1, N 2–5**
Deutschland: brandenburg-preußische Residenzstadt *15. Jh./1701,* Hauptstadt des Deutschen Reiches *1871–1945; Societät der Wissenschaften/Preußische Akademie der Wissenschaften 1700/1740* (Initiatoren: Leibniz/Friedrich der Große), Universität *1809* (Initiator: W. von Humboldt, erster Rektor: J. G. Fichte), *Kaiser-Wilhelm-/Max-Planck-Gesellschaft zur Förderung der Wissenschaften* (Initiator: A. Harnack) *1911/1948, »Gesellschaft für empirische Philosophie«/»Berliner Kreis«* (Initiator: Reichenbach) *1928–33 Philosophen und andere herausragende Intellektuelle:* ◡Elisabeth von Böhmen, ◡°Pufendorf, ◡Thomasius *17. Jh.,* ◡**Leibniz** *17.–18. Jh.,* ◡Amo (?), ˅d'Alembert, *Baumgarten, ˅Elijah Ben Solomon, ◡Euler, *◡**Friedrich** (II) der Große, ˅Goethe, ˅Helvétius, ◡°Kleist, ⓅLagrange, ◡°Lambert, ◡°La Mettrie, Ⓢ◡Lessing, ◡Maimon, ◡Maupertius, ◡°M. **Mendelssohn,** ˅Swedenborg, ◡Voltaire, ◡Winckelmann, ˅Wolff und ⓈZiegenbalg *18. Jh.,* ˅Chateaubriand, Ⓟ°**Fichte,** *◡°A. und W. von **Humboldt,** ◡Jean Paul, ˅Lamarck und ⓅA. W. und ◡F. Schlegel, Ⓟ°**Schleiermacher** *18.–19. Jh.,* ⓈAvenarius, ⓈBachofen, Ⓢvon Baer, ⓈBakunin, (◡°Bauer), ⓈBoas, ⓈBoltzmann, ⓈF. Brentano, ⓈS. N. Bulgakov, ⓈJ. Burckhardt, ⓈCantor, ⓈⓅClausewitz, *Conrad-Martius, ˅Cousin, ⓈⓅDeussen, *Ⓟ°Du Bois-Reymond, ◡Engels, ⓈFeuerbach, ⓈJ. Fröbel, *Frobenius, ˅Gauß, ◡Gogol', ⓈHaeckel, Ⓟ°**Hegel,** ⓈⓅ°Helmholtz, ⓈHertz, ⓈHusserl, ˅W. James, ⓈJhring, ⓈKierkegaard, ⓈKireevskii, ◡Krause, ⓈKülpe, Ⓟ°Lotze, *Lovejoy, ⓈMarx, ⓈG. H. Mead, ⓈMori Ogai, ⓈM. Müller, ⓈNatorp, (*◡°C. F. Nicolai), ⓈØrsted, ⓈRickert, ⓅRückert, Ⓟ°Savigny, Ⓢ**Schelling,** ˅Schiller, ⓈⓅ**Schopenhauer,** ⓈSchweitzer, ˅Staël, ⓈStcherbatsky, Ⓢ◡°Stirner, ⓈD. F. Strauß, Ⓢ˅Turgenev, ⓈMax Weber, ⓈWindelband und ˅Wundt *19. Jh.,* *◡Benjamin, ⓈⓅCassirer, ⓈⓅ°Cohen, ⓈⓅ**Dilthey,** ⓈⓅS. L. Frank, *°E. von Hartmann, Ⓟ°Luxemburg, *ⓅH. Marcuse, ◡Mauthner, ⓈPetrażycki, ⓈⓅ**Planck,** Ⓢ◡Scheler, *Schlick, *ⓅSimmel, ◡R. Steiner, Ⓟ°Stumpf und ⓈⓅWertheimer *19.–20. Jh.,* ◡Adorno, ⓈArendt, ⓈⓅAron, ⓈK. Barth, ⓈBerdiaev, ◡°Brecht, ◡Buber, ⓈBühler, ◡Canetti, ◡Carnap, *Delbrück, ◡**Einstein,** ◡Fromm, ⓈA. Gurwitsch, ⓅN. Hartmann, ˅Heidegger, ⓅHeisenberg, *Hempel, ◡Hessen, ⓈⓅIl'in, ⓈJaspers, ⓈJonas, ˅Kang Youwei, ⓈKöhler, ⓈKojève, Ⓢ◡Lukács, ⓈŁukasiewicz, ˅Malraux, ⓈMusil, ⓈⓅvon Neumann, ⓈNeurath, ⓈOrtega y Gasset, ⓈPatočka, ⓈPlessner, ⓈⓅPolanyi, ⓈRadin, ⓈⓅReichenbach, ⓈRosenblueth, ⓈRosenzweig, ⓈSartre, ⓈⓅSchmitt, ⓅSchrödinger, ˅Shestov, ⓈSpengler, ◡Sperber, ⓈL. Strauss, ⓈTanabe, ˅S. Weil und ⓈWittgenstein *20. Jh.;* in der Nachbarschaft → Potsdam

Bern N 4
Schweiz: Universität *1834;* *◡°Haller, ⓅHegel, ⓅHerbart *18. Jh.,* (ⓅI. P. V. Troxler), ˅Turgenev, ⓈVogt, ˅°Bakunin, ⓈLosskii *19. Jh.,* ◡**Einstein,** ⓈK. Barth, ◡Lenin, ⓈBenjamin (E. Bloch und G. Scholem) *20. Jh.*

*Bērytos* → *Bayrūt*

Besançon/Bisanz N 4
Franche-Comté, France: Universität *1691;* ⓅRoscelinus *11.–12. Jh.,* *Ch. Fourier *18. Jh.,* (*V. Hugo), *Proudhon, ◡Pasteur *19. Jh.*

*Bethesda* N 3
bei Washington DC, Maryland: *National Institute(s) of Medicine 1887,* Zentrum gesundheitswissenschaftlicher Forschung

*Bhārat(avarsha)/Indikē/India/Hind(ūstān)/Tianzhu* **A 4**–7, 10, **11,** K 2–5, W 5, **S,** O 1, N 5
(1) *Bhārat(a):* Name der Nachkommen des mythischen (aryschen) Stammvaters *Bhārata* und ihres Stammgebiets am »heiligen« Fluß Sarasvati, seit *1947* offizieller Name der Indischen Republik; (2) *Indikē* etc.: Fremdbezeichnungen des südasiatischen Subkontinents, → ***South Asia***

*Bharūch/Bharukacchā/Barygaza/Broach* S 1, 2, 5
Lāta/Gujarāt, Bhārat/India: interkontinentaler Handelshafen *-1. Jh.,* Handelsbeziehungen mit SW-Asien und NO-Afrika, Umschlagplatz an der Seeroute des Seidenstraßennetzes; ◡Bhaskara I (?), ˅Xuanzang *7. Jh.,* ˅Vallabha *15.–16. Jh.*

*Bhīnmāl/Bhillamāla/S(h)rīmāla* W 5, S 2, N 1
Rājasthān, Bhārat/India: ⓅBrahmagupta, ˅Xuanzang *7. Jh.,* ⓅHaribhadra *8. Jh.*

***Bian*** → **Kaifeng**

*Bīdar* S 4
Karnātaka, Bhārat/India: *Bhaskara II *12. Jh.* (?), ˅Nanak *15.–16. Jh.*

*Bigo* K 8
am Katonga-Fluß, Uganda: Erdwallkomplex, Residenz eines Hima-Staates *14. Jh.*

*Bījāpur(a)/Vijayapura/Vijjaḍaviḍa* S 4, N 1
Karnātaka, Bhārat/India: ◡Bhaskara II *12. Jh.;* muslimisches Sultanat (und kulturelle Blütezeit) *1489–1686,* → *Goa*

*Bijāya/Begayet/Bugea/Bougie* W 4, N 1
Tam(o)urt/Bilād al-Qabā'il/Kabylia, al-Jazā'ir: ⓈFibonacci *12. Jh.,* ◡Ibn Sab'in *13. Jh.,* ◡Llull, ◡Ibn Khaldun *14. Jh.,* ˅Camus *20. Jh.*

*Bikini* A 1
Atoll im Pazifischen Ozean, U.S.A.: Atom- und Wasserstoffbombentests *1946–58,* anschließend unbewohnbar

*Bilzingsleben* K 1
Thüringen, Deutschland: Freilandfundstätte *(1972)* von *300 KJ* alten *Homo-erectus*-Fossilien, von Belegen für die Verwendung von Knochen, Geweihen und Holz für die Werkzeugherstellung und von semiotisch deutbaren Anordnungen eingeritzter Striche auf Knochengeräten vor dem Jungpaläolithikum

Bingen W 4
Rheinland, Deutschland: ◡°**Hildegard** von Bingen (Gründerin des Klosters *Rupertsberg*) *12. Jh.*

Bīrūn/Beruni(j) W 4, 5
»Vorstadt« von Kāth, Khwārezm/Uzbekiston: *al-Biruni *10. Jh.*

*Blocksberg/Brocken* N 4
Harz, Deutschland: nach altdeutschen Sagen Versammlungs-

platz der Hexen in der Walpurgisnacht; ˅Goethe *18. Jh.*, (˅H. Heine *19. Jh.*)

*Bodo d'Ar* A 2, K 1
Middle Awash, Ītyop'ya: Fundstätte *(1976)* von Schädelstükken eines *Homo heidelbergensis* zusammen mit *Acheuléen*-Faustkeilen *600 KJ vh (?)*

*Bohai/Parhae* O 5
Dongbei, Zhongguo – Han'guk: buddhaitisch-sinisierter regionaler Nachfolgestaat von Koguryo *696,* von Qidan/Liao annektiert *926;* diplomatische und kulturelle Beziehungen mit Nihon

*Böhmen* → *Čechy*

*Bolgar/Bulgar* W 4
Tatarstan, Rossiia: Handelsstadt der Volga-Bulgaren, muslimisch *9. Jh.;* (˅Ibn Fadlan aus Gurganj *10. Jh.*, ˅Niccolò und Matteo Polo *13. Jh.*, ˅Ibn Battuta aus Tanja/Tanger *14. Jh.*)

*Bolivia* → *Tiahuanaco*

*Bologna* A 6, **W 4, N 1,** 2
Emilia, Italia: Universität *11. Jh.*, überragendes Zentrum der Rechtswissenschaft im europäischen Mittelalter; (früheste namhafte Rechtsgelehrte: Irnerius und Gratianus *11.–12. Jh.*), ⓈPetrus Lombardus *12. Jh.;* ˅Michael Scotus, ⓈAlbertus Magnus, (ⓈⓅPetrus de Dacia) *13. Jh.*, ◡Dante *13.–14. Jh.*, ◡Burlaeus, ⓈPetrarca, ◡Cristina/Christine da Pizzano *14. Jh.*, ◡Bessarion, ⓈPico della Mirandola, ⓈCopernicus, ⓅAlemanno *15. Jh.*, ˅Erasmus, ˅Serveto, ⓅVesalius, ⓅCardanus, ˅Montaigne *16. Jh.*, ˅Leibniz *17. Jh.*, ˅Bakunin *19. Jh.*, (*Ⓟ°L. Galvani *19.–20. Jh.*), ⓅTrotskii *20. Jh.*

Bombay → Mumbai

Bonn N 4
Niederrhein, Deutschland: Universität *1786–97/1818:* ◡Agrippa *16. Jh.*, ⓈJ. Austin, ˅Besant, ⓈBoas, ⓈJ. Burckhardt, ⓈDeussen, ⓈDu Bois-Reymond, ⓅHelmholtz, Ⓟ°Hertz, (Ⓟ°F. A. Kekulé), ⓈⓅLange, ⓈLiebig, ⓈMarx, ⓈNatorp, ⓈNietzsche und Ⓟ°A. W. **Schlegel** *19. Jh.*, ⓅK. Barth, ⓅBühler, ⓈKöhler, ⓅKülpe, ⓅSchmitt und ⓅSchumpeter *20. Jh.*

Bordeaux/Burdigala A 6, W 1, 2, **N 2**, 3, 5
Gironde, Aquitaine, France: herausragendes galloromanisches Schulzentrum mit Nachkommen von Druiden als Lehrern *4. Jh.*, englische Oberhoheit *1154–1453,* Universität *1441,* herausragendstes philosophisches Zentrum (nach Paris) in France; Ⓢ◡**Montaigne,** ⓈSanches *16. Jh.*, Ⓢ◡**Montesquieu** *18. Jh.*, ˅Hölderlin *19. Jh.*, ⓅDurkheim, Ⓟ**Duhem** *19.–20. Jh.*, ◡Schweitzer *20. Jh.*

*Border Cave* A 1, 2, K 1
bei Ingwavuma, Kwa Zulu, South Africa: Fundstätte (an der Grenze zu Ngwane/Swaziland, *1974*) von Fossilien eines intentional bestatteten, anatomisch modernen *Homo-sapiens*-Kindes *80 KJ vh (?)*

*Bornu* → *Kanem*

*Borobudur* A 2, S 5
bei Yogyakarta, Java: monumentale Tempelanlage (»Weltenberg« *Meru*), Verbindung des indischen Gupta-Stils mit javanischen Bautraditionen *800,* nach tausendjähriger Überwucherung im *18. Jh.* wiederentdeckt

*Bororo* N 5
Mato Grosso, Brasil: amerindische Population, heute dezimiert *(Tristes Tropiques),* ˅Lévi-Strauss *20. Jh.*

*Borovoe* N 5
bei Kōkshetaū, Qazaqstan: Sanatorium des sovietischen Schriftstellerverbands, °Shcherbatskoi *20. Jh.*

*Bōsō Hantō* O 5
Halbinsel, Chiba Ken bei Tōkyō, Nihon: *ⓅNichiren *13. Jh.;* ◡Ogyu Sorai *17. Jh.*

*Boston* N 2
Massachusetts, U.S.A.: Ausgangsort des amerikanischen Unabhängigkeitskampfes *1770;* *◡Franklin *18. Jh.*, *◡Emerson, ⓈPeirce, ◡W. James, ◡Santayana, ⓈⓅFenollosa *19. Jh.*, (*◡ O. W. Holmes Jr. *19.–20. Jh.;* ◡Okakura Kakuzo), ˅Kang Youwei, ⓅRadin, ⓅA. Gurwitsch, °Jakobson *20. Jh.*, ◡°Quine *20.–21. Jh.;* in der Nachbarschaft: *Waltham, Wellesley* und → **Cambridge MA**

Boulogne-sur-Seine N 2
bei Paris, France: ◡°Sorel *19.–20. Jh.*, ◡Shestov *20. Jh.*

Bourg-la-Reine N 2
bei Paris, France: °Condorcet (Promotor *1789* und Opfer *1794* der Revolution)

Bourges N 4
Centre, France: Universität *1463;* ⓅAegidius Romanus *13.–14. Jh.*, ⓈCalvin, ⓈGesner *16. Jh.*, ⓅS. Weil *20. Jh.*

***Böyü(l)/Bod-Yul/Bhotah/Tufan/Xizang/at-Tubbat/Tibet*** A 2, 4, 11, K 5, W 5, **S 1–3, 5, O 1,** 3
Xizang Zizhiqu (»Autonome Region«), Zhongguo: formative Phase der Kultur während der »Ersten Verbreitung des *(Buddha-)Dharma*« *730–840:* Anpassung des Gupta-Alphabets an die tibetische Sprache durch Thönmi Sambhota *632,* Erhebung Lhasas zum politischen Zentrum *630* und Expansion der »großtibetischen« Oberhoheits- und Protektoratsansprüche nach Nepal und NO-India (mit den buddhaitischen Universitäten im Pala-Reich) im S, nach Kashmir (Ladakh, Zanskar und Gilgit) im W, nach W-Zentralasien von Dunhuang bis Kuqa im N, nach Chang'an (Eroberung *763*) und nach W-Sichuan und NO-Yunnan im O *7.–9. Jh.;* »Zweite Verbreitung des *(Buddha-)Dharma*« *10.–11. Jh.:* systematische Übersetzung und kontroverse analytische Interpretation des buddhaitischen Schrifttums, erste philosophische Blütezeit *12.–13. Jh.* mit **Sakya Pandita** als herausragender Gestalt, zweite philosophische Blütezeit *15.–16. Jh.* mit **Tsongkhapa** als herausragender Gestalt, »Verbreitung des *(Buddha-)Dharma*« nach Monggol Ulus *13./16.–17. Jh.*, Konsolidierung der »Theokratie« des »Dalai Lama« mit westmongolischen (oiradischen) und anschließend mit chinesischen Interventionen *17.* und *18. Jh.*, seither unter chinesischer »Oberhoheit«

*Brasil(ia)* A 1, K 7, N 5

Braunschweig N 4
Niedersachsen, Deutschland: Residenzstadt des Herzogtums Braunschweig-Lüneburg-Wolfenbüttel *1753–1807,* herausragender Fürst: Karl I *1735–°1780; Collegium Carolinum 1745;* in Verbindung mit Hannover, Helmstedt (braunschweigsche Landesuniversität) und Wolfenbüttel ein kulturelles Zentrum im nördlichen Deutschland *17.–18. Jh.;* ◡Jungius *17. Jh.*, ◡Leibniz *17.–18. Jh.*, ˅Montesquieu, ◡°Lessing *18. Jh.*, *◡Gauß, ◡A. W. Schlegel *18.–19. Jh.*

Breslau → Wrocław

*Britannia* W 2
römische Bezeichnung für die britische Hauptinsel: südlicher Teil erobert, urbanisiert und latinisiert *1.–4. Jh.*

*Brno/Brünn* N 4
Morava, Česko: (*Th. Gomperz), *Mach *(Chrlice),* ◡°**Mendel,** ⓈMasaryk *19. Jh.*, *Gödel, (ⒺO. Spann), ⒺJakobson, ⒺLossky *20. Jh.*

Brodi A 9, N 4
Galicia/Ukraina: polnisch *1584–1772,* österreichisch *1772–1918;* *◡Krochmal *18.–19. Jh.*

Brugge/Bruges N 4
Vlaanderen, België: ⓈⒺ°Vives, ˅T. More *16. Jh.*, ˅Hegel *19. Jh.*

*Brundisium/Bríndisi* W 3
Apulia/Puglia, Italia: römischer Verkehrsknotenpunkt zwischen dem Landweg nach Roma und dem Seeweg nach Hellas *-266;* ◡Cicero, °Vergilius *-1. Jh.*

Brussel/Bruxelles N 4
België/Belgique: *Solvay Conferences (on theoretical physics) 1911;* ◡Agricola *15. Jh.*, *◡Vesalius *16. Jh.*, ◡Arnauld *17. Jh.*, ◡Du Châtelet, ˅Voltaire, ˅Herder, ⓈConstant *18. Jh.*, ˅Hegel, ˅Bakunin, ˅Engels, ◡Marx, ◡Herzen, ˅Kropotkin *19. Jh.*, ˅Kang Youwei, *Lévi-Strauss, ˅Einstein und Planck, ◡Hempel, ◡Łukasiewicz, °Kojève *20. Jh.*, ⓈⒺ°Prigogine *20.–21. Jh.*

Bückeburg N 4
Schaumburg/Niedersachsen, Deutschland: ◡Herder (Gast der pietistischen Gräfin Maria von Schaumburg-Lippe) *18. Jh.*

Bucureşti/Bucharest N 4
România: ˅Tolstoi *19. Jh.*, *Eliade, (ⒺR. Barthes), °Nkrumah *20. Jh.*

Budapest: Buda/Ofen (rechtes Donauufer) und Pest (linkes Ufer) N 3, 4
Magyarország: Residenzstadt (Buda) der magyarischen Könige *1247–1541,* osmanisch *1526/1541,* habsburgisch *1686,* österreichisch-ungarisch (Doppelmonarchie) *1866–1918;* Universitäten *1387* (Pest)/*1395* (Buda) und *1777;* ◡Regiomontanus *15. Jh.*, *Polanyi *19. Jh.*, *Ⓔ°Lukács, (ⓈⒺ°S. Ferenczi, *◡K. Mannheim) *19.–20. Jh.*, ˅Kang Youwei, *von Neumann, (*◡I. Lakatos) *20. Jh.*

Buddha Gayā/Bodhgayā S 1, 3, 5
Magadha, Bihār, Bhārat/India: ◡**Buddha** (»Erwachen« *bodhi* im 35. Lebensjahr) *-6.* oder *-5. Jh.*, *◡Buddhaghosa (?), ˅Faxian *5. Jh.*, ˅Xuanzang, ˅Yijing *7. Jh.*, ˅Hyech'o *8. Jh.*, ˅Dharmapala, ˅Madame Blavatsky und Olcott *19. Jh.*, ˅Kang Youwei *20. Jh.;* Wiedereröffnung des im *-2. Jh.* errichteten *Mahābodhi*-Tempels *1949,* von der *Mahābodhi Society* seit *1891* angestrebt; in der Nachbarschaft: *Uruvelā/Uruvilvā,* Rückzugsgegend des Buddha als »Asket« *s(h)ramaṇa* für sechs Jahre bis unmittelbar vor dem Erwachen, und *Gayā,* hinduitischer Wallfahrtsort, ˅Nanak, Vallabha und Caitanya *15.–16. Jh.*

Buenos Aires N 5
Argentina: ◡Sarmiento *19. Jh.*, ◡Borges, ◡Ortega y Gasset, ˅Gadamer, ⒺQuine, Ⓔvon Wright *20. Jh.*

**Bukhārā**/Buhoro A 6, 8, 9, **W 1, 4, 5**
Mā warā' an-Nahr/Uzbekiston: muslimisch *647/710,* Hauptstadt der Samaniden *892–999* und des Emirats von Bukhara *16.–20. Jh.*, unter russischer Oberherrschaft *1868–1920,* sowjetisch *1920–92;* (*al-Bukhari *810,* Redaktor der bedeutendsten Sammlung der »Überlieferung« *Ḥadīth* von Lehren und Leben des Propheten), ◡al-'Amiri, Ⓢ**Ibn Sina,** ˅al-Biruni *10. Jh.*, ⓈChishti *12. Jh.*, ◡Fakhr ad-Din ar-Razi *12.–13. Jh.;* in der Nachbarschaft: → (1) Afshāne, *Ibn Sina *10. Jh.;* (2) *Qasr-e Hinduvan/Qasr-e 'Arifan* (*◡°Baha' ad-Din Naqshband, Gründer des *Naqshbandiyya-Ṣūfī*-Ordens *14. Jh.*)

*Buriatiia/Burjatija* S 5
Sibir', Rossiia: autonome Republik der mongolischen Buriad/Buriaten, größte tibetobuddhaitische Religionsgemeinschaft innerhalb der Russischen Föderation, russisch *1630;* *°Dorzhiev *19.–20 Jh.*, ⓈShcherbatskoi *20. Jh.;* Hauptstadt → *Ulaan Ude*

*Burma* → *Myanmar*

*Busiris/Per-Osiri (»Haus des Osiris«)/Abū Ṣīr Banā* W 3
Kemet/Aigyptos: zeitweilige Hauptstadt *-3. Jt.;* ˅Herodotos *-5. Jh.*

Butare/Astrida N 5
Rwanda: Ⓔ°Kagame *20. Jh.*

*Byblos* → *Jubayl*

Byzantion → **Kōnstantinupolis**

*Cádiz/Gadir/Gadeira/Gades* W 2
Ibēria/España: phönikisch-karthagisch *-11./-8. Jh.*, dem Anspruch nach älteste Stadt W-Europas, römisch *-197;* ˅Poseidonios von Apameia *-1. Jh.*, ˅W. von Humboldt *18. Jh.*

*Caesarea* → *Kaisareia*

*Cahokia* K 7
Illinois, U.S.A.: größte Siedlung im präkolumbischen N-Amerika, monumentale Erdpyramide *(Monk's Mound);* Blüte *1050–1250* (zur Zeit der Mississippi-Kultur)

Cai/Xincai O 2
Henan, Zhongguo: eine der Hauptstädte des gleichnamigen Kleinstaates *-1100 bis -447;* ◡Kong Zi *-5. Jh.;* in der Nachbarschaft: Cai/Shangcai, *Li Si *-3. Jh.*

Cairo → al-**Qāhira**

*Cakchiquel/Kaqchikel* K 7
Guatemala: Hochland-Maya-Population mit erhaltener Literatur (Annalen, Rechtstitel); letzte Hauptstadt → *Iximché*

**Calcutta** → Kolkātā

*Cambrai* N 4
Nord, France: (◡Petrus de Alliaco/Pierre d'Ailly *14.–15. Jh.*), ◡Erasmus *15. Jh.*, ◡°Fénelon *17.–18. Jh.*

**Cambridge A 6, W 1, N 2–5**
England: überragendes wissenschaftliches und philosophisches Zentrum in Great Britain *17.–20. Jh.;* Universität *1209/1502, Cavendish Laboratory 1871;* philosophische Gruppierungen: *Cambridge Platonists 1630–80, Cambridge Analytical Society 1813, Cambridge Conversazione Society (The Apostels) 1820*
*Philosophen und Wissenschaftler:* ˅Erasmus *15.–16. Jh.*, ◡F. Bacon, Ⓢ◡Harvey *16. Jh.*, ⓈClarke, (ⓈA. Conway/Finch), Ⓔ°Cudworth, *Cudworth/Masham, ⓈHobbes, ⓈⒺ°H. More und ⓈⒺ**Newton** *17. Jh.*, ⓈMalthus *18. Jh.*, ⓈAurobindo, (ⓈⒺC. Babbage), ⓈBachofen, ⓈByron, ⓈDarwin, ⓈⒺ°Maxwell, (ⓈⒺ°H. Sidgwick und W. Whewell) *19. Jh.*, (Ⓔ°J. G. Frazer), Ⓔ°Keynes, ⒺMcTaggart, ⓈⒺ°G. E. Moore, ⓈⒺ**Russell,** ⓈⒺ°Rutherford, (ⓈⒺ°J. Venn), ⓈⒺWhitehead und ⓈL. Woolf *19.–20. Jh.*, ⓈⒺAnscombe, ◡Bohr, ⓈⒺDasgupta, ⓈⒺDirac, ⒺEvans-Pritchard, ⓈW. D. Hamilton, ⓈⒺHanson, ˅Heisenberg, ⓈIqbal, ⓈⒺ°**Needham,** ⓈPopper, ⒺRadin,

*ⓔRamsey, ⓔG. Stein, ◡L. Strauss, ⓢTuring, ⓢⓔ°**Wittgenstein** und ⓢⓔvon Wright *20. Jh.*

**Cambridge MA** N 2, **3**
Massachusetts, New England, U.S.A.: *Harvard University 1636, Radcliffe College 1879, MIT 1861;* ⓢEmerson, ⓢFenollosa, ⓢLovejoy, ⓢG. H. Mead, *ⓔ**Peirce** und ⓢThoreau *19. Jh.,* ⓢⓔW. **James,** ⓢⓔSantayana, (ⓔJ. Royce, ⓔ°H. Münsterberg), ⓢG. Stein *19.–20. Jh.,* ⓔJ. L. Austin, ⓔCarnap, ⓢChisholm, ⓢⓔChomsky, ⓢChurch, (ⓢⓔH. L. Dreyfus), ⓢFeynman, (ⓢⓔFodor), ⓔPh. Frank, ⓢⓔ°Goodman, ⓔGrice, ⓔA. Gurwitsch, ⓔHempel, (ⓔW. Jaeger), ⓔJakobson, ⓔKelsen, ⓢⓔ°Kuhn, ⓢⓔLanger, ⓢⓔC. I. Lewis, ⓔH. Marcuse, ⓢⓔQuine, ⓔJ. Rawls, ◡Rosenblueth, ⓔRussell, ⓔSchumpeter, ⓢSellars, ⓔTarski, ⓔ°Whitehead, ⓢWhorf und ⓢⓔWiener *20. Jh.,* (ⓢⓔD. C. Dennett und H. Putnam *20.–21. Jh.*); → *Boston*

*Canada* N 3, 5

*Canberra* N 3
Australia: Hauptstadt *1908/1927, National University 1946;* (ⓔJ. Passmore und J. J. M. Smart *20.–21. Jh.*)

*Cantabria* K 8
España: zusammen mit dem südlichen France herausragende (frankokantabrische) Fundregion von jungpaläolithischen Höhlenmalereien, → *Altamira*

Canterbury W 4
Kent, England: ◡°Lanfrancus *11. Jh.,* ◡°**Anselmus** *11.–12. Jh.,* ⓔKilwardby *13. Jh.,* ⓢHarvey *16. Jh.,* ◡°J. Conrad (*Oswalds House* in Bishopsbourne) *20. Jh.*

Cao Shan O 3
bei Yihuang, Fenggang, Jiangxi, Zhongguo: zusammen mit dem Dong Shan namengebender Berg für die *Caodong-/Sōtō-*Lehrrichtung des *Chan/Zen,* ⓔCaoshan Benji *9. Jh.*

Caoxi O 1, 3
Schlucht bei Shaoguan, Guangdong, Zhongguo: *Nanhua Si:* Ausgangskloster der »Süd-Schule« *Nan-Zong* des *Chan/Zen;* ⓔ**Huineng** *6.–7. Jh.,* ⓢShenhui *7. Jh.*

*Cape of Good Hope/Cape of Storms/Cabo da Boa Esperança/Cabo Tormentoso* K 8, Z
Südspitze von South Africa: von Bartolomeo Diaz *1488* gesichtet

*Caracas* N 5
Venezuela: prominenter Ausgangsort der politischen und kulturellen Unabhängigkeitsbewegung Lateinamerikas (*◡S. Bolivar *18.–19. Jh.,* *°R. Gallegos *19.–20. Jh.*); ᵛA. von Humboldt *18. Jh.*

Carnuntum/Petronell W 2
bei Vindobona/Wien, Pannonia/Österreich: römisch *14–395;* ◡Marcus Aurelius *2. Jh.*

*Carthago/Qart Hadasht (»Neustadt«)/Karēchdōn/Qarṭājanna* A 6, **K** 5, **8, W 1–3**
Africa (Proconsularis)/Tūnis: phönikisch *-8. Jh.* (nach platonischer Überlieferung *-814*), römisch *-146,* Verbreitung der Stadt-, Rechts- und Schriftkultur der »Nīl–Amū Daryā-Region« in der westlichen Mittelmeerregion (von Aristoteles als modellhaft dargestellte republikanische Verfassung und Staatsvertrag mit etruskischen Städten); ◡Mago, *ⓔHasdrubal/Kleitomachos, ᵛPolybios *-2. Jh.,* ◡Plinius Maior *1. Jh.,* ◡Iulianus *2. Jh.,* (*ⓔ°Tertullianus *2.–3. Jh.*), ◡Augustinus *4. Jh.,* ᵛChateaubriand und Flaubert *19. Jh.*

*Çatal Hüyük* K 2
bei Konya, Türkiye: Fundstätte *(1961)* einer zugleich neolithischen und protourbanen Großsiedlung *-7. Jt.,* Beleg für den nahezu gleichzeitigen Durchbruch der Domestikation von Pflanzen und Tieren in Anatolia und in der Region des »Fruchtbaren Halbmonds«

*Čechy/Böhmen* N 4
Česko: slavisch *6. Jh.,* deutsche Kolonisation seit dem *13. Jh.,* luxemburgisch *1310–1437,* österreichisch *1526–1918,* Československo *1918–93;* kulturelles Zentrum in »Mitteleuropa« *14.–20. Jh.,* hussitische Reformbewegung *15. Jh.,* → Praha/Prag

*Česko/Czechia/Tschechien* A 9, W 1, 4, **N** 2–**4**
→ *Čechy* und *Morava*

*Chaco Canyon* K 7
New Mexico, U.S.A.: Region der *Anasazi-Pueblo-*Kultur, Blütezeit *11.–12. Jh.,* herausragende Fundstätte: Pueblo Bonito

Chairōneia/Heronia W 3
Boiōtia, Hellas: *◡Plutarchos *1.–2. Jh.*

*Chalco* K 7
Valle de México: Hauptstadt eines Nahua-Staates *15.–16. Jh.,* (*Chimalpahin Quauhtlehuanitzin/Domingo de San Anton Muñon, Historiograph *16.–17. Jh.*)

*Chaldaia/Chaldaea/Māt Kaldi/Bilād al-Kildān* A 8
Mesopotamia/ʿIrāq: hellenischer, lateinischer und arabischer Name für Babylonia (ursprünglich nur für die Region am Arabisch-Persischen Golf), benannt nach der mutmaßlich aramäischen Population der *Kaldu/Kaldāyyū/Kaldāniyyūn,* Träger der letzten vorpersischen Dynastie und Blütezeit in Babylon *-626 bis -539;* ᵛIulianos *(Chaldaika logika) 2. Jh.*

*Chalkis* → *Qinnasrīn*

Chalkis/Halkida K 4, W 3
Euboia/Evia, Hellas: kommerzielles und kulturelles Zentrum in der »orientalisierenden« und kolonisierenden Phase von Hellas *-8. bis -7. Jh.;* ᵛHesiodos *-8. Jh.,* °Aristoteles *-4. Jh.*

*Champa/Cham* K 5, S 5
Viêt Nam: indisierter Staat *(Champa)* mit überwiegend austronesischer Bevölkerung *(Cham) 192–1471,* von den Viêt sukzessive annektiert und sinisiert *11.–17. Jh.*

*Chan Chan* K 7
Valle de Moche, Perú: urbanes Zentrum des Großreiches der Chimú *1200–1463* (von den Inca erobert); Entwicklung einer vom Inca-Reich übernommenen und durch dieses berühmt gewordenen wirtschaftlichen Infrastruktur (Kanalsystem, Straßennetz) und politischen Suprastruktur (Ständegesellschaft, Zwangsumsiedlungen und -arbeiten)

*Chandannagar* → Kolkātā/**Calcutta**

**Chang'an**/Xi'an **A 6, S 5, O 1–3**
Qin/Shaanxi, Zhongguo: Hauptstadt (oder Nebenhauptstadt) mehrerer Dynastien *-3. bis 10. Jh.:* Xi-Han *-206 bis 9,* prototibetische Hou-Qin *386–417,* Sui und Tang *581–907;* herausragende Kaiser: Han-Wendi *-180 bis -157,* Wudi *-141 bis -87,* Xuandi *-74 bis -49,* Sui-Wendi *581–601,* Taizong *627–49,* Xuanzong *712–56; wissenschaftliche Institutionen:* »kaiserliche Akademie« *Taixue -124,* »Pinsel-Hain« (Gelehrtenakademie) *Hanlin Yuan 738,* medizinische Schule *620,* »Übersetzungsinstitut« *Yichang* des **Xuanzang** *649–59* im »Kloster der Großen Güte und Gnade« *Dacien Si,* »Stelenwald« (in Stein gravierte Texte) *Beilin 1090; Disputationen:* »Salz-

und-Eisen-Debatte« *Yantie Lun* zwischen konfuzianischen und legistischen Gelehrten *-81,* Debatten im »Steintrommel-Pavillon«: zwischen den Vertretern der »Alt-Text-« und der »Neu-Text-Lehrrichtung« *Guwen-* und *Jinwen-Xuepai -53 bis -51*
*Philosophen und andere herausragende Intellektuelle:* (◡Lu Jia), ◡Jia Yi, ᵛLiu An, Ⓟ**Dong** Zhongshu *-2. Jh.,* ◡Sima Qian *-2. bis -1. Jh.,* ◡Liu Xiang *-1. Jh.,* ◡°Yang Xiong *-1. bis 1. Jh.,* *Ban Zhao, ⓈZhang Ling (?) *1. Jh.,* ◡Dharmaraksha *3.–4. Jh.,* ◡°Daoan, ᵛFaxian, ◡Ge Hong *4. Jh.,* *Ⓟ°Sengzhao *4.–5. Jh.,* ◡Buddhabhadra, ◡Daosheng, Ⓟ°**Kumarajiva** *5. Jh.,* ◡Dharmagupta und Vinitaruci *6. Jh.,* ⓈⓅ°Xuanzang, Ⓟ°**Jizang,** ◡Sun Simiao, (ⓈⓅKuiji), ⓈDosho, ⓈⓅWonh'uk *7. Jh.,* *Ⓟ°**Fazang,** ⓅShenxiu, ⓈⓅUisang *7.–8. Jh.,* ◡Amoghavajra, Ⓢ◡Du Fu, °Yijing, ◡Hyech'o/Huichao, ◡Jianzhen, ◡Li Bai, ◡Liu Zongyuan und ◡Wang Wei *8. Jh.,* ᵛChengguan, ◡Han Yu und Li Ao *8.–9. Jh.,* Ⓟ**Zongmi,** (ⓈCh'oe Ch'iwon), ⓈKukai, ⓈEnnin *9. Jh.,* **Zhang Zai,* ◡Sima Guang *11. Jh.*

Changsha/Tanzhou  O 1, 3, 4
Hunan, Zhongguo: ◡Jia Yi *-2. Jh.,* ◡Li Ao *7.–8. Jh.,* ◡Zhu Xi *12. Jh.,* ⓅLiang Qichao, ⓈⓅMao Zedong, ᵛDewey und Russell *20. Jh.;* in der Nachbarschaft → *Mawangdui* und *Yuelu Shan*

Changzhou  O 4
Jiangsu, Zhongguo: namengebender Ort für die textkritische Changzhou-Schule *18.–19. Jh.;* °Su Shi *12. Jh.,* (*◡Hong Liangji *18.–19. Jh.*)

*Charenton/Saint-Maurice*  N 2
bei Paris, Val-de-Marne, France: *asile d'aliénés* (»Irrenanstalt«, ◡°Marquis de Sade *19. Jh.*)

Charlottesville  N 2
Virginia, U.S.A.: ◡°**Jefferson** *18.–19. Jh.,* Beginn der wissenschaftlichen Archäologie in N-Amerika *1784* mit der Untersuchung eines Grabhügels *(mound)* auf Jeffersons Landgut Monticello

Chartres/Carnotum  W 4
Centre, France: Schulzentrum der europäischen Frühscholastik, begründet von Fulbertus Carnotensis *(°1028),* Blütezeit (ⓅBernardus Carnotensis/Bernard de Chartres, Theodoricus Brito/Thierry de Chartres und Ioannes Sarisberiensis/John of Salisbury) *12. Jh.*

*Chauvet, Grotte*  K 1
Ardèche, Rhône, France: Fundstätte *(1994)* von spektakulären frühen Höhlenmalereien (300 Tiere) und von zahlreichen Handabdrücken *30 KJ vh*

*Chavín de Huántar*  K 7
Perú: kultisches Zentrum und namengebender Ausgangsort der über die mittlere Andenregion verbreiteten Chavín-Kultur *-800 bis -200*

*Cheju-do*  O 5
Insel in Nam-hae, Han'guk: dominiert vom Halla-san, einem südlichen Zwillingsberg des nordkoreanischen Paektu-san, Foyer des »Schamanentums« *musok;* (ᵛH. Hamel, erster westlicher Reporter über Han'guk, *1653*); in der Nachbarschaft: *Ch'uja-do,* Verbannungsinsel der »Schamanin« *mudang* Chill-yong-gun *19. Jh.*

Chen/Huaiyang  O 2
Henan, Zhongguo: Hauptstadt eines gleichnamigen Kleinstaates *-1100 bis -479;* ◡Kong Zi *-5. Jh.*

Chen/Yuanling  O 4
Hunan, Zhongguo: ⓅZhou Dunyi, ⓈCheng Hao und Cheng Yi *11. Jh.*

*Chengde/Rehe/Jehol*  N 5
Hebei, Zhongguo: Sommerresidenz der Qing-Kaiser *1703–1860;* Replikabauten von tibetischen und mongolischen Tempeln (in Lhasa und Gulja) zur Dokumentation des universalen Pazifizierungswillens, der sprachlichen Vielfalt (Inschriften in fünf Sprachen und Schriftsystemen: Chinesisch, Manzhou, Monggol, Tibetisch und Uygurisch) und der religiösen Toleranz des »Reiches der Mitte«, monumentale Bibliotheken, (ᵛPak Chiwon *1780,* ᵛG. Macartney *1793*)

**Chengdu**/Shu  A 6, S 5, **O 1, 3,** 4
Sichuan, Zhongguo: Hauptstadt von Shu-Staaten *-1100 bis -316* und *221–63* und von weiteren kurzlebigen Regionalstaaten *4.* und *10. Jh.,* Zentrum des Buchdrucks (Xylographie) *10. Jh.:* erster Druck des buddhaitischen Kanons *(Tripitaka/Sanzang) 971–83,* Emission von Papiergeld *1024;* *Yang Xiong *-1. Jh.,* ◡Zhang Ling, Heng und Lu (»Himmlische Meister« *Tianshi*) *1.–3. Jh.,* ⓈXuanzang *7. Jh.,* *Deshan Xuanjian, ᵛDu Fu *8. Jh.,* (◡°Xue Tao *9. Jh.,* ◡°Guanxiu *10. Jh.*), ⓈShen Kuo, ◡Cheng Hao und Cheng Yi *11. Jh.,* (ᵛMarco Polo *13. Jh.?*), ⓅZhang Zhidong *19. Jh.;* in der Nachbarschaft: *Yangping Zhi* bei *Pengxian:* Zentrum des religiösen *Dao Jiao* (◡°Zhang Heng, Sohn des Zhang Ling) *2. Jh.*

*Chengji*  O 3
bei Qin'an, Xingguo, Gansu, Zhongguo: Herkunftsort der Familien von Li Bai und Li Ao *8. Jh.*

*Chennai/Ceṇṇai/Madras*  S 1, 4, N 5
Tamil Nādu, Bhārat/India: britische Kolonie *1639–1947* (frühester Handelssitz der britischen *East India Company* in S-Asien *1639*), Universität *1856;* ◡Vivekananda *19. Jh.,* ⓈRaman, (◡°S. A. Ramanujan), Ⓢ°Radhakrishnan, ᵛIqbal *20. Jh.;* in der Nachbarschaft → *Mailapura; Adyar* (südlich von *Mailapura*): *Headquarters* der *Theosophical Society 1882,* erste internationale buddhaitische Tagung (von *Theravāda-* und *Mahāyāna-*Anhängern) *1891;* ◡Madame Blavatsky und ᵛDharmapala *19. Jh.,* ◡°Olcott und Besant *19.–20. Jh.,* ᵛR. Otto *20. Jh.*

*Chernivci/Černivci/Czernowitz/Cernăuti*  N 4
Bukovina/Ukraina: römisch *100–270,* osmanisch *1514–1769,* österreichisch *1775–1918,* rumänisch *1918–44;* östlichste deutschsprachige Universität *1875–1918;* ⓅMarty *19. Jh.,* (*P. Celan, *E. Chargaff), ⓅSchumpeter, ◡Wittgenstein (Kriegsteilnehmer) *20. Jh.*

*Chesowanja*  A 2
Lake Baringo, Kenya: Fundstätte *(1978)* von gebrannten Lehmklumpen *1,4 MJ vh,* als Indiz für den kontrollierten Gebrauch von Feuer interpretiert

*Chiang Mai (»Neustadt«)/Niblisapura*  S 5
Muang Thai: Hauptstadt eines Lao-Königreiches *1296–* (formell) *20. Jh.,* interkulturelles Zentrum des buddhaitischen *Theravāda,* eingeführt aus Sukothai und Mottama/Martaban

Chicago  N 3, 5
Illinois, U.S.A.: *University of Chicago 1857/1890, Oriental Institute* (ⓅJ. H. Breasted) *1896/1919; World Parliament of Religions* (ᵛBesant, P. Carus, Dharmapala und Vivekananda) *1893;* ⓅDewey, Ⓟ°**G. H. Mead,** ⓈTanaka Odo *19.–20. Jh.,* ⓅArendt, Ⓟ**Carnap,** ◡°Eliade, (Ⓟ°Fermi), ⓅHayek, ⓅHem-

pel, ⓟHorkheimer, ⓟMaritain, ˅Masaryk, (ⓢⓟC. W. Morris), ⓟRadin, ⓟRussell, ⓟSapir, ˅G. Stein, ⓟ**L. Strauss** und ⓢⓟJ. B. Watson *20. Jh.*

*Chichén Itzá* K 7
Yucatán, México: urbanes Kultzentrum des Gottes Quetzalcoatl/Kukulcan, Verbindung der nachklassischen Maya-Kultur mit der Tula-Kultur (über weiträumige Handelskontakte oder infolge einer Eroberung), Blütezeit *10.–12. Jh.*; hypothetischer Herkunftsort des *Codex Dresdensis* (Abschrift eines »Almanachs« mit kalendarischen, astronomischen und mathematischen Informationen aus dem *13. Jh.*)

Chidambara(m)/Citāṃbara S 4
Tamilākam/Tamil Nādu, Bhārat/India: kultisches und intellektuelles Zentrum der *S(h)aiva*-Religiosität und -Philosophie (Kontakte mit der kashmirischen *S(h)aiva*-Mystik und -Philosophie); ◡Manikkavacakar *9. Jh.*, ˅Vallabha *16. Jh.*

*Chile* K 7, N 5

*Chimborazo* N 5, Z
Ecuador: Berg, Erstbesteigung (bis 5400 m) und -beschreibung durch A. von Humboldt (und A. Bonpland) *1802*

*Chinchorro* K 7
Chile: Fundstätte der frühesten bekannten künstlichen Mumifikationen von Verstorbenen *-7000 bis -3000*

*Chin-do* O 5
Insel in Nam-hae, Han'guk: Foyer des »Schamanentums« *musok*, (◡No Susin, Verbannung *16. Jh.*)

*Chios/Hios* W 3, N 1
Insel im Ägäischen Meer, Ionia, Hellas: ◡Homeros *-8. Jh.* (?), *Hippokrates von Chios *-5. Jh.*

Chiri-san O 3, 5
Kyŏngsang-namdo – Chŏlla-do, Han'guk: südlicher der »Fünf Markberge« Han'guks, beliebter Rückzugsort von buddhaitischen und konfuzianischen Gelehrten; namhafteste Klöster: *Hwaŏm-sa* und *Ssanggye-sa*, gegründet *544* und *722* von Rückkehrern aus Zhongguo; ◡Chinul *12. Jh.*, (ⓟKim Chongjik, Vorläufer der konfuzianischen »Wald- und Berggelehrten« *sallim*, und ⓢChong Yoch'ang *15. Jh.*), ◡Sosan *16. Jh.*

*Chishan Yuan* O 5
Shandong, Zhongguo: koreanisches buddhaitisches Kloster, gestiftet vom koreanischen Geschäftsmann und Militärführer Chang Pogo, *9. Jh.*; ˅Ennin *9. Jh.*

Chittagong/Chātgāon S 3
Bangladesh: ⓟDasgupta *20. Jh.*

*Chittaurgarh/Citrakūṭa/Chittor* S 2
Rājasthān, Bhārat/India: Ort eines dreimaligen heroischen Widerstands der hinduitischen Bevölkerung gegen muslimische Eroberer, zuletzt gegen Akbar den Großen (Tod der Männer im Kampf, kollektive Selbstverbrennung *jauhar* der Frauen und Kinder) *1303/1535/1568*; *Haribhadra *8. Jh.*, ˅Vallabha *15.–16. Jh.*

Chogye-san O 5
Chŏlla-namdo, Han'guk: *Songgwang-sa*, buddhaitisches Kloster *1205* der von Chinul vertretenen *Caoxi-/Chogye*-Lehrrichtung (ausgehend von Caoxi Huineng), drittes der »drei Juwelen« unter den koreanischen Klöstern, ⓟ°Chinul *13. Jh.*

*Cholula* K 7
Puebla, México: eines der frühesten städtischen Zentren Mesoaméricas von kontinuierlicher Bedeutung (trotz mehrfachen Wechsels der Herrschaftsverhältnisse und der Kulturzugehörigkeit) *-1000 bis 1519*, kultisches Zentrum des Gottkönigs Quetzalcoatl seit seiner legendären Verbannung aus Tula *987*, monumentale Erdpyramide; ⓟSahagún *16. Jh.*

*Chŏngju* O 5
P'yŏngan-pukdo, Han'guk/Chosŏn: *Osan-hakkyo* (»Fünf-Hügel-Schule«) *1907*, politisches und literarisches Foyer (ⓟYi Kwangsu, ⓢKim Sowol) *20. Jh. (1. Hälfte)*

*Chongqing/Jiangzhou* N 5
Sichuan, Zhongguo: Hauptstadt des Ba-Reiches *-1100 bis -316* und der Guomindang-Regierung *1937–45*; ◡Zhang Ling *1. Jh.*, ◡Tao Qian *4.–5. Jh.*, ◡**Needham** *20. Jh.*

*Chortomlik* W 2
Skythia/Ukraina: Ausgrabungsstätte *(1862* und *1981)* eines monumentalen skythischen Kurgans mit Gräbern von bewaffneten Frauen (»Amazonen«)

*Chōshū* O 5
Yamaguchi Ken, Nihon: Herkunftsregion mehrerer Initiatoren der Meiji-Restauration *1868* und der Öffnung Nihons zum »Westen«, → *Hagi* und *Tsuwano*

*Chosŏn/North Korea* → *Han'guk*

Christchurch N 3
New Zealand: Universität *1873*; ⓢRutherford *19. Jh.*, ⓟ**Popper,** ⓟPrior, ˅Ryle *20. Jh.*

Chrlice/Chrilitz N 4
Tuřany/Turas bei Brno, Morava, Česko: *Mach *19. Jh.*

*Chu* O 2
Hubei – Hunan, Zhongguo: hegemonialer Staat *-600 bis -223*, Hauptstädte → **Ying** und Shouchun, intellektuelles Zentrum von *Dao Jia* und *Mo Jia* (daoitische und moitische Philosophie) zur Zeit der »Hundert Schulen« *Bai Jia -6. bis -3. Jh.*, charakteristisches literarisches Zeugnis: *Chuci* (»*Chu*-Lieder«), charakteristische Fundstätten → *Leigudun*, *Mawangdui* und *Shuihudi*; *Lao Zi *(Li) -7. Jh. (?)*, ˅Kong Zi *(Fuhan) -5. Jh.*, °Mo Zi, *Xu Xing *-4. Jh.*, *°Qu Yuan *-4. bis -3. Jh.*, *Li Si, ⓟXun Zi *-3. Jh.*

*Chŭlmun* (»Kammmuster«) K 6
Han'guk: vortungusische Kultur auf der koreanischen Halbinsel *-7000 bis -2000*, Ähnlichkeit mit der nordostchinesischen Xinle-Kultur, Keramik seit dem Beginn, Kultivation von Getreide gegen Ende der Periode

*Chumash* K 7
bei Los Angeles, California, U.S.A.: amerindische Population; archäologisches Schulbeispiel einer »komplexen Gesellschaft« im »Wildbeuter-Stadium« (Sammeln von Meeresfrüchten, Hochseefischerei) ohne Agrikultur, jedoch mit Seßhaftigkeit (in Dörfern), mit Fernhandelskontakten und raffinierter Handwerkskunst (Kanubau, Korbflechterei)

*Chumayel* K 7
bei Maní, Yucatán, México: Herkunftsort einer Maya-Dorfchronik *Chilam Balam* (»Bote des Jaguars«); andere Herkunftsorte in Yucatán → *Maní* und *Tizimín* (Kopien aus dem *17.* und *18. Jh.* in Maya-Sprache mit lateinischen Buchstaben geschrieben)

Cirey-sur-Blaise N 4
Champagne, France: ◡Du Châtelet und Voltaire *18. Jh.*

*Cishan* K 2
Taihang Shan, Hebei, Zhongguo: Fundstätte *(1976)* von Belegen für die Domestikation von Pflanzen (Hirse) und Tieren (Geflügel, Schwein, Hund) sowie von »typisch chinesischen« Artefakten (dreifüßige Gefäße) *-6000*

*Clairvaux/Claravallis* W 4
bei Bar-sur-Aube in Champagne, France: Kloster des Reformordens der Zisterzienser *Ordo Cisterciensis 1115–1790,* gegründet von Bernard de Clairvaux *(°1153);* Gefängnis *19. Jh.;* ⓈErasmus *15. Jh.,* ◡Kropotkin *19. Jh.*

Clamart N 2
bei Paris, France: ˅Condorcet (Gefangennahme) *1794,* ◡°Berdiaev (»Sonntagstreffen« *Dimanches de Clamart* im Haus von Berdiaev, veranstaltet zusammen mit Maritain), ◡Shestov *20. Jh.*

Clermont-Ferrand N 2, 4
Auvergne, France: *◡Pascal *17. Jh.,* (*Teilhard de Chardin), ⓅBergson *19. Jh.,* ⓅFoucault *20. Jh.;* in der Nachbarschaft → *Puy-de-Dôme*

*Clovis* A 1
New Mexico, U.S.A.: namengebende Fundstätte *(1932)* des steinzeitlichen *Clovis Cultural Complex,* gekehlte steinerne Speerspitzen als Beleg für ausgedehnte Großwildjagd (und -ausrottung?) *11 KJ vh*

Cloyne/Cluain Uamha N 2
bei Cork, Ireland: ◡Berkeley (Bischof) *18. Jh.*

*Cluny/Cluniacum* W 4
Bourgogne, France: benediktinisches Reformkloster *910–1790;* ˅Anselmus *11. Jh.,* ◡°Petrus Venerabilis, ◡Abaelardus *12. Jh.*

Coburg N 4
Franken, Deutschland: ˅A. von Humboldt *18. Jh.,* ◡°Rückert *19. Jh.*

Coimbra N 2
Portugal: Residenzstadt *12.–13. Jh.,* Universität *1307/1537, Collegium Conimbricense* (Gruppierung von jesuitischen Aristoteles-Kommentatoren) *1555–1606;* ⓈCamões, ⓈⓅMolina, (ⓅP. da Fonseca), ⓈRicci *16. Jh.,* Ⓟ**Suárez,** ⓈJoão de São Tomás *16.–17. Jh.*

*Cōḷa/Chōla/Cōḷamaṇḍala(m)/Coromandel* S 4
Tamilākam/Tamil Nadu, Bhārat/India: östlichstes und mächtigstes der »Drei [klassischen tamilischen] Königreiche« *Trairājiva 1.–13. Jh.,* kulturelle Blütezeit unter den Pallava *3.–9. Jh.,* C(h)ola-Thalassokratie (Eroberungen von Teilen Sri Lankas und SO-Asiens, Förderung des shivaitischen Hindudharma) *10.–12. Jh.;* Zentren → Tiruch(ch)irapalli, **Kanchipuram**

*Colombia/Kolumbien* K 7

*Colombo* → *Koḷamba*

*Como/Comum* N 4
Gallia Transpadana/Lombardia, Italia: *Plinius Maior (und Plinius Minor) *1. Jh.,* *Ⓟ°Volta *18.–19. Jh.,* ◡Wittgenstein (Kriegsgefangener) *20. Jh.;* in der Nachbarschaft: *Cassiciacum* (bei Cassago Brianza?), ◡Augustinus *4. Jh.*

Concord N 2
bei Cambridge, Massachusetts, U.S.A.: ◡°Emerson, *°Thoreau *19. Jh.*

*Congo/Kongo* K 1, 2, 8, N 5
(1) Bantu-Königreich am unteren Congo und im nördlichen Angola (»Muschelwährung«, Eisenverarbeitung, Textilfabrikation) *15.–18. Jh.,* erste Kontakte mit Portugal und dem Christentum *1482;* (2) *Congo-Kinshasa,* Besiedlung durch Populationen der Niger-Congo-Sprachfamilie (Bantu) *700 (?),* belgische Kolonie *1885,* unabhängig *1960;* ˅J. Conrad *19. Jh.*

Côn So'n O 5
bei Chi Linh, Hai Duong, Viêt Nam: Rückzugsort der buddhaitischen Könige, Mönche und Philosophen Tran Thai Tong und Tran Nhan Tong *13.–14. Jh.;* ◡Nguyen Trai *15. Jh.*

*Copán* K 7
Honduras: kultisches und politisches Maya-Zentrum *426–822* mit der größten Anzahl von Steininschriften (»Hieroglyphentreppe«) aus der klassischen Zeit der Maya-Kultur; »the Athens of the New World« (S. Morley)

Coppet N 4
bei Genève, Suisse: »Groupe de Coppet«, frühromantischer literarischer und politologischer Kreis um Madame de **Staël** *18.–19. Jh.,* Mitglieder und Besucher: Constant, (C. V. von Bonstetten, J. von Müller, J.-C.-L. Simonde de Sismondi), A. W. Schlegel, de Maistre, Clausewitz, Chateaubriand, Lord Byron; ◡Shestov *20. Jh.*

Córdoba/Corduba/**Qurṭuba** **A 6,** 8, 9, **W 1,** 2, **4,** N 1
Baetica/Andalucía, España: römisch *-169 bis 475,* muslimisch (al-Andalus) *711–1238* (Hauptstadt umayadischer Emire und Kalifen *756/929–1031,* almoravidisch *1091,* almohadisch *1148–1238*), überragendes kulturelles, wissenschaftliches und philosophisches Zentrum in Europa *10.–12. Jh.;* (˅Caesar und Varro), *Seneca *-1. Jh.,* *Ibn Masarra *9. Jh.,* *◡°Abu l-Qasim, *◡Ibn Hazm *10.–11. Jh.,* ◡**Halevi,** ◡A. Ibn Ezra *11.–12. Jh.,* ˅M. Ibn Ezra, *Ibn Daud, *Maimonides, ◡Ibn Zaddik, *◡**Ibn Rushd** und ◡Ibn al-'Arabi *12. Jh.,* *Cordovero *16. Jh.* (?), °La Vega *17. Jh.,* ˅W. von Humboldt *18. Jh.,* ˅Chateaubriand *19. Jh.,* ˅Kang Youwei, ˅Iqbal *20. Jh.*

*Cork/Corcaigh* N 2
Ireland: *Queen's College 1849;* Ⓟ°Boole *19. Jh.;* in der Nachbarschaft → Cloyne

Coswig N 4
bei Wittenberg, Anhalt, Deutschland: *Cohen *19. Jh.*

*Cro-Magnon* A 1–3, K 1
bei Les Eyzies, Dordogne, France: namengebende Fundstätte *(1868)* von Fossilien des anatomisch modernen *Homo sapiens 30 KJ vh,* bis zur Entdeckung von Fossilien desselben Menschentyps in Afrika, SW-Asien und SO-Europa in der *2. Hälfte des 20. Jh.* als früher Typ und auch als spezifisch »europäische Rasse« des »grazilen« (anatomisch modernen) *Homo sapiens sapiens* (»Cro-Magnon-Mensch«) angesehen

*Cuau(h)titlán* K 7
México: Redaktionsort der »Annalen von Cuautitlán«, des ersten Teils des *Codex Chimalpopoca* (Quelle für das Denken der Azteca- und anderer Nahua-Populationen) *16. Jh.*

*Cuzco* K 7, N 5
Los Andes, Perú: Residenzstadt und Verwaltungszentrum des Inca-Reiches, des letzten großflächigen präkolumbischen Staates in der Andenregion (im Anschluß an die Huari-Kultur und das Chimú-Reich, mit Quechua als Staatssprache) und zugleich des ausgedehntesten Staates der Erde ohne voll ausgebildete Schrift (Knotenschnüre *Quipu* zur Bezeichnung quantifizierbarer Daten), gegründet *12. Jh.,* Großreich *15. Jh.,* von F. Pizarro erobert *1533;* *La Vega »el Inca« *16. Jh.,* ◡Guaman *16.–17. Jh.,* ˅Arguedas *20. Jh.*

Czernowitz → Chernivci

*Dacia* W 4
mittelalterliche Bezeichnung für Danmark und S-Sverige: Herkunftsregion namhafter Gelehrter mit dem Zusatznamen *de Dacia* oder *Dacus* in Paris (Boethius, Ioannes, Martinus, Simon) und Bologna (Petrus) *13. Jh.;* Ausbildungsstätten: Dominikanerklöster → Lund und Roskilde

Dakar N 5
Sénégal: Hauptstadt *1902/1958;* ⓢⓑDiop, ⓢⓑSenghor *20. Jh.*

*Dakshiṇa Kos(h)ala/Dakṣiṇa Kośala (S-Koshala)* S 4
Kalinga/Chhattisgarh – Mādhya Pradesh – Āndhra Pradesh, Bhārat/India: ⓑNagarjuna und Aryadeva *2.–3. Jh.* (?); ⓢXuanzang *7. Jh.*

*Dali* A 1–3
Shaanxi, Zhongguo: Fundstätte *(1978)* eines archaischen *Homo-sapiens*-Schädels *200 KJ vh*

*Dali/Taihecheng* S 5, O 1
Yunnan, Zhongguo: Hauptstadt der sinisierten Staaten Nanzhao *739–902* und Dali *937–1253,* kulturelle Verbindungen mit S-Asien (Viêt Nam, India), Tibet und N-Zhongguo; mit der mongolischen Eroberung *1253* definitive Integration ins Chinesische Reich, jedoch mit starker muslimischer Minderheit und Kunming als neuer Provinzhauptstadt

**Daliang** **A 6,** 9, **O 1, 2**
Henan, Zhongguo: Hauptstadt von Wei/Liang *-4. bis -3. Jh.* (zur Zeit der »Hundert Schulen« *Bai Jia*), herausragender Herrscher: König Hui *-369 bis -335;* ◡**Hui Shi,** ᵛZhuang Zi (?), ⓑ**Meng Zi,** ◡Shang Yang, (◡Tian Wen/Fürst Mengchang) *-4. Jh.,* ⓑGongsun Long (?), ⓑZou Yan (?) *-3. Jh.;* Nachfolgestadt in der Nachbarschaft → **Kaifeng**

Damaskos → Dimashq

*Damāvand, Kūh-e* K 3
Kūhhā-ye Alborz, Īrān: »Heiliger Berg«

*Danmark/Dänemark/Dacia* K 1, 5, W 1, 4, **N 2–5**

Danzig → Gdańsk

*Dapenkeng* K 6
bei Taibei, Taiwan, Zhongguo: namengebende Fundstätte *(1964)* einer entlang der SO-Küste von Zhongguo verbreiteten neolithischen Kultur *-5000 bis -4000* (Fischerei, Keramik, Kultivation von Pflanzen), Vorläuferin nicht nur der späten regionalen Kulturen im gleichen Ausbreitungsgebiet, sondern möglicherweise auch der von Taiwan ausgehenden austronesischen Kulturen

***Dār al-Islām*** *(»Haus des Islam«)* **A** 4, **6, 8,** 10, **11,** K **8, W 1, 4, 5, S** 1, **2,** 5, N 1, 5, G
muslimische Bezeichnung für die dem islamischen Recht *Sharī'a* unterstehenden Gebiete

Darbhanga S 3
Mithilā/Bihār, Bhārat/India: ⓑ**Udayana** *10.–11. Jh.;* ⓑ**Ganges(h)a** *13.–14. Jh.;* → **Mithilā**

*Dārfūr/Dar For* K 8
as-Sūdān: Region an einem Handelsweg zwischen Nil und Niger, Zufluchtsregion der Herrscherfamilie von Meroë *4. Jh.,* Sultanat *17.–19. Jh.*

Darmstadt N 4
Hessen, Deutschland: »Schule der Weisheit«, begründet von Keyserling (Besucher: Berdiaev, Driesch, Frobenius, C. G. Jung, Scheler, R. Tagore, P. Tillich, E. Troeltsch, R. Wilhelm, H. Zimmer) *1920–33;* *Lichtenberg *(Ober-Ramstadt),* ᵛHerder *18. Jh.,* *Liebig, ⓢCantor, *°L. Büchner *19. Jh.,* ⓢKotarbiński, ⓑKeyserling, ᵛHeidegger, ᵛOrtega y Gasset *20. Jh.*

*Datong/Pingcheng* S 5, O 1, 3
Shanxi, Zhongguo: Handelsstadt an einer NO-Route der Seidenstraße, Hauptstadt der Tuoba-Wei *398–493,* Zentrum für die Ausbreitung des *Buddhadharma/Fo Jia,* buddhaitische Höhlentempel *Yungang Shiku 398–493/524;* (◡°Cui Shi, Diätetiker, *5. Jh.*)

Daventry N 2
Northamptonshire, England: Region religiöser und politischer *nonconformists 17.–18. Jh.;* ⓢPriestley *(Dissenting Academy) 18. Jh.*

Davos N 4
Schweiz: Disputation *1929* zwischen Cassirer und Heidegger, namhaftester studentischer Teilnehmer: Lévinas; ᵛTh. Mann, ᵛEinstein, *20. Jh.*

*Dawenkou* K 6
beim Tai Shan, Shandong, Zhongguo: Fundstätte *(1959)* einer regionalen neolithischen Kultur *-5000 bis -3000:* matriarchale Agrikultur (?), zunehmend reichere Gräber, von chinesischen Archäologen mit der historiographisch überlieferten »barbarischen« Population der Dong Yi assoziiert; von der geographisch ausgedehnteren Longshan-Kultur überlagert

*Daxi* K 6
Sichuan, Zhongguo: namengebende Fundstätte *(1959)* einer neolithischen Reiskultur im mittleren Yangzital *-5000 bis -3000* (Drachensymbolik)

*Dayr Anbā Anṭūniyūs* S 5
Aigyptos/Miṣr: Rückzugsort des frühesten bekannten christlichen Eremiten Antonios *4. Jh.*

Dayu/Nan'an O 4
Jiangxi, Zhongguo: ◡Zhou Dunyi *11. Jh.,* °Wang Yangming *16. Jh.*

*Dazaifu* O 5
bei Fukuoka, Kyūshū, Nihon: Verwaltungs- und Außenhandelszentrum (für den Verkehr mit Zhongguo und Han'guk) *3.–13. Jh.,* Blütezeit *8.–9. Jh.,* ᵛKukai *9. Jh.,* (◡°Sugawara no Michizane *9.–10. Jh.*)

De Shan O 3
bei Changde, Hunan, Zhongguo: ⓑDeshan Xuanjian *9. Jh.*

*Dege/sDe-dge* S 5, O 1
Kham(s)/Sichuan, Zhongguo: Stadt an der Straße zwischen Lhasa und Chengdu, Holzdruckplatten der autoritativsten Edition des tibetobuddhaitischen Kanons *18. Jh.*

Delhī → Dillī

*Dēlos* W 3
Insel im Ägäischen Meer, Hellas: Apollon-Heiligtum *-1000,* panhellenisches Kultzentrum *-7. Jh. bis 362,* (ᵛIulianos Apostatas *4. Jh.*)

*Delphoi/Delfi* W 3
Phokis, Hellas: panhellenisches Apollon-Heiligtum *-6. Jh. bis +392,* Priesterin Pythia als Orakelsprecherin und Vermittlerin von Weisheitsmaximen wie »Erkenne dich selbst« *gnōthi seauton;* °Aisopos *-6. Jh.* (?), ᵛSokrates (?),ᵛGorgias *-5. Jh.,* ᵛAristoteles *-4. Jh.,* ◡Plutarchos *1.–2. Jh.*

*Dengfeng Guanxingtai* O 4, N 1
am Song Shan, Henan, Zhongguo: *Gaocheng*-Sternwarte mit einem monumentalen Gnomon zur Messung der Umlaufzeit der Sonne *1276* (wissenschaftlicher Kontakt mit Maraghe); ◡Guo Shoujing *13.–14. Jh.*

**Den Haag** A 6, **W 1, N** 1, **2, 4**
Holland, Nederland: Tagungsstätte der holländischen Stände

(und Generalstaaten) *1580,* frühes Zentrum der neuzeitlichen europäischen Aufklärung (religiöse Toleranz, Freiheit der Forschung) *16.–17. Jh.;* ◡**Grotius** *16.–17. Jh.,* ˅Descartes, ◡Elisabeth von Böhmen, *°Huygens, ◡°**Spinoza,** ˅Leibniz *17. Jh.,* (◡°F. Hemsterhuis, ˅°G. Turnbull), ˅Herder, Diderot und Maimon *18. Jh.,* ˅J. R. Mayer *19. Jh.,* ◡Neurath *20. Jh.*

*Deriïvka/Derievka* K 2
am Dnipro, Ukraina: Fundstätte der bislang frühesten bekannten Belege für die Domestikation von Pferden (zum Reiten und für rituelle Schlachtungen?) *-4000*

Dessau N 4
Anhalt, Deutschland: *Bauhaus 1925–32;* *Mendelssohn, ˅Maimon *18. Jh.,* *M. Müller *19. Jh.*

*Deutschland/Germania/Ashkenāz* **A 4,** 6, 9, K 5, **W 1,** 2, **4, N**

*Deventer* W 4
Nederland: Zentrum der *devotio moderna 14.–15. Jh.,* einer religiösen (mystischen und sozialethischen) Erneuerungsbewegung um *◡°Geert Groot/Gerardus Magnus *14. Jh.* (zweites Zentrum: Kloster Agnietenberg bei Zwolle um ◡°Thomas a Kempis *15. Jh.*), ⓈCusanus *15. Jh.* (?), ⓈErasmus *16. Jh.,* ◡Descartes *17. Jh.*

*Devil's Lair* K 1
West Australia: Fundstätte einer (mit Unterbrechungen) über einen langen Zeitraum bewohnten Höhle *30–10 KJ vh;* unter den aufgefundenen Artefakten Kalksteinplatten mit eingeritzten Linien und Schmuckstücke aus Känguruhknochen

*Dhākā/Dacca* S 1, 3
Bangladesh: Hauptstadt eines Regionalstaates *17. Jh.,* von Bangladesh *1972;* ˅Nanak *15.–16. Jh.;* in der Nachbarschaft: *Vikramapura/Bikrampur,* regionales Zentrum zur Zeit der Pala *8.–12. Jh.,* *Atis(h)a *10. Jh.*

Dhānyakaṭaka S 4
bei oder identisch mit Amarāvatī, Āndhra Pradesh: ⒺNagarjuna und Aryadeva *2.–3. Jh.* (?), ⓈXuanzang *7. Jh.*

*Dhar(a)msāla/Dharmasāla* S 2, N 5
Himāchal Pradesh, Bhārat/India: politisches und kulturelles Zentrum der Tibeter im Exil *1959*

*Di → Rong*

*Dian* K 6
Yunnan, Zhongguo: Einflußgebiet der *Dông-So'n*-Kultur

*Die Kelders Cave* K 1
Cape Coast, South Africa: Fundstätte *(1969)* von Zähnen des anatomisch modernen *Homo sapiens 75–60 KJ vh* und von frühen Belegen *(500)* für die Domestikation von Schafen in S-Afrika vor der Zuwanderung der Bantu

*Dieppe* N 4
Normandie, France: *°R. Simon *17.–18. Jh.*

Digne N 2
Provence, France: *◡**Gassendi** *16.–17. Jh.*

Dijon N 2, 4
Bourgogne, France: Universität *1722, Académie des sciences et des arts 1740* (Preisfragen über das Verhältnis des Fortschritts der Wissenschaften und Künste zu dem der Sitten *1749* und über den Ursprung der Ungleichheit der Menschen *1753,* von Rousseau in zwei Diskursen beantwortet); (*Bernard de Clairvaux *11. Jh.,* *J. B. Bossuet, *S. Foucher *17. Jh.*), *ⓈBuffon *18. Jh.,* ⒺPasteur *19. Jh.,* ⒺBachelard *20. Jh.*

Dillī/Dihlī/(New) Delhī/*Indraprastha* **W 5, S** 1, 2, 5, **N 5**
Madhyamā Dis(h)/Bhārat/India: (1) *Dihlī*: Hauptstadt muslimischer Sultanate *1206,* des Mughal-Reiches (mit Unterbrechungen) *1526,* herausragende Herrscher: Babur *1526–°1530 (Agra),* Akbar *1556–°1605 (Agra),* Shah Jahan *1627–58;* (2) *Delhī:* Hauptstadt von *British India 1912;* (3) *Dillī:* Hauptstadt von *Bhārat Ganarājiva/Republic of India 1947;* (4) in einem südlichen Stadtteil: *Indraprastha,* Hauptstadt der Pandava, einer der Kriegsparteien im *Mahābhārata*-Epos
*Philosophen und andere herausragende Intellektuelle:* (˅Ibn Battuta *14. Jh.*), ˅Nanak *15.–16. Jh.,* ⓈSirhindi *16. Jh.,* °Dara Shikoh, ◡°Jahan Ara, (˅G. Bernier) *17. Jh.,* *Ⓔ°**Shah Wali Allah** *18. Jh.,* ◡°Ambedkar, ◡Besant, ◡°Gandhi, ˅Iqbal, ˅Kang Youwei, (◡O. Paz), ◡Radhakrishnan *20. Jh.*

*Dilmun/Tilmun* K 3
al-Baḥrain: Insel und Hafenstadt, Handel mit sumerischen Stadtstaaten *-3. Jt.,* Ort des »Paradieses« in sumerischen Mythen

Dimashq/Damaskos/Damascus A 6, 9, **W** 1, **3–5, S** 5, N 1
Aram/Syria/as-Sūriyya: Zentrum aramäischer Schriftkultur *-1. Jt.,* aramäischer Stadtstaat *-1000,* assyrisch – babylonisch – persisch *-732 bis -333,* hellenistisch *-333,* römisch–byzantinisch *-64 bis 635,* muslimisch *635,* osmanisch *1516–1918;* Hauptstadt der umayadischen Kalifen *661–750* und einer regionalen kurdischen Ayyubiden-Dynastie *1154–1260,* herausragende Herrscher: Nur ad-Din *1146–°1174* (Stadtspital *Bīmāristān Nūrī 1154* und Grabesschule *al-Madrasat an-Nūriyya 1172*) und Salah ad-Din *1174–°1193*
*Philosophen und andere herausragende Intellektuelle:* ◡Paulos Apostolos *1. Jh.,* *Damaskios *5. Jh.,* *◡Ioannes Damaskenos *7. Jh.,* *al-Awza'i *8. Jh.* (?), ˅°al-Farabi *10. Jh.* (?), ˅al-Ghazali *11. Jh.,* ◡°Ibn al-'Arabi und °Ibn al-Baytar *13. Jh.,* ◡°Ibn Taymiyya *13.–14. Jh.,* ˅Ibn Khaldun (Begegnung mit Timur Leng) *15. Jh.,* ◡°Vital *16.–17. Jh.*

*Dir'iyya* W 5
al-'Arabiyya as-Sa'ūdiyya: Zentrum der islamischen Rechtsschule *Wahhābiyya* (benannt nach ihrem Begründer Ibn 'Abd al-Wahhab) *18. Jh.,* eines fundamentalistischen Ablegers der *Ḥanābila*-Rechtsschule

*Diu/Dīvi/Dīw/Dio* W 5, S 1
Insel vor der Küste von Kathiawar, Bhārat/India: interkontinentaler und interkultureller Handelsplatz, erster Zufluchtsort der zarathustraitischen Parsen in S-Asien *917* (?), muslimisch (Sultanat von Dihli) *1349,* portugiesisch *1534–1961*

*Divehi/Maldive(s)* K 5

*Djenné/Jenne* A 6, K 8, W 1
Mali: Handelsstadt am Niger, muslimisch *1250,* überregionales intellektuelles Zentrum *17.–18. Jh.;* in der Nachbarschaft: *Djenné-djeno/Jenne-jeno (»Alt-Djenné«):* Fundstätte von Belegen für die Kultivation von Pflanzen *-7. Jt.,* protourbane Siedlung *1.–14. Jh.* (Beleg für die Anfänge der Urbanisation in Abhängigkeit nicht vom Fernhandel durch die Sahara, sondern von den Bedürfnissen einer florierenden regionalen Landwirtschaft)

*Dmanisi* A 2, 3
Kavkaz, Sakartvelo: Fundstätte *(1991)* des bislang frühesten bekannten menschlichen Fossils in SW-Asien *1,7 MJ vh (?)*

*Dogon* N 5
Burkina Faso – Mali: Population mit einer begrifflich komplexen Anthropologie, Kosmologie und Religion, erforscht unter der Anleitung Ogotemmelis von Griaule *1931–33*

*Dole* N 4
Franche-Comté, France: Universität *1422–1691* (Verlegung nach Besançon): ⓅAgrippa von Nettesheim *16. Jh.*, *Pasteur *19. Jh.*

*Dolní Věstonice/Unter-Wisternitz* K 1
Morava, Česko: Fundstätte *(1922)* einer Siedlung mit Hütten aus Tierknochen und -fellen, Feueröfen und Elfenbein- und gebrannten Terrakottafigurinen (darunter eine »Venusstatuette«) *26 KJ vh*

*Doloon Nuur/Duolun/Shangdu/Kaiping* S 5
Nei Menggu, Zhongguo: (1) Sommerresidenz der mongolischen Yuan-Kaiser *1257–1369,* begründet von Qubilai Qan, »Stadt der 108 Tempel«; Disputation zwischen buddhaitischen und daoitischen Gelehrten (auf buddhaitischer Seite: Pagpa Pandita) *1258,* (◡Marco Polo *13. Jh.*); (2) monumentales tibetobuddhaitisches Kloster *1700,* Revision und Fertigstellung der *1628* von Ligdan Qan angeordneten mongolischen Übersetzung des tibetobuddhaitischen Kanons im Auftrag des Qing-Kaisers Kangxi *1712–20*

Dong Shan O 1, 3
bei Yifeng, Xinchang, Jiangxi, Zhongguo: zusammen mit dem Cao Shan namengebender Berg der *Caodong-/Sōtō*-Lehrrichtung des *Chan/Zen;* (ⓅHongren *7. Jh.*), ⓅDongshan Liangjie und ⓈCaoshan Benji *9. Jh.*

*Dông So'n* K 6
bei Thanh Hoa, Viêt Nam: namengebende Fundstätte *(1920)* einer stilistisch eigenständigen bronzezeitlichen Kultur *-600 bis +100* mit Ausbreitung nach S-Zhongguo (Dian-Kultur in Yunnan) im N und bis zu den Sundainseln im S; Kennzeichen: Bronzetrommeln

*Dongkar* S 3
bei Chonggye/Qiongjie, Ü/Zentraltibet, Zhongguo: Disputation zwischen dem Bön-Gelehrten Drenpa Namkha und den buddhaitischen Missionaren Padmasambhava und S(h)antarakshita *785*

*Dordogne* A 1–3, **K 1,** N 2
Aquitaine, France: Region mit einem dichten Netz paläolithischer Fundstätten *80–10 KJ vh;* herausragende Orte → *Cro-Magnon, La Madeleine, Lascaux, Le Moustier;* Herkunftsregion namhafter Philosophen: *°Montaigne, *Fénelon und *◡Maine de Biran *16.–19. Jh.*

*Dornach* N 4
bei Basel, Schweiz: *Goetheanum* (Hochschule für Anthroposophie) *1924,* Ⓟ°R. Steiner *20. Jh.*

*Downe* K 1, N 4
bei London, Kent, England: ◡°**Darwin** *(Down House) 19. Jh.*

*Drāviḍa* K 2, 3, S 4
bis zur Einwanderung der Indoaryer *-2. Jt.* verbreitetste Population in S-Asien, heute hauptsächlich in S-India, Ilankai/Sri Lanka und Baluchistan, hypothetische Träger der frühesten Domestikation von Pflanzen und Tieren im NW von S-Asien, der Harappa-Kultur im Industal und – spekulativ – der elamischen und sumerischen Stadt- und Schriftkulturen in SW-Asien

*Drepung/'Bras-spungs/Zhebeng* S 3
bei Lhasa, Ü/Zentraltibet, Zhongguo: eine der drei großen tibetobuddhaitischen *Gelugpa*-Klosteruniversitäten, gegründet vom Tsongkhapa-Schüler Jamyang Chöje *1416,* Hauptresidenz des »Dalai Lama« außerhalb Lhasas; ◡Dorzhiev *19.–20. Jh.*

Dresden N 4
Sachsen, Deutschland: Residenzstadt der Fürsten *1485* und Könige *1806–1918* von Sachsen (herausragender Herrscher: August der Starke, Kurfürst von Sachsen und König von Polen, *Dresden *1670*–°Warszawa *1733*); kulturelles Zentrum (Musik, Kunst, Literatur) *18.–19. Jh.,* Aufbewahrungsort eines der vier erhaltenen Maya-Codices: *Codex Dresdensis (13. Jh.),* Dekodierung des Maya-Zahlensystems und -Kalenders durch den Bibliothekar E. Förstemann *1880–93;* ˅Böhme *17. Jh.*, ◡Leibniz *17.–18. Jh.*, °Tschirnhaus, ◡Swedenborg, ◡Winckelmann, ◡Schiller *18. Jh.*, ˅A. W. und ◡°F. Schlegel, (◡C. D. Friedrich) *18.–19. Jh.*, ˅Bakunin, Ⓟ°C. G. Carus, ⓅP. Carus, ˅Cousin, ˅Dostoevskii, ⓈHertz, ⓈW. James, ◡Kleist, ◡Krause, ⓈMori Ogai, ◡Schopenhauer, ˅Staël und Ⓢ◡Wagner *19. Jh.*, ⓅBühler *20. Jh.*

*Drukyü(l)/'Brug-Yul* (»Drachenreich«)/*Bhutan* S 3

Dublin N 2, 3
Ireland: *Trinity College 1591, Dublin Philosophical Society* (begründet von W. Molyneux) *1683, National University 1909;* ◡Boyle *17. Jh.*, (*°J. Swift *17.–18. Jh.*), ⓈⓅ**Berkeley,** Ⓟ°Hutcheson, *Burke *18. Jh.*, ⓅNewman, ◡Hearn *19. Jh.*, (ⓈJ. Joyce *19.–20. Jh.*), Ⓟ°Łukasiewicz, ⓅSchrödinger, ◡Wittgenstein *20. Jh.*

*Dubrovnik/Ragusa* N 4
Dalmacija/Dalmatia, Hrvatska: Stadtrepublik unter venezischer *1204,* ungarischer *1358* und osmanischer *1526–1806* Oberhoheit; Glanzzeit als »südslavisches Athen« *14.–17. Jh.;* *Boscovich *18. Jh.*

Duisburg N 4
Niederrhein, Deutschland: klevische Landesuniversität *1655–1818;* Ⓟ°Clauberg *17. Jh.*, ⓈⓅLange *19. Jh.*

*D'uktai/Dyuktai Cave* A 2
Aldan-Lena-Region, Sibir', Rossiia: namengebende Fundstätte *(1967)* einer jungpaläolithischen Kultur von hypothetischen Verwandten oder Vorfahren »paläoindianischer« Besiedler N-Amerikas *20–10 KJ vh*

*Dunhuang* S 5, O 1
Gansu, Zhongguo: Oasenstadt an der Seidenstraße, chinesisch *-117,* tibetisch *781–848,* tanggudisch *11.–13. Jh.;* »Tausend-Buddha-Höhlen« *Qian Fo Dong* mit polychromer Wandmalerei *366–1300,* »vermauerte Bibliothek« *1035,* wiederentdeckt *1900,* mit zahllosen Texten wissenschaftlichen (astronomischen und medizinischen) und religiösen (buddhaitischen und daoitischen) Inhalts in mehreren Sprachen und Schriften *4.–10. Jh.*, darunter das früheste erhaltene gedruckte Buch (»Diamant-Sutra« *Jingang Jing*) *868;* *Dharmaraksha *3. Jh.*, ˅Faxian *4. Jh.*, ˅Xuanzang *7. Jh.*, ˅Hyech'o *8. Jh.* (?), (˅Marco Polo *13. Jh.*)

Duns W 4
Berwickshire, Scottish Borders, Scotland: *Duns Scotus *13. Jh.* (?)

Durban N 5
Kwazulu-Natal, South Africa: ◡Gandhi, (◡F. Pessoa) *19.–20. Jh.*

Düsseldorf N 4
Niederrhein, Deutschland: *◡F. H. **Jacobi** (Landsitz *Pempelfort* bei, heute in Düsseldorf: ˅Diderot, G. Forster, Goethe, Hamann, F. Hemsterhuis, Herder, A. und W. von Humboldt, J. K. Lavater, Lessing) *18.–19. Jh.*, ˅Gogol', *Natorp, ˅Lange *19. Jh.*, ◡Spengler *20. Jh.*

*Dvārakā/Dwarka*   S 1, 2
Gujarāt, Bhārat/India: nach mythischer Überlieferung Residenz des Krishna nach der Vertreibung aus Mathura, Zentrum der skeptischen *Ājīvika*-Philosophie *-3. Jh.;* ᵛS(h)ankara (westliche seiner vier panindischen Klostergründungen) *7.–8. Jh.,* ᵛRamanuja *11. Jh.,* ᵛVallabha *16. Jh.*

***East Asia***   **A,** K 2–**6,** W 2, 5, **S** 1–3, **5, O, N** 1, **5,** G
Einflußbereich chinesischer Schrift- und Wissenschaftskultur: → ***Böyü, Han'guk,*** *Monggol Ulus,* ***Nihon,*** *Sibir', Southeast Asia, Viêt Nam, Xiyu,* ***Zhongguo***

*Ebla/Tall Mardīkh*   K 3
bei Ḥalab, as-Sūriyya: Stadtstaat an einem frühen Handelsweg zwischen Mesopotamia und dem Niltal *-4. Jt. bis -16. Jh.,* Fund *(1974)* eines Tontafelarchivs mit über 15 000 Keilschrifttafeln in sumerischer, akkadischer und eblaitischer Sprache, darunter der früheste bekannte Staatsvertrag (zwischen Ebla und einer noch nicht identifizierten Stadt Abarsal) *-25. bis -24. Jh.*

*Echigo no Kuni*   O 5
Niigata Ken, Nihon: ᴗShinran *13. Jh.,* ᵛBasho *17. Jh.,* ᴗHakuin *18. Jh.*

*Ec(h)miadzin/Vagarshapat*   K 4, W 1
bei Erewan, Hayastan: politisches und kulturelles Zentrum *2. Jh.,* Christianisierung durch Grigor, »den Erleuchter« Lusarovich *4. Jh.,* Alphabetisierung der armenischen Sprache durch Mesrop *406*

*Ecuador*   K 7, N 5

*Edessa → Urhoy*

**Edinburgh**   A 6, **W 1, N 2**
Scotland: politisches und kulturelles Zentrum, Foyer der kirchlichen Reformation (J. Knox, *Confessio Scotica 1560*) *16. Jh.* und der erfahrungsorientierten philosophischen Aufklärung *(Scottish Philosophy) 18. Jh.,* Universität *1582;* ᵛCardanus *16. Jh.,* (ᴗH. Home), ᴗ°**Hume,** (ⓈⓅA. Ferguson), ᴗ°A. **Smith,** ⓈConstant *18. Jh.,* ⓈⓅJ. Mill *18.–19. Jh.,* ⓈDarwin, *Maxwell, (ⓅT. Carlyle, Ⓟ°W. Hamilton) *19. Jh.,* ⓅW. James, ⓈⓅAnderson, ᴗMoore, ᵛShpet, ⓅDewey, ⓅKöhler *20. Jh.*

**Edo → Tōkyō**

*Eesti/Estoni(i)a/Estland*   N 4

Egmond-Binnen und Egmond aan den Hoef   N 4
Holland, Nederland: ᴗ**Descartes** *17. Jh.*

*Ehu Si (»Gänseteich-Tempel«)*   O 4
am Xiang Shan, Jiangxi, Zhongguo: Disputation zwischen Zhu Xi und Lu Xiangshan *1175*

Eiheiji   O 5
Kichijōzan, Fukui Ken, Nihon: Zentrum des *Sōtō Zen,* gegründet von Dogen *1244,* Ⓟ**Dogen** (und Koun Ejo) *13. Jh.,* ᵛBasho *17. Jh.*

*Ekibastuz*   N 5
Qazaqstan: stalinistisches Zwangsarbeitslager (A. Solzhenitsyn *1950–53,* Ort seiner Erzählung »Ein Tag im Leben des Ivan Denisovich«)

*Elam/Haltamti/Īlām*   K 2, 3
Khūzestān, Īrān: Stadt- und Schriftkultur *-3. Jt.* einer Population mit ungeklärten Verwandtschaftsverhältnissen (dravidisch?), Schaffung einer protoelamischen Strichschrift *-3000,* Adoption der sumerisch-akkadischen Keilschrift *-2300;* Zentren → *Shusha* und *Anshan*

Elbląg/Elbing   N 4
Polska: im Dreißigjährigen Krieg *1618–48* schwedisch, ⓅComenius *17. Jh.*

Elea/Velia   W 1–3
Megalē Hellas/Campania, Italia: ionische Kolonie *-540,* Foyer der hellenischen (italischen) Philosophie; Ⓟ°Xenophanes (?), Ⓟ**Parmenides,** *ⓅZenon von Elea, *Leukippos (?) *-5. Jh.*

*Eleusis/Elefsina*   W 3
Attikē, Hellas: Kultstätte (esoterische »Mysterien«), nach legendärer Überlieferung begründet von Eumolpos aus Thrake; *Aischylos *-6. Jh.,* ᴗPhaidros *-5. bis -4. Jh.*

*El'gen*   N 5
Region Magadan, Sibir', Rossiia: stalinistisches Frauenstraflager, ᴗE. S. Ginzburg *20. Jh.*

*Elgon, Mount*   N 5
Uganda – Kenya: Region der Bugis(h)u, ᵛJung auf der Suche nach den afrikanischen Quellen der ägyptischen Kultur im Quellgebiet des Nil *1925*

Ēlis/Ilis   W 3, S 5
Peloponnēsos, Hellas: *Hippias *-5. Jh.,* *ⓅPhaidon *-5. bis -4. Jh.,* *Ⓟ°**Pyrrhon** *-4. bis -3. Jh.*

*El Mirador*   K 7
Guatemala: städtisches Kultzentrum der vorklassischen Maya-Kultur *-250 bis -50* mit frühen Belegen der Maya-Schrift

*El Paraíso*   K 7
Valle del Chillón, Perú: kultisches Zentrum während der maritimen Initialperiode der präkolumbischen Kulturen S-Amerikas (Baumwoll- und Metallbearbeitung, wahrscheinlich aus Ecuador übernommene Keramik) *-1900 bis -900*

*Emei Shan*   O 1, 3
Sichuan, Zhongguo: einer der vier buddhaitischen »Heiligen Berge«

*Emesa → Ḥimṣ*

*England → Great Britain*

*Enisei/Enisej/Yenisey*   A 6, K 6, S 5, **N 5**
Sibir', Rossiia: Grenzfluß zwischen O- und W-Asien, gebirgigem O- und flachem W-Sibir' und zwischen mehrheitlich altaischsprachiger und uralischsprachiger Bevölkerung (in Kants Geographievorlesungen als mögliche natürliche Grenze zwischen Asien und Europa erwähnt), russisch *1619;* Fundregion *(1696–1712)* von alttürkischen »Runen« (Orhon-Enisei-Inschriften *7.–11. Jh.*); zaristische und sowietische Straflagerregion: ᴗLenin *19. Jh.,* (ᴗStalin), ᴗShpet *20. Jh.*

*Eniseisk*   N 5
Sibir', Rossiia: ᴗShpet (Verbannung) *20. Jh.*

Ephesos/Efes/Selçuk   W 1–3
Ionia/Türkiye: autonome hellenische Stadt unter lydischer *-560 bis -547* und persischer Oberhoheit *-546 bis -465/-387 bis -334,* römisch *-129;* *Ⓟ°**Herakleitos** *-6. bis -5. Jh.,* ᴗPaulos Apostolos *1. Jh.,* ᴗTacitus *2. Jh.*

*Épinal*   N 4
Lorraine, France: *Durkheim (und sein Neffe M. Mauss) *19. Jh.*

*Erdene Zuu/Erdeni Jū*   S 5
bei Qara Qorum, Monggol Ulus: tibetobuddhaitisches Kloster *1586–1937,* errichtet von Abadai Qan; °Taranatha *17. Jh.* (?)

*Eres(s)os*   W 3
Lesbos, Hellas: *Theophrastos *-4. Jh.*

*Eretria* W 3
Euboia/Evia, Hellas: kommerzielles und kulturelles Zentrum während der »orientalisierenden« und kolonisierenden Phase Hellas' *-8. bis -7. Jh.;* zweiter Sitz der Philosophenschule von Elis, neu gegründet von Menedemos, *-3. Jh.*

Erfurt W 4
Thüringen, Deutschland: Universität *1392–1816;* ⓈⓅMeister Eckhart (und Thomas de Erfordia) *13.–14. Jh.*, ⓈAgricola *15. Jh.*, ⓈLuther *16. Jh.*, *Max Weber *19. Jh.*

*Eridu/Tall Abī Shahrayn* K 3
'Irāq: nach sumerischer Überlieferung älteste und erste von einem König regierte Stadt *-5. Jt.*, Kultort des Gottes der Weisheit Enki

Erlangen N 4
bei Nürnberg, Franken, Deutschland: Universität *1743;* ⓈConstant *18. Jh.*, ⓅFichte, ⓅSchelling, ᵛChaadaev, ⓈStirner, (ⓅF. Klein: »Erlanger Programm« *1872) 19. Jh.*, ◡Plessner, ⓈReichenbach, (ⓅP. Lorenzen) *20. Jh.*

*Erligang/Ao* (?) K 6
Zhengzhou, Henan, Zhongguo: Fundstätte *(1952)* der vorletzten Residenzstadt der Shang *-15. bis -14. Jh.*, möglicherweise mit deren historiographisch überlieferten Stadt Ao identisch; Beginn städtischer Kultur in N-Zhongguo

*Erlitou* K 6
bei Yanshi, in der Nachbarschaft von Luoyang, Henan, Zhongguo: Residenz der Xia oder der prädynastischen Shang, Fundstätte *(1957)* der frühesten bronzenen Artefakte in Zhongguo *-1900 bis -1500*

Ermenonville N 2
bei Paris, France: °Rousseau *18. Jh.*

**Eṣfahān**/Iṣfahān/Aspahan **A 6,** 8, 11, **W 1, 4, 5, S 5,** N 1, 5
Īrān: Hauptstadt mehrerer Dynastien, Blütezeiten unter den Saljuqen *11.–12. Jh.* und den Safaviden (Förderer des shiitischen Islam) *1598–1722,* herausragender Herrscher: 'Abbas der Große *1588–°1629;* ᵛFerdowsi *10. Jh.*, Ⓟ**Ibn Sina** *11. Jh.*, ◡al-Khayyam *11.–12. Jh.;* philosophische »Schule von Esfahan«, begründet von ⓅMir Damad und ⓈⓅ**Molla Sadra** *16.–17. Jh.;* ⓈSabzawari *19. Jh.*

*España/Ibēria/al-Andalus/Sefārad/Spanien* A 6, **8, 9,** K 1, 5, 8, **W, N 1–3,** 5
→ *(al-)Andalus*

*Etruria* K 5, W 2
Toscana – Umbria – Lazio, Italia: Region der vorrömischen Stadt- und Schriftkultur der Etrusker (Etrusci/Tusci/Tyrrhēnoi) *-1. Jt.*, Blütezeit *-7. bis -4. Jh.*, kommerzielle, politische und kulturelle Kontakte mit Carthago (von Aristoteles als beispielhaft angeführter Staatsvertrag etruskischer Städte mit Carthago *-540*), Adoption der hellenischen Schrift wahrscheinlich über Kyme *-700,* Vermittlung hellenischer Schriftkultur (und karthagischer Rechtskultur?) nach Roma und N-Europa

***Europa*** **A,** K 1–5, 8, **W, N, G**
→ *Occidens*

*Evenki/Tunguzi/Tungusen* N 5
Sibir', Rossiia: tungusische Population; erste russische Kontaktaufnahme *1606,* erste Beschreibung einer schamanitischen Religion (mit der gleichzeitigen Übernahme des Evenki-Wortes *shaman*) durch den exilierten russischen Priester Avvakum *17. Jh.;* seit dem *20. Jh.* Bezeichnung der magisch-religiösen Praktiken sämtlicher »Jäger-und-Sammler-Kulturen«, die archäologisch erschlossenen steinzeitlichen Kulturen miteingeschlossen, als schamanitisch in Anlehnung an die in NO-Asien erforschten Phänomene

Eutin N 4
Holstein, Deutschland: ◡Jacobi, ᵛHerder, ᵛW. von Humboldt *18. Jh.*, (*F. A. Trendelenburg *20. Jh.*)

*Farghāna/Fergana/Farghona* W 5, S 5
Mā Warā' an-Nahr, Uzbekiston – Tojikiston – Kyrgyzstan: Tallandschaft am Oberlauf des Syr Darya/Iaxartes; Pferdehandel mit Zhongguo *-2. Jh.* (diplomatische Mission des Zhang Xian *-115*), chinesische Oberhoheitsansprüche *3./6.–8. Jh.;* tibetische Eroberungszüge *715/809;* muslimisch *750;* ᵛHyech'o *8. Jh.*, *al-Farghani *9. Jh.*

*Fārāb* A 7, 8, W 1, 4
Region in Mā warā' an-Nahr/Qazaqstan: *al-Farabi (*Wasij*) *9. Jh.*

Fās/Fès/Fez A 9, K 8, W 4
al-Maghrib/Maroc: politisches und kulturelles Zentrum, Blütezeiten *11.–12. Jh.* (unter den Almoraviden) und *18.–19. Jh.; al-Qarāwiyyīn:* Moschee *859,* Universität *12. Jh.;* °Ibn Bajja, ◡**Maimonides,** ◡Ibn al-'Arabi *12. Jh.*, ◡**Ibn Khaldun** *14. Jh.*, ᵛKang Youwei *20. Jh.*

*Fatehpur/Fatḥpūr Sīkrī* W 5, S 2
bei Āgra, Uttar Pradesh, Bhārat/India: von Akbar dem Großen *1571–84* erbaute Residenzstadt bei der Einsiedelei des *Ṣūfī*-Heiligen Shaikh Salim Chishti *(°1568),* interreligiöses Andachtsgebäude *'Ibādat Khāna*

al-Fayyūm W 4, 5
Kemet/Miṣr: Oase, entwässert *-19. Jh.;* ᵛHerodotos *-5. Jh.*, *Saadiah Gaon *9. Jh.*

Feixiang O 4
bei Handan, Hebei, Zhongguo: ⓅYan Yuan *17. Jh.*, ⓅZhang Xuecheng *18. Jh.*

*Feng/Fengyi/Fengjing* K 6
bei Xi'an, Zhongguo: nach der Überlieferung erste Residenzstadt der *Xi-Zhou* und deren bleibende Begräbnisstätte, begründet von Wen Wang *-11. Jh.*

Ferney(-Voltaire) N 4
bei Genève, France: ◡**Voltaire** *18. Jh.*

*Ferrara* N 2
Emilia, Italia: früheste italienische *Signoria* (d'Este) *1264–1598,* Universität *1391,* Reformkonzil von Ferrara-Firenze (Union mit der hellenisch-orthodoxen Kirche, ᵛCusanus, Bessarion und Plethon) *1438–39,* Zentrum des Humanismus (L. Ariosto *15.–16. Jh.*, T. Tasso *16. Jh.*); ◡Agricola *15. Jh.*, ⓈCopernicus, ᵛErasmus, ⓈParacelsus, ᵛMontaigne *16. Jh.*

***Fertile Crescent*/»*Fruchtbarer Halbmond*«** **A 6,** 8, 9, **11, K 2–5,** W
Yishrā'el – Filasṭīn – al-Lubnān – as-Sūriyya – Türkiye – 'Irāq – Īrān: ursprünglich ausschließlich agrikulturgeschichtliche Bezeichnung (eingeführt von J. H. Breasted *1916*) für die halbkreisförmig um den Norden der Arabischen Wüste gelegenen hügeligen Gebiete, in denen im »Regenfeldbau« (ohne künstliche Bewässerung) die Kultivation von Pflanzen und die Domestikation von Tieren ihren Anfang nimmt *(-11. bis -7. Jh.),* später zunehmend auch (einschließlich Kemet/Aigyptos) kulturgeschichtliche Bezeichnung für die Regionen, die für die

biblischen Religionen ebenso wie für die hellenische Kultur als »fruchtbarer« Kontext fungieren; in agrikultur- und kulturgeschichtlicher Hinsicht wäre unter Mitberücksichtigung der Entwicklungen in Anadolu *(Çatal Hüyük, Hattusa)* beim gegenwärtigen Stand der Forschung die Bezeichnung »Fruchtbarer Pilz« angemessener; → *al-Mashriq*, ***»Nīl–Āmū Daryā-Region«***

*Fiji* A 1

*Filasṭīn/Pelishta'in/Palaistinē/(Syria) Palaestina/Kana'an* A, **K 1–5**, 8, W, N 5
Region an der östlichen Mittelmeerküste zwischen Gaza und Har Karmel: israelische Besiedlung *-12. bis -11. Jh.*, assyrisch *-8. Jh.*, babylonisch-chaldäisch *-597*, persisch *-539*, hellenistisch *-332*, römisch *-63*, byzantinisch *395*, muslimisch *634;* Region der frühesten (exklusiv) alphabetischen Schrift (Protokanaanäisch oder – allgemeiner – Protosyrisch, früher »Westsemitisch« genannt) *-18. Jh.*, der Mutterschrift sämtlicher alphabetischer Schriften der Erde, Herkunftsregion der jüdischen und der christlichen »Weltreligion« *-1. Jt./1. Jh.;* → ***Fertile Crescent, »Nīl–Āmū Daryā-Region«,*** *Yishra'el*

*Fin(n)land* → *Suomi*

**Firenze**/Florentia **A 6, W 1, 4, N 1, 2**
Toscana, Italia: Universität *1349*, Zentrum der italienischen Renaissance und des Humanismus (Literatur, Kunst, Architektur, hellenische – platonische, neuplatonische und hermetische – Philosophie, republikanische Politologie, mathematische Naturwissenschaft und Technologie), Blütezeit unter den Medici *1434–1737* (herausragende *Signori:* Cosimo il Vecchio **1389–°1464*, Lorenzo il Magnifico **1449–°1492*), Reformkonzil von Ferrara-Firenze (Union mit der hellenisch-orthodoxen Kirche) *1439*, »Gottesstaat« unter G. Savonarola *1494–98*
*Philosophen und andere herausragende Intellektuelle:* *◡**Dante** *13.–14. Jh.*, ˅Bessarion, ˅Cusanus, *◡Ficino, ⓢ◡°Pico della Mirandola, ˅Plethon, ⓟAlemanno, ˅Reuchlin, ⓟE. Delmedigo und ◡Valla *15. Jh.*, *◡Leonardo da Vinci, *°**Machiavelli** *15.–16. Jh.*, ˅Erasmus, ˅Montaigne, ◡Campanella *16. Jh.*, ◡**Galilei** *16.–17. Jh.*, ˅Boylee, ˅Leibniz *17. Jh.*, ˅Montesquieu *18. Jh.*, ˅Staël, A. W. und F. Schlegel, ˅Bakunin, ˅Dostoevskii, ◡Pareto *19. Jh.*, ◡F. Brentano *19.–20. Jh.*, ˅Malraux, ◡Santayana *20. Jh.;* in der Nachbarschaft: *Careggi, Accademia Platonica 1462*, ◡°Ficino *15. Jh.; Arceteri*, ◡°Galilei und ˅Hobbes *17. Jh.*

Flux N 5
bei Beaugency an der Loire, Centre, France: °Condillac *18. Jh.*

Formiae/Formia W 3
Latium/Lazio, Italia: ◡Cicero (Landsitz) *-1. Jh.*, ◡Gramsci *20. Jh.;* in der Nachbarschaft: *Caieta/Gaeta*, °Cicero *-1. Jh.*, ˅Rosmini-Serbati *19. Jh.; Minturnae/Minturno*, °Plotinus *3. Jh.*

*Fort-de-France* N 5
Martinique, Caraïbes, France: *Fanon, *ⓟCésaire *20. Jh.;* in der Nachbarschaft: *Saint-Pierre*, ◡Hearn *19. Jh.*

*France/Frankreich/Frānsiyāt/Gallia* A 6, 8, 9, K 1, 5, **W 1**, 2, **4, N**

Frankfurt am Main A 9, **N** 2–**5**
Deutschland: »Frankfurter Nationalversammlung« (dominiert von liberal und national gesinnten »Achtundvierzigern«) in der Paulskirche *1848–49*, Universität *1914*, *Freies jüdisches Lehrhaus* (begründet von Buber und Rosenzweig) *1919–38*, *Institut für Sozialforschung 1923–33/1950* (Verlegung nach New York und Los Angeles *1933–50;* unter der Leitung von Horkheimer *1930*, Adorno *1950* und Habermas *1964:* »Frankfurter Schule« der »Kritischen Theorie«), zusammen mit Berlin philosophisches Zentrum der »neomarxistisch/dialektisch« geschulten »Achtundsechziger« in Deutschland
*Philosophen und andere herausragende Intellektuelle:* ˅Bruno *16. Jh.*, ⓟJungius, ◡Kepler, ◡J. Delmedigo *17. Jh.*, ***Goethe,** *Savigny, ◡Hegel, ◡Hölderlin *18. Jh.*, ˅Cousin, ◡F. Fröbel, ◡F. Schlegel, ◡°**Schopenhauer,** ˅Gogol', ˅J. Fröbel, ˅Vogt, (ⓟ°S. R. Hirsch), ◡Cantor *19. Jh.*, *ⓟAdorno, ◡Benjamin, ⓟ**Buber,** ◡Canetti, ⓟFrobenius, *ⓟFromm, ⓟGadamer, ⓢA. Gurwitsch, (ⓢⓟHabermas), ⓢⓟHorkheimer, ⓟKöhler, ⓢH. Marcuse, ⓟPlessner, ◡°Rosenzweig, ⓟ°Scheler, ⓢL. Strauss und ◡ⓟWertheimer *20. Jh.*

Frankfurt an der Oder N 3
Brandenburg, Deutschland: Universität *1506–1811;* ⓢThomasius *17. Jh.;* ⓟ°**Baumgarten,** *Kleist, ⓢA. und W. von Humboldt *18. Jh.*

*Frānsiyāt* A 9
jüdische Bezeichnung für France

*Freiberg* N 4
Sachsen, Deutschland: »Freie Bergstadt« *1346*, *Bergakademie 1765;* ⓟAlbertus Magnus, *Dietrich von Freiberg *13. Jh.;* ⓢLomonosov, Baader, Novalis und A. von Humboldt *18. Jh.*

**Freiburg** im Breisgau A 6, W 1, **N 2–5**
Baden, Deutschland: Universität *1457*, nacheinander Zentrum des »Neukantianismus« (zusammen mit Heidelberg: »Badener« oder »Südwestdeutsche Schule«) *1877*, der Phänomenologie *1916* und der Existentialphilosophie *1928;* ⓢReuchlin *15. Jh.*, ◡Erasmus *16. Jh.*, ˅La Mettrie (Militärarzt) *18. Jh.*, ⓢOken, ⓟMax Weber, ⓢDriesch, ⓟWindelband *19. Jh.*, ⓟRickert *19.–20. Jh.*, ⓢBühler, ◡Mauthner, ˅Simmel, ⓟ°**Husserl,** ⓢⓟ°**Heidegger** und ⓟ°Hayek; *Studierende und Besucher bei Husserl und Heidegger:* Arendt, Benjamin, (J. Beaufret), Binswanger, Carnap, Cassirer, (P. Celan), Corbin, Gadamer, A. Gurwitsch, Hessen, Horkheimer, Il'in, Ingarden, Jaspers, Jonas, (Felix und Fritz Kaufmann), Kuki, Lévinas, H. Marcuse, Miki, Ortega y Gasset, Patočka, Plessner, Rosenzweig, Ryle, Sartre, Scheler, Schütz, Shestov, E. Stein, L. Strauss und Tanabe *20. Jh.*

*Frombork/Frauenburg* W 1, **N** 1, 2, **4**
Warmia/Ermland, Polska: polnisch *1466–1772*, preußisch *1772–1945;* ◡°**Copernicus,** (◡G. J. Rheticus) *16. Jh.*

*»Fruchtbarer Halbmond«* → ***Fertile Crescent***

Fuhan O 2
Chu/Henan, Zhongguo: südlichste Reisestation des Kong Zi *-5. Jh.*

*Fukui Dōkutsu (»Fukui Cave«)* K 6
bei Nagasaki, Kyūshū, Nihon: Fundstätte *(1960)* der *Jōmon*-Kultur mit der weltweit frühesten Keramik *-11. Jt.* (archäologisch revolutionärer Beleg für die Nichtgleichzeitigkeit der Entwicklung von Keramik und Agrikultur und gegen die Annahme eines linearen Verlaufs der Kulturgeschichte)

Fukuoka O 5
Kyūshū, Nihon: *◡Kaibara Ekiken *17. Jh.;* in der Nachbarschaft (heute Stadtteil) → *Hakata*

Fuling/Fuzhou O 1, 4
Chongqing-Sichuan, Zhongguo: ◡Cheng Yi (Verbannung) *11. Jh.*, Yan Fu *19. Jh.*

*Funan* S 5
Kâmpŭchéa – Viêt Nam: frühester bekannter indisierter Staat in SO-Asien *2.–6. Jh.*, Kontakt mit Zhongguo *3. Jh.*
al-Fusṭāṭ → (al-)**Qāhira**
Fuzhou O 4
Fujian, Zhongguo: Hauptstadt des Yue-Staates *-2. Jh.* und des Min-Staates *907–78;* Sinisierung der indigenen Min-Yue *7. Jh.;* Überseehafen (Verbindung über Manila mit Acapulco *16. Jh.*); manichäisches Kloster *Caoan* am Huabiao Shan; frühester Druck des daoitischen Kanons *Daozang 1114–20;* ◡Caoshan Benji *9. Jh.*, ⓅZhu Xi (*Shuiyun Ting* am Gu Shan) *12. Jh.*, ˅Li Zhizao *17. Jh.*, ⓈYan Fu *19. Jh.*

*Gabon → Lambaréné*
Gadara/Umm al-Qays W 3
Dekapolis, Syria/al-Urdunn: *Menippos *-3. Jh.*, *Philodemos *-2. Jh.*, ˅Jesus (in der Region von Gadara) *1. Jh.*
*Galápagos* N 5
Inselgruppe im Pazifischen Ozean, Ecuador: ˅Darwin *1835*
*Galicia/Galic(i)ja* A 9, N 4
Polska – Ukraina: österreichisch *1772–1918;* Zentren → Kraków und L'viv/**Lwów**/Lemberg
*Galle/Galla* S 4
Srī Lankā: interkontinentaler Handelshafen, arabisch-persisch *9. Jh.* (˅Ibn Battuta *14. Jh.*), portugiesisch *1518,* niederländisch *1640–1796;* Zentrum der religiösen und politischen Restauration des sin(g)halischen *Theravāda 19.–20. Jh.*, Übertritt von Madame Blavatsky und Olcott zum Buddhismus *1880*
*Gallia (Transalpina)* W 2
römische Bezeichnung für France und Belgique (keltische Regionen), erobert und latinisiert *-2. bis -1. Jh.*, vom Eroberer Caesar beschrieben *-1. Jh.*, *Tacitus *1. Jh.*, → *Keltikē*
**Ganden**/*dGa'-ldan/Gandan* A 6, **S 1, 3,** 5, **O 1**
Ü/Zentraltibet, Zhongguo: Klosteruniversität der synthetisierenden tibetobuddhaitischen *Gelugpa*-Lehrrichtung (Verbindung des »mittleren Wegs« *Mādhyamika* des Nagarjuna mit der Erkenntnispsychologie und -logik von Dignaga und Dharmakirti), gegründet und geleitet von **Tsongkhapa** *1409–°1419,* weitergeführt von seinen beiden Schülern und »Thronhaltern von Ganden« *Gandan Tripa* Gyeltsap Je *1419–°1432* und **Khedrup Je** *1432–°1438*
*Gandhāra/Kaṇṭhādhāra* K 4, 5, W 2, **S 1, 2, 5**
Pākistān – Afghānestān: Provinz des persischen Achaimeniden-Reiches unter Dareios dem Großen *-518 bis -507* (Schaffung der Kharoshthi-Schrift *-4. Jh.* nach dem Modell der aramäischen Kanzleischrift des Persischen Reiches), von Alexandros dem Großen erobert *-325,* Teil des Maurya-Reiches *306* (Beginn der Ausbreitung des Buddhadharma nach Zentralasien), Herrschaftsbereich hellenobaktrischer (hellenoindischer) Könige *-189,* »indoskythisch« (Saka) *-1. Jh.*, zentrales Gebiet des Kushana-Reiches *1.–3. Jh.* mit Takshas(h)ila und Purushapura als kulturellen Zentren zur Zeit der Ausbildung des Gandhara-Stils in der buddhaitischen Kunst, sasanidisch *4. Jh.*, hephtalitisch (Huna) *5. Jh.;* Zentrum der buddhaitischen Lehrrichtungen des (realistischen) *Sarvāstivāda -1. Jh.* und des (phänomenalistischen und nominalistischen) *Sautrāntika -1. bis 5. Jh.;* ˅Faxian *4. Jh.*, ˅Xuanzang *7. Jh.*, ˅Hyech'o *8. Jh.*

*Gangā/Ganges* S 1–3
Bhārat/India: zusammen mit Sindhu/Indus und Saravati einer der drei großen »göttlichen« Flüsse des *Veda*
*Gangtok/sGang-tog* S 3
Sikkim, Bhārat/India: *Namgyal Institute of Tibetology* (drittgrößte Sammlung tibetischer Schriften außerhalb Tibets nach Beijing und Sankt-Peterburg) *1958;* ◡Roy *18. Jh.* (?), ◡Kang Youwei *20. Jh.*
Ganzhou O 1, 4
Jiangxi, Zhongguo: ◡Zhou Dunyi *11. Jh.*, ◡Wang Yangming *16. Jh.*, ⓈLi Zhengdao *20. Jh.*
*Gao/Kawkaw* K 8
Mali: Hauptstadt am Niger *8. Jh.;* Hauptstadt von Songhai *11./15.–16. Jh.*
*Gaochang/Qocho* O 1
bei Turpan, Xiyu/Xinjiang, Zhongguo: chinesische Garnisonsstadt an der Seidenstraße *-100,* Hauptstadt eines halbchinesischen Regionalstaates (Gaochang) *531–640* und eines uygurischen Staates (Qocho) *9. Jh.–1209,* mongolisch *1209;* Fundstätte von Schriften mehrerer Religionen (»Turfan-Fragmente« in mehreren Sprachen)*;* ˅Xuanzang *7. Jh.*
*Gaur/Gauḍa/Lakhnautī* S 2
bei Mālda, Paschim Bangla, Bhārat/India: Residenzstadt der Pala *8.–12. Jh.*, anschließend (politisches und kulturelles) muslimisches Zentrum in Bangla *13.–16. Jh.;* ◡S(h)ri Harsha *12. Jh.*
Gdańsk/Danzig N 4
Polska: autonom unter polnischer Oberhoheit *1454,* preußisch *1793–1919;* *Ⓟ°Keckermann *16.–17. Jh.*, *J. G. A. Forster, *Schopenhauer, ◡Fichte *(Krokowa) 18. Jh.*, *Rickert *19. Jh.*
*Geißenklösterle/Geissenklösterle* K 1
bei Blaubeuren, Schwäbische Alb, Deutschland: Fundstätte *(1957)* von Kleinplastiken aus Elfenbein, darunter die bislang früheste bekannte Darstellung eines Menschen (mit erhobenen Armen) *30 KJ vh,* und einer (mutmaßlichen) Knochenflöte *35 KJ vh (?)*
Gelaṭi W 1, 4, 5
bei Kutaisi, Sakartvelo: Akademie (nach dem Vorbild einer Akademie in Konstantinupolis), gegründet *1106* von Ⓟ°Ioane Petric'i, Blütezeit *12.–14. Jh.*
**Genève** A 6, W 1, **N 2–4**
Suisse: kirchliches Zentrum seit der Reformation durch (G. Farel und) Calvin *1536,* Akademie *1559*/Universität *1873;* Aufnahme von konfessionellen Flüchtlingen aus Italia und France seit *1550,* als Folge wissenschaftliches Zentrum seit dem *18. Jh.* (Druck von Schriften Montesqieus, Voltaires, Rousseaus und der *Encyclopédie;* T. Jefferson an G. Washington *1795:* »The colleges of Geneva and Edinburgh [are] the two eyes of Europe in matters of science«), Sitz internationaler Institutionen seit dem *19. Jh.*
*Philosophen und andere herausragende Intellektuelle:* ◡Agrippa, ◡°**Calvin,** °Serveto, ˅Ramus, ⓅBruno *16. Jh.*, ◡Boyle, ˅Schurman, ◡Bayle, ◡Jakob und Johann Bernoulli *17. Jh.*, *˅**Rousseau,** *Ⓟ°Bonnet, ◡Voltaire, ˅d'Alembert, ⓈJacobi, ˅A. Smith *18. Jh.*, ◡Staël und Constant *18.–19. Jh.*, ◡Bakunin, ˅Byron, ⓅDeussen, ◡Gogol', ˅Dostoevskii, ˅Engels, ˅Herzen, ⓈW. James, ˅Kropotkin, ◡A. W. Schlegel, ˅Saint-Simon, Ⓟ°Vogt und ˅Volta *19. Jh.*, *Ⓟ°**Saussure,** ◡°Pareto *(Céligny) 19.–20. Jh.*, ◡K. Barth, Ⓢ°Borges,

◡Horkheimer, ◡Kelsen, ⓢKeyserling, ◡Lenin, ◡H. Marcuse, ◡°Musil, ⓔ**Piaget,** ◡Rolland, ◡Shestov und ᵛTagore *20. Jh.*; in der Nachbarschaft → Coppet, Ferney

*Georgia* → *Sakartvelo*

*Germania* A 4, W 2
römische Bezeichnung des germanischen Deutschlands: südliche Teile bis zur Donau und westliche am Rhein erobert, latinisiert und urbanisiert *1.–3./4. Jh.*, von Tacitus ethnologisch beschrieben *1.–2. Jh.*

*Gettysburg* N 2
Pennsylvania, U.S.A.: *Gettysburg Address 1863* von Präsident A. Lincoln (Definition der Demokratie als »government of the people, by the people, for the people«)

*Ghana* K 8, N 5
(1) bislang frühester dokumentierbarer Handelsstaat im S der Sahara (Mali-Mawritaniyya) *6.–13. Jh.*, Blütezeit *9.–11. Jh.*; (2) unabhängiger Staat (an der Gold Coast) *1957*

Gharnāṭa → Granada

*Ghaznī/Ghazna/Dēmētrias in Arachosia* A 9, **W** 1, 4, **5, S** 1, **2,** 5
Afghānestān: Hauptstadt der türkischen Ghaznaviden aus Zentralasien (Beutezüge nach N- und W-India, Konversion des Panjab zum Islam) *977–1186,* herausragender Herrscher: Mahmud al-Ghaznavi *998–°1030;* ᵛFerdowsi, ⓔ°al-**Biruni** *11. Jh.*, ᵛChishti *17. Jh.*, ᵛIqbal *20. Jh.*

Gießen/Giessen N 4
Hessen, Deutschland: Universität *1607;* ◡Jungius *17. Jh.*, ◡Wolff, ⓢSavigny *18. Jh.*, *ⓔVogt, ⓔ**Liebig,** ⓢBüchner, ⓔJhering *19. Jh.*, (ⓔH. Blumenberg *20. Jh.*)

*Gīlān* W 5
Īrān: ◡al-Biruni *10. Jh.*, (*Masih ad-Din Gilani, Arzt-Philosoph, Promotor der »ionischen« Medizin in S-Asien *16. Jh.*)

*Gilgit/Drusha/'Bru-sha* S 1, 2
Kāshmīr: Verkehrsknotenpunkt und buddhaitisches Zentrum am Seidenstraßenstrang (»Straße der Hängebrücken«, Dokumente in sieben Schriften) über das Karakoramgebirge; unter »großtibetischer« Oberhoheit *8.–9. Jh.*; ᵛHyech'o *8. Jh.*, ᵛImanishi *20. Jh.*

*Girinagara/Girnār* S 2
Saurāshtra/Gujarāt, Bhārat/India: einer der fünf »Heiligen Berge« der Jaina, Felsenedikt des Maurya-Herrschers As(h)oka *-3. Jh.*; ᵛXuanzang *7. Jh.*

*Girona/Gerona/Jarunda* A 9, W 4
Catalunya, España: muslimisch (al-Andalus) *713–1015,* frühestes Zentrum der Kabbala in España *13. Jh.*, *◡Nahmanides *12.–13. Jh.*

Glasgow W 1, N 2
Scotland: Universität *1451;* ⓢⓔ**Hutcheson,** ⓢⓔA. **Smith,** (◡J. Watt), ⓔ°Reid *18. Jh.*, ⓢAnderson *20. Jh.*

*Goa/Sindābūr* S 4, N 5
Bhārat/India: muslimisch *1327,* Besitz des Sultanats von Bijapur *1489,* portugiesisch *1510–1961,* Sitz des portugiesischen *Vice-rei da Índia* und Missionszentrum der katholischen Kirche in S- und O-Asien *16.–19. Jh.*; ◡Camões, ◡Ricci *16. Jh.*, ◡de Nobili *17. Jh.*

*Goldene Orda [»Horde«]* → *Zolotaia Orda*

*Gombe* K 1
Tanzania: wegweisendes Zentrum zur Erforschung freilebender Schimpansen, begründet von J. Goodall *1960*

Gondar/Gonder/Enfĕraz A 6, **K 8, W 1,** 5
Ītyop'ya: Hauptstadt während der kulturellen Renaissance des Landes *1632–1855;* ⓔ°**Zar'a** *17. Jh.*, (ⓢⓔWalda Heywat *17.–18. Jh.*)

*Gondēshāpūr/Jundaysābūr/Bēth Lāpāt/Shāhābād* K 4, **W** 1, 4, **5, S 5,** N 1
bei Dezfūl, Khūzestān, Īrān: vom sasanidischen Herrscher Shapur I zur Ansiedlung syrochristlicher Handwerker und Wissenschaftler aus dem den Römern abgenommenen Antiocheia gegründete Stadt (Zweitname: »Besser-als-Antiocheia-Shapur« *Veh-Andiyōk-Shābūr*) *260;* °Mani *277;* nestorianische Synode (Trennung vom Römischen Reich und von der Römischen Kirche) *484,* frühestes Spital *Bīmāristān* im westlichen Teil der »Alten Welt« (innerhalb einer Stadt, geleitet von in Forschung und Lehre tätigen Ärzten), medizinisches Symposium *610,* ◡Ärztefamilie Bukhtishu' (nach Baghdad berufen *765*) *8.–11. Jh.*; *Ibn Masawayh *8. Jh.*, ⓢHunayn Ibn Ishaq *9. Jh.*; Ibn al-Qifti, ägyptisch-syrischer Geschichtsschreiber *13. Jh.*: »Es gibt Leute, welche die Heilkunst der Ärzte von Gondeshapur jener der Ionier [Hellenen] und Inder vorziehen, weil sie die besten Erkenntnisse beider Gruppen übernommen und mit dem, was sie selber herausfanden, vermehrt haben.«

*Gongan* O 4
Hubei, Zhongguo: namengebender Ort des *Gongan Pai,* eines Freundeskreises von Dichtern (um die Brüder Yuan Zongdao, Hongdao und Zhongdao) in Verbindung mit Li Zhi *16.–17. Jh.*

*Gongpori/Gong-po Ri* A 2, S 2
bei Tset(h)ang, Ü/Zentraltibet, Zhongguo: »Heiliger Berg«, nach tibetischer Mythologie Herkunftsort der ersten Tibeter, hervorgegangen aus der Verbindung einer weißen Dämonin mit einem roten Affen, einem Schüler des Bodhisattva Avalokites(h)vara (einer der seltenen Mythen, nach denen die Menschen von Affen abstammen; im *19. Jh.* wird das Hochland von Tibet von europäischen Gelehrten als Herkunftsgegend der Menschheit in Betracht gezogen)

Gorathagiri/Barabar Hill S 3
Magadha/Bihār, Bhārat/India: Höhlenwohnungen der fatalistischen *Ājīvika*-Lehrrichtung, von As(h)oka errichtet *-3. Jh.*

*Gorée, Île de* N 5
bei Dakar, Sénégal: »Sklavenumschlagplatz« *16.–18. Jh.*, portugiesisch *1444,* holländisch (Fort Nassau) *1588,* französisch (Fort Saint-Michel) *1678,* zeitweilig auch britisch

Gorgān/Jurjāniyya/Hyrkania/Astarābād W 5
Māzandarān, Īrān: ◡al-Biruni *10.–11. Jh.*, ᵛIbn Sina, ⓢal-Ghazali *11. Jh.*, ◡at-Taftazani *14. Jh.*, *Mir Damad *16. Jh.*

Görlitz/Zgorzelec N 4
Schlesien/Śląsk, Deutschland – Polska: ◡°**Böhme** *16.–17. Jh.*, ⓢTschirnhaus *17. Jh.*

Göteborg N 4
Sverige: Universität *1891;* ᵛSwedenborg *18. Jh.*, ⓔCassirer *20. Jh.*

**Göttingen N** 3, 4
Kurfürstentum Hannover/Niedersachsen, Deutschland: Universität *1736,* »Göttinger Hain« (frühromantischer Dichterkreis um J. H. Voss und F. G. Klopstock) *1772,* Protest der »Göttinger Sieben« (Professoren) gegen die Aufhebung des staatlichen Grundgesetzes *1837;* ⓔ**Haller,** ⓢⓔ°Lichtenberg, ᵛLamarck, ⓢA. und W. von Humboldt, ⓢSavigny, ⓢA. W.

und F. Schlegel, (ⓢS. T. Coleridge) *18. Jh.*, (ⓟJ. F. Blumenbach), ⓢⓟ°Gauß *18.–19. Jh.*, ⓢBachofen, ⓢCantor, ⓢCsoma Körösi, ⓢFrege, ⓢF. Fröbel, (ⓟJ. und W. Grimm), ⓢⓟ°Herbart, ◡°Jhering, ⓢKleist, ◡Krause, ⓢKülpe, ⓟLotze, ⓢMarty, ⓢMöbius, ⓢOken, ⓢØrsted, ⓢSchopenhauer, ⓢStumpf, ⓢMax Weber und ⓢWindelband *19. Jh.*, ⓢⓟOtto, ⓟ°**Hilbert,** (ⓢⓟE. Zermelo) *19.–20. Jh.*, ⓢAjdukiewicz, ⓟK. Barth, ⓢChurch, ⓢConrad-Martius, ⓢDelbrück, ⓢPh. Frank, ⓢA. Gurwitsch, ⓟ°N. Hartmann, ⓢⓟ**Heisenberg,** ⓢHempel, ⓟ**Husserl,** ⓢIl'in, ⓢIngarden, ⓢJaspers, ⓢKoyré, (ⓟ°Nelson), ⓢvon Neumann, ⓟ°**Planck,** ⓢⓟ°Plessner, ⓢReichenbach, ⓢⓟReinach, ⓢRosenzweig, ⓟScheler, ⓢSchlick, ⓢShpet, ⓢE. Stein und ⓢWiener *20. Jh.*

*Grafeneck* N 4
bei Münsingen, Schwäbische Alb, Deutschland: Vergasung (»Euthanasie«) von 10 000 psychisch kranken Menschen *1940; The Grafeneck Declaration on Bioethics 1996*

Granada/Gharnāṭa W 4
Andalucía, España: muslimisch (al-Andalus) *711–1492,* Universität *1540;* ◡Ibn Hazm, ◡**Ibn Gabirol,** ◡Halevi *11. Jh.*, *◡M. Ibn Ezra *11.–12. Jh.*, ∨Ibn Bajja, ◡Ibn Tufayl *12. Jh.*, ◡Ibn Khaldun *14. Jh.*, ∨W. von Humboldt *18. Jh.*, ∨Kang Youwei *20. Jh.*

Grandval N 2
Boissy-Saint-Léger bei Sucy-en-Brie, Val-de-Marne, France: Château und Salon des Baron d'Holbach, ∨Diderot, ∨Hélvetius, ∨Voltaire *18. Jh.*

Graz N 3, 4
Steiermark, Österreich: innerösterreichische Residenzstadt *1379–1749,* Universität *1586;* ⓟKepler *16. Jh.*, ⓟBoltzmann, ⓟMach *19. Jh.*, ⓟ°**Meinong** und ⓢⓟBenussi *19.–20. Jh.*, ⓢŁukasiewicz, ⓟSchumpeter, ⓟSchrödinger, ⓟChisholm *20. Jh.*

*Great Britain/Britannia* A 6, 8, K 1, 5, **W 1,** 2, **4, N**
→ *Britannia, England, Scotia/Ireland* und *Scotland*

*Griechenland* → ***Hellas***

Groningen N 4
Friesland, Nederland: Universität *1614;* *◡Agricola *15. Jh.*, ⓢClauberg *17. Jh.*, ⓟJohann und *Daniel Bernoulli *17.–18. Jh.*, *ⓟHuizinga *19.–20. Jh.*, ⓟPlessner *20. Jh.*

*Guadalajara/Wādī al-Ḥijāra* A 9
Castilla, España: muslimisch (al-Andalus) *714–1081,* kulturelles Foyer des Judentums *(Sefārad) 13.–15. Jh.*; Komposition des *Zohar* (in aramäischer Sprache), des Grundtextes der Kabbala, anonym durch Moses de León *1286;* ∨I. und J. Abrabanel *15. Jh.*

***Guangzhou/Nanhai/****Phiên Ngu/Khānfū/Canton* A 6, **S 5, O 1, 3–5, N 5**
Guangdong, Zhongguo: multikultureller Überseehafen, chinesische Garnisonsstadt *-214,* Hauptstadt des südchinesisch-nordvietnamischen Staates Nam Việt *-207 bis -137;* kulturelle Verbindungen mit dem indisierten SO-Asien, dem buddhaitischen S-Asien und dem muslimischen SW-Asien mit erster Blütezeit *7.–8. Jh.*, direkte Verbindung mit Europa seit *1517,* einziger offizieller Hafen für Europäer *1757–1842* (Shamian: exterritoriale Insel der Europäer *1861–1949*)
*Philosophen und andere herausragende Intellektuelle:* ∨Ge Hong *4. Jh.*, ∨Buddhabhadra *5. Jh.*, ∨Bodhidharma, ∨Paramartha, ◡Vinitaruci, ⓟZhiyi *6. Jh.*, ◡Huineng, ∨Yijing *7. Jh.*, ⓟVajrabodhi, ⓢHyech'o/Huichao *8. Jh.*, ◡Hui Dong *18. Jh.*, (◡Lin Zexu), ⓢⓟ**Kang Youwei,** ◡Zhang Zhidong, ⓢⓟLiang Qichao *19. Jh.*, ◡*Sun Yixian,* ◡Xiong Shili *19.–20. Jh.*, ⓟMao Zedong, ⓟLu Xun, ⓟFeng Youlan *20. Jh.*

*Guaraní* N 5
Paraguay – Argentina – Brasil: beispielhafte *Reducciones,* von Jesuiten (paternalistisch) nach dem Modell klassischer europäischer Staatsutopien errichtete (und geleitete), wirtschaftlich autarke und politisch autonome Dorfgemeinschaften zum Schutz der einheimischen Bevölkerung gegen die Versklavung durch die europäischen Eroberer *1609–1768*

*Guatemala* K 7

*Guge/Gu-ge/Shang Shung* **S 2,** 3, 5
W-Tibet, Zhongguo: Herkunftsregion der archaischen tibetischen Bön-Religion, von Zentraltibet annektiert *7. Jh.*, Rückzugsregion *840–1683* einer buddhaitischen Linie der »großtibetischen« Königsdynastie, Ausgangsregion der »Zweiten Verbreitung des *(Buddha-)Dharma*« in Tibet *9.–11. Jh.*, Hauptstädte → *Tsaparang* und *T(h)oling;* (*Tricham, Böntibetische Gemahlin *Mongsa* des Songtsen Gampo, *8. Jh.*), ⓟRinchen **Zangpo** *10.–11. Jh.*, ⓟAtis(h)a *11. Jh.*, *Kedrup Je *14. Jh.*

Guifeng → Zhongnan Shan

*Guitarrero Cave* K 2
Callejón de Huaylas, Perú: Felsunterkunft *-10 500 bis +500;* Anfertigung von Schnüren und Körben *-8500,* Anfänge der Domestikation von Pflanzen: Bohnen *-6000,* Mais *-4000*

*Gulja/Kuldja/Almalıq/Yining* S 5
Ili-Tal, Xiyu/Xinjiang Uygur, Zhongguo: mongolisch *1219–1760,* Hauptstadt des Chagatai-Qanats *13. Jh.*, kulturelles Zentrum der Oirad *18. Jh.* (Replika des buddhaitischen Haupttempels von Gulja in Chengde *1764*)

*Gunung Agung/(Su-)Meru* S 5
Bali, Indonesia: einer von vielen im Ausbreitungsgebiet südasiatischer Kultur mit dem »Weltenberg« Meru gleichgesetzten »Heiligen Berge«; am Südhang des Vulkans: buddhaitischer Tempel *10. Jh.* und monumentale hinduitische Tempelanlage *Pura Besakih 14. Jh.*

*Guodian* O 2
bei Jingmen, Hubei, Zhongguo: Fundstätte *(1993)* des bislang frühesten *Daode-Jing*-Manuskripts sowie konfuzianischer und kosmogonischer Texte aus dem *-4. Jh.*

*Gupta-Reich* K 4, 5, **S 1,** 3
mittleres der drei südasiatischen Großreiche *320–570* (nach dem Maurya-Reich *-4. bis -2. Jh.* und vor dem Mughal-Reich *16.–18. Jh.*) mit Maghada als Kernland und Pataliputra, Prayaga, Ayodhya und Ujjayini als Residenzstädte; »Goldenes Zeitalter« der indischen Literatur, Wissenschaft und Philosophie, herausragender Herrscher: C(h)andra Gupta II *378–°415*

Gurganj W 5
Khwārezm/Uzbekiston: Residenzstadt der Khwarezm-Shah *995–1221,* Vorgängerstadt von Köne-Ürgench; ⓟIbn Sina, ◡al-Biruni *11. Jh.*, (∨Ibn Battuta *14. Jh.*)

*Guwahāti/Prāgjyotisha/Kāmākya* S 3, O 1
Kāmarūpa/Assam, Bhārat/India: Region hinduitischer und buddhaitischer *Tantra*-Religiosität, ∨Xuanzang *7. Jh.* (?), ∨Nanak *15.–16. Jh.*

*Gyan(g)tse/rGyal-rtse/Jiangzi* S 3
Tsang/W-Zentraltibet, Zhongguo: Handels-, Verwaltungs- und buddhaitische Klosterstadt, (ⓟRemdava), ⓢTsongkhapa, ⓢKhedrup Je *14.–15. Jh.*

Hachinohe O 5
Tōhoku, Nihon: ◡°Ando Shoeki *18. Jh.*

*Hadar* K 1
Lower Awash, Ītyop'ya: Fundstätte *(1974)* des bislang am besten erhaltenen Skeletts einer *Australopitheca* (»Lucy«) *3 MJ vh (?), (1975)* der Fossilien von 13 zusammengehörenden Individuen (»The First Family«), des bislang frühesten bekannten fossilen Belegs für das Gruppenleben von *Hominiden 3,2 MJ vh, (1976)* der frühesten bekannten Steinwerkzeuge *2,6 MJ vh*

*Hadrumetum/Iustinianupolis/Sūsa* W 3
Africa (Proconsularis)/Tūnis: Stadt mit karthagischer Verfassung weit in die römische Zeit hinein, Disputation über Augustinus' Freiheitslehre *424;* *Iulianus *2. Jh.* (?)

*Haein-sa* O 5
Kaya-san in Kyŏngsang-do, Han'guk: als Aufbewahrungsort seit *1398* der 81 258 Holzdruckplatten des Kanons der buddhaitischen Schriften (»Dreikorb« *Tripiṭaka Koreanum,* 1496 Bände), hergestellt auf Kanghwa-do *1236–51,* zweites der »drei Juwelen« unter den buddhaitischen Klöstern in Han'guk, gegründet *802* von Mönchen der *»Blumengirlanden«-/Hua-yan-/Hwaŏm*-Lehrrichtung, (◡°Ch'oe Ch'iwon *9.–10. Jh.*)

*Hagi* N 5
Chōshū/Yamaguchi Ken, Nihon: Herkunftsort mehrerer Initiatoren der Meiji-Restauration *1868,* ⓢⓔYoshida Shoin, ˅Sakuma Shozan *19. Jh.*

*Haileybury* N 4
bei London, Hertfordshire, England: *College* der *East India Company 1806* (Hertford Castle)/*1809:* ⓔ**Malthus,** ˅Bentham, J. und J. S. Mill *19. Jh.*

*Hakata* O 5
Fukuoka, Kyūshū, Nihon: Haupthandelshafen für den Verkehr mit Zhongguo und Han'guk *7.–16. Jh.,* Blüte (während der Ming-Zeit in Zhongguo) *15.–16. Jh.,* im *17. Jh.* von Hirado (kurzfristig) und Nagasaki überholt; frühestes *Zen*-Kloster *(Shofukuji)* in Nihon, gegründet von Eisai *1195;* ˅Sen no Rikyu *16. Jh.*

Ḥalab/Khalpa/Aleppo W 1, 4, 5
as-Sūriyya: kulturelles Foyer an einer Schnittstelle von Handelswegen (Mesopotamia – Mittelmeer, Arabia – Anatolia, Seidenstraßennetz) *-18. Jh.,* Blütezeiten unter den Hamdaniden *10. Jh.* und Ayyubiden *12.–13. Jh.;* ◡(°?)al-**Farabi,** ◡Saadiah Gaon, ⓢal-Ma'arri *10. Jh.,* ˅Nasir-i Khosraw *11. Jh.,* ◡°as-**Suhrawardi** *12. Jh.,* ˅Ibn al-'Arabi *13. Jh.,* ◡Pocockius *17. Jh.,* (◡A. und P. Russell *18. Jh.*)

*Halikarnassos/Bodrum* W 3
Karia/Türkiye: lydisch *-560,* persisch *-546 bis -469/-412 bis -334;* *◡Herodotos *-5. Jh.*

**Halle** an der Saale **N 2–4**
Sachsen-Anhalt, Deutschland: brandenburg-preußisch *1680–1918;* Universität *1694,* Zentrum des Pietismus (um A. H. Francke ⓔ*1692*–°*1727,* »Franckesche Stiftungen«: Erziehungsanstalten, Ostindische Missionsgesellschaft, *Cansteinsche Bibelanstalt*), der frühen Aufklärung in Deutschland (Leibniz-Wolffsche Philosophie) und der lyrischen Anakreontik *18. Jh.,* Zentrum der »Junghegelianer« (um A. Ruges *Hallische Jahrbücher für deutsche Wissenschaft und Kunst 1838–41*) *19. Jh.;* ⓔ°**Thomasius** *17.–18. Jh.,* ⓢⓔAmo, ⓢⓔBaumgarten, ◡Leibniz, ⓢⓔ°Meier, ⓢWinckelmann, ⓔ°**Wolff** und ⓢZiegenbalg *18. Jh.,* ⓢⓔSchleiermacher *18.–19. Jh.,* ⓢMöbius, ⓢCohen, ⓔStumpf *19. Jh.,* ⓔ°Cantor, (ⓔH. Vaihinger), ⓢⓔ**Husserl,** ⓢSpengler *19.–20. Jh.*

*Hallstatt* W 2
Salzkammergut, Österreich: namengebende Fundstätte (mit modellhafter Ausgrabungsdokumentation durch J. G. Ramsauer, *1846*) der frühen Eisenzeit in Mittel- und Westeuropa (im W von Kelten, im SO von Illyrern (?) dominiert) *-700 bis -500;* zunehmender Kontakt der Hallstadt-Kulturen mit den urbanisierten Kulturen in der Mittelmeerregion

Hamadān/Hagmatāna/Ekbatana W 2, 5
Mēdia/Īrān: Residenzstadt medischer und persischer Herrscher *-7. bis -4. Jh.;* ◡°**Ibn Sina** *11. Jh.,* *Rashid ad-Din *13. Jh.*

*Hambantota* S 4
Srī Lankā: ◡L. Woolf *20. Jh.*

Hamburg N 4
Deutschland: kommerzielles und (liberales) kulturelles Zentrum in N-Deutschland seit dem *17. Jh.;* ◡J. Delmedigo, ⓔ°Jungius, ◡Grotius *17. Jh.,* ◡Leibniz, *ⓔ°Reimarus *17.–18. Jh.,* ◡**Lessing** (»Hamburgische Dramaturgie« *1767–69*), ˅Herder, ˅Baader, ˅W. von Humboldt *18. Jh.,* (◡°F. G. Klopstock), ◡Jacobi, ◡Schopenhauer *18.–19. Jh.,* *Reichenbach *19. Jh.,* ˅Gogol', *Hertz, ◡Driesch *19. Jh.,* ⓔCassirer, ◡Foucault, ◡von Neumann, ◡Spengler, ⓢL. Strauss und ⓔUexküll *20. Jh.;* in der Nachbarschaft: *Altona;* ◡Schurman *17. Jh.,* ⓢMaimon *18. Jh.*

Hampi (Ruins)/Vijayanagara S 4
bei Hospet, Karnātaka, Bhārat/India: Hauptstadt des Vijaya-Reiches *1336–1565:* ausgedehntestes Regionalreich in S-India, letztes unabhängiges (und am reichsten dokumentiertes) hinduitisches Großreich in S-Asien, Renaissance der brahmanischen Kultur und Sanskrit-Literatur, Abwehr der Ausbreitung des Islam in S-India; ⓔ**Madhava** *14. Jh.,* ◡Vallabha, ◡Caitanya *15.–16. Jh.*

*Han* A 11, O 1–3
Zhongguo: (1) einer der drei Nachfolgestaaten von Jin *-453 bis -230,* Hauptstädte → *Zheng* und *Yangzhai,* *Lü Buwei und Han Fei *-3. Jh.;* (2) Name der klassischen (die politische und kulturelle Einheit von Zhongguo konsolidierenden) Dynastie *-202 bis 220;* (3) davon hergeleitet die ethnische Selbstbezeichnung seiner größten Bevölkerungsgruppierung als »Han-Chinesen« *Hanzu*

*Handan* O 2
Hebei, Zhongguo: Hauptstadt des Staates *Zhao -386 bis -228;* (◡»Fürst von Pingyuan« Zhao Sheng), ⓔ**Gongsun Long,** ◡Lü Buwei *-3. Jh.;* in der Nachbarschaft: *Yongnian* (nach der Überlieferung Herkunftsort des »Schattenboxens« *Taijiquan*) und → Feixiang

*Hangu Guan (»Pass«)* O 2
Zhongnan Shan, Henan, Zhongguo: legendärer Wegzug des Lao Zi in den »Westen« nach der Niederschrift des *Daode Jing* durch den Grenzwächter Yin Xi *-500 (?);* ˅Kang Youwei *20. Jh.*

***Han'guk**/Hanguo/Kankoku/Korea* A 2, 6, K 5, 6, **S 5, O 1, 3, 5,** N 5
alternative traditionelle Namen: *Chosŏn* (*Chaoxian,* »dynastische« oder »morgendliche Frische«, von N-Korea *1948* übernommen) und *Taehan* (von S-Korea *1948* übernommen), Selbststilisierung als »Kleinchina« *(Xiao Hua/Sohwa);* nach der Zugehörigkeit zum Chinesischen Reich von Teilen von

N-Han'guk (Lelang/Nangnang) *-108 bis 313* Übernahme der chinesischen Schrift- und Staatskultur zur Zeit der »Drei Königreiche« *samguk* (Koguryo, Paekche und Silla) *4. Jh.–668,* kulturelle Blütezeiten *7.–8. Jh.* (Zentrum: Kyongju)/ *15.–16. Jh.* (Zentrum: Hanyang/S(e)oul), »mittelalterliche Übergangszeit« *10.–14. Jh.* (Zentrum: Kaesong), Dominanz der buddhaitischen Philosophie *(Pulgyo) 4.–14. Jh.* (im allgemeinen *Chan/Sŏn,* um *1100 Tiantai-/Ch'ŏnt'ae*-Lehrrichtung) und der neokonfuzianischen Philosophie *Xingli Xue/Sŏngnihak* (»Natur-Prinzip-Schule«) der *Cheng-Zhu Xue/Chŏngjuhak* (*Cheng-Zhu*-Schule) *15.–19. Jh.*, empirisch-pragmatisch orientierte wissenschaftliche Reformbewegung *Sirhak 18.–19. Jh.;* herausragende Philosophen: Wonhyo, Yi Hwang, Yi Yulgok und Chong Yagyong

***Hangzhou**/Lin'an/al-Khansā/Quinsai* **O 1, 4, 5**
Zhejiang, Zhongguo: buddhaitisches Kloster *Lingyin Si 326;* Hauptstadt der Nan-Song (am Südende des »Großen Kanals« *Da Yunhe*) *1138–1279* (ᵛMarco Polo *1290:* »la più nobile città del mondo e la migliore«); *◡Shen Kuo, ◡Su Shi, ⓈUich'on *11. Jh.*, ◡Lu Xiangshan, ◡Li Qingzhao, ᵛZhu Xi *12. Jh.*, (ⓅZhen Dexiu), ◡Qin Jiushao, *Yang Hui *13. Jh.*, (ᵛIbn Battuta *14. Jh.*), ⓅWang Ji *16. Jh.*, *◡Li Zhizao *16.–17. Jh.*, ◡Huang Zongxi *17. Jh.*, (◡Zhang Xingao *17.–18. Jh.*), °Wei Yuan *19. Jh.*, ◡Kang Youwei *20. Jh.*

Hannover A 6, W 1, **N 2, 4**
Niedersachsen, Deutschland: Residenzstadt des Fürstentums Calenberg/Hannover *1634,* des Kurfürstentums Kurbraunschweig/Kurhannover *1692* (in Personalunion mit Great Britain *1714–1837*) und des Königreichs Hannover *1813–66;* herausragendes Fürstenpaar: Ernst August *1679–°1698* und Sophie von der Pfalz *1679–°1714;* ◡°**Leibniz** *17.–18. Jh.*, (ᵛJ. Toland),*A. W. und F. Schlegel, ᵛLichtenberg *18. Jh.*, *Otto *(Peine),* *Klages *19. Jh.*, *Arendt *20. Jh.;* in der Nachbarschaft: *Herrenhausen* (Sommerresidenz *1665,* Fontänen nach Entwürfen von Leibniz)

**Ha Nôi** (Henei)/Dông Kinh (Tonkin)/**Thang Long**/Tông Binh A 6, **S 5, O 1,** 3, **5,** N 5
Hauptstadt und kulturelles Zentrum (des sinisierten Teils) von Viêt Nam *679–1803* im Anschluß an frühere administrative Zentren in der Umgebung, beginnend mit Cô Loa *-257;* »Tempel der Literatur« *Van Mieu 1070* und »Staatsakademie« *Quoc Tu Giam 1076;* ◡Tran Thai Tong und Nhan Tong *13. Jh.*, ◡Nguyen Trai *14.–15. Jh.*, ◡Le Thanh Tong *15. Jh.*, **Le** Quy Don und Ngo Thi Nham *18. Jh.*, Ho Xuan Huong *18.–19. Jh.*, ᵛMalraux *20. Jh.*

**Hanyang** → Sŏul/Seoul

*Hanzhong* O 3
Shaanxi, Zhongguo: Hauptstadt eines daoitischen »Idealstaates« unter der Leitung des dritten »Himmlischen Meisters« *Tianshi* Zhang Lu *2.–3. Jh.;* °Zhang Ling *2. Jh.* (?)

Hao(jing)/Zongzhou K 3, 6
bei Xi'an, Zhongguo: nach der Überlieferung zweite Residenzstadt der Xi-Zhou *-1045 bis -771,* herausragende Herrscher und Autoren von Teilen der Klassiker der »Urkunden« und »Lieder« *Shu Jing* und *Shi Jing:* Wu Wang, seine Brüder Zhou Gong Dan und Shao Gong Shi und sein Sohn Cheng Wang *-11. Jh.*

*Harappā* A 6, 10, 11, **K 3,** S 1, 2
Panjāb, Pākistān: namengebende Ausgrabungsstätte *(1921)* der Harappa- oder Indus(tal)-Kultur (Anfänge *-4. Jt.*, Blütezeit *-2500 bis -1750,* Post-Harappa-Zeit *-1750 bis -900*) mit umwälzender Wirkung auf die Konzeption der Frühgeschichte der südasiatischen Kulturen *(»Sindhu–Sarasvatī Civilization« → Kalibangam)*

*Hārar/Hārer* K 8
Ītyop'ya: kommerzielles und kulturelles Zentrum der Muslime in Ityop'ya (»ostafrikanisches Timbuktu«), südarabische Gründung *7. Jh.;* (◡A. Rimbaud *1880–91*)

Hardwick Hall N 2
Derbyshire, The Midlands, England: Landsitz der Familie Cavendish, Ⓟ°**Hobbes** *17. Jh.;* in der Nachbarschaft weitere Landsitze der Cavendish und Aufenthaltsorte Hobbes': Chatsworth House und → Welbeck Abbey

*Haridvāra/Haridwar* S 2
Uttaranchal, Bhārat/India: hinduitischer Wallfahrtsort beim Austritt der Ganga aus dem Gebirge in die Ebene; ᵛMadhva *13. Jh.*, ᵛNanak, ᵛVallabha *15.–16. Jh.;* in der Nachbarschaft: *Rishikesh,* ◡Eliade *20. Jh.*

Ḥarrān/Kharrān(u)/Karrhai/Carrhae A 6, 8, K 3, **W,** N 1
Syria/Türkiye: Kultstätte des Mondgottes Sin, Zentrum der Astrologie und der (die Kulturen Mesopotamiens und des Mittelmeergebiets vermittelnden und vermischenden) Gnosis der »Sabier« *Ṣābi'ūn;* nach biblischer Überlieferung ◡Abraham *-18. Jh.* (?), ⓅDamaskios (?), Ⓟ°Simplikios *6. Jh.* (?), *Thabit Ibn Qurra, *al-Battani *9. Jh.*, ◡al-**Farabi** *10. Jh.*, *Ibn Taymiyya *13. Jh.*

*Harvard* → **Cambridge MA**

*Hastināpur(a)* S 1, 2
Madhyamā Dis(h)/Uttar Pradesh, Bhārat/India: Hauptstadt der Kuru, einer der Kriegsparteien im *Mahābhārata*-Epos; nach einer Überschwemmung *-9. Jh.* Übersiedlung nach Kaus(h)ambi

*Hattusa(s)* K 3
bei Boğazkale, Anadolu, Türkiye: Hauptstadt der Hethiter *-16. bis -13. Jh.*, entdeckt *1834,* ausgegraben *1905;* früheste schriftliche Texte einer indoeuropäischen Sprache, als solche identifiziert von B. Hrozný *1915:* religiöse, mythische, juristische und historiographische Literatur in mesopotamischer Keilschrift und in »Hieroglyphenluwisch« abgefaßt; frühester schriftlich dokumentierter Friedensvertrag (zwischen Hattusa und Kemet) *-1259*

*Haua Fteah* K 1
Lībiyā: Fundstätte einer langen Sequenz von steinzeitlichen Artefakten *60–7 KJ vh,* Anfänge der Keramik und der Domestikation von Schafen und Ziegen *-7000;* Fund *(1955)* eines als Musikinstrument (Flöte oder Pfeife) gedeuteten Knochenfragments *45 KJ vh*

*Haus(s)a* K 8
Nigeria – Niger: südwestlichste, zur afroasiatischen (»hamitosemitischen«) Sprachfamilie gehörende Population, Gründung von Stadtstaaten (Hausa Bakwai) *13. Jh.*, ausgeprägte urbane Kultur

*Hawaii/Sandwich Islands* A 1, N 5
U.S.A.: austronesische Kolonisation *400 (?),* von Captain Cook *1778* »entdeckt«, von den U.S.A. im Spanisch-Amerikanischen Krieg *1898* annektiert; Hauptstadt → *Honolulu*

*Hayastan/Ermenia/Armina/Armenia* K 4, 5, **W** 2, **5,** N 5
Stadt- und Schriftkultur mit variierender Ausdehnung zwischen dem nordöstlichen Mittelmeer und dem südwestlichen Kaspischen Meer, mehrfach wechselnd unter hellenischem

und iranischem Einfluß, seit dem *-1. Jh.* auch unter römischen und seit dem *7. Jh.* unter arabischen Einwirkungen, Konversion zum Christentum *3. Jh.*, Schaffung einer eigenen Schrift *5. Jh.*; theologie- und philosophiegeschichtlich namhafte Orte → *Ecmiadzin*, Narek, *Kilikia/Armenia Inferior*

*Head-Smashed-In Buffalo Jump* K 7
Alberta, Canada: namhafteste *Bison Kill Site*, Hetzjagd von Bisonherden über ein Sandsteinkliff, Verwertung der toten Tiere zu Nahrung, Bekleidung und Werkzeug *-3600 bis +1800*

*Hebros/Evros/Marica* W 3
Thrakē/Hellas – Türkiye – Bălgariia: Fluß; °Orpheus *-7. Jh.* (?), nach legendärer Überlieferung von Bakchantinnen zerrissen, (˅Xerxes), ˅Herodotos *-5. Jh.*

Heidelberg A 1–3, **N 3, 4**
Pfalz/Baden, Deutschland: Residenzstadt der Grafen und Kurfürsten von der Pfalz *12. Jh.–1720;* Universität *1386* (erster Rektor: Marsilius von Inghen), Zentrum der kirchlichen Reformation *(Heidelberger Katechismus) 16. Jh.*, der Romantik (um A. von Arnim, C. Brentano und I. Görres) *19. Jh.* und des »Neukantianismus« (zusammen mit Freiburg: »Badener« oder »Südwestdeutsche Schule«) *19.–20. Jh.;* (ⓈⒺMarsilius von Inghen *14. Jh.*), ⓈCusanus, Ⓔ°Agricola, ◡Reuchlin *15. Jh.*, ˅Luther, ◡Ramus *16. Jh.*, ⓈⒺKeckermann *16.–17. Jh.*, *Elisabeth von der Pfalz, ⓈComenius, ◡Pufendorf *17. Jh.*, ⓈBoas, ⓈBoltzmann, *Bühler, ⓈCassirer, ˅Cousin, (Ⓔ°G. F. Creutzer), ⓈDilthey, ⓈⒺ**Feuerbach,** ⒺFries, Ⓔ**Hegel,** Ⓔ**Helmholtz,** ⓈHilbert, ⓈJames, ⓈMendeleev, ˅A. W. Schlegel, ⓈScheler, ⓈRückert und ⓈⒺWundt *19. Jh.*, ⓈⒺMax und ◡°Marianne **Weber,** Ⓢ◡Uexküll *19.–20. Jh.*, ⓈⒺ**Jaspers,** ⒺDriesch, Ⓔ°Windelband, (Ⓔ°G. Radbruch), Ⓔ°Rickert, ˅Heidegger, ⓈArendt, Berdiaev, Binswanger, Fromm, Hempel, Il'in, Jonas, Keyserling, Kojève, Kuki, Leśniewski, Lukács, Maritain, Miki, Neurath, Plessner und Schlick *20. Jh.*, (◡H. Albert), Ⓔ°H.-G. Gadamer *20.–21. Jh.*; in der Nachbarschaft: *Mauer,* namengebende Fundstätte *(1907)* eines Unterkiefers des *Homo heidelbergensis* (einer Zwischenform zwischen dem »Handwerkermenschen« *Homo ergaster* und dem *Homo sapiens neanderthalensis) 500 KJ vh*

*Heilbronn* N 4
Württemberg, Deutschland: *°J. R. Mayer *19. Jh.*

Hejian O 3
Hebei, Zhongguo: Zentrum der »Alt-Text-Schule« *Guwen Xuepai* unter König Xian *-2. Jh.*

*Helikōn* W 3
Boiōtia, Hellas: Gebirgslandschaft mit einem mythologischen »Tal der Musen«; ◡Hesiodos *-8. Jh.*, ˅Herodotos *-5. Jh.*

*Hēliupolis* → *Iunu*

***Hellas/****Ellas/Graecia/Yūnānistān/Griechenland* **A** 2, **4–11,** K 3–5, **W**
Ausgangsregion (zusammen mit den Kolonien in Ionia/Anatole und Megale Hellas/Italia) der Wissenschaft und Philosophie im westlichen Teil der »Alten Welt«; minoische und mykenische Kulturen *-2000 bis -1100* (früheste Stadt- und Schriftkulturen in Europa, nach mythologischer Überlieferung Goldene Zeit der Heroen, → ***Krētē*** und ***Mykēnē***), *Dark Age -1250 bis -900* (formative Phase der hellenischen Ethnien), *archaische Zeit -800 bis -500* (Konstitution autonomer Stadtstaaten, Kodifikation der Gesetze; kulturelles Zentrum an der Westküste von ***Anatolē*** und im Ägäischen Meer), *orientalisierende Phase -750 bis -650* (Übernahme der phönikischen Schrift, Aufschwung materieller, künstlerischer, literarischer und ideeller Importe aus SW-Asien und Aigyptos, zur Zeit der Ausdehnung des Assyrischen Reiches bis nach Lydia, Kypros und Aigyptos), *klassische Zeit -500 bis -323* (kultureller Mittelpunkt → **Athēnai;** während des gesamten Zeitraums in der Satellitenzone des Persischen Reiches, teils im Bund mit diesem, teils im Widerstand gegen dieses, Ausweichregion anatolischer Philosophen → ***Megalē Hellas***), *hellenistische Zeit -323 bis -31* (Usurpation des gesamten Gebiets des Persischen Reiches durch hellenisch-makedonische Herrscher, Ausbreitung der hellenischen Sprache und Kultur, Transformation unter dem Einfluß »orientalischer« Traditionen; neue wissenschaftliche Zentren neben dem in der Philosophie weiterhin maßgebenden Athenai → **Alexandreia,** Pergamon und Rhodos), *römische/späthellenistische Zeit -200/-31 bis 330/529* (neue kulturelle Zentren neben Alexandreia → **Roma** *-150 bis 250* und Syria *200–635*), *byzantinische Zeit 330–1453/1459* (intellektuelle Zentren → **Kōnstantinupolis** *330–1453,* Athos *11./14.–15. Jh.* und Mystras *1348–1459*), *osmanische Zeit 1453/1459–1830/1923* (im »Frieden von Lausanne« *1923* vereinbarte »Rückwanderung« von 1,5 Millionen Hellenen aus den 3000 Jahre lang bewohnten ionischen Teilen von Anadolu nach Hellas im Austausch gegen 600 000 Türken)

Helmstedt N 4
bei Braunschweig, Niedersachsen, Deutschland: braunschweigsche Landesuniversität *1576–1810;* *Albertus Parvus/der Kleine *14. Jh.*, ⒺBruno *16. Jh.*, ⒺJungius *17. Jh.*, ˅Leibniz *17.–18. Jh.*, ˅Gauß *18. Jh.*, (ⒺG. E. Schulze/Aenesidemus *18.–19. Jh.*)

Helsinki/Helsingfors N 3
Suomi/Fin(n)land: schwedisch *1550–1808,* russisch *1809–1905/1917,* Universität *1640/1828;* *Belinskii *19. Jh.*, (*ⒺE. Westermarck *19.–20. Jh.*), *Ⓔ°von Wright *20.–21. Jh.*

*Hemudu* K 2, 6
bei Yuyao, Zhejiang, Zhongguo: namengebende Fundstätte *(1973)* einer neolithischen Kultur der Domestikation von Pflanzen (Reis) und Tieren (Schwein, Wasserbüffel?) mit raffinierter Handwerkskunst (Lackarbeiten), mögliche Ausgangsregion des Reisanbaus in O-Asien, revolutionärer archäologischer Beleg für die pluriregionalen, -kulturellen und -ethnischen Anfänge der »chinesischen Zivilisation« *-7000 bis -5000*

*Henennesut/Hērakleōpolis/Ihnāsiyat al-Madīna* K 3
Kemet/Aigyptos: Residenzstadt der 9. und 10. Dynastie, ◡Merikare *-21. Jh.*

*Heng Shan/Bei Yue* O 3
Hebei, Zhongguo: daoitischer »Markberg des Nordens«; ⒺDaoan, ⓈHuiyuan *4. Jh.*

*Heng Shan/Nan Yue* O 3, 4
Hunan, Zhongguo: daoitischer »Markberg des Südens«; nach daoitischer Überlieferung Übergabe einer poetologischen Abhandlung *(Shishuo)* durch einen Unsterblichen an Jiang Kui *1186;* (Ⓔ◡Shitou Xiqian *8. Jh.*), ⒺHu Hong *12. Jh.*, ◡°**Wang Fuzhi** *(Chuanshan) 17. Jh.*, ⒺFeng Youlan *20. Jh.*

Hengqu(zhen) O 4
bei Chang'an, Shaanxi: Herkunftsort der Familie von Zhang Zai und sein Rückzugsort *11. Jh.*

Hengyang O 4
Heng-Shan-Region, Hunan, Zhongguo: ◡Du Fu *8. Jh.*, *Wang Fuzhi *17. Jh.*

*Hērakleion/Iraklion/Chandax/Candia* A 9, W 4
Krētē/Candia: muslimisch *824–961*, venezianisch *1210*, osmanisch *1609–1897*, Blütezeit als christliches und jüdisches kulturelles Zentrum im östlichen Mittelmeerraum *14.–16. Jh.*; (ⓢPetros Philargis/Pietro Filargo da Candia/Alexandrus Papa V), *Georgios Trapezuntios *14. Jh.*, ⓔ°E. Delmedigo *15. Jh.*, (*Domenikos Theotokopulos/El Greco *16. Jh.*), *◡J. Delmedigo *16.–17. Jh.*, ◡Leont'ev *19. Jh.*

*Herāt/Harāt/Haraiva/Alexandreia* W 5, S 5
Haraiva/Areia/Khorāsān, Afghānestān: achaimenidische Stadt, von Alexandros dem Großen *330* übernommen, muslimisch *660*, Residenzstadt timuridischer Herrscher und kulturelle Blütezeit (Wissenschaft, Lyrik und – chinesisch inspirierte – Malerei: *Tīmūrī*-Miniaturen, Illustrationen von Werken des Ferdowsi und Sa'di) *1380–1507*; ˅Ferdowsi *11. Jh.* (?), °Fakhr ad-Dīn ar-Razi *13. Jh.*, ◡at-Taftazani *14. Jh.*, ˅al-Afghani *19. Jh.*

Herborn N 4
Nassau/Hessen, Deutschland: »Hohe Schule« *1584–1817*, (ⓔJ. Althusius *16.–17. Jh.*, ⓢⓔJ. H. Alsted), ⓔClauberg, ⓢComenius *17. Jh.*

Herculaneum/Ercolano W 3
Campania, Italia: beim Ausbruch des Vesuvio *79* verschüttete Stadt, Fund *(1750)* einer philosophischen (epikureischen) Bibliothek in der *Villa dei Papiri (-1. bis 1. Jh.)*; ◡Philodemos *-1. Jh.*

Herford N 4
Westfalen, Deutschland: Frauenstift *789–1802*, ◡°Elisabeth von Böhmen, ◡van Schurman, ˅Leibniz *17. Jh.*

*Herrnhut* N 4
Sachsen, Deutschland: Sitz der pietistischen »Herrnhuter Brüdergemeine«, begründet vom Grafen N. L. von Zinzendorf *1722* in Verbindung mit der »Böhmisch-mährischen Brüderunität«

*Heuneburg* W 2
bei Hebertingen, Baden-Württemberg, Deutschland: keltische Siedlung an der Donau *-6. bis -5. Jh.*, Importfunde aus der Mittelmeerregion (Keramik) und O-Asien (Seide)

Hieizan O 5
bei Kyōto, Nihon: buddhaitischer Tempelberg, begründet von Saicho *785* als Zentrum der *Tiantai-/Tendai*-Lehrrichtung (Haupttempel: *Enryakuji*), Ausbildungsstätte sämtlicher namhafter buddhaitischer Gelehrter und Begründer neuer Lehrrichtungen *12.–13. Jh.*; ⓢⓔ°**Saicho** *8.–9. Jh.*, ⓢⓔ°Ennin, (ⓢⓔEnchin) *9. Jh.*, (ⓢⓔGenshin *9.–10. Jh.*), ⓢEisai, ⓢⓔHonen *12. Jh.*, ⓢShinran *12.–13. Jh.*, ⓢDogen, ⓢNichiren *13. Jh.*, ⓢYamazaki Ansai *17. Jh.*, (ⓢB. Petzold *20. Jh.*)

*al-Ḥijāz* W 5
Jazīrat al-'Arab: Herkunftsregion (um *Makka* und *al-Madina*) und spirituelles Zentrum des Islam

*Hima* K 8
Uganda – Rwanda – Burundi – Tanzania: soziokulturell zweigeschichtete Staaten im ostafrikanischen Seengebiet, gegründet von nilotischen Einwanderern (Tutsi: Oberschicht, Viehzüchter und Landbesitzer); Herabsetzung der früher zugewanderten Hutu (Bantu) als Ackerbauern und Handwerker zur Unterschicht *14. Jh.*

*Himeji* O 5
Hyōgo Ken, Nihon: Burgstadt *14. Jh.*; *Bankei Yotaku *17. Jh.*, *Watsuji Tetsuro *19. Jh.*; in der Nachbarschaft: *Kakurinji* bei Kakogawa, ˅Shotoku *6. Jh.* (?)

*Ḥimṣ/Ḥomṣ/Emesa* W 3
Syria/as-Sūriyya: Heiligtum des Sonnengottes Baal, Herkunftsort syrischer Kaisermütter (Iulia Domna und Iulia Mamaea *2.–3. Jh.*) und Kaiser (Elgabal *218–222*) in Roma (Beginn der staatlichen Toleranz gegenüber »orientalischen« Religionen, Konsolidierungsphase der römischen Rechtswissenschaft); *Papinianus *2. Jh.* (?), (°Kassios Longinos *3. Jh.*), ◡Nemesios *4.–5. Jh.*, °Damaskios *6. Jh.* (?)

**Hippo** Regius/Hippone/Bône/'Annāba A 6, K 8, **W 1–4**
Numidia/al-Jazā'ir: Residenz numidischer Könige *-2. Jh.*; ⓔ°**Augustinus** *4.–5. Jh.*; in der Nachbarschaft: *Mondovi/Drean*, *Camus *20. Jh.*

*al-Ḥīra* K 4, **W 4,** 5
bei an-Najaf, Mashriq/'Irāq: vorislamisches Zentrum arabischer Schriftkultur (nestorianisches Christentum, Lyrik, Schaffung der arabischen Schrift) *5.–6. Jh.*, muslimisch *633*; *Hunayn Ibn Ishaq *9. Jh.*; in der Nachbarschaft → (al-) Kufa

*Hiroshima* N 5
Nihon: erster kriegerischer Abwurf einer Atombombe *6. 8. 1945*; in der Nachbarschaft: *Miyajima/Itsukushima* (Schreininsel), ˅Kukai *9. Jh.*

*Hoa Binh* K 6
bei Ha Nôi, Viêt Nam: namengebende Fundstätte *(1926)* einer neolithischen Kulturtradition in SO-Asien *-8000 bis -2000* mit autochthonen Anfängen der Domestikation von Pflanzen (Knollengewächse, Reis) und Tieren (Schweine, Geflügel)

Hochreith N 4
bei Zwettl, Niederösterreich: »Jagdhaus« der Familie **Wittgenstein** *20. Jh.* (umgebaut von der »Wiener Werkstätte« *1905*)

Hodonín/Göding N 4
Morava, Česko: *Masaryk *19. Jh.*

*Hof* N 4
Bayern, Deutschland: preußisch *1792–1806*; *◡Jean Paul *18.–19. Jh.*

*Hohlenstein* K 1
Lonetal bei Ulm, Deutschland: Fundstätte (Höhle »Stadel«) der bislang frühesten bekannten anthropomorphen Tierplastik (»Löwenmensch«), aus Mammutelfenbein geschnitzt (28 cm hoch), *32 KJ vh*, restituiert und als solche identifiziert *1956*; in der Nachbarschaft → *Vogelherd*

*Hohokam* K 7
Arizona, U.S.A.: *Pueblo*-Kultur (in Agrikultur und Kunsthandwerk beeinflußt aus Mesoamérica) *-300 bis 1400*, in der nachklassischen Zeit *1100–1400* überlagert von der Anasazi-Kultur, Ausstrahlung auf die Mississippi-Kultur; → *Snaketown*

*Hôi An/Faifo* O 5
bei Da Nang, Viêt Nam: Handelshafen chinesischer, japanischer und europäischer Kaufleute *16.–18. Jh.*, nach der Versandung abgelöst durch das benachbarte Da Nang/Tourane

*Holland* A 6, 9, W 1, 4, N
Nederland (Westteil): Zufluchtsregion religiös und politisch Verfolgter (Juden, reformierte Christen, Wegbereiter der Aufklärung) *16.–18. Jh.*, in der Folge ein Foyer gesellschaftlicher, wissenschaftlicher und philosophischer Innovation

*Honduras* → *Copán*

*Hong Kong/Xianggang* O 1, 4, N 5
Zhongguo: britisch *1842–1997;* ◡Legge, ◡Wang Tao, ◡Sun Yixian *19. Jh.,* ◡Kang Youwei *19.–20. Jh.,* ˅Liang Qichao, ˅Russell, ˅Malraux, (ⓑ°Tang Chun-I/Junxi), ⓑYang Chen-Ning *20. Jh.*

*Hong Linh* O 5
Ha Tinh, Viêt Nam: Herkunfts- und Rückzugsregion (Dorf Tiên Diên) von Nguyen Du *18.–19. Jh.*

*Hongshan* K 6
bei Chifeng, Dongbei, Zhongguo: namengebende Fundstätte *(1908/1924)* einer neolithischen Kultur *-3500 bis -2500,* außerhalb des klassischen Han-chinesischen Territoriums gelegen und die gleichzeitigen Kulturen (Dawenkou und Yangshao) an Komplexität übertreffend (früheste Jadeartefakte, schamanitische Religion); zusammen mit der (später entdeckten) Hemudu-Kultur archäologisch revolutionärer Beleg für die pluriregionalen, -kulturellen und -ethnischen Anfänge der »chinesischen Zivilisation«

*Honolulu* N 5
Oahu, Hawaii, U.S.A.: *University of Hawaii 1907, East-West-Center 1960;* ⓢSun Yat-sen *19. Jh.,* ˅Kang Youwei, ˅Liang Qichao *19.–20. Jh.,* ⓑSuzuki *20. Jh.*

*Hopewell* K 7
bei Hamilton, Ohio, U.S.A.: namengebende Fundstätte (Farm des C. Hopewell) einer *Woodland-Mound*-Kultur im Osten und Mittleren Westen N-Amerikas *-100 bis 1000*

*Hopi/Moqui* N 5
Arizona, U.S.A.: »*Pueblo*-indianische« Population; seit den Untersuchungen durch Whorf vielfach zitiert als Beleg für eine starke sprachliche Determiniertheit und Relativität der »Weltanschauungen«, ˅Whorf *20. Jh.*

Hořice/Horschitz N 4
bei Hradec Králové/Königgrätz, Čechy, Česko: *Mauthner *19. Jh.*

*Hrvatska/Croatia/Dalmatia* N 4

*Hua Shan/Xi Yue* O 3
Shaanxi, Zhongguo: daoitischer »Markberg des Westens« (◡Chen Tuan *10. Jh.*)

*Huainan (»Huai-Süd«)* O 2, 3
Chu/Anhui: Vasallenstaat der frühen Han-Zeit, namengebende Region für die synkretisierende daoitische Schrift Huainanzi (Editor: Liu An) *-2. Jh.* und für die »Huainan-Methode der Erforschung der Dinge« (Initiator: Wang Gen) *15. Jh.,* → Shouchun, Taizhou

*Huang Ling* K 6, O 3
Shaanxi, Zhongguo: mythische Grabstätte des »Gelben Kaisers« Huang Di

*Huang Shan* K 6, O 3, 4
Anhui, Zhongguo: außergewöhnliche Gebirgslandschaft, legendär und anachronistisch mit dem nach Heilkräutern forschenden »Gelben Kaiser« Huang Di assoziiert, ˅Li Bai *8. Jh.*

*Huangbo Shan* O 3
Jiangxi, Zhongguo: *Chan-/Zen*-Kloster; ⓢLinji Yixuan *9. Jh.*

*Huangbo Shan/Ōbakusan* O 4
bei Fuqing, Fujian, Zhongguo: *Chan-/Zen*-Kloster *Wanfu Si/Mampukuji* der *Linji-/Rinzai*-Lehrrichtung, gleichnamiges Tochterkloster in Uji bei Kyoto; ◡Yinyuan/Ingen *17. Jh.*

*Huari/Wari* K 7
Perú: kultisches und politisches Zentrum des überregionalen Huari-Reiches und Ausgangsort der Huari-Kultur, Blütezeit *500–800,* grundlegend für die nachfolgenden Großreiche der Chimú und Inca

Huatai O 3
Henan, Zhongguo: *Dayun Si* (»Kloster zur großen Wolke«), Disputation zwischen der »Süd-« und der »Nord-Schule« *Nan-* und *Bei-Zong* des *Chan/Zen* mit Shenhui als Vertreter der siegreichen südlichen Lehrrichtung *732*

Huê/Phu Xuân O 5
Viêt Nam: Hauptstadt *1687/1802–1945* (in der Region von Champapura, der ersten Hauptstadt des indisierten zentralvietnamischen Staates der Cham *192–605*); Zentrum des politischen Buddhismus *20. Jh;* ◡Ngo Thi Nham und Nguyen Du *18.–19. Jh.*

*Huexotzingo* K 7
México: Hauptstadt eines Chichimeca-Staates *14.–16. Jh.;* Kolloquium über »Blumen und Gesänge« (Lyrik), veranstaltet vom Fürsten, Dichter und Weisen Tecayahuatzin *15. Jh.;* ⓑSahagún *16. Jh.*

*Huining* S 5
bei Acheng, Heilongjiang, Dongbei, Zhongguo: Hauptstadt *1115–53* der tungusischen Jurchen, Träger der Jin-Dynastie *1125–1234;* (ⓑ°Bao Yan *12. Jh.*)

*Huizhou* O 4
Huicheng, Anhui, Zhongguo: Basis der »Hui-Händler« *Huishang 15.–19. Jh.;* ⓢDai Zhen *18. Jh.*

*Humen* O 4
Hafen bei Guangzhou, Zhongguo: Verbrennung von 20 000 Kisten Opium (von Briten aus S-Asien importiert) *1839,* Auslösung des »Opiumkriegs« *Yapian Zhanzheng*

*Hunam-ri* K 6
am Namhan-gang: Kyŏnggi-do, Han'guk: Fundstätte *(1972)* von *Mumun*-Keramik auf der koreanischen Halbinsel, mit frühen Belegen *(-3300 bis -2500)* für die Kultivation von Pflanzen (Getreide, Sojabohnen, Reis)

*Hurri/Khurri/Land der Hurriter/Mitanni* K 3
Türkiye – as-Sūriyya – 'Irāq: Vermittler der Keilschriftkultur und -literatur aus Mesopotamia nach Anatolia (an die Hethiter) *-3200 bis -1300,* in dieser Rolle Vorläufer von Assyria

Huzhou O 4
Zhejiang, Zhongguo: *Lu Xiujing *5. Jh.,* ◡Su Shi *11. Jh.,* ˅Li Qingzhao *12. Jh.,* ◡Qin Jiushao *13. Jh.*

*Hyderābād/Ḥaydarābād* S 4
Āndhra Pradesh, Bhārat/India: Hauptstadt eines muslimischen Fürstentums *1724–1948;* ˅al-Afghani *19. Jh.,* ˅Iqbal *20. Jh.*

Iasnaia Poliana/Jasnaja Poljana N 2
Region Tula, Rossiia: *◡**Tolstoi** (Gutshof) *19.–20. Jh.,* ˅Shestov *20. Jh.*

*Ibadan* N 5
Nigeria: gegenwärtig größte Stadt in W-Nigeria (»Yorubaland«), Zentrum westafrikanischer Kultur (Kunst, Literatur und Wissenschaft) seit dem *19. Jh.,* Universität *1948,* (ⓢⓑWole Soyinka *20.–21. Jh.*)

*Ibēria → España*

*Ife* K 8
Nigeria: älteste Stadt *(11. Jh.)* und religiöses Zentrum der Yo-

ruba, Blütezeit »klassischer« Bronzekunst *13.–14. Jh.;* ⓢFrobenius *20. Jh.*

*Inca* → *Cuzco*

*India* A 4–10, K 2–5, **W** 1, 2, 4, **5, S, O 1,** N 1, 5, G
(1) → ***South Asia,*** (2) → *Bhārat(a)*

*Indonesia* A 6, K 5, **S 5,** N 5
→ *Java, S(h)rīvijaya*

*Indraprastha* → *Dillī*

*Ingolstadt* N 4
Bayern, Deutschland: Universität *1472–1800* (Verlegung nach Landshut), Zentrum des Humanismus *15.–16. Jh.*, Gründung des (aufklärerischen) Illuminatenordens (durch A. Weishaupt) *1776;* ⓟReuchlin *16. Jh.*, ⓢBaader *18. Jh.*

*Inuit/»Eskimo«* A 1, N 5
Canada – Kalaallit Nunaat: letzte aus NO-Asien nach N-Amerika eingewanderte Population *-8000 bis -2000 (?),* schamanitische Kosmologie; ⓢBoas *19. Jh.;* → *Thule*

*Iōannina/Jannina/Yanya* N 2
Ēpeiros, Hellas: osmanisch *1430–1913;* ∨Byron, ◡Leont'ev *19. Jh.*

*Iol/Caesarea Mauretaniae/Cherchell* K 8, W 2
Mauretania/al-Jazā'ir: Residenzstadt (romanisierter) mauretanischer Könige; ◡Iuba *-1. bis 1. Jh.*

*Iona/Hy* W 4
Hebridian Island, Scotland: Missionsbasis des iroschottischen Mönches Columba(nus) des Älteren *563–°597*

*Ionia* A 6, 11, W 1–3, N 1
Anatolē/Türkiye: hellenisches Siedlungsgebiet *-1000 bis 1923,* lydisch *-560,* persisch *-546 bis -334* (ionischer Aufstand *-499 bis -94*), römisch *-211/-129;* zusammen mit Lydia Ausgangsregion der Geldwirtschaft (mit geprägten Metallmünzen) im westlichen Teil der »Alten Welt« *-600,* Ausgangsbasis der hellenischen (ionischen) Philosophie *-6. Jh.,* → **Milētos,** Ephesos, Klazomenai, Kolophōn, *Chios* und Samos

***Īrān*** **A 4–6,** 8, **11,** K 2–5, 8, **W 1,** 2, **4, 5,** S 5, **N 1,** 5
SW-Asien: östlicher (»nichtsemitischer« oder »nichtafroasiatischer«) Teil des ***Fertile Crescent*** und der **»Nīl–Āmū Daryā-Region«** mit früher Agrikultur (Zagrosgebirge) und Stadt- und Schriftkultur *(Elam, Namazga) -1. Jt.;* überragende Rolle in der kulturellen Vermittlung zwischen O und W (O-Asien, S-Asien und Europa) mit Reichs-Aramäisch *-6. bis -3. Jh.,* Hellenisch *-3. bis -1. Jh.,* Arabisch *7.–18. Jh.* und Persisch *16.–18. Jh.* als *linguae francae;* herausragende Dynastien: Achaimeniden *-700 bis -330,* Seleukiden (hellenisierte Makedonier) *-312 bis -64,* Arsakiden (Parther) *-247 bis +224,* Sasaniden *224–651,* Abbasiden *750–945/1258,* Samaviden (in *Mā warā' an-Nahr* und *Khorāsān*) *873–1005,* Saljuken (Türken) *1040–1157, Ilkhane* (Mongolen) *1256–1335* und Safaviden *1501–1722;* herausragende Hauptstädte → *Pārsa, Ktēsiphōn,* **Baghdād, Bukhārā,** Tabrīz, **Eṣfahān** und Shīrāz; herausragende Regionen → *Mēdia* und *Pārsa/Fārs, Khorāsān* und *Khwārezm* und *Mā warā' an-Nahr;* Ausgangsland der gnostischen Religionen des Zarathustra *(-10. bis 10. Jh.)* und des Mani *(3.–8. Jh.),* islamisch *640* (shiitisch *16. Jh.*); Blütezeiten der Philosophie *9.–11. Jh.* (herausragende Gelehrte: ar-Razi, Ibn Sina, al-Biruni und al-Ghazali) und *16.–17. Jh.* (»Schule von Esfahan«, herausragender Gelehrter: Molla Sadra)

*'Irāq* A 8, 9, **W 1, 4, 5,** N 1
→ ***Fertile Crescent, »Nīl–Āmū Daryā-Region«,*** *Akkad, Assyria,* ***Bābil/Babylōnia,*** *Mesopotamia, Sumer*

*Ireland/Éire/Scotia* K 5, **W** 2, **4, N 2,** 3
→ *Scotia*

*Irkutsk* N 5
Sibir', Rossiia: ⓢKropotkin (geographische Forschungen) *19. Jh.*, ⓢLeśniewski *19.–20. Jh.*, ◡Trotskii (Verbannung) *20. Jh.*

*Iroquois (Irokesen)* K 7, N 5
Great Lakes, U.S.A. – Canada: amerindische Populationen, in einem »Bund von fünf Nationen« vereinigt *1570;* ∨Chateaubriand, ⓢL. H. Morgan *19. Jh.*

*Ise* O 5
Mie Ken, Nihon: zentrale Shinto-Kultstätte der Sonnengöttin Amaterasu, Aufbewahrungsschrein kaiserlicher Insignien, nach der Überlieferung seit dem *3. Jh.;* ∨Basho *17. Jh.,* ∨Miura Baien *18. Jh.*

Iṣfahān → **Eṣfahān**

*Ishango* K 1
am Roten Nil beim Lake Rutanzige/Edward, Congo-Kinshasa: Fundstätte *(1950)* von Quarz- und Knochenwerkzeugen *20–8 KJ vh,* darunter Harpunen (mit geschnitzten Widerhaken) und ein Knochen mit systematisch eingeritzten Strichen (als Indiz für mathematische Kenntnisse interpretiert)

Ishbīliya → Sevilla

al-Iskandariyya → **Alexandreia**

*Island* A 1

*Israel* → *Yishrā'el*

Istanbul → **Kōnstantinupolis**

*Italia* **A** 4, **6,** 8, **9,** 11, K 5, **W, N**
→ ***Megalē Hellas,*** **Roma**

*Itazuke* K 6
bei Fukuoka, Kyūshū, Nihon: Fundstätte der Yayoi-Kultur *(-300 bis 300)* mit frühen Belegen für den Reisanbau in Nihon (eingeführt unmittelbar aus Zhongguo oder über Han'guk)

Ithaca N 3
New York, U.S.A.: *Cornell University 1865,* ⓢHu Shi, ⓟPost, ⓢBuck, ⓟFeynman, (ⓟN. Malcolm), ∨Wittgenstein, ⓟRawls *20. Jh.*

*Ithaka/Ithaki* W 3
Insel im Ionischen Meer, Hellas: nach homerischer Überlieferung Heimat von Odysseus, Penelope und Telemachos

*Itil'/Atil/Khamlīj* A 9, W 4
Khazari(i)a/Rossiia: letzte Hauptstadt der Khazaren am Unterlauf der Volga *7.–10. Jh.;* Disputation zwischen christlichen, islamischen und jüdischen Gelehrten und Bekehrung der Oberschicht zum Judentum *861*

*Itjtowy/al-Lisht* K 3
am westlichen Nilufer in der Nachbarschaft von al-Fayyūm, Kemet/Miṣr: Residenz der ersten Könige der 12. Dynastie; ◡°Amenemhet I, ⓟ**Khety** *-20. Jh.*

*Ītyop'ya/Aithiopia/Ethiopia* **K 1,** 4, 5, **8, W 1,** 2, 4, 5, **S 5**
→ *Aksūm,* Gondar

*Iunu/On/Hēliupolis/Miṣr al-Jadīda* (Stadtteil von al-Qāhira) A 8, W 3
Kemet/Aigyptos/Miṣr: Kultstätte des Sonnengottes Re; (◡Imhotep *-27. Jh.*), ∨Pythagoras *-6. Jh.* (?),∨Herodotos, ∨Demokritos (?) *-5. Jh.,* ◡Onkhsheshonqy, ⓢEudoxos, (∨Alexandros der Große), ∨Anaxarchos und Pyrrhon *-4. Jh.,* (◡Manethon *-3. Jh.*)

*Iwo Eleru/Ileru* A 2, 3, K 1
Nigeria: Fundstätte des bislang frühesten bekannten Grabes in

Nigeria mit einem Skelett *12 KJ vh,* dessen Morphologie als »negroid« gedeutet wurde; Belege für die Anfänge der Kultivation von Pflanzen in W-Afrika *-3000*

*Iximché* K 7

bei Texpán, Guatemala: Hauptstadt des (letzten unabhängigen) Maya-Staates der Cakchiquel *1470–1540*

*Izu Hantō* O 5

Halbinsel, Shizuoka Ken, Nihon: ᵛKukai *9. Jh.,* ◡Nichiren (Verbannung) *13. Jh.*

Izushi O 5

Hyōgo Ken, Nihon: *ⓅTakuan Soho *16.–17. Jh.*

*Jabal Irhūd/Jebel Irhoud* A 2

Maroc/al-Maghrib: Fundstätte von Fossilien einer (neandertalerähnlichen) Übergangsform zwischen archaischem und modernem *Homo sapiens 100 KJ vh (?)*

*Jabal Mūsā/Har Sīnay/Sinai* K 3–5

Sinaihalbinsel, Miṣr: nach der biblischen Überlieferung Berg der mosaischen Gesetzgebung (»Zehn Gebote«) *-1200;* ᵛWatsuji *20. Jh.*

*Jaipur* W 5

Rājasthān, Bhārat/India: regionale Hauptstadt *1727,* astronomisches Observatorium *Jantar Mantar,* erbaut von Jayasimha II *1726–34* nach dem Vorbild der Sternwarte von Samarqand; (◡Jagannatha *18. Jh.:* Übersetzungen von mathematischen und astronomischen Schriften des Eukleides *1727* und des Ptolemaios *1732* aus dem Arabischen ins Sanskrit ohne Wahrnehmung der zeitgenössischen Fortentwicklung der Mathematik und Astronomie in Europa)

*Jaisalmer* S 2

Rājasthān, Bhārat/India: Oasenstadt in der Wüste Thar, Versteck von Jaina-Schriften aus Gujarat zum Schutz vor den muslimischen Eroberern (»Speicher des Wissens« *Gyāna Bhandār*)

*Jakarta/Sunda Kalapa/Batavia* N 5

Java/Jawa: Hauptsitz der niederländischen Kolonialverwaltung *(Vereenigde Oostindische Compagnie 1602–1799)* in Asien *1619–1949,* Hauptstadt von Indonesia *1949;* ᵛJ. R. Mayer *19. Jh.,* ᵛHaeckel *20. Jh.*

Jālandhar(a)/Jullundur S 2

Panjāb, Bhārat/India: einer der mutmaßlichen Orte des »Vierten buddhaitischen Konzils« unter der Leitung von As(h)vaghosha und Vasumitra, einberufen vom Kushana-Herrscher Kanishka *2. Jh.,* Festlegung des Kanons der realistischen »Alles-ist-Lehre« *Sarvāsti-vāda;* ⓈXuanzang *7. Jh.,* ᵛHyech'o *8. Jh.,* ⓈAbhinavagupta *10.–11. Jh.*

*Japan* → ***Nihon***

*Jarmo* K 2

bei Chamchamāl, Kurdistān, 'Irāq: namhafte Fundstätte *(1948)* mit Belegen für die Anfänge der Domestikation von Pflanzen und Tieren im »Fruchtbaren Halbmond« (Obsidianhandel mit Anatolia) *-8. Jt.*

*Java/Jawa/Yāvadvīpa* A 1–3, 6, K 5, **S 5,** N 5

Indonesia: frühe menschliche Besiedlung *(Homo erectus 1,8 MJ vh (?); Homo sapiens 50 KJ vh?),* »Indisierung« (Hindu- und Buddhadharma) *5. Jh.,* früheste südostasiatische Literatur in indigener (altjavanischer) Sprache (Kavi/Kawi) *10. Jh.;* Konversion zum Islam *15.–16. Jh.,* europäische (niederländische) Kolonisierung *17. Jh.;* synkretistische Restauration *20. Jh.*

*al-Jazā'ir/Alger* und *Algérie* A 6, W 1–4, N 5

Hauptstadt *(Alger)* des gleichnamigen Staates *(Algérie),* regionale Hauptstadt *16. Jh.,* Universität *1879,* unabhängig *1962;* ◡J. Fröbel, ◡Sorel *19. Jh.,* ⓈMassignon, ◡Camus, (*J. Derrida), ◡Fanon, (◡J. Baudrillard) *20. Jh.*

*Jazīrat al-'Arab* A 6, **K 2–5,** 8, **W,** N 5

Arabische Halbinsel: nördlicher Teil (in der römischen Antike): *Arabia deserta,* südlicher Teil: *Arabia felix*

*Jeb/Abu/Elephantinē/Jazīrat Aswān* K 4

Nilinsel gegenüber Sunu (»Handelsplatz«)/Syēnē/Aswān, Kemet/Aigyptos: Handelsstadt *-3. Jt.,* Fundstätte der »Elephantine-Urkunden«, Papyrustexte in aramäischer Sprache einer jüdischen Soldatenkolonie in persischen Diensten *-5. Jh.;* (◡Iuvenalis *2. Jh.*), ᵛNestorios *3. Jh.,* ᵛFlaubert *19. Jh.,* ᵛJung, ᵛTh. Mann *20. Jh.*

**Jena** A 6, W 1, **N 2–4**

Thüringen, Deutschland: sächsische Residenzstadt *14. Jh.–1918;* Universität *1558,* intellektuelles Zentrum zur Zeit der Deutschen Klassik und der anschließenden Romantik in der Literatur und des Deutschen Idealismus in der Philosophie in den Jahrzehnten um *1800;* ⓅLipsius *16. Jh.,* ⓈBrucker, ⓈBaumgarten, ⓈPufendorf, ⓈᵛLeibniz *17. Jh.,* ⓈWolff *17.–18. Jh.,* ⓅAmo, ⓈⓅ**Fichte,** ᵛGoethe, ⓈHerbart, ◡Hölderlin, ◡W. von Humboldt, ⓈNovalis, ⓈReimarus, (ⓅC. L. Reinhold), Ⓟ**Schiller** und ⓈWinckelmann *18. Jh.,* ⓈⓅ°Fries, ⓈⓅKrause, Ⓟ**Schelling,** ⓅA. W. und F. Schlegel *18.–19. Jh.,* ⓈDriesch, Ⓟ**Hegel,** (ᵛNapoléon), ◡Nietzsche, ⓅOken, ⓈRückert, Schopenhauer, J. Fröbel und Windelband *19. Jh.,* Ⓟ°Haeckel, ⓈⓅ**Frege** *19.–20. Jh.,* ⓈScheler, ◡Binswanger, ⓅSchrödinger, ⓈWittgenstein, ⓈCarnap *20. Jh.*

*Jericho* → *Yerīḥō*

*Jerusalem* → ***Yerūshālayim***

*Ji'an/Luling* O 4

Jiangxi, Zhongguo: ◡Wang Yangming *16. Jh.*

*Ji'an/Kungnaesŏng/Hwandosŏng/Tonggou* O 5

Jilin, Zhongguo: zweite Hauptstadt von Koguryo *3(?)–427,* Sitz der frühesten konfuzianischen »Hochschule« *Taehak 372* im koreanischen Herrschaftsbereich, gleichzeitig mit der Ankunft aus Chang'an des Shundao/Sundo, eines buddhaitischen Missionars und Diplomaten der Qian-Qin-Dynastie

Jiangling/Jingzhou O 1–3

Hubei, Zhongguo: Stadt bei der frühesten Brücke über den Yangzi, Hauptstadt von kurzzeitigen Regionalstaaten *6./7./10. Jh.* und Zentrum des *Fo Jia (Buddhadharma)* in seiner formativen Phase *3.–6. Jh.:* ◡Faxian, ◡Huiyuan *4. Jh.,* ◡Zhiyi *6. Jh.;* Vorgängerstadt → **Ying**

*Jiangnan (Jiang-Süd)* O 4

Zhongguo: Region südlich des Yangzi Jiang, variable Grenzziehung, hauptsächlich Zhejiang und Jiangxi sowie die südlichen Teile von Jiangsu, Anhui und Hubei, zeitweise auch Hunan und Fujian

**Jiankang**/Jianye → **Nanjing**

Jianyang O 4

Tancheng, Fujian, Zhongguo: Zentrum des Buchdrucks (Xylographie) *11.–18. Jh.;* ◡Zhu Xi *12. Jh.*

Jiaozuo/Shanyang O 3

Henan, Zhongguo: *◡Wang Bi *3. Jh.* (?); Versammlungsort der »Sieben Weisen vom Bambushain« *Zhulin Qi Xian:* ◡**Xi**

**Kang** und *◡Xiang Xiu *3. Jh.* (Nachfahren in Kaesong, Han'guk: »Die Sieben Weisen links [östlich] des Meeres« *Haejwa Ch'irhyŏn 12.–13. Jh.*)

*Jia Shan* O 4
Hunan, Zhongguo: *Lingquan Yuan, Chan-/Zen*-Kloster der *Linji-/Rinzai*-Lehrrichtung, Sammlung von 100 »Fällen« *gongan/koan* (*Biyan Lu*/»Aufzeichnungen vom smaragdenen Fels«) durch Yuanwu Keqin *1111*

*Jin* O 1–4
Shanxi, Zhongguo: (1) Hauptstadt des gleichnamigen hegemonialen Staates *-11. Jh./-632 bis -453,* ◡Zi Chan *-6. Jh.*; (2) Name mehrerer Dynastien/Teilreiche in Zhongguo *3.–13. Jh.*

*Jingdezhen* O 4
Jiangxi, Zhongguo: Zentrum der Porzellankunst, begründet vom Song-Kaiser Zhenzong *11. Jh.*

Jingzhou O 1–3
Hubei, Zhongguo: Vorgängerstädte (1) → **Ying,** (2) → Jiangling

Jinhua O 4
Zhejiang, Zhongguo: Handelsstadt, eklektische konfuzianische Jinhua-Schule *12.–13. Jh.;* ◡Li Qingzhao *11. Jh.*, ℗Dai Zhen *18. Jh.*

Jinjiang O 4
Fujian, Zhongguo: *◡Li Zhi *16. Jh.*

*Jinniushan* A 2
Dongbei, Zhongguo: Fundstätte von *200 KJ* alten menschlichen Fossilien, als Übergangsformen zwischen *Homo-erectus*- und anatomisch modernen *Homo-sapiens*-Fossilien mit »typisch sinoiden« Eigenschaften angesehen und damit als Beleg gegen die Hypothese der afrikanischen Herkunft aller heutigen Menschen interpretiert

*Jintian(cun)* O 4
Guangxi, Zhongguo: Ausgangsort der *Taiping*-Revolte *1851*

*Jiuhua Shan (»Neun-Blüten-Berg«)* O 3, 4
Anhui, Zhongguo: einer der vier buddhaitischen »Heiligen Berge«, buddhaitisches Zentrum seit dem *4. Jh.;* ᵛLi Bai *8. Jh.*, ᵛWang Yangming *16. Jh.*

*Johannesburg* K 1
Transvaal, South Africa: Zentrum der Anthropogenesisforschung (um R. A. Dart) seit dem *Australopithecus*-Fund von Taung *1924;* ◡Gandhi (»Tolstoy-Farm«) *20. Jh.*

*Jōmon Bunka* K 6
Nihon: »Schnurkeramik-Kultur« *-11. bis -3. Jh.* mit der frühesten bekanntgewordenen Keramik der Erde (von jungpaläolithischen Vorläufern ohne kontinuierliche Fortsetzung abgesehen) und mit dörflichen Siedlungen vor dem Aufkommen von Agrikultur, revolutionärer archäologischer Beleg für die nichtlineare Entwicklung der menschlichen Kulturen; → *Fukui*

*Jonang/Jo-nang* S 3
Tsang/Zentraltibet, Zhongguo: buddhaitisches Kloster *14. Jh.*, philosophisches Zentrum der *Jonangpa*-Lehrrichtung (umstrittene These ausgehend von Asanga: Realität des Absoluten und Irrealität der Erfahrungswelt); namhafte Vertreter: (℗Dolbupa *14. Jh.*), Ⓢ℗**Taranatha** *16.–17. Jh.*

*Jubayl/Gubla/Byblos* K 3, 4, N 5
Phoinikē/al-Lubnān: eine der ältesten kontinuierlich bewohnten Städte der Erde *-4. Jt.*, Handelskontakte mit Kemet/Aigyptos und Mesopotamia *-3. Jt.* und mit Hellas *-1. Jt.*, Umschlagplatz von ägyptischem Schreibmaterial *Papyros (Byblos),* frühe Belege für das phönikische Alphabet *-1050*

Juilly N 2
bei Paris, France: Schule der *Oratoriani 1611–1792;* ᵛMalebranche, ᵛR. Simon, (ⓈB. Lamy) *17. Jh.*, ⓈMontesquieu *18. Jh.*

*Jura* N 4
(1) Suisse: gebietsweise hochindustrialisierte Gebirgslandschaft, *Fédération Jurassienne* (»anarchischer Sozialismus«), gegründet *1870* in *Saint-Imier* (Zentrum in *La-Chaux-de-Fonds*); ◡**Rousseau** *18. Jh.*, ᵛBakunin, ◡**Kropotkin** *19. Jh.*, ◡°Guillaume *19.–20. Jh.;* (2) France: → Dole, *Pasteur *19. Jh.*

*Jurchen/Nüzhen/(»Dschurdschen«)* K 5, O 4, 5
Dongbei, Zhongguo: tungusische (Protomanzhou) Population, Träger der während der Song-Renaissance N-Zhongguo beherrschenden Jin-Dynastie mit den Hauptstädten Huining *1115,* Zhongdu/Beijing *1153* und Kaifeng *1161–1233;* Schaffung von zwei Silbenschriften *1120* und *1138* nach dem Modell der Assimilation der chinesischen Schrift durch die Qidan

*Kābul* S 1, 2
Afghānestān: arysche Stadt *-2. Jt.*, Hauptstadt *1776;* ᵛal-Biruni *11. Jh.*, ᵛNanak *15.–16. Jh.*, ◡al-Afghani *19. Jh.*, ᵛIqbal *20. Jh.*

*Kabwe/Broken Hills* A 1–3, K 1
bei Lusaka, Zambia: Mine, Fundstätte *(1921)* des Schädels eines *Homo heidelbergensis 125 KJ vh (?),* frühester Fund eines archaischen *Homo sapiens* in Afrika

**Kaesŏng**/Kajing/Song'ak S 5, **O 5**
Kyŏnggi-do, Han'guk: Hauptstadt der Koryo-Dynastie *918/936–1392* während des (buddhaitische, schamanitische und konfuzianische Traditionen verbindenden) »Mittelalters« der koreanischen Kultur, herausragender König: Wang Kon *918–°943;* namhaftestes buddhaitisches Kloster: *Kwibŏp-sa* auf dem Song'ak-san (℗Kyunkyo) *963;* konfuzianische »Staatsschule«: *Kukcha-gam 992,* neu errichtet als *Sŏnggyungwan 1367;* Einführung beweglicher metallischer Drucktypen *1234;* (℗Kyunyo *10. Jh.*, ℗Ch'oe Ch'ung, Gründer der ersten konfuzianischen Privatakademie *Munhŏn-gondo, 11. Jh.*), ℗T'aego, (℗Naong, ℗Yi Chehyon), ◡»Drei Eremiten« *samŭn* Chong Mongju, Yi Saek und Yi Sungin *14. Jh.*, (*◡So Kyongdok *15.–16. Jh.*)

*Kagoshima* O 5
Satsuma Han, Kyūshū, Nihon: Hafenstadt, Verbindungen mit SO-Asien und Zhongguo, frühester Landeplatz europäischer (portugiesischer) Schiffe in Nihon *1543* (auf der Insel Tanegashima vor Kagoshima, ◡Francisco de Xavier *1549–50*); Herkunftsregion kritischer Promotoren der Meiji-Restauration *1868* (»Satsuma-Rebellion« *1873*)

Kahak W 5
bei Qom, Īrān: ◡**Molla Sadra** (Rückzugsort) *17. Jh.*

**Kaifeng/Bian**(zhou)/Dongjing (»Ost-Hauptstadt«) **A 6,** 9, **O 1–4**
Henan, Zhongguo: Handelsstadt am »Großen Kanal« *Da Yunhe,* Hauptstadt der »Fünf Dynastien« *Wudai 907–60,* der Bei-Song *960–1126* und der Jin *1161–1233;* herausragender Herrscher: Kaiser Huizong *1101–26; wissenschaftliche Editionen:* erster Druck der »Neun Klassiker« *Jiu Jing* im Block-

druckverfahren *932–52, Taiping Yulan* (»Kaiserliche Lektüre der Taiping-Zeit«) *977–83, Cefu Yuangui* (»Führer zum literarischen Speicherhaus«) *1005–13;* kaiserliches Institut zur Übersetzung buddhaitischer Schriften und zur »Weitergabe des *(Buddha-)Dharma*« im Kloster *Taipingxingguo 980/983,* jüdische Synagoge *1163;* *Zhi Dun *4. Jh.,* *Li Ao, ◡Han Yu *8. Jh.;* Ⓢ◡**Cheng Hao,** ⓈⒷ**Cheng Yi,** ◡Ouyang Xiu, ◡Shen Kuo, ◡°**Sima Guang,** ◡Su Shi, ⓈUich'on, ◡Wang Anshi, *Ⓑ**Zhang Zai** und ◡**Zhou Dunyi** *11. Jh.,* ◡Li Qingzhao *11.–12. Jh.;* ᵛKang Youwei, ⓈⒷFeng Youlan *20. Jh.;* Vorgängerstadt in der Nachbarschaft → **Daliang**

*Kailās(h)/Kailāśa/Ti-se/Gang Rinpoche/Gangdisi Shan* A 2, **S** 1, **5,** Z
Böyü/Tibet, Zhongguo: »Heiliger Berg« mehrerer Religionen: Bön (Abstiegsort des mythischen Gründers von Böyü/Tibet vom Himmel auf die Erde), Hindudharma (Residenz des Gottes Shiva), Jainadharma (als *Aṣṭapāda* einer der fünf »Heiligen Berge« der »weißgekleideten« *S(h)vetāmbara,* Ort der Befreiung des ersten »Furtbereiters« *Tīrthan-kāra* Rishabhanatha) und Buddhadharma (»Weltenberg« Meru); ◡°Padmasambhava und ◡Yeshe Tsogyel *8. Jh.,* ◡Milarepa *11.–12. Jh.*

*Kaisareia/Caesarea Palaestinae/Qesari* W 3
Yishrā'el: Hauptstadt der römischen Provinz Syria Palaestina *1. Jh.;* ◡Paulos Apostolos *1. Jh.,* ⒷOrigenes, ◡Iamblichos *3. Jh.,* *°Eusebios *3.–4. Jh.*

*Kaisareia Mazaka/Kayseri* W 3
Kappadokia/Türkiye: *Ⓑ°Basileios, seine Geschwister *Gregorios von Nyssa und *Makrina (?), (◡Gregorios von Nazianz/Nenisi) *4. Jh.*

*Kalaallit Nunaat/Grønland/Greenland* A 1, N 5

Kālaḍi S 4
am Fluß Periyār, Kerala, Bhārat/India: *S(h)ankara, nach legendärer Überlieferung *788*

*Kalambo Falls* K 1
am Lake Tanganyika, Zambia: Fundstätte *(1953)* einer Reihe von Besiedlungen vom Paläolithikum (*Acheuléen*-Steinwerkzeuge) bis zur Eisenzeit (Kultivation von Pflanzen und Verwendung von Holzwerkzeugen) *60 KJ vh bis 400*

*Kalibangan* K 3, S 2
Rājasthān, Bhārat/India: Ausgrabungsstätte einer bemerkenswerten Stadt der Harappa- oder Indus(tal)-Kultur im späteren Siedlungsgebiet der Aryer am »Heiligen Fluß« Sarasvati *(»Sindhu–Sarasvatī Civilization«)*

*Kaliṅga* K 5, S 4
Orissa – Āndhra Pradesh – Chhattisgarh, Bhārat/India: vom Maurya-Herrscher As(h)oka erobert und für den Buddhadharma erschlossen *-260;* Entwicklung einer eigenen Schrift *Kaliṅga-Oriyā,* abgeleitet aus der bengalischen Schrift; Ⓑ°**Dignaga** und **Dharmakirti** *6.–7. Jh.*

*Kalmyki(i)a* K 5, S 5
Rossiia: autonome Republik der Kalmyk(en)/Xal'mg, einer oiradischen Population, Auswanderung auf russisches Territorium *1616,* partielle Rückkehr nach Zhongguo *1771;* früheste buddhaitische Gemeinschaft in Europa; ᵛ(R. und) G. Forster *18. Jh.*

Kamakura S 5, **O 5**
bei Tōkyō, Nihon; Hauptstadt der ersten Militärregierung (»Shogunat«) außerhalb der kaiserlichen Residenzstadt Kyoto (Kamakura-Zeit *1185–1333*), zweites Zentrum (neben Kyoto) des buddhaitischen *Zen* im »mittelalterlichen« Nihon (Verbindung mit der Kultur der Samurai); Ⓑ°Eisai *12.–13. Jh.,* Ⓑ**Dogen,** Ⓑ**Nichiren** *13. Jh.,* ⓈⒷMuso Soseki *13.–14. Jh.,* ◡°Suzuki Daisetsu *19.–20. Jh.,* ◡°Nishida Kitaro *20. Jh.*

*Kāmarūpa* S 3
Assam, Bhārat/India: Region hinduitischer und buddhaitischer *Tantra*-Religiosität; ᵛXuanzang *7. Jh.,* (◡Madhava Kandali *14. Jh.*), *Raghunatha *15. Jh.*

*Kâmpŭchéa/Kambuja Des(h)a/Cambodia* K 5, S 5
→ *Khmer*

*Kana'an* → *Phoinikē, Filaṣṭīn/Palaestina*

Kanauj/Kānyakubja/Jeruojushe S 2, O 1
Madhyamā Dis(h)/Uttar Pradesh, Bhārat/India: Residenzstadt von nordindischen Nach-Gupta-Staaten *5.–10. Jh.;* herausragender Herrscher: Harsha *612–°647* (diplomatische und kulturelle Kontakte mit Tang-Zhongguo *7.–8. Jh.,* Übersetzung des *Daode Jing*); ᵛ*Faxian 5. Jh.,* ⓈDharmagupta *6. Jh.,* Ⓢ**Xuanzang** *7. Jh.,* (◡Bhavabhuti *7.–8. Jh.*), ᵛHyech'o *8. Jh.,* Ⓑ**S(h)ri Harsha** *12. Jh.,* ᵛNanak, ᵛVallabha *15.–16. Jh.*

Kanazawa O 5
Ishikawa Ken, Nihon: ᵛBasho *17. Jh.,* *Suzuki Daisetsu *19. Jh.,* *Ⓑ**Nishida** Kitaro *19.–20. Jh.*

Kāñchīpura(m)/**Kāñcī(pura)**/Conjeeveram **A 6, S 1, 4, 5**
Tamil Nādu, Bhārat/India: überragendes intellektuelles Zentrum in S-India (Sanskrit- und Tamil-Literatur, buddhaitische und hinduitische Religion und Philosophie) *5.–11. Jh.;* Hauptstadt von C(h)ola-Reichen *-2. Jh./10.–13. Jh.* und des Pallava-Reiches *250–897;* (◡Malanga Vatsayana, Autor des *Kāma-sūtra, 2.–3. Jh.*), ***Vatsayana** Pakshilasvamin *4.–5. Jh.,* *Bodhidharma (?), Ⓑ**Buddhaghosa,** ⒷDhammapala *5. Jh.,* *Ⓑ**Dignaga** *5.–6. Jh.,* *Vajrabodhi (?), ᵛXuanzang (südlichste Station der Indienreise) *7. Jh.,* Ⓑ**S(h)ankara** *7.–8. Jh.* (nach der Überlieferung gestorben in Kanchipuram oder Kedarnatha *820*), (ⒷYamunacarya), Ⓢ**Ramanuja** *11. Jh.,* ᵛVallabha, ᵛCaitanya *15.–16. Jh.,* ᵛR. Otto *20. Jh.*

Kandava/Kandau N 4
bei Tukums/Tuckum, Kurzeme/Kurland, Latvija: russisch *1710–1918;* *Külpe *19. Jh.*

*Kandy/Mahānuvāra* S 4
Srī Lankā: Hauptstadt des letzten unabhängigen sin(g)halisch-buddhaitischen Königreiches *1592–1815;* Einladung von Mönchen aus Ayuthia zur Restauration des Buddhadharma *(Malwattevihāra) 1751;* ᵛMadame Blavatsky und Olcott, ᵛHaeckel *19. Jh.,* ᵛKang Youwei, ᵛAmbedkar, ◡L. Woolf, ᵛHesse, (◡Nyanatiloka/A. Gueth, ◡°Nyanaponika/S. Feniger) *20. Jh.*

*Kanem-Bornu* K 8
Tchad – Nigeria: Handelsstaaten (Kontakte mit Maghrib und Misr), phasenweise rivalisierend und vereinigt *9.–19. Jh.,* Konversion zum Islam *11. Jh.,* Blütezeit *14.–16. Jh.*

Kanggye O 5
P'yŏngan-pukdo, Han'guk: ◡°Yi Onjok *16. Jh.*

*Kanghwa-do* O 5
Insel in Hwang-hae bei S(e)ŏul, Han'guk: ältester erhaltener buddhaitischer Tempel in Han'guk *Ch'ŏndŭng-sa 381* am Fuße des Chongchok-san, »Andachtsaltar« auf dessen Kuppel, dem Stammvater der Koreaner Tan'gun zugeschrieben; Rückzugsort der Koryo-Regierung während der mongolischen Invasion *1232–70,* Herstellungsort der in *Haein-sa* aufbewahrten Druckplatten des Kanons der buddhaitischen

Schriften (»Dreikorb« *Tripiṭaka Koreanum*) *1236–51;* °Chong Ch'ol *16. Jh.,* ⌣Yun Sondo *17. Jh.,* ⌣°Chong Chedu *18. Jh.*

Kangjin O 5
Chŏlla-namdo, Han'guk: ⌣**Chong Yagyong** *(Tasan) 19. Jh.*

Kangnŭng O 5
Kangwŏn-do, Han'guk: *Ho Nansorhon *16. Jh.;* in der Nachbarschaft: *Pukp'ong-ri/Ojuk'on,* (Ⓟ°Sin Saimdang), ***Yi I** *16. Jh.*

*Kano* K 8
Nigeria: Stadtstaat, kommerzielles und kulturelles Zentrum der Hausa *12.–19. Jh.*

*Kansai Chihō* O 5
Nihon: Region um die Städte → Ōsaka, **Kyōto** und *Kōbe*

*Kantō Chihō* O 5
Nihon: Region um → **Tōkyō**

*Kanum/Kanam* S 2, N 5
Kinnaur, Himāchal Pradesh, Bhārat/India: tibetobuddhaitisches Kloster, ⓈCsoma Körösi *19. Jh.*

Kānyakubja → Kan(n)auj

Kaoting O 4
Fujian, Zhongguo: ⌣°Zhu Xi *12. Jh.*

Kapilavastu/Kapilavatthu S 1, 3
Kos(h)ala/Uttar Pradesh, Bhārat/India: Hauptstadt der S(h)ākya-Republik, Heimat des **S(h)ākyamuni Buddha** (nach der Überlieferung ⌣1. bis 29. Lebensjahr) *-6.* oder *-5. Jh.;* ᵛFaxian *5. Jh.,* ᵛXuanzang *7. Jh.,* ᵛHyech'o *8. Jh.*

*Kāpis(h)ī/Kāpiśī/Kapishakanish/Alexandreia (en Parpamisadais/ im Hindukush)/Bagrām* S 2
bei Kābul, Afghānestān: persische Stadtgründung *-6. Jh.,* von Alexandros dem Großen übernommen *-327,* Residenzstadt der Kushana *1.–3. Jh.,* Zentrum des buddhaitischen *Mahāyāna 7.–9. Jh.;* ᵛXuanzang *7. Jh.,* ᵛHyech'o *8. Jh.*

*Kapova Peshchera/Shul'gan Tash* K 1
Ural, Rossiia: östliche Fundstätte von paläolithischen Höhlenmalereien *14 KJ vh*

*Kappadokia* W 3
Türkiye: ᵛKlemens von Alexandreia *2.–3. Jh.,* Heimat der »kappadokischen Kirchenväter« Basileios von Kaisareia, Gregorius von Nyssa und Gregorius von Nazianz und von Makrina, der Schwester der beiden Erstgenannten *4. Jh.*

*Karasuk* K 6
am Enisei, Sibir', Rossiia: namengebende Fundstätte einer Steppenkultur (Reitpferdehaltung und Bronzeherstellung) mit Verbindung sowohl nach SW-Asien als auch nach N-Zhongguo (Einflüsse auf die Shang-Kultur: Pferdewagengebrauch) *-1300 bis -700,* Nachfolgekultur der agrarischen Afanasevo- und der bronzezeitlichen Andronovo-Kultur in der gleichen Großregion (*-3. bis -2. Jt.,* namengebende Fundstellen ebenfalls am Oberlauf des Enisei)

*Karatepe (»Schwarzer Hügel«)* K 4
bei Osmaniye, Türkiye: Fundstätte *(1946)* einer späthethitischen Stadt *(Azitawadda)* mit Inschriften in zwei Sprachen und Schriftsystemen (phönikisch und »hieroglyphenluwisch«)

*Karia* K 4, W 4
Anatolē, Türkiye: *⌣Herodotos *(Halikarnassos) -5. Jh.,* ⓈStrabon *(Nysa/Sultanhisai) -1. Jh.*

*Karkamış/Karkemish* K 3
bei Barak/Birecik, Türkiye und Cerablus/Jarābulus, as-Sūriyya: Handelsstadt an einem Übergang über den Fırat Nehri/ Euphrat, Verbindung zwischen Mesopotamia und Anatolia, Blüte in der späthethitischen Zeit *-14. bis -8. Jh.*

*Karmel, Har/Jabal* A 1–3, K 1, 2
Yishrā'el: herausragende Fundregion *20. Jh.* von Fossilien des bislang frühesten anatomisch modernen Menschen außerhalb Afrikas *100 KJ vh* mit Belegen für das Zusammenleben des *Homo sapiens neanderthalensis* und des *Homo sapiens sapiens* für Zehntausende von Jahren in unmittelbarer Nachbarschaft: Neandertaler → *Tab'un* und *Kebara,* anatomisch moderne Menschen → *Qafza* und *Skhul;* Belege für den allmählichen Übergang von einer paläo- zu einer mesolithischen Kultur *20–12 KJ vh*

*Karo* K 5
bei Qamdo, Böyü, Zhongguo: neolithische (prototibetische?) Siedlung *-3000* (Kontakt mit der Yangshao-Kultur?)

*Karolta 1* K 1
South Australia: Fundstätte abstrakter Felszeichnungen (»Petroglyphen«: Eingravierungen von Tierspuren, Punkten, Linien, Kreisen); unbestimmte Datierung *31 KJ vh bis 600*

*Kartārpur* S 2
Panjāb, Bhārat/India: Ⓟ°Nanak *16. Jh.*

*Kashi/Kāshgar* S 5, O 1
Xiyu/Sharqi Turkestan/Xinjiang, Zhongguo: Oasenstadt an der Seidenstraße, Verbindung mit dem buddhaitischen S-Asien *1.–8. Jh.:* ᵛFaxian, ⌣Kumarajiva *4. Jh.,* ᵛDharmagupta *6. Jh.,* ᵛHyech'o *8. Jh.;* Zentrum türkischsprachiger islamischer Schriftkultur *11. Jh.:* ⌣Yusuf Khass Hajib, (⌣Mahmud Kashgari) *11. Jh.,* (ᵛMarco Polo *13. Jh.,* ⌣Makhdum-i Azam *15.–16. Jh.*)

*Kās(h)mīr(a)/**Kāśmīra**/Kashmīr/Kha-che/Jiashimiluo* A 6, W 5, S 1, 2, 5
Pākistān – Bhārat/India: »philosophische Provinz« mit außergewöhnlichem Flair (in bezug auf Originalität, geographische Abgeschiedenheit und überregionale Ausstrahlung mit Scotia/ Scotland in Europa vergleichbar), bedeutsam für die buddhaitische, die hinduitische und (von geringerer Wirksamkeit) die islamische Mystik und Philosophie; Buddhadharma: Gegend des »Vierten buddhaitischen Konzils« (alternativer Ort: Jalandhara) *2. Jh.,* herausragende Lehrrichtungen: *Sarvāsti-vāda, Vijñāna-vāda, Tantra-yāna* und *Nyāya-Vais(h)eshika;* *Caraka *2. Jh. (?),* (ⓅSanghabhadra), ⓈVasubandhu (?), ⓈKumarajiva, ⓈBuddhabhadra *4. Jh.,* ⓈXuanzang, ⌣Padmasambhava *7. Jh.,* (ⓅDharmottara), ᵛHyech'o *8. Jh.,* ᵛNaropa, ⓈⓅRinchen Zangpo *11. Jh.;* Hindudharma: *Nyāya* (ⓅJayanta Bhatta *9. Jh.*), *Shaiva*-Mystik und -Philosophie und *Tantra*-Religiosität mit Ausstrahlung auf Tamil Nadu (Chidambaram); (ⓅUtpala *9. Jh.*), *Ⓟ°**Abhinavagupta** *10.–11. Jh.,* Lalla *14. Jh.;* nach der Überlieferung Besuch der beiden herausragendsten Philosophen von S-India: S(h)ankara *7.–8. Jh.* und Ramanuja *11. Jh.;* Islam: Jahan Ara und Dara Shikoh *17. Jh.;* Hauptstadt → **Srīnagar;** tibetisch geprägte Gebiete → *Ngari, Ladākh, Zānskār*

*Katanda* K 1
am Roten Nil zwischen Lake Rutanzige/Edward und Lake Albert, Congo-Kinshasa: Fundstätte eines *75–90 KJ* alten, harpunenförmig geschnitzten Knochens (Verwendung von Knochenwerkzeugen in Europa seit *40 KJ vh*)

*Kāth/Heva* W 5
Khwārezm/Uzbekiston: »Vorstadt« → Birun, *al-Biruni *10. Jh.*

*Kāthmāndu* S 3
Nepāl(a): Hauptstadt, buddhaitisches und shivaitisches Zentrum an der im *7. Jh.* aufblühenden India-Tibet-Straße (Konservierung zahlreicher Manuskripte des buddhaitischen *Mahāyāna*); ˅Atis(h)a *11. Jh.*, ˅Ambedkar *20. Jh.*

*Katuruka* K 8
bei Bukoba, Tanzania: Fundstätte von Belegen einer hochentwickelten Eisenverarbeitung *-500*

Kaunas/Kowno/Kovno/Kauen N 4
Lietuva: russisch *1795–1918;* *Lévinas *20. Jh.*

Kaus(h)ambī/Kauśambī/Kosambī/Kosam Khirāji S 3
Madhyamā Dis(h)/Uttar Pradesh, Bhārat/India: nach einer Überschwemmung von Hastinapura *-9. Jh.* neue Hauptstadt der Kuru, frühes Zentrum der buddhaitischen Philosophie und ihrer Ausbreitung in S-Asien; ˅Mahavira und Buddha *-6. bis -4. Jh.*, ⓟAsanga und Vasubandhu *4. Jh.* (?), ˅Xuanzang *7. Jh.*

*Kavkaz/Kaukasus/Caucasus* A 2, 3, **N 5**
Hochgebirge zwischen dem Schwarzen und dem Kaspischen Meer, Rossiia – Sakartvelo – Hayastan – Azerbaycan: Auseinandersetzung der russischen *Intelligentsiia* (im Zusammenhang mit der Ausdehnung des Russischen Reiches) mit der »natürlichen« Kultur in den (»unzivilisierten«) mehrheitlich muslimischen Kaukasusregionen; ˅Pushkin, ◡°Lermontov (Teilnahme an der Schlacht am Fluß Valerik im Hinterland von Groznyi, °Piatigorsk), ◡Tolstoi *(Starogladovskaia) 19. Jh.*, ◡N. S. Trubetskoi *20. Jh.*

*Kazan'* A 6, W 1, N 5
Tatarstan, Rossiia: Hauptstadt eines Nachfolge-Qanats der »Goldenen Orda« *15. Jh.*, russisch *1552;* Universität (herausragende »orientalische« Abteilung der Historisch-Philosophischen Fakultät) *1804;* ⓢⓟ°Lobachevskii, ˅A. von Humboldt, ⓢTolstoi, ⓢLenin *19. Jh.*, ⓢS. L. Frank, *A. R. Luriia, ⓟE. S. Ginzburg *20. Jh.*

*Kebāra, Mughārat (»Höhle«)* A 2
Har Karmel, Yishrā'el: Fundstätte *(1960)* von Neandertaler-Fossilien (zusätzlicher Fund *[1983]* eines Unterkiefers mit Zungenbein, interpretiert als Indiz für die Fähigkeit der Neandertaler, Sprachlaute zu artikulieren) *60 KJ vh;* namengebende Fundstätte *(1931)* einer (der Natufian-Kultur vorangehenden) Übergangsphase zwischen paläo- und neolithischer Kultur: systematische Ernte (mit Sicheln) und Speicherung von Wildgetreide, Bau von dauerhaften Häusern und schließlich Domestikation von Pflanzen und Tieren *20–12 KJ vh*

*Kedārnāth(a)* S 2
Uttaranchal, Bhārat/India: S(h)iva-Heiligtum; °S(h)ankara *820* (nach legendärer Überlieferung), ˅Basava *12. Jh.*, ˅Vallabha *16. Jh.;* in der Nachbarschaft: Gandhi Sarovar (»Gandhi-See«), Verstreuung von Gandhis Asche *1948*

*Keilhau* N 4
bei Rudolstadt, Thüringen, Deutschland: Landerziehungsheim, gegründet von F. Fröbel *1817;* ⓢJ. Fröbel *19. Jh.*

*Kekaya* S 2
Sapta Sindavaḥ/Panjāb, Pākistān: arysches Königreich *-8. bis -4. Jh. (?);* Disputation Uddalakas mit König Ashvapati *-8. bis -6. Jh. (?)*

*Keltikē* W 2
Region der Kelten vom Atlantik bis zum Schwarzen Meer (Kernregion France – Česko) *-1. Jt.*, »barbarisches Hinterland« der hellenischen und römischen Mittelmeerkulturen; Druiden (Priester, Richter, Lehrer mit oraler Tradition von Lebensweisheit und »Naturkunde«), seit Klemens von Alexandreia *(2.–3. Jh.)* bis zu gegenwärtigen »indoeuropäischen Studien« mit den südasiatischen Brahmanen verglichen, seit Diodoros ho Sikeliotos (aus Sicilia *-1. Jh.*) auch als Philosophen bezeichnet, im Zuge der Romanisierung und Christianisierung Aufnahme als Lehrer in gallorömische Schulen (Autun, Bordeaux, Trier) und in den (irischen) Mönchsstand; philosophiegeschichtlich namhaftester Druide: Diviciacus *-1. Jh.*

***Kemet** (»Schwarze Erde«)* **A** 4, **6, 8–11, K 3–5, 8, W 1–3**
altägyptische Bezeichnung des Niltals → ***Miṣr***

*Kenya, Mount* A 2, N 5
namengebender Berg des Staates Kenya *1963;* *Kenyatta *(Kikuyu) 19. Jh.;* → *Rift-Valley, Swāhili*

*Keralaputra/Cera/Malabār* A 9, K 5, S 4
Kerala, Bhārat/India: östliches der »Drei [klassischen tamilischen] Königreiche« *Trairajiva* unter der Dynastie der Cera *-3. bis 5. Jh.* mit Malayalam als eigenständiger dravidischer Sprache *13. Jh.;* kulturelle Blütezeiten: Philosophie: ⓟKumarila, ⓟPrabhakara und *S(h)ankara (?) *7.–8. Jh.;* Mathematik und Astronomie: *Aryabhata *6. Jh. (?)*, »Kerala-Schule« *15. Jh.;* Medizin: Vagbhata *7. Jh.*

*Kerma/Karma an-Nuzul* K 3
as-Sūdān: Fundstätte *(1913)* einer Hauptstadt von Kush, Blütezeit *-17. bis -16. Jh.*

*Khambhāt/Khambāyat/Cambay* W 5, S 2
Gujarāt, Bhārat/India: interkontinentaler Handelshafen, für die Ausbreitung des Islam bedeutende Verbindungen mit SW- und SO-Asien; (˅Marco Polo *13. Jh.*, ˅Ibn Battuta *14. Jh.*), ⓟYas(h)ovijaya *17. Jh.*

*Khams/Kham/Qam* O 1
O-Tibet – W-Sichuan – NW-Yünnan, Zhongguo: traditionelle tibetische O-Region; namhafte Gelehrte: *◡Yutok Yonten Gönpo *8.–9. Jh.* (?), *°Mikyö Dorje *16. Jh.;* (seit *1933* Region der *Shangri-La*-Utopien)

*Khaybar/Khyber* S 2
Pākistān: kulturgeschichtlich bedeutsame Paßverbindung zwischen S- und SW-/Zentral-Asien

*Khazari(i)a/Xazarija* A 9, W 4
Rossiia – Ukraina – Zentralasien: Handelsstadt der Khazar(en)/Kuzarim *7.–13. Jh.* mit teilweise christlicher und muslimischer Bevölkerung und einer im *8. Jh.* zum Judentum übergetretenen Oberschicht (umstrittene Korrespondenz mit Juden in Córdoba *10. Jh.*), Blützeit *(pax khazarica) 8.–9. Jh.*, Handelskontakte mit Khwarezm in Zentralasien, Konstantinupolis, Volga-Bulgaren und Kiïv-Russen, namhafteste Hauptstadt → *Itil'*

*Khmer* K 5, S 5
Kâmpŭchéa: austroasiatische Population, sprachlich und kulturell mit den Mon verwandt, im Unterschied zu den Mon (und den Cham) mit einem bis in die Neuzeit von ihnen selbst dominierten Staat seit dem *6. Jh.;* kulturelle Blütezeit, brahmanisch-hinduitisch und *Mahāyāna*-buddhaitisch geprägt *12.–13. Jh.*, → *Angkor*

*Khoisan/Khoikhoin (»Hottentots«) und San (»Bosjesmans/Bushmen«)* A 2, 3, **K** 2, **8**
Namibia – South Africa: jahrtausendelang über weite Teile O- und S-Afrikas verbreitete Populationen (pluriethnischer Herkunft), eine der vier Sprachfamilien in Afrika, heute re-

duziert auf Gebiete in Namibia und im nördlichen South Africa

*Khorāsān (»Morgenland«)* W 1, 4, 5
Īrān – Afghānestān: kulturgeschichtlich herausragende ostiranische Region, hypothetische Herkunftsregion des Zarathushtra *-10. Jh.;* Blütezeit unter der Herrschaft der transoxanischen Samaniden, Ghaznaviden und Saljuqen *873–1240,* kulturelle Zentren → Marv, Ṭūs, **Nīshāpūr,** Mashhad, Sabzavār

*Khorat* K 6
Muang Thai: Fundregion (seit *1966*) einer südostasiatischen Kulturtradition der Domestikation von Pflanzen (Reis) und Tieren (»chinesisch-austroasiatische Triade«: Hunde, Schweine, Geflügel) *-3000 bis -300,* Bronze seit *-1500;* namhafte Fundstätten: *Non Nok Tha* und *Ban Chiang*

Khotan/Hotan/Hetian/Kustāna K 4, 5, **S 1, 5,** O 1
Xiyu/Sharqi Turkestan/Xinjiang, Zhongguo: Oasenstadt an der Seidenstraße, südasiatische Kolonie *-3. Jh.* (?), Residenzstadt eines mehr oder weniger autonomen, von den (»indoskythischen«) Saka beherrschten Königreiches *1.–10. Jh.,* buddhaitisches Zentrum mit bis ins *1. Jh.* zurückreichenden Schriftdokumenten, seit dem *6. Jh.* überwiegend in sakischer Sprache, wiederentdeckt *1914,* »großtibetische« Oberherrschaft *7.–8. Jh.,* muslimisch *10. Jh.;* ⓈNagasena *2. Jh.* (?), ᵛFaxian *4. Jh.,* ᵛXuanzang *7. Jh.,* (ᵛMarco Polo *13. Jh.*)

*Khwārezm/Uwārazmī* W 1, 4, 5
Uzbekiston – Türkmeniston – Īrān: Region südlich des Aralsees *(Baḥr-e Khwārezm),* kulturelle Blütezeit *11.–13. Jh.;* ℗Zarathushtra *-10. Jh.* (?); *Familie des al-Khwarezmi *8. Jh.,* *al-Biruni *10. Jh.,* ◡Fakhr ad-Din ar-Razi *12. Jh.*

*Khyung Dzong* O 1
am Dangra-See, Tibet, Zhongguo: Residenz der westtibetischen Shang-Shung-Könige *3.–7. Jh. (?),* nach der Überlieferung Versteck von Bön-Schriften *8. Jh.,* wiederentdeckt im *12. Jh.*

*Kiakhta/Kjaxta/Kyakhta* N 5
Buriatiia, Rossiia: lizenzierter Umschlagplatz für den Handel zwischen Zhongguo und Rossiia, geregelt in den Verträgen von Nerchinsk *1689* und Kiakhta *1727* (privilegierter Zugang russischer Händler und orthodoxer Priester nach Beijing *18.–19. Jh.*); ◡Leśniewski *19. Jh.*

Kiel N 4
Schleswig-Holstein, Deutschland: dänisch *1733–1866,* Universität *1665;* ℗Tetens *18. Jh.,* (℗°K. L. Reinhold *18.–19. Jh.*), ℗Jhring, *℗Planck, ℗Dilthey, ⓈBoas, ℗Hertz *19. Jh.,* ℗°Deussen und ᵛVivekananda *19.–20. Jh.,* ℗Schlick *20. Jh.*

Kielce N 4
Polska: russisch *1831–1918;* *Shcherbatskoi *19. Jh.*

*Kiho* O 5
Han'guk: traditioneller Name der Provinzen Kyonggi-do (um S(e)oul) und Ch'ungch'ong-do (nordwestlich des Passes über den »Vogelberg« *Choryŏng-san*), Namengeber für die neokonfuzianische Lehrrichtung des Yi Yulgok *(Kiho-hakp'a),* initiiert von seinen Anhängern, Zentren: Kwibong-san bei Koyang-S(e)oul (◡Song Ikp'il), *Tobong-sŏwŏn* in S(e)oul und *Dunam-sŏwŏn* beim Yon-san in Ch'ungch'ong-namdo *16.–17. Jh.;* Region auch der *Horak*-Debatte über das Verhältnis der Prinzipien *li/i* und *qi/ki* in der menschlichen Natur (*Ho*-Fraktion in Ch'ungch'ong-do, *Nak*-Fraktion in Kyonggi-do) *18. Jh.*

Kiïv/Kyiiv/Kyjiv/Kiev A 9, **W 1,** 4, **N 2,** 4
Ukraina: kulturelles und politisches Zentrum an einer Kreuzung von Handelswegen zwischen SW-Asien und W-Europa, N-Europa (Vaeringiar/Variagi) und Konstantinupolis; Hauptstadt des russischen Kiïv-Reiches *9. Jh.–1240* und kirchliches Zentrum (Christianisierung *998,* namhafte kirchliche Intellektuelle: Ilarion *11. Jh.,* Klim(ent) Smoliatich »der Philosoph« *12. Jh.*); litauisch-polnisch *1362/1569–1648,* russisch *1654–1917;* Akademie *1631,* Universität *1834;* (Ⓢ℗H. S. Skovoroda *18. Jh.*), ᵛStaël und A. W. Schlegel, *Berdiaev, *Shpet, (*M. A. Bulgakov), ⓈPetrażycki *19. Jh.,* *◡Shvartsman/Shestov *19.–20. Jh.,* ℗S. N. Bulgakov, ᵛMasaryk *20. Jh.*

*Kilikia/Armenia Inferior* W 3
Türkiye: ◡Ainesidemos, ◡Cicero *-1. Jh.,* *Dioskorides, *Paulos Apostolos *1. Jh.,* ◡°Theodoros von Mopsuestia *4.–5. Jh.,* (*Diogenes Laertios *3. Jh.*), *Simplikios *5. Jh.,* ᵛAdelardus Bathensis *12. Jh.,* ᵛLlull *14. Jh.;* → *Tarsos*

*Kilwa Kisiwani* K 8, S 5
Tanzania: interkontinentaler städtischer Handelshafen *10.–16. Jh.* (südlichste Reisestation des Ibn Battuta *1330,* ᵛVasco da Gama *1498*), → *Swāhili*

*Kiriwina/Trobriand Islands* N 5
Solomon Sea, Melanesia/Papua Niugini: ⓈMalinowski *20. Jh.*

Kirkcaldy N 2
bei Edinburgh, Scotland: *◡A. Smith (Landsitz) *18. Jh.*

*Kirkudbright* N 2
Dumfries, Scotland: ◡Maxwell (Landsitz *Glenlair*) *19. Jh.*

*Kisese* K 1
Tanzania: Fundstätte von paläolithischen Steinwerkzeugen *19 KJ vh,* in einer jüngeren Schicht naturalistische Felsmalereien

*Kīsh/Tall al-Uḥaymir* K 3
Mesopotamia/ʻIrāq: politisches und kulturelles (erst sumerisches, dann sumerisch-akkadisches) Zentrum *-3. Jt.;* in der Nachbarschaft: *Jamdat Naṣr,* Fundstätte früher sumerischer Keilschrifttafeln *-3000*

Kition/Kittim/Qart Hadasht (»Neustadt«) W 3
bei Larnaka, Kypros: phönikisch *-9. Jh.,* assyrisch *-709,* persisch *-538,* hellenistisch *-332;* *Zenon *-4. Jh.*

*Klasies River Mouth* A 1, 2, K 1
Tsitsikama Coast, Cape Province, South Africa: Fundstätte *(1968)* von Felsunterkünften (mit Belegen für das Sammeln von Meeresfrüchten) und von frühen Fossilien des anatomisch modernen Menschen *125–70 KJ vh*

Klazomenai/Urla W 3
Ionia/Türkiye: *℗**Anaxagoras** *-5. Jh.*

Kleve N 4
Niederrhein, Deutschland: brandenburg-preußisch *1614–1795;* ◡Locke *17. Jh.,* ᵛFriedrich (II) der Große und Voltaire *18. Jh.,* ⓈMoleschott *19. Jh.*

Klingenbrunn N 4
Böhmerwald, Bayern, Deutschland: ◡Nietzsche (Rückzugsort aus Bayreuth) *19. Jh.*

*Knidos/Reşadiye* W 3
Karia/Türkiye: persisch *-540 bis -469/-386 bis -334:* Sitz wissenschaftlicher Schulen (Medizin, Mathematik) *-5. bis -4. Jh.,* *℗°**Eudoxos** *-4. Jh.*

*Knōs(s)os* K 3
Krētē: Zentrum der minoischen *-2000 bis -1450* und der nachfolgenden achaisch-mykenischen Stadt- und Schriftkul-

tur *-1450 bis -11. Jh.* (Entschlüsselung der jüngeren Schrift *Linear B,* einer Wort-Silben-Schrift, *1952*); erste Palastanlage *-2000,* als »Labyrinth« in die Geschichte eingegangen; *Ainesidemos *-1. Jh.;* in der Nachbarschaft: → *Hērakleion*

**København**/Copenhagen A 6, K 1, W 1, **N 3–5**

Danmark: Residenzstadt der dänischen Könige in der Nachfolge des benachbarten Roskilde *1443,* Universität *1479,* deutsch-dänischer Aufklärerkreis (um J. H. G. von Bernstorff: ◡F. G. Klopstock, ◡C. Niebuhr) *18. Jh.;* ◡Pufendorf, (◡T. Brahe) *17. Jh.,* ᵛSwedenborg, ⓢ◡°Tetens *18. Jh.,* ⓢⓟ°Ørsted, *ⓟ°Thomsen *18.–19. Jh.,* ᵛFichte, *°**Kierkegaard** *19. Jh.,* (*ⓟH. Høffding), *ⓟ°**Bohr** *19.–20. Jh.,* ᵛKang Youwei, ⓢHeisenberg, ⓟJakobson *20. Jh.*

*Kochi/Cochin* S 4

Kerala, Bhārat/India: interkontinentaler Handelshafen, südwestasiatische Niederlassungen (Juden nach legendärer Überlieferung seit der Zeit Salomons *-1000,* syrisch-nestorianische Thomaschristen *5. Jh. (?),* Muslime *8. Jh.*), portugiesisch (Fort Manuel, erste europäische Festung in S-Asien) *1503,* niederländisch *1603,* britisch *1795–1949;* (ᵛMarco Polo *13. Jh.*), ᵛRicci *16. Jh.,* ◡de Nobili *17. Jh.;* in der Nachbarschaft: *Ernākulam* und *Kodungallūr/Cranganur,* jüdische, thomaschristliche und muslimische Niederlassungen *1. Jt.*

Kōchi (Stadt und Präfektur) → *Tosa*

*Koguryŏ/Gaojuli* O 3

Han'guk – Dongbei, Zhongguo: nördliches der »Drei [koreanischen] Königreiche« *samguk -1. (?)/4. Jh.–668;* früheste Übernahme der chinesischen Schrift- und Staatskultur, kommerzielle und kulturelle Kontakte über einen nördlichen Strang des Seidenstraßennetzes möglicherweise auch mit Zentralasien; Hauptstädte → *Ji'an* und *P'yŏngyang*

*Köke Qota/Hohhot* S 5, O 1

Nei Menggu, Zhongguo: mongolisches Zentrum der tibetolamaitischen Religion, Wissenschaft (Medizin) und Philosophie, begründet von Altan Qan *1543–°1583:* Übersetzungen buddhaitischer Texte ins Mongolische (namhafte Übersetzer: Ayusi Guosi und Siregetü Guosi *16. Jh.*), Erziehung und Inthronisation des vierten »Dalai Lama« *(1589–1616),* eines Verwandten des Altan Qan

*Koḷamba/Colombo* S 1, 4, N 5

Srī Lankā: britisches Verwaltungszentrum *1656,* Hauptstadt *1948;* Zentrum buddhaitischer (religiöser und politischer) Restaurationsbestrebungen *1873,* Gründung der *Mahābodhi Society 1891,* der *Young Men's Buddhist Association 1898* und der *World Fellowship of Buddhists* (Beschluß, die Bezeichnung »Kleines Fahrzeug« *Hīnayāna* durch »Lehre der Alten« *Theravāda* zu ersetzen) *1950,* Eröffnung eines *Āyurveda*-Instituts zur Pflege der traditionellen Medizin *1962;* ◡Dharmapala, ᵛMadame Blavatsky und Olcott *19.–20. Jh.,* ᵛL. Woolf, ᵛHesse, ᵛR. Otto, ᵛAmbedkar *20. Jh.*

*Kolchis* → *Sakartvelo*

Kolkātā/Kalikātā/**Calcutta** **A 6,** 8, W 5, **S 1, 3,** 5, **N 5**

Paschim Bangla/West Bengal, Bhārat/India: interkulturelles Zentrum von British India *18.–20. Jh.,* Handelssitz der britischen *East India Company 1690,* Hauptstadt von British India *1773/1858–1912,* Sitz einer Vielzahl von kulturellen und wissenschaftlichen Institutionen: *Calcutta Madrasa 1781, Asiatic Society* (Übersetzungen aus dem Sanskrit, anfänglich auch aus dem Persischen und Arabischen) *1784, College of Fort William 1800–54, Hindu College 1817, Sanskrit College 1824, Brahmo Samaj* (»modernisierende« Reform des Hindudharma, gegründet von R. Roy) *1828,* Universität *1856, Mohammedan Literary Society* (gegründet von Abdul Latif) *1863,* Sitz *1892* der in Colombo *1891* gegründeten *Mahābodhi Society* (»modernisierende« Restauration des Buddhadharma), *Rāmakrishna Math* (»Kloster«) *and Mission* in Belur *1897*

*Philosophen und andere herausragende Intellektuelle:* ◡°**Jones,** ⓟColebrooke *18.–19. Jh.,* ⓢCsoma Körösi, ◡**Roy,** ◡°Ramakrishna, ᵛDharmapala, ᵛOlcott *19. Jh.,* *°Tagore, *◡Vivekananda, *Aurobindo, *ⓟK. C. Bhattacharyya, ◡Besant *19.–20. Jh.,* ⓢⓟDasgupta, ⓢEliade, ᵛJung, ᵛKang Youwei, (ᵛOkakura Kakuzo), ᵛR. Otto, ⓟRadhakrishnan, ⓟRaman, ⓢStcherbatsky, (ⓢYamakami Sogen und) ⓟWiener *20. Jh.;* in der Nachbarschaft: *Chandernagore/Chandannagar,* französisch *1687–1951,* ⓢAnquetil-Duperron *18. Jh.;* → *Belur*

*Kollam/Quilon/Elangkon* S 4

Kerala, Bhārat/India: antiker interkontinentaler Handelshafen; jüdische, thomaschristliche und muslimische Niederlassungen Jahrhunderte vor der Ankunft der Portugiesen im *16. Jh.* (ᵛMarco Polo *13. Jh.,* ᵛIbn Battuta *14. Jh.*)

Köln/Colonia A 9, **W 1, 4,** N 2, 4

Niederrhein, Deutschland: römisch *-38 bis 464;* Universität *1388–1797/1919;* ⓢⓟ°**Albertus** Magnus, ⓢMoerbecka, ⓢⓟ**Thomas** Aquinas *13. Jh.,* ⓢⓟMeister Eckhart *13.–14. Jh.,* °**Duns** Scotus *14. Jh.,* ⓢCusanus, ⓢAgricola *15. Jh.,* *◡Agrippa *15.–16. Jh.,* ⓢⓟLipsius *16. Jh.,* *◡Schurman *(Dreiborn),* ⓢKircher *17. Jh.,* ◡F. Schlegel, ◡Marx, ᵛEngels, ◡Lange *19. Jh.,* ⓢⓟAron, ⓟDriesch, ⓟN. Hartmann, ⓟKelsen, ᵛMalraux, ⓟPlessner, ⓟScheler, ⓟSchmitt und ◡E. Stein *20. Jh.*

Kolophōn/Değirmendere W 3

Ionia/Türkiye: *Xenophanes *-6. Jh.,* ◡Epikuros *-4. Jh.*

*Komi* → *Perm*

**Königsberg**/Kenigsberg/Królewiez/Kaliningrad **A 6,** 8, **W 1,** **N** 1, **2, 4**

O-Preußen/Rossiia: deutsch *1255–1945,* Residenz des Hochmeisters des »Deutschen Ordens« *1457–1525,* Universität *1544;* (*J. Ch. Gottsched), *◡Hamann, ⓢHerder *18. Jh.,* *ⓟ°**Kant,** ᵛFichte *18.–19. Jh.,* ⓟvon **Baer,** ᵛClausewitz, ⓟHelmholtz, ⓟ**Herbart,** *ⓟHilbert, ◡W. von Humboldt, ⓢKleist, ⓢStirner, (ⓟ°F. Ueberweg) und ◡Wagner *19. Jh.,* ◡Arendt, ᵛTh. Mann, (ⓟH. von Glasenapp, ⓟA. Gehlen), ⓟLorenz *20. Jh.*

**Kōnstantinupolis**/Constantinopolis/Qu(n)sṭanṭīniyya/ Byzantion/İstanbul A 6, 9, 10, K 4, 8, **W,** S 5, N 1, 2, 5

Thrakē/Rhōmania/Türkiye: Hauptstadt des Römischen Reiches, errichtet von Kaiser Konstantinos als *Nova (Secunda) Roma, 330–1453* (lateinisch *1204–65*), und des Osmanischen Reiches *1453–1920;* herausragende Herrscher: Iustinianus *527–65,* Süleymān Qānūnī (»der Gesetzgeber«/»der Prächtige«) *1520–66;* Tagung von vier ökumenischen Konzilen *381–870,* Kodifikation des Römischen Rechts *(Corpus Iuris Civilis) 528–34;* Konservierung hellenischer Philosophie und Wissenschaft und Vermittlung nach W-Europa und in die islamischen Länder *4./8.–15. Jh.,* Vermittlung von hellenischer Schriftkultur, christlicher Theologie und Spiritualität nach O-Europa *4.–20. Jh.*

*Philosophen und andere herausragende Intellektuelle:* ᵛEusebios, ⓢᵛBasileios, ᵛGregorios von Nyssa, (◡Gregorios von

Nazianz) *4. Jh.*, *Proklos, ⓅNestorios *5. Jh.*, ⓅPriscianus *5.–6. Jh.*, ˅Cassiodoros *6. Jh.*, ⓈHunayn Ibn Ishaq, ◡Konstantinos-Kyrillos, (˅Qusta Ibn Luqa) *9. Jh.*, (˅al-Baqillani *10. Jh.*), *◡°Psellos *11. Jh.*, (*°Anna Komnene *11.–12. Jh.*), ˅Burgundius Pisanus *12. Jh.*, ˅Fibonacci (?), ˅Moerbecka, (˅Marco Polo), ˅Sa'di (?) *13. Jh.*, *Ⓟ**Plethon** *14.–15. Jh.*, Ⓢ˅Bessarion, ◡Georgios Trapezuntios *15. Jh.*, ◡Caro *15.–16. Jh.*, ◡J. Delmedigo, ◡Pocockius *17. Jh.*, ˅Bentham *18. Jh.*, ◡°al-Afghani, ˅Byron, ˅Chateaubriand, ˅Csoma Körösi, ˅Flaubert, ˅Gogol', ˅Haeckel, ◡Leont'ev und ˅Otto *19. Jh.*, ⓈⓅ°Ziya Gökalp *19.–20. Jh.*, ˅S. N. Bulgakov, (*C. Castoriadis), ⓅCorbin, (ⓅF. Dessauer), ˅Dewey, (ⓅG. Dumézil, ⓅA. J. Greimas), ˅Th. Mann, ˅Plessner, ⓅReichenbach, (ⓅJ. Ritter), ˅Trotskii und ˅N. S. Trubetskoi *20. Jh.*

*Konya/Qūniya/Ikonion* W 5
Lykaonia/Rūm/Türkiye: Hauptstadt des saljuqischen »Sultanats von Rum« *1081–1307;* ˅Cicero *-1. Jh.*, Paulos Apostolos *1. Jh.*, ◡Ibn al-'Arabi, ◡°**Rumi** *13. Jh.;* in der Nachbarschaft → *Çatal Hüyük*

*Koobi Fora* A 2, K 1
East Turkana, Kenya: Fundstätte *(1969)* von *Australopithecus-, Homo-habilis-, ergaster-* und *rudolfensis*-Fossilien (zusammen mit Steinwerkzeugen) *2,5–1 MJ vh* (zum Teil gleichzeitig lebende Arten), darunter ein *Homo-rudolfensis*-Schädel (KNM-ER 1470, *1,8 MJ vh*), dessen Form als Indiz für ein entwickeltes motorisches *(Broca-)*Sprachzentrum und für die Anfänge des menschlichen Sprachvermögens in diesem frühen Stadium interpretiert wird

*Koonalda Cave* K 1
Nullarbor Plain, South Australia: Fundstätte von abstrakten Felszeichnungen (»Petroglyphen«: mäandrierende Striche, Gitter, konzentrische Kreise) *24–14 KJ vh*

*Korea* → ***Han'guk***

Korinthos W 3
Peloponnēsos, Hellas: herausragende hellenische Handelsstadt (namhafteste Kolonie → Syrakusai *-733*), makedonisch *-337,* römisch *-146,* lateinisch (fränkisch-venezianisch) *1210–1395;* (◡Periandros *-7. Jh.*), ˅Sokrates *-5. Jh.* (?), ◡°**Diogenes** von Sinope, ◡Xenophon *-4. Jh.*, ˅Strabon *-1. Jh.*, ◡Paulos Apostolos, ˅Plutarchos *1. Jh.*, ◡Galenos *2. Jh.*, ◡°Moerbecka *13. Jh.;* in der Nachbarschaft in Argolis: *Phl(e)ius,* Zufluchtsort der »pythagoreischen Gemeinde« *-5. bis -4. Jh.*, ⓅPhaidon, (*Timon von Phleius) *-4. Jh.*

*Körös/Criş* N 4
Háromszék/Dreistühle/Trei Scaune, Transilvania, România: *Csoma Körösi *18. Jh.*

*Kōs* W 1–3
dorische Insel im Ägäischen Meer, Hellas: *Asklēpieion* (Heiligtum des Medizingottes Asklepios und medizinisches Institut): *Ⓟ**Hippokrates** *-5. Jh.*, ⓈⓅHerophilos und Erasistratos, °Berossos *-3. Jh.* (?)

*Kos(h)ala/Kośala* S 3
Uttar Pradesh, Bhārat/India: Königreich in der mittleren Ganga-Ebene mit überregionalen Hegemoniebestrebungen (Oberherrschaft über Buddhas Heimatrepublik S(h)akya) *-6. bis -4. Jh.;* Residenzstädte → Sāketa/Ayodhyā und S(h)rāvastī

*Kostenki* K 1
am Don bei Voronezh, Rossiia: Fundstätte *(1879)* einer jungpaläolithischen Siedlung mit Häusern aus Mammutknochen und »Venusstatuetten« *32–10 KJ vh*

*Koster* K 7
Illinois, U.S.A.: Musterausgrabungsstätte der *New Archeology:* prozessual (über lange Zeiträume), ökologisch (über ein weites Umfeld) und systematisch (multidisziplinär); Erarbeitung der Chronologie der archaischen Periode (ab *-7500*) und Analyse der Anfänge der Seßhaftigkeit und der Kultivation von Wildpflanzen (ab *-3500*) im Mittleren Westen der U.S.A.

*Kow Swamp* A 3, K 1
Murray Valley, Victoria, Australia: Fundstätte *(1967)* eines Friedhofs mit der größten Anzahl menschlicher Überreste aus dem späten Pleistozän *15–9 KJ vh* (von Vertretern der Hypothese der pluriregionalen Entwicklung des anatomisch modernen Menschen als geradlinige Nachfahren der »Java-Menschen« interpretiert); von den *Aborigines* zurückgefordert und wiederbestattet; → *Mungo*

Kōyasan O 5
Wakayama Ken, Nihon: buddhaitischer Tempelberg, begründet von Kukai *816* als Zentrum der (»esoterischen«) *Shingon-mikkyō*-Lehrrichtung von den »Wahren Worten«, der japanischen Weiterentwicklung der indisch-chinesischen *Mantra-dhāraṇī-/Zhenyan*-Lehrrichtung; Aufbewahrungsort von Kopien des Kanons der buddhaitischen Schriften *Tripiṭaka/Issaikyō;* Ⓟ°**Kukai** *9. Jh.*, ⓈNichiren *13. Jh.*, ˅Basho *17. Jh.*, ˅Jiun *18. Jh.*, ˅R. Otto *20. Jh.*

*Kozhikode/Kalikod/Calicut* S 4, 5
Kerala, Bhārat/India: interkontinentaler Handelshafen (˅Marco Polo *13. Jh.*, ˅Ibn Battuta *14. Jh.*), erster Landeort Vasco da Gamas, des europäischen Entdeckers des Seewegs um Afrika nach S-Asien *1498*

Kraków/Krakau A 9, W 4, N 2–4
Polska: Hauptstadt *1320–1596,* österreichisch *1795–1809/1846–1918;* Universität *1364;* ⓈCopernicus *15. Jh.*, ⓈMenger, ◡J. Conrad, *Malinowski *19. Jh.*, *Ⓟ°Ingarden *19.–20. Jh.*, ◡Lenin, ◡Wittgenstein (Kriegsteilnehmer) *20. Jh.*, ◡Miłosz *20.–21. Jh.;* in der Nachbarschaft: *Wadowice,* *(B. und) E. Lask *19. Jh.*

*Kraljevec/Donji Kraljevec* N 4
Hrvatska: ungarisch-österreichisch (mehrfache Wechsel) *1102–1918;* *R. Steiner *19. Jh.*

*Krētē/Kriti/Girit/Creta/Candia* K 3, W 3
größte Insel im Ägäischen Meer, Hellas: Region mit den frühesten hellenischen Stadt- und Schriftkulturen *-2. Jt.:* → *Knosos;* von Platon und Aristoteles als modellhaft beschriebene *Polis*-Verfassungen *-4. Jh.;* venezianisch *1210–1669:* → Hērakleion/Candia

Kreuzlingen N 4
bei Konstanz am Bodensee, Schweiz: psychiatrische Klinik *Bellevue,* *◡°Binswanger *19.–20. Jh.; Besucher 20. Jh.:* Buber, Foucault, Freud, Heidegger, Husserl, Scheler, (P. Häberlin, R. Kuhn und H. Kunz)

*Krim/Krym* N 5
Halbinsel im Schwarzen Meer/Chorn(o)e More, Ukraina: ˅Konstantinos »der Philosoph« *9. Jh.;* Auseinandersetzung der russischen *Intelligentsiia* (im Zusammenhang mit der Zurückdrängung des Osmanischen Reiches) mit der »orientalischen Frage«: ◡Pushkin, ◡Leont'ev *19. Jh.*, ◡Tolstoi *19.–20. Jh.*, ◡S. N. Bulgakov *20. Jh.*

Krotōn/Crotone A 6, W 1–3
Megalē Hellas/Calabria, Italia: hellenische Kolonie *-710,* erstes Zentrum der religiös-politischen Gemeinschaft der Pytha-

goreer *-6. Jh.;* ◡**Pythagoras** *-6. Jh.,* ◡Alkmaion, *Philolaos *-5. Jh.*

*Krung Thep/Bangkok* S 5, N 5
Muang Thai: Hauptstadt *1782;* buddhaitisches Konzil (unter Rama I) zur Revision des Pali-Kanons der buddhaitischen Schriften *1788–89,* Sitz des buddhaitischen Reformordens *Thammayuttika,* gegründet von Mongkut *1837;* herausragender König: Mongkut/Rama IV *1851–°1868*

*Ksār ʻĀqīl* A 2, 3
al-Lubnān: Fundstätte eines (unbestritten) anatomisch modernen Menschen *37 KJ vh*

*Ktēsiphōn/Tyspwn/Tīsifōn/Khālīd* K 4, W 2, 5, S 5, N 1
Mesopotamia/ʻIrāq: zusammen mit der Schwesterstadt Seleukeia am gegenüberliegenden rechten Dijla-/Tigrisufer interkulturelles Handelszentrum, Residenzstadt der Parther und der Sasaniden *-129 bis 637,* herausragende Herrscher: Xusro I und II *531–°579/590–°628;* Asyl von hellenistischen Philosophen nach der Schließung der athenischen *Akadēmeia:* Damaskios und Simplikios *530–32* (?); ◡Mani *3. Jh.,* ◡Burzoe *6. Jh.*

Kuaiji Shan/Guiji Shan O 3
bei Shaoxing, Zhejiang, Zhongguo: mythischer Berg und Grabstätte des »Kulturheros« *Shengren* Yu, buddhaitisches Zentrum *4. Jh.;* (ᵛQin Shi Huangdi *-3. Jh.*), *◡Wang Chong *1. Jh.,* ◡Zhi Dun *4. Jh.,* (ⓈSungnang *6. Jh.*), ◡Jizang *6.–7. Jh.,* *Dongshan Liangjie *9. Jh.,* ◡**Wang Yangming** *16. Jh.;* → Shaoxing/Kuaiji

*Kuang* O 2
Wei/Henan, Zhongguo: ᵛKong Zi *-5. Jh.*

*Kūḍala Saṅgama* S 4
Karnātaka, Bhārat/India: ◡°Basava *12. Jh.*

Kues/Cusa W 4
Moseltal, Deutschland: *Nicolaus Cusanus *15. Jh.*

al-Kūfa K 4, W 4, 5
al-Mashriq/ʻIrāq: Zentrum der arabischen Schriftkultur im Anschluß an das benachbarte Hira (Kufi-Schrift), gegründet *638,* Residenzstadt des vierten Kalifen und ersten shiitischen Imam Ali *657–°661,* zusammen mit Basra Ausgangsort der *Ḥanafiyya,* der liberalsten islamischen Rechtsschule *8. Jh.;* *◡**Abu Hanifa** *7.–8. Jh.,* (◡Jabir Ibn Hayyan), ◡Ibn al-Muqaffaʻ, °Jaʻfar as-Sadiq *8. Jh.,* *(?)Ⓢal-Kindi, Ⓢat-Tabari *9. Jh.*

*Kuk* K 2
Papua Niugini: Fundstätte *(1960)* von autochthonen Anfängen der Kultivation von Pflanzen in natürlicher Umgebung mittels gezielter Umlenkung von Flußwasser *-8000*

*Kulli* K 3
Balūchistān, Pākistān: Entwicklung einer komplexen Gesellschaft *(Kulli Complex)* im Kontakt mit der benachbarten Harappa-Kultur *-3. Jt.*

*Kumasi* K 8
Ghana: Hauptstadt der Konföderation der Ashanti (der größten Population der Akan-Sprachgruppe) *17. Jh.–1896;* herausragende Kultur in einer tropischen Regenwaldzone; (*K. Wiredu *20. Jh.*)

*Kumbum/sKu-'bum/Ta'er Si/Huangzhong* S 5, O 1
Amdo/Pagnag/Köke Nuur/Qinghai (»Blausee«), Zhongguo: tibetobuddhaitisches Kloster, gegründet *1560* in der Herkunftsregion des Tsongkhapa *(*1357),* interregionales tibetisches, mongolisches und chinesisches Zentrum; in der Nachbarschaft (am Ufer des Tso Ngönpo/Köke Nuur): Zusammenkunft des Altan Qan aus Köke Qota mit dem Haupt des *Gelugpa*-Ordens Sonam Gyatso *1577,* dem er den Titel »Dalai Lama« verleiht, Einleitung der »Zweiten Bekehrung« der Mongolen zum Buddhadharma; mongolisch *1642,* chinesisch *1712*

*Kŭmgang-san (»Diamant-Gebirge«)/Yŏlban-san (»Nirvāṇa-Gebirge«)* O 3, 5
Kangwŏn-do, Han'guk: östlicher der »Fünf Markberge« in Han'guk, benannt nach dem buddhaitischen »Diamant-Sutra« *Vajra-sūtra/Kŭmgang-gyŏng,* in der chinesischen und koreanischen Dichtung und Malerei vielfach dokumentiertes Gebirge; namhaftestes buddhaitisches *(Chan-/Sŏn-)*Kloster: *P'yohŏn-sa;* ⒹDhyanabhadra *14. Jh.,* (°Muhak *15. Jh.*), ⓈYi I *16. Jh.*

Kuṇḍakuṇḍa/Kondakunde S 4
bei Anantapur, Āndhra Pradesh, Bhārat/India: *Kundakunda *3. Jh.*

*Kunlun Shan* O 1
Xiyu/Xinjiang – Xizang (Böyü), Zhongguo: Hochgebirge, nach daoitischer Überlieferung paradiesische Residenz der »West-Königinmutter« Xi Wangmu, der frühesten und prominentesten weiblichen Gottheit des daoitischen Pantheons

Kuqa/Kucha/Kuche A 6, K 5, S 5, O 1
Xiyu/Xinjiang, Zhongguo: »tocharische« Oasenstadt an der Seidenstraße, buddhaitisches Zentrum *3.–10. Jh.;* Fundstätte (seit den *1890er Jahren*) von buddhaitischen Manuskripten in indoeuropäischer »tocharischer« Sprache und indischer Brahmi-Schrift *6.–7. Jh.;* *Ⓓ**Kumarajiva** *4. Jh.,* ᵛDharmagupta *6. Jh.,* ᵛXuanzang *7. Jh.,* ᵛHyech'o *8. Jh.*

*Kurdufān/Kordofan* K 8
as-Sūdān: nubischer Staat *16.–19. Jh.;* namengebende Region einer nordostafrikanischen Subdivision der Niger-Congo-Sprachfamilie

*Kureika* N 5
*Enisei*-Region, Sibir', Rossiia: letzter und längster Verbannungsort Stalins *(1913–17)*

***Kurukshetra/Kurukṣetra*** A 6, **S 1, 2**
Madhyamā Dis(h)/Haryāna (Zentrum im Stadtgebiet von Thanesar), Bhārat/India: »Land der brahmanischen Weisen« *Brahmarshi Des(h)a* in der späteren Veda-Zeit *-1000 bis -500* (Entstehungszeit der *Upanishadas,* der brahmanischen »Leitfäden des Rechtes« *Dharma-sūtra* und des *Mahābhārata*-Epos); nach dem *Mahābhārata* Schlachtfeld *-1302 (-9. Jh.?)* im Krieg zwischen den Kuru/Kaurava aus Hastinapura und den Pandava aus Indraprastha und Ort des »Gesangs des Erhabenen [Krishna]« *Bhagavad-gīta;* ◡Uddalaka *-8. bis -6. Jh. (?),* ◡Gaudapada *7. Jh.,* ᵛNanak, ᵛVallabha *15.–16. Jh.*

*Kūsh/Kashi/Nubia* K 3, 8, W 2
as-Sūdān: Region mit der frühesten bekannten Staatsbildung und Schriftkultur in Afrika südlich von Kemet/Aigyptos, politische und kulturelle Blütezeiten während der Reiche von Kerma *(-17. bis -16. Jh.),* Napata *(-9. bis -3. Jh.),* und Meroë *(-3. bis 4. Jh.);* Ägyptisierung *-16. bis -11. Jh.,* Herrschaft über Kemet (25. Dynastie, *-8. bis -7. Jh.*), Eroberung durch Aksum *4. Jh.,* eigenständige christliche Staaten *6. Jh.*

*Kushāna-/Kuṣāṇa-Reich* K 2, 4, W 4, S 2, 5
von einer Bevölkerungsgruppierung der Yuezhi gegründetes Großreich *-1. bis 3. Jh.,* das einzige in der südasiatischen Geschichte, das zugleich eine dominierende indische und zentralasiatische Macht war; Handelsbeziehungen mit Iran, dem

(hellenisierten) Römischen und dem Chinesischen Reich; Blütezeit der buddhaitischen Kunst (Gandhara- und Mathura-Stil), Literatur und Philosophie, Konsolidierung des buddhaitischen *Mahāyāna* (Konzil in Kashmir) und Beginn seiner Ausbreitung über Zentralasien nach Zhongguo; Residenzstädte → *Baktra/Balkh, Kāpis(h)ī,* **Purushapura** und **Mathurā;** herausragender Herrscher: Kanishka *1.–2. Jh.*

Kus(h)inagara/Kuśinagara/Kusinārā/Kasia S 3

Malla/Uttar Pradesh, Bhārat/India: °Buddha (»Vollständiges Erlöschen« *parinirvāṇa*) *-5.* oder *-4. Jh.;* ∨Xuanzang, ∨Yijing *7. Jh.*, ∨Hyech'o *8. Jh.*

Kwangju/Hansŏng O 5

bei S(e)ŏul, Kyonggi-do, Han'guk: Hauptstadt von Paekche *4. Jh.–475* zur Zeit der aufkommenden Übernahme der chinesischen Schrift- und Staatskultur (Kontakte mit der Dong-Jin-Dynastie in Nanjing: Entsendung des aus Zentral- oder S-Asien stammenden buddhaitischen Missionars Malananda *384*) und ihrer Weitergabe nach Yamato-Nihon (Wang'in *405*); Foyer von *Sirhak-* und *Sŏhak*-Intellektuellen (Ziel einer »pragmatischen« Reform der neokonfuzianischen Philosophie mit Orientierung an der »westlichen« Wissenschaft und der römisch-katholischen Kirche) *18.–19. Jh;* ◡°Ho Nansorhon *16. Jh.*, *◡**Chong Yagyong** *18.–19. Jh.*

*Kymē/Cumae/Cuma* W 3

Megalē Hellas/bei Napoli, Italia: früheste hellenische Kolonie (von *Pithekussai/Ischia* aus) in Italia *-750,* Blütezeit *-700 bis -500,* Residenz einer Sibylla (nach legendärer Überlieferung Verkauf der Orakelsammlung der »Sibyllinischen Bücher« nach Roma *-6. Jh.*), Vermittlung hellenischer Schriftkultur an die Etrusker und Römer, römisch *-334*

**Kyŏngju**/Qingzhou/Kŭmsŏng (»Gold-Stadt«)/Tonggyŏng (»Osthauptstadt«) A 6, **S 5, O 3, 5**

Kyŏngsang-pukdo, Han'guk: Hauptstadt von Silla *4. Jh.–935* während der ersten »Goldenen Zeit« der sinokoreanischen Kultur mit dem *Buddhadharma/Fo Jia/Pulgyo* als vorherrschender Philosophie *660–770;* herausragende Königinnen: Sondok und Chindok *632–°647/647–°654,* herausragender König: Songdok *702–°737;* konfuzianische »Staats(hoch)-schule« *Kukhak 682/T'aehak-kam 750;* älteste erhaltene Sternwarte in Asien *Ch'ŏmsŏngdae 634;* (ⒷAd(a)o/Mukhoja, legendärer buddhaitischer Missionar aus Zentralasien *4.–5. Jh.*), (Ⓑ°Won'gwang *6.–7. Jh.*), *Wonch'uk, ⓈⒷ**Wonhyo,** ⓈUisang, (ⒷChajang) *7. Jh.*, (*ⒷSol Ch'ong *7.–8. Jh.*), *◡Yi Onjok *15.–16. Jh.*, *◡Ch'oe Cheu *19. Jh.;* in der Nachbarschaft: *T'oham-san,* Tempelberg mit dem »Buddhaland-Klostertempel« *Pulguk-sa* und der »Steinhöhleneinsiedelei« *Sŏkkuram,* Aufbewahrungsstätte des ältesten erhaltenen (Holz-)Blockdrucks der Erde *8. Jh.*

**Kyōto**/Heiankyō/Jingdu **A 6,** 8, **S 5, O 5, N 5**

Kansai, Nihon: kaiserliche Hauptstadt *794–1869,* Regierungssitz (Heian-Zeit) *794–1185,* kulturelles (künstlerisches, literarisches und philosophisches) Zentrum *9.–19. Jh.* zusammen mit Kamakura *1185–1333,* zunehmend neben Tokyo seit dem *16. Jh.* und vor allem seit dem *19. Jh.; wissenschaftliche Institutionen:* konfuzianische Hochschule für Staatsbeamte *Daigakuryō* (bedeutsam nur während der Heian-Zeit), philosophiegeschichtlich namhafte buddhaitische Klöster: *Kenninji 1205, Nanzenji 1291, Daitokuji 1315* und *Myōshinji 1337, Horikawa Gaku* (Schule des Ito Jinsai) *17.–18. Jh.*, *Kyōto Daigaku* (»Universität«) *1897, Kyōto Gakuha* (»Kyoto-Schule«, Bewegung zur Erneuerung der *Mahāyāna*-buddhaitischen Philosophie in Verbindung mit zeitgenössischen Strömungen in Europa)
*Philosophen und andere herausragende Intellektuelle:* ⓈⒷ**Kukai,** ⒷSaicho *8.–9. Jh.*, ◡Ki no Tsurayuki *9.–10. Jh.*, ◡**Murasaki** Shikibu (und Sei Shonagon) *10.–11. Jh.*, ⒷEisai, Ⓑ°Honen, (ⓈⒷMyoe), *Ⓑ°**Shinran** *12.–13. Jh.*, *Ⓑ°**Dogen** *13. Jh.*, ⓈⒷ°Muso Soseki *14. Jh.*, ◡Zeami, *◡Ikkyu *14.–15. Jh.*, ◡Sen no Rikyu *16. Jh.*, ⓈⒷFujiwara Seika, *ⒷHayashi Razan, (ⒷKang Han/Kyo Ko), ⓈⒷTakuan Soho *16.–17. Jh.*, *◡Kumazawa Banzan, *Ⓑ°Yamazaki Ansai, *◡°Ito Jinsai, ⓈKaibara Ekiken, ◡Basho *17. Jh.*, ⓈKamo no Mabuchi, ⓈAoki Kon'yo, ◡Ando Shoeki *18. Jh.*, ⓈⒷ°Jiun Onko, Ⓢ°Motoori Norinaga *18.–19. Jh.*, °Sakuma Shozan, ⒷNishi Amane, ∨Olcott *19. Jh.*, *Ⓑ°Imanishi Kinji, Ⓑ**Nishida** Kitaro, ⓈMiki Kiyoshi, ⒷWatsuji Tetsuro, ⒷTanabe Hajime, Ⓑ°Kuki Shuzo, ⓈⒷ°Yukawa Hideki, (ⓈⒷ°Nishitani Keiji), ∨R. Otto, Einstein, Bohr (und E. Spranger) *20. Jh.;* in der Nachbarschaft → Hieizan und *Omi; Uji:* ⒷDogen *(Koshoji) 13. Jh.*, Ⓑ°Ingen (*Mampukuji:* Zentrum chinesischer Ming-Kultur [Kunst und Medizin] und der *Zen*-buddhaitischen *Ōbaku*-Lehrrichtung) *17. Jh.*

*Kypros/Kıbrıs/Cyprus/Zypern* W 3

Stadt- und (kyprominoische) Schriftkultur *-1500,* kyprische Silbenschrift *-1100;* hellenische und phönikische Kolonisation *-12./-9. Jh.;* assyrisch *-709,* ägyptisch *-6. Jh.*, persisch *-538 bis -333;* *Zenon von Kition *-4. Jh.*, ∨Llull *13. Jh.*

Kyrēnē/Shahhāt K 8, W 1–3

Kyrēnaikē/Lībiyā: hellenische Kolonie *-631,* persische Oberherrschaft *-525 bis -332,* autonom-demokratisch *-440 bis -331,* ∨Herodotos *-5. Jh.;* Mathematikerschule um *Ⓑ°Theodoros *-5. bis -4. Jh.:* ∨Platon *-4. Jh.;* »hedonistische« Philosophenschule um *Ⓑ°**Aristippos** den Älteren *-5. bis -4. Jh.*, dessen Tochter ⓈⒷArete (und deren Sohn ⓈⒷAristippos des Jüngeren) *-4. Jh.;* *Eratosthenes, *Karneades *-3. Jh.*

*Kyrgyzstan/Kirgizi(i)a* W 5, S 5

→ *Mā warā' an-Nahr*

*Kyzikos* W 3

Propontis/Türkiye: mit Athenai verbündet *-478 bis -355;* ⒷEudoxos *-4. Jh.*

La Brède, Château N 2

bei Bordeaux, France: *◡Montesquieu *17.–18. Jh.*

*Ladākh/La-drags/Ladake* S 2

Ngari(s)/Kāshmīr: Hochgebirgsregion mit tibetobuddhaitischer Kultur, von Tibet erobert *8. Jh.*, Klostergründungen durch Rinchen Zangpo *11. Jh.*, Renaissance der religiösen Kultur *16.–17. Jh.*, herausragende Klöster → *Lāmayūrū,* Nyarma, *(Alchi, Manggyu* und *Spituk);* ∨Hyech'o *8. Jh.*, ∨Nanak, ∨Vallabha *15.–16. Jh.*, ⓈCsoma Körösi *19. Jh.*

*al-Lādhikiyya/Latakia/Laodikeia* W 5

Syria/as-Sūriyya: (*Philonides von Laodikeia *-3. Jh.*); Zentrum der shiitischen Alawiten/*'Alawiyya;* in der Nachbarschaft → *Ugarit*

*Laetoli* A 2, K 1

Tanzania: Fundstätte *(1978)* der bislang frühesten bekannten (Fuß-)Spuren von aufrecht gehenden Hominiden (Beleg für die Bipedalität des *Australopithecus afarensis*) *3,5 MJ vh*

*La Ferassie* K 1
Dordogne, France: *Abri* (Felsunterkunft), Fundstätte *(1909)* der Skelettüberreste von intentional (?) bestatteten Neandertalern (2 Erwachsene und 5 Kinder), dazu ein mit abstrakten Eingravierungen versehenes Schulterblatt einer Antilope *50 KJ vh*

La Flèche N 2, 4
Anjou/Pays de la Loire, France: *Collège royal* (von Jesuiten geführt) *1603;* ⓈMersenne, Ⓢ**Descartes** *17. Jh.*, ◡**Hume** *18. Jh.;* in der Nachbarschaft: *Oizé,* *Mersenne *16. Jh.*

*Lagash/al-Hibā'* K 3
'Irāq: sumerischer Stadtstaat am Arabisch-Persischen Golf mit dem benachbarten Girsu/Tellō/Tall Luh als zweiter Hauptstadt, Blütezeit *-25. bis -21. Jh.*, herausragender Herrscher: Gudea *-21. Jh.* (Darstellung als Idealherrscher im *Gudea*-Hymnos); Beginn der Entdeckung der sumerischen Kultur als Vorläuferin der akkadischen (babylonisch-assyrischen) Kultur mit der Freilegung von Girsu *1877*

La Haye (-Descartes) N 4
Touraine, France: *Descartes *16. Jh.*

Lahore/Lāhor/Lāhawr A 8, **W 5, S 1, 2,** N 5
Panjāb, Pākistān: Residenzstadt der Mughal-Herrscher *16.–17. Jh.*, Hauptstadt eines unabhängigen Sikh-Staates *1801–45,* Sitz der hinduitischen Reformbewegung »Society of Aryans« *Ārya Samāj 1877–1947* (gegründet in Bombay *1875*), *Panjāb University 1882;* ˅al-Biruni *11. Jh.*, ◡Chishti *12. Jh.*, ˅Nanak, ˅Vallabha *15.–16. Jh.*, ◡Akbar *16. Jh.*, (◡°Miyan Mir *16.–17. Jh.*), ◡Jahan Ara und Dara Shikoh *17. Jh.*, ◡Kipling *19. Jh.*, ⓈⒺ°Iqbal *19.–20. Jh.*, ˅R. Otto *20. Jh.*

*La Madeleine* K 1
Dordogne, France: *Abri* (Felsunterkunft), namengebende Fundstätte der letzten und zugleich herausragendsten Kultur der jungpaläolithischen Zeit in Europa (*Magdalénien:* Blüte der Höhlenmalerei und der Herstellung von tragbaren Kleinplastiken aus Knochen, Geweih und Elfenbein) *16–10 KJ vh*

*La Mancha* N 2
España: Region von Cervantes' *Don Quixote 16. Jh.*

*Lāmayūrū* S 2
Ngari(s)/Ladākh, Kāshmīr: Meditationshöhle Padmasambhavas *8. Jh.* (?), tibetobuddhaitisches Kloster, gegründet von Rinchen Zangpo *11. Jh.;* ˅Naropa *11. Jh.;* Renaissance *16. Jh.*

*Lambaréné* N 5
Gabon: ◡°Schweitzer *20. Jh.* (»Urwaldspital« *1913*)

*Lampāka* S 2
Laghmān, bei Kāpis(h)ī, Afghānestān: sozialpolitisches Edikt des buddhaitischen Maurya-Herrschers As(h)oka in aramäischer Sprache und Schrift *-3. Jh.;* ˅Xuanzang *7. Jh.*, ˅Hyech'o *8. Jh.*

Lampsakos/Lâpseki W 3
Troas/Türkiye: (◡Themistokles als persischer Satrap), °Anaxagoras *-5. Jh.*, ⒺEpikuros *-4. Jh.*

*Lamu* K 8, S 5
Kenya: Koralleninseln mit mehreren interkontinentalen Handelsstädten (Lamu, Takwa auf Manda, Siyu auf Pate), Blütezeit *16.–18. Jh.;* Ausgangsregion der von arabischen, persischen und südasiatischen Kaufleuten geprägten Swahili-Kultur entlang der ostafrikanischen Küste *9. Jh.;* früheste (steinerne) Moschee in Shanga auf Pate *850*

Langres N 4
Haute-Marne, France: *Diderot *18. Jh.*

Lanling O 2
Shandong, Zhongguo: von Chu annektiert *-4. Jh.;* intellektuelles Zentrum *-3. Jh.:* Ⓔ°**Xun Zi,** ⓈHan Fei (?), ⓈLi Si

*Lantian* A 2
bei Xi'an, Zhongguo: Fundstätte *(1963)* von *Homo-erectus*-Fossilien *600 KJ vh;* ◡Lin Zongyuan, ◡Wang Wei, ◡Liu Zhongyuan *8. Jh.*

*Lao* K 5, S 5
Dai-sprachige Population im gleichnamigen Staat Lao(s) und im benachbarten Muang Thai, herausragende Zentren → *Chiang Mai* (Literatur) und *Luang Prabang* (Kunst), buddhaitische Religiosität

*Lao Shan* O 2
bei Qingdao, Shandong, Zhongguo: daoitischer Berg mit legendärer Sicht auf die »Götterinseln« *Shen Shan,* (˅Qin Shi Huangdi *-3. Jh.*, ˅Han Wudi *-2. Jh.*), ˅Kang Youwei *20. Jh.*

Laon N 4
Picardie, France: ⒺEriugena *9. Jh.*, ◡Adelardus Bathensis, ⓈAbaelardus *12. Jh.*, ◡°**Bodin** *16. Jh.*, ⒺSartre *20. Jh.*

Laris(s)a W 3
Thessalia, Hellas: Ⓔ°Gorgias (?), ⓈIsokrates (?) *-5. bis -4. Jh.*, °Hippokrates *-4. Jh.*, *Philon von Larisa *-2. Jh.*

*La Salle* N 5
Illinois, U.S.A.: Zentrum »monistischer« Bestrebungen in der Wissenschafts- und in der Religionsphilosophie um die von P. Carus begründete *Open Court Publishing Company 1887;* ◡°P. Carus, ◡Suzuki Daisetsu *19.–20. Jh.*

*Lascaux* K 1
bei Les Eyzies, Dordogne, France: Fundstätte *(1940)* von spektakulären Höhlenmalereien (600 über mehrere Räume verteilte und anscheinend aufeinander bezogene Tierdarstellungen, darunter ein als Schamane interpretierter vogelköpfiger Mensch sowie zahlreiche abstrakte Zeichen) *15 KJ vh*

*Lāṭa Des(h)a/Deśa* N 1
Gujarāt: *Latadeva *5.–6. Jh.*, *Dharmagupta *6. Jh.;* → *Bharūch*

*Latvija/Latvi(i)a/Lettland* N 4

*Lausanne* N 4
Suisse: ⒺGesner *16. Jh.*, (Ⓢ◡E. Gibbon), *Constant, ◡Maistre *18. Jh.*, ˅Büchner *19. Jh.*, Ⓔ**Pareto** *19.–20. Jh.*, ⓈBinswanger, ⓈSchlick *20. Jh.*

*La Venta* K 7
Golfo de México: kultisches Zentrum der Olmeca, Erdpyramide und monumentale Steinskulpturen *-800 bis -400;* Freilegung *1838*

*Lębork/Lauenburg* N 4
Pommern, Preußen/Polska: deutsch *1341–1945;* *Sapir *19. Jh.*

Le Havre N 4
Normandie, France: ⓈSchopenhauer *19. Jh.*, ⓈMerleau-Ponty, ⒺSartre, ⒺAron *20. Jh.*

*Leiden* N 2, 4
Holland, Nederland: älteste niederländische Universität, gegründet von Willem van Oranje *1575,* Zentrum der wissenschaftlichen Forschung im Geiste der Aufklärung *17.–18. Jh.;* ⒺLipsius *16. Jh.*, (Ⓔ°J. Arminius), ˅Jakob Bernoulli, ⓈClauberg, ◡**Descartes,** ⓈElisabeth von Böhmen, ⓈⒺ°Geulincx, ⓈGrotius, ⓈHuygens, ˅Knorr von Rosenroth, ⓈMandeville, ◡Pufendorf und ⓈTschirnhaus *17. Jh.*, (*Ⓔ°H. Boerhaave, ˅J. Toland *17.–18. Jh.*), ˅Reimarus, ⓈHaller, Ⓢ◡La Mettrie, Ⓢd'Holbach, ˅Linné, ◡Swedenborg *18. Jh.*, ◡Siebold, ⓈNi-

shi Amane, (ⓢTsuda Manichi) *19. Jh.*, (ⓢⓔH. A. Lorentz *19.–20. Jh.*), ⓔHuizinga, ⓔEinstein, ⓢDirac, (ⓢⓔN. Tinbergen), ᵛK. Lorenz *20. Jh.*; in der Nachbarschaft: *Rijnsburg*, ◡**Spinoza** *17. Jh.*

*Leigudun* O 2
bei Suizhou, Hubei, Zhongguo: Fundstätte *(1978)* der Chu-Kultur (Musikinstrumente, früheste bekannte Bambusmanuskripte) aus dem *-5. Jh.*

***Leipzig*** **N** 2, **4**
Sachsen, Deutschland: Universität *1409*, überragendes Zentrum der Geisteswissenschaften in Deutschland *17.–19. Jh.* (im *19. Jh.* neben Berlin), erste wissenschaftliche Zeitschrift in deutscher Sprache: *Gesetz-Mäßige Gedancken oder Monats-Gespräche 1688;* ⓢRegiomontanus *15. Jh.*, ᵛLuther, ⓢKeckermann *16. Jh.*, ⓢKnorr von Rosenroth, *ᵛLeibniz, ⓢPufendorf, *ⓔ**Thomasius** *17. Jh.*, *C. G. Carus, ⓢFichte, ⓢGoethe, ⓢLessing, ⓢNovalis, (ⓢⓔJ. J. Reiske), ⓢSchelling, ◡Schiller, ⓢF. Schlegel, ◡Swedenborg und ⓢWolff *18. Jh.*, ◡Jean Paul *18.–19. Jh.*, ⓢⓔAvenarius, ⓔBoltzmann, ⓢBuber, ⓢCassirer, ⓢDurkheim, ⓢⓔ°**Fechner,** ◡Frobenius, ⓢHuizinga, ⓢHusserl, ⓢW. James, ⓢKlages, ⓢⓔKülpe, ⓢⓔLotze, ⓢMasaryk, ⓢG. H. Mead, ⓔ°Möbius, ⓢMori Ogai, ⓢM. Müller, ⓢPavlov, ⓢ**Saussure,** ⓢTwardowski, *Wagner, (ⓢⓔ°E. M. Weber) und ⓢWindelband *19. Jh.*, ⓔ°**Wundt** *19.–20. Jh.*, (ⓔE. Bloch), ⓔ°Driesch, ⓔGadamer, ᵛHeidegger, ⓔHeisenberg, ⓢLeśniewski, ⓢLosskii, ⓢMalinowski, ⓢNeurath, ⓢOrtega y Gasset und ◡Rosenzweig *20. Jh.*

*Le Mas d'Azil* K 1
Pyrénées, France: namengebende Fundstätte *(1887)* einer Übergangsphase zwischen jungpaläo- und neolithischer Kultur *(Azilien)* in W-Europa (ausgezeichnet durch Mikrolithik, u. a. bemalte Bachkieselsteine) *10–7 KJ vh*

Lemberg → L'viv/**Lwów**

*Le Moustier* A 1, 2, K 1
bei Les Eyzies, Dordogne, France: *Abris* (Felsunterkünfte), namengebende Fundstätten *(1908)* einer mittelpaläolithischen Kultur (*Moustérien,* zwischen dem altpaläolithischen *Acheuléen* und dem jungpaläolithischen *Aurignacien) 200(?)–30 KJ vh,* charakteristisch für die Neandertaler und andere Übergangsformen zwischen dem *Homo ergaster* und dem *Homo sapiens sapiens;* frühe (jedoch ungesicherte) Belege für eine intentionale Bestattung von Toten

Leontinoi/Lentini W 3
Sikelia/Sicilia: hellenische Stadt *-729 bis -214;* *Gorgias *-5. Jh.*

*Lesbos/Lesvos* W 3
aiolische Insel im Ägäischen Meer, Hellas: herausragendes kulturelles Zentrum der archaischen Dichtung und Musik (*°Alkaios und Sappho) *-7. bis -6. Jh.*, persisch *-545 bis -478/ -394 bis -332;* Städte → *Eresos* und Mytilēnē

*Les Trois-Frères* K 1
Vallée du Volp, Pyrénées, France: von »den drei Brüdern« Bégouën *1914* entdeckte Höhle mit Felsmalereien, darunter die Darstellung eines anfänglich schlicht als Zauberer, heute anspruchsvoll als Schamane gedeuteten »Tiermenschen« sowie eines verwundeten (und aus dem Mund blutenden?) Bären *10 KJ vh*

Leszno/Lissa N 4
Polska: Zentrum der »Böhmisch-mährischen Brüder« im polnischen Exil *16.–17. Jh.*, ⓔ**Comenius** *17. Jh.;* ᵛElijah Ben Solomon *18. Jh.*

*Leukos Limēn (»Weißer Hafen«)/al-Quṣayr al-Qadīm* W 2, S 5
Aigyptos/Miṣr: Hafenstadt an der ptolemäisch-römischen Handelsroute nach S-Asien (Handelsniederlassung südindischer Kaufleute, Höhlenwohnungen buddhaitischer Mönche?) *-2. bis 2. Jh.;* ᵛFlaubert *19. Jh.*

Leuven/Louvain/Lovanium N 4
Brabant, België: (katholische) Universität *1426, Husserl-Archief 1938;* ⓢAgricola *15. Jh.*, ◡Erasmus, ⓔVives, ⓢVesalius *16. Jh.*, ⓢⓔ°Lipsius *16.–17. Jh.*, (ⓔC. Jansenius), ⓢIoannes a Sancto Thoma, ⓢⓔGeulincx *17. Jh.*, ⓢŁukasiewicz, ᵛMerleau-Ponty *20. Jh.*

*Levallois-Perret* N 2
Paris, France: namengebende Fundstätte *(19. Jh.)* einer steinzeitlichen Abschlagtechnik zur Herstellung verfeinerter Faustkeile

***Lhasa**/Lha-sa/Lasa* **A 6, S** 1, **3, 5,** O 1, N 5
Ü/Zentraltibet, Zhongguo: politisches und kulturelles Zentrum seit dem *7. Jh.*, Residenz der »großtibetischen« Könige *7.–9. Jh.* und der »Dalai Lama« *17.–20. Jh.;* herausragende Herrscher: Songtsen Gampo (König *629–°650*), verheiratet mit einer westtibetischen, einer nepalischen und einer chinesischen Prinzessin (*Mongsa* Tricham, Bön-Religion, *Belgsa* Bhrikuti *632* und *Gyasa* Wengcheng *641,* beide buddhaitisch), Trisong Detsen (König *755–°797*), Losang Gyatso (»Fünfter Dalai Lama« **1617–°1682*) und Sanggye Gyatso (Regent *1679–°1705*); ◡Yeshe Tsogyel *8. Jh.*, ᵛAtis(h)a *11. Jh.*, ⓔ**Tsongkhapa** *14.–15. Jh.*, ◡Dorzhiev, (ⓢKawaguchi Ekai) *19.–20. Jh.*, (ⓢGiuseppe Tucci *20. Jh.*)

*Lhod/r)ak/Lho-brag* S 3
S-Tibet, Zhongguo: *Marpa und Milarepa *11. Jh.*

Li/Lixiang O 2
Chu/Anhui (bei Luyi in Henan), Zhongguo: *Lao Zi *-7. Jh.* (legendär)

Liady/Ljady/Ladi A 9, N 4
Belarus': ⓔShneur *19. Jh.*

*Liangzhou* → *Wuwei*

*Liangzhu* K 6
bei Hangzhou, Zhongguo: namengebende Fundstätte *(1936)* einer herausragenden späten neolithischen Kultur *-3600 bis -2000* in der Nachfolge der Hemudu- und Majiabang-Kulturen und im Einflußbereich der Longshan-Kultur: hierarchische Gesellschaftsstruktur, schamanitische Riten (?), spezialisierte Handwerker (Keramik, Jade); namhafte Fundstätten: Fanshan und Yaoshan bei Yuyao

Liberec/Reichenberg N 4
Čechy, Česko: *Feigl *20. Jh.;* in der Nachbarschaft: (1) *Neustadt an der Tafelfichte/Nové Město pod Smrkem,* *A. Baeumler *19. Jh.*, (2) *Turnau/Turnov,* *Patočka *20. Jh.*

*Libyē/Libya/Lībiyā* K 5, W 2
(1) hellenischer Name für Afrika; (2) römischer Name für *Kyrēnaikē* (Kyrēnē); (3) Staat in NO-Afrika, unabhängig *1951*

*Licchavi/Lichchhavi* S 3
Videha/Bihār, Bhārat/India: Republik zur Zeit des Buddha *-6. bis -4. Jh.*, führendes Mitglied der Vrijji-Konföderation oligarchischer (antimonarchischer und antibrahmanischer) Republiken; zusammen mit Magadha Kernland des Gupta-Großreiches *4. Jh.;* Hauptstadt → Vais(h)ālī

*Lietuva/Litwa/Litva/Lithuania/Litauen* A 9, W 1, 4, **N 4**
»Großfürstentum« (weite Gebiete in Baltikum, Belarus' und Ukraina) *1350–1772,* Konversion zum Christentum *1387,*

»Personalunion« mit Polska *1386,* »Realunion« *1569,* Aufteilungen zwischen Rossiia, Preußen und Österreich *1772–1918,* unabhängige Republik *1918–40/1991;* Zentrum jiddischer Kultur *14./18. Jh.–1940,* kulturelles Zentrum → *Vilnius*

*Lijiang* S 5
Yünnan, Zhongguo: Zentrum der (proto-)tibetischen Naxi-Kultur (archaische Bön-Religion mit buddhaitischen und daoitischen Komponenten, 2000jährige »Domba-Bilderschrift«)

Lilybaion/Lilybaeum/Marsala W 3
Sicilia: Hafenstadt (Verbindung mit Carthago) und Thermalkurort, ˅Cicero *-1. Jh.,* ◡Porphyrios *3. Jh.*

*Lima* N 5
Hauptstadt des spanischen Vizekönigreiches Perú *1535* und der Republik Perú *1829;* Universität (gleichzeitig mit México früheste in der »Neuen Welt«) *1551,* Zentrum kreolischer Kultur: °Guaman *17. Jh.* (?), (ⓔ°J. C. Mariátegui), ⓢⓔ°Arguedas, ⓔOrtega y Gasset, ⓔTarski *20. Jh.*

Linchuan O 4
Shangdundu, Jiangxi, Zhongguo: *Liu Xie *5. Jh.,* *Wang Anshi *11. Jh.*

Lindos W 3
Rhodos, Hellas: (◡Kleobulos *-7. bis -6. Jh.*), *◡Panaitios *-2. Jh.*

*Lingnan* O 4
Guangdong – Guangxi, Zhongguo: Region südlich des »Süd-Gebirges« *Nan Ling,* → *(Nan) Yue, Tang;* *Huineng *(Xinzhou) 7. Jh.*

Linji Yuan O 1, 3
Zhengding bei Shijiazhuang, Hebei, Zhongguo: namengebendes Kloster der *Linji-/Rinzai*-Lehrrichtung des *Chan/Zen,* ⓔ°**Linji Yixuan** *9. Jh.*

**Linzi** A 6, **O 1, 2**
bei Zibo, Shandong, Zhongguo: Hauptstadt des Staates *Qi -1100 bis -221,* intellektuelles Zentrum zur Zeit der »Hundert Schulen« *Bai Jia -6. bis -3. Jh.,* Blüte zur Zeit der *Jixia*-Akademie (Versammlungsort außerhalb des *Ji*-Tores, gegründet von König Wei *-356 bis °-320) -4. bis -3. Jh.;* einer der Herkunftsorte des *Huang-Lao Dao* (einer Verbindung von Lao Zi und Huang Di zugeschriebenen Ideen) *-3. bis -2. Jh.;* ◡Guan Zi *-7. Jh.,* ◡**Kong Zi** *-6. Jh.,* ◡Sun Zi *-6. bis -5. Jh.,* ◡**Meng Zi** *-4. Jh.,* (ⓔShen Dao *-4. bis -3. Jh.*), ⓔ**Zou Yan,** ⓔ**Xun Zi** *-3. Jh.*

Lisboa/al-Ushbūna A 9, **K 8,** W 4, **N 2**
Portugal: muslimisch (al-Andalus) *713–1147;* Hauptstadt *1256* (Blüte im Zeitalter der »Entdeckungen« *1420–1578*), Universität *1290–1537;* Erdbeben *1. 11. 1755;* *Petrus Hispanus I *13. Jh.,* *◡Isaac und *Judah Ben Isaac Abrabanel *15. Jh.,* *◡°Camões, ◡Molina, *João de São Tomás *16. Jh.,* °Suárez *17. Jh.,* (*°F. Pessoa *19.–20. Jh.*)

*Liujiang* A 1–3
bei Liuzhou, Guangxi, Zhongguo: Fundstätte der bislang frühesten bekannten Fossilien des anatomisch modernen Menschen in O-Asien *67 KJ vh (?)*

*Liulihe* K 6
Beijing, Zhongguo: Stadt des Staates Yan, Fundstätte eines speichenrädrigen Kriegswagens indoeuropäischen Typs *-1200*

*Locarno* N 4
Svizzera: ◡Bakunin *19. Jh.;* in der Nachbarschaft: *Ascona (Monte Verità), Eranos*-Tagungen, begründet von O. Froebe-Kapteyn und C. G. Jung *1933* (Teilnehmer: Buber, Corbin, Eliade, K. Löwith, Massignon, R. Otto, Plessner, A. Portmann, Radin, G. Scholem, Schrödinger, D. T. Suzuki, P. Tillich, H. Weyl); *Muralto,* °Fromm *20. Jh.*

Łódź N 4
Polska: *Radin *19. Jh.,* ⓔ°Hessen, ⓔKotarbiński *20. Jh.*

Lokroi/Locri W 3
Megalē Hellas/Calabria, Italia: nach der Überlieferung früheste hellenische Stadt mit schriftlich fixierten (rigorosen) Gesetzen (Gesetzgeber: Zaleukos) *-662;* *Timaios (von Platon fingierter Philosoph?) *-5. Jh.,* ⓢEudoxos, ˅Platon *-4. Jh.*

**London** **A 6,** 8, K 1, **W 1, N**
Hauptstadt von England *9./11. Jh.,* von Great Britain *16. Jh.,* des *British Empire 17. Jh.* und des *British Commonwealth of Nations 20. Jh.;* international bedeutsam gewordene Rechtsakte: *Magna Charta libertatum 1215, Habeas Corpus Act 1679, Bill of Rights 1689;* intellektuelle Vereinigungen und wissenschaftliche Institutionen: *Latitudinarists 17. Jh., Invisible College 1645/The Royal Society 1660,* Gründung der ersten *Grand Lodge of Freemasonry 1717, British Museum (and Library) 1753, University of London 1836/1900, School of Oriental (and African) Studies 1906, Fabian Society 1883, Bloomsbury Group 1907–30*
*Philosophen und andere herausragende Intellektuelle:* ◡A. Ibn Ezra *12. Jh.,* ⓢⓔ**Ockham,** (*◡°G. Chaucer, ⓔThomas Bradwardine) *14. Jh.,* ˅Pico della Mirandola *15. Jh.,* *°T. More, ◡Erasmus *15.–16. Jh.,* ⓢAgrippa, ◡Vives, ˅Bodin, ◡Bruno *16. Jh.,* *°F. **Bacon,** ◡**Shakespeare** *16.–17. Jh.,* ⓔ°Boyle, ˅Comenius, (*◡A. Conway), ˅Grotius, ⓢⓔHarvey, ◡**Hobbes,** ˅Huygens und ˅Leibniz *17. Jh.,* ◡°**Newton,** ◡**Locke,** *◡Shaftesbury, ◡°Mandeville *17.–18. Jh.,* ◡**Berkeley,** ˅Johann Bernoulli, ˅Buffon, ◡**Burke,** ◡Chateaubriand, ◡°Clarke, ◡G. Forster, ◡Franklin, ˅Haller, ˅Hamann, ˅Helvétius, ˅Jacobi, (◡°S. Johnson), *◡Jones, ˅Lagrange, ◡Montesquieu, ◡Priestley, ◡Rousseau, ◡A. Smith, ◡°Swedenborg, ◡Voltaire, ◡Watt und ◡°Wollstonecraft *18. Jh.,* *°**Bentham,** *°Colebrooke, ◡°Godwin, *◡Byron, ˅A. und ◡W. von Humboldt *18.–19. Jh.,* ◡al-Afghani, ⓔJ. Austin, ⓢAurobindo, ◡Bakunin, ˅Berzelius, *Besant, ˅°Madame Blavatsky, *Bradley *(Clapham),* ˅Chernyshevskii, ◡**Darwin,** ˅Dostoevskii, ˅Emerson, ◡°Engels, ◡Flaubert, *Guillaume, ◡Hearn, ◡Herzen, ◡T. H. Huxley, ◡Kropotkin, ˅Lavrov, ⓢLegge, ◡°Lyell, *°McTaggart, ◡°**Marx,** ⓔMaxwell, ◡°J. und *◡J. S. **Mill,** *G. E. Moore, ⓔM. Müller, *Newman, ◡R. Roy, ˅A. W. Schlegel, ⓢSchopenhauer *(Wimbledon),* ˅Solov'ev, ˅Staël, ˅Tocqueville, ˅Turgenev, ⓢYan Fu, ◡Wagner und ˅Max Weber *19. Jh.;* ◡J. Conrad, ⓢ˅Gandhi, (◡°F. Hügel), ˅W. James, ˅Kang Youwei, ˅Olcott, ◡**Russell,** ◡Spencer, ⓢ˅Tagore, *◡L. und V. Woolf *19.–20. Jh.,* ⓢAmbedkar, ⓢAnscombe, ◡Aron, ◡Berlin, ˅Dharmapala, ◡Eliade, ⓢⓔEvans-Pritchard, °Fenollosa, ◡°S. L. Frank, °Freud, ⓢⓔW. D. Hamilton, ⓔHayek, ˅Husserl, ˅Iqbal, ⓢKenyatta, ◡Keynes, °Kipling, ⓔMalinowski, ◡Moore, ˅Liang Qichao, ⓢNatsume Soseki, *Needham, ◡Nkrumah, ◡°Orwell, ⓔ°**Popper,** ˅Radhakrishnan, °Ramsey, ◡Santayana, ⓔSellars, ⓢL. Strauss, ˅G. Stein, ˅Sun Yat-sen, ˅Suzuki, ⓔTarski, *◡Turing, ◡S. Weil, ⓔWhitehead, ◡Wittgenstein und ⓔvon Wright *20. Jh.*

*Lonetal* A 2, K 1
bei Ulm, Schwäbische Alb, Deutschland: Fundregion von herausragenden jungpaläolithischen Kleinplastiken *32 KJ vh;* namhafte Höhlen → *Hohlenstein-Stadel, Vogelwerd*

Longchang O 1, 4
Guizhou, Zhongguo: ◡Wang Yangming (Verbannung) *16. Jh.*

*Longhu Shan (»Drachentiger-Berg«)* O 4
bei Yingtan, Jiangxi, Zhongguo: Residenz der daoitischen »Himmlischen Meister« *tianshi 3.(?)–20. Jh.* (nach der Überlieferung begründet von Zhang Sheng, einem Großenkel des Zhang Ling)

*Longshan* K 6
beim Tai Shan, Shandong, Zhongguo: namengebende, jedoch dezentral gelegene Fundstätte *(1928)* der letzten großräumigen neolithischen Kulturtradition in N-Zhongguo *-3000 bis -1700* von Shandong im O bis nach Gansu im W und über den Yangzi hinaus im S mit entsprechenden interregionalen Kontakten und regionalen Sonderentwicklungen, von einem Teil der Archäologen hypothetisch assoziiert mit den »10000 Staaten« *Wan Guo* der überlieferten chinesischen Historiographie und den Anfängen der (regional einander nebengeordneten und noch nicht geschichtlich einander nachgeordneten) »Drei Dynastien« Xia, Shang und Zhou; Belege für das Aufkommen von Schamanentum, Fürstentümern, einer ausgeprägten hierarchischen Gesellschaftsstruktur und ummauerten Siedlungen

*Los Alamos* N 3
New Mexico, U.S.A.: *Atomic Research Laboratory* (»Manhattan Project« *1943–45* unter der Leitung von J. R. Oppenheimer): ◡Bohr, (Fermi), Feynman und von Neumann *20. Jh.*

Los Angeles N 3
California, U.S.A.: ◡Adorno, ⓔBertalanffy, ◡°Bühler, ⓔ**Carnap,** ⓔChurch, (◡A. Döblin), °Feynman, ◡Horkheimer, ˅Kang Youwei, ◡Losskii, (ⓔL. Marcuse), ⓔ°**Reichenbach,** ⓔRussell, (ⓔ°A. Schönberg) und ⓔL. Strauss *20. Jh.;* in der Nachbarschaft → *Pacific Palisades, Pasadena*

*Lothal* K 3, S 2
Gujarāt, Bhārat/India: namhafte Ausgrabungsstätte *(1950)* einer Stadt der Harappa- und der Post-Harappa-Kultur *-2500 bis -900* außerhalb der Indus-/Sindhu- und Saravasti-Region

*Lu* O 1
Shandong, Zhongguo: Kleinstaat zur Zeit der »Hundert Schulen« *Bai Jia* und Herkunftsregion von **Kong Zi, Mo Zi** und **Meng Zi** *-6. bis -3. Jh.;* Hauptstadt → **Qufu**

**Lu Shan** A 6, **S 5, O 1, 3, 4**
Jiangxi, Zhongguo: Gebirgslandschaft, Sammelstätte von daoitischen, buddhaitischen und konfuzianischen Dichtern und Denkern; buddhaitisches »Ostwald-Kloster« *Donglin Si,* gegründet von Huiyuan *384,* neokonfuzianische »Weißhirschhöhlen-Akademie« *Bailudong Shuyuan,* Lehrstätte des Zhu Xi und Ort seiner Disputation mit Lu Xiangshan *1181;* »Die drei Lacher vom Tigertal« *Huxi San Xiao:* ◡°**Huiyuan** (buddhaitisch), *◡°Tao Qian (konfuzianisch) und ◡Lu Xiujing (daoitisch), ⓢDaosheng *4.–5. Jh.;* ˅Sima Qian *-2. Jh.,* ˅Buddhabhadra, ◡Lu Xiujing *5. Jh.,* ˅Zhiyi *6. Jh.,* ˅Jianzhen, ◡Li Bai *8. Jh.,* ˅Su Shi, °Zhou Dunyi *11. Jh.,* ⓔ**Zhu Xi** und ˅Lu Xiangshan *12. Jh.,* ˅Kang Youwei *19. Jh.,* ◡Buck *19.–20. Jh.,* ˅Mao Zedong (»*Lu-Shan*-Konferenzen«) *1959/1970*

*Luang Prabang/Louangphrabang* S 5
Lao(s): Residenzstadt buddhaitischer Dai-Lao-Königreiche *14.–20. Jh.*

*Luba/Baluba* N 5
Katanga, Congo-Kinshasa: Bantu-Population, Inspirationsquelle der Proponenten einer kulturspezifischen »Bantu-Philosophie«, ⓢⓔTempels, ⓔKagame *20. Jh.*

*al-Lubnān/Libanōn/Lebanon* K 2, W, N 5
Gebirge und Staat am Mittelmeer in SW-Asien, Teil des »Fruchtbaren Halbmonds«; nach der sumerischen Mythologie ˅Gilgamesh *-27. Jh. (?);* → *Phoinikē, (as-)Sūriyya*

*Lucena/al-Yussāna/Alisana* A 9, W 4
Sefārad/Andalucía, España: muslimisch (al-Andalus) *711–1240;* jüdische Stadt und kulturelles Zentrum (mit »Akademie« *Yeshiva*) des sephardischen Judentums *1000–1148;* ⓢM. Ibn Ezra, ⓢHalevi *11. Jh.,* ◡A. Ibn Ezra, ◡Ibn Daud, ◡Maimonides (?), ◡Ibn Rushd (Verbannung) *12. Jh.*

Lumbinī/Rummindei S 3
Nepāl(a): *Buddha *-6.* oder *-5. Jh.,* ˅Xuanzang *7. Jh.;* Wiederentdeckung des Geburtsortes *1896* und Bestätigung der Geschichtlichkeit des Buddha durch die Auffindung einer vom Maurya-Herrscher As(h)oka *-245* errichteten, die Geburtsstätte bezeugenden Steinsäuleninschrift

Lund N 2, 4
Sverige: früheste Dominikanerschule in Skandinavien (gegründet von Andreas Sunonis) *1222,* Ausbildungsstätte (zusammen mit Roskilde) von namhaften Gelehrten mit dem Zunamen *Dacus* oder *de Dacia* in Paris und Bologna *13. Jh.,* Universität *1658;* ◡Pufendorf *17. Jh.,* ◡Linné *18. Jh.;* → *Dacia*

*Luofu Shan* O 3
Guangdong, Zhongguo: ◡Ge Hong *2.–3. Jh.,* ˅Kang Youwei *19. Jh.*

**Luoyang**/Luoyi/**Chengzhou**/He'nan Fu **A 6, K** 3, **6, S 5, O 1–4**
Henan, Zhongguo: Hauptstadt (oder Nebenhauptstadt) mehrerer Dynastien *-11. bis +10. Jh.:* (Xi-Zhou *-11. Jh. bis -771*), Dong-Zhou *-770 bis -256,* Dong-Han *25–220,* Cao-Wei *220–65,* Xi-Jin *265–316,* Tuoba-Wei *493–534,* Sui und Tang *581–907;* herausragende Herrscher: Zhou Gong *-11. Jh.,* Cao Pi *220–26,* Wu Zetian (Kaiserin) *684–705;* Disputation zwischen der »Neu-Text-« und der »Alt-Text-Lehrrichtung« *Jinwen-* und *Guwen-Xuepai* in der »Weißtiger-Halle« *Baihu Guan 79,* Erfindung des Papiers (durch Cai Lun) *105,* »Gesellschaft alternder Talente« *Qiying Hui* (konservativer neokonfuzianischer »Luoyang-Kreis«) *11. Jh.; buddhaitische Monumente:* »Weißpferd-Tempel« *Baima Si* (nach der Überlieferung frühester buddhaitischer Tempel in Zhongguo *68*), »Drachentor-Höhlen« *Longmen Shiku 494–750*
*Philosophen und andere herausragende Intellektuelle:* ◡**Lao Zi** und ˅Kong Zi *-6. Jh.* (?), *Jia Yi *-3. bis -2. Jh.,* ⓢWang Chong *1. Jh.,* ◡°Ban Zhao, ◡Zhang Heng *1.–2. Jh.,* ◡Zheng Xuan, ◡°An Shigao *2. Jh.,* °He Yan, ◡Pei Wei, ◡**Wang Bi,** ◡°Xi Kang, ◡Xiang Xiu und ⓢZhi Qian *3. Jh.,* ◡Guo Xiang, ◡Dharmaraksha *3.–4. Jh.,* ◡Daoan (?), ⓢHuiyuan *4. Jh.,* ˅Bodhidharma *6. Jh.* (?), °Dharmagupta, ◡Shenxiu, ⓢ◡Xuanzang, ˅Yijing *7. Jh.,* ◡Fazang (?), ◡Jianzhen, ◡Liu Zhiji, ◡**Shenhui** *7.–8. Jh.,* ◡°Amoghavajra, ◡Du Fu, ◡Li Bai, ◡Wang Wei, ◡°Vajrabodhi *8. Jh.,* ◡°Han Yu, ◡Li Ao *8.–9. Jh.,* ⓔZongmi *9. Jh.,* (ⓔDu Guangting *9.–10. Jh.*), ⓔ°**Cheng Hao,** *ⓔ**Cheng Yi,** ◡Li Qingzhao, ◡Ouyang Xiu, ◡**Sima Guang** und ◡°**Shao Yong** *11. Jh.,* Li Ye *13. Jh.,* ˅Kang Youwei *20. Jh.*

*Luwia* K 3
Anatolē/Türkiye: Region einer mit den Hethitern verwandten indoeuropäischen Population, Vermittler hurritischer Schrift-

*al-Maghrib* A 8, 9, **K** 1, **8, W 1,** 2, **4,** N 5
(1) arabischer Name für die »Gegend der untergehenden Sonne« (»Occidens«/»Abendland«), den westlichen Teil der »Alten Welt« (NW-Afrika und Europa), (2) im engeren Sinn (nach der Verdrängung des Islam aus der Iberischen Halbinsel) auf NW-Afrika beschränkt, (3) im engsten Sinn Selbstbezeichnung des Königreiches Maroc/Marokko; Gegenbegriff → *(al-)Mashriq*

*Magyarország/Hungaria/Ungarn* K 1, 5, **N** 3, **4**
westlichstes dauerhaftes Siedlungsgebiet einer Population finnougrischer Sprache (eingewandert aus dem südlichen Ural *896*), Konversion zum Christentum über Kontakte mit Konstantinupolis und Roma *1000;* Ausdehnung des Königreiches bis an die Adria *12. Jh.,* Aufteilung in einen habsburgischen und einen türkisch-osmanischen Teil *1526–1699,* österreichischer Absolutismus *1699,* österreichisch-ungarische Doppelmonarchie *1848,* Republik *1918;* kulturelle Blütezeiten: *15. Jh./1848–1935*

*Mahād* S 4
Mahārāshtra, Bhārat/India: Verbrennung des Grundtextes des hinduitischen Rechts *Manu-Smriti* durch den »Modern Manu« Ambedkar *1927*

*Maheshwar/Maheṣvari/Māhiṣmatī* S 2
Madhya Pradesh, Bhārat/India: frühe Hauptstadt von Avanti; in der Nachbarschaft an der Narmada: ⓈS(h)ankara (bei Govinda) *7.–8. Jh.* (?)

*Mähren* → *Morava*

*Mailapura(m)/Mahilāropya/Mylapore/São Tomé* A 6, S 1, 4
bei Chennai (heute südlicher Stadtteil), Tamil Nādu: ◡Vishnus(h)arman (fingiert); Zentrum der Thomaschristen (nach legendärer Überlieferung: °Thomas Apostolos *1. Jh.*), ◡°de Nobili *17. Jh.*

*Mainz* A 9, N 4
Rheinland, Deutschland: römisch *-1. bis 5. Jh.,* politische Blütezeit *13.–14. Jh.,* Zentrum ashkenazisch-jüdischer Spiritualität (zusammen mit Speyer und Worms) *12.–13. Jh.,* Universität *1477,* europäische Entwicklung des Buchdrucks mit beweglichen Lettern (J. Gutenberg) *1450;* »Mainzer Republik«, ausgerufen von der »Gesellschaft der Freunde der Freiheit und Gleichheit« *1792–93,* angeführt von G. Forster; ˇVesalius *16. Jh.,* ◡Kircher, ◡Leibniz *17. Jh.,* ˇW. von Humboldt *18. Jh.,* ⓈMarty, *Reinach *19. Jh.*

*Majiabang* K 6
bei Tai Hu, Zhejiang, Zhongguo: namengebende Fundstätte *(1959)* einer neolithischen Kultur (Reisanbau) im Mündungsgebiet des Yangzi *-5000 bis -3500*

Majjhimā Pāvā S 3
Magadha/Bihār, Bhārat/India: °Mahavira *-6.* oder *-5. Jh.*

*Makedoni(i)a/Makedonija* W 3, 4
Hellas – Bălgariia – Makedoniia: nördliches Nachbarland des antiken Hellas, philhellenisches Großreich *-478 bis -168,* römisch *-148,* byzantinisch *395,* slavische »Landnahme« *6. Jh.,* osmanisch *15.–19./20. Jh.;* herausragender Herrscher: Alexandros der Große *-4. Jh.;* kulturelle Zentren → *Pella, Thessalonikē, Ohrid*

***Makka**/Mecca* **A 6,** K 4, **8, W 1, 4, 5,** N 5
Ḥijāz, al-'Arabiyya as-Sa'ūdiyya: religiöses Zentrum des Islam; *◡**Muhammad** *6.–7. Jh.,* ˇMalik Ibn Anas, ˇAbu Hanifa *8. Jh.,* ◡ash-Shafi'i *8.–9. Jh.,* ◡Ibn Hanbal, ˇal-Hallaj *9. Jh.,* ˇNasir-i Khosraw, ˇal-Ghazali *11. Jh.,* ˇIbn al-'Arabi, ˇRumi, ◡°Ibn Sab'in, ˇIbn Taymiyya *13. Jh.,* ˇIbn Khaldun *14. Jh.,* ˇNanak *15.–16. Jh.,* ˇShah Wali Allah, ˇHakki *18. Jh.,* (ˇJ. L. Burckhardt), ˇSabzawari, ˇal-Afghani *19. Jh.*

Málaga/Mālaqa W 4
Andalucía, España: muslimisch (al-Andalus) *711–1487;* *Ibn Gabirol *11. Jh.,* *Ibn al-Baytar *12. Jh.,* ⓈOrtega y Gasset *20. Jh.*

*Mala Tur'ia/Mala Tur'ja/Turza Mała* N 4
bei Dolina, Galicia/Ukraina: °Lask (Karpatenschlacht um Przemyśl) *20. Jh.*

*Malakunanja 2* K 1
Arnhem Land, Australia: Fundstätte der bislang frühesten bekannten menschlichen Artefakte in Australia *60–45 KJ vh* und der weltweit bislang frühesten Schleifsteine *35 KJ vh*

*Malatya* W 5
Doğu (»Ost«) Anadolu, Türkiye: ◡**Ibn al-'Arabi,** ◡Rumi, ◡Qutb ad-Din Shirazi *13. Jh.*

*Mālava/Malwa* K 4, 5, **S 1, 2**
Madhya Pradesh – Rājasthān, Bhārat/India: kulturgeschichtlich herausragende Region zwischen Ganga-Ebene und W-India, Entstehungsgegend der Deva-Nagari-Schrift *7. Jh.;* ˇXuanzang *7. Jh.;* → *Avanti,* ***Ujjayinī***

*Malaysia* S 5

*Mali* A 6, **K 8,** W 1, 4, N 5
(1) Handelsstaat am Niger, Blütezeit zeitgleich mit der Konversion zum Islam *13.–16. Jh.,* berühmt geworden durch seinen Goldreichtum und die kulturellen Kontakte mit Makka und al-Qahira, herausragender Herrscher und Makka-Pilger: Kankan Musa *14. Jh.,* intellektuelle Zentren → *Timbuktu, Djenné;* (2) unabhängiger Staat *1960*

*Malindi* K 8, S 5
Kenya: interkontinentaler Handelshafen, südlichster von einer chinesischen Flotte unter der Leitung von Zheng He bei seiner siebten maritimen Expedition *1430–33* in Afrika angelaufener Hafen, Auslaufhafen des Vasco da Gama für die Überquerung des Indischen Ozeans (mit Ahmad Ibn Majid als Lotsen) nach S-India *1498;* in der Nachbarschaft: *Gedi,* Residenzstadt *13.–16. Jh.;* → *Swāhili*

*Malla* S 3
Uttar Pradesh, Bhārat/India: Nachbarrepublik der S(h)akya zur Zeit des Buddha, Mitglied der Vrijji-Konföderation oligarchischer (antimonarchischer und antibrahmanischer) Republiken *-6. bis -4. Jh.*

*Mallorca/Mayūrqa* W 4
Illes Balears, España: muslimisch *903–1229,* selbständiges Königreich mit Gebietsteilen in Catalunya und Languedoc-Roussillon (Montpellier) *1262–1348* (Vermittlung islamischer Wissenschaften); *Ⓟ**Llull** *13. Jh.,* ◡Borges *20. Jh.;* Nachbarinsel: *Eivissa/Ibiza,* ˇBenjamin *20. Jh.*

*Mal'ta* A 2, K 1
bei Irkutsk, Sibir', Rossiia: Fundstätte *(1928)* von jungpaläolithischen Fossilien und Artefakten (vergleichbar mit Funden aus der gleichen Zeit in O-Europa) *20 KJ vh*

*Man* K 6
Hubei – Hunan, Zhongguo: nach der traditionellen chinesischen Historiographie »barbarische« Populationen in südlichen Regionen, Träger des Chu-Staates, *-2. bis -1. Jt.*

Manchester N 3
England: Zentrum der industriellen Revolution und eines extremen wirtschaftlichen Liberalismus *(Manchester School)*

**Mathurā**/Muttra **A 6,** K 4, **S 1, 2, 5**
Madhyamā Dis(h)/Uttar Pradesh, Bhārat/India: frühes intellektuelles Zentrum des Buddhadharma (realistische »*Alles-ist*-Lehre« *Sarvāsti-vāda*) und Jainadharma sowie Stilzentrum von buddhaitischer und hinduitischer Kunst *-2. bis 6. Jh.;* ***Krishna** (nach mythischer Überlieferung); ˅Mahavira und Buddha *-6. bis -4. Jh.* (?), (©Upagupta *-4. Jh.*), ◡**Patanjali** II *-2. Jh.* (?), ˅Faxian *5. Jh.*, ˅Xuanzang *7. Jh.*, ˅Ramanuja *11. Jh.*, ◡Nimbarka *12. Jh.*, ◡Vallabha *15.–16. Jh.*, ◡R. und J. Gosvamin *16.–17. Jh.*, ˅Kang Youwei *20. Jh.*; in der Nachbarschaft: Krishna-Kultstätten *Gokula* und → *Vrindavana*

*Matsue* N 5
Shimane Ken, Nihon: ◡Hearn *19. Jh.*

Matsusaka O 5
Mie Ken, Nihon: *©**Motoori** Norinaga *18. Jh.*; in der Nachbarschaft → *Ise*

Matsushima Wan O 5
bei Sendai, Tōhoku, Nihon: Meeresbucht mit ästhetisch faszinierenden Inseln; ◡Muso Soseki *14. Jh.*, ˅Basho *17. Jh.*

*Maurya-Reich* **S** 1, 3, **5**
frühestes südasiatisches Großreich *-322 bis -185* mit Magadha als Kernland und Pataliputra als Hauptstadt; herausragende Herrscher: C(h)andragupta *-322 bis -300* und As(h)oka *-268 bis °-232*

*Mawangdui* O 2, 3
Chu/bei Changsha, Hunan, Zhongguo: Fundstätte *(1972)* daoitischer und medizinischer (auf Seide geschriebener Texte) *-3. bis -2. Jh.*

*Mā warā' an-Nahr (»Was jenseits des Flusses«)/Sugda/Sogdianē/Transoxania/Anxi* A 6, K 4, 5, **W 1,** 2, **4, 5, S 5,** N 1, 5
W-Zentralasien/W-Turkestan/Uzbekiston – Tojikiston – Kyrgyzstan – Qazaqstan: persisch (Kyros der Große) *-546*, hellenische Exilanten *-5. bis -4. Jh.*, von Alexandros dem Großen erobert *-329*, hellenobaktrisch *-260 bis -140*, arsakidisch-parthisch *-2. bis 2. Jh.*, Yuezhi-kushanaitisch *-2. bis 3. Jh.*, sasanidisch *3.–7. Jh.*, türkisch *6. Jh.*, russisch *1863/1895–1992;* kulturelle Vermittlerregion zwischen Iran, India, Monggol Ulus und Rossiia, Verbreitung der sogdischen Sprache als *lingua franca* entlang des Seidenstraßennetzes *1. Jt.* und der parthischen und sogdischen Schriften (beide aramäischer Herkunft) als Vorlagen der ostasiatischen Alphabete *7.–17. Jh.*, Verbreitung der türkischen Sprache als *lingua franca* in den mongolischen, timuridischen und tatarischen Reichen und Qanaten *13.–18. Jh.;* Religionen: zarathustraitische Gnosis *-6. Jh.*, Buddhadharma *-3. Jh.* (Blüte *7. Jh.*), manichäische Gnosis *3. Jh.*, nestorianisches Christentum *6. Jh.*, Islam *7. Jh.;* wissenschaftliche Blütezeiten unter den Samaniden *9.–10. Jh.* und Timuriden *14.–15. Jh.;* Zentren → **Bukhārā** und Samarqand; Vermittler buddhaitischer Philosophie nach Zhongguo: *An Shigao *2. Jh.*, Kang Senghui *3. Jh.* und Fazang *7. Jh.* (Familien sogdischer Herkunft); herausragende islamische Philosophen: *al-**Farabi** und ***Ibn Sina** *9.–10. Jh.*

*Mawrītāniyya/Mūrītāniyā/Mauritanie* K 8

***Maya*** **K** 5, **7,** N 5
México – Guatemala – Belize – Honduras: herausragende städtische Kultur und einzige Schriftkultur im präkolumbischen Amerika mit einer voll ausgebildeten Schrift *-2. bis 16. Jh.*, dazu mit einem astronomisch und mathematisch hochentwickelten Kalender, klassische Zeit *200–900*, wiederentdeckt *1840*, Dekodierung der logosyllabischen Struktur des zuvor als »hieroglyphische Bilderschrift« verkannten Schriftsystems durch den Ethnologen I. V. Knorozov in Leningrad *1952*

*Meadowcroft Rockshelter* A 1
bei Pittsburgh, Pennsylvania, U.S.A.: Fundstätte *(1973)* einer vielschichtigen Unterkunft von Wildbeutern *14 KJ vh (?) –1700* mit den frühesten *(pre-Clovis-)*Steinwerkzeugen südlich der eisbedeckten Regionen N-Amerikas

*Mēdia/Māda* W 2
Nachfolgereich des Assyrischen Großreiches und Vorgängerreich des Persischen Großreiches in SW-Asien *-612 bis -550*, Hauptstadt → Ekbatana/Hamadān, Nachbarstaat von Lydia *-585 bis -550*, mutmaßliche Vermittlung entmythologisierender iranischer (und südasiatischer?) Kosmologie durch medische »Magier« an die ionischen Naturphilosophen

***Mediterranea****(»Mittellande«)/Mittelmeerregion* **A 6,** 8, 9, K 3–5, 8, **W, N 1,** 2, 5
Region um das Mittelmeer *(Thalassa hē esō/Mare Internum/Baḥr ar-Rūm):* kulturelles Zentrum im westlichen Teil der »Alten Welt« *-5. bis 5. Jh.* in Ablösung der »Nil–Amu Darya-Region« während der Blütezeit des »Fruchtbaren Halbmonds« *-10./-3. Jt. bis -5. Jh.* und gefolgt von derselben Region während der kulturellen Blütezeit im »Haus des Islam« *Dār al-Islām 700–1200*

*Medzhibiz/Medžibiz/Międzybóż/Medzhibozh* A 9, N 4
Podolia/Ukraina: Ausgangsort der chassidischen Bewegung (um den charismatischen Heiler-Rabbi Israel Ben Eliezer/Ba'al Shem Tov *Besht °1706*); → *Mezhirich*

Meersburg N 4
bei Konstanz am Bodensee, Deutschland: (◡°A. von Droste-Hülshoff *19. Jh.*), ◡°Mauthner *20. Jh.*

***Megalē Hellas****/Graecia Magna (»Großgriechenland«)* **W** 1–**3**
antike Bezeichnung für die seit dem *-8. Jh.* hellenisch besiedelten Gebiete in S-Italia, Region der zweiten (nachionischen italischen oder italisch-sikelischen) Phase der vorsokratischen Philosophie, herausragende Gestalten: **Pythagoras** aus Samos und Xenophanes aus Kolophon *-6. bis -5. Jh.*, **Empedokles** aus Akragas, **Parmenides** und Zenon aus Elea *-5. Jh.*

Megāra W 3
Megaris, Hellas: Philosophenschule (Dialektik, Logik), begründet von Eukleides (von Megara) *-380;* ˅Aristippos, ˅Platon *-4. Jh.*, (©©Stilpon *-4. bis -3. Jh.*)

*Mehrgarh* K 2, 3, S 2
Balūchistān, Pākistān: namhafte Fundstätte *(1974)* mit Belegen für die mutmaßlich eigenständigen Anfänge der Domestikation von Pflanzen und Tieren *-7. bis -3. Jt.* in S-Asien; Wegbereitung der Harappa-Kultur im Industal

*Melaka/Malacca* S 5
Malaysia: interkultureller Handelshafen *14.–19. Jh.*, »Chinatown« *14. Jh.*, muslimisch und Ausbreitungszentrum des Islam in SO-Asien *1414*, portugiesisch *1511*, holländisch *1641*, britisch *1824–1957;* ◡Legge *19. Jh.*

Melbourne N 3
Australia: Universität *1853*, philosophischer Gegenpol zu Sydney, orientiert an »kontinentaleuropäischer« Philosophie (Idealismus, Lebensphilosophie, Phänomenologie) und an Wittgensteinscher Spätphilosophie *20. Jh.*, ˅Malinowski *20. Jh.*

***Memphis****/Men-nefer/Menfe/Mīt Rahīna* A 6, **K 3, 4,** 8, **W 1–3**
Kemet/Aigyptos: Residenzstadt und herausragendes kulturelles und religiöses Zentrum *-3000 bis -300* (Ablösung durch

Alexandreia), »Memphitische Theologie« (Erschaffung der Welt als mentaler und sprachlicher Akt des Gottes Ptah) *-26. Jh.* (wiederentdeckt *-8. Jh.*); (◡°Imhotep *-27. Jh.*), ◡**Ptahhotep** *-24. Jh.*, ◡Amenemope *-12. bis -11. Jh.*, ˅Pythagoras *-6. Jh.*, ˅Herodotos, ˅Demokritos (?) *-5. Jh.*, ◡Onkhsheshonqy, (˅Alexandros der Große), ˅Anaxarchos und Pyrrhon *-4. Jh.*

Meng  O 2

Song/Henan, Zhongguo: *Zhuang Zi *-4. Jh.*

*Menri/sMan-ri*  S 3

Tsang/W-Zentraltibet, Zhongguo: namhaftestes Bön-Kloster in Tibet, Zentrum philosophischer Studien, gegründet *1405* von Sherab Gyaltsen als Nachfolgekloster des *1386* überschwemmten Klosters *Yasru Bensakha* (gegründet *1072*); Exilkloster *New Menri* in Dolanji bei S(h)imla in Himachal Pradesh, India *1959*

*Mérida/Tihó*  K 7, N 5

México: Hauptstadt von Yucatán *1542* (◡°Diego de Landa *16. Jh.*, Missionsbischof und Historiograph der Unterwerfung der Maya und der von ihm selbst angeordneten Vernichtung von Maya-Codices: Versuch einer alphabetischen Wiedergabe der Maya-Schrift); ◡Noguchi *20. Jh.*

Mermbaka/Agia Triada  W 4

bei Argos, Peloponnēsos, Hellas: ◡Moerbecka *13. Jh.*

*Meroē*  **K** 4, 5, **8,** W 2

Kūsh/as-Sūdān: südliches Zentrum des nubischen Reiches von *Napata -6. Jh.*, Hauptstadt eines eigenen Reiches und Zentrum der frühesten Schriftkultur in Afrika südlich von Misr und Sahara *-270 bis 350;* ˅Demokritos *-5. Jh.* (?)

*Meru/Sumeru/Sineru*  A 2, **S** 1, **5,** O 1, Z

»Heiliger Berg« im Zentrum der Welt der mythischen indischen Kosmologie; → *Kailās(h), Gunung Agung, Borobudur*

***Mesoamérica***  **A** 10, **11, K** 5, **7**

México – Guatemala – Belize – Honduras – El Salvador – Nicaragua: von P. Kirchhof *1943* geprägte Bezeichnung für die Region mit den agrikulturell, soziopolitisch, künstlerisch und wissenschaftlich am komplexesten entwickelten Kulturen im präkolumbischen Amerika (hierarchische Gliederung der Gesellschaft, urbane Zentren, Bildschriften nach dem Rebusprinzip, logosyllabische Schrift der Maya, mythologisch und kalendarisch unterbaute Kosmologie, hochentwickelte Mathematik); formative Phase *-1300* (»Mutterkulturen«: Olmeca und Valle de Oaxaca), klassische Phase *200–800* (städtische Zentren: Teotihuacán, Cholula, Monte Albán; Stadt- und Schriftkultur der Maya), nachklassische Zeiten *800–1519* (Vorherrschaft der Tolteca in Tula und anschließend der Azteca in Tenochtitlán/**México**)

*Mesopotamia/**Māt birīt Nārim** (»Land zwischen den Flüssen«)*

**A** 4–6, **8–11, K 2–5, W 1,** 2, **4, 5**

'Irāq – as-Sūriyya – Türkiye: »Zweistromland«, gebildet von den Flüssen al-Furat/Euphrates und Dijla/Tigris, zentrale Zone innerhalb des »Fruchtbaren Halbmonds« und der »Nil–Amu Darya-Region«, dem Gebiet mit den frühesten Stadt und Schriftkulturen der Erde *-4. Jt. (2. Hälfte);* bis zur Achsenzeit *-800 bis -200* zusammen mit dem Niltal überragende Region urbaner Zivilisation (Schrift, Wissenschaft, Recht, Architektur, Kunst, Technik); zum zweiten Mal herausragende kulturelle Region der Erde im Islam (nunmehr gleichzeitig mit Zhongguo und im Unterschied zur ersten Blütezeit auch in der zu einer akademischen Disziplin entwickelten Philosophie), *8.–12. Jh.;* traditionelle Bezeichnungen für S- und N-Mesopotamia: Babylonia und Assyria; Beginn der archäologischen Erschließung *1842*

Meßkirch/Messkirch  N 4

Schwaben, Baden, Deutschland: *Heidegger *19. Jh.*

Metapontion/Metaponto  W 3

bei Taras, Megalē Hellas/Basilicata, Italia: hellenisch *-7. Jh.;* °Pythagoras *-5. Jh.*

Meudon  N 2

bei Paris, France: Salon um Raïssa Maritain-Oumançoff und Jacques Maritain *1923–39:* ˅Berdiaeff, Merleau-Ponty, (E. Gilson, G. Marcel, E. Mounier, P. Wust, M. Chagall, P. Claudel, J. Cocteau und J. Green)

**México,** Ciudad de/Tenochtitlán – Tlatelolco  A 10, **K 7, N** 3, **5**

Estados Unidos Méxicanos: Tenochtitlán, als Hauptstadt begründet von den aztekischen Méxica *1325,* Eingliederung der Nachbarstadt Tlatelolco *1473,* Zerstörung durch H. Cortés *1521,* Neuaufbau als Ciudad de México: Hauptstadt des Vizekönigreiches Nueva España *1536* und der Republik México *1823;* Religionskolloquien von Franziskanermönchen mit aztekischen Priestern *1524,* Franziskanerkloster und -schule *Santa Cruz de Tlatelolco 1533,* Universität (gleichzeitig mit Lima früheste in Amerika) *1551;* Beginn der historisierenden und entmythologisierenden Archäologie *1675* mit der Aushebung eines Tunnels zu Forschungszwecken in eine Seite der Mondpyramide von Teotihuacán; überragendes kulturelles und wissenschaftliches Zentrum in der »Neuen Welt« *16.–18. Jh.;* (A. von Humboldt, *19. Jh.:* »Keine von allen Städten des neuen Kontinents, selbst die Vereinigten Staaten nicht ausgenommen, ist im Besitz so großer und festgegründeter wissenschaftlicher Anstalten als die Hauptstadt von Mexiko«); Exilzentrum der lateinamerikanischen *Filosofía de la liberación* (um L. Zea) *20. Jh.;* *◡°Tlacaelel *14.–15. Jh.*, ⓈNezahualcoyotl *15. Jh.*, ◡°Sahagún *16. Jh.*, ⓈIxtlilxóchite *16.–17. Jh.*, ◡°**Juana de la Cruz** *17. Jh.*, ˅Saint-Simon *18. Jh.*, ◡A. von Humboldt, ˅Madame Blavatsky *19. Jh.*, ˅Arguedas, ◡Fromm, Ⓟ°Gaos, ˅Kang Youwei, (◡°O. Paz), *Ⓟ°Rosenblueth, ˅Suzuki Daisetsu, °Trotskii, ˅Whorf und ⓅWiener *20. Jh.*

*Mezhirich/Mežirič*  K 1

beim Zusammenfluß von Rosava und Ros', Ukraina: Fundstätte *(1965)* einer Siedlung von eurasischen Mammutjägern mit fünf monumentalen Häusern, gebaut aus Mammutknochen (20 Tonnen von 200 Tieren), kommerzielles und zeremonielles Zentrum *18–13 KJ vh*

*Mezhirich(i)/Veliki Mežiriči/Międzyrzecz/Mezrits Gadol/ Meseritz*  A 9, N 4

Volhynia/Ukraina: frühestes intellektuelles Zentrum der chassidischen Bewegung (um den »Prediger« Maggid Dov Baer, den Nachfolger des *Besht) 18. Jh.*, ⓈShneur, ˅Maimon *18. Jh.;* → *Medzhibiz*

*Miaodigou*  K 6

bei Sanmenxia, Henan, Zhongguo: Fundstätte *(1959),* archäologischer Beleg für eine kontinuierliche regionale Abfolge von der Yangshao- über eine frühe Longshan- zur Dong-Zhou-Kultur am Mittellauf des »Gelben Flusses« *Huang He -5000 bis -1000*

*Mihintale*  S 4

bei Anurādhapura, Siṃhala/Srī Lankā: nach der Überlieferung Höhle des Mahinda, eines Bruders oder Sohnes des

As(h)oka, zusammen mit seiner Nichte oder Schwester Sanghamitta Vermittler des Buddhadharma nach Sri Lanka *-246*

*Milano/Mediolanum* W 2, N 2
Gallia Transpadana/Lombardia, Italia: Residenzstadt und kulturelles Zentrum im westlichen Teil des Römischen Reiches *3.–5. Jh.;* Toleranzedikt des Kaisers Constantinus Magnus *313;* französisch *1499–1522/1796–1815,* spanisch *1522–1706* und österreichisch *1706–96/1815–59;* (℮°Ambrosius), ⓢAugustinus *4. Jh.,* ◡Petrarca *14. Jh.,* ◡Valla *15. Jh.,* ◡Leonardo da Vinci *15.–16. Jh.,* ℮Cardanus, ᵛMontaigne *16. Jh.,* *℮°**Beccaria,** ◡°Boscovich *18. Jh.,* ℮Rosmini-Serbati *19. Jh.*

**Milētos**/Balat A 6, **W 1–3,** N 1
Ionia/Türkiye: herausragendes urbanes Zentrum in den Anfangszeiten der hellenischen (ionischen) Philosophie *-6. Jh.;* unter lydischer und persischer Oberhoheit *-560 bis -546* und *-546 bis -500,* nach dem »Ionischen Aufstand« *-500 bis -494* zerstört, römisch *-2. Jh.;* *℮°Thales, *℮**Anaximandros** *-7. bis -6. Jh.,* *℮°Anaximenes, ⓢPythagoras (?) *-6. Jh.,* (*◡Hekataios *-6. bis -5. Jh.*), *Leukippos (?), *Aspasia *-5. Jh.,* ᵛPaulos Apostolos *1. Jh.*

Milford N 2
Pennsylvania, U.S.A.: ◡°**Peirce** (Rückzugsort) *19.–20. Jh.*

*Miluo Jiang* O 4
Hunan, Zhongguo: Fluß, °Qu Yuan *-3. Jh.*

*al-Minā'/Al Mina* K 4, W 3
Phoinikē/bei Samandağ, Türkiye: hellenische Handelsniederlassung an der Mündung des Orontes/Asi Nehri *-9. bis -7. Jh.:* mutmaßlicher Ort der frühesten Übernahme der phönikischen Schrift für die hellenische Sprache *-8. Jh.*

*Minden* N 4
Westfalen, Deutschland: *Boas *19. Jh.*

*Mindroling/sMin-grol-gLing* S 3
Ü/Zentraltibet, Zhongguo: Zentrum der tibetobuddhaitischen *Nyingmapa*-Lehrrichtung (»Lehre der Alten«, Berufungsinstanz: Padmasambhava), begründet von Terdak Lingpa *1676*

*Minobu* O 5
Yamanashi Ken, Nihon: religiöses Zentrum *(Kuonji)* der politisch aktiven buddhaitischen *Nichiren*-Lehrrichtung *(Nichiren Shugi),* ℮Nichiren *13. Jh.*

***Mişr**/Mizrayim/**Kemet**/Aigyptos/Aegyptus/Ägypten* A 4–6, 8–11, **K 2–5, W,** S 5
NO-Afrika: eine der Ausgangsregionen (zusammen mit Mesopotamia) der Schrift- und Wissenschaftskulturen im westlichen Teil der »Alten Welt« *-4. bis +1. Jt.* → ***»Nīl–Āmū Daryā-Region«;*** kushitisch *-780 bis -656,* assyrische Eroberungszüge *-671 bis -655,* persisch *-525,* hellenistisch *-332,* römisch *-48,* byzantinisch *395,* arabisch *642;* Blütezeiten der islamischen Kultur mit al-Fustat/al-**Qahira** als neuem Zentrum unter den Fatimiden *969,* Ayyubiden *1171* und Mamluken *1250;* osmanisch *1517,* Napoleonsche Expedition *1798–1801* (Dekodierung der altägyptischen Schriften durch J. F. Champollion *1822*), britisch *1881,* unabhängig *1938*

*Mississippi* K 7
U.S.A.: *Mound*-Kultur ausgehend vom unteren und mittleren Mississippital *800–1500,* mit Einflüssen in der Agrikultur (Mais, Bohnen, Baumwolle) und Architektur (Erdpyramiden) aus Mesoamérica, vermittelt über die Hohokam-Kultur; → *Cahokia, Moundville*

**Mithilā** A 6, **S 1, 3**
Videha/Tīrabhukti/Tirhūt/Bihār, Bhārat/India: (1) Stadt in der Nachbarschaft des heutigen Darbhanga, Hauptort von Videha und der Vrijji-Konföderation oligarchischer (antimonarchischer und antibrahmanischer) Republiken zur Zeit des Buddha; ᵛBuddha *-6. bis -4. Jh.;* (2) Region (inklusive Südteile Nepals: Janakpur), zentrales Gebiet der *Nyāya*-Philosophie *10.–11. Jh.* und der frühen »Neuen Logik« *Navya-Nyāya 13.–15. Jh.;* ◡Gautama *2. Jh.* (?), ℮Kumarila (?), *℮Prabhakara (?), ℮Mandana *7.–8. Jh.,* ◡Vacaspati Mis(h)ra *9. Jh.,* *℮°**Udayana** *10.–11. Jh.,* *℮**Ganges(h)a** *13.–14. Jh.,* ⓢVasudeva, ⓢ**Raghunatha** *15. Jh.,* ◡Colebrooke *18. Jh.,* ◡Roy *18.–19. Jh.,* *Orwell 20. Jh.

Mito O 5
Kantō, Nihon: Schulzentrum *(Mitogaku) 17.–19. Jh.,* in einer ersten Phase bis *1720* pluralistisch und selbstkritisch orientiert (herausragender Gelehrter: Zhu/Shu Shunsui, Emigrant aus Ming-Zhongguo *-17. Jh.*), in einer zweiten Phase nach *1790* zunehmend restaurativ und nationalistisch (Verbindung der neokonfuzianischen Philosophie *Shushigaku* mit dem Shinto, herausragende Gelehrte: Fujita Yukoku und Toko), ᵛYoshida Shoin *19. Jh.*

*Mitteldeutschland* N 4
Bezeichnung im *19.* und *20. Jh. (1. Hälfte)* für die industriell und kulturell herausragende Region um die mittlere Elbe mit der »Stadtlandschaft Halle–Leipzig« als Zentrum

*Mitteleuropa/Central Europe* N 4

*»Mittelland(e)«*
Selbst- und Fremdbezeichnung zentraler Regionen der antiken Kulturgeschichte (Frühphasen der Stadt-, Schrift- und Wissenschaftskultur): → (1) *Madhyamā Dis(h),* (2) *Mediterranea,* (3) *Zhongguo* und *Zhongyuan*

*Mixteca* K 5, 7
Oaxaca, México: nach der klassischen Zeit der Maya-Kultur herausragendste regionale Kultur Mesoaméricas in den Bereichen Bilderschrift (Anwendung des Rebusprinzips) und Kunsthandwerk (Goldschmiedekunst, polychrome Keramik), Blütezeit *900–1460* (nach der Eroberung durch die Azteca Einwirkung auf deren Kultur)

*Moçambique* K 8

*Moche/Mochica* K 7
Valle de Moche bei Trujillo, Perú: regionales Reich und herausragende Kultur *100–800* mit mehreren kultischen Zentren, Bewässerungsanlagen und Metallbearbeitung

*Mo(d)jokerto* A 2
bei Jetis, Java: Fundstätte eines *Homo-erectus*-Kindes (frühere Bezeichnungen: *Pithecanthropus robustus, Homo modjokertensis) 1,5 MJ vh*

*Mogadiisho/Maqdishū* K 8, S 5
Soomaaliya: interkontinentaler Handelshafen, frühe arabische Handelsniederlassung an der ostafrikanischen Küste *10. Jh.* (ᵛIbn Battuta *14. Jh.*)

*Mogollon* K 7
Arizona – New Mexico, U.S.A.: *Pueblo*-Kultur *200–1400,* enge Verbindung mit der Anasazi- und der Hohokam-Kultur

*Mohenjo Dāro* K 3, S 2
Sindh, Pākistān: Ausgrabungsstätte der monumentalsten planmäßig angelegten Stadt der Harappa- oder Indus(tal)-Kultur (Blütezeit *-2300 bis -1750*)

*Mombasa* K 8, S 5
Kenya: interkontinentaler Handelshafen *11. Jh.* (ᵛIbn Battuta *14. Jh.*); → *Swāhili*

*Mon/Rmeñ* K 5, S 5
Rāmañña Desa/Myanmar – Muang Thai: austroasiatische (mit den Khmer verwandte) Population, frühe Träger und Vermittler südasiatischer Stadt- und Schriftkultur und des buddhaitischen *Theravāda* in SO-Asien *1. Jt.*, heute ethnische Minderheit

*Monġgol Ulus/Mengguguo/Mongolia* A 4, K 5, **S 5**, O 1, 5
Herkunftsgegend der sich bis nach S- und SW-Asien, O-Europa und NO-Afrika erstreckenden Reiche der Türken *(7.–20. Jh.)* und Mongolen *(13.–18. Jh.)*; ungeklärte ethnische und sprachliche Verwandtschaftsbeziehung zwischen Prototürken und Protomongolen (ältere genetische und neuere »kommerzielle«/»kontaktuelle« Erklärung der typologischen Ähnlichkeit der altaischen Sprachen); Konvergenz der beiden großen expansiven Bewegungen der Mongolen und des Islam zur Zeit der *Pax mongolica 13.–14. Jh.*: Diffusion von chinesischer Technologie nach SW-Asien (und später nach Europa) und hellenoislamischer Mathematik und Astronomie nach Zhongguo; »Erste [nicht anhaltende] Bekehrung« der Mongolen zum Buddhadharma *13. Jh.*, »Zweite Bekehrung« *16.–17. Jh.*, ausgehend von der »Inneren Mongolei« *Nei Menggu* (Köke Qota), von den Qing-Kaisern mit der Drucklegung der mongolischen Übersetzungsliteratur im *18. Jh.* konsolidiert; namhafte, nicht näher lokalisierte buddhaitische Philosophen und Kommentatoren südasiatischer und tibetischer Texte: Loda Chzhaltsan *13. Jh.*, Robzhamba Sodnom Vanzhal, Autor eines Logikbuchs, und Agvan Dandar Lkharamba *16.–17. Jh.*, Chzhan-chzha Khu-tug-tu, Autor eines tibetomongolischen Wörterbuchs philosophischer Begriffe, *18. Jh.*, Agvan Baldan *19. Jh.*

*Montagnola* N 4
bei Lugano, Svizzera: ᵕ°Hesse, ᵛTh. Mann, ᵕHorkheimer *20. Jh.*

Montaigne/Saint-Michel-de-Montaigne N 2
Dordogne, France: *ᵕ°**Montaigne** *16. Jh.*

Montauban N 2
bei Toulouse, Midi, France: ᵕHobbes (Gast bei Thomas de Martel) *17. Jh.*, *Gouges *18. Jh.*

*Montbéliard/Mömpelgard* N 4
Franche-Comté, France: württembergisch *1397–1793:* Cuvier *18. Jh.*, (*R. Thom), ᵛFanon *20. Jh.*

*Monte Albán* K 7
Oaxaca, México: monumentales kultisches Zentrum, Blütezeit als »Bundeshauptort« der Zapoteca *500–900*, anschließend Nekropole der Mixteca (größter Goldschatz Mesoaméricas, entdeckt *1932*)

*Monte Verde* A 1
Chile: Fundstätte der frühesten Überreste von Lagerhütten in der »Neuen Welt« *13 KJ vh (?)*

*Montecassino* → Aquino

*Montgomery* N 5
Alabama, U.S.A.: erfolgreicher gewaltloser Widerstand gegen die Rassentrennung (unter der Leitung von Martin Luther King) *1956*

Montmorency N 2
bei Paris, Val-d'Oise, France: ᵕRousseau (Gast bei Madame d'Épinay), ᵛDiderot, ᵛd'Holbach *18. Jh.*

*Montpellier* W 4
Languedoc, France: aragonisch *1204*, mallorquinisch *1276*, französisch *1349;* medizinische Schule *12. Jh.*, Universität *1289;* ᵛNahmanides (?), (ⓟAlanus ab Insulis/de Lille, ⓟPetrus Olivi), ⓢⓟArnaldus de Villa Nova, ⓟPetrus Hispanus II (?) *13. Jh.*, ⓟ**Llull** *13.–14. Jh.*, ⓢPetrarca *14. Jh.*, (ⓢⓟRabelais), ⓢGesner, ⓢⓟSanches *16. Jh.*, ᵛLocke *17. Jh.*, *Comte *18. Jh.*, ⓟGaos, ᵕKoyré *20. Jh.*

Montréal N 3
Quebec, Canada: *McGill University 1821, Université de Montréal 1876;* ⓟRutherford, ᵛKang Youwei *19.–20. Jh.*, ⓟJonas *20. Jh.*

Morąg/Mohrungen N 4
Polska: preußisch *1525/1660–1918;* *Herder *18. Jh.*

*Morava/Mähren* N 4
Česko: slavisch *6. Jh.*, Großmährisches Reich *836–906* und Konversion zum Christentum durch die Slavenapostel Konstantinos-Kyrillos (»den Philosophen«) und Michael-Methodios *9. Jh.;* österreichisch *1423–1918*, Československo *1918–93;* *Comenius *16. Jh.;* Herkunftsregion zahlreicher Gelehrter *19.–20. Jh.*: Freud, Gödel, Husserl, Mach, Masaryk, Mendel und Schumpeter

*Mos(s)i* K 8
Burkina Faso – Ghana: Population mit sieben ausgeprägt hierarchisch strukturierten und stabilen Staaten und mehreren urbanen Siedlungen *12.–19. Jh.;* → *Ougadougou*

**Moskva**/Moskau A 6, 8, K 5, **W 1**, 4, **N 2, 5**
Rossiia: kirchliches, politisches und kulturelles Zentrum im Anschluß an Kiïv, Vladimir und Novgorod *14. Jh.* (neben Sankt-Peterburg *1711–1917*); Universität *1755*, *Lazarev*-Institut für orientalische Sprachen/Studien *1814/1920*
*Philosophen und andere herausragende Intellektuelle:* ⓢⓟLomonosov *18. Jh.*, *ⓟ°Chaadaev, *ᵕPushkin *18.–19. Jh.*, ⓢBakunin, ⓢBelinskii, *ᵛ**Dostoevskii,** ᵕ°Gogol', *ᵕHerzen, ᵛA. von Humboldt, *ᵕKireevskii, ᵕLeont'ev, *Lermontov, ⓢRozanov, ᵛStaël und A. W. Schlegel, *ⓟ°**Solov'ev,** ᵕ**Tolstoi** und ⓢᵕTurgenev *19. Jh.*, ⓢⓟS. N. Bulgakov, ᵕ°Fedorov, *ⓟS. L. Frank, *ⓟIl'in, *Jakobson, *°Kropotkin, ᵕLeśniewski, *ⓟ°Oparin, ᵕShestov und *ⓟN. S. Trubetskoi *19.–20. Jh.*, ᵕ°Bakhtin, ⓟBerdiaev, (ᵕ°M. A. Bulgakov), ⓢⓟFlorenskii, *°E. S. Ginzburg, *Kojève, ᵕ°Lenin, (ⓢⓟ°A. F. Losev), ⓢⓟ°Luriia, *Prigogine, ⓢⓟShpet, ᵕTrotskii und ⓢⓟ°**Vygotskii** *20. Jh.; philosophische Besucher im 20. Jh.:* Beauvoir, Benjamin, Berlin, Dewey, Dirac, Gödel, Gramsci, Hu Shi, Kenyatta, ᵕLukács, Malraux, Mao Zedong, Masaryk, Neurath, Nkrumah, Polanyi, ᵕRadhakrishnan, Raman, Rolland, Russell, Sartre, Schrödinger und Wittgenstein; in der Nachbarschaft → *Troitse-Sergieva Lavra*

*Mound Builders* K 7
U.S.A. (East – Midwest): Grab- oder Tempelhügel-Kulturen → *Adena, Hopewell, Mississippi;* früheste archäologische Erschließung durch Jefferson *1784*, → Charlottesville *(Monticello)*

*Moundville* K 7
Alabama, U.S.A.: kultisches Zentrum der Mississippi-Kultur mit einer Vielzahl von *mounds* (Erdpyramiden, Grab- oder Tempelhügel)

*Mtskheta/Mzcheta* K 4
bei Tbilisi, Sakartvelo: politisches und kulturelles Zentrum

zur Zeit der Konversion zum Christentum *4. Jh.* und der Schaffung der georgischen Schrift *5. Jh.;* ∨Lermontov *19. Jh.*

*Muang Thai* → *Thai*

*Mūd(a)bidri* S 4
Karnātaka, Bhārat/India: religiöses und wissenschaftliches Zentrum der »luftbekleideten« (nackten) *Digambara-Jaina,* Sammlung von Palmblatt-Manuskripten *17. Jh. (?)*

*al-Mukha/Mocha/Mocca* K 8, W 5
al-Yaman: interkontinentaler Handelshafen (nach ungesicherter Überlieferung Einführung des Kaffees als Stimulans aus Ītyop'ya durch den *Ṣūfī*-Mystiker Shaykh Shadhili *15. Jh.*)

Mulhouse/Mülhausen N 4
Alsace, France: mit der schweizerischen Eidgenossenschaft verbündet *1515–1798;* *Lambert (Mülhusino-Helveticus) *18. Jh.*, ⓈSchweitzer *19. Jh.*

*Multān/Mūlasthāna/Alexandreia* W 4, 5, S 2
Panjāb, Pākistān: Rückzugsstation Alexandros' des Großen *-326;* frühester politischer und kultureller Brückenkopf des Islam in S-Asien *712,* frühestes *Ṣūfī*-Zentrum S-Asiens (begründet von *Suhrawardiyya-Ṣūfī* Baha' ad-Din Zakariyya) *13. Jh.;* ∨Xuanzang *7. Jh.*, ∨Nanak *15.–16. Jh.*

Mumbai/Bombay S 1, 4, N 5
Mahārāshtra, Bhārat/India: Siedlung der Parsen *10. Jh.*, britisch *1661–1947,* Verwaltungszentrum der *East India Company 1668* und in der Folge das überragende (polyglotte) kommerzielle und kulturelle Zentrum in W-India, Universität *1856,* erster Sitz der »Society of Aryans« *Ārya Samāj,* einer »modernisierenden« hinduitischen Reformbewegung (gegründet von Dayananda Sarasvati) *1875–77;* *Kipling, ◡Madame Blavatsky und Olcott, ∨Haeckel *19. Jh.*, Ⓢ◡**Ambedkar** *19.–20. Jh.*, ∨Iqbal, ∨R. Otto, ∨Jung, ⓈStcherbatsky *20. Jh.*

*Mumun* (»ungemustert«) K 6
Han'guk: Kultur *-1500 bis +300,* möglicherweise mitgebracht von tungusischen Einwanderern aus dem NO von Zhongguo: Anfänge des Reisanbaus und der Bronzeverarbeitung auf der koreanischen Halbinsel

München W 4, N 2, 4
Bayern, Deutschland: Residenzstadt der Wittelsbacher *1255–1918;* herausragende Herrscher: Kaiser Ludwig der Bayer *1314/1328–°1347,* König Ludwig II von Bayern *1864–°1886;* Universität (von Landshut nach München verlegt) *1824,* Zentrum der Künste und Künstler *19. Jh.–1933,* Gründungsstätte des Nationalsozialismus *1919,* »Münchner Phänomenologenkreis« (um Th. Lipps und A. Pfänder) *20. Jh. (1. Hälfte);* ◡°**Marsilius** da Padova, ◡°**Ockham** *14. Jh.*, ◡Lambert *18. Jh.*, *Ⓔ°Baader, ◡°Jacobi *18.–19. Jh.*, ∨al-Afghani, ⒺBoltzmann, ⓈF. Brentano, ⓈCassirer, ∨Cousin, ⓈDriesch, ⓈEinstein, ⓈFeuerbach, (Ⓔ°J. von Görres), ⓈHertz, °Krause, ◡°Liebig, ⓈMori Ogai, ⒺOken, ⓈPlanck, Ⓔ**Schelling,** °Siebold, ∨Staël, A. W. und F. Schlegel *19. Jh.*, *◡Scheler, ⓈⒺKlages, ◡Th. Mann *19.–20. Jh.*, ⓈBenjamin, ◡Brecht, ⒺBühler, ⓈⒺ°Conrad-Martius, ⓈS. L. Frank, ⒺFrobenius, ⓈGadamer, ∨Heidegger, ⓈⒺ°Heisenberg, ⓈHorkheimer, ⓈIqbal, Ⓔ°Külpe, ⓈLeśniewski, °Mach, ◡Neurath, ⓈRadin, ⓈReichenbach, ⓈReinach, ⓈRosenzweig, ⒺSchmitt und Ⓔ°Max **Weber** *20. Jh.*

*Mungir(i)/Mudgagiri* S 3
Bihār, Bhārat/India: Residenzstadt der Pala *8.–12. Jh.;* ∨Nanak *15.–16. Jh.*

*Mungo, Lake* A 1–3, K 1
Willandra Lakes, New South Wales, Australia: Fundstätte von (im Vergleich mit *Kow Swamp*) »grazilen« Skeletten archaischer (aus Zhongguo stammender?) Siedler *30 KJ vh,* darunter *(1968)* die Überreste einer eingeäscherten Frau (bislang frühester Beleg einer Leichenverbrennung) *26 KJ vh*

Münster N 3
Westfalen, Deutschland: preußisch *1816–1945,* frühromantischer Kreis um Amalia Fürstin von Galitzin *1779–1806,* Zentrum des katholischen Widerstands im »Kulturkampf« *19. Jh.* und gegen das »Euthanasieprogramm« des Nationalsozialismus *20. Jh.;* Universität *1780–1818/1902;* (∨F. Hemsterhuis, ∨Jacobi), °Hamann, ∨Goethe *18. Jh.*, ⓈF. Brentano *19. Jh.*, ⒺK. Barth, ⒺE. Stein, ◡Lukasiewicz, (ⓈⒺ°J. Pieper, Ⓔ°H. Scholz, Ⓔ°J. Ritter) *20. Jh.*

*al-Murābiṭūn/Almoraviden* K 8, W 4
al-Maghrib: berberische »Bewohner von Wehrklöstern«, Träger einer islamischen Reformbewegung und des ersten »schwarzafrikanische« und europäische Regionen umfassenden Staates (vom Niger bis zum Ebro) *1061–1147,* Hauptstadt → *Marrakush*

Murcia/Mursiyya W 4
España: muslimisch (al-Andalus) *831–1243:* *Ibn al-'Arabi *12. Jh.*, *Ibn Sab'in *13. Jh.*

*Muziris/Muciri* S 4
bei Kodungallūr und Kochi, Kerala, Bhārat/India: antike Hafenstadt, Handelsbeziehungen über Aigyptos mit dem Römischen Reich, Landverbindung mit Arikamedu/Poduke an der Ostküste von S-India *-1. bis 2. Jh.*

*Mwene Mutapa/Monomotapa* K 8
Zimbabwe – Moçambique: nördlicher Nachfolgestaat von (Great) Zimbabwe *15. Jh.–1917,* Blütezeit *15.–16. Jh.;* Agrikultur, Bergbau, Handel mit den persoarabischen Hafenstädten Sofala und Kilwa (Fund von chinesischem Porzellan), ab *1530* mit den portugiesischen Handelsniederlassungen Sete und Tete

*Myanma(r)/Burma/Birma/Suvaṇṇabhūmi* K 2, **S 5,** N 5
ⒺBuddhadatta (nach legendärer Überlieferung) *5. Jh.;* → *Mon, Pyu, Bagan*

*Mykēnē/Mykēnai* K 3
Peloponnēsos, Hellas: namengebendes Zentrum der mykenischen Kultur, der frühesten schriftlich dokumentierten hellenischen Stadt- und Schriftkultur *-16. bis -12. Jh.* (Entschlüsselung der Schrift, *Linear B, 1952*); nach mythischer Überlieferung *Agamemnon, Iphigeneia, Orestes und Elektra

*Myohyang-san/Sŏ-san (»Westberg«)* O 3, 5
P'yŏngan-do, Han'guk: westlicher der »Fünf Markberge« von Korea, namhaftestes buddhaitisches Kloster: *Pohyon-sa;* ◡°Sosan *16.–17. Jh.*

Mystras/Mistra W 4
bei Spartē, Peloponnēsos, Hellas: Kreuzfahrerfestung *1249,* byzantinisch *1262,* Hauptstadt des »Despotats« Morea und herausragendes intellektuelles Zentrum der hellenisch-byzantinischen Kultur *1348–1459;* ◡°**Plethon,** ⓈBessarion *15. Jh.*

Mytilēnē/Mitilini W 3
Lesbos, Hellas: (◡Pittakos, Alkaios und Sappho *-7. bis -6. Jh.*), ⒺAristoteles, ⓈⒺTheophrastos, ⒺEpikuros *-4. Jh.*, ∨Cicero *-1. Jh.*

*Nabataia/Arabia Petraea* K 4, W 3
Jazīrat al-ʿArab: Handelsmacht *-4. bis +3. Jh.*, römisch *106;* Vermittlung aramäisch-syrischer und hellenisch-römischer Kultur auf der Arabischen Halbinsel, Übernahme der aramäischen Schrift *-200;* Hauptstadt → *Petra*

*Na-Dené/Na-Diné* K 2, 7
Canada – U.S.A.: zweitgrößte präkolumbische Sprachfamilie (nach *Amerind* und vor Inuit) in der »Neuen Welt«, aus NO-Asien eingewandert vor *10–14 KJ,* teilweise in den SW der heutigen U.S.A. weitergezogen vor *500–1000* Jahren, → *Navajo*

Nāgārjunakoṇḍa/Vijayapuri S 1, 4
S(h)rīparvata(m), Āndhra Pradesh, Bhārat/India: Hauptstadt eines regionalen Staates *2.–3. Jh.*, wiederentdeckt *1926,* von einem Stausee überflutet *1956;* ⓟNagarjuna *2.–3. Jh.* (?)

*Nagasaki/Changqi* O 5, N 5
Kyūshū, Nihon: Außenhandelshafen, Verbindungen mit Zhongguo und SO-Asien, mit Europa (Portugal) erstmals *1571;* einziger lizenzierter Außenhandelshafen, beschränkt auf chinesische und niederländische Schiffe *1641–1858;* Ausgangsort der »Hollandstudien« *Rangaku* und »Weststudien« *Yōgaku* (Rezeption der europäischen Wissenschaften, hauptsächlich der Medizin, in zweiter Linie auch der Astronomie, Geographie und Kriegstechnologie und der mit diesen interdisziplinären Wissenschaften verbundenen Wissensgebiete) *17.–19. Jh.;* ⓢKaibara Ekiken, (ⓟDaozhe Choyuan/Doja Chogen), ⓢBankei Yotaku, ⓟIngen, (ᵕE. Kaempfer) *17. Jh.*, ⓢAoki Kon'yo, ᵛMiura Baien, (ⓢHiraga Gennai) *18. Jh.*, (ᵕH. Doeft, *°Shizuki Tadao *18.–19. Jh.*), ᵕSiebold, ⓢOgata Koan *19. Jh.;* in der Nachbarschaft: *Unzen,* ᵛBuck *20. Jh.*

*Nagʿ Ḥammādī* K 4
Miṣr: Fundstätte *(1945)* einer gnostischen Bibliothek mit Übersetzungen aus der hellenischen in die koptische Sprache von apokryphen christlichen und neuplatonisch-hermetischen (Hermes Trismegistos zugeschriebenen) Texten *3.–4. Jh.*

*Nāgpur* S 1
Mahārāshtra, Bhārat/India: ᵕColebrooke *18. Jh.; Buddhist Conversion Movement,* initiiert von Ambedkar *1956:* Konversion von 200 000 »Unberührbaren« *S(h)ūdra*/»Gotteskindern« *Harijan* zum Buddhadharma; in der Nachbarschaft → *Sevagram*

Nairobi K 8, N 5
Kenya: Hauptstadt *1905/1963;* ᵕKenyatta, ⓟ°Oruka *20. Jh.*

*Naksan-sa* O 5
bei Sokch'o, Kangwŏn-do, Han'guk: buddhaitisches Kloster, gegründet von Uisang *671;* ᵛWonhyo *7. Jh.*

**Nālandā A 6, S 1, 3, 5, O 1**
Magadha/Bihār, Bhārat/India: ᵛMahavira und Gos(h)ala (Ort ihrer Trennung?), ᵛBuddha *-6. bis -4. Jh.;* überragende buddhaitische Klosteruniversität *5.–13. Jh.*, von muslimischen Truppen weitgehend zerstört *1193,* wiederentdeckt *19. Jh.*, ausgegraben *1915;* Hauptziel der ostasiatischen Indienpilger *5.–11. Jh.;* ⓟNagarjuna *2. Jh.* (?), ⓟAsanga und Vasubandhu *4. Jh.* (?), ᵕBhartrihari (?), ⓢFaxian, (ⓢGunamati), ⓢSthiramati *5. Jh.*, ⓟBhavaviveka, ⓟ**Dignaga,** ⓟDharmapala *6. Jh.*, ⓟ**Candrakirti,** ⓟ**Dharmakirti,** (ⓟS(h)ilabhadra, ⓢThönmi Sambotha), ⓢⓟ**Xuanzang,** ⓢYijing, ⓢVajrabodhi *7. Jh.*, ⓟS(h)antideva, ⓟS(h)antarakshita, ⓟPadmasambhava (?), (ⓢⓟKamalas(h)ila) *8. Jh.*, ⓢAtis(h)a *10.–11. Jh.* (?), ⓟNaropa, ⓢMarpa *11. Jh.*

*Namazga Tepe* K 3
bei Ashgabat, Türkmenistan: namengebende Fundstätte *(1950)* der zu den frühesten städtischen Siedlungen in Zentralasien führenden Abfolge von Kulturen *-5. bis -2. Jt.*

*Namibia* K 1, 8

*Nan Ling* K 6, O 4
Hunan – Guangdong/Guangxi, Zhongguo: traditionelle Trennlinie zwischen »Nordchinesen« *Han Ren* und »Südchinesen« *Tang Ren; Lingnan:* Gebiet südlich des Nan Ling

Nanchang/Longxing/Hongzhou O 1, 4
Jiangxi, Zhongguo: ⓢLinji Yixuan *9. Jh.*, ᵕZhou Dunyi *11. Jh.*, ᵛLi Qingzhao, ᵕ**Zhu Xi** *12. Jh.*, ᵕ**Wang Yangming,** ᵛWang Gen, ᵕRicci *16. Jh.*, ᵕXiong Shili *19.–20. Jh.*

*Nancy/Nanzig* N 4
Lothringen/Lorraine, France: Universität *1572,* französisch *1766;* *Poincaré, ᵛFreud *19. Jh.*

*Nangnang/Lolang* O 3
P'yŏngan-do – Hwanghae-do, Han'guk: namhafteste chinesische Kommandantur in Han'guk (in der Region um *P'yongyang*) *-108 bis 313*

*Nan Hai (»Süd-See«)* O 3–5
Zhongguo: (1) Region um das »Südchinesische Meer« *Nan Hai* (nördlicher Teil von Viêt Nam eingeschlossen); (2) → ***Guangzhou***

**Nanjing** (»Südhauptstadt«)/Jinling/**Jiankang**/Jianye A 6, **S 5, O 1, 3–5**
Jiangsu, Zhongguo: Hauptstadt (oder Nebenhauptstadt) mehrerer Dynastien *3.–20. Jh.:* Wu *222–280,* »Süddynastien« *Nanchao 317–589* (Dong-Jin *317–420,* Liang *502–57*), Ming *1368–1421;* Hauptstadt des »Himmelreiches des Großen Friedens« *Taiping Tianguo 1853–64* und der Republik *1927–37;* herausragende Kaiser: Liang Wudi *502–49,* Taizu *1368–99,* Yongle (*Yongle Dadian*/Enzyklopädie) *1402–24;* herausragende Kaisergattinnen: Ma und Xu *14.–15. Jh.;* buddhaitisches Zentrum seit dem *5. Jh.:* »Kloster der Wohnstätte der Abendwolken« *Qixia Si* am Qixia Shan *483*
*Philosophen und andere herausragende Intellektuelle:* ᵕZhi Qian, ᵕ°Kang Senghui *3. Jh.*, ᵕZhi Dun, ᵕGe Hong (und Yang Xi) *4. Jh.*, ᵕDaosheng, ᵕFaxian, ᵕ°Buddhabhadra, *ᵕTao Hongjing und ᵕLu Xiujing *5. Jh.*, ᵕLiu Xie *5.–6. Jh.*, ᵛBodhidharma, *Jizang, ᵕ**Paramartha,** (ᵕShen Yue und) ⓟZhiyi *6. Jh.*, ᵕ°Wang Anshi *11. Jh.*, ᵕLi Qingzhao, ᵕZhu Xi *12. Jh.*, ᵕQin Jiushao *13. Jh.*, ᵛChong Mongju und Yi Sungin *14. Jh.*, ᵕ**Wang Yangming,** ⓟWang Ji, ᵕGu Yanwu, ᵕLi Shizhen, ⓟLi Zhi *16. Jh.*, *°Jiao Hong, ᵕLi Zhizao und ᵛᵕRicci *16.–17. Jh.*, ᵕGu Yanwu, ᵕHuang Zongxi *17. Jh.*, *ᵕ°Liu Zhi *17.–18. Jh.*, ᵛWang Tao, ᵕZhang Zhidong *19. Jh.*, ⓢLu Xun *19.–20. Jh.*, ᵛSun Yixian, ⓟLiang Qichao, ᵕXiong Shili, ⓟBuck, Dewey und Driesch *20. Jh.*

Nanping/Jianpu O 4
Fujian, Zhongguo: ⓢZhu Xi *12 Jh.*

Nanyang O 3
Henan, Zhongguo: *He Yan *2. Jh.*

*Napata/Karīma* K 3, 8
Kūsh/as-Sūdān: südliche ägyptische Grenzstadt *-1500,* Zentrum des kushitischen Reiches (nach Kerma und vor Meroë) *-9. bis -3. Jh.*

Napoli/Neapolis A 9, **W 1,** 4, **N 2,** 3
Italia: als »Neustadt« gegründet von der benachbarten hellenischen Kolonie Kyme *-5. Jh.;* normannosizilianisch *1139–*

*1282,* spanisch *1542–1707/1735–99;* Universität *1224;* ⓟPhilodemos *-1. Jh.,* ⓢThomas Aquinas, ⓢArnaldus de Villa Nova, ˅Llull *13. Jh.,* ◡Georgios Trapezuntios, ◡Valla *15. Jh.,* ◡I. und ◡°J. Abrabanel *15.–16. Jh.,* ˅Erasmus, ⓢBruno, ◡Cervantes, ◡Campanella, ⓢde Nobili *16. Jh.,* ˅Harvey, ˅Leibniz *17. Jh.,* *◡°**Vico** *17.–18. Jh.,* °Shaftesbury, ˅Montesquieu, ˅Winckelmann, ˅Lessing, ˅Goethe *18. Jh.,* ˅A. und W. von Humboldt, ˅F. Schlegel, ˅Gogol', ˅Flaubert, ˅Bakunin, ◡Driesch *19. Jh.,* ⓟ°Croce *19.–20. Jh.,* ◡Uexküll, ˅Dasgupta *20. Jh.*

**Nara**/Heijōkyō/Nailang **S 5, O 5**

Yamato/Nihon: kaiserliche Hauptstadt und erstes urbanes Zentrum (nach dem Modell der chinesischen Hauptstadt Chang'an) *710–84,* konfuzianische Hochschule für Staatsbeamte *Daigakuryō* und buddhaitische Tempelschulen, dominierende philosophische Lehrrichtungen: (1) »Drei Abhandlungen« *Sanlun/Sanron* ausgehend von Nagarjuna, Aryadeva und Kumarajiva, (2) »Bewußtseinslehre« *Vijñāna-vāda/Faxiang/Hossō* ausgehend von Vasubandhu, Dharmapala und Xuanzang, (3) »Blumengirlanden« *Avataṃsaka/Huayan/Kegon* ausgehend von As(h)vagosha und Fazang; (ⓟZenshu, ⓟBodhisena), ⓟ°Ganjin, ⓢⓟSaicho, ⓢ**Kukai** *8. Jh.,* ⓢMuso Soseki *13. Jh.,* *◡Zeami *14. Jh.,* ˅Basho *17. Jh.;* → *Asuka, Yamato*

*Narbonne/Narbo/Arbūna* A 9, W 4

Languedoc, France: römische Provinzhauptstadt *-118,* westgotische Residenzstadt *462,* muslimisch *719–759,* französisch *1607;* früheste dokumentierte jüdische Niederlassung in France *471,* herausragendes intellektuelles jüdisches Zentrum (»Akademie« *Yeshiva*) *11.–13. Jh.;* ◡Plinius Maior *1. Jh.,* ◡A. Ibn Ezra *12. Jh.,* (ⓟ°Petrus Olivi *13. Jh.*)

Narek Manastırı W 5

Hayastan/Türkiye: armenische Klosterschule, ⓟ°Grigor Narekac'i *10.–11. Jh.*

*Nariokotome* A 2, K 1

westlicher Seitenfluß des Lake Turkana, Kenya: Fundstätte *(1984)* des bislang vollständigsten Skeletts eines frühen Menschen (eines 12jährigen *Homo ergaster*), als *Turkana Newcomer* bezeichnet, *1,6 MJ vh*

*Narthang/sNar-tang* S 3

bei Shigatse, Tsang/W-Zentraltibet, Zhongguo: Klosterdruckerei: Holzdruckplatten der Narthang-Edition des tibetobuddhaitischen Kanons *1730–42*

*Naṣībīn(a)/Nisibis/Nusaybin* K 4, W 4

Syria/Türkiye: aramäisch *-10. Jh.,* unter häufig wechselnder assyrischer, babylonischer, persischer, hellenischer, parthischer, armenischer, römischer und regional syrischer Herrschaft, sasanidisch *363,* arabisch *640;* Sitz einer nestorianischen Schule (»Schule der Perser« um Narsai aus Urhoy/Edessa) *489–540/830*

*Naṭūf, Wādī an-* K 1

Filasṭīn: namengebende Fundstätte einer (auf die Kebara-Kultur folgenden) Übergangsphase zwischen paläo- und neolithischer Kultur: Anfänge der Domestikation von Pflanzen und Tieren, Bau von dörflichen Siedlungen mit steinernen Rundhäusern, elaborierte Bestattungsrituale und Belege für die Ahnenverehrung *12,5–10 KJ vh*

*Naukratis/Kom Ge'if* K 4, W 3

Kemet/Aigyptos: hellenische Handelskolonie, gegründet von Miletos *-650,* zeitweilig alleinige den Hellenen offenstehende Handelsstadt in Kemet; ˅Solon, ˅Pythagoras (?) *-6. Jh.,* ˅Herodotos, ˅Demokritos *-5. Jh.*

Naumburg → Schulpforta

**Navadvīpa**/Nadīyā **S 1, 3**

Paschim Bangla/West Bengal, Bhārat/India: eine der Residenzstädte der Pala und der Sena *8.–13. Jh.;* Zentrum der »Neuen Logik« *Navya-Nyāya 16.–17 Jh.;* *Caitanya *15. Jh.,* *ⓟVasudeva, ˅Nanak *15.–16. Jh.,* ⓟ**Raghunatha** *16. Jh.,* *ⓢGadadhara *17. Jh.*

*Navajo* K 7

Arizona, U.S.A.: zur *Na-Dené*-Sprachfamilie gehörende Population, aus dem subarktischen in den subtropischen W N-Amerikas umgezogen *1000–1500,* ethnische und kulturelle Verbindung mit den dort seßhaften *Pueblo Indians*

*Nazca* K 7

Perú: kunstgeschichtlich herausragende vorkolumbische Kultur *-100 bis 700:* Tausende Quadratmeter große, in den Wüstenboden gezeichnete Tierbilder und geometrische Figuren und Tausende Kilometer lange, gerade Linien (Geoglyphen/Scharrbilder), von Flugzeugen aus wiederentdeckt *1930;* polychrome Keramik

*Nazerat/Nazareth/an-Nāṣira* A 2, W 3

Galil, Yishrā'el: *◡**Jesus** *-1. bis 1. Jh.;* in der Nachbarschaft → *Qafza*

*Ndongo* K 8

Angola: Bantu-Königreich, Blütezeit (Schmiede- und Holzbildhauerkunst) *16. Jh.–1618* (von Portugal erobert)

*Neandert(h)al* A 2, 3

bei Düsseldorf, Deutschland: Höhle »Feldhofer Kirche«, namengebende Fundstätte *(1856)* von (*40–100 KJ* alten) Fossilien eines *Homo sapiens neanderthalensis,* einer Übergangsform zwischen archaischem und anatomisch modernem Menschen *(Homo heidelbergensis* und *Homo sapiens sapiens),* in SW-Asien und Europa verbreitet *200–30 KJ vh* (*100–30 KJ vh* in der Nachbarschaft und möglicherweise in kulturellem Kontakt mit dem *Homo sapiens sapiens*); von der damaligen medizinischen Autorität, R. Virchov, als Schädel eines an *Arthritis chronica deformans* leidenden Menschen und vom Zoologen, Darwin-Anhänger und »Vulgärmaterialisten« K. Vogt als Schädel eines Idioten eingestuft; allmähliche Anerkennung als Überrest eines archaischen Menschen nach *1886* (Neandertaler-Funde in Spy bei Namur)

*Nederland/The Netherlands/Niederlande/Pays Bas* A 6, 9, W 1, 4, **N**

habsburgisch-österreichisch *1477,* spanisch *1555,* Freiheitskampf *1566–1648;* westlicher Teil → *Holland;* südlicher Teil *1648–1830* → *België/Belgique*

*Nekhen/Hierakōnpolis/al-Kawm al-Aḥmar* K 3

Kemet/bei al-Balyanā, Miṣr: Hauptstadt eines prädynastischen und prähistoriographischen oberägyptischen Reiches *-30. Jh.;* Fundstätte früher hieroglyphischer Inschriften

Neokaisareia/Niksar W 3

am Fluß Lykos/Kelkit Çayi, Pontos/Türkiye: Herkunftsregion der Familie Basileios' des Großen, seines Bruders Gregorios von Nyssa und seiner Schwester Makrina *4. Jh.;* in der Nachbarschaft am Fluß Iris/Yeşil Irmak: *Annesi(s),* Klostergründungen Makrinas und Basileios', °Makrina *4. Jh.*

*Nepāl(a)* **S** 1, **3**, 5

*Nerchinsk/Nibuchu* N 5

Sibir', Rossiia: russische Stadtgründung *1654,* Vertrag zwischen Zhongguo und Rossiia (Zhongguo erkennnt erstmals ein europäisches, nicht-nordostasiatisches Reich als gleichrangigen Partner an; Vertragssprachen: Chinesisch, Manzhou, Monggol und Latein, mit Jesuiten als Dolmetschern) *1689;* ◡Chernyshevskii *19. Jh.*

Neuburg an der Donau  N 4
Bayern, Deutschland: Descartes' Traumnacht (?), *10.–11. Nov. 1619*

*»Neue Welt«/»Nuevo Mundo«/»New World«*  **A 1**–3, 6, 8–11, **K** 2, 5, **7, N 2, 3, 5,** G
Bezeichnung für Amerika, den zuletzt vor *13* (oder *35?*) *KJ* von Menschen kolonisierten Erdteil, nachdem sich im *16. Jh.* herausstellt, daß Columbus auf seiner Fahrt über den Atlantik nicht das altbekannte Asien erreicht, sondern einen den Europäern unbekannten Kontinent neu entdeckt hat; → ***America***

Nevel'  N 4
Region Smolensk, Rossiia: kulturwissenschaftlicher Kreis um Bakhtin (und V. N. Voloshinov) *1918–20*

Nevers  N 4
Bourgogne, France: ⓟMersenne *17. Jh.*, ⓟTaine *19. Jh.*

New Haven  N 3
Connecticut, New England, U.S.A.: *Yale University 1701/ 1718;* (ⓟ°L. Bloomfield), ⓟCassirer, ⓟ°Hanson, ⓟHempel, ᵛJung, ⓟ°Malinowski, ⓟ°**Sapir,** ⓟSellars und ⓢⓟWhorf *20. Jh.*

New London  N 3
Connecticut, New England, U.S.A.: ⓟLanger *(CT College of Women) 20. Jh.*

**New York**  A 8, 9, **N 2, 3, 5**
U.S.A.: kommerzielle und kulturelle Metropole; *Federalist Papers* (über die Organisationsform republikanischer Staaten; Kontrahenten: A. Hamilton und J. Madison) *1787–88;* wissenschaftliche Institutionen: *Columbia University 1754, Barnard College 1889, New School for Social Research 1919 (University in Exile 1933, École libre 1942)*
*Philosophen und andere herausragende Intellektuelle:* ᵛChateaubriand *18. Jh.;* °Paine, ᵛTocqueville, *W. James, ◡J. Fröbel, ᵛBakunin, ◡Blavatsky, ᵛT. H. Huxley *19. Jh.;* *ⓟ°Benedict, ⓟ**Boas,** *ⓟLanger, ⓢ◡ᵛOlcott, ⓢSapir *19.–20. Jh.;* ◡Adorno, ⓢAmbedkar, (ⓟG. Anders), ⓟ**Arendt,** ◡Berlin, ⓢBuck, ⓟ°Cassirer, ⓢChisholm, ⓟ**Dewey,** ⓢFeng Youlan, ⓟFenollosa, ⓟFeynman, ◡Fromm, ⓟA. Gurwitsch, *Hanson, ⓢHayek, ⓟHempel, ◡Horkheimer, ⓢⓟHu Shi, ⓟJakobson, ⓟ°Jonas, ⓟKoyré, (◡°S. Kracauer, ◡R. Kroner), ⓟ**Lévi-Strauss,** ◡Losskii, ⓟH. Marcuse, ⓟMaritain, ⓢⓟ°M. Mead, ◡Miłosz, ⓟ°E. Nagel, ⓟPlessner, ⓢⓟ°Post, ⓢ°Radin, ⓟ°Schütz, ⓟL. Strauss, ⓟSuzuki Daisetsu, °J. B. Watson, ⓟ°Wertheimer, *Besucher:* Beauvoir, Kang Youwei, Th. Mann, Masaryk, G. Stein, Sartre, Sun Yat-sen, Trotskii, Max Weber, S. Weil, Whorf und Wittgenstein *20. Jh.*

*New Zealand/Aotearoa*  A 1, N 3

Newport  N 3
Rhode Island, New England, U.S.A.: ◡Berkeley *18. Jh.*, ◡W. James *19. Jh.*, ⓟKelsen *20. Jh.*

*Ngandong*  A 2, 3
Solo-/Bengawan-Tal, Java: Fundstätte *(1931)* einer Spätform des *Homo erectus* (»Solo man/Java man/asiatischer Neandertaler«) *100 KJ vh,* von den Vertretern der Hypothese der pluriregionalen Entwicklung des *Homo sapiens sapiens* als frühe Übergangsform zu diesem interpretiert

*Ngari/mNga'-ris/Ali (»Kleintibet«)*  S 2, 3
W-Tibet (Purang und → *Guge*) und die politisch *(840–1841)* und kulturell tibetisch dominierten Gebiete in Kashmir (Ladakh und Zanskar), Himachal Pradesh (Spiti) und NW-Nepal

*Niah Caves*  A 2, K 1
Sarawak, Borneo, Malaysia: Fundstätte *(1958)* der bislang frühesten bekannten Fossilien des anatomisch modernen *Homo sapiens* in O-Asien *40–30 KJ vh*

Niasvizh/Nieśwież/Nesvizh N 4
zwischen Minsk und Baranovichi, Belarus': litauisch-polnisch *14.–18. Jh.*, russisch *1654–1706/1772;* ◡Maimon *18. Jh.;* in der Nachbarschaft: *Sukoviborg,* *Maimon *18. Jh.*

*Niaux*  K 1
Pyrénées, France: Fundstätte *(1906)* von Höhlenmalereien in einem monumentalen *Salon Noir* (mit Kohle vorgezeichnet, dazu Fußspuren von Erwachsenen und Kindern) *13 KJ vh*

*Nigeria*  K 1, 8, N 5

***Nihon** Koku/Riben(guo)/Japan*  A 1, 2, 6, 8, 11, K 5, 6, **S 5, O 5, N 5,** G
(1) Einführung chinesischer Schrift- und Staatskultur über Han'guk *5. Jh.* (während der formativen Phase des *Buddhadharma/Fo Jia/Pulgyo/**Bukkyō*** in Zhongguo und in Han'guk); (2) aktive Rezeption der buddhaitischen Philosophie über Pilger- und Studienreisende direkt aus Zhongguo *7.–9./ 12.–13. Jh.* (während der beiden Blütezeiten unter den Sui und Tang und den Song), herausragende Lehrrichtungen: *»Nur-Bewußtsein*-Lehre« *Vijñāna-vāda/Faxiang Zong/Hossō Shū* in Nara *7. Jh., Tiantai/Tendai* auf Hieizan und »Lehre von den Wahren Worten« *Mantra-dhāraṇī/Zhenyan/Shingon* auf Koyasan *9. Jh., Caodong Chan/Sōtō Zen* auf Kichijozan *(Eiheiji) 13. Jh.;* herausragende Philosophen: **Kukai** *(Shingon)* und **Dogen** *(Zen);* volksreligiöse Bewegung des »Reinen Landes« *Sukhavatī/Jingtu/Jōdo* und japanspezifische Weiterentwicklungen durch Shinran und Nichiren *12.–13. Jh.;* (3) erneute Rezeption sinokoreanischer und chinesischer Kultur im Anschluß an die militärischen Invasionen in Han'guk *1592–98* und in der Auflösungsphase der Ming-Dynastie in Zhongguo *17. Jh.*, gefördert durch koreanische Kriegsgefangene und chinesische Exilanten, gefolgt von einer Blütezeit der Wissenschaften und der Philosophie *17.–18. Jh.* (**Edo**-Zeit): Aneignung beider Hauptrichtungen der neokonfuzianischen Philosophie *Zhu Xi Xue/Shushigaku* und *(Wang) Yangming Xue/ Yōmeigaku,* anschließend geschichts- und textkritische Auseinandersetzung mit den konfuzianischen, den buddhaitischen und den landeseigenen Shinto-Traditionen sowie pragmatisch orientierte Hinwendung zu den empirischen Wissenschaften, beide Richtungen parallel zu ähnlichen Tendenzen in Zhongguo und Han'guk; herausragende textkritisch orientierte konfuzianische Philosophen: **Ito Jinsai** und **Ogyu Sorai,** philologischer Buddhadharma-Forscher: Jiun, wegbahnender philologischer Erforscher der landeseigenen Überlieferungen (»Landeskunde« *Kokugaku*): Motoori Norinaga, Zentrum der Transformation der Naturreligion Shinto in eine nationalistische Staatsideologie (Shintoismus) → *Mito,* in philosophischer Hinsicht herausragende buddhaitische Lehrrichtung: *Linji Chan/Rinzai Zen* (namhafteste Lehrer: Takuan und Hakuin), Zentren der Zuwendung zu pragmatisch orientierter empirischer Forschung (gefördert durch die wachsende Rezeption »holländischer« und »westlicher Wissenschaft« *Rangaku* und *Yōgaku*) in Nagasaki, Osaka und Edo; (4) nach

der »Öffnung des Landes« ***Kaikoku*** *1854* unter der Devise »Zivilisation und Aufklärung« *bummei kaika* umfassende Rezeption von »westlicher« Wissenschaft, Philosophie und Politik, Zufluchtsort exilierter chinesischer Intellektueller und Umkehr der Richtung der Rezeption und der Modellsuche (Nihon als Vorbild für eine die landeseigenen Traditionen und die »europäische Moderne« verbindende Restauration in Zhongguo und für die Unabhängigkeitsbestrebungen in S-Asien), kurzzeitige Blüte der Philosophie in der »Kyoto-Schule« *20. Jh.* (Erneuerung traditioneller buddhaitischer Phänomenanalyse und Spekulation, angeregt durch zeitgenössische rationalismuskritische Strömungen in Europa; herausragende Philosophen: **Nishida** und Watsuji)

Nikopolis/Preveza W 3
Ēpeiros, Hellas: römische Stadtgründung *-30;* ⓔ°Epiktetos *2. Jh.*

***»Nīl–Āmū Daryā-/Oxos-Region«*** **A 6,** 8–**11, K 2–5, W,** S 5
NO-Afrika – SW-Asien: »from Nile to Oxus«, von M. G. S. Hodgson *1958* zur Ablösung der eurozentrischen Bezeichnungen »Middle East«, »Vorderer Orient« und »Vorderasien« vorgeschlagene Benennung der kulturgeschichtlich herausragenden und bei aller ethnischen und regionalen Verschiedenheit (hauptsächlich »semitische«, d. h. afroasiatische, und iranische Populationen) kommerziell und kulturell vielfach zusammenhängenden Regionen zwischen dem Niltal in NO-Afrika und den von den Flüssen Amu Darya/Oxos und Syr Darya/Iaxartes geprägten Landschaften im westlichen Zentralasien: zweimaliges kulturelles Zentrum im westlichen Teil der »Alten Welt« (1) *-3000* bis zur Achsenzeit *-500* als Region der frühesten Stadt-, Schrift- und Wissenschaftskulturen der Erde und Ausgangsregion sämtlicher alphabetischer Schriften, (2) während der intellektuellen Blütezeit des Islam *700–1200* als Ausgangsregion der Frühformen der »modernen« (Theorie und Empirie verbindenden) Naturwissenschaften; → ***Dar al-Islām, Fertile Crescent,*** *(al-)Mashriq, Mā warā'an-Nahr/ Transoxania, Mediterranea*

Ninewells N 2
bei Chirnside, Berwickshire, Scotland: ◡Hume (Landsitz) *18. Jh.*

*Ningbo/Mingzhou* O 1, 4, 5
Zhejiang, Zhongguo: Überseehafen (Verbindung mit Han'guk und Nihon); monumentale Privatbibliothek *Tianyi Ge 1566;* ᵛSaicho, ᵛKukai *9. Jh.,* ◡Wang Anshi *11. Jh.,* ᵛLi Qingzhao, ᵛEisai *12. Jh.,* ᵛDogen *13. Jh.,* ᵛHuang Zongxi *17. Jh.,* ᵛZhang Xuecheng *18. Jh.*

*Ninua/Nīnawā/Nineveh/Tall an-Nabī Yūnus* A 6, K 4, W 2
am Ostufer des Dijla/Tigris gegenüber al-Mawṣil/Mossul, 'Irāq: Hauptstadt des Assyrischen Reiches *-704 bis -612;* Bibliothek des Ashshur-bani-apli (Assurbanipal), umfangreichste erhaltene Bibliothek aus der Frühphase der »Achsenzeit« mit über 25 000 Keilschrifttafeln, freigelegt *1850*

Nippur/Nuffar K 3
Mesopotamia/'Irāq: überregionales religiöses Zentrum der Sumerer, Kultort des Gottes Enlil *-3. bis +1. Jt. (1. Hälfte);* Fundstätte *(1889)* einer Schreiberschule und zahlreicher literarischer Texte in sumerischer Keilschrift; in der Nachbarschaft: *Tall Abū Salābīkh,* Fundstätte *(1960)* der frühesten bekannten literarischen Werke in sumerischer Sprache und Keilschrift *-2700; Shuruppak/Tall Fa'ra,* Stadt der »babylonischen Sintflut« mit Utnapishtim als Erbauer der rettenden Arche *-2. Jt.* (frühere sumerische Fassungen *-3. Jt.*), ⓔShuruppak *-25. Jh.*

*Nisā* K 4
bei Ashgabat, Türkmenistan: erste Hauptstadt der Parther *-3. Jh.,* Fundstätte *(1930)* eines Verwaltungsarchivs mit in parthischer Sprache beschrifteten Tontafeln; → *Parthava*

**Nīshāpūr**/Nēv-Shābūr A 6, **W 1, 4, 5,** N 1
Khorāsān, Īrān: sasanidische Residenzstadt *5.–6. Jh.,* kulturelles Zentrum *9.–13. Jh.;* *Burzoe *6. Jh.* (?), °al-'Amiri *10. Jh.,* ᵛNasir-i Khosraw, ⓔal-Mawardi, *°al-Khayyam *11. Jh.,* ⓢⓔal-Ghazali *11.–12. Jh.,* ⓢChishti *12. Jh.,* ᵛRumi, ⓢat-Tusi *13. Jh.;* in der Nachbarschaft → Ṭūs und Mashhad

*Niṣir/Nissir* K 3
Kordestān, Īrān: Berg, nach dem babylonischen Sintflutmythos Landeplatz der Arche des Utnapishtim aus Shuruppak

*Niuheliang* K 6
Dongbei, Zhongguo: herausragende Fundstätte *(1979)* der Hongshan-Kultur, Tempelanlage mit ausgeprägter schamanitischer Kultur *wu wenhua* (Jadefiguren von mythischen Drachen und Schweinen), bislang frühester Gebäudekomplex aus Hallen und Nebengebäuden in Zhongguo *-3500 (?)*

Niutou Shan (»Ochsenkopf-Berg«) O 3
bei Nanjing, Jiangsu, Zhongguo: namengebender Berg für die mehrere Lehrrichtungen verbindende, buddhaitische »Ochsenkopf-Schule« *Niutou Zong* (ⓔFarong, ⓢⓔFazhi *7. Jh.*)

Nivnice N 4
bei Uherský/Ungarisch Brod, Morava, Česko; *Comenius *16. Jh.*

Nogent-sur-Seine W 4
Champagne, France: Nonnenkloster *Le Paraclet* (in Ferreux-Quincey) *1122–1792,* gegründet von Abaelardus, ◡°Heloissa *12. Jh.*

*Nok* K 1, 8
bei Kafa(n)chan, Nigeria: Fundregion (1) der jungpaläolithischen *Atérien*-Kultur *50–30 KJ vh,* (2) von Terrakottaplastiken mit ausgeprägter (»typisch afrikanischer«) Bearbeitung des Kopfes *-500,* Ausgangsregion der Eisenverarbeitung südlich der Sahara *-500;* namhafteste Fundstätte → *Taruga*

*Norge/Norway/Norwegen* A 1, K 5, N 3, 4

Northumberland N 2
Pennsylvania, U.S.A.: ◡°Priestley *18.–19. Jh.*

*Noto Hantō* O 5
Halbinsel, Ishikawa Ken, Nihon: ⓔNishida Kitaro *(Nanao) 19. Jh.;* → *Sojiji*

*Nourlangie Rock* K 1
Kakadu, Arnhem Land, Australia: Felsmalereien seit *20 000,* im Röntgenstil *(x-ray style:* simultane Darstellung der Umrisse eines menschlichen oder tierischen Körpers und innerer Organe) seit *2000* Jahren

*Nové Mesto nad Báhon/Bágújhely/Waag-Neustadtl* N 4
Slovensko/Slovakia: österreichisch (»Ober-Ungarn«) *1526–1919;* *E. Nagel *20. Jh.*

Nowy Sącz/Neusandez N 4
bei Kraków, Galicia/Polska: *Menger *19. Jh.*

*Noyon Uul/Noin Ula* S 5
Monggol Ulus: *Xiongnu*-Grabstätte *1. Jh.,* in einem konservativen chinesischen *Zhou*-Stil ausgestattet, Beleg für die große Reichweite des kulturellen Einflusses des archaischen Zhongguos in N-Asien

*Numazu* O 5
Suruga/Shizuoka Ken, Nihon: Poststation an der »Ostseestraße« *Tōkaidō* zwischen Kyoto und Edo/Tokyo; *Ⓟ°**Hakuin** *(Hara) 17.–18. Jh.*

*Numidia* K 5, W 2
Tūnis – al-Jazā'ir: afrikanisches Königreich in der Nachbarschaft von Carthago *-200,* römisch *-46 bis 5. Jh.*, von Carthago und Roma angeregte Stadt- und Schriftkultur (numidisch-libysche Schrift, als Tifinagh-Schrift bei den Twareg/Tuareg bis heute in Gebrauch); → **Hippo** Regius

*Nunamira/Bluff Cave* K 1
Tasmania, Australia: südlichste menschliche Siedlung (vor der Besiedlung S-Amerikas) *30–12 KJ vh;* Fundstätte von *Darwin-glass*-Artefakten (hergestellt aus dem Gestein eines *700 KJ* alten Meteoriten im Darwin Crater) *23 KJ vh*

Nürnberg N 4
Franken, Deutschland: ◡Marsilius da Padova *14. Jh.*, ᵛBessarion, ◡Regiomontanus *15. Jh.*, ◡Paracelsus *16. Jh.*, ᵛHarvey *17. Jh.*, Ⓟ**Hegel** *19. Jh.*, ◡Plessner, ◡Schmitt, °Horkheimer *20. Jh.;* in der Nachbarschaft: (1) *Altdorf,* Universität *1623–1809,* ⓈLeibniz *17. Jh.;* (2) → Erlangen, Universität *1743;* (3) *Rechenberg,* ◡°Feuerbach *19. Jh.*

*Nyalam/gNya'-nang/Nielamu* S 3
S-Tibet, Zhongguo: ◡Milarepa (Rückzugsort) *12. Jh.*

*Nyarma* S 2
bei Leh, Ngari(s)/Ladākh, Kāshmīr: buddhaitisches Kloster, gegründet von Rinchen Zangpo *11. Jh.;* ᵛNaropa *11. Jh.* (?); Nachfolgekloster der Gelugpa *1410:* Tikze/Khri-rtse

*Nyetang/sNye-tang* S 3
bei Lhasa, Ü/Zentraltibet, Zhongguo: Klostertal; °Atis(h)a, °Naropa (?) *11. Jh.*, ⓈTsongkhapa *14. Jh.*

Nyssa/Nevsehir W 3
Kappadokia/Türkiye: ◡°Gregorios ho Nysses *4. Jh.*

Oates N 4
Essex, England: (Landgut von Francis Masham), ◡Cudworth/Masham, ◡°**Locke** *17.–18. Jh.*

*Oaxaca* K 2, 7
México: Hochtal, kulturgeschichtlich zentrale Region der mesoamerikanischen Kulturen; frühe Spuren einer der Seßhaftigkeit vorausgehenden Kultivation von Pflanzen (Kürbis) *-7000* in der Felsunterkunft Guila Naquitz bei Mitla; früheste gesicherte Belege für die mesoamerikanische Kalenderwissenschaft und Schriftentwicklung (Piktogramme nach dem Rebusprinzip und abstrakte Zeichen für kalendarische Datierungen) bei den Zapoteca *-500;* Höhepunkt der Kunst der Bilderschrift bei den Mixteca *900–1400;* herausragendes kultisches und politisches Zentrum → *Monte Albán;* ᵛKang Youwei *20. Jh.*

*Occidens (Hesperia/al-Maghrib/»Abendland«)* A 4–11, **W 1–4, N,** G
W-Europa und NW-Afrika: mit der Ausdehnung des Römischen Reiches nach Hellas und Asien *-2. Jh.* aufgekommene Bezeichnung für die westliche Hälfte des Reiches, im Verlauf der Zeit Beschränkung einerseits des lateinischen Ausdrucks *Occidens/Okzident* und seiner deutschen Übersetzung »Abendland« auf Europa (in der Philosophie- und Wissenschaftsgeschichte mit anachronistischer Einbeziehung von Hellas) und andererseits der arabischen Entsprechung *(al-) Maghrib* auf NW-Afrika; Gegenbegriff → *Oriens*

Ockham/Oak Hamlet W 4
Surrey, bei London, England: *Ockham *13. Jh.*

Odantapuri/Uddaṇḍapura/Bihār-Sharif S 3
Magadha/Bihār, Bhārat/India: ᵛMahavira *-6. bis -5. Jh.;* buddhaitische Klosteruniversität *760–1193,* Vermittlung des Buddhadharma nach Tibet (Modell für das Kloster Samye), ᵛS(h)antarakshita *8. Jh.*, ⓈAtis(h)a *11. Jh.*

*Odes(s)a* N 5
Hafenstadt am »Schwarzen Meer« *Chorn(o)e More,* Ukraina: russisch *1791,* »Neurussische Universität« *1865;* ◡Pushkin, ⓈFedorov, ⓅMendeleev, ⓈTrotskii *19. Jh.*, ⓈBakhtin *20. Jh.*

*Ohrid/Ochrida/Achrida* W 4
Makedoniia: frühestes Foyer slavischer Literatur (in glagolitischer Schrift), begründet von den »Slavenaposteln« Konstantinos-Kyrillos und Michael-Methodios und deren Schüler Kliment Slovenskii/Ohridskii *9.–10. Jh.*

*Oirad/Oirat(en)/Diägün Gar/Jung(g)ar/Zhungaer/Dzungar* K 5, S 5
Junggar Pendi/Dzungaria, Monggol Ulus – Zhongguo – Qazaqstan: westmongolische Populationen, im *14. Jh.* zu einer Konföderation zusammengeschlossen, tibetobuddhaitisch *1620,* Oberhoheitsansprüche in Tibet *17.–18. Jh.;* namhafter Gelehrter: Zaya Bandit, Schöpfer der oiradischen Schrift *1648;* namhafte Residenzstadt → *Gulja*

*Ojibwa/Anishinabe/Chippewa* N 5
Canada – U.S.A.: Wildbeuter-Population; aus der Sprache der Anishinabe (Eigenbezeichnung) in die Kulturwissenschaften eingegangener Begriff: *Totem (oteman)* zur Bezeichnung einer genealogischen oder einer anderen privilegierten Beziehung einer Person oder Gruppe von Personen mit bestimmten Tieren, Pflanzen oder anderen Naturgegebenheiten; ◡L. H. Morgan *19. Jh.*, ◡Radin *20. Jh.*

Oksan-sŏwŏn O 5
bei An'gang, Kyŏngsang-pukdo, Han'guk: neben Tosan-sowon herausragendste der ländlichen (Privat-)Akademien der neokonfuzianischen Philosophie in Han'guk, gegründet zu Ehren von Yi Onjok (in der Nähe seines Geburtsortes Yangdong und Rückzugsortes Tongnaktang) *1572*

*Olbia/Borysthenēs* W 2
Skythia/bei Mikolaïv, Ukraina: ionische Handelsstadt *-6. Jh.*, Basis des Herodotos auf seiner Forschungsreise zu den Skythen *-5. Jh.*, (*Bion und Sphairos Borysthenites *-4. bis -3. Jh.*, Dion von Prusa *1. Jh.*)

Oldenburg N 4
Niedersachsen, Deutschland: *Herbart *18. Jh.*, *Jaspers *19. Jh.*

*Olduvai Gorge* A 2, K 1
Tanzania: Fundregion *(1913)* der längsten Reihe menschlicher Fossilien und Artefakte *2 MJ–10 KJ vh:* gleichzeitig *Paranthropos boisei (Nutcracker man, 1959)* und *Homo habilis (1968) 1,8 MJ vh;* namengebende Fundregion der frühesten von Menschen bearbeiteten Steinwerkzeuge *(Oldowan pepple tools) 2–1 MJ vh,* Fundregion schließlich der frühesten von Menschen eingerichteten Unterkunft *1,75 MJ vh;* namhafteste Forscher (seit *1931*): Louis S. B. und Mary Douglas Leakey

*Olmeca* K 5, 7
Golfo de México: frühe komplexe Kultur Mesoaméricas *-1300 bis -400* (archäologisch identifiziert *1930*); bis zum Aufkom-

men der Hypothese eines pluriregionalen Ursprungs als alleinige »Mutterkultur« sämtlicher mesoamerikanischer Zivilisationen angesehen, Anfänge der Bilderschrift und der Kalenderwissenschaften; kultische Zentren (nacheinander) → *San Lorenzo, La Venta, Tres Zapotes*

*Olomouc/Olmütz* N 4
Morava, Česko: Universität *1569–1855;* ◡Bakunin, ⓢHusserl *19. Jh.*, ◡Wittgenstein (Kriegsteilnehmer) *20. Jh.*

*Olympia/Olimbia* W 3
Peloponnēsos, Hellas: panhellenische Kultstätte des Zeus und der Hera, olympische Spiele *-776 bis +394;* Lesung des Herodotos *-444,* Rede des Sophisten Gorgias *-406,* ˅Empedokles, ˅Hippias *-5. Jh.*, ˅Platon *-360;* Wiederentdeckung *1776;* in der Nachbarschaft: *Skillos,* ◡Xenophon *-4. Jh.*

*Olympos/Olimbos* W 3
Thessalia, Hellas: höchstes Gebirgsmassiv in Hellas, mythischer Sitz der Götter

*Omi* O 5
Shiga Ken, Nihon: Region um den Biwa Ko (See) in unmittelbarer Nachbarschaft von Kyoto und Hieizan; ◡Shotoku Taishi *6. Jh.*, *Saicho *8. Jh.*, (ⓔEnchin *9. Jh.*), ⓢDogen, ⓢNichiren *13. Jh.*, ⓢ◡Ikkyu *15. Jh.*, ◡Sen no Rikyu *16. Jh.*, *◡°**Nakae** Toju, ⓢKumazawa Banzan, ◡Basho *17. Jh.*

*Omo Valley* A 1–3, K 1
Rift Valley, Ītyop'ya: Hauptzufluß zum Lake Turkana: Omo River, Nebenfluß: Kibish River; Fundregion *(1969)* von Fossilien des *Australopithecus, Homo habilis* und *Homo rudolfensis 3–1 MJ vh;* Kibish-Region: Fund *(1967)* von spätarchaischen-frühmodernen *Homo-sapiens*-Fossilien *130 KJ vh*

*Omsk* N 5
Sibir', Rossiia: ◡Dostoevskii (Straflager) *19. Jh.*

*Optina Pustyn' (Einsiedelei des Opta')* N 2
bei Kozel'sk, Region Kaluga, Rossiia: Männer- und Frauenkloster *14. Jh.* (Schließungen *1724–64/1923–88*), Foyer russisch-orthodoxer Religiosität (herausragende *Startsi:* Makarii und Amvrosii *19. Jh.*); ˅Gogol', ˅Kireevskii, ˅Dostoevskii, ˅Solov'ev, ◡Leont'ev *19. Jh.*, ˅Tolstoi *19.–20. Jh.*

Orange W 4
Provence, France: Universität *1365–1792;* ◡°**Gersonides** *14. Jh.*

Orel N 2
Stadt und Region, Rossiia: *Turgenev *(Spasskoe),* *Danilevskii *(Oberets),* *S. N. Bulgakov *(Livny),* *Bakhtin *19. Jh.*

Oresme W 4
bei Bayeux, Normandie, France: *Nicolaus Oresmius *14. Jh.* (?)

*Orhon/Orkhon* A 6, K 5, S 5
Fluß, Monggol Ulus: Kernregion alttürkischer Reiche *552/683,* des frühesten uygurischen Reiches *744–840* sowie des mongolischen Großreiches des Chinggis Qan *13. Jh.;* Fundregion *1889* alttürkischer »Runen« (Orhon-Enisei-Inschriften *7.–8. Jh.*, früheste türkische Schrift, über die sogdische auf die aramäische Schrift zurückzuführen, von V. Thomsen *1893* entschlüsselt); → *Qara Balghas(s)un, Qara Qorum*

*Oriens (Anatolē/al-Mashriq/Levante/»Morgenland«)*
A 4–11, **W**
SO-Europa, SW-Asien und NO-Afrika; mit der Ausdehnung des Römischen Reiches nach Hellas und Asien *-2. Jh.* aufgekommene Bezeichnung für die östliche Hälfte des Reiches (Hellas miteingeschlossen), bis ins *20. Jh.* beibehalten für die sich zu den orthodoxen (»orientalischen«) Kirchen bekennenden und/oder zum Osmanischen Reich gehörenden Gebiete SO-Europas (englisch: *Near East*); → *Anatolē,* ***Fertile Crescent,*** *(al-)Mashriq,* ***»Nīl–Āmū Daryā-Region«;*** Gegenbegriff → *Occidens; siehe Leitgedanken S. 29–30*

Orléans/Cenabum W 2, N 4
Carnutum/Centre, France: Versammlungsgegend keltischer Druiden *-1. Jh.;* Universität (Zentrum der Rechtswissenschaft) *13. Jh.;* ◡Christine de Pisan *14.–15. Jh.*, ⓢReuchlin *15. Jh.*, ⓢCalvin, ⓢGrotius *16. Jh.*

*Orsha/Orša* N 4
Belarus': *Vygotskii *19. Jh.*

Ōsaka/Naniwa O 5
Kansai, Nihon: früheste Blütezeit als Hafenstadt im Handel mit Zhongguo und Han'guk *7.–8. Jh.*, dominierende Handelsstadt und Zentrum ziviler Kultur in »W-Japan« *Nishi Nihon* seit dem *16. Jh.; wissenschaftliche Institutionen: Kaitokudo* (neokonfuzianische »Kaufleute-Schule«) *1724–1869, Osaka Daigaku* (Nachfolgeinstitution von *Tekijuku,* einer von Ogata Koan *1838* gegründeten Schule für Medizin und »Hollandstudien«) *1931;* ˅Shotoku Taishi *6. Jh.*, ◡Ikkyu *15. Jh.*, ◡Sen no Rikyu *16. Jh.*, °Basho *17. Jh.*, *◡°Tominaga Nakamoto, ⓢⓔJiun Onko *18. Jh.*, ◡°**Yamagata** Banto *18.–19. Jh.*, ⓢⓔOgata Koan, ⓢNishi Amane, *Orikuchi Shinobu *19. Jh.*, ⓔYukawa Hideki *20. Jh.*

*Osmanlı İmparatorluğu/Osmanisches Reich* A 9, W 5, N 4
SW-Asien – N-Afrika – SO-Europa *1300–1922*

*Österreich* K 1, W 1–4, **N** 2–**5**
habsburgisch *1282–1918,* Träger der Krone des »Heiligen Römischen Reiches Deutscher Nation« (mit Unterbrechungen) *1298–1806,* in der Folge Ausweitung zu einem »mitteleuropäischen« Vielvölkerstaat, regionale Republik *1918,* → **Wien**

*Ougadougou/Wagadigu* K 8
Burkina Faso: zentrales Königreich der Mosi *15.–19. Jh.*

**Oxford**/Oxonia A 6, **W 1, 4, N** 2, 3, **5**
England: überragendes philosophisches und wissenschaftliches Zentrum auf den Britischen Inseln *12.–14. Jh.*, Universität *12. Jh., Colleges 13. Jh., Bibliotheca Bodleiana 1598, Invisible College 1645; namhafte Schulrichtungen: Oxford Calculatores/Merton School* (um Richard und Roger Swineshead) *13.–14. Jh., Oxford Movement* (kirchliche, philosophisch-theologische Reformbewegung) *19. Jh., Oxford Philosophy/Ordinary Language Philosophy 20. Jh.*
*Philosophen und andere herausragende Intellektuelle:* ⓢⓔGrosseteste *12.–13. Jh.*, ⓢⓔ°R. **Bacon,** ⓢⓔKilwardby, (ⓔJohn Peckham) *13. Jh.*, ⓢⓔ**Duns Scotus,** ⓢⓔBurlaeus *13.–14. Jh.*, ⓢⓔ**Ockham,** (ⓔT. Bradwardine, ⓔJ. Wycliffe) *14. Jh.*, ⓢT. More, ˅Erasmus *15.–16. Jh.*, ⓔVives, ˅Bruno *16. Jh.*, ⓢ◡Fludd *16.–17. Jh.*, ⓢHobbes, ⓔ**Boyle,** ⓔHarvey, ⓢ**Locke,** ˅H. More, ⓔ°Pococke *17. Jh.*, ⓢBentham, °Berkeley, ⓢConstant, ⓢJones, ˅Linné, ⓔPriestley, ˅Reimarus, ⓢA. Smith und ◡Swedenborg *18. Jh.*, ⓢBachofen, ˅T. H. Huxley, ⓔ°Legge, ⓢLyell, ⓢNanjio Bunyiu, ◡Newman, ˅Wang Tao und ˅Vivekananda *19. Jh.*, ⓔ°M. Müller, ⓢ◡°Bradley, ◡Russell, (ⓔE. B. Tylor) *19.–20. Jh.*, ⓔAdorno, ⓢⓔAnscombe, ⓢⓔJ. L. **Austin,** ⓢⓔBerlin, ⓔCassirer, ⓢⓔCollingwood, (ⓢDennett), ⓢⓔ°Evans-Pritchard, ⓢⓔGrice, ⓔ°W. D. Hamilton, ⓢHanson, (ⓢⓔR. M. Hare), ⓔW. James, ◡Neurath, ◡Polanyi, ⓢPopper, ⓔPrior, ⓢⓔQuine, ⓔRadhakrishnan, ˅Raman, ⓢRawls,

ⓈⓅ**Ryle,** ◡Santayana, ⓅSchrödinger, (ⓈSearle), ⓈSellars, ˅G. Stein, ◡Wittgenstein und Ⓟvon Wright *20. Jh.*, (ⓈⓅP. F. Strawson und B. Williams *20.–21. Jh.*); in der Nachbarschaft: *Great Tew,* aufklärerischer Kreis *(Tew Circle)* um den Viscount Falkland, ˅Hobbes 17. Jh.

*Oxyrhynchos/Per Medhed/al-Bahnasā* K 4
Aigyptos/Miṣr: Fundstätte *(1897)* der Oxyrhynchos-Papyri (in hellenischer, lateinischer, koptischer und arabischer Sprache) *-4. bis 7. Jh.*

*Oyo* K 8
Nigeria: Yoruba-Stadtstaat *1000,* überregionales Reich *1650–1760*

Ōzu O 5
Iyo/Ehime Ken, Shikoku, Nihon: ◡Nakae Toju *17. Jh.*

*Pacific Palisades* N 3
bei Los Angeles, California, U.S.A.: Zufluchtsort intellektueller Exilanten aus Deutschland während des Zweiten Weltkriegs (bevorzugter Treffpunkt: *Villa Aurora* von L. Feuchtwanger *1943–°1958*), ˅Adorno, ◡Horkheimer, ˅Brecht, ◡Th. (und ˅H.) Mann, (˅A. Huxley, L. Marcuse, A. Schönberg, F. und A. Werfel); in unmittelbarer Nachbarschaft: *Hollywood*

Padmāvāti S 2
Mālava/bei Gwalior, Madhya Pradesh, Bhārat/India: ◡Uddyotakara *6.–7. Jh.*

Padova/Patavium/Padua A 6, **W 1, 4, N** 1, **2**
Veneto, Italia: Universität *1222,* kulturelles und wissenschaftliches Foyer der Renaissance *14.–16. Jh.;* (*°Livius *-1. bis 1. Jh.*), ⓈAlbertus Magnus, *Marsilius da Padova *13. Jh.*, ◡Petrarca *14. Jh.*, ⓈCusanus, (Ⓟ°N. Vernia), ⓅAlemanno, ⓅE. Delmedigo, ⓈPico della Mirandola *15. Jh.*, ◡Campanella ⓈCardanus, Ⓢ**Copernicus,** ˅Erasmus, ˅Montaigne, ⓈⓅ**Vesalius,** (*Ⓟ°J. Zabarella) *16. Jh.*, Ⓟ**Galilei,** ⓈHarvey *16.–17. Jh.*, ⓈJ. Delmedigo, ⓈJungius *17. Jh.*, ˅Swedenborg *18. Jh.*, ⓅVolta, ⓅRosmini-Serbati, ˅W. James *19. Jh.*, Ⓟ°Benussi *20. Jh.*

*Paekche/Baiji/Kudara* O 3
Han'guk: südwestliches der »Drei [koreanischen] Königreiche« *samguk* zur Zeit der Übernahme der chinesischen Schrift- und Staatskultur, herausragende Rolle bei deren Weitervermittlung nach Yamato in Nihon: Wang'in *405,* berühmteste Gesandtschaft *538* oder *552* (offizielles Datum der Einführung des *Buddhadharma/Pulgyo/Bukkyō* in Nihon); Hauptstädte → Kwangju, (Ungjin/Kongju) und *Puyŏ*

*Paektu-san/Changbai Shan* A 2, K 6, **O** 3, **5**
Hamgyŏng-do, Han'guk – Dongbei, Zhongguo: imposantester Berg der koreanischen Gründungsmythen (Herkunftsberg des Tan'gun, des Ahnherrn des koreanischen Volkes und des Begründers des ersten koreanischen Staates Choson *-2333*), nördlicher der »Fünf Markberge« Han'guks

Paharpur/Somapura S 3
Bangladesh: namhafteste ostbengalische, von den Pala geförderte buddhaitische Klosteruniversität *8.–12. Jh.*

*Pākistān (»Land der Reinen«)* A 6, 10, K 2–5, W 1, 2, 4, 5, **S 1, 2, 5,** N 5
S-Asien: islamischer Staat *1947;* → *Gandhāra, Harappā, Panjāb, Sapta Sindhavah*

*Pāla* S 3
Bihār – Bangla, Bhārat/India – Bangladesh: letztes unabhängiges überregionales Königreich in NO-India *750–1162,* Förderung der Klosteruniversitäten **Nālandā,** Odantapuri und Vikramas(h)ila (letzte Blütezeit der buddhaitischen Philosophie in S-Asien und Vermittlung nach Tibet); teilweise unter »großtibetischen« Oberhoheitsansprüchen *8. Jh. (2. Hälfte);* Hauptstädte → *Gaur, Mungir,* **Navadvīpa**

*Palaistinē/Palaestina* → *Filastīn*

*Palembang/S(h)rīvijaya* A 6, S 5
Sumat(e)ra: wahrscheinliche Hauptstadt des Seehandelsimperiums *S(h)rīvijaya;* Ⓢ**Yijing** (zusammen mit einem aus Guangzhou geholten Übersetzerteam) *7. Jh.;* muslimisch *1500,* Zentrum einer islamischen Reformbewegung (angeführt vom al-Ghazali-Übersetzer 'Abd as-Samad aus al-Yaman) *18. Jh.;* → *S(h)rīvijaya*

*Palenque* K 7
Chiapas, México: städtisches Kultzentrum der Maya mit einem Inschriftentempel und der längsten schriftlich festgehaltenen dynastischen Geschichte *(431–799)* Mesoaméricas; hypothetische Herkunftsregion des (*1985* wieder aufgetauchten) *Codex Grolier* (New York), eines Almanachs aus dem *13.–14. Jh.*

*Palermo/Balarm* W 4
Sicilia/Siqilliyya: muslimisch *831–1072,* normannisch *1072–1194,* staufisch *1194–1268:* interkulturelle Glanzzeit (byzantinisch-muslimisch-lateinisch) *10.–13. Jh.*, herausragender Herrscher: Friedrich II von Hohenstaufen *1198–°1250;* Universität *1637;* (◡al-Idrisi *12. Jh.*), ˅Fibonacci *12.–13. Jh.* (?), ◡°Michael Scotus *13. Jh.*, ◡Arnaldus de Villa Nova *14. Jh.*

*Pallava* K 5, S 4
Āndhra Pradesh – Tamil Nādu, Bhārat/India: Königreich in S-India *250–897* mit der kulturell größten Ausstrahlung über India hinaus auf Sri Lanka und SO-Asien (Pallava-Grantha-Schrift *4. Jh.*), Kontakte mit Zhongguo *7. Jh.*, Blütezeit *7.–8. Jh.* mit Kanchipuram als intellektuellem Zentrum; Förderung des S(h)iva-Kults und der Bhakti-Religiosität; → *Cōḷa/C(h)ōḷamaṇḍala(m)*

*Palmyra* → *Tadmur*

*Panadura* N 5
Srī Lankā: Religionsdisputation zwischen buddhaitischen Mönchen (unter der Leitung von Mohottiwatte Gunananda) und christlichen Missionaren (unter der Leitung von David de Silva, *Wesleyan Methodist Mission*) *1873,* ausgehend von der buddhaitischen Lehre der »Substanzlosigkeit/Inexistenz der Seele« *anātman*

*Pāṇḍya* S 4
Tamilākam/Tamil Nādu, Bhārat/India: zentralstes, ältestes und am längsten andauerndes der »Drei [klassischen tamilischen] Königreiche« *Trairājiva -4. (?) bis 16. Jh.;* politisches und kulturelles Zentrum → ***Madurai***

*Panjāb/Pañcāp/Punjab (»Fünf Wasser«)* S 2
Pākistān – Bhārat/India: »Fünfflußland«, gebildet von den fünf großen Nebenflüssen des Sindhu/Indus, zentrale Region des »Siebenstromlandes« *Sapta Sindhavah,* muslimisch *1206;* Kernregion der Sikh *16. Jh.*

*Panlongcheng* K 6
bei Wuhan, Hubei, Zhongguo: Fundstätte *(1963)* einer Stadt im »Shang-Stil«, Beleg für die Ausstrahlung der Erligang-Kultur bis in die Yangzi-Region *-15. bis -14. Jh.*

*Papua Niugini/Papua New Guinea* A 1, 2, **K** 1, **2**
Pazifischer Ozean: Erstbesiedlung *50 KJ vh* (?), eigenständige Anfänge der Kultivation von Pflanzen *-8000,* Sprachenvielfalt; → *Kuk*

*Paraguay* → *Guaraní*

*Paranal, Cerro* Z
Desierto de Atacama, Chile: Riesenteleskop der »Europäischen Forschungsgemeinschaft« *1962*

*Parasnāth(a)/Summeya* S 3
Jhārkand, Bhārat/India: »Heiliger Berg« der Jaina; °Pars(h)va *-8. Jh.* (?)

*Parhae/Bohai* O 5
Dongbei, Zhongguo – Han'guk: koreanisch-chinesischer Nachfolgestaat von Koguryo *698–926*

**Paris** **A 6,** 8, 9, K 8, **W 1, 4, N**
France: herausragendes Zentrum der Philosophie in Europa *13.–20. Jh.; wissenschaftliche Institutionen: Abbaye et École de Saint-Victor* (begründet von Guilelmus de Campellis/Guillaume de Champeaux, Blütezeit um Hugo und Ricardus de Sancto Victore *12. Jh.*), Universität *(Sorbonne) 1200, Librairie du Roi/Bibliothèque nationale 1367/1792, Collège du Roi/de France 1529, Académie française 1635, Académie des sciences 1666, Encyclopédie ou Dictionnaire raisonné des sciences, des arts et des métiers 1751–72, Groupe des idéologues 1780–1820, École normale supérieure 1794, Académie des sciences morales et politiques 1795, École nationale des langues orientales vivantes 1795, Code civil des Français/Code Napoléon 1804, United Nations Educational, Scientific and Cultural Organization UNESCO 1946*
*Philosophen und andere herausragende Intellektuelle:* (legendär: Ⓔ°Dionysios Areopagita *1. Jh.*), (˅Iulianos Apostata *4. Jh.*), ⓈⒺ**Abaelardus,** (˅Bernard de Clairvaux), ⓈGrosseteste, *◡Heloissa, Ⓔ°Petrus Lombardus *12. Jh.*, ⒺAegidius Romanus, ⓈⒺAlbertus Magnus, ⓈⒺ°Alexandrus Halensis, ◡Arnaldus de Villa Nova, ⓈⒺRogerus Bacon, ⓈⒺBoethius Dacus, ⓈⒺBonaventura, ⓈⒺHenricus Gandavensis, ⓈⒺIoannes Dacus, ⓈⒺKilwardby, ⓈMoerbecka, ⓈⒺSigerus, ⓈⒺSimon Dacus und ⓈⒺ**Thomas** Aquinas *13. Jh.*, ⓈⒺDietrich von Freiberg, ⓈⒺ**Duns Scotus,** ⓈⒺEckehardus, (ⓈⒺGodefridus de Fontibus/de Fontaines), ⒺLlull, ⓈⒺMartinus Dacus *13.–14. Jh.*, ⓈⒺAlbertus Parvus, ⓈⒺBuridanus, ⓈⒺBurlaeus, (ⓈⒺGregorius Arminensis/da Rimini), ⒺMarsilius da Padova, ⓈⒺNicolaus Oresmius, (ⓈⒺDurandus de Sancto Porciano/St-Pourçain, Nicolaus de Altricuria/d'Autrecourt und Petrus de Alliaco/d'Ailly) *14. Jh.*, ◡Christine de Pisan *14.–15. Jh.*, ˅Cusanus, *Alemanno, ⓈReuchlin, ⓈPico della Mirandola, ⓈErasmus *15. Jh.*, ⓈAgrippa, ◡F. Bacon, ◡Bodin, ⒺBruno, ⓈCalvin, ⓈGesner, ˅Montaigne, ⓈⒺ°**Ramus,** ⓈServeto, ⓈVesalius, ⓈⒺVitoria und ⓈVives *16. Jh.*, ◡Grotius *16.–17. Jh.*, *ⒺArnauld, ◡Bayle, ˅Beccaria, ◡Johann Bernoulli, ◡°Campanella, ◡Cavendish, ⓈClauberg, ◡**Descartes,** Ⓢ◡Fénelon, ◡°Gassendi, ◡**Hobbes,** ◡Huygens, ◡**Leibniz,** ◡**Locke,** Ⓢ◡°Mersenne, *◡°Molière, ◡°**Pascal,** Ⓢ◡R. Simon und ◡Tschirnhaus *17. Jh.*, *°**Malebranche,** ◡°Fontenelle, *◡°**Voltaire** *17.–18. Jh.*, *°d'Alembert, ◡Boscovich, ◡°Buffon, ˅Burke, ◡**Condillac,** ◡°**Condorcet,** ◡°**Diderot,** *Du Châtelet, °G. Forster, ◡Franklin, ◡°Gouges, ◡Haller, *◡Helvétius, ˅Herder, Ⓢ◡°d'Holbach, ◡**Hume,** ◡Jefferson, ˅W. Jones, Ⓢ◡La Mettrie, *°Lavoisier, ˅Linné, ◡Maupertius, Ⓢ◡°**Montesquieu,** ˅Priestley, ⓈQuesnay, ◡**Rousseau,** ˅A. Smith, ◡Swedenborg, ˅Watt und ◡Wollstonecraft *18. Jh.*, *◡°Anquetil-Duperron, ⓈⒺCabanis, ◡°Chateaubriand, ◡°Constant, ◡Ⓔ°Cuvier, ⓈⒺ°J. Fourier, ◡A. und W. von Humboldt, ◡°Lagrange, ⓈⒺ°Lamarck, ◡°Laplace, ◡°**Maine de Biran,** ◡Paine, *◡°**Saint-Simon** und *◡°**Staël** *18.–19. Jh.*, ˅'Abduh, ˅al-Afghani, ⒺAmpère, ◡J. Austin, *Avenarius, ⓈBachofen, ◡Bakunin, ⓈⒺ°Bernard, ˅Berzelius, *Ⓔ°Burnouf, ◡°**Comte,** *ⒺCousin, ˅Du Bois-Reymond, *Duhem, ˅Emerson, ˅Engels, ◡Flaubert, ◡°Ch. Fourier, ˅Freud, (◡°V. Gioberti), ˅Gogol', ˅Hegel, ◡°Herzen, ˅Jacobi, ˅Kleist, ˅Krause, ◡°Lavrov, ⓈLiebig, ⓈLovejoy, ˅Lyell, ◡**Marx,** ˅J. R. Mayer, ⓈMendeleev, ⓈM. Müller, ˅Oken, *Pareto, ◡Pasteur, ˅Peirce, ◡°**Proudhon,** ⓈⒺ°Renan, ◡Savigny, ◡Saussure, ◡A. W. und ⓈF. Schlegel, ˅Spencer, ⓈⒺ°Taine, ◡**Tocqueville,** ˅Tolstoi, ◡°Turgenev, ◡Vogt, ˅Volta, ◡Wagner und ˅Wang Tao *19. Jh.*, *Ⓔ°**Bergson,** ˅Besant, ⓈⒺ°S. N. Bulgakov, ⓈⒺM. Curie, ⓈⒺ°Durkheim, ◡Guillaume, ˅Kropotkin, (*◡°G. Marcel), *ⒺMaritain, ⓈⒺ°Massignon, ⓈⒺ°**Poincaré,** ◡ⒺRolland, ⓈSchweitzer, ◡°Sorel und ◡°G. Stein *19.–20. Jh.*, ◡Arendt, *Ⓔ°Aron, Ⓔ°Bachelard, (◡°G. Bataille, ⓈⒺ°R. Barthes), *°**Beauvoir,** ◡Benjamin, ⒺBerdiaev, ◡Camus, ◡Canetti, ⓈCésaire, *◡°Corbin, (*◡°G. Deleuze), ⒺDiop, ◡Einstein, ◡Eliade, ⓈⒺ°Foucault, ⒺS. L. Frank, ˅Gadamer, ◡Gaos, (*ⒺE. Gilson), ⓈⒺ°Griaule, ◡A. Gurwitsch, ˅Heidegger, ˅Hilbert, ◡Horkheimer, ˅Husserl, ⓈIngarden, ˅Iqbal, ˅W. James, ˅Kang Youwei, ◡Keyserling, ⓈⒺ◡Kojève, ⓈⒺ°Koyré, ⓈKuki, (◡°Lacan), ˅Lenin, ˅Liang Qichao, Ⓔ°Lévinas, ⓈⒺ**Lévi-Strauss,** *Ⓔ°Lévy-Bruhl, ◡°Losskii, *◡°Malraux, ⒺH. Marcuse, ⓈⒺ°**Merleau-Ponty,** ⓈMiki Kiyoshi, Ⓢ◡Miłosz, ˅Natsume Soseki, ◡Ortega y Gasset, ◡Orwell, ⓈPatočka, ˅Peano, ⓈⒺPiaget, ◡Radhakrishnan, ⓈRosenblueth, ◡Santayana, *Ⓔ°**Sartre,** ◡Schütz, ⓈSellars, ⓈⒺSenghor, Ⓔ°Shestov, ◡°Sperber, ⓈL. Strauss, ⒺTarski, ◡Trotskii, ⒺUnamuno, ˅Watsuji und *S. Weil *20. Jh.*, (ⓈⒺP. Ricoeur, ⓈⒺF. Jacob, ⓈⒺ°J. Baudrillard, ⓈⒺJ. Derrida *20.–21. Jh.*)

*Parnassos* W 3
bei Delphoi im Zentrum von Hellas, Paßstraßenverzweigung »Dreiweg« *Triodos,* an der Oidipos nach dem Mythos seinen Vater Laios erschlug; von römischen Dichtern als Stätte der Musen besungen

*Pārsa/Persepolis/Takht-e Jamshīd* K 4, W 2
bei Shīrāz, Fārs, Īrān: Sommerresidenz und kultisches Zentrum der Achaimeniden, von Dareios dem Großen *-518* erbaut, von Alexandreios dem Großen *-330* niedergebrannt; (˅C. Niebuhr *1770;* Beginn der Entschlüsselung der mesopotamischen Keilschriften mit der Entschlüsselung von persepolitanischen Inschriften, abgefaßt in der jüngsten Keilschrift, der alphabetischen altpersischen Schrift, durch G. F. Grotefend in Göttingen *1803*)

*Pārsa/Persis/Fārs/Persia* A 4, K 4, 5, 8, **W 1,** 2, 4, **5,** S 5
namengebende Kernregion des ersten persischen (achaimenidischen) Großreiches *-550 bis -330,* herausragende Herrscher: Kurush/Kyros (II) der Große *-558 bis* °*-530* und Darayavaush/Dareios (I) der Große *-522 bis* °*-486;* zentrale Region während der Blütezeit der persischen Lyrik *13.–14. Jh.;* im weiten Sinn Bezeichnung für ganz Iran

*Parthava/Parthia/Anxi* K 4, 5, W 2, **S 5**
Īrān – Zentralasien: persische Satrapie *-6. Jh.*, Kerngebiet eines überregionalen iranischen Reiches unter den Arsakiden

*-247 bis +224:* über das aufkommende Seidenstraßennetz kommerzielle und kulturelle Kontakte mit O- und S-Asien (Vermittlung von zarathustraitischer Gnosis, Buddhadharma und aramäischer Schrift) und mit dem Römischen Reich (Partherkriege); *An Shigao *2. Jh.*

*Pas du Miroir* K 1
Dordogne, France: Fundstätte einer (sechslöchrigen) Knochenflöte, eines ungewöhnlich gut erhaltenen jungpaläolithischen Musikinstruments, *10 KJ vh (?)*

*Pasadena* N 3
bei Los Angeles, California, U.S.A.: *California Institute of Technology (Caltech) 1891;* ˅Einstein, ⓅFeynman, Ⓟ°**Delbrück,** (ⓅL. C. Pauling) *20. Jh.*

*Pāṭaliputra/Pāṭaliputta/Pali(m)bothra/Pāṭnā* **S** 1, **3,** 5, N 1
Magadha/Bihār, Bhārat/India: politisches und kulturelles Zentrum von Magadha *-4. Jh.,* der Großreiche der Maurya *-4. bis -2. Jh.* und der Gupta *4.–6. Jh.* sowie mehrerer zwischenzeitlicher Dynastien und Regionalreiche; herausragende Herrscher: C(h)andragupta Maurya *-322 bis -300,* As(h)oka *-268 bis °-232,* C(h)andra Gupta I *320–°340* und C(h)andra Gupta II *380–°415;* »Drittes buddhaitisches Konzil« (Erweiterung des Kanons um die »systematisierenden Texte zur Lehre« *abhidharma,* Beginn der Abspaltung des realistischen *Sarvāsti-vāda*) *-250;* ˅Mahavira und Buddha *-6. bis -4. Jh.,* ◡**Kautilya,** ◡Vishnus(h)arman (fingiert), (◡Megasthenes) *-4. bis -3. Jh.,* ⓈNagasena *-2. Jh.* (?), ◡Aryadeva *2.–3. Jh.* (?), ◡**Umasvati** *3.–4. Jh.,* ⓈFaxian *5. Jh.,* ⓈLatadeva *5.–6. Jh.,* ˅Paramartha *6. Jh.* (?), ˅Xuanzang *7. Jh.,* ˅Nanak *15.–16. Jh.,* ⓈRoy *18. Jh.;* in der Nachbarschaft oder mit Pataliputra identisch*: Kusumapura,* ◡**Aryabhata** *5.–6. Jh.*

Pātan/Aṇahilapāṭaka/Aṇhilavāḍa S 1, 2
Gujarāt, Bhārat/India: Hauptstadt eines regionalen Königreiches *943–12. Jh.,* herausragender Herrscher: Kumarapala *12. Jh.;* Zentrum der »weißgekleideten« *S(h)vetāmbara* in der Blütezeit der Jaina-Kultur in Gujarat und Rajasthan *11.–12. Jh.;* Disputation rivalisierender Jaina-Lehrrichtungen (Sieg des *S(h)vetāmbara* Jines(h)vana) *1024;* ◡**Hemacandra** *12. Jh.,* ˅Vallabha *15.–16. Jh.;* in der Nachbarschaft: *Radhanpur,* *Yas(h)ovijaya *17. Jh.* (?)

Pavia/Papia/Ticinum W 2, 4
Gallia Transpadana/Lombardia, Italia: eine der Residenzen des ostgotischen Königs Theoderich des Großen *493–526;* Universität *1361;* ◡°Boethius *6. Jh.,* *Lanfrancus *11. Jh.,* ◡Valla, ⓈAgricola *15. Jh.,* ˅Erasmus, ⓈⓅAgrippa, *ⓅCardanus *16. Jh.,* ⓈBeccaria, ⓅBoscovich *18. Jh.,* ⓅVolta *18.–19. Jh.,* (Ⓟ°C. Golgi *19.–20. Jh.*)

*Pazyryk* K 6, W 2
Altai/Sibir', Rossiia: Ausgrabungsstätte *(1929)* von Kurganen einer »altai-skythischen« Steppennomadenkultur *-5. bis -3. Jh.* mit kommerziellen Beziehungen nach SO-Europa (hellenoskythischer Kunststil), SW-Asien (frühester erhaltener »Perserteppich«) und N-Zhongguo (Seide, Spiegel)

*Pedra Furada* A 1
Piauí, Brasil: Fundstätte *(1970)* einer bemalten Felsunterkunft *12 KJ vh (?)* und von Feuerstellen ungesicherter Datierung *(33 KJ vh?)*

*Peiligang* K 2
bei Xinzheng, Henan, Zhongguo: namengebende Fundstätte der frühesten neolithischen Kultur mit Belegen für die Domestikation von Pflanzen (Hirse) und Tieren in O-Asien *-6500*

*Peinan* K 6
Taiwan, Zhongguo: Fundstätte einer protoaustronesischen Kultur (Grabbeilagen: Werkzeuge und Schmuckstücke) *-3000*

Peking → **Beijing**

*Pella/Agii Apostoli* W 3
Makedonia, Hellas: Hauptstadt *-4. Jh. bis -168;* °Euripides *-5. Jh.* (?); (*Alexandros der Große), ⓅAristoteles und Theophrastos, ˅Anaxarchos *-4. Jh.*

*Pengdoushan* K 2
bei Lixian, Hunan, Zhongguo: Fundstätte *(1988)* der bislang frühesten Indizien für die Kultivation von Reis in O-Asien, Datierung *-8000*

*Penglai/Dengzhou* O 5
Shandong, Zhongguo: daoitischer Wallfahrtsort (˅Qin Shi Huangdi *-3. Jh.,* ˅Han Wudi *-2. Jh.*); Hafen an den frühesten (nördlichen) Routen japanischer Gesandtschaften nach Zhongguo *3. (?)* und *7. Jh.*

Pergamon/Bergama W 3
Mysia/Asia Minor/Türkiye: selbständiges Königreich *-280,* römisch *-129; Asklēpieion -4. Jh.,* monumentale Bibliothek *-2. Jh.;* herausragendes intellektuelles Zentrum (neben Alexandreia) in der hellenistisch-römischen Zeit *-3. bis 4. Jh.;* ⓅApollonios von Perge *-3. Jh.,* (ⓅKrates Mallotes), ⓈⓅPanaitios *-2. Jh.,* *Ⓟ**Galenos** *2. Jh.*

*Pergē/Murtuna* W 3
Pamphylia/Türkiye: pergamonisch *-188;* *Apollonios *-3. Jh.,* ˅Paulos Apostolos *1. Jh.*

*Perm* K 5, N 5
Ural, Rossiia: Missionsregion des Stefan Permskii, modellhafte Schaffung einer alphabetischen Schrift für die Komi (»Zyrianen«/»Syrjänen«; konzeptuelle Vorlage: kyrillische Schrift, Gestaltvorlage für die Lautzeichen: traditionelle Eigentumszeichen *Tamga*) *14. Jh.;* ◡Herzen (Verbannung) *19. Jh.*

*Persia* → *Pārsa, Īrān*

*Perú/Piruw* A 10, K 7, N 5

Peshāwar → **Purushapura**

*Petra* W 3
Arabia Petraea/al-Urdunn: Hauptstadt der Nabatäer; ˅Origenes *3. Jh.,* ◡Nestorios (Verbannung) *5. Jh.;* → *Nabataia*

*Petralona* A 2
bei Thessalonikē, Hellas: Fundstätte *(1960)* des Schädels eines *Homo heidelbergensis 400 KJ vh (?)*

Pforta → Schulpforta

**Philadelphia N 2,** 3
Pennsylvania, U.S.A.: kulturelles Zentrum in N-Amerika *18. Jh., University of Pennsylvania 1740, Declaration of Independence 1776;* ˅Chateaubriand, ◡°Franklin, ◡**Jefferson,** ◡**Paine** *18. Jh.,* ˅A. von Humboldt *19. Jh.,* ⓅChisholm, *ⓈChomsky, ⓅGoodman, ˅Kang Youwei, ⓅKöhler, *M. Mead, ⓈⓅNkrumah, ⓅOruka, ⓅFeng Youlan, ⓅRaman, ⓅRussell und ◡Sapir *20. Jh.*

*Philippines/Pilipinas/Filipines* K 2, 5, S 5, N 5

*Phoinikē/Phoenicia/Kina'an/Kana'an* **K 3–5**
al-Lubnān – as-Sūriyya: herausragende Seehandelsregion *-3. Jt. bis -4. Jh.;* Vermittlung ägyptischer, syrischer und mesopotamischer Schrift-, Rechts- und Stadtkultur in der gesamten Mittelmeerregion, phönikisches Alphabet *-1050* (Fortentwicklung des protosyrischen/protokanaanäischen Alphabets *-1800,* »Mutterschrift« sämtlicher alphabetischer

Schriften im Einflußbereich der eigenen, der hellenischen und der lateinischen Kultur); → ***Fertile Crescent*, *»Nīl–Āmū Daryā-Region«***, *Filasṭīn, as-Sūriyya*

*Phrygiē/Phrygia* K 4, W 3
Anatolē/Türkiye: Großreich *-740 bis -695,* herausragender (und mythisierter) Herrscher: Midas II *-738 bis -696;* *Epiktetos *(Hierapolis) 1. Jh.*

*Pietermaritzburg* N 5
South Africa: Station an der Eisenbahnlinie Durban–Pretoria: Hinauswurf Gandhis aus einem Erste-Klasse-Wagen *1893*

*Pisa* W 4, N 1
Toscana, Italia: Universität *1343,* florentinisch *1406;* *°Burgundius Pisanus *12. Jh.*, *°Fibonacci *12.–13. Jh.*, ˅Llull *13. Jh.*, ˅Dante, ˅Ockham *14. Jh.*, ˅Montaigne *16. Jh.*, *ⓔ**Galilei** *16.–17. Jh.*, ˅Staël und A. W. Schlegel, ◡Byron *19. Jh.*

*Pithekussai/Aenaria/Ischia* W 3
Insel im Golf von Napoli, Megalē Hellas/Italia: frühe hellenische Handelskolonie, gegründet von Chalkis *(Euboia) -8. Jh. (1. Hälfte),* nach einem Vulkanausbruch Gründung von *Kymē -750;* Fundstätte früher phönikisch-hellenischer Schriftdokumente; ◡Bakunin, ˅Croce *20. Jh.*

Pittsburgh N 3
Pennsylvania, U.S.A.: *University of Pittsburgh 1787, Duquesne University 1878, Carnegie-Mellon University 1900;* *G. Stein *19. Jh.*, ˅Masaryk, ⓔ°Sellars, ⓔHempel *20. Jh.*, (ⓔA. Grünbaum *20.–21. Jh.*)

Plettenberg N 4
Sauerland, Westfalen, Deutschland: *◡°Schmitt *19.–20. Jh.*

Podbrzezie Dolne/Nieder-Siegersdorf N 4
bei Kożuchów/Freystadt in Śląsk, Polska: ◡°S. Maimon *18. Jh.*

*Podolia/Podillia/Podole* A 9, N 4
Ukraina: litauisch und polnisch *1366,* osmanisch *1672,* polnisch *1696,* österreichisch und russisch *1772–1918;* Ausgangsregion der chassidischen Bewegung *17. Jh.*, → *Medzhibiz*

*Pogil-do* O 5
Insel in *Nam-hae,* Han'guk: ◡°Yun Sondo *17. Jh.*

Poissy N 2
bei Paris, France: ◡Christine de Pisan *15. Jh.* (?), ˅Ramus (Religionsdisputation) *1561*

Poitiers W 4
Poitou, France: kulturelles Zentrum *6.–15. Jh.*, Universität *1432;* (*ⓔ°Gilbert(us) Porretanus/de Poitiers *11.–12. Jh.*), ◡Reuchlin *15. Jh.*, ⓢDescartes *17. Jh.*, ⓔTaine *19. Jh.*, *Foucault, ⓔLévinas *20. Jh.*

*Polgasduwa (»Kokosinsel«)* S 4
Ratgama-Lagoon bei Galle, Srī Lankā: deutsches buddhaitisches Kloster *Island Hermitage* (gegründet von Nyanatiloka/ A. Gueth) *1911–51*

*Polonnaruwa/Polonnaruva/Pulatthinagara* S 1, 4, 5
Srī Lankā: Hauptstadt *11.–13. Jh.*, Vermittlung buddhaitischer Kultur nach Myanmar und Muang Thai; archäologische Wiederfreilegung *20. Jh.;* (ⓔSariputta *12. Jh.*)

*Polska/Polen/Pol'sha/Polonia* A 9, W 1, 4, N 1–4
Konversion zum Christentum und Latinisierung *966,* Zusammenschluß mit Lietuva (Gebietserweiterungen in Baltikum, Belarus' und Ukraina): Personalunion *1386,* Realunion *1569;* Aufteilungen zwischen Preußen, Österreich und Rossiia *1772–1918;* früheste schriftliche Verfassung in Europa *3. 5. 1791;* gegenwärtiges Staatsgebiet *1945;* philosophische Zentren → Kraków, **Lwów,** Warszawa

*Pŏmŏ-sa* O 5
bei Pusan, Kyŏngsang-namdo, Han'guk: buddhaitisches *Huayan-/Hwaŏm*-Kloster, gegründet von Uisang *678;* ˅Sosan *16. Jh.*, (◡O Sangsun *20. Jh.*)

*Pondichéry* → *Puduchcheri*

*Porbandar* S 2
Gujarāt, Bhārat/India: *Gandhi *19. Jh.*

*Port Bou/Portbou* N 3
Catalunya, España, an der spanisch-französischen Grenze: °Benjamin *20. Jh.*

Port-Royal des Champs N 2
Vallée de Chevreuse bei Paris, France: Zisterzienserinnenkloster *1204–1710,* »jansenistisches« Reformkloster im *17. Jh.* (unter der Leitung von Angélique Arnauld; Niederlassung in Paris, Faubourg Saint-Jacques: Port-Royal de Paris *1625–48*), philosophischer Kreis um Antoine **Arnauld** und Blaise **Pascal,** reformpädagogische *Petites-Écoles* (*Grammaire et Logique de Port-Royal;* ⓔC. Lancelot, ⓢJ. Racine; Schließung *1660*)

*Portugal* W 4, N 2, 5
muslimisch (al-Andalus) *712–11. Jh./1139;* afrikanische *(1415)* und globale *(1498/1500)* Kolonialmacht *15.–20. Jh.*

Potsdam N 4
bei Berlin, Brandenburg, Deutschland: Residenz- und Garnisonsstadt *17. Jh.*, Foyer der Aufklärung *18. Jh.;* ◡°**Friedrich** (II) der Große, *W. von Humboldt, ◡Kleist *18. Jh.*, *◡Helmholtz, *Haeckel, *Windelband *19. Jh.*, ˅Kang Youwei *20. Jh.;* → **Berlin** *(Akademie der Wissenschaften 18. Jh.)*

Poznań/Posen N 4
Polska: Universität *1919;* ◡Maimon *18. Jh.*, (*J. Gebser, ⓢJ. M. Bocheński), ◡K. Lorenz, ⓔAjdukiewicz *20. Jh.*

Praha/Prag A 9, **W 1,** 4, **N 2–4**
Čechy/Böhmen, Česko: Universität *1348* (zweisprachig deutsch und tschechisch *1882–1938*); ⓢAlbertus Parvus *13. Jh.*, (◡J. Hus), ˅Petrarca *14.–15. Jh.*, ◡Bruno *16. Jh.*, (◡°T. Brahe *16.–17. Jh.*), ◡Kepler, ˅Böhme, ˅Harvey, ◡°J. Delmedigo *17. Jh.*, ˅Leibniz *17.–18. Jh.*, ◡Noël *18. Jh.*, *ⓔ°**Bolzano** *18.–19. Jh.*, ˅Hegel, ˅W. von Humboldt, ˅Bakunin, ⓔ**Mach,** ⓢMenger, ⓔStumpf, ⓢMauthner, *Kelsen, ˅W. James *19. Jh.*, ⓔ°Marty, ⓔ◡°Masaryk, (*◡H. Bergmann), *◡Wertheimer, (◡°F. Kafka) *19.–20. Jh.*, ◡S. N. Bulgakov, ⓔCarnap, ⓔEinstein, ⓔPh. Frank, (ⓔ°G. Gentzen), ◡Hessen, ˅Husserl, ◡Jakobson, ⓔKelsen, ⓔLosskii, ˅Malraux, ⓢⓔ°Mukařovský, ⓢⓔ°Patočka, ˅Quine, ⓢRadin und ˅N. S. Trubetzkoy *20. Jh.*

*Prambanan* S 5
bei Yogyakarta, Java: monumentale shivaitische Tempelanlage *9. Jh.*

Prayāga → Allahābād

*Přerov/Prerau* N 4
Morava, Česko: Zentrum der »Mährischen Brüder« *16.–18. Jh.*, ⓢⓔ**Comenius** *16. Jh.*

*Preslav/Veliki Preslav* W 4
Bălgariia: Hauptstadt *893–972* des ersten Bulgarischen Reiches und Sitz des ersten autonomen slavischen Patriarchats; Schaffung der kyrillischen Schrift (durch Kliment Ohridskii auf der Grundlage der hellenischen und der glagolitischen Schrift) *9. Jh.*

*Preußen/Borussia* N 2, 4
Deutschland – Polska – Rossiia: Herrschaftsgebiet des »Deutschen Ordens« *1226,* Herzogtum unter polnischer Oberhoheit *1525,* brandenburgisch *1618/1660,* Königtum *1701–1871,* umfangreichstes Land des Deutschen Reiches (»von der Maas bis an die Memel«) *1871,* Auflösung *1945;* Residenz des Hochmeisters des »Deutschen Ordens« → **Königsberg** *1466,* des preußischen Königs → **Berlin** und Potsdam *18. Jh.*

*Příbor/Freiberg* N 4
Morava, Česko: *Freud *19. Jh.*

***Princeton*** **N 3**
New Jersey, U.S.A.: Universität *1756/1896, Institute for Advanced Study 1930;* ℗Arendt, ᵕBohr, ℗Carnap, Ⓢ℗Church, ᵕ°**Einstein,** ⓈFeynman, ℗°**Gödel,** ℗°Hempel, ℗Köhler, ℗Koyré, (℗S. A. Kripke), ℗Kuhn, ℗Th. Mann, ℗Maritain, ℗von **Neumann,** ℗Post, ᵕQuine, Ⓢ℗Rawls, ℗Russell, ℗Tarski, ⓈTuring (und ᵕH. Weyl) *20. Jh.*

Prostějov/Prossnitz N 4
Morava, Česko: *Husserl *19. Jh.*

*Providence* N 2
Rhode Island, U.S.A.: Gründung der Stadt, gleichzeitige Proklamation der individuellen religiösen Freiheit für die Angehörigen aller Religionen durch Roger Williams *1636; Brown University 1764,* ℗°Chisholm *20. Jh.;* in der Nachbarschaft → Newport

*Ptolemais hē hermeion/al-Mansha* W 2
Aigyptos/Miṣr: *Ptolemaios *2. Jh.* (?)

*Pu* O 2
Wei/Henan, Zhongguo: ᵛKong Zi *-5. Jh.*

*Puduchcheri/Pondichéry/Pondicherry* S 4, N 5
Tamilākam, Bhārat/India: französisch *1674–1954;* ⓈAnquetil-Duperon *18. Jh.,* ℗°Aurobindo *20. Jh.* (interkultureller Ashram *1910,* geleitet von der als »Mutter« verehrten Mira Richard *1926–°1973*)

*Pueblo Dwellers* K 7
U.S.A. (Southwest): Bewohner von »Dörfern« *pueblos* mit aneinander- und (mehrstöckig) übereinandergebauten Räumen; kulturelle Einflüsse aus Mesoamérica, → *Anasazi, Hohokam, Hopi, Mogollon, Navajo*

*Puerto Plata* N 5
Santo Domingo/La Española/República Dominicana: spanisch *1492–1821;* ᵕ**Las Casas** *16. Jh.*

*Pukhan-san/Samgak-san* O 3
bei S(e)ŏul, Han'guk: mittlerer der »Fünf Markberge« Han'guks

*Pumbedita/Peruz Shavur/al-Anbār* A 9
Babylōnia/'Irāq: herausragende jüdische »Akademie« *Yeshiva 259–9. Jh.* (Übersiedlung nach Baghdad), Blütezeit *3.–7. Jh.;* → ***Bābil/Babylōnia***

*Puri/Puruṣottama* S 1
Kalinga/Orissa, Bhārat/India: ᵛS(h)ankara (östliche seiner vier panindischen Klostergründungen) *7.–8. Jh.,* ᵛRamanuja *11. Jh.,* ᵕ°Caitanya, ᵛNanak, ᵛVallabha *15.–16. Jh.*

**Purushapura**/Puruṣapura/Peshāwar A 6, **S 1, 2, 5**
Gandhāra/Pākistān: Residenzstadt des Kushana-Reiches *1.–3. Jh.;* ᵕCaraka, ᵕAs(h)vaghosha, ᵕVasumitra *1.–2. Jh.,* (℗Maitreyanatha *3.–4. Jh.*?), *℗**Asanga,** *℗**Vasubandhu** *4. Jh.,* ᵛFaxian *5. Jh.,* ᵛXuanzang *7. Jh.,* ᵛNanak *15.–16. Jh.*

*Pushkinskie Gory/Mikhailovskoe* N 2
Region Pskov, Rossiia: väterliches Landgut und Verbannungsort Pushkins *19. Jh.*

Pusŏk-sa O 5
Sobaek-san, bei Yongju, Kyŏngsang-pukdo, Han'guk: buddhaitisches *Huayan-/Hwaŏm*-Kloster, gegründet von Uisang *676*

*Putuo Shan* O 3, 5
bei Ningbo, Zhejiang, Zhongguo: Wallfahrtsinsel am Seeweg von Zhejiang *(Ningbo)* nach Han'guk und Nihon, einer der vier buddhaitischen »Heiligen Berge«, Tempel der »Göttin der Barmherzigkeit« Avalokites(h)vara/Guanyin/Kwanseum/Kannon; ᵛYinyuan Longqi *17. Jh.,* ᵛKang Youwei *20. Jh.*

*Puy-de-Dôme* N 4
Berg bei Clermont-Ferrand, Auvergne, France: Experiment nach Anleitung von Pascal zur Bestätigung der Höhenrelativität des Luftdrucks *1648*

Puyang/Diqiu O 2
Henan, Zhongguo: Hauptstadt des Kleinstaates Wei *-629 bis -254;* ᵕ**Kong Zi** *-5. Jh.*

*Puyŏ/Sabi* O 5
Ch'ungch'ŏng-namdo, Han'guk: letzte Hauptstadt von Paekche *538–660* (frühe koreanische Glanzzeit der buddhaitischen Kunst, Vermittlung nach Nihon)

*P'yŏngyang/Wanggŏmsŏng/Sŏyang (»Westhauptstadt«)* O 3, 5
P'yŏngan-namdo, Han'guk: nach dem ältesten koreanischen Gründungsmythos Hauptstadt des Tan'gun, des halbhimmlischen Gründers des Staates Choson *-2333,* nach einer chinesisch-konfuzianischen Überlieferung (»Klassiker der Urkunden« *Shu Jing*) gegründet von Jizi/Kija, einem Shang-Vasallen von Wu Wang von Zhou *-11. Jh.;* Hauptstadt von Wiman Choson *-2. Jh.,* letzte Hauptstadt der chinesischen Kommandantur Lelang/Nangnang *-108 bis 313,* letzte Hauptstadt von Koguryo *427–668,* Hauptstadt von Choson/N-Korea *1948*

*Pyu/Piao* K 5, S 5
Myanmar: mit den Burmanen verwandte Population, frühe Träger und Vermittler südasiatischer Stadt- und Schriftkultur (Hindu- und Buddhadharma) auf dem Gebiet von Myanmar *-2. Jh.(?)–832,* heute ethnische Minderheit

*Qafza, Jabal/Qafzeh* A 2
bei an-Nāṣira/Nazerat, Filasṭīn: Fundstätte *(1933)* der (zusammen mit *Skhul*) bislang frühesten bekannten Fossilien des anatomisch modernen *Homo sapiens* außerhalb Afrikas *100 KJ vh* (mit Belegen für eine intentionale Bestattung der Toten)

al-**Qāhira**/al-Fusṭāṭ/Cairo **A** 6, **9, K 8, W 1, 4, 5,** S 5, **N 5**
Miṣr: arabische Gründung von al-Fustat (als Heerlager) *634,* fatimidische Gründung von al-Qahira (als Residenzstadt) *969,* mamlukisch *1250,* osmanisch *1517,* britisch *1882–1953;* kulturelles Zentrum in Misr nach Memphis und Alexandreia, *wissenschaftliche Institutionen: al-Azhar 972* (Ausbau zu einer Universität *13. Jh.*), »Haus der Weisheit« *Dār al-Ḥikma 1005–1171*
*Philosophen und andere herausragende Intellektuelle:* ᵕ°ash-**Shafi'i** *9. Jh.,* ᵕ°**Ibn** al-**Haytham** *10.–11. Jh.,* ᵛNasir-i Khosraw *11. Jh.,* °Halevi *12. Jh.,* ᵕ°**Maimonides** *12.–13. Jh.,* ᵛIbn al-'Arabi, ᵕIbn al-Baytar, ᵕIbn Sab'in *13. Jh.,* ᵕIbn Taymiyya

*14. Jh.*, ◡°**Ibn Khaldun** *14.–15. Jh.*, ⓈI. A. Luria *16. Jh.*, ◡J. Delmedigo *17. Jh.*, ⓅJ. Fourier *18.–19. Jh.*, ◡al-Afghani, ˅Chateaubriand, ˅Flaubert, ˅Haeckel, ˅Solov'ev, ˅R. Otto *19. Jh.*, ◡°'Abduh *19.–20 Jh.*, ⓅEvans-Pritchard, *W. D. Hamilton, ˅Iqbal, ˅Kang Youwei, ⓅKoyré, ˅Th. Mann, ⓅMassignon *20. Jh.;* in der Nachbarschaft → *Iunu/Hēliupolis*, ***Memphis***

Qal'at Ibn Salāma W 4
bei Frenda, al-Jazā'ir: ◡**Ibn Khaldun** (Rückzugsort) *14. Jh.*

*Qanbaliq* → **Beijing**

*Qara Balghas(s)un/Ordu Balik/Baliklik* A 6, K 5, S 5
Orhon-Tal, Monggol Ulus: Hauptstadt der östlichen Uyguren *744–840;* offizielle Übernahme der manichäischen Religion *764*, dokumentiert in einer Inschrift in sogdischer, türkischer und chinesischer Sprache; in der Nachbarschaft: (1) *Ötüken*, das nicht mehr genau lokalisierbare heilige Gebirge der frühen Türken, (2) Fundstätten *(1889)* alttürkischer »Runen« (Orhon-Enisei-Inschriften) *7.–8. Jh.*

*Qara Qorum/Karakorum/Kelahelin* A 6, S 5
Orhon-Tal, Monggol Ulus: Feldlager des Chinggis Qan *1220*, (ummauerte) Residenzstadt seiner Nachfolger *1235–60* (überlieferte Lehrreden des Chinggis Qan und seiner Söhne: *Bilig*), (˅Piano Carpini [aus Perugia] und Willem van Ruysbroek [bei Duinkerken] *13. Jh.*); in der Nachbarschaft → *Erdene Zuu*

*al-Qayrawān/Kairouan* A 9, W 1, 4
Tūnis: kulturelles Zentrum des nordwestafrikanischen Maghrib *670–1057;* ◡°Israeli *10. Jh.*

*Qazaqstan/Kazakhstan* W 5, S 5, N 5
russisch *18. Jh.–1991;* → *Fārāb*

*Qi* O 2
Shandong, Zhongguo: hegemonialer Staat zur Zeit des »Herzogs Huan von Qi« Qi Huan Gong *-685 bis -643* und der »Hundert Schulen« *Bai Jia -6. bis -3. Jh.*, Hauptstadt → **Linzi,** Ausgangsregion legistischer Reformen seit dem *-7. Jh.* und der *Yin-Yang*-Philosophie seit dem *-3. Jh.*

*Qi Shan/»Gabel-Berg«* K 6
Shaanxi, Zhongguo: Herkunftsregion (Zhouyuan) der Zhou-Dynastie *-11. Jh.*

*Qidan/Kitan/Kitai/Cathay* K 5, O 5
Dongbei, Zhongguo: mongolisch-tungusische Population, Träger der Liao-Dynastie *907–1125* (Residenzstadt: Beijing *927*), Wegbereiter der nachfolgenden nordchinesischen Fremddynastien; Schaffung zweier von der chinesischen Schrift ausgehender Silbenschriften *920/924;* Nachfolgestaat Qara-Kitai/Xi-Liao in Zentralasien (Balasaghun) *1128–1218*

*Qijia* K 6
bei Lanzhou, Gansu, Zhongguo: namengebende Fundstätte *(1924)* der bislang frühesten bekannten Bronzekultur in Zhongguo *-2000;* Pferde- und Schafzucht in der Xi-Zhou-Zeit *-11. bis -8. Jh.;* Kontakte mit sibirischen und zentralasiatischen Kulturen

*Qin* O 2
Shaanxi, Zhongguo: hegemonialer Staat zur Zeit der »Hundert Schulen« *Bai Jia -6. bis -3. Jh.* mit *Fa Jia* (»Gesetz-Schule«/»Legismus«) als vorherrschender Philosophie, Stammland der ersten chinesischen (das »Reich« einigenden) Kaiserdynastie *-221 bis -206*

*Qingcheng Shan* O 3
bei Chengdu-Dujiangyan, Sichuan, Zhongguo: daoitischer Berg, erster Sitz der »Himmlischen Meister« *Tianshi:* ◡Zhang Ling *3. Jh.*

*Qingdao/Tsingtau/Seitō* N 5
Shandong, Zhongguo: deutsches Pachtgebiet mit deutsch-chinesischer Universität *1897–1914* (◡R. Wilhelm *1899–1921*), ˅R. Otto, °Kang Youwei *20. Jh.*

*Qinnasrīn*/Qenneshrīn/Chalkis W 3, S 5
as-Sūriyya: *Iamblichos *3. Jh.;* syrisch-christliches Kloster: Foyer der Gelehrsamkeit und ihrer Vermittlung an das neue muslimische Umfeld (um den Polymath Severus Sebokht, früheste bekannte Erwähnung der indischen Ziffern außerhalb von S-Asien) *7. Jh.*

*Qipchaq/Kipchak* W 5
Zentralasien – O-Europa: türkische Population, dominierende administrative Rolle in der »Goldenen Orda« *Zolotaia Orda* und in deren Nachfolge-Qanaten *13.–18. Jh.*, kommerzielle und kulturelle (religiöse und literarische) Kontakte mit Iran (Khwarezm) und Misr

Qizhou/Qichun O 4
Hubei, Zhongguo: ⓈⓅHuineng und ⓈShenxiu *(Shuangfeng Shan) 7. Jh.*, ◡Qin Jiushao *13. Jh.*, *°Li Shizhen *16. Jh.*

*Qostanay/Kustanai* N 5
Qazaqstan: ◡Bakhtin (Verbannung) *20. Jh.*

*Quanzhou/Khānju/Zaytūn* S 5, O 1, 4
Fujian, Zhongguo: Überseehafen (Rückreise Marco Polos auf einem persischen Schiff *1291*, Ausgangsbasis für Ibn Battutas Chinareise *1345*); »Islamische heilige Gräber« *Yisilanjiao Shengmu* auf dem »Seelenberg« Ling Shan (nach der Überlieferung aus dem *7. Jh.*)

*al-Quds* → *Yerūshālayim*

**Qufu** A 6, **O 1, 2**
Shandong, Zhongguo: Hauptstadt von Lu *-1100 bis -256;* ◡Guan Zi *-7. Jh.*, Ⓟ°**Kong Zi** *-6. bis -5. Jh.* (staatliche Gedenkstätte *Kongmiao -2. Jh.*), ⓈMeng Zi *-4. Jh.* (?), ˅Wang Gen *16. Jh.*, ˅Kang Youwei, ˅Mao Zedong *20. Jh.*

*Quiché/K'iche'* K 7, N 5
Guatemala: Hochland-Maya-Population; herausragendes literarisches Zeugnis aus der vorkolumbischen Zeit Mesoaméricas: *Popol Vuh* (»Buch des Rates«), mythische und historische Überlieferungen der K'iche'-Maya, auf der Grundlage verlorener logosyllabischer Codices und mündlicher Überlieferung redigiert von Priestern (aus der von Pedro de Alvarado *1524* zerstörten K'iche'-Hauptstadt Utatlán im benachbarten Santa Cruz) zur Rettung ihrer Traditionen (in der Sprache der K'iche', jedoch in lateinischer Schrift)

*Quito* K 7
Ecuador: Hauptstadt einer amerindischen Konföderation *15. Jh.*, Verwaltungszentrum im nördlichen Endbereich des Inca-Staates und -Straßennetzes *1487–1534*, ˅A. von Humboldt *19. Jh.*

*Quynh Dôi* O 5
bei Vinh, Nghe An, Viêt Nam: *Familie von Ho Xuan Huong *18. Jh.*

*Rājagriha/Rājagrha/Rājagaha/Rājgīr* S 3
Magadha/Bihār, Bhārat/India: Residenzstadt des Königreiches Magadha *-6. bis -4. Jh.*, herausragender König *rāja* zur Zeit des Buddha: Bimbisara; ⓅMahavira und **Buddha** (mehr-

faches Regenzeitquartier) *-6. bis -4. Jh.*; »Erstes buddhaitisches Konzil« ein Jahr nach dem Tod des Buddha (Beginn der Kanonisierung der »Lehrreden« *sūtrāni*); *chinesische Pilger:* Faxian *5. Jh.*, Xuanzang, Yijing *7. Jh.* und Hyech'o *8. Jh.*; in der Nachbarschaft: »Geierspitze« *Gridhrakūta*, mehrfacher Rückzugsort des Buddha

*Rāmes(h)vara(m)/Rāmeśvara/Rāmeswaram/Adam's Bridge* S 4
Tamil Nādu, Bhārat/India: hinduitischer und muslimischer Wallfahrtsort auf der Insel Pamban; *Pilger:* S(h)ankara *7. Jh.* (?), Ramanuja *11. Jh.*, Madhva *13. Jh.*, Nanak, Vallabha und Caitanya *15.–16. Jh.*

Rangpur S 3
Bangladesh: ˅Nanak *15.–16. Jh.*, ◡Roy *19. Jh.*

*Rapa Nui/Isla de Pascua/Easter Island/Paaseiland* A 1
Insel im Pazifischen Ozean: austronesische Besiedlung in zwei Etappen *400/900 (?)*, Entdeckung durch Europäer (Niederländer) am Ostersonntag *1722*, Blütezeit der Kultur (monumentale Tuffsteinfiguren *moai*) *12.–17. Jh.*, »hieroglyphische« Markierungen mit ungeklärter Entstehungszeit (vor oder nach der Entdeckung der Insel *1722*), Inspiration, Struktur und Funktion (mnemotechnische Zeichen oder Wort-Silben-Schrift?)

*ar-Rashīd/Rosetta/Fort Saint-Julien* K 4
Miṣr: Fundstätte *(1799)* einer in zweifacher ägyptischer (hieroglyphischer und demotischer) und in hellenischer Schrift *-196* abgefaßten Steininschrift *(Pierre de Rosette)*, Grundlage für die Entzifferung der altägyptischen Schriften durch J. F. Champollion *1822*

Ratnagiri S 1
Kaliṅga/bei Cuthak, Orissa, Bhārat/India: buddhaitische Klosteruniversität mit überregionaler Ausstrahlung auf eine bis ins *12. Jh.* buddhaitisch geprägte Region, begründet *5. Jh.*, Blütezeit *7.–12. Jh.*; ©Dignaga *6. Jh.* (?)

*Rayy/Rey/Ragha(i)* **W 1**, 2, **4, 5,** S 5
Mēdia/Īrān: heute Stadtteil von Tehrān; ©at-Tabari *9. Jh.*, *°Abu Bakr ar-**Razi** *9.–10. Jh.*, ◡al-'Amiri, ˅al-Biruni (?) *10. Jh.*, *◡°Ibn Maskawayh *10.–11. Jh.*, ◡Ibn Sina *11. Jh.*, *Fakhr ad-Dīn ar-Razi *12. Jh.*

*Regensburg* A 9
Bayern, Deutschland: Brückenstadt an der mittelalterlichen Handelsstraße zwischen dem Kaspischen und Schwarzen Meer im O und dem Rhein- und Rhônetal im W; Zentrum ashkenazisch-jüdischer Spiritualität (um Judah Ben Samuel he-Hasid *°1217*) *12.–13. Jh.*; ◡Albertus Magnus (Bischof) *13. Jh.*, ◡Paracelsus *16. Jh.*, °Kepler, ◡Harvey *17. Jh.*

*Reting/Rva-sgreng/Lieting* S 1
Ü/Zentraltibet, Zhongguo: Kloster, gegründet vom Atis(h)a-Schüler Drom Tön/'Brom-ston *1057*, ◡Tsongkhapa *14.–15. Jh.*

Rheinsberg N 4
Brandenburg, Deutschland: ◡Friedrich (II) der Große *18. Jh.*

*Rhodopē/Rodopi* W 3
Thrakē/Hellas – Bulgariia: Gebirge mit Dionysosorakel (neben Lydia nach mythologischer Überlieferung eine der Herkunftsgegenden des Dionysoskultes), ˅Herodotos *-5. Jh.*

R(h)odos W 3
Stadt auf der gleichnamigen Insel im Ägäischen Meer, Hellas: römisch *-164*; ©°Eudemos *-4. bis -3. Jh.*, ©**Panaitios** *(Lindos) -2. Jh.*, ©**Poseidonios,** (©Caesar), ©Cicero, ©Lucretius *-1. Jh.*

*R(h)ōmania* W 5
Selbstbezeichnung des (oströmischen) Byzantinischen Reiches durch seine sich *Rhōmaioi* nennenden Bürger; → *Rūm, Rūm-ili, Rômania*

Ribemont N 4
bei Saint-Quentin, Picardie, France: *Condorcet *18. Jh.*

*Rīga* N 2, 4
Livland/Latvija: schwedisch *1621–1710*, russisch *1710–1918/1940–91*, deutschsprachige »Oberschicht« *1201–1918*; Erscheinungsort von Kants *Kritik der reinen Vernunft 1781*; ◡Hamann, ◡Herder *18. Jh.*, ◡Wagner, (*W. Ostwald), *N. Hartmann *19. Jh.*, *Berlin *20. Jh.*

*Robbeneiland/Robben Island* N 5
South Africa: niederländische, britische und südafrikanische Gefängnisinsel *1658–1996* (◡N. Mandela *20. Jh.*)

*Rochester* N 5
New York, U.S.A.: Universität *1850*, Verlagsort der frühesten »schwarzen« Zeitung *North Star/Frederick Douglass's Paper 1847–60*, Ausgangsort der spiritistischen Bewegung *(Rochester rappings) 1848*; ◡°L. H. **Morgan** *19. Jh.*, (◡°S. B. Anthony, Protagonistin der *Woman-Suffrage*-Bewegung, *19.–20. Jh.*)

**Roma**/Rhōmē/Rūmiya **A 4, 6,** 8–11, K 5, 8, **W 1–4, N 1, 2,** 5
Italia: etruskische Stadtgründung *-650* (nach der Überlieferung *-753*), Anfänge der lateinischen Schriftkultur *-600*, *Res publica -509 (?)*, Kodifikation des Gewohnheitsrechts (»Zwölftafelgesetz« *lex duodecim tabularum*) *-450*; direkte Konfrontation mit einer südwestasiatischen Gesellschafts-, Rechts- und (Land-)Wirtschaftskonzeption über die kommerziellen und kriegerischen Beziehungen mit Carthago *-6. bis -2. Jh.* und Aufstieg zur Mittelmeermacht *-264*, Anfänge des »Philhellenismus« und der Verbindung von römischer Rechtswissenschaft und stoischer Philosophie (im »Scipionenkreis« um Scipio Africanus Minor) *-2. Jh.*; *Imperium Romanum -27 bis 476* (Verlegung der Hauptstadt nach Konstantinupolis/*Secunda Roma* und der Residenz der weströmischen Kaiser nach Mediolamum/Milano und Ravenna *4. Jh.*); Rezeption (in weitgehend hellenisierter Gestalt) von Kultur, Religion und Philosophie aus der »Nīl–Āmū Daryā-Region« und gleichzeitig klassische (und geschichtlich einzigartige) Ausbildung der Rechtswissenschaft *-1. bis 3. Jh.* (*herausragende Rechtsphilosophen:* Iuventius Celsus Filius, Gaius, Iulianus, Papinianus, Iulius Paulus und Ulpianus *2.–3. Jh.*); Sitz der (römisch-katholischen) Päpste *1. Jh.* und ihres Kirchenstaates *756–1870*, Universität *1303*, Zentrum der kulturellen Renaissance (in Verbindung mit Firenze) *15.–16. Jh.* und der katholischen Gegenreformation *16.–17. Jh.*, Zentrum der aufkommenden klassischen Altertumswissenschaften und des ästhetischen Klassizismus *18.–19. Jh.*; *»Philosophen-Kaiser«:* Marcus Aurelius *2. Jh.*, Iulianus Apostata (keine römische Residenz) *4. Jh.*; *»Philosophen-Päpste«:* Gerbertus Aureliacensis/Silvester II *10.–11. Jh.*, Petrus Hispanus II/Ioannes XXI *13. Jh.*, Enea Silvio Piccolomini/Pius II *15. Jh.*, Leo XIII (Initiator der katholischen Sozialphilosophie mit der Enzyklika *Rerum novarum 1891*)
*professionelle Philosophen und andere herausragende Intellektuelle:* (˅Krates Mallotes), ◡Polybios, Philosophendelegation aus Athenai *(-156 bis -155):* Diogenes Babylonios *(Stoa)*, Karneades *(Akadēmeia)*, Kritolaos *(Peripatos)* und Kleitomachos von Carthago (Begleiter?), ©Panaitios *-2. Jh.*, ◡**Ci-**

**cero,** ˅Diviciacus, ⓢIuba II, ◡Lucretius (?), ⓔPhilodemos, ⓔPhilon von Larisa, ˅Poseidonios, ⓢ◡Strabon, ◡Vergilius und ◡Vitruvius *-1. Jh.*, ◡Ovidius *-1. bis 1. Jh.*, ◡°Paulos Apostolos, ˅Philon von Alexandreia, ◡Plinius Maior, ˅Plutarchos, ◡°**Seneca** *1. Jh.*, (◡Plinius Minor), ⓢⓔEpiktetos, ◡Tacitus *1.–2. Jh.*, (ⓔ°Justinus), ˅Klemens von Alexandreia, ˅Numenios (?) *2. Jh.*, ◡°**Galenos,** ◡**Sextos Empeirikos** (?) *2.–3. Jh.*, ˅Origenes, ⓔ**Plotinos** *3. Jh.*, ◡°Porphyrios, ◡Iamblichos *3.–4. Jh.*, ◡Augustinus *4. Jh.*, *Boethius *5. Jh.*, ◡Cassiodorus *6. Jh.*, °Konstantinos-Kyrillos *9. Jh.*, ˅Lanfrancus, ˅Anselmus *11. Jh.*, ˅A. Ibn Ezra *12. Jh.*, *Aegidius Romanus, ˅Alexandrus Halensis, ˅Bonaventura, ˅Michael Scotus, ˅Moerbecka, ˅Thomas Aquinas *13. Jh.*, ˅Llull *13.–14. Jh.*, ˅Arnaldus de Villa Nova, ˅Marsilius da Padova, ˅Petrarca *14. Jh.*, ˅Agricola, ◡Bessarion, ◡°Georgios Trapezuntios, ˅Cusanus, ˅Pico della Mirandola, ◡°Regiomontanus und *°Valla *15. Jh.*, ◡°**Bruno,** ◡°Cardanus, ⓢCopernicus, ˅Erasmus, ⓢLipsius, ◡Leonardo da Vinci, ˅Luther, ˅Montaigne, ⓢRicci, ⓢSanches und ⓔ**Suárez** *16. Jh.*, ◡Campanella, ⓢde Nobili *16.–17. Jh.*, ˅Descartes, ˅**Galilei** (Verurteilung *1633*), ⓔ°Kircher, ˅Hobbes, ˅Harvey, ˅Leibniz *17. Jh.*, ◡Noël, ˅Montesquieu, ⓔBoscovich, ˅Buffon, ◡Winckelmann, ˅Swedenborg, ˅Goethe *18. Jh.*, ⓢBenussi, ˅Chateaubriand, ˅Emerson, ˅Flaubert, ◡Gogol', ˅A. und ◡W. von Humboldt, ⓔ°Moleschott, ˅Krause, ˅Newman, ˅Nietzsche, ◡Renan, ◡Rolland, ⓔRosmini-Serbati, ˅Rückert, ˅A. W. und F. Schlegel, ◡Shestov, ˅Staël und ˅Turgenev *19. Jh.*, ◡Croce, ◡Th. Mann *19.–20. Jh.*, ˅Kang Youwei, ◡°Santayana, ◡°Gramsci, ˅Heidegger (und ◡K. Löwith), ˅Iqbal, ⓢKagame, ˅Tagore und ˅Tempels *20. Jh.*, (°B. Williams *21. Jh.*)

*Roma (»Cygany«/»Zigeuner«)* N 5
Bas(s)arabia/Moldova – Ukraina: Sinti und Roma, in Europa erstmals *1422* dokumentiert; ˅Pushkin *19. Jh.*

*România/Rumänien* K 3–5, W 2, 5, **N 4**
römisch (Dacia) *106–270*, gotisch *3.–4. Jh.*, partiell slavisch *7. Jh.*, osmanisch *1460*, russisch *1829–66*; → *Rhōmania, Transilvania*

*Rong* und *Di* K 6
NO- und N-Zhongguo: nach der traditionellen chinesischen Historiographie »barbarische« Nachbarpopulationen der frühen Zhou *-2. bis -1. Jt.*

*Roskilde* W 4
bei København, Danmark: Residenz der dänischen Könige *11. Jh.–1443*; Dominikanerkloster *1231* (Ausbildungsstätte namhafter dänischer und südschwedischer Gelehrter mit dem Beinamen *Dacus* oder *de Dacia* in Paris und Bologna), ◡Martinus Dacus *13. Jh.*; → *Dacia*

*Rossi(i)a/Rossija/Rußland* A 6, 8–11, K 1, 2, 5, 6, **W 1**, 2, **4**, 5, S 5, **N 2–5**
Rossiiskaia Imperiia/Federatsiia: zusammen mit Türkiye einziger verbliebener Staat mit zugleich europäischen und außereuropäischen Gebieten größeren Umfangs

Rostock N 4
Mecklenburg, Deutschland: Universität *1419*; °Grotius, ⓢ◡Jungius *17. Jh.*, ◡Swedenborg, ⓢTetens *18. Jh.*, ⓔJhring, ◡E. von Hartmann *19. Jh.*, ◡ⓔSchlick *20. Jh.*

Rotterdam N 4
Holland, Nederland: *Erasmus *15. Jh.*, ◡Grotius, ◡Locke, ◡Cavendish, *Mandeville *17. Jh.*, ⓔ°**Bayle** *17.–18. Jh.*, *Brouwer *(Overschie) 19. Jh.*

Rouen N 2, 4
Normandie, France: ◡A. Ibn Ezra *12. Jh.*, ◡Nicolaus Oresmius *14. Jh.*, ◡Pascal, *Fontenelle *17. Jh.*, ˅Staël und A. W. Schlegel, *°Flaubert, ⓢHearn *19. Jh.*, ⓔBeauvoir *20. Jh.*

Rueil
bei Paris, Val d'Oise, France: °Cabanis *19. Jh.*

*Rūm/Bilād ar-Rūm* A 8, W 5
arabische und türkische Bezeichnung (1) für die Römer, Byzantiner und die mit diesen in Verbindung gebrachten Christen *(Rum Ortodoks)* sowie für das Byzantinische Reich *(Rhōmania)*, (2) in einem engeren Sinn für *Anadolu*

*Rūm-ili/Rūmeli* W 5
Balkan/SO-Europa: osmanische Bezeichnung für den europäischen (vormals oströmisch-byzantinischen) Teil ihres Reiches

*Rußland* → *Rossiia*

*Rwanda* K 8, N 5

*Saba'/Sheba* K 3–5, 8
al-Yaman: Königreich und überregionale Handelsmacht *-1. Jt. bis 6. Jh.*; protoarabische (»südsemitische«) Schriftkultur *-10. Jh.* (wiederentdeckt von C. Niebuhr *18. Jh.*), kulturelle Ausstrahlung auf die benachbarten Regionen Afrikas *-5. bis 6. Jh.*, vor allem in der Zeit der äthiopischen Oberhoheitsansprüche *4.–6. Jh.*

Sabzevār/Sabzawār W 5
Khorāsān, Īrān: *ⓔ°Sabzawari *18.–19. Jh.*

*Sadoshima* O 5
Niigata Ken, Nihon: ˅Kukai *9. Jh.* (?), Verbannungsinsel von Nichiren *13. Jh.* und Zeami *14. Jh.*

*aṣ-Ṣaḥrā'/Sahara (»die Wüste«)* A 2, **K 2**, 5, **8**
neolithische Kulturregion: Domestikation von Pflanzen und von (aus N-Afrika importierten?) Rindern in einer feuchten Periode *-7. bis -3. Jt.*, damit verbunden Verbreitungsregion der nilosaharischen und der afroasiatischen (»hamitosemitischen«) Sprachfamilie, im Verlauf der Austrocknung Verschiebung der Saharakulturen ins Niltal und in die Sudanzone; → *Ahaggar, Tassili*

*Saint-Acheul* K 1
Amiens, Picardie, France: namengebende Fundstätte *(1850)* paläolithischer Faustkeile (symmetrisch gehauen, ein mentales Modell voraussetzend?), charakteristisch hauptsächlich für *Homo erectus* und *ergaster* (*Acheuléen:* in *Olduvai* bereits *1,5 MJ vh*, in SW-Asien *(al-'Ubaydiyya) 1 MJ vh*, in Europa *500–100 KJ vh*)

*Saint-Césaire* K 1
bei Saintes, Charante, France: Fundstätte später Neandertaler-Fossilien *36 KJ vh* zusammen mit jungpaläolithischen *Aurignacien*-Werkzeugen, als späte Entlehnung oder Nachahmung der Werkzeugtechnik des anatomisch modernen »Cro-Magnon-Menschen« interpretiert

*Saint-Denis* N 2
bei Paris, France: Kloster und Klosterschule zu Ehren des Dionysius Areopagita, des Stadtheiligen von Paris *625*; ◡Abélard *12. Jh.*

*Saint Elias, Mount* A 1, Z
Alaska – Canada: vom ersten neuzeitlichen europäischen Entdecker NW-Amerikas, dem Dänen V. Bering (in russischen Diensten), am *16. 7. 1741* gesichteter Berg

*Saint-Julien* N 4
bei Lyon, France: *Bernard *19. Jh.*

Saint-Maur-des-Fossés N 4
Paris, Val-de-Marne, France: ℗Senghor *20. Jh.*

*Sais/Ṣā 'l-Ḥajar* K 4, W 3
Kemet/Aigyptos: Residenzstadt der 24. und 26. Dynastie *-8. bis -6. Jh.*, herausragender Herrscher: Psamtek (Psammetichos I) *-664 bis °-610;* Heiligtum der Göttin Neith (von den Hellenen mit Athene gleichgesetzt); Kontakte mit Hellas (über Kaufleute und Söldner) in der »orientalisierenden Phase« der hellenischen Kultur; ˅Solon *-7. bis -6. Jh.*, ˅Herodotos *-5. Jh.*

*Saka/Shaka/Śaka/Sai/Indo-Skythai (»Indoskythen«)* K 6, W 2
iranische Population, Staatsgründungen in Zentralasien, SW-Asien und im nordwestlichen S-Asien, synkretisierende Kulturen *-1. bis 1. Jh.;* → *Gandhāra, Khotan*

*Sakai* O 5
bei Ōsaka, Kansai, Nihon: Hafenstadt, Blütezeit *15.–16. Jh.* (Handel mit Ming-Zhongguo und Han'guk), Zentrum der Teekultur und -philosophie *chadō,* herausragende »Teemeister« *sokyu:* Sen no Rikyu, (Tsuda Sokyu und Imai Sokyu) *16. Jh.;* ◡Ikkyu *15. Jh.*

*Sakartvelo/Sak'art'velo/Georgia/Gurjistan/Gruziia* K 4, 5, W 2, 4, 5
antike Regionen: Kolchis (hellenischer Einflußbereich *-7. Jh.*, nach mythischer Überlieferung: *Medea) und Iberia (iranischer Einflußbereich *-6. Jh.*); Konversion zum Christentum *4. Jh.* und Schaffung einer eigenen Schrift *5. Jh.;* »Goldene Zeit« *980–1250,* »Silberne Zeit« *1500–1800,* russisch *1783/1801–1991*

Sāketa → **Ayodhyā**

**Sakya**/Sa-skya/Sajia A 6, **S 1, 3, 5, O 1**
Tsang/W-Zentraltibet, Zhongguo: herausragendes tibeto-buddhaitisches Kloster und philosophisches Zentrum der *Sakyapa*-Lehrrichtung (Erkenntnispsychologie und -logik ausgehend von Dharmakirti), gegründet *1073* von Könchog Gyelpo, einem Schüler des Übersetzers Drogmi, politische und kulturelle Blütezeit *12. Jh.;* ˅Atis(h)a *11. Jh.*, ℗**Sakya Pandita** und Ⓢ℗Pagpa Pandita *12. Jh.*, ⓈTsongkhapa *14. Jh.*

Salamanca A 6, W 1, **N 2,** 5
Castilla, España: Universität *1218,* herausragende philosophische Lehrstätte in Europa im spanischen *Siglo de oro 16. Jh.;* ℗°**Vitoria,** Ⓢ℗**Suárez,** Ⓢ℗Báñez, ⓈMolina, ˅Teresa de Ávila *16. Jh.*, ⓈCalderon *17. Jh.*, ℗°Unamuno *19.–20. Jh.*

*Saldanha/Elandsfontain* A 1
bei Hopefield, Cape Province, South Africa: Fundstätte *(1953)* des Schädels eines archaischen *Homo sapiens 300 KJ vh*

*Salerno* W 4
Campania, Italia: normannosizilianisch *1077–1282,* Universität mit modellhafter medizinischer Fakultät *1231;* ◡Constantinus Africanus *11. Jh.*, ◡Adelardus Bathensis *12. Jh.*, ◡Petrus Hispanus I *13. Jh.*, ◡Arnaldus de Villa Nova (Autor des *Regimen Sanitatis Salernitatum*) *13.–14. Jh.;* in der Nachbarschaft: *Vatolla,* ◡Vico *17. Jh.*

*Salzburg* N 4
Österreich: Universität *1623,* Foyer musikalischer Kultur (*◡Mozart) *18. Jh.;* ℗Hayek *20. Jh.*

*Samarqand/Samarkand/Marakanda* K 4, **W 5,** S 5, N 1
Mā Warā' an-Nahr, Uzbekiston: kommerzielles und kulturelles Zentrum an der Seidenstraße, Hauptstadt der persischen Provinz Sugda/Sogdiane *-4. Jh.*, muslimisch *712,* Hauptstadt des Timur Leng und der ihm folgenden Timuriden (Glanzzeit) *1369–1500;* Universität und Observatorium *1420/1425;* ˅Xuanzang *7. Jh.*, ˅Hyech'o *8. Jh.*, ◡°al-Maturidi *10. Jh.*, ◡al-Khayyam *11. Jh.*, ◡Fakhr ad-Din ar-Razi, ⓈChishti *12. Jh.*, ˅Rumi *13. Jh.*, ◡°at-Taftazani *14. Jh.*, ◡°**Ulugh Beg,** ℗°al-Kashi *15. Jh.*

*Samoa* N 5
Inselgruppe im Pazifischen Ozean: austronesische Besiedlung *-1400 (?);* anthropologisches Studienobjekt *20. Jh.*, ˅M. Mead (Insel Tau) *1925–26/1936–39:* These der Kulturrelativität von Aggressivität und psychologischer Geschlechterdifferenz, vermeintliche Belege für die »neorousseausche« These der Friedfertigkeit, Toleranz und sexuellen Freizügigkeit der Menschen in einem »vorzivilisierten Naturzustand« (einer methodologischen und inhaltlichen Revision unterzogen durch D. Freedman *1983*); → *Yanomani*

Samos W 3
Insel im Ägäischen Meer, Ionia/Hellas: monumentale Tempelanlage *Hēraion,* Begegnungsstätte »orientalischer« (südwestasiatischer und ägyptischer) und hellenischer Kunst in der »orientalisierenden Phase« der hellenischen Kultur *-750 bis -650;* ◡Aisopos, ***Pythagoras** *-6. Jh.*, ◡Herodotos, ◡Melissos, ◡Perikles, ˅Sokrates *-5. Jh.*, *Epikuros, *Aristarchos *-4. Jh.*

*Samye/bSam-yas/Samyaii* S 1, **3,** O 1
Ü/Zentraltibet, Zhongguo: erstes buddhaitisches Kloster in Tibet, gegründet von S(h)antarakshita und Padmasambhava *775* nach dem Modell des indischen Klosters *Odantapuri;* Disputation zwischen dem indischen *Tantra-yāna*-Mönch Kamalas(h)ila und einem chinesischen *Chan-/Zen*-Mönch aus Dunhuang (Sieg der indischen Lehrrichtung vom Stufenweg zur Erweckung über die *Chan*-These von der plötzlichen Erweckung) *792;* ⓈTsongkhapa *14. Jh.*

*San Augustín* K 7
Colombia: Fundstätte einer komplexen N-Andenkultur (monumentale Tempel- oder Grabhügel) *-500 bis 1500*

*Sānchī/Sāñcī/Kākanāda* S 2
Madhya Pradesh, Bhārat/India: urtümlicher Stupa, vom Maurya-Herrscher As(h)oka errichtet *-3. Jh.*, eines der frühesten erhaltenen Steingebäude in S-Asien nach und außerhalb der Harappa-/Indus(tal)-Kultur, wiederentdeckt *1818,* restauriert *1912;* ◡Mahinda und Sanghamitta *-3. Jh.* (?), ˅Jung *20. Jh.*

*San Francisco* N 5
California, U.S.A.: wichtigster Handelshafen der U.S.A. am Pazifischen Ozean *19.–20. Jh.;* ◡J. Fröbel, ˅Bakunin, ◡G. Stein *(Oakland) 19. Jh.*, ◡Losskii *(Palo Alto) 20. Jh.;* in der Nachbarschaft → *Berkeley*

*Sangiran* A 2, 3
bei Surakarta/Solo, Java: Fundregion *(1969)* einer großen Zahl von Fossilien des *Homo erectus* (»Java man/Solo man«) *1,7 MJ vh (?)*

*Sangju* O 5
Kyŏngsang-pukdo, Han'guk: Verfolgung von Schamaninnen *mudang* durch An Hyang, einen frühen Vertreter der neokonfuzianischen Philosophie in Han'guk *1273*

*Sangri/Zangs-ri* S 3
Ü/Zentraltibet, Zhongguo: buddhaitisches Nonnenkloster; ◡°Machig Labdrön *11.–12. Jh.*

*Sāni/Sa-ni* S 2
Zānskār, Kashmīr: Kloster *Kanika (8. Jh.?),* benannt nach dem überlieferten Gründer, dem Kushana-Herrscher Kanishka *(2. Jh.);* ˅Padmasambhava *8. Jh.* (?), ˅Naropa *11. Jh.*

*San José Mogote* K 7
bei Monte Albán, Oaxaca, México: Fundstätte *(1966)* einer formativen Phase der mesoamerikanischen Kulturen außerhalb der Olmeca-Region (*San-José*-Phase *-1150 bis -850*), kultisches Zentrum der Zapoteca mit frühen Piktogrammen

*Sankt Gallen* W 4
Schweiz: Benediktinerkloster *719/747–1805,* Foyer früher deutscher Schriftkultur *9.–11. Jh.;* ◡°Notker Labeo *10.–11. Jh.*, ◡Paracelsus *16. Jh.*

***Sankt-Peterburg**/Petrograd (1914–24)/Leningrad (1924–91)*
**A 6,** 9, **W 1, N 2–5**
Rossiia: Hauptstadt *1711–1918,* herausragende Zaren: Petr Velikii (»Peter der Große«) und Ekaterina Velikaia (»Katharina die Große«) *17.–18. Jh.;* Akademie *1725,* Universität *1819*
*Philosophen und andere herausragende Intellektuelle:* ⓢⓟD. Bernoulli, ˅Diderot, ⓟ°Euler, ⓢG. Forster, ⓟ°Lomonosov *18. Jh.*, ◡Shneur *18.–19. Jh.*, (*L. Andreas-Salomé), ⓟvon **Baer,** ⓢ◡Bakunin, ◡°Belinskii, *Cantor, ⓢ◡Chernyshevskii, ⓢ◡°**Dostoevskii,** ◡°Gogol', ˅A. von Humboldt, °Kireevskii, ◡Kropotkin, ⓢⓟLavrov, ◡Lermontov, ˅Lobachevskii, ◡de Maistre, ⓢ◡°**Pushkin,** ˅A. W. Schlegel, ⓟ**Solov'ev,** ˅Staël und ◡Turgenev *19. Jh.*, ◡Dorzhiev, ⓟS. L. Frank, ◡Lenin, ⓢLeśniewski, ⓢⓟLosskii, ⓢⓟ°Mendeleev, ◡°Mikhailovskii, ⓢⓟ°Pavlov, ⓟPetrażycki, ◡Rozanov, ⓢⓟ**Shcherbatskoi,** ◡Shestov und ◡**Tolstoi** *19.–20. Jh.*, ⓢ◡Bakhtin, ◡Berdiaev, ◡Berlin, ⓢN. Hartmann, ⓢⓟHessen, ˅Malraux, ˅Masaryk, ◡Miłosz, ˅Russell, ◡Trotskii, ⓟVygotskii und ˅Wittgenstein *20. Jh.*

*Şanlı Urfa* → *Urhoy*

*San Lorenzo* K 7
Golfo de México: kultisches Zentrum der Olmeca *-1100 bis -900* und *-600 bis -400* (in der formativen Phase der mesoamerikanischen Kulturen)

*San Pablito* K 7
Sierra de Puebla, México: traditionelles »Papiermacherdorf«; Herstellung von Papier aus der Rinde des Feigenbaums

*Santa Cruz del Quiché* K 7
Guatemala: Ort der Redaktion des *Popol Vuh* (»Buch des Rates« der *K'iche'*) um *1555,* erhalten in einer Abschrift um *1700* aus dem benachbarten Santo Tomás Chichicastengo; → *Quiché*

*Santarém* K 7
Amazônia, Brasil: Fundregion früher Keramik (ein Jahrtausend vor Perú) in S-Amerika *-4000*

Santpoort N 4
bei Haarlem, Holland, Nederland: ◡Descartes *17. Jh.*

*Sanxingdui* K 6
Guangshan bei Chengdu, Sichuan, Zhongguo: städtisches Kultzentrum *-28. bis -11. Jh.*, Fundstätte *(1929/1986)* einer weitgehend eigenständigen regionalen Kultur (Jade- und Bronzeartefakte), von der Archäologie mit dem historiographisch überlieferten Staat Shu assoziiert

*Sapta Sindhavah (»Siebenstromland«)* K 2, 3, **S** 1, **2**
Pākistān – Bhārat/India: Gebiet zwischen dem Mittellauf des Flusses Kabul im NW, dem Sindhu/Indus, seinen großen Nebenflüssen und dem (später ausgetrockneten) Fluß Sarasvati im SO, frühestes Siedlungsgebiet der Indoaryer in S-Asien, Entstehungsgebiet der frühesten Texte des *Veda* (Hymnen des *Rigveda*) *-1500 bis -1000;* später verkürzt auf Panjab/Punjab (»Fünfflußland«); ◡Bharata und Vyasa (mythisch); ◡**Panini** *-5. bis -4. Jh.;* → *Gandhāra, Kekaya,* ***Kurukshetra***

*Saqāliba/Slavia* A 9
jüdische und lateinische Bezeichnungen der slavischen Länder

*Saqqaq* A 1
Kalaallit Nunaat: namengebende Fundstätte einer Vor-Thule-Kultur der Inuit/Kalaallit in NO-Canada und auf Grønland *-4. bis -1. Jt.*, früheste (anfänglich diskontinuierliche) Besiedlung von Grønland *-3. Jt.*

*Sarai-Bātū/Sarāy al-Qadīm/Starii Sarai (»Alt Sarai«)* W 1, 4
bei Astrakhan', Rossiia: interkulturelles Handelszentrum und erste Hauptstadt der »Goldenen Orda [Horde]« *Zolotaia Orda 1242–1480,* gegründet von Batu Qan; (˅Piano Carpini [aus Perugia] und Willem van Ruysbroek [bei Duinkerken] *13. Jh.*), ◡at-Taftazani, (˅Ibn Battuta) *14. Jh.*

*Sarai-Berke/Sarāy al-Jadīd/Novii Sarai (»Neu Sarai«)* W 1, 4
bei Volgograd, Rossiia: interkulturelles Handelszentrum und zweite Hauptstadt der »Goldenen Orda [Horde]« *Zolotaia Orda 1340–1395/1480,* gegründet von Berke Qan *1260* (?), Blütezeit *14. Jh.*

Saraqusta → Zaragoza

*Sarasvatī* K 3, 4, **S** 1, **2**
Haryāna – Rājasthān, Bhārat/India: neben Sindhu/Indus und Ganga namhaftester »göttlicher« Fluß des *Veda;* (mit der Flußgöttin gleichgesetzte) Göttin der Künste (Musik und Rhetorik) und der Wissenschaften, nach mythischer Überlieferung Erfinderin der Sanskrit-Sprache und der Brahmi-Schrift; ◡Vyasa (mythisch); → *Kalibangam (»Sindhu–Sarasvatī Civilization«)*

*Sarde(i)s/Sparda/Gediz* W 2, 3
Lydia/Türkiye: Hauptstadt des Königreiches Lydia *-700* und der nachfolgenden persischen Satrapie Sparda *-546 bis -334;* *Alkman *-7. Jh.* (?), ˅Aisopos, ˅Solon *-6. Jh.*, ˅Xenophon *-5. Jh.*, ˅Polybios *-2. Jh.*, ⓢArkesilaos *-4. Jh.*, ˅Plutarchos *1. Jh.*

Sārnāth/Sāranātha S 1, 3
bei Varānasī, Uttar Pradesh, Bhārat/India: »Seherhain« oder »Gazellenhain« *Rishipatana/Isipatana,* Stätte der ersten Lehrrede des **Buddha** von den »Vier edlen Wahrheiten« und damit der »ersten Drehung des Rades der Lehre« *dharma-cakra-pravartana -6.* oder *-5. Jh.*, *As(h)oka*-Säule mit dem Relief des »Rades der Lehre« *-3. Jh.; chinesische Pilger:* Faxian *5. Jh.*, Xuanzang, Yijing *7. Jh.* und Hyech'o *8. Jh.*

Sárospatak N 4
Magyarország: ⓟComenius *17. Jh.*

*Saurāshṭra/S(a)urāṣṭra* K 5, **S** 1, **2**
Gujarāt, Bhārat/India: historischer Name der Kathiawar-Halbinsel und einzelner ihrer Staaten; Zentrum des Jainadharma; *Baratha I *6. Jh.*, *S(h)antideva *7. Jh.*, ⓟYas(h)ovijaya *17. Jh.* (?)

*Saylac/Zeila* K 8
bei Djibouti, Soomaliya: Hafenstadt, arabischer Brückenkopf an der nordostafrikanischen Küste *9.–19. Jh.*

*Schlesien* → *Śląsk*

*Schöningen* K 1
bei Helmstedt, Niedersachsen, Deutschland: Fundstätte *(1994)* der bislang frühesten bekannten Holzartefakte (Speere aus Fichtenholz) *400 KJ vh*

Schulpforta/Pforta N 4
bei Naumburg, Sachsen-Anhalt, Deutschland: evangelische Landesschule *1543;* Schüler: (F. G. Klopstock, G. E. Schulze), Fichte, Möbius *18. Jh.*, (L. Ranke), Deussen, Nietzsche *19. Jh.*

*Schweiz/Suisse/Svizzera/Svizra* A 6, **W 1**, 4, **N 2–5**

*Scotia/Scotland* K 5, **W 1, 4, N 2**, 3
Ireland – Great Britain: (1) *Scotia,* mit der Übersiedlung der Scoti von der irischen auf die britische Insel mitübertragener Name, Verwendung des geographischen Beinamens *Scotus* für Philosophen irischer (Scotus Eriugena), schottischer (Duns Scotus) sowie nicht mehr bestimmbarer Herkunft (Michael Scotus); (2) *Scotland,* (im Mittelalter zusammen mit Ireland) »philosophische Provinz« mit außergewöhnlichem Flair (in bezug auf Originalität, geographische Abgeschiedenheit und Ausstrahlung mit Kashmir in S-Asien vergleichbar); Rekrutierung der frühen iroschottischen Mönche aus dem Stand der Druiden; *Scottish Philosophy:* durch *common sense* ausgezeichnete philosophische Richtung *18.–20. Jh.*, Zentren → Aberdeen, **Edinburgh,** Glasgow und (in Australia) Sydney

*Sefārad* A 9
traditionelle jüdische Bezeichnung für die Iberische Halbinsel; → *(al-)Andalus*

*Selānīk* → *Thessalonikē*

*Seleukeia/Tall 'Umar* W 2, S 5
Mesopotamia/'Irāq: Schwesterstadt von *Ktesiphon* am gegenüberliegenden rechten Dijla-/Tigrisufer, östliches Verwaltungszentrum der Seleukiden *-312 bis -63;* *Diogenes Babylonios *-3. Jh.*, (ⓔArchedemos von Tarsos, *Apollodoros von Seleukeia *-2. Jh.*)

*Sembiran* S 5
Bali, Indonesia: antiker Handelshafen, Fundstätte *(1989)* von Kharoshthi-Schriftzeichen und von indorömischen Artefakten in der Art der im südindischen Arikamedu ausgegrabenen Fundstücke *1.–2. Jh.*

*Semey/Semipalatinsk* S 5
Qazaqstan: ◡Dostoevskii (Zwangsmilitärdienst) *19. Jh.*

Sendai N 5
Tōhoku, Nihon: drittes Zentrum (neben Tokyo und Kyoto) der Rezeption kontinentaleuropäischer Philosophie in Nihon im *20. Jh.;* ᵛBasho *17. Jh.*, ⓢLu Xun, ⓔTanabe Hajime, ᵛEinstein, (ⓔE. Herrigel, K. Löwith und K. Singer) *20. Jh.*

*Sénégal/Sounougal* K 7, N 5

*Sera/Se-ra/Sela* S 3
bei Lhasa, Ü/Zentraltibet, Zhongguo: ⓔTsongkhapa *14.–15. Jh.;* zusammen mit Ganden und Drepung eine der drei großen tibetobuddhaitischen Klosteruniversitäten, gegründet vom Tsongkhapa-Schüler Jamyang Chöje *1419*

*Sergiev Posad* → *Troitse Sergieva Lavra*

*Serkhar Guthok* S 3
Lhodrak, Tibet, Zhongguo: Landgut des Marpa mit einem von Milarepa erbauten Wehrturm *1080; Kagyüpa*-Kloster, gegründet vom Milarepa-Schüler Dakpo Gampopa *12. Jh.*

*Sēstān/Sīstān/Sijistān/Harauvatish/Arachōsia* W 5
Īrān – Afghānestān: *as-Sijistani *al-Mantiqī,* (*Abu Ya'qub as-Sijistani) *10. Jh.*, *Chishti *12. Jh.*

*Šeteniai/Szetejnie* N 4
bei Kedainiai, Lietuva: russisch *1793–1915;* *Miłosz *20. Jh.*

*Sevagram* S 1
bei Wardha, Mahārāshtra, Bhārat/India: ◡Gandhi: Ashram und zweites Hauptquartier der »Festhalten-an-der-Wahrheit«-/*satya-graha*-Bewegung *1936*

Sevilla/Ishbīliya W 4
Andalucía, España: muslimisch (al-Andalus) *712–1248,* Universität *1254;* °Isidorus de Sevilla *7. Jh.*, ◡Halevi *11. Jh.*, ◡Ibn Bajja, ◡Ibn Rushd, ⓢIbn al-'Arabi, ⓢ◡Ibn al-Baytar *12. Jh.*, ᵛIbn Khaldun *14. Jh.*, *Las Casas *15. Jh.*, ◡Cervantes *16.–17. Jh.*, ᵛW. von Humboldt, ᵛKang Youwei *20. Jh.*

S(h)ākala → Sialkot

*S(h)ākya/Śākya/Sākiya* S 3
Kos(h)ala/Uttar Pradesh, Bhārat/India: Heimatrepublik des Buddha (Zuname: »Shakya-Weiser« *Śākyamuni*); unter der Oberherrschaft von Kos(h)ala, gleichzeitig Mitglied der Vrijji-Konföderation oligarchischer (antimonarchischer und antibrahmanischer) Republiken (Modell für die Organisation des buddhaitischen Mönchsordens), Hauptstadt → Kapilavastu

*S(h)ālātūra/Śālātūra* S 2
bei Aṭak(a), Gandhāra/Pākistān: ***Panini** *-5.* oder *-4. Jh.*

*Shanbei* K 6
Hunan, Zhongguo: namengebende Fundstätte einer neolithischen Reiskultur am mittleren Yangzi

*Shang* K 3, 6
Henan, Zhongguo: einer von mehreren nach einer Vormachtstellung strebenden regionalen Feudalstaaten in der Frühphase (Bronzezeit) der chinesischen Geschichtsschreibung, nachträglich als mittlere der »Drei Dynastien« dieser Zeit chronologisch geordnet *-16. bis -11. Jh.*, Residenzstädte → *Shangqiu, Erlitou (?), Erligang* und *Yin;* Beginn der Bronzezeit und der Schriftkultur in Zhongguo; regionaler Nachfolgestaat zur Zeit der »Hundert Schulen« *Bai Jia -6. bis -3. Jh.* → *Song*

Shang O 2
Qin/Shaanxi, Zhongguo: Lehen des ◡°Shang Yang *-4. Jh.*

*Shanghai* A 8, O 1, 4, N 5
Zhongguo: größte Handels- und Hafenstadt in Zhongguo seit dem *19. Jh.* mit exterritorialen internationalen Niederlassungen *1842–1949;* Schule für westliche Sprachen und Wissenschaften *1863;* ◡°Wang Tao *19. Jh.*, ◡Liang Qichao *19.–20. Jh.*, ◡Buck, ⓢFeng Youlan, ⓢⓔHu Shi, ◡Kang Youwei, *Li Zhengdao, ◡°Lu Xun, ◡Mao Zedong, ◡Qiu Jin, ᵛRussell und ◡Sun Yixian *20. Jh.*

*Shangqiu/Juyang* O 2
Henan, Zhongguo: erste Hauptstadt der Shang-Dynastie *-16. Jh.*, Hauptstadt des regionalen Nachfolgestaates Song *-1100 bis -286;* ᵛKong Zi *-5. Jh.* (?); in der Nachbarschaft → *Yingtian*

*Shānīdār* K 1
Kurdistān, 'Irāq: Fundstätte (Höhle, *1953*) eines dem Anschein nach mit Blumen bestatteten geh- und sehbehinderten Neandertaler-Mannes *50 KJ vh* (umstrittene Erklärung der Herkunft von Pollen im Grab)

S(h)ānti Niketan/Śānti Niketan (»Wohnstätte des Friedens«) S 3
Paschim Bangla, Bhārat/India: ⓔTagore, ᵛGandhi *20. Jh.:* Gründung eines Ashram *1901* und der interkulturellen Universität *Vis(h)va Bhārati 1922*

Shanyang → Jiaozuo

Shaoguan/Shaozhou  O 3
Guangdong, Zhongguo: ◡Han Yu *8.–9. Jh.*, ˅Wang Yangming, ◡Ricci *16. Jh.;* in der Nachbarschaft → Caoxi

Shaoshan(chong)  O 4
bei Xiangtan, Hunan, Zhongguo: *Mao Zedong *19. Jh.*

Shaoxing/Yuezhou/Kuaiji/Guiji  A 6, **O 3–5**
Zhejiang, Zhongguo: Hauptstadt des Staates Yue *-1100 bis -476;* »Orchideen-Pavillon« *Lanting:* Dichterwettstreit (unter der Leitung des Kalligraphen Wang Xizhi) *353;* *◡Wang Chong *1. Jh.*, ⓅDaoan, ⓈJianzhen *8. Jh.*, *Chengguan *8 Jh.*, ˅Li Qingzhao *12. Jh.*, Ⓟ**Wang Yangming,** *ⓅWang Ji *15.–16. Jh.*, ⓈⓅWang Gen *16. Jh.*, Ⓟ**Huang Zongxi** (*Zhengren*-Akademie) *17. Jh.*, *Zhang Xuecheng *18. Jh.*, *ⓅLu Xun *19.–20. Jh.*, °Qiu Jin *20. Jh.;* in der Nachbarschaft → Kuaiji Shan; Shangyu, *◡**Wang Chong** *1. Jh.*

*Sharqi Turkestan (»Ost-Turkestan«) → Xiyu (chinesische »Westlande«)*

*S(h)atrunjaya/Śatruṃjaya*  S 2
Saurāshtra/Gujarāt, Bhārat/India: »Heiliger Berg« der Jaina *-200*

*Shenyang/Mukden*  O 5
Liaoning, Zhongguo: Hauptstadt der Manzhou, der Träger der Qing-Dynastie, *1625–44;* ˅Liang Qichao *20. Jh.*

*Shigatse/gZhis-kartse/Rigaze*  S 3
Tsang/W-Zentraltibet, Zhongguo: traditionelle Hauptstadt von Tsang; Kloster *Tashilhunpo,* gegründet *1447* von Gendün Drup, einem Neffen und Schüler des Tsongkhapa, postum zum ersten Dalai Lama ernannt; Residenz der *Panchen Rinpoche* (»Panchen Lama«), Reinkarnationen des Tsongkhapa-Schülers Khedrup Je; (˅S. Turner *1784*)

*Shigu Shan*  O 4
beim Heng Shan in Hunan, Zhongguo: namengebender Berg für die »Steintrommel-Akademie« *Shigu Shuyuan 997/1035*

*Shinqīṭ/Chinguetti*  K 8
Mūrītāniyā: intellektuelles muslimisches Foyer (bekannt für die Bildung und den gesellschaftlichen Einfluß von Frauen) mit Ausstrahlung auf die westafrikanischen Regionen südlich der Sahara *14. Jh.* (herausragender Dichter, Rechtsgelehrter und Logiker: Ibn Razga °*1730*)

Shīrāz  A 6, 11, **K 8, W 1, 4, 5,** S 5
Fārs, Īrān: kulturelles Zentrum (Ehrentitel: »Haus der Wissenschaft« *Dār al-'Elm*), Blütezeiten unter mongolischer und timuridischer Herrschaft *13.–15. Jh.*, unter den Safaviden *16.–17. Jh.* und als Hauptstadt des Karim Khan Zand *1750–°1779;* *Shirazi, *°**Sa'di,** (◡al-Baydavi) *13. Jh.*, *°**Hafez** *14. Jh.*, Ⓟad-Dawani *15. Jh.*, *Ⓟ**Molla Sadra** *16.–17. Jh.;* in der Nachbarschaft → *Pārsa/Persepolis, Siraf* (interkontinentale Hafenstadt, → *Swāhili*)

*Shixia*  K 6
Guangdong, Zhongguo: Fundstätte *(1972)* einer longshanoiden Kultur *-2800,* Beleg für die Ausstrahlung dieser Kultur entlang der Flußtäler auf S-Zhongguo

Shklov/Szklów  A 9, N 4
Belarus': litauisch und polnisch *1320–1722;* frühes Zentrum der jüdischen »Aufklärung« *Haskala* in Rossiia (um Joshua Zeitlin und dessen Bibliothek), ˅Shneur *18. Jh.*

*Shona/Mashona*  K 8
Zimbabwe – Moçambique: Bantu-Populationen, Träger von »Bergwerke-Staaten« im südlichen Afrika *11.–19. Jh.;* → *Mapungubwe, Zimbabwe, Mwene Mutapu*

*Shor Thoghay/Shortugai*  K 3
Afghānestān: Fundstätte *(1970)* am Amu Darya/Oxos einer Siedlung mit Kontakten zur Harappa-Kultur im Industal *-3. bis -2. Jt.*

Shouchun  O 2
Shouxian, Anhui, Zhongguo: letzte Hauptstadt von Chu *-241 bis -223,* Hauptstadt von Huainan *-202 bis -122;* ◡Liu An *-2. Jh.*

*Shqipëria/Albania*  W 3

*S(h)ravan(a) Belgola/Śravaṇa Beḷgoḷa*  S 4
bei Hassan, Karnātaka, Bhārat/India: früheste Niederlassung der Jaina in S-India, nach der Überlieferung angeführt von Bhadrabaku aus Mathura und begleitet von dem zum Jainadharma bekehrten Maurya-Herrscher C(h)andragupta *-300*

S(h)rāvastī/Śrāvastī/Sāvatthī/Set Mahet  S 3
Uttar Pradesh, Bhārat/India: eine der Residenzstädte von Kos(h)ala *-6. bis -4. Jh.;* Ⓟ**Mahavira,** Ⓟ°Gos(h)ala und Ⓟ**Buddha** (häufiges Regenzeitquartier im »Hain des [Fürsten] Jeta« *Jetavana*) *-6. bis -4. Jh.;* ˅Faxian *5. Jh.*, Xuanzang *7. Jh.* und Hyech'o *8. Jh.*

S(h)rīnagara → **Srinagar**

S(h)ringeri/**Śṛṇgeri**  A 6, **S 1, 4**
Karnātaka, Bhārat/India: Ⓟ**S(h)ankara** (südliche seiner vier panindischen Klostergründungen) *7.–8. Jh.;* Zentrum des *Advaita-Vedānta,* gefördert vom Vijayanagara-Reich *(14.–16. Jh.):* Ⓟ**Madhava** *14. Jh.*, ˅Caitanya *15.–16. Jh.*

*S(h)rīparvata(m)/Śrīparvata*  S 4
Āndhra Pradesh, Bhārat/India: Region um S(h)ris(h)aila(m) und Nagarjunakonda, Blütezeit buddhaitischer Religiosität *3. Jh.*, ⓅNagarjuna und Aryadeva *2.–3. Jh.* (?)

S(h)rīperumbūdūr/Śrīperumbūdūr  S 1, 4
Tamil Nādu, Bhārat/India: *Ramanuja *11. Jh.*

S(h)rīraṅga(m)/Śrīraṅga  S 4
Tamilākam/Tamil Nādu, Bhārat/India: vishnuitische Tempelstadt; °Andal *9. Jh.* (?), (ⓅYamunacarya *11. Jh.*), Ⓟ°**Ramanuja** *11.–12. Jh.*, ◡Madhva *13. Jh.*, ˅Nanak, Vallabha und Caitanya *15.–16. Jh.;* auf dem gegenüberliegenden südlichen Ufer der Kaveri → Tiruch(ch)irapalli

S(h)rīs(h)aila(m)/Śrīśaila  S 4
S(h)rīparvata(m), Āndhra Pradesh, Bhārat/India: °Nagarjuna *2.–3. Jh.* (?), ˅S(h)ankara *7. Jh.* (?), ◡Basava *12. Jh.*, ˅Vallabha *15.–16. Jh.*

*S(h)rīvijaya/Śrīvijaya/Shilifoshi/Sanfoqi*  A 6, S 5
Sumat(e)ra: Seehandelsimperium (kommerzieller und kultureller Brückenpfeiler zwischen O- und S-Asien, Kontakte mit der Klosteruniversität Nalanda) *7.–13. Jh.*, Invasion der südindischen C(h)ola *1025;* wahrscheinliche Hauptstadt → *Palembang*

*S(h)rivilliputūr/Śrīvilliputūr*  S 4
Tamil Nādu, Bhārat/India: (ⓅPeriyalvar), *Andal *9. Jh.*

*Shu* und *Ba*  K 5, O 2
Sichuan, Zhongguo: unabhängige regionale Staaten der Shang- und Zhou-Zeit *-2. bis -1. Jt.*, von Qin *-316* erobert; bleibende historische Bezeichnung der Provinz Sichuan (Shu-Staat zur Zeit der »Drei Reiche« *San Guo 221–263*); charakteristische archäologische Fundstätte → *Sangxingdui*

*Shuihudi*  O 2, 3
bei Yunmeng, Hubei, Zhongguo: Fundstätte *(1975)* von Bambusmanuskripten magisch-religiösen Inhalts aus dem *-3. bis -2. Jh.*

*Shuruppak* → *Nippur*

*Shushenskoe* N 5

am Enisei, Sibir', Rossiia: ◡Lenin (Verbannung) *19. Jh.*

*Sīālk, Tappe* K 3

bei Kāshān, Īrān: Siedlung am Handelsweg zwischen Mesopotamia und Zentralasien *-6. bis -3. Jt.*, Fundstätte *(1933)* von protoelamischen Schriftzeichen *-3. Jt.*

Siālkot/S(h)ākala/Śākala/Sāgala/Euthymēdia S 1, 2

Panjāb, Pākistān: Residenzstadt des hellenoindischen Königs Menandros/Milinda *-2. Jh.* und des hephtalitischen *(Hūṇa)* Herrschers Mihirakula *6. Jh.;* Ⓑ**Nagasena** (Dialogpartner des Milinda) *-2. Jh.*, Ⓑ**Vasubandhu** *4. Jh.*, ⓈXuanzang *7. Jh.*, ᵛNanak *15.–16. Jh.*, ⓈSirhindi *16. Jh.*, *Iqbal *19. Jh.*

Sibir' A 2, K 1, 2, 6, W 2, S 5, **N 5**

Rossiiskaia Federatsiia

*Sikelia/Sicilia/Ṣiqilliyya* W 1–4

hellenische und karthagische Kolonisation *-750,* römisch *-250 bis 450,* arabisch *827–1072;* zusammen mit Megale Hellas Region der zweiten, nachionischen, italischen und sikelischen Phase der vorsokratischen hellenischen Philosophie *-5. Jh.*

*Silla/Xinluo/Shiragi* O 3

Han'guk: südöstliches der »Drei [koreanischen] Königreiche« *samguk* zur Zeit der Übernahme der chinesischen Schrift- und Staatskultur *4. Jh.–668* und frühestes die ganze koreanische Halbinsel vereinigendes Reich *668–936,* kommerzielle und kulturelle Kontakte mit Zhongguo, S- und SW-Asien und Nihon; Hauptstadt → **Kyŏngju**

Sils Maria/Segl Maria N 4

Engadin/Engiadina, Schweiz/Svizra: ◡**Nietzsche** *19. Jh.*, ᵛAdorno, Benjamin, Hesse, Lukács, Th. Mann und Plessner *20. Jh.;* (in der Nachbarschaft: *Celerina,* °A. Rée *20. Jh.*)

Simbirsk/Ul'ianovsk *(1924–91)* W 1

an der Volga, Rossiia: *Lenin, ⓈRozanov *19. Jh.*

***Siṃhala**/Sinhala* → *Srī Lankā*

*Sīnay/Sīnā'/Sinai* K 3–5

Miṣr: (1) Halbinsel: Fundregion einer frühen alphabetischen Schrift (Protosinaitisch) *-17. Jh.*, eingeführt von Bergwerksleuten unmittelbar aus Kemet oder mittelbar über Kanaan; (2) Berg der mosaischen Gesetzgebung → *Jabal Musa*

Sinōpē/Sinop W 3

Pontos/Türkiye: miletische Kolonie *-7. Jh.*, Residenz der pontischen Könige *-150,* römisch *-70;* ᵛPerikles *-5. Jh.*, *Diogenes *-4. Jh.*, (*Markion *1. Jh.*)

*Sīrāf/Ṭāherī* K 8, W 5, S 5

Īrān: Hafenstadt am Persisch-Arabischen Golf (Heimathafen der Märchenfigur »Sindbad des Seefahrers«), interkontinentaler Handel mit S-Asien und O-Afrika *8.–10./12. Jh.*, → *Swāhili;* *as-Sirafi *10. Jh.*

Sirhind W 5, S 2

Panjāb, Bhārat/India: Foyer des *Naqshbandiyya-Ṣūfī*-Ordens *17. Jh.;* *◡°**Sirhindi** *16.–17. Jh.*

*Si Thammarat/Nakhon S(r)i Thammarat/Ligor* S 5

Muang Thai: Hafenstadt, Vermittlung des buddhaitischen *Theravāda* von Sri Lanka nach Angkor und Sukhothai *13. Jh.*

*as-Skhūl, Mughārat (»Höhle«)* A 2

Har Karmel, Yishrā'el: Fundstätte *(1929)* der (zusammen mit Qafza) bislang frühesten bekannten Fossilien des anatomisch modernen *Homo sapiens* außerhalb Afrikas *100 KJ vh* (im *20. Jh.* als Vorfahren der europäischen »Cro-Magnon-Menschen« interpretiert; Belege für eine intentionale Bestattung von Toten)

Skjølden N 3

bei Bergen, Norge: ◡Wittgenstein (Rückzugsort) *20. Jh.*

*Skythia* K 6, W 2

Gebiet der (iranischen) Skythen (Skythai) mit Zentrum in S-Ukraina im NW des Schwarzen Meers *-7. bis -3. Jh.* (auf der Krim bis *+2. Jh.*), von Herodotos aufgesucht und beschrieben *-5. Jh.;* ethnisch/kulturell verwandt mit den »Altaiskythen« am Enisei *(→ Pazyryk)* in S-Sibir' *(-5. bis -3. Jh.)* und den »Indoskythen« *(→ Saka)* in Zentralasien und im NW von S-Asien *(-2. bis 2. Jh.)*

*Śląsk/Slezko/Schlesien* N 4

Polska: österreichisch *1526,* größtenteils preußisch *1742–1918,* phasenweise und partiell auch tschechisch

Sławnikowice/Kieslingswalde N 4

Schlesien/Śląsk, Polska: *◡Tschirnhaus *17.–18. Jh.*

*Smyrna/Izmir* W 3

Ionia/Türkiye: hellenische Kolonie *-9. Jh.–1923;* ***Homeros** *-8. Jh.* (?), ᵛCicero *-1. Jh.*, ◡Galenos *2. Jh.*, ᵛByron, ◡J. Fröbel *19. Jh.*

*Snaketown* K 7

Arizona, U.S.A.: namhafteste Fundstätte *(1964)* der Hohokam-Kultur (Kontakt mit mesoamerikanischen Kulturen)

*Society Islands/Îles de la Société/Tuamoto* A 1

namengebender Besuch durch J. Cook mit einer Expedition der *Royal Society 1769,* anthropologische Rezeption des austroasiatisch-polynesischen Begriffs *Tabu;* namhafteste Insel: Tahiti

*Sofala* K 8

Moçambique: frühester interkontinentaler Handelshafen im südlichen Afrika, von Arabern seit *915,* von Persern seit *1020* und von Portugiesen seit *1480* benutzt; Außenstation des Sultanats von Kilwa *14.–15. Jh.;* Handel mit Gold aus den Shona-Staaten und mit Porzellan aus Zhongguo

*Sogdianē* → *Mā warā' an-Nahr*

*Sōjiji* O 5

bei Monzen, Noto Hantō, Ishikawa Ken, Nihon: zweites Zentrum (neben Eiheiji) des buddhaitischen *Caodong Chan/Sōtō Zen* in Nihon *1321,* nach Yokohama verlegt *1911*

Soloi/Viranşehir W 3

Kilikia/Türkiye; *Chrysippos *-3. Jh.*

*Solomon Islands* A 1

*Soloveckie Ostrova* N 5

Inseln im »Weißen Meer« *Beloe More,* Rossiia: °Florenskii *20. Jh.*

Soltau N 4

Lüneburger Heide, Deutschland: Lager für jüdische Kriegsgefangene während des Zweiten Weltkriegs, ◡Lévinas *20. Jh.*

*Song* A 11, O 2, 4

Henan, Zhongguo: (1) regionaler Nachfolgestaat *-1100 bis -286* der Shang-Dynastie, Hauptstadt → Shangqiu; ᵛKong Zi, ◡**Mo Zi** *-5. Jh.*, *Hui Shi, ◡**Meng Zi**, *◡**Zhuang Zi** *-4. Jh.;* (2) kulturell herausragende Dynastie während der »Renaissancezeit« in Zhongguo *960–1279,* Hauptstädte → **Kaifeng** und ***Hangzhou***

*Song Shan/Zhong Yue* N 1, O 3, 4

Henan, Zhongguo: daoitischer »Markberg der Mitte«, buddhaitisches Kloster *Shaolin Si 496:* ◡**Bodhidharma** *6. Jh.*, ⓈDongshan Liangjie *9. Jh.;* neokonfuzianische *Songyang-*

Akademie *11. Jh.*, Sternwarte *Dengfeng Guanxingtai 1276;* ∨Kang Youwei *20. Jh.*

*Songhai* K 8
Mali: ausgedehntester Handelsstaat der Nigerregion, Konversion zum Islam und Blütezeit *15.–16. Jh.;* herausragendes urbanes Zentrum → *Gao;* herausragender Herrscher: Sonni 'Ali Ber *15. Jh.*

*Soomaaliya/Somalia* K 8, S 5

Sosu-sŏwŏn/Paegundong-sŏwŏn O 5
Sunhŭng bei P'unggi, Kyŏngsang-pukdo, Han'guk: früheste der ländlichen (Privat-)Akademien der neokonfuzianischen Philosophie in Han'guk, gegründet von Yi Hwang *1543,* gewidmet An Hyang *(13.–14. Jh.),* einem der Wegbereiter der neokonfuzianischen Philosophie in Han'guk

Sŏul/Seoul/**Hanyang** A 6, S 5, **O 5,** N 5
Kiho/Kyŏnggi-do, Han'guk: Hauptstadt *1392,* staatliche konfuzianische Akademie *Sŏnggyun-gwan* (»Pinselhain der Vollkommenheit und Gleichheit«) *1398;* herausragender König: Sejong *1418–°1450,* Initiator der alphabetischen Schrift *Han'gŭl 1443*
*Philosophen und andere herausragende Intellektuelle:* (Ⓟ°Chong Tojon *14. Jh.*, ⓈⓅKim Chongjik *15. Jh.*), *◡ Chong Ch'ol, ⓈⓅSosan, ◡Yi Onjok, ⓈⓅ**Yi Hwang,** ⓈⓅ°**Yi I,** (ⓈⓅSong Hon) *16. Jh.*, ◡Yun Sondo, (ⓈⓅKim Changsaeng) *16.–17. Jh.*, *◡Chong Chedu, (ⓈⓅSong Siyol) *17. Jh.*, (ⓈⓅYi Kan, ⓈⓅHan Wonjin, ◡Yi Ik *17.–18. Jh.*, An Chŏngbok *18. Jh.*), ⓈⓅ°Chong Yagyong *18.–19. Jh.*, ◡Han Pongwan *20. Jh.;* in der Nachbarschaft → Kwangju und *Pukhan-san; Hoeam-sa* in Yangju-gun, ⓅDhyanabhadra, (ⓅMuhak, ⓈKiwa) *14. Jh.; Ko-san* in Yangju-gun, ◡Yun Sondo *17. Jh.; Suwon,* ◡Chong Yagyong *17.–18. Jh.*

*South Africa/Suid-Afrika* A 1–3, **K** 1, 2, **8, N 5**

***South Asia**/Jambūdvīpa/Indikē/India/Hind(ūstān)/Tianzhu*
**A, K 2–5, W** 1, 2, 4, **5, S, O 1, N 1, 5,** G
(1) **Harappa**-Kultur, Stadt- und Schriftkultur im Industal und in den benachbarten Regionen, Blütezeit *-2500 bis -1750* (keine Kontinuität der Schrift, ungeklärte Beziehungen zu den späteren dravidischen und den *-1500* aufkommenden aryschen Kulturen); (2) weltweit einzigartige Entwicklung eines umfangreichen, großräumig verbreiteten, bis ins *-4. Jh.* ausschließlich und bis in die ersten Jahrhunderte nach dem Wechsel der Zeitrechnung überwiegend mündlich überlieferten Korpus an »Wissen« ***Veda*** religiösen, rituell-magischen und mythologischen, protowissenschaftlichen und -philosophischen Inhalts *-1500 bis -500,* seit dem *-6.* oder *-5. Jh.* (umstrittene Zeitrechnung) radikale erkenntnisphilosophische, ontologische und ethische Reflexionen (*Upanishadas, Bagavad-gītā* und »Lehrreden« *Sūtrāni* des **Buddha** und seiner jinaitischen und ajivikaitischen Vorläufer und Zeitgenossen), lange Zeit ebenfalls ausschließlich oder vorwiegend mündlich tradiert (Verschriftlichung des Pali-Kanons buddhaitischer Schriften in Sri Lanka *-1. Jh.*); (3) Dominanz und ***Blütezeit der buddhaitischen Philosophie*** *2.–7. Jh.* mit der »Lehre der Alten« *Theravāda* (abschätzige Fremdbezeichnung: »kleines Fahrzeug« *Hīnayāna*), dem realistischen *Sarvāsti-vāda,* dem nominalistischen *Sautrāntika,* der »Lehre des Mittleren (Weges)« *Mādhyamika* in Verbindung mit der »Lehre der Leere« (d. h. der »Wesenlosigkeit« der Erscheinungen) *S(h)ūnya-vāda* und der »Yogadisziplin« *Yogācāra* in Verbindung mit der idealistischen »Bewußtseinslehre« *Vijñāna-vāda* als herausragenden Lehrrichtungen und mit **Nagarjuna, Vasubandhu** und **Dharmakirti** als überragenden Denkern; (4) ***Regeneration und Systematisierung der brahmanischen Philosophie*** in der Gupta-Ära, der »Goldenen Zeit« S-Asiens *4.–6. Jh.*, mit *Sāṅkhya, Nyāya* und *Vais(h)eshika* als den dominierenden unter den großen sechs Lehrsystemen (»Sechs Ansichten« *Shaḍḍars(h)anāni*) und mit **Bhartrihari** als herausragendem Sprachphilosophen; zusammen mit religiös geprägten Reformbewegungen erneute Blütezeiten (auf der Basis einer kritischen Auseinandersetzung mit der buddhaitischen Erkenntnislogik und Ontologie) *7.–14. Jh.*, anfänglich zusammen mit der realistischen hermeneutischen Philosophie der *Mīmāṃsā,* später nur noch mit dem idealistischen *Vedānta,* mit der »Neuen Logik« *Navya-Nyāya* und mit hinduitischer (shivaitischer und vishnuitischer) Mystik als dominierenden Strömungen und mit **S(h)ankara** *(7.–8. Jh.?),* **Abhinavagupta** *(10.–11. Jh.)* und **Ganges(h)a** *(13.–14. Jh.)* als herausragenden Denkern dieser Lehrrichtungen; (5) nach der Rezeption durch SO-Asien *1. Jt.*, Zhongguo *4.–8. Jh.* und Tibet *7.–11. Jh.* Auflösung des Buddhadharma auf dem südasiatischen Subkontinent *12. Jh.*, im Gegenzug Ausbreitung des **Islam** *8.–18. Jh.*, verbunden mit einer Vermittlung der von muslimischen Gelehrten weiterentwickelten hellenischen (»ionischen«) Wissenschaften (Medizin, Astronomie, Mathematik) und einer von *Ṣūfī*-Mystikern geprägten Philosophie (herausragender Gelehrter: **Shah Wali Allah** *18. Jh.*); (6) Beginn der geschichts- und textkritischen Rezeption und Edition der südasiatischen Literatur, Wissenschaft, Philosophie und Religion durch europäische Forscher *18. Jh.*, gefolgt von indigenen religiösen, gesellschaftlichen, politischen und philosophischen ***Erneuerungsbewegungen*** *19.–20. Jh.* (Promotoren: **Roy** und **Gandhi**); (7) herausragende Wissenschaften (und Wissenschaftler) in S-Asien: Sprachwissenschaft (**Panini** *-5. bis -4. Jh.*), Medizin (Caraka und Sus(h)ruta *1. Jh.?*) und Mathematik in Verbindung mit Astronomie (Aryabhata *5.–6. Jh.* und **Bhaskara** II *12. Jh.*); überregionale Großreiche (und herausragende Herrscher) → *Maurya -4. bis -2. Jh.* und *Gupta 4.–6. Jh., Mughal 16.–18. Jh.* und *British Empire 18. Jh.–1947* (zentralasiatische und europäische Fremdherrschaften); weitere überregionale Reiche und Dynastien von herausragender philosophiegeschichtlicher Bedeutung → *Magadha -6. bis -4. Jh., Harsha (→ Kanauj) 7. Jh.* und → *Pāla 8.–12. Jh.* im NO, → *Kushāna 1.–3. Jh.* im NW, → *Pallava 3.–9. Jh.* und *Vijaya(nagara) 14.–16. Jh.* im S; unabhängige Staaten → *Nepāl* und *Drukyül, Bhārat/India* und *Pākistān 1947, Srī Lankā 1948* und *Bangladesh 1972;* wissenschafts- und philosophiegeschichtlich herausragende Regionen → ***Kās(h)mīra,*** *Gandhāra, Sapta Sindhavah,* ***Madhyamā Dish, Mithilā*** und *Magadha* im N (von W nach O), *Saurāshṭra, Avanti/Mālava* und ***Āndhra Des(h)a*** im mittleren India, *Kerala,* ***Tamiḻākam*** und ***Siṃhala****/Srī Lankā* im S

South Bend N 3
Indiana, U.S.A.: *University of Notre Dame 1842* (katholische Universität mit dem namhaftesten *Department of Philosophy* in den U.S.A. im *20. Jh.*), ⓅMaritain *20. Jh.*

*Southeast Asia* A 4, 6, K 2, 5, 6, **S 5,** O 1, 5, N 5, G
→ *Austro-Asia*

*Southwest Asia* **A, K 1–5,** 8, **W,** S 5, N 1, 5
→ ***Fertile Crescent, »Nīl–Āmū Daryā-Region«,*** *Mashriq/Oriens* (»Vorderer Orient«/»Middle East«)

Spartē/Sparta/Sparti W 3
Lakōnia, Peloponnēsos, Hellas: (◡Lykurgos *-11. bis -8. Jh.?*), ◡Alkman *-7. Jh.*, (◡Chilon), ˅Anaximandros (?) *-6. Jh.;* ⓅHippias *-5. Jh.*, ˅Xenophon *-4. Jh.*, ˅Plutarchos *1. Jh.;* in der Nachbarschaft → Mystras

*Spiti* S 2
Himāchal Pradesh, Bhārat/India: Hochgebirgsregion mit tibetobuddhaitischer Kultur, namhaftes Kloster: *Tabo,* gegründet von Rinchen Zangpo *11. Jh.* (?)

*Srbi(i)a/Srbija/Serbia* N 5

*Srī Lankā/Śrī Laṅkā/***Siṃhala***(dvīpa)/Sin(g)hala/Ilaṅkai/Shiziguo/ Ceylon* A 4, 6, K 5, **S 1, 4, 5,** N 5
indoarysche Kolonisation aus dem nordindischen Majjhima Des(h)a *-5. bis -3. Jh.* (mythisch beschrieben im *Rāmāyaṇa*-Epos); Zentrum des buddhaitischen *Theravāda,* nach der Überlieferung eingeführt vom As(h)oka-Bruder oder -Sohn Mahinda und dessen Nichte oder Schwester Sanghamitta *-3. Jh.;* Blütezeiten *5.–7./12. Jh.*, Ausstrahlung auf S-India, SO- und O-Asien; Erneuerung mit der Zurückberufung von Mönchen aus Bagan (Myanmar) *1071* und Ayuthia (Muang Thai) *1753,* Reformbewegung (»buddhistischer Modernismus«/»politischer Buddhismus«) *19.–20. Jh.;* kulturelle Zentren → **Anurādhapura** *-3. bis 10. Jh., Polonnaruwa 11.–13. Jh., Kandy 16.–19. Jh., Koḷamba 19.–20. Jh.;* portugiesische Küstenbesetzungen *16. Jh.*, niederländisch *1656,* britisch *1796–1948*

**Srīnagar**/S(h)rīnagara/Śrīnagara/Śrīnagarī A 6, K 4, W 5, **S 1, 2**
Kāshmīr: Hauptstadt, nach buddhaitischer Überlieferung gegründet von As(h)oka *-3. Jh.;* ⓈXuanzang *7. Jh.*, *Ⓟ**Abhinavagupta,** ˅Ramanuja *11. Jh.*, ◡Lalla *14. Jh.*, ˅Nanak *15.–16. Jh.*, ◡Akbar *16. Jh.*, ◡Dara Shikoh und Jahan Ara *17. Jh.;* Nachbarstadt: Parihasapura

*Srī Pāda/Śrī Pāda/Smanaḷakanda/ar-Ruhūn/Adam's Peak* S 4
Srī Lankā/Ilaṅkai: »Heiliger Berg« für Buddhaiten, Hinduiten, Muslime und Thomaschristen (»Fußabdruck« je nach Religion des Buddha, S(h)iva, Adam oder des Apostels Thomas)

Stageiros/Stag(e)ira W 3
Makedonia, Hellas: *ⓅAristoteles, ⓈⓅTheophrastos *-4. Jh.*

*Stara Rudna/Alt-Raudten* N 4
bei Lubin/Lüben in Śląsk, Polska: *Knorr von Rosenroth *17. Jh.*

Staraia Russa N 2
Region Novgorod, Rossiia: ◡Dostoevskii (Landsitz) *19. Jh.*

*Sterkfontein* K 1
bei Johannesburg, South Africa: Fundstätte *(1936/1947)* einer Vielzahl von *Australopithecina*-Fossilien *2,5 MJ vh, (1970)* eines vollständig erhaltenen *Homo-habilis*-Schädels (zusammen mit Steinwerkzeugen einer Übergangsphase zwischen *Oldowan pepple tools* und *Acheulian handaxes,* als Beleg für den Übergang vom Sammeln von Aas zur Tierjagd interpretiert) *1,5 MJ vh* und *(1998)* eines *Australopithecus*-Skeletts (»Little Foot«, als Beleg für die gleichzeitige Befähigung zum aufrechten Gang und zum Klettern auf Bäumen interpretiert) *3,5 MJ vh;* in der Nachbarschaft: *Swartkrans,* Fundstätte *(1948)* von *Australopithecus*- und *Homo-ergaster*-Fossilien *2–1 MJ vh* sowie von (umstrittenen) Indizien für den frühen Gebrauch von Feuer *1,5 MJ vh (?)*

Stilo N 2
Calabria, Italia: *Campanella *16. Jh.*

Stockholm W 1, N 2
Sverige: Hauptstadt *1634,* herausragende Königin: Kristina Wasa *1632–54* (Übertritt in die katholische Kirche und Abdankung); Akademie der Wissenschaften *1739;* ◡Grotius, °Descartes, ◡Pufendorf *17. Jh.*, *◡**Swedenborg** *17.–18. Jh.*, ◡Linné *18. Jh.*, ⓈⓅ°Berzelius, ◡Staël und A.W. Schlegel, ˅Bakunin *19. Jh.*, ◡Kang Youwei, °Wiener *20. Jh.;* (im Personenregister angeführte) Nobelpreisträger: *Philosophen:* Bergson *1927,* Russell *1950,* Schweitzer *1952* (in Oslo), Sartre (abgelehnt) *1964,* Hayek *1974; Naturwissenschaftler-Philosophen:* M. Curie *1903* (zusammen mit P. Curie und A. H. Becquerel)*/1911,* Pavlov *1904,* Ramón y Cajal (und C. Golgi) *1906,* Rutherford *1908,* Planck *1918,* Einstein *1921,* Bohr *1922,* Raman *1930,* Heisenberg *1932,* Dirac und Schrödinger *1933,* Yukawa *1949,* Yang und Lee *1957,* Feynman *1965,* Delbrück *1969,* Lorenz *1973,* Prigogine *1977; Schriftsteller-Philosophen:* Kipling *1907,* Tagore *1913,* Rolland *1915,* Th. Mann *1929,* Buck *1938,* Hesse *1946,* Camus *1957,* Canetti *1981,* Miłosz *1980;* (im Personenregister nicht angeführter philosophischer Preisträger: R. Eucken *1908*)

Strasbourg/Straßburg/Strassburg W 4, N 4
Alsace/Elsaß, France: deutsch *5. Jh.–1681/1871–1918:* Universität *1621:* ⓅMeister Eckhart *14. Jh.*, ◡Calvin, ⓈGesner *16. Jh.*, ⓈGoethe, ˅Herder *18. Jh.*, ⓈBüchner, ⓈP. Carus, ⓈNatorp, ◡Max Weber *19. Jh.*, ⓈⓅSchweitzer, (*Ⓟ°J. Héring) *19.–20. Jh.*, ⓈBühler, Ⓟ°Simmel, ⓈLévinas *20. Jh.*

*Stratford-upon-Avon* N 2
England: *°**Shakespeare** *16.–17. Jh.*

Stresa N 4
Lombardia, Italia: ◡°Rosmini-Serbati, ˅Nietzsche *19. Jh.*

Stuttgart N 4
Württemberg, Deutschland: *(Hohe) Karlsschule 1770–94;* ◡Reuchlin *15.–16. Jh.*, Ⓢ◡Schiller, *Hegel, ⓈCuvier *18. Jh.*, ◡Rückert, ˅Vogt, ◡D. F. Strauß, ˅Peirce, *Horkheimer, (◡°I. H. Fichte) *19. Jh.*, ˅Luxemburg, ⓈS. L. Frank, ⓈMusil, ⓈⓅReichenbach, ⓈReinach, ˅R. Steiner, ⓅSchrödinger *20. Jh.*

*as-Sūdān* **K** 2–5, **8,** W 2, N 5
(1) *Bilād as-Sūdān:* Zone zwischen der Sahara und dem tropischen Regenwald in N-Afrika; (2) Staat am Oberlauf des Nil, → *Kūsh*

Suhraward W 5
Jibāl, Īrān: (*Abu 'l-Najib as-Suhrawardi, Begründer des hauptsächlich in S-Asien verbreiteten *Suhrawardiyya-Ṣūfī*-Ordens *11. Jh.*, *Abu Hafs 'Umar as-Suhrawardi und) *Yahya as-**Suhrawardi** *12. Jh.*

*Sukhothai/Sukhodaya* S 5
Muang Thai: Hauptstadt eines Thai-Reiches *1260–1378/1438* (Einführung des buddhaitischen *Theravāda* durch den Mon-Mönch Sumana, Schüler des sin(g)halischen Mönches Udumbara Mahasami), ◡Lü T'ai *14. Jh.*

*Sulzbach* N 4
Mainfranken, Deutschland: ◡°Knorr von Rosenroth, ˅Leibniz *17. Jh.*

Sumat(e)ra K 5, S 5
Indonesia: ⓅAtis(h)a *10.–11. Jh.* (?); → *Aceh, S(h)rīvijaya*

*Sumer/Shumeru/Kienger* **K 3,** 5
Mesopotamia/'Irāq: früheste bekannte Stadt- und Schriftkultur der Erde *-4. Jt.*, Blütezeit *-3. Jt.;* politische und kulturelle Verbindung mit Akkad (»Sumer und Akkad«) *-2500,* Gebrauch der sumerischen Keilschrift nachweislich bis *70;* Be-

ginn der Entdeckung der sumerischen Kultur als eine der akkadischen Kultur vorangehende Stadt- und Schriftkultur seit der Freilegung von Girsu, der Hauptstadt von Lagash, *1877,* Identifikation der sumerischen Sprache als eine vom Akkadischen (Babylonisch-Assyrischen) unabhängige Sprache *1905* (nach einer Hypothese protodravidisch)

*Sungir'* A 2, K 1
bei Vladimir, Rossiia: herausragende Fundstätte einer jungpaläolithischen Siedlung mit einer Vielzahl von *Aurignacien*-Steinwerkzeugen sowie mit reich geschmückten Gräbern (über 10 000 Elfenbeinperlen) eines 60jährigen Mannes, eines Mädchens und eines Knaben (als Beleg für die Vererbung des sozialen Status auf Kinder interpretiert) *25 KJ vh*

*Suomi/Fin(n)land* N 3

*Ṣūr/Tyros/Sor* K 4, 8, **W** 2, **3**
Phoinikē/al-Lubnān: Handelsstadt, Mutterstadt von Kition und Carthago; hellenisch *-332,* römisch *-64,* arabisch *638;* ◡Sanchuniathon *-10. bis -4. Jh.* (?),˅Pythagoras *-6. Jh.* (?), ˅Herodotos, ˅Demokritos (?) *-5. Jh.,* (˅Alexandros der Große), ˅Anaxarchos und Pyrrhon *-4. Jh.,* ˅Jesus (in der Region von Tyros und Sidon), ˅Paulos Apostolos *1. Jh.,* *Ulpianus *2. Jh.* (?), *Porphyrios (?), °Origenes (?) *3. Jh.,* (*Fromentios/Aba Salama, erster Bischof in Ityop'ya, *4. Jh.*); in der Nachbarschaft: *Saydā/Sīdōn/Siduna*

*Sura* A 9
Babylōnia/'Irāq: herausragende jüdische Akademie Yeshiva *2.–10. Jh.* (Überführung nach Baghdad), Blütezeit *8.–10. Jh.;* → ***Bābil/Babylōnia***

Surakarta/Solo A 6, S 5, N 5
Java: Residenzstadt eines Fürstentums und (neben Yogyakarta) (inter-)kulturelles Zentrum der Insel *18.–20. Jh.;* herausragender Fürst: *ⓔ°Mangkunegara IV *19. Jh.;* in der Nachbarschaft: Fundstätten des »Java« oder »Solo man« im Solo-/Bengawan-Tal, → *Trinil, Sangiran, Ngandong*

*Surat/Surāt/Sūrat* W 5, **S** 1, **2**, N 5
Gujarāt, Bhārat/India: westindischer Handelshafen der Mughal *1553;* früheste britische Handelsniederlassung in India *1612;* Zentrum der zarathustraitischen Parsen; ˅Nanak, ˅Vallabha *15.–16. Jh.,* ⓢAnquetil-Duperron *18. Jh.*

*as-Sūriyya/Syria* A 4–6, 8, 9, **K 1–5,** 8, **W,** S 5
Region im »Fruchtbaren Halbmond« (in der Antike zwischen Mittelmeer im W und Arabischer Wüste im O, Euphratregion im N und Filastin/Yshra'el im S; im engeren Sinn Region um Damaskos); aramäisch *-2. bis -1. Jt.,* assyrisch *-9. Jh.,* persisch *-6. Jh.,* hellenisch *-4. Jh.,* römisch *-64,* byzantinisch *395,* arabisch-muslimisch *634,* Region des ersten Kalifats außerhalb der arabischen Halbinsel (Umayyaden) *661–750,* regionaler Staat *1944;* in Verbindung mit Kemet Ursprungsregion der alphabetischen Schriften und Ausgangsregion ihrer Verzweigung in östliche (aramäische) und westliche (phönikisch-hellenische) Entwicklungslinien *-18. bis -6. Jh.;* zusammen mit Kemet wirtschaftlich und kulturell herausragende Region des Römischen Reiches *2.–5. Jh.:* syrische Kaiser *(→ Emesa) 2. Jh.,* Zentrum der römischen Rechtswissenschaft *(→ Bērytos),* der neupythagoreischen und neuplatonischen Philosophie (→ Apameia) und der frühen christlichen Theologie und Kulturphilosophie *(→ Antiocheia, Urhoy);* Vermittlung hellenischer Wissenschaft und Philosophie nach Iran (unter den Sasaniden) und in den Islam (unter den Abbasiden) *3.–9. Jh.,* herausragende Zentren hellenisch-islamischer Philosophie *(falsafa)* → Harran, Halab, Dimashq; → ***Fertile Crescent, »Nīl–Āmū Daryā-Region«,*** *Aram, Assyria, Filasṭīn (Syria Palaestina), al-Lubnan, Phoinikē (Syria Phoenice)*

*Sūsh(a)/Shushim/Susa* K 3, W 2
Khūzestān, Īrān: Hauptstadt von Elam *-3. bis -1. Jt.* und des Persischen Reiches *-6. bis -4. Jh.;* Fundstätte *(1902)* des *Codex Hammurapi (-17. Jh.)* auf einer aus Babil verschleppten Stele; (◡Themistokles *-5. Jh.*), (˅Alexandros der Große, °Kalanos), ˅Anaxarchos und Pyrrhon *-4. Jh.,* ◡al-Hallaj *10. Jh.*

Suzhou/Wu(xian) **O** 1, 2, **4,** 5
Jiangsu, Zhongguo: Hauptstadt des Staates Wu *-514 bis -473,* danach des Staates Yue *-473 bis -306;* Foyer reformatorischer und restaurativer Bestrebungen in Wissenschaft und Politik *(Fushe,* Nachfolgeinstitution der *Donglin*-Akademie, *1628; Han Xue* und *Kaozheng Xue) 17.–18. Jh.;* ◡Sun Wu *-5. bis -4. Jh.,* ˅Jianzhen/Ganjin *7. Jh.,* ◡Sima Guang, ◡Shen Kuo *11. Jh.,* ◡Yang Hui *13. Jh.,* *Gu Yanwu *(Kun Shan),* ˅Huang Zongxi *17. Jh.,* *◡Hui Dong *17.–18. Jh.;* in der Nachbarschaft: *Zhitang* (*°Tanyang Zi, daoitische Philosophin, *16. Jh.*)

*Sverige/S(ch)weden* K 5, W 1, 4, **N 2,** 5
→ *Dacia*

*Swāhili (»Coastal«)* K 8
O-Afrika: Kultur der »Küstenbewohner« *Sawāḥilī* (Bantu-Sprache, arabische Schrift, islamische Religion), geprägt von den zugezogenen arabischen, persischen *(Shīrāzī)* und südostasiatischen (»indischen«) Kaufleuten mit urbanen Zentren seit 1000 Jahren: → *Lamu, Malindi, Mombasa, Zanzibar, Kilwa, Sofala*

*Swanscombe* K 1
Kent, England: Fundstätte *(1935)* von Schädelstücken eines weiblichen archaischen Menschen *300 KJ vh (?)* sowie eines Faustkeils mit einem versteinerten Seeigel (interpretiert als Beleg für den ästhetischen Sinn archaischer Menschen)

Sydney N 3
New South Wales, Australia: britische Sträflingskolonie *1788,* akademisches Zentrum des Kontinents, Universität *1850;* (*S. Alexander, ⓢW. S. Jevons *19. Jh.*), ˅T. H. Huxley, ⓔ°**Anderson,** ˅Russell *20. Jh.,* (ⓔD. M. Armstrong *20.–21. Jh.*)

Syrakusai/Syracusae/Siracusa W 3
Sikelia/Sicilia: korinthische Kolonie *-733,* herausragende hellenische Stadt auf der Insel, römisch *-212,* Blütezeit (unter Hieron I) *-5. Jh.;* ◡Aischylos, ◡Xenophanes *-5. Jh.,* ◡Aristippos, ◡**Platon,** ◡Speusippos *-4. Jh.,* *°**Archimedes** *-3. Jh.,* ˅Paulos Apostolos *1. Jh.,* ◡Adelardus Bathensis *12. Jh.*

*Syria* → *(as-)Sūriyya*

*Syros/Siros* W 3
kykladische Insel im Ägäischen Meer, Hellas: ◡Pherekydes *-6. Jh.*

*Székely/Siculi/S(z)ekler* K 5
Transilvania, România: mit den Magyaren verbündete finnougrisch-bulgarotürkische Population, Ansiedlung *9. Jh.* (Mitbringsel: mit der Orhon-türkischen Runenschrift verwandtes Schriftsystem); → *Transilvania*

*Tabennēsē* S 5
bei Dandara, Miṣr: frühestes christliches Kloster, gegründet von Pachomios *320*

*Tabrīz* W 5
Āzarbayjān, Īrān: Hauptstadt der mongolischen Ilkhane *1265–1307:* ˅Nasir-i Khowraw *11. Jh.*, (˅Marco Polo *13. Jh.*), ◡°Rashid ad-Din, ◡°Shirazi *13.–14. Jh.*

*aṭ-Ṭab'ūn, Mughārat (»Höhle«)/Me'arat Ṭiv'on* A 2
Har Karmel, Yishrā'el: Fundstätte *(1929)* von Fossilien des *Homo neanderthalensis 200 KJ vh, 100–50 KJ vh* in unmittelbarer Nachbarschaft mit anatomisch modernen Menschen (in Skhul und Qafza) lebend

*Tadmur/Palmyra* K 4, 5, W 3
as-Sūriyya: Oasenstadt an einem Handelsweg (Seidenstraßennetz) zwischen Mesopotamia und Mittelmeer (Römisches Reich), Blütezeit (Verbreitung und Fortentwicklung der aramäischen Schrift) *-1. bis 3. Jh.;* (*©Kassios Longios *3. Jh.*), ◡Madame Blavatsky *19. Jh.*

*Taehan/South Korea* → ***Han'guk***

*Taforalt* K 1
al-Maghrib/Maroc: Fundstätte (Höhle) einer Reihe von späten paläolithischen (»iberomaurusianischen«) Artefakten *22–12 KJ vh* zusammen mit einem großen Friedhof *12 KJ vh*

*Tai Shan/Dong Yue* A 2, K 3, 6, **O** 1–**3**, 5
Lu/Shandong, Zhongguo: daoitischer »Markberg des Ostens«, »Ahnherr der Heiligen Berge« von Zhongguo, Pilgerberg einer Vielzahl von Kaisern, Beamten und Intellektuellen: (nach mythischer Überlieferung Shun *-3. Jt.*), Kong Zi *-5. Jh.*, (Qin Shi Huangdi *-3. Jh.*), (Han Wudi), Sima Qian *-2. Jh.*, (Tang Gaozong *7. Jh.*), Li Bai *8. Jh.* und Kang Youwei *20. Jh.*

*Taï, Grotte du* K 1
bei Valence, Rhône-Alpes, France: Fundstätte einer jungpaläolithischen Knochenplatte mit über 1000 eingeritzten kurzen Strichen *12 KJ vh,* als »archäoastronomischer Mondkalender« interpretiert

*Taibei/Taipei* O 4
Taiwan, Zhongguo: ◡Mori Ogai *19. Jh.*, ◡°Hu Shi *20. Jh.*

*Taiwan* A 1, K 2, 6, O 4

*Taiyuan* O 3
Shanxi, Zhongguo: Herkunftsort der Tang-Dynastie *(618–907);* Kloster *Xuanzhong:* Zentrum der buddhaitischen Lehrrichtung des »Reinen Landes« *Jingtu;* ◡Wang Wei *8. Jh.*, ◡Dai Zhen *18. Jh.*, ◡Zhang Zhidong *19. Jh.*

Taizhou O 4
Huainan, Jiangsu, Zhongguo: namengebender Ort der konfuzianischen Taizhou-Schule in der Tradition des Wang Yangming (begründet von Wang Gen) *16.–17. Jh.;* ◡Yang Hui *13. Jh.*, ◡°Wang Gen *16. Jh.*

*Tajín/El Tajín* K 7
Veracruz, Golfo de México: kultisches Zentrum (reliefgeschmückte »Ballspielplätze«), Blütezeit *500–900* (Zusammenkommen von Einflüssen aus mehreren Kulturen Mesoaméricas)

*Takachihonomine* A 2, K 6, O 5
Kyūshū, Nihon: nach der japanischen Mythologie *(8. Jh.)* Abstiegsberg des Ninigi no Mikoto, des Enkels der Sonnengöttin Amaterasu, und seiner Gefolgsleute, der Ahnen des japanischen Kaiserhauses und Volkes, vom Himmel auf die Erde

*Takrur/Futa Toro* K 8
Sénégal: frühester westafrikanischer Staat mit dem Islam als offizieller Religion *11. Jh.*, zeitweise unter der Herrschaft von Ghana, Mali und Fulani

***Takshas(h)ilā*** → *Taxila*

*Talas/Tarāz/Dzambul* S 5
Fluß, Qazaqstan – Kyrgyzstan: ˅Xuanzang *7. Jh.;* Sieg eines arabisch-tibetischen Heers über ein chinesisches Heer unter Anführung des koreanischen Generals Gao Xianzhi *751,* Ende des politischen Einflusses von Zhongguo in W-Zentralasien und Reduktion der chinesischen Pilgerfahrten nach India über Zentralasien, Beginn des islamischen Einflusses in O-Zentralasien und der Verbreitung der Papierherstellung im westlichen Teil der »Alten Welt«

*Tallinn/Reval* N 4
Eesti: russisch *1721–1917/1940–91,* deutschsprachige »Oberschicht« *1346–1918;* ⓢBaer, ⓢUexküll, *Köhler *19. Jh.*

*Talwandī/Nankānā Sāhib* S 2
Panjāb, Pākistān: *Nanak *15. Jh.*

***Tamiḷāka(m)*** *(Land der Tamilen)* K 5, **S** 1, **4**
Tamil Nādu, Bhārat/India: Kulturregion mit den frühesten und am reichsten bezeugten dravidischen Sprach- und Schriftwerken: *Tolkāppiyam* (Grammatik und Poetik des Tamil in 1600 Aphorismen) *-1. Jh.* (Textredaktion *5. Jh.*); »literarische Akademien« *caṅkam 2.–11. Jh.;* »drei [klassische] Königreiche« *Trairājiva:* Pandya, Cera/Kerala und C(h)ola; kulturelles Zentrum → ***Madurai***

*Tamlūk/Tāmralipti* S 1, 3, 5
Paschim Bangla, Bhārat/India: ©Mahavira und Gos(h)ala *-6. bis -5. Jh.;* überregionale Hafenstadt seit der Maurya-Zeit *-4. Jh.*, Endstation einer »Königsstraße«, ausgehend von Pataliputra, Handel mit SO-Asien und Zhongguo; ˅Faxian *5. Jh.*, Xuanzang und Yijing *7. Jh.*

Tancheng/Donghai O 3
Shandong, Zhongguo: ◡Guo Xiang *4. Jh.*

*Tang-Reich* A 11, S 5, O 1, 3
Zhongguo: (1) historiographische Bezeichnung für das Zhongguo der Tang-Dynastie (halbtürkischer Herkunft) *618–907,* einer »Goldenen Zeit« der ästhetischen Kultur und gleichzeitig des *Buddhadharma/Fo Jia* in Zhongguo, Hauptstädte → **Chang'an** und **Luoyang;** (2) davon hergeleitet die ethnische Selbstbezeichnung der (zum großen Teil in der Tang-Zeit zugewanderten) »Han-Chinesen« im südlichsten Zhongguo *(Lingnan)* als »Tang-Leute« *Tang Ren*

*Tang-gud (»Tanguten«)/Tanggü/Minia* S 5, O 3
Ningxia, Zhongguo: nordosttibetische Population, Träger des Xi-Xia-Staates *(982/1038–1227)* mit dem Buddhadharma als offizieller Religion *1038* und einer nach dem Modell der chinesischen und der Qidan-Schrift geschaffenen Schrift *1036;* Hauptstadt → *Xinqing*

*Tanshishan* K 6
bei Fuzhou, Fujian, Zhongguo: Fundstätte *(1954)* eines longshanoiden Bauerndorfes *-3. Jt.;* Beleg für die Ausstrahlung dieser Kultur entlang der Küste und der Flußtäler bis nach S-Zhongguo

*Tanzania* A 1–3, **K** 1, 2, **8, S 5,** N 5

*Taoqiu* O 2
Shandong, Zhongguo: Hauptstadt des Kleinstaates Cao *-1100 bis -487;* ˅Kong Zi *-5. Jh.*

*Tara/Hill of Tara/Temair Breg* W 2
bei An Uaimh, Ireland/Éire: »Heiliger Berg« keltischer Druiden, Krönungsstätte und Residenz eines Königreiches mit überregionalem Anspruch *5.–6. Jh.;* in der Nachbarschaft Megalithgräber der Boyne-Kultur (New Grange) *-4. Jt.*

*Tarangambādi/Tranquebar/Dansborg* S 4, N 5
Tamil Nādu, Bhārat/India: dänische Kolonie *1616,* britisch *1845–1947;* früheste protestantische Missionsstation (»Hallesche Mission«) in India *1706,* früheste Mädchenschule in S-Asien *1707,* früheste Druckerei in tamilischer Schrift *1712;* ◡°Ziegenbalg *18. Jh.*

Taras/Tarentum/Taranto W 3
Megalē Hellas/Apulia/Puglia, Italia: spartanische Kolonie *-706;* kulturelle Blütezeit *-4. Jh.,* zweites herausragendes Zentrum der Pythagoreer (nach Kroton); ℗Philolaos, *°Archytas *-5. bis -4. Jh.,* ⓈEudoxos, ˅Platon *-4. Jh.*

*Tărnovo/Veliko Tărnovo* W 4, S 5
Bălgariia: Hauptstadt und kulturelles Zentrum des zweiten Bulgarischen Reiches *1185–1393,* osmanisch *1393–1877*

*Tarsos* W 3
Kilikia/Türkiye: hellenische Kolonie *-8. Jh.,* römisch *-67;* ˅Cicero *-1. Jh.,* *Paulos Apostolos *1. Jh.,* ◡Theodoros von Mopsuestia *4. Jh.,* (*Theodorus Cantuarensis/von Canterbury *7. Jh.*),˅Adelardus Bathensis *12. Jh.*

*Tărtăria* K 3
Transilvania, România: Fundstätte von ungebrannten Tontäfelchen mit eingeritzten (abstrakten und bildhaften) Zeichen *-5000*

*Tartēssos/Huelva (?)* W 2
Ibēria/España: Handelsstadt (Kontakte mit Tyros, Carthago, Hellas) *-8. bis -6. Jh.*

*Tartu/Dorpat/Derpt* N 4
Eesti: schwedisch *1625–1704,* russisch *1704–1917/1940–91;* Universität *1632–1710/1802* (deutschsprachig *1802–89:* »Heidelberg des Ostens«); Ⓢ℗°von **Baer,** (ⓈJ. E. Erdmann, ⓈW. Ostwald), ⓈKülpe *19. Jh.,* ⓈKeyserling, ⓈUexküll, ⓈN. Hartmann, ◡Miłosz *20. Jh.*

*Taruga* K 8
Nigeria: namhafteste Fundstätte der Nok-Kultur (Metallurgie und Keramik) *-5. Jh.*

*Tassili n'Ajjer* K 8
aṣ-Ṣaḥrā', al-Jazā'ir: neolithische Kulturregion (Domestikation von Rindern, Felsbilder) *-7. bis -2. Jt.*

*Tata* K 1
bei Budapest, Magyarország: Fundstätte *(1958)* einer aus einem Mammutzahn gefertigten Plakette mit einem natürlichen horizontalen Riß, der mit einer künstlich eingeritzten vertikalen Linie zu einem Kreuz ergänzt wurde *100 KJ vh,* als früher Beleg für das menschliche Symbolverständnis interpretiert

*Taung* K 1
Harts Valley, South Africa: früheste Fundstätte *(1924)* eines *Australopithecus africanus* (kindlicher Schädel: »Taung baby«) *2,3 MJ vh;* frühester empirischer Beleg für die Darwinsche Hypothese der allmählichen Evolution des Menschen in Afrika, Beginn der Afrikanisierung der Anthropogenesisforschung

*Taxila/Takshas(h)ilā/**Takṣaśilā*** K 4, W 1, 2, 4, **S 1, 2, 5,** N 1
Gandhāra/bei Rāwlapindi, Pākistān: intellektuelles Zentrum an einer Schnittstelle zwischen süd-, südwest- und zentralasiatischen Kulturen, Blütezeit *-7. bis +3. Jh.;* ◡**Panini** *-5. bis -4. Jh.,* (˅Alexandros der Große, ˅Onesikritos), ˅Anaxarchos und Pyrrhon (Diskussion mit nackten »Gymnosophisten«, brahmanischen oder jainaitischen Weisen; hellenisierte Namen: Dandamis und Kalanos *-326*), ◡**Kautilya** *-4. bis -3. Jh.,* ◡As(h)oka *-3. Jh.,* (˅Apollonios von Tyana und nach legendärer Überlieferung Thomas Apostolos *1. Jh.*), ˅Faxian *5. Jh.,* ◡Bhaskara I (?), ˅Xuanzang *7. Jh.;* → *Gandhāra*

*Tây Phuong/Cau Lau* O 3
Thach That, Ha Tay, Viêt Nam: buddhaitische Tempelanlage *chua 3. (?)/8. Jh.*

*Tbilis(s)i/T'bilisi/Tiflis* N 5
Sakartvelo: russisch *1801–1991;* ˅Pushkin, ˅Lermontov, ˅Tolstoi, ◡Madame Blavatsky, °Danilevskii *19. Jh.,* ⓈFlorenskii, ⓈKoyré, (*℗°D. N. Uznadze) *19.–20. Jh.,* ˅N. S. Trubetskoi *20. Jh.;* in der Nachbarschaft → *Mtskheta*

*Tchad/Tashād/Chad* A 2, K 8

Těchobuz N 4
Čechy, Česko: ◡Bolzano (Rückzugsort nach der vorzeitigen Entlassung aus dem Professorenamt in Prag) *19. Jh.*

Tehrān A 8, W 5, N 5
Īrān: Hauptstadt *1788;* ⓈCsoma Körösi, ◡al-Afghani *19. Jh.,* ⓈKoyré, ℗Corbin *20. Jh.;* in der Nachbarschaft (heute Stadtteil) → *Rayy*

Tehuacán K 2
Hochtal, Puebla, México: Fundregion *(1960)* von Belegen für die Anfänge der Kultivation von Pflanzen in Mesoamérica: Avocado, Kürbis, Paprika *-6000,* Bohnen *-5000,* Mais *-3500 (-5000?);* Tongefäße *-2800*

*Tekirdağ/Rhaidestos/Rodosto* S 5
Thrakē/Türkiye: ◡Symeon Seth (Rückzugsort) *11. Jh.;* (*M. Namık Kemal *19. Jh.*)

*Tenerife/Teneriffa* K 1
Taknara/Islas Canarias (»Hundeinseln«): wissenschaftliche Expedition König Iubas II von Mauretania *-1./1. Jh.,* ˅A. von Humboldt und Haeckel (Besteigungen des Pico del Teide) *1799* und *1867,* ◡Köhler (»Intelligenzprüfung an Menschenaffen«) *1914–20;* Nachbarinsel: *Fuerteventura,* ◡Unamuno (Deportation) *1924*

Teng O 2
Shandong, Zhongguo: Hauptstadt eines gleichnamigen Kleinstaates *-11. bis -4. Jh.;* ˅Meng Zi, ◡Xu Xing *-4. Jh.*

*Tenochtitlán* → **México**

Teos/Siğacık W 3
Ionia/bei Seferihisar, Türkiye: persisch *-543 bis -479/-386 bis -334;* (*Anakreon *-6. Jh.*), (*Nausiphanes), ◡Epikuros *-4. Jh.*

*Teotihuacán* K 5, 7
Valle de México: dominierender Stadtstaat während der klassischen Zeit der mesoamerikanischen Kulturen, nach einem kosmologisch inspirierten Plan schachbrettförmig angelegtes monumentales Zentrum eines überregionalen Handelsimperiums, über 150 000 Einwohner (größte Stadt der Erde um *500*), Blütezeit *200–650;* *Ixtlilxochitl *16. Jh.*

*Teozacoalco* K 7
Mixteca Alta, México: Dokumentation örtlicher Fürsten im *Codex Zouche-Nuttall* (London); Ortsplan *Mapa de Teozacoalco,* versehen mit spanischen Glossen, für die vom spanischen Vizekönig in Auftrag gegebenen *Relaciones Geográficas 1580* erstellt (herausgegeben *1949*)

*Terdrom/gTer-khrom* S 1
bei Drigung, Ü/Zentraltibet, Zhongguo: Thermalquellen, Meditationshöhlen der Yeshe Tsogyel, anfänglich zusammen mit Padmasambhava, anschließend mit einem nepalischen Konsorten, *8. Jh.;* in der Nachbarschaft: Kloster *Drikung Thel 1179,* ⓈTsongkhapa (Medizin) *14. Jh.*

*Termez/Tarmita/Tirmidh* S 5
Baktria/Uzbekiston: frühes buddhaitisches Foyer in Zentralasien (Übersetzungen in die baktrische Sprache durch Dharmamitra *-1. Jh.* im benachbarten Kara Tepe); ˅Xuanzang *7. Jh.*

Ternopil'/Tarnopol N 4
Podolia/Galicia, Ukraina: polnisch *1540–1772/1920–39,* österreichisch *1772–1918,* russisch/ukrainisch *1939;* °Krochmal, *Ajdukiewicz *19. Jh.*

*Terra Amata* K 1
Nice, France: Fundstätte *(1965)* der frühesten bisher bekannten (jedoch umstrittenen) Belege für eine (saisonal benutzte) Hüttensiedlung in Europa *400 KJ vh*

*Teshik Tash* A 2
Uzbekiston: Fundstätte *(1938)* eines von sechs Ziegenhörnerpaaren eingerahmten Skeletts eines Neandertaler-Kindes *70 KJ vh,* als Beleg für die intentionale Bestattung interpretiert

*Teso dos Bichos* K 7
Ilha de Marajó, Amazônia, Brasil: Fundstätte eines Dorfes mit einer komplexen agrarischen Gesellschaft *400–1300*

Texcoco K 7
Valle de México: intellektuelles, literarisches und künstlerisches Zentrum *15.–16. Jh.;* Bücherverbrennung *1540* angeordnet vom Gründer der ersten Druckerei in der »Neuen Welt« *1539,* Fray Juan de Zumárraga (erster Bischof von México 1533); *◡°Nezahualcoyotl und Nezahualpilli *15.–16. Jh.,* ◡°Ixtlilxochitl *17. Jh.*

Thagaste/Ṣūq Ahras W 3
Africa (Proconsularis)/al-Jazā'ir: *Augustinus *4. Jh.;* in der Nachbarschaft: *Madaura/Madaurus,* ⓢAugustinus *4. Jh.*

*Thai (»Freie«)* S 5, N 5
größte der seit dem *8. Jh.* aus SW-Zhongguo nach SO-Asien abgewanderten Dai-sprachigen Populationen, heute überwiegend in Muang Thai/Prathet Thai/Thailand/Siam; Übernahme der Stadt- und Schriftkultur der indigenen Mon und Überleitung des in SW-Zhongguo übernommenen »Volksbuddhismus« in den institutionalisierten *Theravāda* seit dem *9. Jh.,* direkte Kontakte und Austausch von Mönchen mit Sri Lanka seit dem *13. Jh.*

*Thānes(w)ar/Sthānvis(h)vara/Sthāneshvara* W 5, S 2
Kurukshetra/Haryāna, Bhārat/India: erste Residenzstadt des buddhaitischen Königs Harsha *606–47;* ˅Xuanzang *7. Jh.,* ˅al-Biruni *11. Jh.*

*Thaton/Suddhammavatī* S 5
Myanmar: kulturelles (*Theravāda*-buddhaitisches) Zentrum der Mon *1./6. Jh.–1057,* von Bagan erobert und als kulturelles Zentrum in Myanmar abgelöst

*Thēbai/Thiva/Theben* W 3
Boiōtia, Hellas: nach mythologischer Überlieferung gegründet von Kadmos aus Phoinike (Einführung der phönikischen Schrift in Hellas), Herkunfts- und/oder Aufenthaltsort namhafter mythologischer Personen: *Herakles, ˅◡Niobe, *˅◡Oidipos und *°Antigone; ⓟPhilolaos *-5. bis -4. Jh.,* (*Krates *-4. Jh.*), ˅Moerbecka *13. Jh.*

*Thēbai* → ***Waset***

*Thessalonikē/Thessaloniki/Selānīk* A 9, W 5, N 2
Makedonia, Hellas: kommerzielles und kulturelles Zentrum im Römischen und im frühen Byzantinischen Reich *-146 bis 8. Jh.;* osmanisch *1430–1912:* Zentrum jüdischer Emigranten aus Bayern *(1470),* España *(1492),* Italia *(1493)* und Portugal *(1493)* und Brückenpfeiler für die Vermittlung jüdischer Weisheitslehren zwischen SW-Asien und Europa; ◡Cicero (Verbannung) *-1. Jh.,* ◡Paulos Apostolos *1. Jh.,* *Konstantinos-Kyrillos *9. Jh.,* ◡Caro *16. Jh.,* (*Kemal Atatürk), ◡Leont'ev *19. Jh.,* ◡Ziya Gökalp *20. Jh.*

*Thrakē/Thraki/Thracia* W 2, 3
Hellas – Türkiye – Bălgariia – Makedoniia: hellenisches Kolonialgebiet *-750,* römische Provinz *45;* herausragende Städte → Abdera und Byzantion/**Kōnstantinupolis;** *Orpheus (?); *Aisopos *-6. Jh.,* ˅Herodotos, ˅Perikles *-5. Jh.*

*Thule* A 1
Kalaallit Nunaat/Grønland: seit Pytheas, einem hellenischen Seefahrer aus Massalia/Marseille *-4. Jh.,* Bezeichnung für das äußerste Land im NW der Erde (für Pytheas: Norwegen), von den Wikingern nach Grønland verlegt *10. Jh.;* »Thule-Kultur«: europäische Bezeichnung für die jüngste Inuit-/Kalaallit-Kultur, ausgehend von Alaska *900,* in Grønland *1000*

Thurioi/Turio W 3
Megalē Hellas/Calabria, Italia: auf Initiative von Perikles als panhellenische Musterkolonie gegründet *-443,* Mitbegründer: ˅Empedokles und ◡°Herodotos (?), Autor der demokratischen Verfassung: Protagoras

*Tiahuanaco/Tiwanuku* K 7
beim Lago Titicaca, Bolivia: eine der frühesten städtischen Siedlungen in den Anden *100–1100,* politisches, kultisches und kulturelles Zentrum eines überregionalen Reiches, Blütezeit *375–725*

**Tiantai Shan**/Ch'ŏnt'ae-san/Tendaisan (»Himmelterrassen-Berg«) **S 5, O** 1, **3–5**
Zhejiang, Zhongguo: Gebirgslandschaft, namengebend für die buddhaitische *Tiantai-/Ch'ŏnt'ae-/Tendai*-Lehrrichtung (kanonischer Text: *Fahua Jing*/»Sutra vom Lotus des Guten Gesetzes«); ⓟ**Zhiyi** *6. Jh.,* (◡Hanshan und Shide *7. Jh.?*), ˅Jianzhen *8. Jh.,* ⓢSaicho *9. Jh.,* ⓢUich'on *11. Jh.,* ⓢEisai *12. Jh.,* ⓢDogen *13. Jh.,* ˅Kang Youwei *20. Jh.*

Tiantong Si/Jingde Si O 5
am Taibai Shan bei Ningbo, Zhejiang, Zhongguo: *Chan-/Zen*-Kloster *757;* in der Nachbarschaft: Kloster *As(h)oka-vihāra/Ayuwang Si 425:* ⓢEisai *12. Jh.* und ⓢDogen *13. Jh.* (in beiden Klöstern)

*Tiberias/aṭ-Ṭabariyya/Teveryā* A 9
Yishrā'el: Zentrum der jüdischen Gelehrsamkeit in Filastin *2.–12. Jh.;* ◡Saadiah Gaon *9. Jh.* (?)

***Tibet* → *Böyü***

*Tighen(n)if/Ternifine* A 2
al-Jazā'ir: Fundstätte *(1955)* von *Homo-erectus*-Fossilien zusammen mit *Acheuléen*-Faustkeilen *700 KJ vh*

*Tikal* K 7
Guatemala: Maya-Siedlung *-600 bis 900,* während der Blütezeit *550–900* eine der größten Maya-Städte, freigelegt *1956*

*Tilantongo* K 7
Mixteca Alta, México: Fürstenresidenz, Dokumentation der drei ersten Dynastien *720–1350* im *Codex Vindobonensis Mexicanus I* (Wien)

*Tilimsān/Tlemcen/Agadir* W 4
al-Jazā'ir: kulturelles (muslimisches und jüdisches) Zentrum in al-Jazā'ir seit der Übersiedlung spanischer Muslime *12./13. Jh.;* in der Nachbarschaft: *al-'Ubbad,* ⓟIbn Khaldun *14. Jh.*

*Timbuktu/Tombouctou* A 6, **K 8,** W 1, 4
Mali: Handelsstadt am Niger, intellektuelles muslimisches Foyer der Königreiche Mali und Songhai (Kontakte mit al-Qahira; namhafter Gelehrter: Mobido Muhammad) *14.–16. Jh.;* marokkanisch *1591;* (˅Ibn Battuta *14. Jh.*, ˅Saint-Exupéry *20. Jh.*)

*Tiruch(ch)irāpalli/Trichinopoly*/Uraiyūr/Uragapura S 4
Tamil Nādu, Bhārat/India: regionale Residenzstadt der Pallava-, C(h)ola- und Vijayanagara-Reiche *7.–17. Jh.;* *Buddhadatta *5. Jh.*, ◡de Nobili *18. Jh.*, *Raman *19. Jh.*; auf dem gegenüberliegenden nördlichen Ufer der Kaveri → S(h)rīraṅgam

Tirumalapura(m)/Trimalaya S 4
Tamil Nādu, Bhārat/India: *Dharmakirti *7. Jh.*

Tirune(l)veli/S(h)alivatī S 4
Tamil Nādu, Bhārat/India: ◡Nammalvar *7.–9. Jh. (?)*, *Jnanaprakas(h)a *16. Jh.*

*Tise → Kailās(h)*

*Tizimín* K 7
Yucatán, México: Herkunftsort einer Maya-Dorfchronik *Chilam Balam, → Chumayel*

*Tlatelolco* → **México**

*Tocharia/Tocharistān* K 5, W 2
Uzbekiston – Tojikiston – Afghānestān: Siedlungsgebiet der Yuezhi, der sogenannten »echten Tocharer«, *-2. bis 3. Jh.;* nicht gleichzusetzen mit den sogenannten »Pseudo-Tocharern«, Träger der »tocharischen« Literatur, geschrieben in einer fortgeschrittenen Variante der indischen Brahmi-Schrift in der Region um Kuqa und Turpan *6.–8. Jh.*

*Tojikiston/Toçikiston/Tajikistan* A 2, W 4, 5, S 5

**Tōkyō/Edo**/Dongjing/Jianghu A 6, **O 5, N 5**
Kantō, Nihon: Hauptstadt des Tokugawa-Shogunats *1603,* kaiserliche Hauptstadt *1869;* Zentrum bürgerlicher Kultur in Nihon seit dem *17. Jh.*, der Meiji-Restauration im *19. Jh.* und der nationalistischen Expansionspolitik in O-Asien im *20. Jh.; wissenschaftliche Institutionen:* Shogunatsakademie *Shōheizaka Gakumonsho (Yushima Seidō) 1690–1871* (Nachfolgeinstitution der neokonfuzianischen Privatakademie der Hayashi-Familie *1630*), *Tōkyō Daigaku 1877* (Nachfolgeinstitution des »Instituts für Weststudien« *Yōgakusho 1855*), »Philosophie-Halle« *Tetsugakukan 1887* (gegründet von Inoue Enryo, Nachfolgeinstitution: *Tōyō Daigaku*), *Waseda Daigaku 1882/1902* und *Keiō Daigaku 1910* (Nachfolgeinstitution einer Akademie für »Hollandstudien« *Rangaku 1858* und »Weststudien« *Yōgaku 1863,* gegründet von Fukuzawa Yukichi)
*Philosophen und andere herausragende Intellektuelle:* ˅Bankei Yotaku, ◡Basho, Ⓔ°**Hayashi Razan,** ˅Ingen, ˅Kaibara Ekiken, Ⓔ°**Takuan Soho,** ⓈⒺYamaga Soko, (und Ⓔ°Zhu Shunsui) *17. Jh.*, ◡°Seki Takakazu, *◡°**Ogyu Sorai,** *Ⓔ°Aoki Kon'yo *17.–18. Jh.*, Ⓔ°Kamo no Mabuchi *18. Jh.*, (*◡°Sugita Gempaku *18.–19. Jh.*), (ⒺL. Busse), ⒺFenollosa, ⓈⒺ°Nishi Amane, ⓈNoguchi Hideyo, ⓈⒺ°Ogata Koan, ˅Olcott, ⓈⒺSakuma Shozan, ˅Siebold und ◡°Yoshida Shoin *19. Jh.*, Ⓔ°Hearn, (ⓈⒺInoue Tetsujiro), ◡Liang Qichao, ◡Kang Youwei, (ⒺR. von Koeber), *ⓈKuki Shuzo, Ⓢ◡°**Mori Ogai,** Ⓔ°Nanjo Bun'yu, *Ⓔ°Natsume Soseki, ⓈⒺNishida Kitaro, ◡Sun Yixian/Nakayama, ⓈⒺSuzuki Daisetsu, *Tanabe Hajime und *Ⓔ°Tanaka Odo *19.–20. Jh.*, ˅Bohr, ⒺDewey, ˅Einstein, (◡He Zhen, ◡Liu Shipei),ⓈLu Xun, Ⓔ°Miki Kiyoshi, ⓈⒺOrikuchi Shinobu, ˅R. Otto, (◡O. Paz), ◡Qiu Jin, (ⒺE. Spranger, Ⓔ°Th. Sternberg), ˅Tagore, ⓈⒺ°**Watsuji Tetsuro,** *Yukawa Hideki und ⓈZhang Junmai *20. Jh.*

*Toledo/Toletum/Ṭulayṭula* **A 9, W** 1, **4**
Castilla, España: muslimisch (al-Andalus) *712–1085; Ciudad de las tres culturas* (muslimisch-jüdisch-christlich) *11.–13. Jh.;* Hauptstadt *1087–1561,* herausragende Erzbischöfe: Raimundus *1225–°1252,* → Jiménez de Cisneros *1495–°1517,* herausragender König: Alfonso (X) el Sabio *1252–°1284;* ◡**Halevi** *11. Jh.*, ◡°**Gerardus Cremonensis,** ◡Gundissalinus, ◡°**Ibn Daud,** ◡Ioannes Hispanus, ⓈMaimonides (?) und ˅Petrus Venerabilis *12. Jh.*, ◡Michael Scotus *13. Jh.*, *Caro (?), ◡I. und J. Abrabanel *15. Jh.*, ◡Teresa de Ávila *16. Jh.*, ⓈGracián *17. Jh.*, ˅W. von Humboldt *18. Jh.*, ˅Kang Youwei *20. Jh.*

*Toling/mTho-lding/Tolingmath/Tsamda/Zhada* S 1, 2, 5
Guge, W-Tibet, Zhongguo: buddhaitisches Kloster: kulturelles Zentrum in W-Tibet, Ⓔ**Rinchen Zangpo** *10.–11. Jh.*, ⒺAtis(h)a *11. Jh.*

*Tolteca* K 7
México: Vorgängerstaat der Azteca in der nachklassischen Zeit der mesoamerikanischen Kulturen *9. Jh.–1179,* Hauptstadt → *Tula;* ungeklärte Verbindung (Eroberung?) mit Chichén Itzá *987*

*Tomi(s)/Constanța* W 2
Thrakē/Moesia/România: miletische Kolonie *-6. Jh.*, römisch-byzantinisch *-15 bis 600;* ◡°Ovidus *1. Jh.*

*Tomsk* N 5
an der *Ob'*, Sibir', Rossiia: früheste Universität in Sibir' *1888,* zaristischer und sovietischer Verbannungsort: ◡Bakunin, ˅P. A. (und A. A.) Kropotkin *19. Jh.*, ⒺHessen, Ⓔ°Shpet *20. Jh.*

*Tonga* A 1

Tong'an O 4
Fujian, Zhongguo: ◡Zhu Xi *12. Jh.*

*T'ongdo-sa* O 5
bei Yangsan, Kyŏngsang-namdo, Han'guk: monumentales Kloster, gegründet von Chajang nach der Rückkehr aus Zhongguo *646,* erstes der »Drei Juwelen« *triratna/sambo* unter den buddhaitischen Klöstern in Han'guk; ˅Uisang *7. Jh.;* in der Nachbarschaft: *Ch'ongsong-san,* ◡Ch'oe Cheu *19. Jh.*

*Tongsamdong* K 6
Kyŏngsang-namdo, Han'guk: Fundstätte von Keramik der japanischen *Jōmon*-Kultur, zusammen mit Gegenständen der koreanischen *Chŭlmun*-Kultur, früher Beleg für die Kontakte zwischen Han'guk und Nihon *-4500 bis -1500*

Torino N 2
Piemonte, Italia: Hauptstadt von Savoie (Herzogtum) *1560* und von Sardegna-Piemonte/Italia *1720–1865,* Foyer des *Risorgimento 19. Jh.*, Universität *1440/1720;* ⒺAgrippa *16. Jh.*, ˅Rousseau, ˅Hume *18. Jh.*, ◡de Maistre *18.–19. Jh.*, (*V. Gioberti), ˅Rosmini-Serbati, ⒺMoleschott, ⓈPareto, ˅Nietzsche *19. Jh.*, ⓈⒺ°Peano *19.–20. Jh.*, ⓈGramsci *20. Jh.*

Toronto N 3
Ontario, Canada: Universität *1827;* ⒺRaman, ⒺMaritain, (ⒺE. Gilson, Ⓔ°M. McLuhan) *20. Jh.*

*Torralba* und *Ambrona* K 1
Sierra de Guadarrama, España: benachbarte Fundstätten *(1961)* von Belegen für Treibjagden von Großwild (Elefan-

ten, Pferde, Nashörner) und die systematische Ausschlachtung der Beute *400–200 KJ vh*

*Toruń/Thorn* N 4
Polska: *Kopernik/Koppernigk/Copernicus *15. Jh.*, ⓅIngarden *20. Jh.*

*Tosa* O 5
Kōchi Ken, Shikoku, Nihon: ˅Kukai *8.–9. Jh.*, ◡Ki no Tsurayuki *10. Jh.*, ◡Honen *13. Jh.*, ◡Muso Soseki *14. Jh.*; neokonfuzianische »Südstudien-Schule« *Nangakuha 1548* (gegründet vom *Zen*-Mönch Minamimura Baiken, »laisiert« unter seinem Schüler Tani Jichu *17. Jh.*, wegweisend für die Meiji-Restauration *19. Jh.*): ⓈYamazaki Ansai *17. Jh.*, ˅Sakuma Shozan *19. Jh.*

Tosan-sŏwŏn O 5
Andong-gun, Kyŏngsang-pukdo, Han'guk: herausragendste der ländlichen (Privat-)Akademien der neokonfuzianischen Philosophie in Han'guk, gegründet von **Yi Hwang** in der Nähe seines Geburtsortes *On'gye-ri/T'oegye-dong 1557,* ˅Yi I *1558*

Toulouse A 9, N 2
Midi-Pyrénnées, France: Gründung des »Dominikanerordens« *Ordo Fratrum Praedicatorum* (durch Dominicus de Caleruega) *1215,* Universität *1229;* ⓅPetrus Hispanus II (?), ◡Burlaeus *14. Jh.*, ⓈServeto, ⓈⓅBodin, ⓈMontaigne, ⓅBruno *16. Jh.*, Ⓟ°**Sanches** *16.–17. Jh.*, ◡Bayle, (◡P. de Fermat) *17. Jh.*, ˅A. Smith *18. Jh.*, ⓅAron, Ⓟ°Maritain *20. Jh.*

Tours W 4, N 4
Touraine, Centre, France: ⓅAlcuinus *8.–9. Jh.*, (ⓈHrabanus Maurus *9. Jh.*, *ⓅBerengarius Turonensis/de Tours *11. Jh.*), ⓅRoscelinus *11.–12. Jh.*, (◡Bernardus Silvestris), ◡Adelardus Bathensis *12. Jh.*, ⓅSenghor *20. Jh.*; in der Nachbarschaft *(Touraine): Loches,* ⓅRoscelinus und ⓈAbaelardus *11. Jh.*; → *Amboise,* Leonardo da Vinci *16. Jh.*; → *La Haye,* *Descartes *16. Jh.*

*Tranquebar → Tarangambadi*

*Transoxania → Mā warā' an-Nahr*

*Transilvania/Erdély/Siebenbürgen* K 5, N 4
România: römisch *(Dacia) 106–270,* osmanisch *1432/1526–1686,* österreichisch-ungarisch *1686–1918;* »Union der drei Nationen« Magyaren *(9. Jh.),* Szekler *(9. Jh.)* und Siebenbürger Sachsen *(12. Jh.) 1437* mit modellhafter ethnisch-kultureller und seit der osmanischen Besetzung und der kirchlichen Reformation auch religiöser Toleranztradition (auch gegenüber den seit dem *13. Jh.* zugewanderten orthodoxen Rumänen): »Land der vier rezipierten Religionen« (calvinische, lutherische, katholische und antitrinitarisch-unitarische Konfessionen), → *Turda*

*Trapezus/Trabzon* W 5
Pontos/Türkiye: römisch-byzantinisch *-64,* eigenständiges Kaiserreich *1204–1461,* osmanisch *1461;* ˅Xenophon *-5. Jh.*, (ⓅAnania Shirakac'i von Ani in Armenia *7. Jh.*, ˅Marco Polo *13. Jh.*), *Familie des Georgios Trapezuntios *14. Jh.*, *Bessarion, (*Süleyman Qanuni/»der Prächtige«) *15. Jh.*

*Tres Zapotes* K 7
Veracruz, Golfo de México: kultisches Zentrum der Olmeca, Blütezeit in der Spätzeit der Olmeca-Kultur *-400 bis +100;* Fundstätte einer der frühesten mesoamerikanischen Steinstelen mit einer kalendarischen Datierung *(3. 9. -32)*

*Trešt/Triesch* N 4
Morava, Česko: *Schumpeter *19. Jh.*

Trier/Augusta Treverorum N 4
Moseltal, Deutschland: römisch *-16 bis 475,* keltorömisches Schulzentrum *4. Jh.*, Universität *1473–1798;* (ⓅLactantius, *Ambrosius *4. Jh.*), ⓅDietrich von Freiberg *13.–14. Jh.*, *Marx *19. Jh.*, ◡Sartre (Kriegsgefangener) *20. Jh.*

*Trieste/Triest/Trst* N 4
Italia: österreichisch *1382–1918;* °Winckelmann *18. Jh.*, *Benussi *19. Jh.*, (◡J. Joyce *20. Jh.*); in der Nachbarschaft: *Duino,* °Boltzmann, (◡R. M. Rilke) *20. Jh.*

Trinil A 2
Solo-/Bengawan-Tal, Java: früheste Fundstätte *(1891)* eines Fossils des *Homo erectus 500 KJ vh,* vom Entdecker, dem niederländischen Arzt Eugène Dubois, als »aufrechter Menschenaffe« *Anthropopithecus erectus Haeckel* bezeichnet (im Anschluß an die von Haeckel postulierte Evolution des Menschen auf einem untergegangenen Kontinent zwischen O-Afrika und O-Asien; frühester Fund eines menschlichen Fossils außerhalb Europas, Beginn der »Enteuropäisierung« der Anthropogenesisforschung

*Troia/Ilios/Truva/Hilarsık* K 3, W 3
Troas/Türkiye: hethitische Stadt Vilusa (?); Schauplatz *-1200 (?)* des homerischen Epos *Ilias;* ˅Homeros *-720 (?)*

*Troitse Sergieva Lavra/Monastyr'* W 5
bei Moskva, Rossiia: »Dreifaltigkeitskloster«, gegründet von Sergei von Radonezh *1340,* religiöses und kulturelles Zentrum des Großfürstentums Moskva *15.–18. Jh.*, »Vorstadt« *Sergiev Posad;* (˅Stefan Permskii *14. Jh.*), ⓈSolov'ev, °Leont'ev *19. Jh.*, °Rozanov *20. Jh.*

Trondheim/Drontheim N 4
Norge: *Kongelike Norske Videnskabers Selskap/Königliche Norwegische Sozietät der Wissenschaften 1760,* Preisfrage *1838* der Sozietät über die Freiheit des Willens, von Schopenhauer gewonnen; °Prior *20. Jh.*

*Troyes* A 9
Champagne, France: Messestadt; Zentrum ashkenazisch-jüdischer Spiritualität (um Rashi/Solomon ben Isaac **1040*) *11.–12. Jh.*; ⓅAlcuinus *8. Jh.*, ⓅDurkheim *19. Jh.*

*Tsagaan Suburga (»Weißer Stupa«)* S 5
Bagharin/Bairin, Nei Menggu, Zhongguo: Residenz des Ligdan Qan *1604–°1634;* Übersetzung des ersten Teils des tibetobuddhaitischen Kanons *(Kangyur)* ins Mongolische *1628–29* (namhafter Übersetzer: Sharba Qutughtu; Übersetzung des zweiten Teils *[Tengyur]* von Kaiser Qianlong veranlaßt *1742–49*)

*Tsaparang/Tsa-pa-rang rDzong/Zarenzong* S 2
Guge, W-Tibet, Zhongguo: Hauptstadt von W-Tibet zur Zeit seiner kulturellen Blüte *10.–11. Jh.*; ⓅRinchen Zangpo *10.–11. Jh.*, ⓅAtis(h)a *11. Jh.*; (˅António de Andrade SJ, erster Europäer in Tibet *1624*)

Tsurpu/mTshur-phu/Chubu *S 2*
Tsang/W-Zentraltibet, Zhongguo: Hauptkloster der sich von Naropa, Marpa und Milarepa herleitenden *Kagyupa*-Lehrrichtung (»Schwarzmützen«) innerhalb des tibetischen Buddhadharma (Hauptverbreitungsgebiet: Khams), Beraterfunktion bei den Königen von Tsang; herausragender philosophischer Gelehrter: ⓅMikyö Dorje *(8. Karmapa) 16. Jh.* (?)

*Tsushima* N 5
Insel in der Straße von Han'guk, Nihon: Seeschlacht im russisch-japanischen Krieg *1905:* erster Sieg eines asiatischen Staates über einen europäischen Staat in der Neuzeit

*Tsuwano* N 5
Chōshū/Yamaguchi Ken, Nihon: *Nishi Amane, *Mori Ogai *19. Jh.*

*Tu Shan* K 6
bei Hefei, Anhui, Zhongguo: nach mythischer Überlieferung Ort der Heimat des »Kulturheros« *Shengren* Yu, des Begründers der Xia-Dynastie, und Versammlungsstätte seiner Lehensfürsten *-3. Jt.*

Tübingen N 2, 4
Württemberg, Deutschland: Universität *1476,* evangelisches Stift *1536;* (Ⓟ°G. Biel *15. Jh.*), ⓅReuchlin, ⓈKepler *16. Jh.*, (ⓈF. Ch. Oetinger), ⓈHaller, ⓈSchelling, ⓈHegel, ᵛFichte *18. Jh.*, Ⓢ◡°Hölderlin *18.–19. Jh.*, ⓈⓅD. F. Strauß, ⓈJ. R Mayer, ⓈWundt, ⓈⓅL. Büchner, ⓈDeussen, ⓈF. Brentano, ◡Hesse *19. Jh.*, ⓈOtto, ⓈK. Barth, ⓈKöhler, (ⓈM. J. Oakeshott, Ⓟ°E. Bloch) *20. Jh.*

*Tula* K 7
México: Hauptstadt der Tolteca *920–1179;* *ⓅQuetzalcoatl *10. Jh. (?)*

*Tūnis* A 6, K 8, **W** 1, **4,** N 1
Hauptstadt *(Tūnis)* des gleichnamigen Staates *(Tūnis/Tunisie),* muslimisch *670; Studium* (der arabischen und der hebräischen Sprache und der islamischen und jüdischen Religion und Philosophie), gegründet vom Dominikanerorden *1250;* *Constantinus Africanus *11. Jh.* (?), ◡Ibn al-'Arabi, ᵛFibonacci *12. Jh.*, ◡Ibn Sab'in *13. Jh.*, ◡°**Llull** *13.–14. Jh.*, *◡**Ibn Khaldun** *14. Jh.*, ᵛFlaubert, Ⓢ'Abduh *19. Jh.*, ◡Fanon *20. Jh.;* in der Nachbarschaft → *Carthago*

*Turda/Torda/Thorenburg* N 4
bei Cluj-Napoca/Kolozsvar/Klausenburg, Transilvania, România: Landtage der »drei Nationen« (Magyaren, Szekler, Siebenbürger Sachsen) *1438* (Bestätigung der Union), *1557* (im neuzeitlichen Europa erstmalige Proklamation der Religionsfreiheit – zur Zeit osmanischer Oberhoheit); → *Transilvania*

Turi N 3
bei Bari, Puglia, Italia: ◡Gramsci *(carcere) 20. Jh.*

*Türk(en)/Tujue/(al-)Atrāk* K 5, W 5, S 5, O 3
von O-Asien aus sich über Zentral- und SW-Asien bis nach NO-India, NO-Afrika und O-Europa ausbreitende und dynastische Reiche errichtende Population mit türkischsprachiger Schriftkultur seit dem *7. Jh.*, Promotor der manichäischen Gnosis, des nestorianischen Christentums und des Buddhadharma in Zentralasien und Zhongguo und des Islam (Ausbreitung in Zentralasien seit dem *10. Jh.*) von NO-India bis nach O-Europa; frühe Staaten und Reiche in O- und Zentralasien (→ *Orhon, Uyg(h)ur, Xianbei, Xiongnu* und *Xiyu/Sharqi Turkestan*); Träger von Dynastien in Zhongguo (Tuoba-Wei, Tang), SW-Asien (Saljuqen, Ghaznaviden, → *Rum,* → *Osmanlı İmparatorluğu*), Misr (Mamluk) und O-Europa *(Khazariia, Qipchaq);* leitende administrative Funktion in den mongolischen und nachmongolischen (timuridischen und tatarischen) Reichen und Qanaten (mit der türkischen und/oder persischen Sprache als interkontinentaler *lingua franca*) *13.–18. Jh.;* gegenwärtig türkisch(-sprachig) dominierte Staaten: Azerbaycan, Kyrgyzstan, Qazaqstan, Türkiye, Türkmenistan und Uzbekiston

*Turkana, Lake/Lake Rudolf* A 1–3, K 1
Rift Valley, Kenya: herausragende Fundregion von Fossilien aus der Anfangsgeschichte der Menschheit: *Australopithecus anamensis* (*anam* = »See«) *4 MJ vh, Homo rudolfensis* und *Homo ergaster* (»Handwerkermensch«) *2,5–1,6 MJ vh;* namhafteste Fundstätten → *Koobi Fora (Turkana East)* und *Nariokotome (Turkana West);* in der nördlichen Nachbarschaft → *Omo*

*Türkiye* A 9, W, S 5, N
regionaler Nachfolgestaat des Osmanischen Reiches *(Osmanlı İmparatorluğu)* in dessen Kerngebiet *1919/1923*

*Türkmenistan/Turkmenostan* K 4, W 4, 5
→ *Khwārezm, Khorāsān*

*Turpan/Turfan/Tulufan/Xizhou* A 6, K 5, **S 5,** O 1
Xiyu/Sharqi Turkestan/Xinjiang, Zhongguo: Oasenstadt an der Seidenstraße, Zentrum buddhaitischer und manichäischer Kultur unter chinesischer und uygurischer Herrschaft *6.–13. Jh.;* Fundstätte *1902–12* der »Turfanfragmente« (vor allem religiösen und medizinischen Inhalts buddhaitischer und manichäischer Herkunft in mehreren Sprachen und Schriften, darunter in der indoeuropäischen »tocharischen« Sprache und der indischen Brahmi-Schrift); ᵛDharmagupta *6. Jh.*, ᵛXuanzang *7. Jh.*, ◡Singqu Seli Tutung *10. Jh.;* in der Nachbarschaft → *Gaochang*

Ṭūs W 1, 4, 5
Khorāsān, Īrān: kulturelles Zentrum *9.–11. Jh.*, »eine wegen bedeutender Lehranstalten berühmte, ja sogar wegen Überbildung verdächtige Stadt« (Goethe, *West-östlicher Divan, 1819*); (°Harun ar-Rashid *9. Jh.*), ◡°Ferdowsi, *◡°al-Ghazali *11. Jh.*, *at-Tusi *13. Jh.;* in der Nachbarschaft: Mashhad (shiitischer Wallfahrtsort um das Grab des *Imām* Reza *°817*), ⓈMir Damad *16. Jh.*, ⓈⓅSabzawari *19. Jh.;* → **Nīshāpūr**

Tusculum W 3
Latium/bei Frascati, Lazio, Italia: ◡Cicero (Landsitz) *-1. Jh.*

*Tututepec* K 7
Mixteca de la Costa, Oaxaca, México: Fürstenresidenz, nachweisbar seit *1032,* dokumentiert in mehreren mixtekischen Bilderhandschriften

*Tyros* → *Ṣūr*

*al-'Ubaydiyya/'Ubēdiya/Ubeidiyeh* A 2
'Emeq ha-Yarden/Jordan Valley, Yishrā'el: Fundstätte von Fossilien und Artefakten früher archaischer Menschen *1 MJ vh*

*Uch/Uchchh/Uččh* W 5, S 2
Panjāb, Pākistān: Foyer des *Qādiriyya-Ṣūfī*-Ordens (eingeführt in S-Asien durch Sayyid Muhammad Ghauth) *15.–16. Jh.*

Udīpi/Uḍupa/Udupi S 1, 4
Karnātaka, Bhārat/India: *Ⓟ°**Madhva** *13.–14. Jh.*, ᵛVallabha, ᵛCaitanya *15.–16. Jh.*

*Udyāna/Uḍḍiyāna* S 2
Swāt, Pākistān: Region mit einer blühenden buddhaitischen Kultur in der Nachbarschaft von Gandhara und Kashmir *-2. Jh.*, Foyer des buddhaitischen *Tantra-yāna 4.–8. Jh.* mit Ausstrahlung auf Tibet; ᵛFaxian *5. Jh.*, ᵛXuanzang *7. Jh.*, *Padmasambhava, ᵛHyech'o *8. Jh.*

*Uganda* K 8, N 5

*Ugarit/Ra's Shamra* K 3
Phoinikē/bei al-Lādhiqiyya, as-Sūriyya: Hafenstadt, Fundstätte *(1930)* einer alphabetischen Keilschrift und von vielfäl-

tigen literarischen Texten vorwiegend in akkadischer Sprache aus der Blütezeit der Stadt als Handelsmacht in der östlichen Mittelmeerregion *-15. bis -12. Jh.*

***Ujjayinī**/Ujjain/Ozēnē* **A 6,** K 4, **W 5, S 1, 2, 5, N 1**
Avanti/Mālava/Madhya Pradesh, Bhārat/India: Hauptstadt des Avanti-Reiches *-6. bis -4. Jh.*, intellektuelles Zentrum (Astronomie [Verlauf des Nullmeridians der indischen Astronomie durch Ujjayini], Mathematik und Literatur, brahmanische und buddhaitische Philosophie) von der Maurya-Zeit bis zur »Goldenen Zeit« der Gupta und der unmittelbaren Nach-Gupta-Ära *-4. bis 7. Jh.;* ◡As(h)oka, *Mahinda und Sanghamitta *-3. Jh.,* *Ⓔ°**Bhartrihari,** ◡**Kalidasa,** *Paramartha *5. Jh.,* (◡Varahamihira *6. Jh.*), ◡Brahmagupta, ◡Siddhasena, ᵛXuanzang (?) *7. Jh.,* ◡**Bhaskara** II *12. Jh.,* ᵛNanak, Vallabha und Caitanya *15.–16. Jh.*

*Ukraina/Ukraïna* A 9, K 1, 2, **W** 1, 2, **4, N** 2, **4,** 5
→ *Skythia, Krim, Roma (»Cygany«)*

*Ulaan Baatar/Ih Hüree Hot/Urga* S 5
Monggol Ulus: Residenz des Bogd Gegeen, des Oberhaupts der tibetobuddhaitischen Religionsgemeinschaft in Monggol Ulus *1778–1924;* ᵛShcherbatskoi *20. Jh.*

*Ulaan Ude/Ulan-Ude/Verkhne Udinsk* S 5
Buriatiia, Rossiia: als Winterquartier gegründet von den Kosaken *1689;* politisches, wissenschaftliches (medizinisches) und kulturelles Zentrum der mongolischen Buriad, der größten buddhaitischen Religionsgemeinschaft in der Russischen Föderation; ᵛShcherbatskoi, °Dorzhiev *20 Jh.*

*Ulm* N 4
Württemberg, Deutschland: (°H. Seuse *14. Jh.*), ᵛKepler *17. Jh.,* *Einstein *19. Jh.*

*Uluru/Ayers Rock* A 1, 2, K 1, N 5, Z
Australia: »Heiliger Berg« der *Aborigines,* von Europäern erstmals *1872* gesichtet, größter Monolith der Erde

*'Umān/Oman* K 3, 8, **W** 4, **5,** S 5
Jazīrat al-'Arab: Ⓢas-Sirafi *10 Jh.;* → *Zanzibar*

*Uppsala* N 2, 5
Sverige: Universität *1477;* ◡Swedenborg *17.–18. Jh.,* Ⓔ°**Linné** *18. Jh.,* ⓈⒺBerzelius *19. Jh.,* ᵛKang Youwei, ⒺJakobson, ◡Foucault, ⓈOruka *20. Jh.*

*Ur/Tall al-Muqayyar* K 3
bei an-Nāṣiriyya, 'Irāq: herausragende sumerische Stadt, im *-3. Jt.* am Arabisch-Persischen Golf gelegen, Blütezeiten *-21. bis -20./-6. Jh.;* früheste schriftlich erhaltene Gesetzessammlung *(Codex Ur-Nammu) -21. Jh.;* nach biblischer Überlieferung Herkunftsort des Patriarchen Abraham *(-19. bis -17. Jh.)*

*Urartu/Ararat/Ağrı Dağı* K 3
Türkiye – Hayastan: nach der biblischen Sintflutgeschichte Landeplatz der Arche Noah; Region des Urartu-Reiches, Blütezeit (Texte vorwiegend in assyrischer Keilschrift) *-9. bis -7. Jh.*

*al-Urdunn/Jordan(ien)* K 2, 4, W 3
→ *Nabataia*

*Urhoy/Orrhoē/Edessa/ar-Ruhā/Şanlı Urfa* K 4, W 3, 4
Osroēnē, Syria/Türkiye: hellenisch *-331,* Hauptstadt eines osroënisch-syrischen Königreiches *-132 bis 300,* zeitweilig römisch, sasanidisch *4. Jh.,* muslimisch *638;* intellektuelles Zentrum der syrisch-christlichen Schriftkultur (Erhebung der osroënischen Kanzleisprache zur syrischen Schriftsprache), *ⒺBardesanes *2. Jh.;* »Schule der Perser« (namhafte Lehrer: Hiba »der Übersetzer«, Ma'na Shirazi, Narsai) *4. Jh.–489* (Auszug nach *Nusaybin/Nisibis*)

*Uruk/Unug/Erek/al-Warkā'* K 3
bei as-Samāwa, 'Irāq: herausragende frühe sumerische Stadt *-4. Jt.* (bewohnt bis *5. Jh.*), Blütezeit *-3. Jt.,* herausragender Herrscher: Gilgamesh *-2700;* archäologisch belegte Astronomieschule, Fundstätte der frühesten (kategorisierenden) Listen von Gegebenheiten (»Listenwissenschaft«) *-3. Jt.*

*U.S.A.* A 11, **N 2, 3,** 5, G
international bedeutsam gewordene Rechtserklärungen: *Virginia Bill of Rights* (Charlottesville) *1776, Declaration of Independence* (Philadelphia) *1776, Universal Declaration of Human Rights* (*United Nations,* New York) *1948*

Utrecht N 4
Holland, Nederland: Universität *1636;* ◡Schurman, (Ⓔ°Henricus Regius) *17. Jh.,* ⓈMoleschott *19. Jh.,* ⒺPlessner *20. Jh.*

*Uxmal* K 7
Yucatán, México: repräsentatives städtisches Zentrum der spätklassischen Maya-Kultur, Blütezeit *800–1000*

*Uyg(h)ur/Uig(h)ur(en)/Weiwuerzu* K 5, S 5, O 1
Monggol Ulus – Xinjiang Uygur, Zhongguo: türkische Population mit einem Staat im Gebiet des heutigen Monggol Ulus (Hauptstadt Qara Balghassun) *744–840,* Übernahme der manichäischen Religion *764* und der sogdischen Schrift (jedoch in Anlehnung an die chinesische Schrift in vertikalen Kolonnen geschrieben), von den Kirgisen vertrieben, agrarische Nachfolgestaaten in Gansu (Zhangye) und Turpan (Qocho), Übernahme der dortigen buddhaitischen Kultur; nach der friedlichen Unterordnung unter Chinggis Qan in führender administrativer Stellung in den mongolischen Reichen (Adaptation der sogdisch-uygurischen Schrift an die mongolische Sprache); Staatengründungen verwandter Populationen in Kashgar und Balasaghun; Konversion zum Islam *842–1130*

*Uzbekiston* W 5, S 5, N 5
ⓈA. R. Luriia *20. Jh.:* anthropologische Feldforschung unter Analphabeten (Ichkari-Frauen) im gebirgigen Grenzgebiet zu Kyrgyzstan, Widerlegung von Lévy-Bruhls Annahme der Unfähigkeit zum logischen Denken in »primitiven« Gesellschaften *1931–32;* → *Mā warā' an-Nahr*

Vadodara/Baroda S 2
Gujarāt, Bhārat/India: ◡Aurobindo *19.–20. Jh.,* ᵛAmbedkar *20. Jh.;* in der Nachbarschaft: *Darbhavati,* °Yas(h)ovijaya *17. Jh.* (?)

Vais(h)ālī/Vaiśālī/Vesālī S 3
Videha/Bihār, Bhārat/India: Hauptstadt der Licchavi-Republik und der von den Licchavi dominierten Vrijji-Konföderation *-6. bis -4. Jh.;* Ⓔ**Mahavira,** Gos(h)ala und Buddha *-6. bis -4. Jh.;* »Zweites buddhaitisches Konzil« 100 oder 110 Jahre nach dem Tod des Buddha (Beginn der Aufspaltung in die Lehrrichtungen des *Theravāda* und des *Mahāsaṅghika*); °Ananda *-5.* oder *-4. Jh.,* ᵛFaxian *5. Jh.,* ᵛXuanzang, ᵛYijing *7. Jh.,* ᵛHyech'o *8. Jh.;* in der Nachbarschaft: *Kundagrama,* *Mahavira *-6.* oder *-5. Jh.;* → *Videha*

**Valabhī**/Vālā A 6, **S 1, 2, 5**
Saurāshtra/Gujarāt, Bhārat/India: Ort eines »Jaina-Konzils« (Festlegung des Kanons der Jaina-Schriften) *5.* oder *6. Jh.;*

Hauptstadt des Nach-Gupta-Staates der Maitraka *470–770;* buddhaitische Klosteruniversität (Konkurrenz mit Nalanda) *490–780,* Zentrum der »Bewußtseinslehre« *Vijñāna-vāda;* ◡Bhartrihari *5. Jh.* (?), (ⓑGunamati), *ⓑ°**Sthiramati** *5.–6. Jh.*, ⓑBhavaviveka *6. Jh.*, ◡Bhaskara I, ˅Xuanzang, ˅Yijing (?), ⓢVajrabodhi *7. Jh.*, ˅Hyech'o *8. Jh.*

*Valdivia* K 7
Ecuador: namengebende Fundstätte der frühesten bekannten Keramikkultur in der Andenregion *-3000*

Valencia/al-Balansiyya W 4
España: muslimisch (al-Andalus) *713–1238,* Universität *1500;* °Ibn Gabirol *11. Jh.*, ◡Ibn Bajja *11.–12. Jh.*, ⓢArnaldus de Villa Nova *13. Jh.*, *Vives *15. Jh.*, ⓑGracián *17. Jh.*, ⓑRamón y Cajal *19. Jh.*, ⓢGaos, ◡Malraux *20. Jh.*

Valladolid N 2
Castilla, España: Residenzstadt *13.–17. Jh.*, Universität *1346;* (°C. Colón/Columbus), ⓑVitoria, *ⓑBáñez, ˅Las Casas (Disputation mit Ginés de Sepúlveda *1550*), ⓑSuárez, ◡Teresa de Ávila *16. Jh.*, ◡Cervantes *17. Jh.*

**Vārāṇasī**/Benares/Kās(h)ī/Kāśī A 6, **S 1, 3,** 5
Uttar Pradesh, Bhārat/India: Hauptstadt des spätvedischen Königreiches Kas(h)i *-8. bis -5./-4. Jh.*, zur Zeit des Buddha von Magadha erobert; intellektuelles Zentrum *-800 bis +20. Jh.*: formative Phase der brahmanischen Philosophie (frühe *Upanishadas*) *-8. bis -5. Jh.*, Foyer des Buddhadharma *4.–12. Jh.*, Regeneration der brahmanisch-hinduitischen Philosophie *7.–12./15.–20. Jh.*: *Central Hindu College 1898/ Hindu University 1916*
*Philosophen und andere herausragende Intellektuelle:* *Pars(h)va *-8. Jh.*, ⓑ**Uddalaka** und **Yajnavalkya** *-8. bis -6. Jh. (?),* ⓑMahavira und Buddha *-6. bis -4. Jh.*, ◡Sus(h)ruta *1. Jh.*, *ⓑKanada *2.–3. Jh.* (?), ˅Faxian *5. Jh.*, ˅Xuanzang, ˅Yijing *7. Jh.*, ⓢS(h)ankara *7.–8. Jh.*, ˅Hyech'o *8. Jh.*, ⓑS(h)ri Harsha (?), ˅Basava *12. Jh.*, *Kabir *15. Jh.*, ˅Nanak, ˅Caitanya, ◡°Vallabha *15.–16. Jh.*, ⓢYas(h)ovijaya *17. Jh.* (?), ⓢRoy *18. Jh.*, ˅Olcott, ◡Besant *19.–20. Jh.*, ˅Kang Youwei, ˅Jung, ⓑRadhkrishnan *20. Jh.*

*Venezia* A 9, **W 4,** 5, N 4
Italia: Hafenstadt, dominierende Handelsmacht im östlichen Mittelmeer *9.–18. Jh.*, Glanzzeit *12.–15. Jh.*, Vermittlung byzantinischer, islamischer und jüdischer Literatur nach Europa, Druckstätte jüdischer (juristischer und kabbalaitischer) Schriften *1565/1570;* ˅Konstantinos-Kyrillos *9. Jh.*, ◡Petrarca, *Cristina/Christine da Pizzano *14. Jh.*, ◡Valla, ◡Georgios Trapezuntios, ◡Bessarion *15. Jh.*, ⓑE. Delmedigo, ◡°I. und ˅J. Abrabanel, ˅Erasmus, ˅Vesalius, ˅Montaigne, ◡Bruno *16. Jh.*, ˅J. Delmedigo, ˅Descartes, ˅Harvey *17. Jh.*, ˅Montesquieu, ˅Rousseau *18. Jh.*, ◡Byron, °Wagner, ˅Nietzsche *19. Jh.*, ◡Th. Mann *19.–20. Jh.*, ˅Malraux *20. Jh.*

*Venezuela* K 7, N 5

*Ventoux, Mont* W 4
Vaucluse, Provence, France: von Petrarca *1336* bestiegen und als »Olimpo« besungen

*Verneuil-sur-Seine* N 2
bei Paris, France: *Tocqueville *19. Jh.*

*Versailles* N 2
bei Paris, France: Residenz der französischen Könige *1682–1789;* *◡°Quesnay *17.–18. Jh.*, ◡Tocqueville *19. Jh.*, ◡Maritain, ˅Keynes *20. Jh.*

*Vézelay* N 4
Bourgogne, France: *°Rolland *19. Jh.*

*Vidarbha/Berār* S 2
Mahārāshtra, Bhārat/India: *Nagarjuna *2. Jh.* (?)

*Videha* S 3
Bihār, Bhārat/India: Königreich *-8. bis -6. Jh. (?);* herausragender König: Janaka; ⓑ**Uddalaka** und **Yajnavalkya** *-8. bis -6. Jh. (?);* → **Mithilā,** Vais(h)ālī

*Viêt Nam/(Nan Yue)/Giao Chi (Jiaozi)/An Nam/Dai Viêt* K 5, 6, **S 5, O** 1, 3, **5,** N 5
chinesische Provinz *-111 bis 968/1413–27;* im Norden (Nan Yue) chinesische Schriftkultur seit dem *-2. Jh.*, im S (Champa) indische Schriftkultur seit dem *2. Jh.*; philosophische Orientierung an Zhongguo bis *19. Jh.*: »drei Lehren/Religionen« *san jiao/tam giao* (konfuzianisch: *ru/nho giao,* daoitisch: *dao/ dao,* buddhaitisch: *fo/phât*), dominierende buddhaitische Tradition *Chan/Thiên,* frühe buddhaitische Missionare: *°Kang Senghui *3. Jh.* und ◡°Vinitaruci *6. Jh.*; »Goldene Zeit« (während der späten Le-Dynastie) *1428–1527,* früheste alphabetisierte Tonsprache (»Landessprache« *Quôc ngu',* in lateinischer Schrift mit diakritischen Zeichen, eingeführt von Alexandre de Rhodes *1651*)

Vijayanagara → Hampi

Vikramas(h)ilā/Vikramaśilā S 3
Bihār, Bhārat/India: buddhaitische Klosteruniversität *8. Jh.–1193,* Zentrum des buddhaitischen *Tantra-yāna* und seiner Vermittlung nach Tibet, Blütezeit *11. Jh.*; (ⓑJnanagarbha *8. Jh.*), ⓑAtis(h)a, ⓢNaropa *10. Jh.*, ⓑRatnakirti, (ⓢDrogmi) *11. Jh.*

*Viliuisk* N 5
an einem Nebenfluß (Viliui) der Lena, Sibir', Rossiia: ◡Chernyshevskii (Verbannung) *19. Jh.*

*Villeneuve* N 4
am Lac Léman, Suisse: ◡Rolland, ˅Tagore, ˅Gandhi *20. Jh.*

*Vilnius/Vilnjus/Wilno/Wilna* A 9, W 1, 4, **N** 2, **4**
Lietuva: litauisches und polnisch-litauisches politisches, kirchliches und kulturelles Zentrum *1323–1772,* russisch *1772–1915;* kulturelle Blüte *16.–17. Jh.* (polnisch-lateinisch: »Rom des Baltikums«) und *18.–19. Jh.* (jiddisch-hebräisch: »Jerusalem des Nordens«), Universität *1579,* Zentrum der jüdischen »Aufklärung« *Haskala 18. Jh.*; ˅J. Delmedigo *17. Jh.*, ⓑ°**Eliah Ben Solomon,** ˅Shneur, ◡Cabanis, ⓑG. Forster *18. Jh.*, *A. Gurwitsch, ◡Bakhtin, ⓢ◡Miłosz *20. Jh.*

Vincennes N 2
bei Paris, Val-de-Marne, France: ◡Diderot, ˅Rousseau, (◡Marquis de Sade) *18. Jh.*, ◡Kojève, (*ⓑJ.-F. Lyotard) *20. Jh.*

Vitebsk/Vicebsk/Vitsebsk N 2, 4
Belarus': litauisch und polnisch *1320–1772;* *Petrażycki *(Kollontaevo),* *Losskii *(Kreslavka) 19. Jh.*; literatur- und kulturwissenschaftlicher Kreis um **Bakhtin** (V. N. Voloshinov und P. N. Medvedev) *1920–24;* (◡M. Z. Shagal/Chagall, Gründung einer Kunstakademie *1919* zusammen mit El' Lissitskii und K. S. Malevich)

Viterbo W 4
Lazio, Italia: Residenz der römischen Päpste *1257–81;* *◡Bonaventura, °Kilwardby, ◡Moerbecka, ◡°Petrus Hispanus I, ◡Thomas Aquinas *13. Jh.*, ˅Montaigne *16. Jh.*

*Vivarium* W 3
bei Scylletium/Squillace, Bruttium/Calabria, Italia: klösterli-

che Lebens- und Studiengemeinschaft, gegründet von ⓟ°Cassiodorus *6. Jh.*

*Vix* W 2
bei Châtillon-sur-Seine, Bourgogne, France: keltische Stadt am Fuße des Mont Lassois an einem Handelsweg zwischen den hellenischen Mittelmeerkolonien in Megale Hellas und NW-Europa *-6. Jh.*

*Vladivostok* N 5
Sibir', Rossiia: ᵛMasaryk, (°O. E. Mandelshtam), ᵛGödel, ᵛBrecht *20. Jh.*

*Vogelherd* K 1
Lonetal bei Ulm, Deutschland: Fundstätte *(1931)* von tragbaren Kleinplastiken: Tierfiguren, geschnitzt aus Mammutelfenbein, mit eingeritzten Körperdetails (Haaren) und abstrakten Zeichen *32 KJ vh;* in der Nachbarschaft → *Hohlenstein*

*Vol(h)ynia/Volyn'/Wołyń* A 9, N 4
Ukraina: polnisch *1569,* russisch *1793–1918;* zentrale Region der chassidischen Bewegung *18. Jh.,* → *Mezhirich*

Vouziers N 4
Ardennes, France: *Taine *19. Jh.*

*Vrijji/Vṛjji/Vajji* S 3
Bihār, Bhārat/India: Konföderation von oligarchischen (antimonarchischen und antibrahmanischen) Republiken in der mittleren Gangesebene *-6. bis -4. Jh.,* dominiert von den Licchavi; Hauptstädte → Vais(h)ālī und **Mithilā**

Vrindāvan/Vṛṇḍāvana S 2
bei Mathurā, Uttar Pradesh, Bhārat/India: ◡Krishna (nach mythischer Überlieferung); ᵛRamanuja *11. Jh.,* ◡Nimbarka *12. Jh.,* (◡Mira Bai), ᵛNanak, ◡Caitanya *15.–16. Jh.,* ◡R. und J. Gosvamin *16.–17. Jh.*

*Wādī Ḥalfā* N 5
as-Sūdān: Hafenplatz am Nil unterhalb des zweiten Katarakts, südliche Endstation von Orientierungsfahrten europäischer Intellektueller auf dem Nil *19.–20. Jh.,* ᵛFlaubert *19. Jh.,* ᵛTh. Mann *20. Jh.*

*Wajak* A 2
Java: Fundstätte von Schädeln des anatomisch modernen *Homo sapiens 10 KJ vh (?)*

*Wamba* K 1
bei Djolu, Congo-Kinshasa: Station der Kyoto-Universität *1973* zur Erforschung der (wenigen überlebenden) »Zwergschimpansen« *Bonobo*

*Wan Guo (»10 000 Staaten«)* K 6
Zhongguo: Begriff der traditionellen chinesischen Historiographie, von der modernen Archäologie assoziiert mit der Vielzahl der interagierenden und zunehmend sozial abgestuften Ortschaften der Longshan-Kultur *-3000 bis -1700*

Warszawa/Warschau W 1, **N** 3, **4**
Polska: Hauptstadt *1596,* russisch *1864–1915,* deutsch *1915–18/1940–45;* ◡Hamann, ◡Fichte *18. Jh.;* *M. Skłodowska-Curie, (*O. E. Mandelshtam) *19. Jh.,* ◡Luxemburg, *ⓟ°Kotarbiński *19.–20. Jh.,* ⓟ°Ajdukiewicz, ◡Foucault, ⓟHessen, ⓟIngarden, ᵛKojève, (ⓢⓟL. Kołakowski), ⓟ°**Leśniewski,** ⓟ**Łukasiewicz,** ◡Miłosz, ⓟ°Petrażycki, ⓢQuine und *ⓟTarski *20. Jh.*

*Wartburg* N 4
Thüringen, Deutschland: ◡Luther (Bibelübersetzung) *16. Jh.;* Wartburgfest der freisinnigen studentischen Reformbewegung (ᵛFries und Oken) *1817*

***Waset**/Thēbai/al-Uqṣur/Luxor-Karnak* **A 6,** K 3, 8, **W** 1, **2**
Kemet/Aigyptos: politisches und kulturelles Zentrum (mit Unterbrechungen) *-22. Jh. bis -664* (Eroberung durch Assyria); *◡Amenemhet I, ◡**Khety** (?) *-20. Jh.,* ⓟAni *-15. bis -14. Jh.,* *◡Akhenaton *-14. Jh.,* ᵛFlaubert *19. Jh.,* ᵛKang Youwei, ᵛJung, ᵛTh. Mann *20. Jh.*

*Washington* N 3
District of Columbia, U.S.A.: Hauptstadt und Sitz des (rechtsgeschichtlich herausragenden) *Supreme Court 1800; Georgetown University* (früheste katholische Universität in den U.S.A.) *1789, Library of Congress 1800;* ◡Jefferson *18.–19. Jh.,* ᵛA. von Humboldt, ◡Sarmiento, ◡Olcott *19. Jh.,* ◡Benedict, ◡Berlin, *Church, ⓟFromm, (◡°O. W. Holmes jr.), ◡Hu Shi, ᵛKang Youwei, ᵛLiang Qichao, ᵛTh. Mann, ◡H. Marcuse, ᵛMasaryk, ◡M. Mead, ◡Miłosz, °von Neumann, ᵛSun Yat-sen (und ◡°E. Warren) *20. Jh.;* in der Nachbarschaft → *Bethesda MD*

Wasīj W 5
Fārāb in Mā warā' an-Nahr/Qazaqstan: *al-Farabi *9. Jh.*

*Wei* O 2, 3
Zhongguo: (1) Wei: Kleinstaat zur Zeit der »Hundert Schulen« *Bai Jia -6. bis -3. Jh.,* *Sun Zi *-6. Jh.,* *◡Yang Zhu *-5. bis -4. Jh.,* Hauptstadt → Diqiu/Puyang, ◡**Kong Zi** *-5. Jh.;* (2) Wei/Liang: mächtigster der drei Nachfolgestaaten von Jin *-403 bis -225,* Hauptstadt → **Daliang,** intellektuelles Zentrum unter König Hui *-369 bis -319,* *◡Shang Yang, ⓟ**Hui Shi** und **Meng Zi** *-4. Jh.;* (3) Name mehrerer Dynastien/Teilreiche, herausragend: (a) Wei, eines der »Drei Reiche« *San Guo 220–265,* Hauptstadt → **Luoyang,** (b) Bei- oder Tuoba-Wei *386–534,* Hauptstädte → Datong und **Luoyang**

***Weimar*** **N 2, 4**
Thüringen, Deutschland: Residenzstadt von Sachsen-Weimar *1572–1918,* Zentrum der literarischen deutschen Klassik (»Weimarer Klassik«) *1786* (Goethes Italienreise) *–1805* (Schillers Tod), (◡°Ch. M. Wieland), ◡°**Goethe,** ◡°**Herder,** ◡°**Schiller** *18.–19. Jh.; philosophiegeschichtlich namhafte Besucher zur Zeit von Goethe und Schiller (1775–1832):* Berzelius, Constant, Cousin, Fichte, (Amalia von Galitzin), Hegel, (H. Heine, F. Hemsterhuis), Hölderlin, A. und W. von Humboldt, Jacobi, ◡Jean Paul, Kleist, (J. K. Lavater, Johannes Müller, Napoléon), Novalis, Ørsted, (◡K. L. Reinhold), Schelling, A. W. und F. Schlegel, (◡Johanna und) A. Schopenhauer, Staël, (H. F. K. von Stein, Rahel Varnhagen, J. H. Voss, F. A. Wolf); ◡R. Steiner *19. Jh.,* ◡°Nietzsche *19.–20. Jh.;* »Bauhaus« (gegründet von W. Gropius) *1919–1925*

*Weißenfels/Weissenfels* N 4
Sachsen-Anhalt, Deutschland: ◡°**Novalis** *18.–19. Jh.,* ᵛF. Schlegel *19. Jh.*

Welbeck Abbey N 2
Nottinghamshire, The Midlands, England: Landsitz der Familie Cavendish, wissenschaftlicher Kreis *(Newcastle Circle)* um William Cavendish, First Duke of Newcastle, und Margaret Cavendish, Duchess of Newcastle *17. Jh.;* ◡°M. Cavendish und ◡Hobbes *17. Jh.;* in der Nachbarschaft → Hardwick Hall

Westport N 2
bei Malmesbury in Wiltshire, England: *Hobbes *16. Jh.*

*Wethersfield* N 3
bei Hartford CT, U.S.A.: ◡°Whorf *20. Jh.*

**Wien**/Vindobona A 6, **W 1, N 2–5**
Österreich: habsburgische Residenzstadt *13. Jh.–1918;* Universität *1365* (erster Rektor Albertus Parvus (»der Kleine«), Reform nach dem Humboldtschen Modell *1848*), Akademie für morgenländische Sprachen *1754,* wissenschaftliche und philosophische Glanzzeit *1870–1938,* »Wiener Kreis«: (1) *1908–12* (Machsche Wissenschaftsphilosophie), (2) *1922–38* (»logischer Positivismus«)
*Philosophen und andere herausragende Intellektuelle:* °Marcus Aurelius *2. Jh.* (?), ⓈⒺRegiomontanus *15. Jh.,* ◡Paracelsus *16. Jh.,* ˅Harvey, ⒺLipsius *17. Jh.,* ˅Leibniz *17.–18. Jh.,* ˅Montesquieu, ˅Hume, ˅Lessing, ⓈBaader, ˅Beccaria *18. Jh.,* Ⓢvon Baer, *Ⓔ**Boltzmann,** ⒺF. **Brentano,** *Buber, ◡J. Fröbel, ˅Gogol', ⓈHaeckel, ˅Hegel, ˅A. und ◡W. von Humboldt, ⓈHusserl, ◡Jhering, ⓈⒺMasaryk, ⓈⒺMeinong, ⓈMendel, ˅Rückert, ◡A. W. und F. Schlegel, ◡Staël, ⓈStcherbatsky, ◡G. Stein, ⓈR. Steiner und *ⒺTwardowski *19. Jh.,* *ⒺPh. Frank, Ⓢ◡**Freud,** *◡Hayek, ⓈⒺKelsen, (*Ⓔ°V. Kraft), ⓈⒺ**Mach,** Ⓔ°Menger, (*◡°K. E. Neumann), *◡**Neurath,** *ⒺSchrödinger, Ⓢ◡Schumpeter, *◡Schütz und *◡**Wittgenstein** *19.–20. Jh.,* ⓈAdorno, (ⓈA. J. Ayer), ◡Benjamin, *ⒺBertalanffy, ˅Brouwer, ⒺBühler, ⓈCanetti, Ⓔ**Carnap,** ⓈⒺGödel, ⓈHempel, ⓈIngarden, ˅C. G. Jung, ˅Kang Youwei, ⓈKeyserling, ⓈLanger, ⓈLeśniewski, *ⒺLorenz, ◡Lukács, ˅Malraux, Ⓢ◡Musil, *Popper, ˅Quine, ˅Ramsey, Ⓔ°Schlick, ⓈSperber, ˅Tarski, ◡Trotskii, Ⓔ°N. S. Trubetzkoy, ⓈVon Wright, ⒺMax Weber und ⓈWertheimer *20. Jh.*

*Wieuwerd* N 4
Friesland, Nederland: ◡°Schurman *17. Jh.*

*Willendorf in der Wachau* K 1
bei Krems an der Donau, Österreich: Fundstätte *(1908)* einer »Venusstatuette« *30 KJ vh* unter einer Vielzahl von jungpaläolithischen Artefakten *42–28 KJ vh*

*Winnebago* N 5
Wisconsin (und Nebraska), U.S.A.: amerindische Population (Bisongroßjagd, Agrikultur, *Medicine Dance Society*); Ⓢ**Radin** (auf der Suche nach der Philosophie in »primitiven« Gesellschaften, Gesprächspartner: Warudjáxega/»Crashing Thunder«/Jasper und Hágaga/»Big Winnebago«/Sam Blowsnake) *20. Jh.*

*Wittenberg/Lutherstadt Wittenberg* **N** 2, **4**
Sachsen-Anhalt, Deutschland: Universität *1502–1817,* Ausgangsort der evangelischen Reformation *1517;* Ⓔ**Luther,** (Ⓔ°Ph. Melanchthon), ⒺBruno, ⓈKeckermann *16. Jh.,* ⓈKnorr von Rosenroth *17. Jh.,* ⓈⒺReimarus, ⓈⒺAmo, ⓈLessing, ⓈFichte, ⓈNovalis *18. Jh.*

Wolfenbüttel N 4, 5
Niedersachsen, Deutschland: Residenz der Welfen *1283–1753,* kulturelles Foyer des Herzogtums Braunschweig-Wolfenbüttel *1671–1918: Herzog-August-Bibliothek 1572,* fürstliche Bibliothekare: **Leibniz** *1691–1716* und **Lessing** *1770–1781;* ◡Jungius *17. Jh.,* ◡Amo, ˅Jacobi *18. Jh.,* ◡Köhler *19.–20. Jh.*

*Woolsthorpe* N 2
bei Grantham, Lincolnshire, England: ◡Newton (Landsitz) *17. Jh.*

*Worms* A 9
Pfalz, Deutschland: wirtschaftliches und politisches Zentrum am Oberrhein *1.–16. Jh.,* Zentrum ashkenazisch-jüdischer Spiritualität (zusammen mit Speyer und Mainz) *11.–13. Jh.;* ˅Bessarion *15. Jh.,* ˅Luther *16. Jh.,* ◡Natorp *19. Jh.*

*Worpswede* N 4
bei Bremen, Niedersachsen, Deutschland: Künstlerkolonie (um O. und P. Modersohn-Becker), gegründet *1889*

*Wounded Knee* N 5
Creek, South Dakota, U.S.A.: (nach einem Sieg der Sioux über *U.S.-Troopers* am Little Bighorn River in Montana *1876* mit über 200 gefallenen Troopers) Massaker an über 200 Sioux *1890,* Gedenkstätte für den Freiheitskampf der ersten (amerindischen) Kolonisatoren der »Neuen Welt«

Wrington N 2
Somerset, England: *Locke *17. Jh.*

Wrocław/Breslau N 4
Śląsk, Polska: deutsche Kolonisation seit dem *13. Jh.,* böhmisch/tschechisch *1335,* österreichisch *1526,* preußisch *1742–1945;* Reformation *1523,* Universität *1702;* (*°Angelus Silesius),*Wolff *17. Jh.,* ◡Lessing, *Schleiermacher, ˅Maimon *18. Jh.,* *Cassirer, °Clausewitz, ⓈCohen, ⒺDilthey, ⓈPavlov und *E. Stein *19. Jh.,* ⓈGadamer, ⒺOtto, ◡Luxemburg, ⒺSchrödinger *20. Jh.*

*Wu* O 2, 3
Zhongguo: (1) südöstlicher Staat zur Zeit der »Hundert Schulen« *Bai Jia,* von Yue annektiert *-473,* Hauptstadt → *Wu/Suzhou;* (2) eines der »Drei Reiche« *San Guo 222–280,* Hauptstädte → *Wuchang/Wuhan* und *Jianye/**Nanjing***

*Wucheng* K 3, 6
am Ganjiang (W-Ufer), Jiangxi, Zhongguo: namengebende Fundstätte *(1973)* einer Shang-zeitlichen Stadt- und Schriftkultur *-13. Jh.;* Beleg für die Ausstrahlung der Erligang-Kultur und ihrer Übergangsphase zur Yin-/Anyang-Kultur entlang der Flußtäler bis in Regionen südlich des Yangzi; am O-Ufer → *Xin'gan*

Wucheng/Dongwu O 2
Hebei, Zhongguo: intellektuelles Zentrum um den »Fürsten von Pingyuan« Zhao Sheng *-270 bis -250:* ⒺGongsun Long, ⒺXun Zi, ⒺZou Yan *-3. Jh.*

*Wudang Shan/Xuan Yue* O 4
Hubei, Zhongguo: daoitische Gebirgslandschaft, *Yuzhen Gong:* Tempel des Meisters des »Schattenboxens« *Taijiquan,* Zhang Sanfeng, *1417;* (◡Chen Tuan *10. Jh.*)◡**Li Shizhen** *16. Jh.*

*Wuhan/Wuchang* O 3, 4
Hubei, Zhongguo: zeitweilige Hauptstadt des Staates Wu *3. Jh.;* ◡Zhi Qian *3. Jh.,* ◡Li Shizhen *16. Jh.,* ◡Zhang Xuecheng *18. Jh.,* ◡Zhang Zhidong *19.–20. Jh.*

Wuppertal N 4
Westfalen, Deutschland: Industriestadt (»Deutsches Manchester«), hervorgegangen durch den Zusammenschluß mehrerer Orte *1929;* *Engels *(Barmen),* *Carnap *(Ronsdorf) 19. Jh.*

Würzburg N 4
Mainfranken, Bayern, Deutschland: Universität *1582:* ⒺAlbertus Magnus, ◡Dietrich von Freiberg *13. Jh.,* ⒺKircher *17. Jh.,* *Siebold *18. Jh.,* Ⓢvon Baer, ◡Madame Blavatsky, ⓈⒺF. Brentano, ⓈHaeckel, ⓈMarty, ⓈOken, (ⒺC. Röntgen), ⓈRückert, ◡Schelling, ⓈⒺStumpf und ◡Wagner *19. Jh.,* ⒺKülpe *19.–20. Jh.,* *Heisenberg, ⓈⒺBühler, ⓈWertheimer *20. Jh.*

Wutai Shan (»Fünf-Terrassen-Berg«)/Pañcas(h)ika (»Fünf Gipfel«)/Qingliang Shan (»Klar-und-Kalt-Berg«) O 3
Shanxi, Zhongguo: Gebirgslandschaft, einer der vier buddhaitischen »Heiligen Berge«, dem »Gott der Weisheit« *Mañju-s(h)rī/Wenshu Pusa* geweiht; gesamtasiatisches Wallfahrtszentrum (Mönche aus Zentral- und S-Asien, Han'guk und Nihon, Tibet und Monggol Ulus) seit dem *7. Jh.*, Foyer der Lehrrichtung des »Reinen Landes« *Jingtu;* *☸Tanluan *5. Jh.*, (☸Buddhapala *7. Jh.*), ☸Amoghavajra, °Hyech'o/Huichao *8. Jh.* (?), ☸Chengguan *8.–9. Jh.*, ☸Zongmi, ☸Ennin *9. Jh.*

*Wuwei/Guzang/Liangzhou* O 3
Gansu, Zhongguo: Handelsstadt an der Seidenstraße, Hauptstadt dreier Liang-Dynastien *317–439*, tibetisch *8.–9. Jh.*, zusammen mit dem benachbarten, *840* von den Uyguren eroberten Ganzhou/Zangye Zentrum tibetisch-türkischer Übersetzungen *9.–10. Jh.*, tanggudisch *11.–13. Jh.;* ◡Kumarajiva, ☸Sengzhao *4.–5. Jh.*, ◡Amoghavajra *8. Jh.*, ˇSakya Pandita und Pagpa Pandita (Begegnung mit Qubilai Qan), (ˇMarco Polo) *13. Jh.*

Wuxi O 4
Jiangsu, Zhongguo: Sitz der »Ostwald-Akademie« *Donglin Shuyuan* (gegründet von Gu Xiancheng *1604*) zur Pflege orthodoxer konfuzianischer »reiner Diskussionen« *qingyi*, hervorgegangen aus einer Privatschule der Bei-Song-Zeit

**Wuyi Shan** A 6, **O 1, 4**
Fujian, Zhongguo: Gebirgslandschaft; beim Dorf Wufu von **Zhu Xi** gegründete Schule *Wuyi Jingshe 12. Jh.*, in der späteren Nan-Song-Zeit umbenannt in »Purpursonne-Akademie« *Ziyang Shuyuan*, Zentrum der neokonfuzianischen Lehrrichtung des Zhu Xi, in Anlehnung an die Lage als »Wuyi-Schule« *Wuyi Xue* bezeichnet (in Abhebung von der »altkonfuzianischen« »Tai-Berg-Schule« *Tai Shan Xue*); ◡Lu Xiangshan *(Chongan) 12. Jh.*

*Wuzhou* O 4
Guangxi, Zhongguo: ◡Wang Yangming *16. Jh.*

*Wybalenna* K 1, N 5
Flinders Island, Australia – Tasmania: »Schutzlager« *1831* der letzten überlebenden »Tasmanier« (Wildbeuter mit einer über 10 000 Jahre hinweg ohne Kontakt mit Australien und der übrigen Erde eigenständig weiterentwickelten paläolithischen Kultur); Übersiedlung *1847* nach Oyster Cove, Tod der letzten Tasmanierin *1876;* »Friedhof« in Emita

*Xia* K 6
Henan – Shaanxi (?), Zhongguo: einer von mehreren nach einer Vormachtstellung strebenden regionalen Feudalstaaten in der Frühphase (Bronzezeit) der chinesischen Geschichtsschreibung, nachträglich als erste der »Drei Dynastien« (Xia, Shang, Zhou) dieser Zeit chronologisch geordnet *-21. bis -16. Jh.;* die archäologisch bislang am wenigsten gesicherte dieser »Drei Dynastien«, Residenz → *Erlitou (?);* legendärer Begründer: Yu

*Xiajiadian* K 6
Dongbei, Zhongguo: namengebende Fundstätte einer späten neolithischen Kultur (Pferde- und Schafzucht) *-2200 bis -600*

*Xiamen/Amoy* O 4
Fujian, Zhongguo: Überseehafen; (◡Lu Zhuangzhang), *Qiu Jin *19. Jh.*, ◡Lu Xun *20. Jh.*

Xi'an → **Chang'an**

*Xianbei* O 3
Monggol Ulus – Zhongguo: prototürkische Populationen *-1. bis 6. Jh.*, Träger mehrerer kurzzeitiger Dynastien in N-Zhongguo zur Zeit der »Sechzehn Staaten« *Shiliuguo 302–439* und der Tuoba-Wei *386–534*

Xiang Shan (»Elefantenberg«) O 4
bei Shangrao, Jiangxi, Zhongguo: *☸Lu Jiuyuan/Xiangshan *12. Jh.*

Xiangyang/Xiangzhou O 3
Xiangfan, Hubei, Zhongguo: Zentrum des *Buddhadharma/Fo Jia* während seiner formativen Phase in Zhongguo *3.–6. Jh.;* ◡Daoan, ◡Huiyuan *4. Jh.*, ◡Zhiyi *6. Jh.*, *Shenhui *7. Jh.*, ˇDu Fu *8. Jh.*, ☸Zongmi, ◡Li Ao *9. Jh.*

**Xianyang O** 1, 2
Shaanxi, Zhongguo: Hauptstadt *-350 bis -206* von *Qin* (»Streitender Staat« *Zhan Guo* und erste gesamtchinesische Kaiserdynastie), Zentrum des »legistischen« *Fa Jia* im Ausklang der Zeit der »100 Schulen« *Bai Jia:* ◡**Shang Yang** *-4. Jh.*, ˇXun Zi, ◡Lü Buwei, ◡°**Han Fei,** ◡°Li Si *-3. Jh.*, *Ban Zhao *1. Jh.*

*Xin'gan* K 6
am Ganjiang (O-Ufer), Jiangxi, Zhongguo: Fundstätte *(1989)* der Wucheng-Kultur *-13. Jh.*, neben Yin/Anyang reichste Fundstätte der späten Shang-Zeit in Zhongguo; Beleg für die regional eigenständige Rezeption und Ausgestaltung kultureller Anregungen aus N-Zhongguo; am W-Ufer → *Wucheng*

Xingzi/Nankang O 4
Jiangxi, Zhongguo: ◡Liu Xie *5. Jh.*, ◡Zhu Xi *12. Jh.*

*Xinle* K 6
Dongbei, Zhongguo: namengebende Fundstätte einer neolithischen Kultur (Hirseanbau) *-7000 bis -5000*, Ähnlichkeit mit der *Chŭlmun*-Kultur in Han'guk

*Xiongnu (»Hunnen«)* O 3
Zhongguo (N–NW): protomongolisch-prototürkische Population *-3. bis 5. Jh.*, in chronischer Rivalität mit dem Chinesischen Reich, nicht zuletzt um die Kontrolle des von den Xiongnu erschlossenen und phasenweise beherrschten Seidenstraßennetzes durch O-Zentralasien, seit der Han-Zeit *-2. Jh.* partielle Sinisierung, zur Zeit der »Sechzehn Staaten« *Shiliu Guo 302–439* Träger mehrerer kurzzeitiger Dynastien in N-Zhongguo; ethnische Verwandtschaft mit den westasiatischen Hunnen nicht erwiesen

*Xiyu (»Westlande«)/Sharqui (O-/Sino-)Turkestan/Serindia*
K 4–6, **S 5, O 1**
Xinjiang/Zhongguo: ostzentralasiatische Region mit einer Vielfalt rivalisierender, miteinander kommunizierender und einander verdrängender Populationen – Indoeuropäer (Yuezhi, Saka, »Tocharer«), Prototürken und Protomongolen (Xiongnu), Chinesen (frühe Besucher: König Mu von Qin *-623* (?), Zhang Qian *-139 bis -126*), Tibeter, Türken (Uygur), Mongolen (Oirad) – und religiös geprägter Schriftkulturen (indisch-buddhaitisch *-3. bis 10. Jh.*, chinesisch *-2. bis 9. Jh.* und erneut und kontinuierlich seit dem *18. Jh.*, tibetobuddhaitisch *8.–9. Jh.* und erneut unter mongolischer Herrschaft *17.–18. Jh.*, muslimisch seit dem *10. Jh.*, dazu im *1. Jt.* parallel zum buddhaitischen Haupteinfluß zarathustraitische, manichäische und syronestorianische Einflüsse iranischer, parthischer und sogdischer Herkunft); interkontinental einzigartige

Wüstenoasenkulturen dank der Lage am Handelsroutennetz zwischen den großen Stadt- und Schriftkulturen in S- und SW-Asien, India und Iran, auf der einen und in N-Zhongguo auf der anderen Seite; herausragende Zentren → *Kashi/Kāshgar,* Khotan, Kuqa, *Turpan*

*Xochimilco* K 7
Valle de México: Herkunftsort des *Codex Borbonicus (Palais Bourbon,* Paris *1826),* eines klassischen religiösen Buchs der Azteca; ◡Sahagún *16. Jh.*

Xue O 2
Qi/Shandong, Zhongguo: intellektuelles Zentrum um den »Fürsten Mengchang« Tian Wen, ⓑXun Zi *-3. Jh.*

*Xuzhou/Pengcheng* O 3
Jiangsu, Zhongguo: früheste dokumentierte buddhaitische Gemeinschaft in Zhongguo *65;* *Liu Zhiji *7. Jh.*

Yādavagiri/Yādavādri S 4
Karnātaka, Bhārat/India: vishnuitische Missionstätigkeit des Ramanuja in einer jahrhundertelang jainaitischen Region *12. Jh.*

*Yaḥyā, Tappe* K 3
Īrān: Fundstätte *(1968)* einer protoelamischen und später elamischen Siedlung an einem Handelsweg zwischen Mesopotamia und dem Industal *-3. bis -1. Jt.*

*al-Yaman/Yemen* **K** 3–5, **8,** W 2, 5

*Yamato no Kuni* O 5
Nara Ken, Nihon: Region um die spätere Hauptstadt Nara (im weiteren Sinn Name für ganz Nihon und die Abhebung seiner Kultur von der chinesischen Kultur), politisches und kulturelles Zentrum in der protohistorischen »Hügelgräber-«/*Kofun*-Zeit *300–710* (Verlegung des kaiserlichen Hofes *Yamato Chōtei* nach dem Tod des jeweiligen Herrschers), Anfänge der Rezeption der chinesischen Schrift- und Staatskultur: ⓑWani *5. Jh.*

*Yan* O 2
Hebei – Liaodong, Zhongguo: namhaftester nördlicher Staat zur Zeit der »Hundert Schulen« *Bai Jia -6. bis -3. Jh.,* von Qin erobert *-222,* Hauptstadt: Yanjing (in der Region Beijing)

Yan'an O 1
Shaanxi, Zhongguo: Hauptquartier der Kommunistischen Partei nach dem »Langen Marsch« unter dem Vorsitz von Mao Zedong *1936–47*

*Yangdang Shan* O 4
Zhejiang, Zhongguo: »Höhle des Großen Scheffels/Großen Bären« *Beidou Dong:* ˅Zhu Xi *12. Jh.*

*Yangon/Rangoon* N 5
Myanmar: Zentrum der Restauration des buddhaitischen *Theravāda 20. Jh., Burma Research Society 1910,* »Sechstes buddhaitisches Konzil« *1954–56* (*2500* Jahre nach dem *parinirvāṇa* des Buddha); ˅Olcott *19. Jh.,* ˅R. Otto, ˅Orwell, ˅Ambedkar *20. Jh.*

*Yangshao* K 6
bei Luoyang, Henan, Zhongguo: namengebende Fundstätte *(1921)* einer neolithischen (matriarchalisch geprägten?) Dorfkultur in der »Mittleren Ebene« *Zhongguan* um den »Gelben Fluß« *Huang He -5000 bis -3000* mit stilistisch »typisch chinesischen« Artefakten (darunter abstrakte ideographische und konkrete piktographische Zeichen, jedoch ohne erkennbaren Zusammenhang mit den späteren Schriftzeichen), von der Longshan-Kultur überlagert; charakteristisches Dorf → *Banpo*

*Yangzhai/Junzhou/Yuxian* O 2
Henan, Zhongguo: Hauptstadt des Staates Han *-403 bis -375;* *Lü Buwei *-3. Jh.;* ◡Li Ye *13. Jh.*

Yangzhou/Jiangdu O 1, 3, 5
Jiangsu, Zhongguo: Überseehafen am »Großen Kanal«, Blütezeit *7.–9. Jh.;* ◡Dong Zhongshu *-2. Jh.,* ⓑZhiyi *6. Jh.,* ◡Jizang *6.–7. Jh.,* ˅Yijing *7. Jh.,* *◡Jianzhen/Ganjin *7.–8. Jh.,* (˅Marco Polo *13. Jh.*), ◡Hui Dong, ◡Dai Zhen *18. Jh.,* (◡Wei Yuan *19. Jh.*)

*Yanomani/Yanoama* N 5
Venezuela – Brasil: amerindische Population, manipuliertes »wissenschaftliches Feldforschungsobjekt« von soziobiologisch-sozialdarwinistisch orientierten Anthropologen und Humangenetikern (N. A. Chagnon, J. Neel) *20. Jh. (2. Hälfte),* vermeintliche Belege für die Brutalität, die Orientierung an maskuliner Gewalt und die Ungleichheit der Menschen in einem »vorzivilisierten Naturzustand« (einer kritischen Revision unterzogen durch P. Tierney *2000*); → *Samoa*

*Yaoxian/Huayuan* O 3
Shaanxi, Zhongguo: *◡Sun Simiao *6.–7. Jh.,* auf dem benachbarten Yaowang Shan seit dem *14. Jh.* als göttlicher »Medizinkönig« verehrt

*Yarlung/Yar-klungs/Yaerlong* S 3
Ü/Zentraltibet, Zhongguo: Tal (und Seitenfluß des Tsangpo/Brahmaputra), Herkunftsregion der »großtibetischen« Königsdynastie *630–842*

*Yayo* A 2
Tchad: Fundstätte von *Homo-erectus*-Fossilien *2 MJ vh (?)*; in der Nachbarschaft: *Baḥr al-Ghazāl,* Fund *(1995)* von Fossilien des *Australopithecus (bahrelghazali) 3 MJ vh (?)* 2500 km westlich der vorangegangenen ostafrikanischen Funde (Möglichkeit der Anthropogenesis außerhalb von O- und S-Afrika)

*Yayoi Bunka* K 6
Nihon: Kultur des Reisanbaus, der Metallverarbeitung und stetiger Handelskontakte mit Zhongguo und Han'guk *-300 bis 300,* namengebende Fundstätte in Tokyo *(1884)*

*Ye(cheng)/Linzhang* O 3
Hebei (bei Anyang, Henan), Zhongguo: Hauptstadt mehrerer Dynastien zur Zeit der »16 Staaten« *Shiliu Guo* und der »Nord- und Süddynastien« *Nanbei Chao 4.–6. Jh.,* einer Zeit der Akkulturation des *Buddhadharma/Fo Jia* in Zhongguo; literarische Akademie *Wenlin Guan 572;* ⓑDaoan, ⓢHuiyuan *4. Jh.*

*Yen Tu'* O 1, 5
bei Uông Bi, Quang Ninh, Viêt Nam: *Chan-/Thiên*-Zentrum der »Bambushain-«/*Truc-Lâm*-Lehrrichtung, initiiert von König Tran Nhan Tong und den Patriarchen Phap Loa und Huyen Quang *13.–14. Jh.;* ◡Tran Thai Tong *13. Jh.* (?), °Tran Nhan Tong *14. Jh.*

*Yerīḥō/Jericho/Rīḥā* K 2
Filasṭīn: namhafteste frühe von einer Mauer umgebene Siedlung *-8. Jh.,* herausragende archäologische Forschungsstätte für die Entwicklung einer Siedlung von den Anfängen der Domestikation von Pflanzen und Tieren *-9. Jt.* bis zur Urbanisation *-3. bis -1. Jt.* im Bereich des »Fruchtbaren Halbmonds«; (˅Eli(y)a und Elis(h)a *-9. Jh.*), ˅Jesus *1. Jh.*

*Yerūshālayim/Hierusalēmē/Ierusalem/al-Quds* **A** 6, **9,** K 8, **W,** N 5
Yishrā'el/Filasṭīn: »Heilige Stadt« der drei monotheistischen Religionen Judentum, Christentum und Islam; ◡**Isaiah** *-8. Jh.*, ◡**Jeremiah** *-7. bis -6. Jh.*, °Jesus, ◡Paulos Apostolos, ˅Philon von Alexandreia *1. Jh.*, ˅Origenes *3. Jh.*, ◡°Ioannes Damaskenos (Kloster *Mar Saba*) *8. Jh.*, ˅Saadiah Gaon *10. Jh.*, ˅Nasir-i Khosraw, ˅al-Ghazali *11. Jh.*, ˅Maimonides *12. Jh.*, ˅Ibn al-'Arabi, ˅Nahmanides, (˅Marco Polo) *13. Jh.*, ˅Ibn Taymiyya *14. Jh.*, *I. A. Luria, ℗Vital, (˅Ignatius de Loyola), ˅Vesalius *16. Jh.*, ˅Chateaubriand, ˅Flaubert, ˅Gogol', ˅Otto *19. Jh.*, (℗°H. Bergmann), ℗°**Buber,** ◡Corbin, ˅Einstein, ℗Hempel, ˅Iqbal, ℗Jonas, ˅Kang Youwei, ˅Th. Mann, (℗°G. Scholem), ˅Shestov und L. Strauss *20. Jh.*

*Yi* K 6
Shandong – Jiangsu – Anhui, Zhongguo: nach der traditionellen chinesischen Historiographie »barbarische« Populationen in den östlichen Regionen, *-2. bis -1. Jt.*

*Yi/Lolo* K 5
Sichuan – Yunnan – Guizhou, Zhongguo: austroasiatische Population mit ausgeprägter dualistischer Gesellschaftsstruktur, tibetoburmanischer Sprache und anscheinend eigenständiger Silben-Schrift; Zentrum: Liangshan in Sichuan

***Yin*** **K** 3, **6**
bei Anyang, Henan, Zhongguo: letzte Hauptstadt der Shang-Dynastie, *-13. bis -11. Jh.*, Fundstätte von »Yin-Überresten« *Yinxu (1049/1899/1927–37),* der bislang frühesten Belege der chinesischen Schrift (Orakelknocheninschriften *jiaguwen*) aus dem *-12. Jh.*

*Yinchuan/Xingqing* S 5
Ningxia, Zhongguo: Hauptstadt *1020* der nordosttibetischen »Tanguten« *Tang-gud* und ihres sinisierten Xi-Xia-Staates (*982/1038–1227*), Hauptstadt *1958* der seit dem *14. Jh.* muslimischen Hui/Dungan; (°Chinghis Qan *1227*)

**Ying** **O** 1, **2**
bei Jiangling/Jingzhou, Hubei, Zhongguo: legendäre Residenz des »Kulturheros« *Shengren* Yu *-3. Jt.;* Hauptstadt des Staates Chu *-689 bis -278;* ◡Qu Yuan *-4. Jh.*, ℗Xun Zi *-3. Jh.;* in der Nachbarschaft: *Zhangjia Shan,* Fundstätte *(1983)* von Bambusmanuskripten medizinischen und juristischen Inhalts *-2. Jh.*

Yingtian O 4
bei Shangqiu, Henan, Zhongguo: »Südhauptstadt« *Nanjing* der Bei-Song *1014,* neokonfuzianische Akademie (als Schule begründet von Qi Tongwen *1009*)

*Yishrā'el/Israel* **A** 2, 4–6, **9,** K 1–5, W, N 5
Filasṭīn: nach der biblischen Überlieferung Wanderungen des Abraham aus Ur über Harran nach Filastin und Kemet/Mizrayim *-2. Jt.*, Exodus aus Kemet und mosaische Gesetzgebung am Berg Sinay *-1200,* König David *-1000,* erstes »Babylonisches Exil« (Deportation) *-6. Jh. bis -538,* Zeit der großen Propheten *-8. bis -6. Jh.*, Redaktionszeit der zentralen Schriften des »Alten Testaments« (*Pentateuch* und große Prophetenbücher) *-6. bis -5. Jh.*, Redaktion der Evangelien des »Neuen Testaments« *70–100,* zweites »Babylonisches Exil« (Emigration) *1./2. Jh.*, Ausbreitung über die gesamte »Alte Welt« hauptsächlich entlang der Handelsrouten des Römischen und des Sasanidischen Reiches und anschließend der muslimischen Staaten; intellektuelle Zentren in Filastin: Yerushalayim *-1. Jt./20. Jh.*, Tiberias *2.–12. Jh.*, Zefat *16. Jh.;* → *Filasṭīn,* ***Fertile Crescent,*** ***»Nīl–Āmū Daryā-Region«***

*Yogyakarta/Jogjakarta* N 5
Java: Residenzstadt eines Fürstentums *18.–20. Jh.* und (zusammen mit Surakarta) interkulturelles Zentrum der Insel, Regierungssitz der Republik Indonesia während des Unabhängigkeitskampfes *1945–49,* Proklamation der »Fünf (gesellschafts- und staatsphilosophischen) Maximen« *Pañcas(h)īla* durch Sukarno *1945–49;* ˅Haeckel *19. Jh.;* in der Nachbarschaft → *Borobudur, Prambanan*

*Yokohama/Hengbin* N 5
Hafenstadt bei Tokyo, Nihon: Residenzstadt europäischer Kaufleute und Zufluchtsort chinesischer Exilanten *19.–20. Jh.;* ˅Bakunin, ◡Hearn, ◡Kang Youwei, ˅Olcott *19. Jh.*, ˅Sun Yixian/Nakayama, ◡Liang Qichao *19.–20. Jh.*, ˅Qiu Jin *20. Jh.*

*Yŏngnam* O 5
Han'guk: traditioneller Name der Provinz Kyongsang-do südöstlich des Passes über den »Vogelberg« *Choryŏng-san,* namengebend für die neokonfuzianische Lehrrichtung des Yi Hwang

Yongzhou/Lingling O 3
Hunan, Zhongguo: ◡Liu Zongyuan *9. Jh.*, ◡Zhou Dunyi *11. Jh.*

*York/Eburacum* W 4
England: ˅Papinianus, (Iulius Paulus) und Ulpianus *3. Jh.* (?), *Alcuinus *8. Jh.*

*Yoruba* K 8
Nigeria – Benin – Tongo: Stadtstaatenbund seit dem *11. Jh.*, dichteste Agglomeration von urbanen Zentren in Afrika südlich der Sahara vor der europäischen Kolonisation, → *Ife, Oyo, Ibadan*

Youxi O 4
Fujian, Zhongguo: *Zhu Xi *12. Jh.*

*Yuanmou* A 1–3
Yunnan, Zhongguo: Fundstätte von *Homo-erectus*-Fossilien mit umstrittener Datierung *1700–700 KJ vh*

*Yue/Viêt/Nan-Yue* K 6, O 1, 5
Zhongguo – Viêt Nam: austroasiatische Populationen mit expansiven Staatenbildungen von Zhejiang *(-6. bis -4. Jh.)* und von Guangdong *(-3. bis -2. Jh.)* aus, anschließend Beschränkung auf Rückzugsgebiete in Fujian (bis *7. Jh.*) und im nördlichen Viêt Nam; Hauptstädte → Shaoxing/Yuezhou, Suzhou, Fuzhou, ***Guangzhou*** und **Ha Nôi**

Yuelu Shan O 4
bei Changsha, Hunan, Zhongguo: namengebender Berg für die neokonfuzianische Yuelu-Akademie *976,* seit *1925* Universität von Hunan; ℗Zhu Xi *12. Jh.*

*Yuezhi (»Tochar(o)i«)* K 6, W 2
Gansu, Zhongguo – Zentralasien – Gandhāra, Pākistān: indoeuropäische Population, von den *Xiongnu* aus Gansu *-176* nach Zentralasien abgedrängt, Träger des Kushana-Reiches in Zentralasien und im nordwestlichen S-Asien *-2. bis 3. Jh.;* Gleichsetzung mit den Sprechern »tocharischer« Sprachen in Turpan und Kuqa nicht haltbar, Gleichsetzung mit den (iranischen?) »Tochar(o)i« in Sogdiane umstritten; Philosophen mit Yuezhi-Herkunft: Zhi Qian *3. Jh.* und Zhi Dun *4. Jh.*

Yulgok-ri O 5
bei P'aju, Kyŏnggi-do, Han'guk: namengebender Rückzugsort des **Yi I/Yulgok** *16. Jh.;* in der Nachbarschaft: *Chaunsŏwŏn* (Akademie) beim Grab des Yi I

Yuquan Shan (»Jadequelle-Berg«) O 3
bei Zhangling, Hubei, Zhongguo: *Chan-/Zen*-Kloster der *Caodong-/Sōtō*-Richtung *Yuquan Si;* ◡Zhiyi *6. Jh.*, ◡Shenxiu *7. Jh.*

*al-Yussana* → *Lucena*

Yuyao O 1, 4, 5
Zhejiang, Zhongguo: *℗**Wang Yangming** *15.–16. Jh.*, Ⓢ*Wang Ji 16. Jh.;* Zentrum der »Ost-Zhejiang-Schule« der Geschichtsforschung *Dong-Zhejiang Xue:* *◡°**Huang Zongxi** *17. Jh.*

Zabolotiv/Zabłotów/Sabolotow N 4
Podolia, Ukraina: polnisch *1540–1772/1920–39,* österreichisch *1772–1918;* *Sperber *20. Jh.*

*Ẓafār/Sephar* K 8, W 5
bei Yarīm, al-Yaman: Hauptstadt (bis zur Ablösung durch San'a' *4. Jh.*) des südarabischen Handelsstaates Himyar (nach der Entdeckung der Monsunschiffahrt nach S-Asien Verdrängung von Saba' als vorherrschender Handelsmacht auf der Arabischen Halbinsel) *-115 bis 525,* Vermittlung altarabischer (»sabäischer«, jüdischer und christlicher) Schriftkultur nach Aksum, unter äthiopischen Oberhoheitsansprüchen *4.–6. Jh.*

*Zafarraya* K 1
bei Málaga, Andalucía, España: Fundstätte der bislang jüngsten bekanntgewordenen Neandertaler-Höhle *30 KJ vh* (mit ausschließlich mittelpaläolithischen *Moustérien*-Artefakten, unberührt von der jungpaläolithischen *Aurignacien*-Kultur des zeitgleichen anatomisch modernen Menschen)

*Zagreb/Agram* N 4
Hrvatska: ˅Solov'ev *19. Jh.*, ˅Sperber *20. Jh.*

*Zambia* → *Kabwe*

Zamość N 4
Polska: russisch *1795–1917;* *Luxemburg *19. Jh.*

*Zānskār/Zangs-dkar* S 2
Kāshmīr: Hochgebirgsregion; buddhaitisch unter dem Einfluß des Kushana-Reiches seit dem *2. Jh. (?),* tibetobuddhaitisch seit dem *10. Jh.*, namhafte Klöster und Meditationshöhlen: Phugthal, Sani und Zangla; ◡Padmasambhava (zusammen mit seiner kashmirischen Konsortin Madarava) *8. Jh.*, ˅Rinchen Zangpo, Naropa, Marpa und Milarepa *11. Jh.*, ⓈCsoma Körösi *19. Jh.*

*Zanzibar/Zanjibār* K 8, N 5
Tanzania: persoarabische Hafenstadt auf der gleichnamigen Insel *10. Jh.;* unter der Oberherrschaft des Sultans von 'Uman und Zentrum des arabischen Sklavenhandels *18.–19. Jh.;* → *Swāhili*

*Zapoteca* K 5, 7
Oaxaca, México: herausragende Kultur in der formativen und in der klassischen Zeit der mesoamerikanischen Kulturen (Anfänge der Schriftentwicklung nach dem Rebusprinzip *-500 bis -200*); Zentrum → *Monte Albán;* seit *1200* von den benachbarten Mixteca bedrängt und überlagert; repräsentatives Zentrum der zapotekisch-mixtekischen Mischkultur: Mitla

Zaragoza/Saraqusṭa A 9, W 1, 4
Aragón, España: muslimisch (al-Andalus) *712–1118,* Universität *1474;* ⓈIbn Gabirol, *Ibn Bajja *11. Jh.*, ◡°Crescas *14.–15. Jh.*, ◡Gracián *17. Jh.*, Ⓢ℗Ramón y Cajal *19. Jh.*, ℗Gaos, ◡Orwell *20. Jh.*

*Zefat/Ṣafad/Safed* A 9, W 5
Galil, Yishrā'el: herausragendes intellektuelles Zentrum des Judentums (Kabbala und *Halakha*/Rechtswissenschaft) in Filastin und innerhalb des Osmanischen Reiches *16. Jh.*, frühester Buchdruck mit beweglichen (hebräischen) Typen in SW-Asien *1577;* *℗°Cordovero, ℗°Caro, ℗°**I. A. Luria,** *℗Vital *16. Jh.*

*Zhalu/Zhwa-lu/Shalu* S 3
Tsang/W-Zentraltibet, Zhongguo: buddhaitisches Kloster *1040,* Blütezeit *13.–14. Jh.*, Endredaktion des tibetobuddhaitischen Kanons (»Übersetzungen der Lehren [des Buddha]« *Kangyur* in 108 Bänden und »Übersetzungen der Auslegungen« *Tangyur* in 225 Bänden) unter der Leitung des Butön *13. Jh.;* ˅Atis(h)a *11. Jh.*, ⓈTsongkhapa *14. Jh.*

Zhangzhou O 4, 5
Fujian, Zhongguo: ◡Zhu Xi *12. Jh.*, ˅Wang Yangming *16. Jh.*

*Zhao* O 2
Zhongguo: einer der Nachfolgestaaten von Jin *-453 bis -228,* Hauptstadt *-386 bis -228* → *Handan;* *Xun Zi *-4. Jh.*, ◡Lü Buwei *-3. Jh.*

*Zhaoqing/Xiuning* O 4, N 5
Guangdong, Zhongguo: ◡Ricci (Unterkunft im buddhaitischen »Himmelfrieden-Kloster« *Tianping Si*) *16. Jh.*, ◡Wang Fuzhi *17. Jh.*

Zheng O 2
Henan, Zhongguo: Hauptstadt des gleichnamigen Staates *-806 bis -375* und des Staates Han *-375 bis -230;* früheste schriftliche Fixierung (auf Bronzegefäßen) von (strafrechtlichen) Gesetzestexten in Zhongguo durch Zi Chan *-536;* ˅Kong Zi *-5. Jh.*, *Han Fei *-3. Jh.*

Zhengding → Linji Yuan

*Zhenjiang/Runzhou* O 4
Jiangsu, Zhongguo: *Liu Xie *5. Jh.*, ◡°Shen Kuo *11. Jh.*, ◡Buck *19.–20. Jh.*

***Zhongguo*** *(»Mittelland«)/Chūgoku/Cīna/Chīn/aṣ-Ṣīn/China*
A, K 2–6, W 5, **S, O, N** 1, **5,** G
herausragende Zeiten und Dynastien: (1) pluriregionale Anfänge der Domestikation von Pflanzen und Tieren und weiträumige Interaktion diverser Kulturtraditionen ***Quxi leixing*** *-7000 bis -2500;* (2) Anfänge von umwallten, sozial abgestuften »10 000 Staaten« ***Wan Guo*** der Longshan-Kultur zur Zeit der legendären Kaiser und »Kulturheroen« *shengren* und der halblegendären **Xia**-Dynastie *-3000 bis -1700;* (3) **Shang** *-1700 bis -1050:* Anfänge der Schriftkulturen; (4) Zeit der konfuzianischen »Idealherrscher« der **Zhou**-Dynastie und der Autoren der frühesten »Klassiker« (Wen Wang, Zhou Gong) *-11. Jh.;* (5) Zeit der »100 Schulen« ***Bai Jia*** *-6. bis -3. Jh.*, in der Historiographie bekannter als »Frühling und Herbst«-/*Chunqiu*-Zeit *-722 bis -481* und Zeit der »Streitenden Staaten« *Zhan Guo -480 bis -221;* die sechs herausragendsten »Schulen« (und ihre Vordenker): (a) »weiche Schule« oder »Gelehrten-Schule« *Ru Jia* (»Konfuzianismus«: Kong Zi, Meng Zi, Xun Zi), (b) »Gesetz-Schule« *Fa Jia* (»Legismus«: Han Fei), (c) »Weg-Schule« *Dao Jia* (»Daoismus«: Lao Zi, Zhuang Zi), (d) »Mo-Schule« *Mo Jia* (Mo Zi), (e) »Namen-Schule« *Ming Jia* (»Logik-Schule«: Hui Shi), (f) *Yin-Yang Jia* (»Kosmologische Schule«: Zou Yan); Reichseinigung und Verabsolutierung des legistischen *Fa Jia* durch den »ersten Kaiser« Qin Shi Huangdi *-221 bis °-210;* (6) **Han** *-202 bis 220:* Etablierung des konfuzianischen *Ru Jia* als Staatsphilosophie unter

Integration von legistischen Anliegen des *Fa Jia* und kosmologischen Ideen des *Yin-Yang Jia,* Aufkommen des religiösen »Volksdaoismus« *Dao Jiao* als populistischer Gegenströmung unter der Leitung von »Himmlischen Meistern« *Tianshi,* (7) »Drei Reiche« ***San Guo*** *220–265:* Beginn einer »mittelalterlichen« Übergangszeit und Blütezeit religiöser, mystischer und ästhetischer Ideale, herausragende Bewegungen (und Denker): »Dunkle Schule« *Xuan Xue* (Wang Bi) und »Die sieben Weisen vom Bambushain« *Zhulin Qi Xian* (Xi Kang), Beginn der Rezeption des *Buddhadharma/Fo Jia,* (8) »Süd- und Norddynastien« ***Nanbei Chao*** *317–589,* Förderer des *Fo Jia* in seiner formativen Phase in O-Asien: Hou-Qin *384–417* in Chang'an, Tuoba-Wei *398–534* in Datong und Luoyang, Dong-Jin *317–420* und Liang *502–557* in Nanjing, namhafte Gelehrte südasiatischer Herkunft: Kumarajiva und Paramartha (die zwei frühen der »vier großen Übersetzer«), Huiyuan und Zhiyi (die zwei frühesten namhaften chinesischen *Fo-Jia*-Gelehrten) und Faxian (der früheste namhafte »Indienreisende«); (9) **Tang** *618–907,* »Goldene Zeit« der ästhetischen Kultur und gleichzeitig der *Fo-Jia*-Philosophie in Zhongguo, ihres Studiums in S-Asien (Xuanzang und Yijing) und ihrer Weitergabe in die Nachbarländer, am nachhaltigsten nach Viêt Nam als *Phât Gia,* nach Han'guk als *Pulgyo* und nach Nihon als *Bukkyō,* herausragende Lehrrichtungen (und repräsentative Gelehrte) in Zhongguo, Han'guk und Nihon: (a) »Blumengirlanden« *Avataṃsaka/Huayan* (Fazang)/ *Hwaŏm* (Uisang)/*Kegon,* (b) *Tiantai* (Zhiyi)/*Ch'ŏnt'ae* (Uich'on)/*Tendai* (Saicho), (c) »Reines Land« *Sukhavatī/Jingtu* (Huiyuan)/*Chŏngt'o*/*Jōdo* (Honen und Shinran), (d) »Nur Bewußtsein« *Vijñāna-mātratā/Weishi* (Xuanzang)/*Yuishikishū* (Dosho), (e) *Dhyāna/Jhāna* (Bodhidharma)/*Chan* (Huineng, Shenhui und Zongmi)/*Sŏn* (Chinul)/Zen, (f) Verzweigungen des *Chan: Caodong* (Caoshan Benji und Dongshan Liangjie)/*Sōtō* (Dogen) und *Linji* (Linji Yixuan)/*Imje* (T'aego)/ *Rinzai* (Eisai und Hakuin); (10) **Song** *960–1279,* »Renaissancezeit« der (»neokonfuzianischen«) Philosophie, der Wissenschaften und der Künste in Zhongguo: »Fünf Meister« *Wu Zi* (»Neokonfuzianer«) der »Nord-Song« *Bei-Song:* Cheng Hao und Cheng Yi (Brüder), Shao Yong, Zhang Zai und Zhou Dunyi, überragender Philosoph der »Süd-Song« *Nan-Song* und Systematisierer der »neokonfuzianischen« Philosophie (»Prinzip-Schule« *Li Xue* oder *Cheng-Zhu Xue*): Zhu Xi, sein Kontrahent und Initiator der »Herz-Schule« *Xin Xue* oder *Lu-Wang Xue:* Lu Xiangshan, herausragende Wissenschaftler: Sima Guang (»sechster Meister der Nord-Song«, Historiograph), Shen Kuo (Polymath), Li Ye, Qin Jiushao und Yong Hui (Mathematiker); (11) **Yuan** *1264–1368:* Förderung des tibetischen Buddhadharma durch die mongolischen Fremdherrscher, herausragende tibetische Gelehrte: Sakya Pandita und Pagpa Pandita; (12) **Ming** *1368–1644:* Etablierung der »neokonfuzianischen« Philosophie des Zhu Xi als »Staatsphilosophie« und Ausbreitung als »Natur-Prinzip-Schule« *Sŏngni-hak* nach Han'guk (herausragende Gelehrte: Yi Hwang und Yi I) und als »Zhu-Xi-Schule« *Shushigaku* nach Nihon (Vertreter: Fujiwara Seika und Hayashi Razan), gleichzeitig Höhepunkt der zweiten, unorthodoxen Richtung der neokonfuzianischen Philosophie, der »Herz-Schule« unter Wang Yangming, Ausbreitung nach Han'guk als *Yangmyŏnghak* (Chong Chedu) und nach Nihon als *Yōmeigaku* (Nakae Toju), Sammlung des pharmakologischen Wissens durch Li Shizen; (13) **Qing** (Manzhou) *1644–1911:* Sammlung und Konservierung des überlieferten Wissens in monumentalen Enzyklopädien, gleichzeitig Beginn der geschichts- und textkritischen Auseinandersetzung mit diesen Überlieferungen in der *Han Xue* (Studium der Han-Zeit) und in der »Schule der Überprüfungen und Beweise« *Khaozheng Xue* (herausragender Gelehrter: Dai Zhen) sowie in pragmatischer Orientierung Hinwendung zu empirischen Forschungen (Promotor: Yan Yuan), teilweise angeregt durch den Import europäischer Wissenschaften durch die Jesuitenmissionare (Ricci), parallele Reformbestrebungen in Han'guk und Nihon; (14) ***20. Jh.:*** revolutionäre gesellschaftliche und politische Erneuerungsbewegungen, philosophisch eingeleitet durch Kang Youwei, machtpolitisch umgesetzt durch Mao Zedong

Zhongli  O 2

Chu/Huainan, Anhui, Zhongguo: °Zhuang Zi *-4. Jh.*

Zhongnan Shan  O 3

Berglandschaft innerhalb des Qin-Ling-Gebirges bei Xi'an, Shaanxi, Zhongguo: (1) »Beobachtungshochsitz« *Lou Guantai,* von dem aus der Grenzwächter Yin Xi in den »Westen« ziehenden Lao Zi gesichtet haben soll *(Hangu Guan);* (2) Guifeng: Ⓑ°**Zongmi** *9. Jh.;* (3) *Zhixiang Si:* ⓈUisang *7. Jh.*

*Zhongshan*  O 2

Hebei, Zhongguo: Hauptstädte gleichnamiger Regionalstaaten *-5. bis -1. Jh.:* (1) Lingshou bei Pingshan: ◡Gongsun Long *-3. Jh.;* (2) Gu/Dingxian: Fundstätte *(1973)* konfuzianischer Texte aus dem *-1. Jh.*

Zhongshan/Xiangshan  O 4

Guangdong, Zhongguo: *Sun Yixian/Zhongshan *19. Jh.*

*Zhongyuan (»Mittlere Ebene«)*  A 10, **K** 3, **6, O** 1, **2,** 4

Zhongguo: Ebene um den Mittellauf des »Gelben Flusses« *Huang He* (variable Umgrenzung), nach der traditionellen chinesischen Historiographie Kerngebiet sämtlicher kultureller Innovationen

*Zhou*  K 3, 6, O 2

Shaanxi – Gansu – Shanxi – Henan, Zhongguo: einer von mehreren nach einer Vormachtstellung strebenden regionalen Feudalstaaten in der Frühphase (Bronzezeit) der chinesischen Geschichtsschreibung, nachträglich als dritte der »Drei Dynastien« (Xia, Shang, Zhou) dieser Zeit chronologisch geordnet *-1050 bis -249;* Herkunftsort: Qi Shan, Residenzstädte: Feng und Hao/Zongzhou bei Xi'an (Xi-Zhou) und Luoyi/Luoyang/ Chengzhou (Dong-Zhou); herausragende Herrscher, in der konfuzianischen Philosophie zu Idealgestalten erhoben: Wen Wang, Wu Wang und **Zhou Gong**

*Zhoukoudian*  A 1–3

bei Beijing, Zhongguo: Fundstätte »Drachenknochen-Berg« *Longgu Shan* (seit *1921,* anfangs unter der Leitung von J. G. Andersson), mehrere *100 KJ* lang von Tieren und Menschen benutzte Höhlen; *Lower Cave:* weltweit größte Anzahl von *Homo-erectus*-Fossilien (über 40 Individuen), *200–500 KJ* alt, darunter *(1929)* der Schädel eines »Peking man« *Sinanthropos pekinensis* (freigelegt von Pei Wenzhong) und (umstrittene) Indizien für den Gebrauch von Feuer zur Speisenzubereitung, *500 KJ* alt; *Upper Cave:* Fund *(1933)* von *Homo-sapiens*-Fossilien, *17–34 KJ* alt, und von Indizien (Schmuckbeigaben) für intentionale Bestattungen

Zhovkva/Zholkva/Żółkiew  N 4

Galicia/Ukraina: polnisch *1340–1772/1919–39,* österrei-

## *Ländernamen*

(allgemein vertraute und von der deutschen Schreibweise nur minimal abweichende Eigenbezeichnungen werden nicht genannt)

| *Eigenbezeichnung* | *Deutsche Bezeichnung* |
|---|---|
| al-'Arabiyya as-Sa'ūdiyya | Saudi-Arabien |
| Azerbaycan/ Azerbaijan | Aserbaidschan |
| Bhārat(a)/India | Indien |
| Belarus' | Weißrußland |
| Belgique/België | Belgien |
| Böyü/Bod-Yul | Tibet |
| Catalunya | Katalonien |
| Čechy | Böhmen |
| Česko | Tschechien |
| Colombia | Kolumbien |
| Dongbei | Mandschurei |
| Eesti | Estland |
| España | Spanien |
| Filastīn | Palästina |
| France | Frankreich |
| Great Britain/United Kingdom | Großbritannien |
| Han'guk/Chosŏn/Taehan | Korea/Nord-Korea/Süd-Korea |
| Hayastan | Armenien |
| Hellas/Ellas | Griechenland |
| Hrvatska | Kroatien |
| Ītyop'ya | Äthiopien |
| al-Jazā'ir/Algérie | Algerien |
| Kampuchea | Kambodscha |
| Kemet | (antikes) Ägypten |
| Kypros/Kıbrıs | Zypern |
| Latvija | Lettland |
| Lietuva | Litauen |
| al-Lubnān | Libanon |
| Manzhou | Mandschurei |
| al-Maghrib/Maroc | Marokko |
| Magyarország | Ungarn |
| Misr | Ägypten |
| Monggol Ulus | Mongolei |
| Morava | Mähren |
| Muang Thai | Thailand |
| Myanmar | Birma/Burma |
| Nederland | Niederlande/Holland |
| Nei Menggu | Innere Mongolei |
| Nihon | Japan |
| Norge | Norwegen |
| Polska | Polen |
| Prathet Thai | Thailand |
| Qazaqstan | Kasachstan |
| România | Rumänien |

| | |
|---|---|
| Rossiia/Rossija | Rußland |
| Sakartvelo | Georgien |
| Shqipëria | Albanien |
| Śląsk | Schlesien |
| South Africa/Suid-Afrika | Südafrika |
| Srbiia/Sribija | Serbien |
| Srī Lankā | Ceylon (historisch) |
| Suomi/Finland | Finnland |
| as-Sūriyya | Syrien |
| Sverige | Schweden |
| Toçikiston/Tojikiston | Tadschikistan |
| Tūnis/Tunisie | Tunesien |
| Türkiye | Türkei |
| ʻŪman | Oman |
| al-Urdunn | Jordanien |
| Vlaanderen | Flandern |
| al-Yaman | Jemen |
| Yishrā'el | Israel |
| Zimbabwe | Simbabwe |

| *Deutsche Bezeichnung* | *Eigenbezeichnung* |
|---|---|
| Ägypten | Kemet/Aigyptos/Misr |
| Albanien | Shqipëria |
| Algerien | al-Jazā'ir/Algérie |
| Armenien | Hayastan |
| Aserbaidschan | Azerbaycan/Azerbaijan |
| Äthiopien | Ītyop'ya |
| Belgien | Belgique/België |
| Birma/Burma | Myanmar |
| Böhmen | Čechy |
| Ceylon (historisch) | Srī Lankā |
| Estland | Eesti |
| Finnland | Suomi/Finland |
| Flandern | Vlaandern |
| Frankreich | France |
| Georgien | Sakartvelo |
| Griechenland | Hellas/Ellas |
| Großbritannien | Great Britain/United Kingdom |
| Holland (umgangssprachlich) | Nederland |
| Indien | Bhārat(a)/India |
| Innere Mongolei | Nei Menggu |
| Israel | Yishrā'el |
| Japan | Nihon |
| Jemen | al-Yaman |
| Jordanien | al-Urdunn |
| Kambodscha | Kampuchea |
| Kasachstan | Qazaqstan |
| Katalonien | Catalunya |
| Kolumbien | Colombia |
| Korea/Nord-Korea/Süd-Korea | Han'guk/Chosŏn/Taehan |
| Kroatien | Hrvatska |
| Lettland | Latvija |
| Libanon | al-Lubnān |
| Litauen | Lietuva |
| Mähren | Morava |
| Mandschurei | Dongbei/Manzhou |
| Marokko | al-Maghrib/Maroc |
| Mongolei | Monggol Ulus |
| Niederlande | Nederland |
| Norwegen | Norge |
| Oman | 'Uman |
| Palästina | Filastīn |
| Polen | Polska |
| Rumänien | România |
| Rußland | Rossiia/Rossija |
| Saudi-Arabien | al-'Arabiyya as-Sa'ūdiyya |
| Schlesien | Śląsk |
| Schweden | Sverige |
| Serbien | Srbiia/Sribija |
| Simbabwe | Zimbabwe |
| Spanien | España |

| | |
|---|---|
| Südafrika | South Africa/Suid-Afrika |
| Syrien | as-Sūriyya |
| Tadschikistan | Toçikiston/Tojikiston |
| Thailand | Muang Thai/Prathet Thai |
| Tibet | Böyü/Bod-Yul |
| Tschechien | Česko |
| Tunesien | Tūnis/Tunisie |
| Türkei | Türkiye |
| Ungarn | Magyarország |
| Weißrußland | Belarus' |
| Zypern | Kypros/Kıbrıs |

# Inhalt

## LEITGEDANKEN



## KARTEN UND SCHAUBILDER

VOR- UND KONTEXTBEDINGUNGEN



VIER GESCHICHTEN DER PHILOSOPHIE

WESTEN – Westlicher Teil der Alten Welt: Südwest-Asien und Mittelmeerregion



SÜDEN – Süd-Asien: Indischer Subkontinent und Länder mit südasiatischer/indischer Schriftkultur in Südost- und Zentralasien

## REGISTER